Jüri Lina

ARQUITECTOS DEL ENGAÑO
La historia secreta de la masonería

OmniaVeritas.

Jüri Lina

Jüri Lina (1949) es un cineasta y escritor cuyas obras abordan diversos temas controvertidos, como el comunismo, la masonería, los ovnis y la parapsicología. Nació en Estonia, pero tuvo que trasladarse a Suecia debido a los conflictos con la policía secreta comunista y los cargos de alta traición por sus críticas anticomunistas.

ARQUITECTOS DEL ENGAÑO
La historia secreta de la masonería

Primera edición:
Maailmaehitajate pettus: vabamüürluse varjatud ajalugu

Architects of deception: the concealed history of freemasonry (2004).

Traducido del inglés y publicado por

OMNIA VERITAS LTD

OMNIA VERITAS®

www.omnia-veritas.com

© Omnia Veritas Ltd – Jüri Lina - 2021

Explicaciones introductorias

Cuando se publicó el libro "Bajo el signo del Escorpión"[1], no esperaba que fuera un gran éxito, porque sabía que la mayoría de la gente, debido a la enorme influencia de los masones en las escuelas, los medios de comunicación y otras instituciones clave, había perdido la capacidad de pensar independientemente. Se hizo evidente, sin embargo, que hubo algunos que habían logrado mantenerse alejados de la influencia de todas estas mentiras y había comprendido que algo andaba mal en la sociedad contemporánea. Estas personas encontraron respuestas a sus preguntas en "Bajo el signo del Escorpión". Ya habían supuesto que había un poder maligno detrás del proceso de destrucción, que nos afecta a todos, pero necesitaban más datos.

Gente de diferentes países han leído "Bajo el signo del Escorpión" y tienen curiosidad por saber acerca de los antecedentes de la masonería internacional. Pero sabían muy poco sobre la aterradora historia y la esencia de esta sociedad secreta. Esto demostró la necesidad de un libro sobre la historia oscura, la ideología y las actividades de la masonería, que actúan como complemento de "Bajo el signo del Escorpión". Así, hubo una demanda, que condujo a que fuera escrito este nuevo libro sobre la masonería.

Durante muchos años, he reunido grandes cantidades de datos importantes, documentos y material de fuentes raras, que nunca han sido publicados (porque son censurados oficialmente) en los típicos libros de historia. Con la ayuda de estos hechos, surge una imagen totalmente diferente de los acontecimientos mundiales más importantes. Sin detalles sobre la verdadera historia de la masonería, es muy difícil orientarse en el mundo de hoy. Por este motivo, he decidido recopilar toda la información "olvidada" y ocultada y así volver a recrear la verdadera historia que nos han robado nuestros líderes masónicos.

Nuestra civilización ha fracasado en muchas áreas cruciales. Estos fracasos se han visto agravados por el hecho de que quienes han comprendido la razón de nuestras preocupaciones se han negado a hablar. Otros no han sido capaces de darse cuenta de lo que es obvio - que han actuado fuerzas económicas ocultas detrás de las escenas decoradas con esmero y, casi sin oposición, manipulándonos hacia nuestra actual situación desesperada. Se nos ha asustado y debilitado, y por eso los enemigos de la humanidad han logrado su traicionera conspiración.

Las fuerzas ocultas son incapaces de actuar libremente sin primero eliminar hechos importantes de nuestra historia. Refiriéndonos a esta información oculta,

---

[1] *Bajo el signo del Escorpión*, Omnia Veritas Ltd, www.omnia-veritas.com

ha sido posible identificar claramente a las fuerzas masónicas, que han hecho todo lo posible por transformar nuestro mundo en el infierno en la tierra.

Se nos ha dañado mental, física y genéticamente. Hemos comenzado a preferir la oscuridad a la luz. La mayoría de nosotros ha elegido creer en los mitos ilusorios de los masones y ayudar en la lucha contra aquellos que han tratado de revelar la verdad de los hechos. Demasiados han decidido defender estas fuerzas oscuras. Las fuerzas del mal están cerca de la victoria. También aquellos que defienden a estas fuerzas deberán compartir la responsabilidad por sus crímenes contra la humanidad. Muchos de nosotros hemos sido víctimas de los masones y de nuestra codicia personal.

Este libro intenta dar una visión de conjunto de las circunstancias que han llevado a dolorosos reveses, que nos han afectado especialmente durante los últimos 300 años.

Para orientarnos, necesitamos finalmente atrevernos a nombrar esos acontecimientos y esas personas por sus nombres reales, a pesar de que los responsables se han vuelto más fuertes que nunca y oficialmente niegan su participación en todos estos imperdonables y graves crímenes contra la humanidad. Fuentes internas de los masones, sin embargo, no niegan los crímenes.

Presentaré estos hechos ocultos para que sea posible sacar algunas conclusiones sorprendentes y revelar a cada buscador de la verdad quienes son realmente nuestros verdugos.

No ser conscientes de estos hechos es en sí mismo un mal, porque la ignorancia sirve al mal. Es por este motivo que nuestros líderes nos quieren hacer creer que la falta de conocimiento histórico y la ignorancia acerca de los secretos de la naturaleza constituyen el verdadero conocimiento.

Quien no examine los diferentes aspectos de la conspiración seguirá siendo incapaz de comprender el mundo. Para él cada cosa parecerá oscura y misteriosa. Incluso los antiguos romanos, decían: "Magna est veritas et praevalebit." ("La verdad es grande y triunfará.")

Los Masones siempre han estado enamorados de las grandes estructuras sociales y de los súper-estados. Han fomentado las agitaciones sociales violentas, que en realidad eran provocadas por sus grandes logias bajo la dirección de los grandes maestros masónicos, "grandes revoluciones populares". El psicólogo suizo Carl G. Jung declaró: "En las organizaciones mas grandes, lo más inevitable es su inmoralidad y su ciega estupidez." (Carl G. Jung, "Die Beziehungen zwischen dem Ich und dem Unbewussten", Darmstadt, 1928) También tenemos pistas sobre lo que ocurrirá dentro de la Unión Europea - la última creación de los masones. Jung afirmó en el mismo libro: "Cuanto mayor es una sociedad o una confederación, mayor es la amalgama de factores colectivos - típicos de toda gran organización - que reposarán sobre prejuicios conservadores en detrimento del individuo, más se agravará la degeneración moral y espiritual del individuo."

Aparentemente hemos sido forzados hacia diferentes ideologías. De hecho, siempre hemos estado lidiando con diferentes aspectos de la misma ideología - iluminista, propagada por la francmasonería internacional. Sólo las personas inseguras, las ideologías débiles y las religiones tienen necesidad de recurrir a la violencia para afirmarse - el judaísmo, el islam, el comunismo, el nacionalsocialismo y otros.

El hilozoísmo, que sigue las enseñanzas de Pitágoras, nunca ha recurrido a la violencia, ni el budismo. Este hecho por sí solo muestra el valor de sus enseñanzas filosóficas, que puede ayudar a las almas que buscan la verdad. Por este motivo, los masones desprecian las enseñanzas que representan bondad y desarrollo espiritual.

Los socialistas (los sirvientes más eficaces de los masones) son particularmente propensos a utilizar la violencia en sus intentos de asesinar el alma. Consideran que es más efectivo y beneficioso asesinar el alma que el cuerpo. Los comunistas no llegaron a ninguna parte destruyendo los cuerpos de las personas. Bajo el símbolo de los iluminados y la francmasonería - la rosa roja - los socialistas van detrás de nuestras almas. El escritor francés Romain Rolland declaró: " Los asesinos del alma son los peores".

Los socialistas son muy conscientes de que su falsificación de la historia conduce a una sociedad sin historia. El socialista judío / ruso Alexander Herzen manifestó en 1850: "No hay nada más repugnante que una falsificación de la historia por orden de los que están en el poder." Marx puso el dedo en el método más importante de los iluminados: "Si puedes aislar a la gente de su historia, podrán ser fácilmente persuadidos."

Si bien podemos comprobar que nuestros dirigentes ocultan hechos con la ayuda de "historiadores" corruptos, debemos darnos cuenta que esta falsificación de la historia es parte de la conspiración, ya que quien controla nuestra historia también controla nuestro futuro, según el autor británico George Orwell. Y aquellos que controlan nuestro presente también controlan nuestro pasado.

Todos estos "ismos" son sólo herramientas útiles para las fuerzas oscuras masónicas que a menudo utilizan diversas ideologías sombrías para llenar los vacíos en su intento de construcción "de un mundo mejor para todos nosotros". Es por eso que los masones quieren destruir todo lo relacionado con lo "viejo", es decir las tradiciones y el sentido común.

He visitado muchas logias poderosas por todo el mundo para conocer el material propio de los masones y sus obras. Las fuentes originales son las más fiables.

Opino que los masones, con su antinatural organización, están al borde de una gran catástrofe. Este libro muestra cómo y sobre todo por qué.

Jüri Lina

Estocolmo, Octubre de 2004

Capítulo I

Trance de consenso

M *alta yok* es turco, una expresión bien conocida entre los historiadores y significa "Malta no existe". En 1565, la armada turca descubrió naves enemigas cerca de Malta. Los almirantes se impactaron tanto con esto que enviaron el siguiente mensaje al sultán de Estambul: "Malta yok."

Hoy los historiadores de mentalidad independiente utilizan esta expresión cuando se encuentran con hechos previamente inaccesibles o datos históricos sensibles, que los que ostentan el poder pueden negar o esconder. Hay tantas mentiras mezcladas con la verdad que la gente se confunde. Pero hay una alternativa a la verdad oficial, ya que a menudo las cosas no son lo que parecen.

En nuestro mundo, controlado por la masonería, una regla se aplica sin duda: si algo ha pasado pero los medios de comunicación no informan de ello, entonces simplemente no se ha producido. Pero si algo aunque no haya pasado, los medios de comunicación informan de ello, entonces, sin embargo si que ha sucedido. ¡Debemos aprender a cuestionar la verdad oficial!

El profesor Daniel Boorstin, bibliotecario del Congreso desde 1975 hasta 1987, una vez declaró:

> "Los estadounidenses viven en un mundo de pseudo-hechos, que crean para ellos sus propios medios."

La gente quiere ver lo que no existe y quiere ignorar la realidad. Por lo tanto, la vida es una cuestión de engaño y de autoengaño. Es difícil hacer algún progreso en este laberinto de mitos. Y ciertamente, vivimos en un laberinto de mentiras. Para muchas personas es difícil orientarse ya que no han desarrollado sus poderes de discriminación, que es la capacidad de discernir el bien del mal. Esta es la razón por la que los masones han sido tan eficaces engañándonos con sus llamadas ideologías sociales. Estas mentiras son debidamente amplificadas por la megafonía de los medios de comunicación, que también intentan silenciar, bloquear, o como último recurso mofarse de toda información o idea que no se ajuste a su propaganda - tanto si se trata del asesinato de primer ministro sueco Olof Palme, de las incursiones de submarinos en aguas territoriales suecas por parte de la Unión Soviética, el desastre del "Estonia" (ahora sabemos mediante el análisis metalúrgico que este barco fue hundido por una explosión), de la escritura de la historia moderna o de las actividades de los masones.

Charles T. Tart, catedrático de Psicología de la Universidad de California, llamó a este embotamiento ideológico de nuestro intelecto "trance de consenso" ("Despertarse: Superación de los obstáculos por el potencial humano", Boston, 1987). Consenso significa acuerdo o entendimiento común. Así el trance de consenso implica por lo tanto el hecho de que hemos aceptado una falsa concepción de la realidad, no a través del procesamiento lógico de los hechos sino a través de una manipulación intensiva (lavado de cerebro) por parte de la élite mundial.

Demasiados entre nosotros hemos quedado afectados por el trance de consenso, por lo tanto estos mitos son una creencia común. Los métodos de sugerencia que los masones y otros manipuladores han utilizado para hacernos creer en sus mentiras sin reflexionar, han convertido con éxito a la mayoría de nosotros en víctimas de esta audaz manipulación. Por este motivo, instintivamente nos alejamos de hechos incómodos, que amenazan demoler la falsa visión del mundo que los masones han creado y así nos abalanzamos al trance. Muchos de nosotros hemos sido afectados de parálisis mental.

Porque la creencia es el deseo de no saber, como afirmó el masón y filósofo Friedrich Nietzsche. Es por eso por lo que es importante exponer los mitos propagandísticos más peligrosos. Anestesiar mentalmente al mundo occidental ha sido un gran éxito. La mayoría de la gente se han convertido en víctimas del tipo de fe ciega llamada "corrección política" y prefieren vivir en su mundo ilusorio.

Las autoridades han inventado o explotado ciertos mitos, que sirven a sus propósitos y van en contra de nosotros. Estas fantasías se aplican a la historia, salud, cultura, política y a otros temas importantes. Uno debe tener fe y confianza en sí mismo para encontrar la fuerza necesaria para enfrentarse a la realidad que se presenta en este libro.

Despertar del trance es un proceso difícil y laborioso. Son necesarios determinados factores clave para conseguirlo, hechos que el lector, a pesar de todas las mentiras, puede reconocer y tiene la posibilidad de verificar. Este es un ejemplo clásico de los diarios de Darwin.

Los Patagones (un pueblo tribal del sur de Argentina) no podían ver el barco de Darwin, "El Beagle", conceptualmente o incluso ópticamente, ya que hasta entonces los grandes barcos no habían formado parte de su experiencia. Sólo el chamán de la tribu podía ver la nave. Cuando el chamán comenzó a describir la nave con la ayuda de objetos conocidos por los Patagones, el barco se hizo visible para todos. Tenían un consenso de la realidad, que se aplicaba a embarcaciones pequeñas, pero les faltaba una concepción similar para barcos grandes. Muchos periodistas no tuvieron el suficiente juicio crítico como para aplastar el consenso de la realidad aplicado en el curso de los acontecimientos reales durante el desastre del "Estonia" - ni siquiera han logrado entender que la Comisión conjunta de investigación de accidentes estaba obviamente mintiendo sobre cuestiones clave.

Muchos de nosotros no tenemos juicio crítico sobre nuestro entorno social, político y práctico, ya que confiamos ciegamente en los mitos con que nos alimentan cada día, desde fuentes masónicas, a través de los medios de comunicación.

La mayoría de nosotros prefiere confiar ciegamente en diferentes fabricaciones políticas, sociales y científicas y negar cualquier sugerencia sobre el control escondido entre bastidores, no quieren ver que los acontecimientos políticos, económicos y sociales más importantes del mundo no son fortuitos, sino previstos por grupos no democráticos que se esconden detrás del nombre "masones". Las condiciones de inferioridad y degradantes, que vemos por todas partes en diferentes países, no han llegado a serlo sólo porque sí. Si aceptamos esta explicación, inmediatamente empezamos a entender todo lo que está pasando y todas las piezas del rompecabezas se colocan en su sitio. En caso contrario iremos a tientas en la oscuridad y no entenderemos nada.

Los mitómanos masones son enemigos de la libertad espiritual de la humanidad. Las diversas poderosas y crueles logias masónicas que han sido formadas por las autoproclamadas élites durante los últimos dos siglos han estado dirigiendo a nuestra sociedad hacia una ruina cierta. Si nos negamos a ver esta realidad, significa que aceptamos que estamos viviendo en un mundo sin sentido, un mundo absurdo, que sin motivo razonable se ha transformado en un asilo lunático kafkiano, surrealista.

Estas potentes logias están trabajando, entre otras cosas, para crear un súper-estado en Europa - la Unión Europea - y un gobierno mundial bajo su poder mediante la guerra psicológica contra nosotros, los no-masones. Estos grupos socavan la dimensión más importante en nuestras vidas - la dimensión espiritual. Han causado la mayor crisis espiritual a través de los siglos. La sociedad que han formado los masones ha perdido de vista el verdadero propósito de la vida. Muchas personas ya no pueden entender los valores espirituales. Ni siquiera saben lo que significa la palabra "espiritual".

Los masones son cada vez más intensivos en su propagación de ideas antinaturales como el globalismo (un nuevo internacionalismo) o el mundialismo, aparentemente con el fin de promover el desarrollo espiritual de la humanidad y de construir un nuevo orden mundial. Esto es un engaño sin precedentes. De hecho, los masones pretenden construirnos un nuevo Templo de Salomón. ¿Por qué tenemos que vivir en un mundo, que alegóricamente podría ser considerado como un templo israelita, donde ciertas personas sean elegidas para gobernar y otros sean esclavos que puedan ser sacrificados como animales?

El templo que había construido Salomón era un matadero, donde muchos animales eran sacrificados diariamente para apaciguar el hambre de Yahvé. Los sacerdotes en realidad eran carniceros que se enriquecían a través de su horrible trabajo. Según el profesor ruso Lev Gumilev, Yahvé es un terrible demonio de fuego (Lev Gumilev, "The Ethnosphere", Moscú, 1993, p. 480).

En la Unión Soviética, se utilizaban constantemente términos masónicos típicos del movimiento comunista. Querían "construir una sociedad nueva" y un "futuro mejor y más brillante" o querían reconstruir el pasado (perestroika).

El profesor de literatura de la Universidad de Tokio Jiro Imai, en la década de 1920 escribió en su libro "En el mundo de la sociedad secreta" que "la masonería es la más peligrosa y subversiva de las sociedades secretas".

La Asociación sueca para salvar al individuo (FRI), que combate las sectas y "salva" a la gente de organizaciones autoritarias, enumeró los criterios que definen un movimiento destructivo:

- Falsa declaración de intenciones y descripción engañosa a la hora de reclutar miembros.

- Manipulación mediante métodos psicológicos (control mental) que se utiliza durante el reclutamiento y el adoctrinamiento.

- Un líder todopoderoso que exige la sumisión total y afirma tener conocimientos especiales y poderes.

- La ideología no puede ser cuestionada, la duda es algo malo, que debe ser combatido.

- La imagen de la realidad es en blanco y negro: los miembros son los elegidos (los buenos), todo lo que está fuera del movimiento es malo y hay que oponerse a ello.

- Hay un montón de dinero en juego, que a veces emana del delito.

La masonería internacional cumple con todos estos criterios de secta destructiva, pero el FRI se niega a criticar la francmasonería y en cambio calumnia a aquellos que denuncian la francmasonería política. El 15 de abril del 2000, la Asociación de Estocolmo invitó a Hakan Blomqvist de Norrkoping a dar una conferencia pública. Blomqvist, que es un mentiroso profesional, "humanista" y "Cazador de nazis", se negó varias veces durante su conferencia en responder a la pregunta de si la masonería era una secta destructiva o no. El lector podrá ser capaz de adivinar los intereses a los que sirve este hombre.

La secta más peligrosa de todas - la francmasonería - no se ha separado de la sociedad, sino que interviene en su desarrollo de una manera muy negativa.

Presumiblemente los masones han conseguido el adoctrinamiento de la sociedad, puesto que ya no son considerados una amenaza seria. Los masones tienen el control de los medios de comunicación.

"Si se controla la radio, la prensa, la escuela, la iglesia, el arte, la ciencia, el cine - uno puede transformar cada verdad en una mentira, cada sinrazón en razón." (Alf Ahlberg, "Idealen and deras kuggbilder " / "Los ideales y sus sombras", Estocolmo, 1936, p. 135)

Las masas siempre han creído en los dioses que se propagan a sí mismos más dramáticamente.

"El poder de controlar el flujo de noticias es lo mismo que el poder de controlar el pensamiento de la gente. Podemos presumir de prensa gratuita en los Estados Unidos. ¿Pero cómo de libres somos realmente cuando recibimos la misma noticia desde todos los conglomerados de los grandes medios de comunicación y cuando nunca llegan a la mayoría de los estadounidenses opiniones alternativas? El poder de notificar y describir la realidad está ahora en manos de unos pocos. Y el interés de estas pocas personas poderosas está en oposición con el interés de la gente, el interés general. No hay ninguna diferencia en que estos conglomerados de medios de comunicación tengan diferentes nombres y apariencias, ya que todos comparten los mismos valores, son una garantía para que recibamos información clonada." (Del diario estadounidense *The Nation*, información de *Aftonbladet*, 31 de octubre de 1997)

Los pocos que controlan el flujo de información pertenecen a la francmasonería internacional. Estas fuerzas no se preocupan por los intereses de las personas.

Noam Chomsky escribió:

"La propaganda funciona más eficazmente si uno consigue mantener la ilusión de que los medios de comunicación son observadores imparciales. Los debates difíciles dentro de unas fronteras invisibles en realidad tendrán el efecto de fortalecer el sistema."

No es posible controlar las logias masónicas u otras estructuras elitistas. Sabemos que un grupo, cuando no puede ser controlado, inmediatamente comienza a manipular la prensa y cree que permanece por encima de la ley. Los masones utilizan los mitos como base de su poder en su guerra contra la humanidad.

Los mitos como base de poder

Durante siglos toda Europa creyó en brujas. Grandes libros escritos por hombres ilustrados, como el infame "Malleus maleficarum" ("El martillo de la bruja") de Heinrich Institoris y Jakob Sprenger, publicado en 1486 e impreso en otras 30 ediciones hasta el 1669, estigmatizaba las prácticas infames de las brujas. Esto fue motivo suficiente para que la iglesia se considerara justificada para la ejecución de miles de mujeres inocentes.

¿Quien entre todos nosotros aún creería en brujas hoy, si nos hubiéramos criado con historias de horror sobre brujas desde nuestra primera infancia y si los medios de comunicación informaran de sus atroces crímenes día tras día?

Cada vez son más los mitos que han empezado a erosionarse recientemente. No resisten el escrutinio. Los hijos de Israel nunca fueron esclavos de Egipto. Ni vagaron a través del desierto del Sinaí durante cuarenta años ni conquistaron Canaán por la fuerza. Esto fue revelado por Zeev Herzog, profesor de arqueología de la Universidad de Tel Aviv.

"La época bíblica no ha existido nunca. Tras 70 años de excavaciones, los arqueólogos han llegado a una conclusión alarmante: simplemente no es cierto," escribió Herzog en el diario israelí *Ha'aretz*.

La mayoría de los arqueólogos israelíes están de acuerdo con el hecho de que el Éxodo bíblico de Egipto no corresponde a hechos históricos. También hay expertos que han aceptado que Joshua no conquistó

la ciudad de Jericó en una sola batalla y que las murallas no cayeron debido al sonido de las trompetas. El arqueólogo Adam Zertel de la Universidad de Haifa, también sabe que lo de ir vagando por el desierto es un mito.

Según Herzog, David y Salomón nunca gobernaron un imperio poderoso, sólo era un pequeño reino tribal sin ningún tipo de poder. Jerusalén, que fue capturada por el rey David, sólo era un estado feudal.

En general se cree que los vándalos eran bárbaros incivilizados que lo destruían todo a su paso. Esta es una mentira deliberada. Los vándalos rubios y de ojos azules eran un pueblo nórdico y eran tan civilizados como cualquier otro pueblo. Eran originarios de Jutlandia del Norte, al sur de Escandinavia.

La iglesia católica se opuso a las creencias religiosas de los vándalos, llamada Arrianismo, que negaba la divinidad de Jesucristo y interpretaba todos los acontecimientos a la luz de la teoría de la reencarnación. Por ello, los vándalos eran una amenaza para los mitos generalmente aceptados.

En 534 Bizancio consiguió destruir el reino de los vándalos con su rica cultura y capturó su capital, Cartago. Los conquistadores mataron a la gente mayor y a los niños, los hombres se vieron obligados a convertirse en soldados y las mujeres fueron casadas con hombres de otras razas. Después de sólo una generación, los vándalos y su religión habían sido borrados de la faz de la tierra. ¡Y la historia la escriben los vencedores!

No hace mucho, los suizos creían que el asalto de los castillos de los Habsburgo se habían producido después de la toma de juramentos de Riitli en 1291 Las excavaciones han demostrado que los castillos habían sido abandonados sin ninguna lucha mucho antes, respectivamente mucho después de 1291 El asalto de los castillos nunca pasó (Werner Meyer, "1291 - Die Geschichte").

El astrofísico británico Sir Fred Hoyle llegó a la conclusión de que el universo está gobernado por una inteligencia superior. En 1978, Hoyle describió la teoría de la evolución del conspirador Charles Darwin como equivocada y afirmó que la creencia de que la primera célula viva había sido creada en el "Mar de la vida" sencillamente era errónea. En su libro "La evolución del espacio" (1982), se distanció completamente del darwinismo. Afirmó que la "selección natural" no podía explicar la evolución.

Hoyle preguntó en su libro "El universo inteligente" (1983):

"La vida tal como la conocemos que es, entre otras cosas, depende de como mínimo 2000 diferentes enzimas. ¿Cómo podrían las fuerzas ciegas del mar primordial lograr reunir los elementos químicos correctos para construir los enzimas?"

Según sus cálculos, la probabilidad de que esto ocurra es sólo una entre 10 elevado a 40.000 (un 1 seguido de 40.000 ceros). Esto sería aproximadamente las mismas opciones de sacar 50.000 seises seguidos con un dado. O como Hoyle lo describe:

> "La posibilidad de que formas superiores de vida pudieran haber surgido de esta manera es comparable con la posibilidad de que un tornado pasando a través de un montón de chatarra pudiera montar un Boeing 747 a partir de sus materiales... me encuentro perdido intentando entender la compulsión generalizada de los biólogos en negar lo que a mí me parece obvio." ("Hoyle en evolución", *Nature*, vol. 294, 12 de noviembre de 1981, p. 105)

Las probabilidades son sólo para los enzimas, si también se tienen en cuenta en nuestro cálculo todas las demás moléculas relevantes para la vida, la situación de la biología convencional se convierte intrínsecamente insuperable. Las cualidades únicas del hombre (conciencia, moral y religión) no se corresponden en absoluto con la tesis evolucionista de "la supervivencia del más apto". Un mártir elige la muerte antes que renegar de sus creencias.

Hoyle destacó que la ciencia una vez más debe aceptar que hay una inteligencia superior en el universo. Sir Fred Hoyle cree que la teoría evolucionista de Darwin es un mito perjudicial. Declaró: "Debemos ajustarnos a ello en nuestros programas de investigación científica."

La teoría de la evolución fue elaborada por la Sociedad Lunar, fundada por iniciativa del masón de alto rango Benjamin Franklin en Birmingham, Inglaterra, en 1765. Más tarde emigró a América. Los miembros se reunían una vez al mes durante la luna llena. La sociedad era una organización masónica revolucionaria que apoyaba el derribo de monarquías y socavar la creencia en Dios (Ian T. Taylor, " En la mente de los hombres: Darwin y el Nuevo Orden Mundial", Minneapolis, 1984, p. 55).

Un miembro importante de la Sociedad Lunar fue Erasmus Darwin (1731-1802). Se convirtió en el abuelo de Charles Darwin y entre 1794-96 escribió el libro "Zoo-nomía, o las leyes de la vida orgánica", cuya conclusión era la misma que la de "El origen de las especies", que su nieto escribió en 1859.

De esta manera, los masones lograron difundir desinformación sobre cómo sólo podemos vivir una vida en la tierra y que estamos solos en el universo, que se creó a sí mismo de la nada. Según los humanistas, todo desarrollo humano termina con la muerte física. "El origen de las especies" de Darwin es un fraude. La palabra "evolución" aparece por primera vez en la sexta edición, impresa en 1872, el mismo año en que

murió el autor. En su libro "En las mentes de los hombres: Darwin y el Nuevo Orden Mundial", el científico Ian T. Taylor reveló como la Sociedad Lunar y otras organizaciones masónicas han llevado a muchos intelectuales por mal camino con su manipulación y con la ayuda de la ciencia "moderna".

Tanto Erasmus Darwin como su amigo James Watt de la Sociedad Lunar eran masones. El Darwin más viejo fue iniciado en la Logia n° 36 de St. David en Edimburgo el 1754. Más tarde también fue miembro de la Logia Canongate Kilwinning n° 2 (*Freemasonry Today*, otoño de 1999).

Los científicos admiten ahora que los neandertales no fueron nuestros ancestros, ya que el análisis del ADN mitocondrial demuestra que pertenecían a otra especie. Svante Pääbo, profesor de Biología de la Universidad de Múnich, demostró que no eran nuestros antepasados (*Natur & Vetenskap*, n° 9, 1997, p. 11). Charles Darwin luego desarrolló una ideología, llamada humanismo, que la masonería internacional comenzó a utilizar como arma contra personas con creencias espirituales. Charles Darwin fue sólo un chico de los encargos para la élite masónica. Con la ayuda de entidades "humanistas", los masones han extendido el ateísmo y otras doctrinas falsas.

El físico cuántico británico Paul Davies, sin embargo, postula en su interesante libro "Dios y la nueva física" (1983) que "una conciencia universal gobernante utiliza las leyes de la naturaleza para un propósito determinado". A su juicio, la física cuántica es el camino más seguro para encontrar hoy a Dios. Paul Davies escribe en un artículo:

> "El mismo hecho de que el universo está en proceso de creación y que sus leyes han permitido estructuras complejas que han llegado a existir y desarrollarse en la vida consciente, es para mí un fuerte testimonio de que algo está pasando entre bastidores. Me parece imposible negar la impresión de que todo está previsto..." (*Svenska Dagbladet*, 3 de marzo de 1989, p. 14)

La teoría del psicoanálisis de Sigmund Freud sólo era un gran engaño. Esto fue revelado por, entre otros, Daniel Stern, un profesor americano de Psiquiatría en Ginebra. El llamado modelo regresivo de Freud no es verdad, afirma Stern. Si fuera cierto, sería posible utilizarlo para predecir los problemas de la gente o para mostrar una conexión entre las primeras molestias y problemas más adelante en la vida. Pero esto no ha tenido éxito (*Svenska Dagbladet*, 1 de junio de 1990).

Freud pertenecía a la organización masónica judía B'nai B'rith (Peter Gay, "Freud", Estocolmo, 1990, p. 158). Durante el período en que Freud estaba trabajando en su teoría del psicoanálisis (1880 a 1890), usaba cocaína diariamente. La cocaína es un poderoso estimulante sexual.

Elogiaba la droga y la suministraba a amigos y conocidos. Incluso escribió "canciones de alabanza" en su honor. Freud introdujo la cocaína en el mundo occidental.

Se nos oculta información sobre alternativas políticas eficaces. La historia oficial es que la vida era más difícil en el pasado. Pero han existido sistemas políticos con un buen funcionamiento, que no han sido anunciados.

El faraón Amenophis IV, que gobernó entre el 1353 y el 1335 a C, fue un gobernante sabio y de buen corazón que trató seriamente de reformar la sociedad egipcia. Abolió los sacrificios de sangre y se convirtió al culto al sol para adorar sólo a un Dios-Aton. Se hacía llamar Akhenaton (lo que es útil a Aton). Disfrutaba de la filosofía y detestaba la guerra. Aprobó una ley en la que declaraba que la religión representaba la bondad y el amor. Destacó:

"El nombre de nuestro dios es Aton, que es el Sol, el gran dador de vida. Deja que todas las personas sean iguales tanto en la vida como en la muerte."

Trasladó la capital de Tebas a Tell Amarna, 300 km al norte y la rebautizó como Akhet-Aton, confiscó la propiedad de los sacerdotes, que los había llevado a detestar a la gente y crear un estado dentro del estado. Dividió la tierra de los sacerdotes entregándola a agricultores y esclavos. Hizo que fuera ilegal ser rico sin trabajar. Tomó todo el oro de los templos y lo dio a los pobres. Consideraba la pobreza como un signo de ineficiencia.

Liberó a todos los esclavos y personalmente vivía de una manera frugal y modesta. Declaró ilegal el sacrificio de animales con medios que supusieran un sufrimiento innecesario. El faraón detuvo todas las guerras y liberó a gran parte del ejército. Siria, que se había hecho famosa por llevar la prostitución y otros pecados a Egipto, fue la primera colonia en recibir la independencia.

Akhenaton fue víctima de una conspiración. Su propio médico le envenenó.

Sus últimas palabras fueron:

"El reino eterno no tiene ningún lugar en la Tierra. Todo vuelve a su forma original. El miedo, el odio y la injusticia gobiernan de nuevo el mundo y el pueblo vuelve a ser esclavo y sufre otra vez como lo hacía antiguamente. Habría sido mejor si nunca hubiera nacido que haber vivido para ver el triunfo del mal sobre el bien."

Tutankamón, que asumió el trono, lo devolvió todo a las viejas costumbres (Otto Neubert, "Tutankamon y el Valle de los Reyes", Manchester, 1954, p. 151-174). El nombre de Akhenaton fue borrado de todas las inscripciones y su ciudad real fue derrumbada.

Un sistema basado en la espiritualidad puede tener mucho éxito. Esto lo demostró el matemático y filósofo griego Pitágoras (580-500 d C), que era de la isla de Samos. Después de sus expediciones exploratorias, fundó la sociedad de Kroton (la actual Crotona) y la Hermandad esotérica hilozoísta (la asociación de los Pitagóricos) y una escuela en Siracusa en Sicilia. Puso en práctica una ley justa. Los pitagóricos eran la aristocracia espiritual. Además de la filosofía y la geometría, buscaban una base numérica para el universo. Pitágoras desarrolló una escuela del pensamiento esotérico, que todavía existe hoy.

Pitágoras sorprendía a todos con su gran conocimiento de la magia. Su influencia en el desarrollo del sur de Italia durante más de 30 años fue extensa. Los pitagóricos reformaron la sociedad por medios éticos. Su gobierno fue llamado "aristocracia" (el gobierno de los mejores o los mejor informados). La ciudad-estado polis nace en Kroton, que estaba gobernada por 300 aristócratas que eran célibes para evitar el nepotismo. La economía florecía y la vida cultural era rica. No había libertad de expresión. El principio central era la honestidad.

Las mujeres en este sistema eran iguales a los hombres y se les permitía llegar a altos cargos en la sociedad, como relató Diógenes Laertios.

En Rusia, grupos masónicos criminales tomaron el poder en 1917 y fundaron lo contrario de la aristocracia - una cacistocràcia, el gobierno de los peores y los más ignorantes.

El discípulo más famoso de Pitágoras, Platón, desarrolló su teoría de la República ideal de las experiencias de Crotona. Se ha afirmado que esta teoría fue el prototipo del comunismo. Este es un típico caso de desinformación. ¡Era todo lo contrario! Platón aboga por el gobierno de los filósofos (los sabios), no por una tiranía de la ignorancia.

Un rico potentado, celoso y amoral llamado Kylon organizó un complot contra los aristócratas librepensadores de Crotona, que llevó a la ejecución de muchos líderes de los filósofos. Pitágoras se vio obligado a huir. Sin embargo, la influencia de los pitagóricos fue aún mayor después de estos eventos.

Más tarde, se produjo una revuelta más extensa cuando muchos líderes políticos murieron y muchas de las escuelas de la Hermandad fueron destruidas (incluso las de Crotona y Siracusa). La Cofradía se trasladó desde la Italia meridional a Atenas. La información sobre este periodo dorado de la iluminación ha sido ignorada en la historia moderna.

Fue Pitágoras, quien comenzó a utilizar el término "filosofía" y se llamaba a sí mismo filósofo o amigo de la sabiduría. Pitágoras también desarrolló un sistema esotérico llamado hilozoísmo. Afirmaba que toda materia posee conciencia o alma. Todos los mundos son entidades espirituales. Incluso los planetas son seres vivos. El universo también es consciente. Hilozoísmo en griego significa "la doctrina de la materia viva" ("hyle" significa materia y "zoe" vida).

El principio espiritual pretende alcanzar más conocimientos y menos fe. Por este motivo los budistas creen que el pecado más grande es la ignorancia, ya que conduce a la delincuencia.

No ocurren grandes saltos durante la evolución normal. Las revoluciones son perjudiciales, especialmente las producidas para frenar el desarrollo. Esto es un delito grave contra la naturaleza.

El mayor daño ha sido causado por todo tipo de mitos sobre el comunismo y sus verdugos. El ex-ministro sueco Hjalmar Branting escribió en *Folkets Dagblad*:

> "La gran hazaña de Lenin siempre quedará como una de las más significativas en estos tiempos difíciles, significativa por su sencillez y su amor imprudente por la revolución social." (Hjalmar Branting, "Tal och skrifter", Estocolmo, 1930, XI, p. 231)

Durante muchos años, hemos sido alimentados con el mito soviético sobre Katyn. Los alemanes supuestamente asesinaron a varios miles de oficiales polacos en el bosque de Katyn. Esta mentira ahora ha quedado expuesta.

Muchos mitos traidores se encuentran repartidos en muchas áreas - sobre la seguridad de la vacunación, que somos biológicamente idénticos, que el edulcorante artificial aspartame no es peligroso, que la vitamina C es perjudicial.

Gagarin nunca estuvo en el espacio

Un engaño de la propaganda soviética ha sido revelado en los antiguos países comunistas (por ejemplo Hungría, Estonia y Polonia). Fue un mito que todo el mundo había creído, que el oficial de la Fuerza Aérea Soviética Yuri Gagarin había realizado un vuelo espacial. Muchos gobiernos occidentales fueron conscientes de este bluf soviético pero no quisieron revelar la verdad. Se pretendía que la gente no supiera que la Unión Soviética era un estado atrasado.

Un libro interesante sobre esto es "Gagarin: Una mentira cósmica" ("Gagarin - kozmikus hazugsag", Budapest, 1990) del periodista húngaro István Nemes. Ni una sola palabra sobre las contradicciones que rodean el "viaje espacial" de Gagarin ha sido publicada en Suecia, donde la Unión Soviética sigue siendo considerada con un gran respeto. Tal revelación sería demasiado comprometedora.

Hasta 1961, los Estados Unidos habían logrado enviar 42 satélites, la Unión Soviética sólo 12 Estados Unidos también informó al mundo que Alan Shepard haría un viaje espacial en la nave *Libertad 7* el 5 de mayo de 1961

La Unión Soviética se vio obligada a hacer algo para salvar las apariencias. Por este motivo un cosmonauta soviético, Vladimir Ilyushin, fue enviado al espacio el 7 de abril de 1961 Los estadounidenses interceptaron varias radiocomunicaciones entre él y el centro espacial de la Unión Soviética. El aterrizaje de Ilyushin falló y resultó gravemente herido. No podía ser mostrado al público. Se alegó que había sido herido en un accidente de coche. Fue enviado a China para recibir un tratamiento médico mejor.

El documental de la televisión rusa "Cosmonauta encubierto" (2001) también afirma que el 7 de abril de 1961, Vladimir Ilyushin salió al espacio, tuvo problemas durante la primera órbita y se estrelló al aterrizar en China durante la tercera órbita. Ilyushin quedó gravemente herido. Fue devuelto a la Unión Soviética un año más tarde. Ilyushin fue asesinado con un montaje de accidente de coche en 1961

La Unión Soviética no tenía una cápsula de repuesto en ese momento y en Moscú se decidió orquestar un farol enorme, una mentira cósmica.

Radio Moscú afirmó que un cosmonauta soviético, Yuri Gagarin, había sido enviado al espacio la mañana del 12 de abril de 1961 en el cohete espacial Vostok. Según el anuncio oficial, ya había aterrizado y estaba en buen estado de salud. Todo el mundo se creyó eso excepto los servicios de inteligencia occidentales. No habían conseguido registrar ninguna comunicación por radio entre Gagarin y el centro espacial.

Este engaño fue orquestado descuidadamente. La prensa polaca ya anunciaba la mañana del 12 de abril que un cosmonauta soviético había estado en el espacio. Los periódicos de otros países no informaron del vuelo de Gagarin hasta el 13 de abril.

En un libro escrito por el oeste, los propagandistas soviéticos afirmaron que unos simples campesinos habían reconocido a Yuri Gagarin poco después de aterrizar en un campo y con entusiasmo gritaron: "¡Gagarin, Gagarin!" Pero en aquel momento no se había informado nada sobre su "viaje espacial", ni se había publicado ninguna imagen de él y su nombre ni siquiera había sido mencionado. El mensaje de la radio y la televisión fue emitido 35 minutos después del presunto viaje. ¿Eran psíquicos aquellos labradores?

El diario *Sovetskaya Rossiya* publicó que Gagarin llevaba un mono de vuelo azul en el momento de aterrizar. En sus memorias, Gagarin afirmó que iba vestido con un mono de vuelo de color naranja.

En su conferencia de prensa, Gagarin leía notas mientras "relataba" su viaje. Durante la rueda de prensa, cometió varios errores cruciales. Gagarin declaró que la ingravidez no había sido ningún problema. Todo parecía muy normal. Ahora sabemos que esto no es así. El cosmonauta German Titov, por ejemplo, tuvo dificultades con el equilibrio y problemas cardíacos. Síntomas similares a los experimentados por astronautas estadounidenses.

Gagarin cometió su error más grave, a pesar de que estaba constantemente asistido por expertos, cuando hablaba a menudo de los descubrimientos en el espacio. Decía: "Entonces vi Sudamérica."

Eso es imposible. En aquel momento era de noche en América del Sur, lo que significaba que no podía ser vista en absoluto. Según los informes oficiales, Gagarin comenzó su "viaje espacial" a las 09:07 hora de Moscú. Él suponía que había volado sobre América del Sur a las 09:22 hora de Moscú. En Chile, habrían sido las 02:22, en Brasil las 03:22 Él nunca podría haber llegado a América del Sur en 15 minutos. Los otros cosmonautas tardaban 45 minutos.

Unos periodistas extranjeros le preguntaron: "¿Cuándo se publicarán las fotografías que hizo en el espacio Gagarin?" Gagarin permaneció en silencio, pensó un momento y respondió: "¡Es que no llevaba ninguna cámara!"

Incluso las sondas espacial soviéticas no tripuladas llevaban a bordo equipos fotográficos. Habría sido un importante triunfo propagandístico publicar imágenes de Gagarin en el espacio. La Unión Soviética no habría perdido una oportunidad como esta. Las fotografías de Shepard eran publicadas inmediatamente. Partes de su vuelo también fueron mostradas en la televisión.

En la rueda de prensa, nunca se explicó si Gagarin aterrizó con su cápsula o había sido expulsado. Si hubiera utilizado el asiento catapulta, él habría encogido unos cuantos centímetros. Esto podía ser fácilmente constatado. Todos los pilotos que han sido catapultados han encogido un poco a consecuencia de la deformación de columna vertebral.

Cuando Gagarin pidió viajar al espacio de verdad en 1968, él estaba dispuesto a hacerlo, según Istvin Nemes. Su avión explotó el 27 de marzo de ese mismo año. El informe oficial con respecto a este evento contiene muchas contradicciones. El informe fue clasificado durante el período comunista. Se afirma que de la parte izquierda del cuerpo de Gagarin no quedó gran cosa después del accidente. En este caso, ¿como se explica que su mono de vuelo terminara aterrizando en la copa de un árbol?

Hay demasiadas preguntas que rodean el vuelo espacial de Gagarin en abril de 1961 Un equipo de investigadores británicos que cuestiona la propaganda que rodea los viajes tripulados a la luna también confirma esta información. ¿Cuando será admitida oficialmente la verdad?

El 12 de abril de 2001, el ingeniero ruso Mikhail Rudenko, en la Experimental Design Office 456, de Khimki en la región de Moscú, admitió en *Pravda* que tres cosmonautas habían muerto en el espacio antes de que Gagarin fuera enviado hacia arriba, es decir, Alexei Ledovskikh (1957), Serenti Zhaborin (febrero de 1958) y Andrei Mitkov (en un intento de vuelo en enero de 1959).

El periodista ruso y candidato a cosmonauta (junio 1965) Yaroslav Golovánov (1932-2003) escribió en su libro "Cosmonaut One" que el 10 de noviembre de 1960, otro cosmonauta, Byelokonyev, también murió a bordo de una nave espacial en órbita. Varias fuentes revelan que entre 7 y 11 cosmonautas habían muerto en órbita antes de Gagarin.

La CIA conocía el farol sobre Gagarin pero no dijo nada. En cambio ellos han publicado más y más mentiras aún más ridículas sobre ellos mismos.

Se afirma que los astronautas que eran masones realizaban ritos mágicos en el espacio. En la Gran Logia de Dallas, hay una pintura de astronautas estadounidenses en la luna realizando ciertos rituales masónicos secretos. Según la información oficial, el astronauta americano y francmasón Edwin Aldrin dejó la bandera de los Caballeros Templarios en la superficie de la luna. También se afirmó que se dejaron dos anillos de oro en la luna, cuya finalidad no se ha aclarado. Más tarde se "filtró" la información de que los masones habían intentado contactar con demonios en la Luna con la ayuda de estos anillos de oro. Kenneth Kleinknecht, un responsable del Departamento de la NASA, así como masón de alto rango y miembro del secretariado del Rito Escocés emitió, supuestamente, las órdenes para estos rituales (Michael A. Hoffman II, "Secretos del Control Mental Masónico", Dresden, NY, 1989, p. 40). Los líderes masónicos tienen una percepción muy extraña de la realidad.

El documental del famoso fotógrafo David S. Percy, "¿Qué pasó en la Luna?" demuestra que tenemos toda la razón al dudar de la autenticidad de los vuelos tripulados Apolo. El filme muestra en detalle cómo las imágenes "de la luna" en relación con el primer vuelo el 20 de julio de 1969 (Apolo 11) fueron falsificadas. Sombras cayendo en diferentes direcciones, que sugieren la iluminación artificial (que ha sido negada oficialmente). Fotografías de diferentes lugares, en las que los astronautas no estaban en la oscuridad incluso cuando estaban en la sombra, fue utilizado el mismo fondo y el mismo cerro aparece dos veces durante dos aterrizajes diferentes. A pesar de la visión clara, no hay estrellas visibles en el cielo, no se formó ningún cráter bajo el módulo de aterrizaje lunar donde los propulsores del cohete habían frenado, no había polvo depositado en el módulo de aterrizaje ni en sus puntales, la bandera ondeaba a pesar del hecho de que no hay ninguna atmósfera en la Luna, en la película de la NASA faltaba el sonido de los motores (150 decibelios), en la que sí se oían las voces de los astronautas. Se podía ver una "roca lunar" con una "G" marcada (como si fuera parte de una marca). En la pantalla de TV apareció una botella de Coca-Cola (¿quizás la vendan en la Luna?), la señal de TV no venía desde la Luna, sino desde Australia, y la tierra era visible desde las ventanas en ambos lados de la cápsula espacial.

Técnicamente era imposible realizar un aterrizaje lunar en ese momento. (Bill Kaysing, un técnico de la empresa que construyó los cohetes *Apolo*, afirmó que la posibilidad de llegar a la luna y volver sin peligro era alrededor del 0.017 por ciento). Al salir de la Luna, no se vieron llamas procedentes de los motores del cohete, como si el cohete hubiera sido levantado con cables.

Unos meses antes del presunto viaje a la luna, probaron un prototipo del módulo de aterrizaje. Neil Armstrong perdió el control del módulo a una altura de 90 metros, pero logró expulsarse a sí mismo. ¿Como es que el aterrizaje lunar funcionó perfectamente?

Los astronautas no pueden viajar a la luna debido a la radiación de los cinturones de Van Allen, el cinturón interior está aproximadamente a 2400-5.600 kilómetros de distancia de la tierra y tiene 3.200 km de anchura, el cinturón exterior está a 12000-19.000 km de la tierra. Esta radiación fue descubierta con la ayuda de satélites sensores en 1958. Las partículas cargadas, protones y electrones, que se han visto atrapadas en el campo magnético de la tierra, se mueven rápidamente en estos cinturones. Estas partículas se han creado dentro de la atmósfera de la tierra por la radiación cósmica y los vientos solares (radiación corpuscular). Se mueven simultáneamente en tres patrones diferentes: en espiral alrededor de la línea magnética, de ida y vuelta a lo largo de la línea magnética y en órbita alrededor de la tierra, los electrones se mueven de oeste a este, los protones de este a oeste.

Las partículas más peligrosas, que contienen más energía, se han recogido en la parte interior de los cinturones, una zona que los astronautas deben evitar absolutamente. Si un astronauta pasa por estos cinturones, enfermaría gravemente o moriría a causa de la radiación poco después de la exposición. Las fotografías que se han tomado también han quedado destruidas.

Durante las tormentas magnéticas del sol, la radiación aumenta. En estas ocasiones puede ser mil veces más fuerte de lo normal. La misión *Apolo 16* coincidió con la tormenta solar más intensa nunca vista. Hubiera sido necesaria una capa de dos metros de plomo para proteger a los astronautas, según el físico Ralph Rene. (Nos protegemos con plomo cuando nos toman radiografías dentales.) La cápsula espacial tenía una fina capa de aluminio. Debido a la radiación, los rusos nunca intentaron enviar a alguien a la luna.

Bill Kaysing cree que los astronautas sobrevolaron la tierra durante ocho días y que mientras la NASA mostraba imágenes falsas de la luna. Las imágenes fueron tomadas en el desierto de Nevada en una base militar secreta llamada Área 51, donde el suelo está lleno de cráteres, semejantes a los de la luna. Si la película de la luna de la NASA se pasa al doble de la velocidad normal, los astronautas parecen que estén corriendo dentro den el campo gravitacional de la tierra.

Las estadísticas de los vuelos no tripulados permitían un margen demasiado pequeño para vuelos exitosos, mientras que los vuelos tripulados se hacían casi todos exclusivamente con éxito. A pesar de que el sistema eléctrico del *Apolo 12* quedó críticamente dañado por un rayo, consiguieron ir de la "tierra a la luna" utilizando sólo el sistema de reserva. Sólo un niño podía creerse un cuento de hadas. Cuando hicieron un intento real en 1970 con el *Apolo 13*, todo salió mal. La pregunta es, ¿qué es verdad y qué es un bluf? Como mínimo el 25% de los estadounidenses creen que el hombre nunca ha aterrizado en la luna. El engaño Apolo costó a los contribuyentes estadounidenses 40 mil millones de dólares. Nunca sabremos qué habría costado si el gobierno de EEUU realmente hubiera intentado hacer llegar a un hombre en la luna.

Una cosa es cierta, ya no es posible confiar en nuestras autoridades. Son unos mentirosos notorios y también bastante descuidados.

Los masones nos exponen a un palimpsesto o *codex rescriptus* destruyendo y ocultando la antigua cultura espiritual y reemplazándola con una cultura de masas inútil, cuyo objetivo es reforzar el efecto del trance de consenso. Durante la edad media, los caros pergaminos eran procesados para ser reutilizados borrando una parte o la totalidad del texto original con piedra pómez. Impagables textos del Islam fueron destruidos y sustituidos por tonterías teológicas. Ya a principios del siglo XVIII, fue posible revelar los textos originales con la ayuda de productos químicos. De esta manera fue recreado el gran trabajo de Cicerón "De re publica".

Desafortunadamente, los suecos son particularmente susceptibles a la práctica del síndrome del palimpsesto - las venenosas y falsas ideas los masones. En Suecia como en la Unión Soviética, a todos los opositores de las injusticias socialistas y del lavado de cerebro, así como a los otros disidentes ideológicos se les denomina racistas y nazis. Los agitadores políticamente correctos son individuos adoctrinados y deberían ser considerados como analfabetos políticos, ya que son totalmente ignorantes de la realidad oculta que controla nuestras vidas.

Goethe escribió: "Nada es más aterrador que la ignorancia extrema".

En el mundo actual la información es considerada como "creíble" si coincide con las opiniones del gobierno. La información no oficial de otras fuentes es completamente ignorada. A medida que la historia continúa, lo que creas que es verdad, sólo puede ser propaganda.

Capítulo II

La oscura historia de los caballeros templarios

Un noble francés-judío, Hugues de Payens, junto con otros ocho cruzados de origen judío, como André de Montbard, Geoffroi Bisol y Geoffroi de Saint-Omer fundaron oficialmente la Orden de los Caballeros Templarios en 1118. Hay, sin embargo, cierta información que dice que la orden se fundó en realidad cuatro años antes (Michael Baigent, Richard Leigh, "The Temple and the Lodge", Londres, 1998, p. 72). En 1114 el obispo de Chartres mencionaba en una carta a "la Milice du Christ", el nombre por el que la orden fue originalmente conocida. El obispo apenas pudo tener un mal año, ya que murió el año siguiente. Hugues de Payens se convirtió en el primer gran maestro de la orden. Los masones Christopher Knight y Robert Lomas afirman que originalmente había once templarios, que intentaban asegurar el paso entre el puerto de Jaffa y Jerusalén (Christopher Knight, Robert Lomas, "El segundo Mesías: Los templarios, el sudario de Turín & el gran secreto de la masonería", Londres, 1998, p. 111). Se hacían llamar los Pobres Caballeros del Templo de Salomón, donde se instalaron en primer lugar. Jerusalén había sido liberada del dominio musulmán 19 años antes (1099), pero los ejércitos cristianos que ocuparon la ciudad y los alrededores estaban bajo la amenaza constante de los enemigos árabes. Por esta razón la iglesia estaba agradecida por los servicios de de Payens y sus caballeros.

Una orden judía secreta estaba detrás de estos hombres, la Orden de Sión (l'Ordre de Sion), fundada en el monasterio de Notre Dame du Mont Sion, en el monte Sión, justo al sur de Jerusalén, en junio de 1099 por Godfroi Bouillon los 39 años, duque de Lorena, descendiente de Guillem de Gellone, que descendía de la tribu de David. El primer gran maestro de la orden fue Hugues de Payens, que más tarde fundó la Orden del Temple. Otro miembro era André de Montbard. El nombre original fue Chevaliers de l'Ordre de Notre Dame de Sion. Hay información que sugiere que la Orden de Sión quizás hubiera sido fundada ya en 1090 (Michael Baigent, Richard Leigh y Henry Lincoln, "Santa Sangre, Santo Grial", p. 111). La élite de la Orden de Sión constaba de 13 líderes. El objetivo principal de la orden siempre ha sido restablecer la dinastía merovingia (Michael Baigent, Richard Leigh y Henry Lincoln, "The Messianic Legacy", Londres, 1987, p. 381).

Cuando Jerusalén fue conquistaba durante las Cruzadas en 1100, un Merovingio, Baldwin I - hermano menor de Godofredo de Bouillon, fue el primer rey del Reino de Jerusalén.

Este movimiento secreto también fundó la Orden del Temple y constituye su núcleo dirigente. La Orden de Sión fue la cabeza invisible de la organización y los Caballeros Templarios su rama militar y administrativa. Hasta 1188, estas dos órdenes tenían el mismo gran maestro. Los Caballeros Templarios se saludan el uno al otro diciendo: "¡Hail, Sión!" o "¡Alabado sea Sión!"

Bertrand de Blanchefort, un gran maestro de la Orden del Temple entre 1156-69, también fue un gran maestro de la Orden de Sión (de 1153 a 1188). Se dice que había sido de los Cátaros. Originalmente, todos los grandes maestros eran Cátaros. El castillo de Blanchefort está situado en la zona de la costa mediterránea al oeste del Ródano que entonces se llamaba Septimania y que estaba poblada principalmente por judíos. Septimània también era conocida como Gothia (Gotie). Tan pronto como en 391 d C, la zona estaba habitada por los Vasos, que fundaron un reino en la Galia meridional alrededor del 418 d C, la capital era Toulouse.

Muchos judíos merovingia fueron más tarde contabilizados como Visigodos. Por este motivo a menudo fueron llamados "Vasos". El mestizaje, era común.

En 768, se fundó un reino judío en Septimania. El reino era prácticamente independiente y reforzaba la ley Mosaica. Toulouse y Narbona eran los centros más importantes para los judíos. Muchos judíos tenían esclavos cristianos.

Uno de los reyes fue Guillem de Gellone, que tenía el apodo de nariz-ganchuda. También era Duque de Toulouse. La localidad de Tolosa se convirtió en un centro de estudios judíos y tenía una academia Judía. Guillermo murió en 812 El reino Judío de Septimania dejó de existir el año 900.

Por los alrededores del 970 los judíos Jázaros habían previsto dar un golpe de estado en Francia por el Volga junto con sus hermanos tribales Góticos y mercenarios Bereberes. De esta manera pretendían tomar el control de todo el país, pero según el historiador y arqueólogo ruso Lev Gumilev, el príncipe de Kiev aplastó el terror judío por el Volga en 965 (Gumilev, "The Ethnosphere", Moscú, 1993, p. 423).

Hubo una lucha interna entre la Orden de Sión y la Orden del Temple, al mismo tiempo que estas organizaciones trabajaban para un objetivo común - el control de la Europa católica. Cuando los Caballeros Templarios perdieron Jerusalén ante los sarracenos en 1188, la Orden de Sión y los Templarios se separaron. El último bastión cayó en manos de los sarracenos el 18 de mayo de 1291

En 1188, la Orden de Sión recibió un nombre nuevo el Priorato de Sión y un gran maestro propio - Jean de Gisors. Al mismo tiempo fue adoptado un segundo nombre Ormuz, que fue utilizado hasta 1306. Según los masones,

Ormuz había sido un mago egipcio. La Orden tenía aún otro subtítulo en reserva, que podía ser utilizado en caso de necesidad - L'Ordre de la Rose-Croix Veritas (Orden de la verdadera Cruz Rosa), según Michael Baigent, Richard Leigh y Henry Lincoln.

En 1616, la Orden de Sión y los Templarios fueron fundados de nuevo en la ciudad de Gisors al norte de Francia. Conjuntamente con esto, la cruz roja de los Caballeros Templarios también se convirtió en el símbolo del Priorato de Sión. Esta cruz tiene los brazos ampliados en las puntas y se conoce como la Cruz de Malta.

En 1619, el Priorato de Sión se convirtió en prácticamente invisible. En 1627, otra organización secreta, la Compagnie du Saint-Sacrament, comenzó a actuar en nombre del Priorato de Sión.

El autor Jean Delaude escribió lo siguiente en un documento perteneciente al Priorato de Sión en 1977: "Desde la separación de las dos instituciones (los Caballeros Templarios y la Orden de Sión) en 1188, el Priorato de Sión ha contado con veintisiete grandes maestros hasta la actualidad". Siendo los más recientes: Charles Nordier (1801-1844), el famoso autor Victor Hugo (1844-1885), a quien sucedió el compositor Claude Debussy (1885-1918), después del cual vino Jean Cocteau (1918-1963).

Otros famosos grandes maestros del Priorato de Sión fueron: Nicolas Flamel (1398-1418), Leonardo da Vinci (1510-1519), Robert Fludd (1595-1637), Johann Valentin Andreae (1637-1654), Isaac Newton (1691-1727), Charles Radclyffe (1727-1746) y Charles de Lorraine (1746-1780), según Michael Baigent, Richard Leigh, Henry Lincoln ("Sangre Sagrada, Santo Grial" (Nueva York, 1983, p. 131).

A principios de 1614, el místico Robert Fludd (gran maestro de la Orden de Sión) puso en marcha el movimiento secreto de los Rosa-Cruz en Inglaterra. Tras él vinieron Thomas Vaughan y Elias Ashmole. Los Rosa-Cruces pretendían hacerse cargo de las logias de los masones. El Priorato de Sión fue la organización secreta que creó el Rito Escocés dentro de la masonería en 1700.

Johann Valentin Andreae escribió el manifiesto original de los Rosa-Cruces con el nombre de Christian Rosenkreutz (Michael Baigent, Richard Leigh, "The Temple and the Lodge", Londres, 1998, p. 201).

Charles Nordier fue gran maestro del Priorato de Sión entre 1801 y 1844. El Priorato de Sión también conspiraba contra Napoleón en ese momento. Según un documento del Priorato de Sión, el número de miembros era de 1093, divididos en una jerarquía de nueve grados, así como unos ocho o nueve mil aprendices.

Charles Nordier escribió más tarde:

"Hay muchas sociedades secretas grandes en funcionamiento. Pero hay una que tiene prioridad sobre todas las demás. Esta sociedad secreta suprema es llamada los Philadelphians." Escribió que "el juramento, que me une a los Philadelphians me prohíbe darlos a conocer por el verdadero nombre social de esta sociedad" (Charles Nordier, "Historia de las sociedades secretas dentro del ejército Napoleónico", p. 105).

El nombre Priorato de Sión no apareció en la conciencia pública hasta el 25 de junio de 1956. La orden fue entonces registrada en la policía francesa. Según la declaración de la organización, su objetivo eran los "estudios y la ayuda mutua entre los miembros". En 1956, el Priorato de Sión tenía 9.841 miembros. La oficina central estaba situada en Annemasse, Alta Saboya, Francia. La orden una vez más se volvió secreta en 1984.

Hoy el Priorato de Sión coopera con la Gran Logia Alpina Suiza de Lausana (fundada en 1844, con 3.700 socios de 75 logias más pequeñas) y el Gran Oriente de Francia. El Priorato de Sión, la mano derecha de los Illuminati, están infiltrados dentro de los modernos Rosa-Cruces y en todas las logias masónicas más poderosas.

El Templo de Salomón fue destruido y saqueado por el rey babilonio Nabucodonosor II sobre el 586 a C. Más tarde fue reconstruido por Herodes el Grande y una vez más arrasado por las tropas Romanas el 70 d C durante la revuelta de Judea (Flavius Josephus, "Historie der Joden", Amsterdam, 1895). Los masones pretenden reconstruir el templo por tercera vez. El templo de Salomón juega un papel central en la religión Mosaica.

Los Caballeros Templarios se trasladaron a las partes que quedaron del templo y nunca permitieron que nadie más entrara. Durante casi diez años, entre nueve y once Caballeros Templarios (los únicos miembros existentes) estaban ocupados en actividades secretas. Oficialmente, vigilaban las rutas de peregrinaje, pero no hay ninguna evidencia de ello. Y ¿cómo se podía proteger sólo con once caballeros las rutas, que abarcaban cientos de kilómetros, donde más y más peregrinos buscaban pasar? Se les llamaba la Milicia de Cristo (Militiae Christi).

Es posible que estos caballeros encontraran parte del tesoro que ni Nabucodonosor II, ni los Romanos lograron descubrir. En los rollos del mar muerto, se menciona que el tesoro del Templo de Salomón consistía en 65 toneladas de plata y 26 toneladas de oro.

Algunas fuentes, incluyendo el historiador contemporáneo Flavius Josephus, afirman también que ciertas reliquias judías (incluyendo el Arca de la Alianza) están escondidas en los pasadizos secretos bajo el templo.

El origen de los Caballeros Templarios

Varios de los nueve (de hecho once) templarios originales pertenecían a una familia que se podía remontar hasta el rey merovingio Dagoberto II, que fue asesinado el 23 de diciembre del 679. Los historiadores católicos hasta mediados del siglo XVII negaron la existencia de Dagoberto II.

Otro miembro de esta familia era el hombre que viajó a "Tierra Santa" junto con la Orden del Temple y se convirtió en el primer rey de Jerusalén tras la reconquista - Baldwin I (hermano menor de Godfroi de Bouillon, el primer gran maestro de la Orden de Sión). Durante la Semana Santa de 1118, su primo Balduino II asumió el poder y creó una base de Caballeros Templarios en su palacio.

Algunas de las riquezas de Jerusalén (incluyendo el Santo Grial) así como documentos secretos fueron probablemente transportados al sur de Francia en 410 d C, cuando Roma fue saqueada por los visigodos.

A finales del siglo V, los merovingios conquistaron gran parte de lo que es hoy Francia e hicieron una sola nación. Los merovingios se convirtieron en la primera dinastía real de Francia, y a pesar de todas las reclamaciones, la dinastía continúa. Michael Baigent, Richard Leigh y Henry Lincoln escribieron sobre ello en su libro "La Sangre Santa y el Santo Grial" (Nueva York, 1983). Asumen que los Caballeros Templarios ya tenían un conocimiento detallado del Templo de Salomón, cuando viajaron por primera vez a Jerusalén.

Hay una conexión entre los merovingios y la tribu judía de Benjamin. El sur de Francia se convirtió en la residencia de muchas tribus judías. Los judíos poblaron principalmente un área del Pirineo en la desembocadura del Ródano, especialmente la zona de Narbona. Esta área antes estaba controlada por los árabes.

En 1128, el primer grupo de hermanos del templo volvió a casa, donde se reunieron con el Papa Honorius II y Bernard de Clairvaux, el líder de una entonces empobrecida orden. Estaba relacionado con al menos uno de los nueve hermanos del templo. Los Caballeros Templarios fueron reconocidos por los líderes religiosos, que celebraban el consejo de Troyes en Francia ese mismo año, a pesar de que sabían que los caballeros eran ateos malvados, atroces saqueadores, asesinos, perjuros y adúlteros.

Bernard se convirtió en su tutor y con el tiempo, se convirtió en un hombre muy rico. Construyó y mantuvo 90 monasterios y 80 catedrales. Estaba muy entusiasmado con los Caballeros Templarios y escribió un manual para la orden en 1135.

En 1134, bajo las órdenes de Bernard, se iniciaron en Chartres las obras de la catedral gótica más grande del mundo. La arquitectura gótica pareció aparecer de la nada y tomó al mundo por sorpresa. Se sospechaba que los Caballeros del Temple originales habían encontrado documentación relativa a la arquitectura en la que se basó el templo de Salomón. Los masones se refieren constantemente a la construcción del templo y al mítico arquitecto Hiram Abiff.

La iglesia había excomulgado anteriormente a muchos de aquellos que habían sido reclutados. El gran maestro llamó a los Caballeros Templarios los albaceas legales de Cristo y la iglesia les otorgó el derecho de llevar armas. El Papa eximió a los hermanos del templo del pecado de asesinato. La orden castigaba muy severamente a un miembro si rompía incluso la más pequeña de las reglas del templo.

El emblema de la Orden del Temple era un caballo montado vez por dos jinetes, símbolo de pobreza y hermandad. Pero uno de los símbolos de la Orden del Temple era un cráneo con huesos cruzados. ¿Era esto realmente un testimonio de su inocuidad?

Los Caballeros Templarios adoraban el culto a Mitras e intentaron apoderarse de Europa. Se expresaban con signos secretos como parte de su conspiración.

La gran influencia de los Caballeros Templarios

En 1143 el Papa Inocencio II hizo a los Caballeros Templarios completamente independientes de todos los reyes, príncipes y prelados. Sólo respondían ante el papa. Bernard de Tromelai se convirtió en el cuarto gran maestro de la orden en 1149.

La Orden de los Caballeros Templarios se expandió enormemente y llegó a ser muy potente en la Europa meridional. La organización poseía tierras en Francia, Inglaterra, Escocia (16 propiedades), España, Portugal, Italia, Flandes, Hungría y en otros lugares. Podían hacer lo que quisieran. Eran expertos en medicina y en el uso de hierbas. Inventaron la banca y fueron los primeros en utilizar cheques. Los Caballeros Templarios eran unos usureros efectivos. Se volvieron banqueros extremadamente competentes para grandes partes de Europa. Los Caballeros Templarios prestaban grandes sumas a monarcas pobres con un interés muy alto y organizaban la transferencia de dinero a los vendedores ambulantes a través de sus conexiones en toda Europa. Reyes de muchos países les debían enormes sumas de dinero. Todo esto allanó el camino para el capitalismo y el sistema bancario. También se habían hecho cargo de los intereses empresariales del rey francés Philip IV. Se convirtió en rey en 1285 cuando tenía 17 años, y enseguida comprendió que él no podría pagar a los Caballeros Templarios los intereses de los préstamos que habían hecho a su padre y abuelo.

Los caballeros pobres fueron muy ricos. También estaban exentos de impuestos, construyeron una poderosa flota y se les permitió construir sus propias iglesias, que eran maravillas de diseño geométrico, por ejemplo la Iglesia de la Vera Cruz de Segovia, que fue construida en 1208. Los interiores de la predominante estructura octogonal de los edificios de los Templarios, estaba basada en una estrella de seis puntas (el sello de Salomón o Estrella de David) y una pirámide.

La Estrella de David es un símbolo de cabalístico. El profesor Gershom Scholem demuestra en su libro "La Idea Mesiánica al Judaísmo" que los hexagramas (la estrella de seis puntas) eran utilizados por los judíos que estaban implicados con la magia negra.

A principios del siglo XIII, había siete mil caballeros, escuderos, funcionarios y sacerdotes en casi todos los países de Europa (Malcolm Barber, "La nueva caballería: Historia de la Orden del Temple", Cambridge University Press, 1994). En los siglos XIII y XIV, la orden construyó 870 castillos y salas capitulares.

Un gran maestro dirigía esta orden con estricta jerarquía. Por debajo de él, había un gran prior. Normalmente los mercenarios llevaban un manto de color marrón o negro. Los caballeros de la orden llevaban un manto blanco con una cruz roja bordada. A su bandera a cuadros blancos-y-negros se le llamaba beaseant, que también era su grito de batalla. Los Caballeros se convirtieron en los "sirvientes y esclavos" del templo.

El líder masónico norteamericano Albert Pike (1809-1891) escribió lo siguiente acerca de los Caballeros Templarios en su libro "Moral y Dogma" (Charleston, 1871):

> "Como todas las sociedades secretas, los Caballeros Templarios tenían dos doctrinas diferentes, una secreta y exclusivamente para los líderes, la otra pública".

En 1252, el gran maestro Raynard de Vichiers desafió al Rey Henry III de Inglaterra (1216-1272) afirmando que la Orden de los Caballeros Templarios había adquirido el poder de destronar a ciertos reyes indeseables.

En Lyon en 1296, se sugirió que la Orden de los Caballeros Templarios y la Orden de San Juan debían unirse. El gran maestro de los Caballeros Templarios, Jacques de Molay, se opuso a esta propuesta.

Felipe IV contraataca

Los Caballeros Templarios, que eran arrogantes y tenían una fuerza militar superior a la suya, irritaron a Felipe IV, también conocido como Felipe el Hermoso (1285-1304). Ni el Papa ni él mismo tenían ningún control sobre ellos. Felipe les debía mucho dinero. También quería ser admitido como miembro de la orden pero fue rechazado. Después de esto, quiso disponer de los Caballeros Templarios. Su predecesor Louis VII (1137-1180), sin embargo, había sido miembro de la orden.

En 1303, Felipe organizó que el Papa Bonifacio VIII fuera secuestrado y asesinado. Después de esto, el Papa Benedicto XI fue envenenado. En 1305, Felipe consiguió organizar la elección de su propio candidato, Bernard de Goth, arzobispo de Burdeos, en la sede papal. El nuevo papa tomó el nombre de Clemente V. Se trasladó desde Roma a Aviñón y con ello causó un cisma en la iglesia católica durante los siguientes 68 años.

En 1306, Felipe el Hermoso hizo arrestar a los judíos en Francia, sus bienes fueron confiscados y fueron desterrados "para siempre". La razón detrás de esta acción era cortar las transferencias secretas de los Caballeros Templarios. También deseaba tomar medidas drásticas contra los judíos usureros de

Lombardía. La expulsión fue revocada al año siguiente de su muerte (1315), pero la familia real lamentó amargamente esta acción. Los acreedores una vez más se convirtieron en una molestia imposible con su usura y unos años más tarde fueron expulsados otra vez.

A esto siguió una historia de experiencias desagradables. En 1187, cuando Felipe Augusto tenía veintidós dos años (1180-1223), que había asumido el poder en 1180, cuando sólo tenía 15 años, decidió desterrar a los judíos de Francia, confiscar parte de su patrimonio y cancelar las deudas de sus tomadores de préstamos. Pero unas décadas más tarde, una vez más volvía a haber judíos en todo el país.

Durante el verano de 1307, un grupo de los principales Caballeros Templarios estaban en una importante misión en el sur de Francia cerca de Rennes-le-Chateau por la antigua ruta de peregrinación a Santiago de Compostela. Evitaban la población local, lo cual era muy inusual. Los Caballeros Templarios tenían un importante bastión en Bézu, cerca de Rennes-le-Chateau y dos castillos situados en la cima de dos montañas. El castillo en Gisors era el cuartel general de los Caballeros Templarios en Francia. Más tarde la sede del Priorato de Sión, en el siglo XVII, se situó en Rennes-le-Chateau.

Durante la primavera de 1307, un prisionero que había sido condenado a muerte deseaba conferir al rey cierta información crucial, que le había llegado, cuando había compartido celda con un Caballero Templario. El hombre condenado buscaba el perdón a cambio de la información. Se le permitió ver al rey. El rey consideró la información del prisionero sobre las atrocidades cometidas por los Caballeros Templarios tan grave que el hombre fue indultado. El rey había sido informado de cómo se había apuñalado varias veces una figurita que le representaba a él durante los ritos de magia negra de los Caballeros Templarios. La perversión sexual también era evidente. Los Caballeros Templarios habían sacrificado niños y enseñado a las mujeres a realizar abortos (M. Raynouard, "Proces et Condemnation des Templiers d'apres les pieces originales et les manuscripts du temps, servant d'introduction a la tragedie des Templiers" / "Juicio y condena de los Caballeros Templarios según los registros originales y manuscritos contemporáneos, que sirve como introducción de la tragedia de los Caballeros Templarios", París, 1805).

Dos antiguos Caballeros Templarios, Squin Flexian y Noffo Dei, que fueron detenidos por diferentes delitos en 1307 en Francia, confirmaron estos hechos. Para salvarse, dieron al rey una cantidad considerable de información sobre las actividades de los Caballeros Templarios. Squin Flexian había sido prior en Montfaucon. Felipe IV de Francia también dio esta información. El resto de la investigación confirmó la verdad de estos testigos.

El nuevo papa era totalmente dependiente de Felipe el Hermoso. El vigoroso rey tenía a sus espías infiltrados en la orden. Inmediatamente entendió que los Caballeros Templarios habían conseguido ser demasiado poderosos haciendo extensos planes para conspirar. El rey entendía que su vida estaba en peligro. Esperaba una visita del gran maestro de Chipre e hizo preparativos para una contra-operación. El 22 de septiembre de 1307, dio la orden de detener a los Caballeros Templarios. Las órdenes fueron entregadas en sobres cerrados a todos los gobernantes y funcionarios de la Corona de todo el país. Los sobres no se abrieron hasta la noche del 13 de octubre de 1307. Esta orden también fue enviada a gobernantes extranjeros.

La orden se llevó a cabo la madrugada del viernes, 13 de octubre de 1307, pero sólo 620 de los 3.200 Caballeros Templarios fueron arrestados (Michael Baigent, Richard Leigh, "The Temple and the Lodge", Londres, 1998, p. 101). Sólo en París, fueron encarcelados 140 Caballeros Templarios, incluyendo al gran maestro de la orden Jacques Bernard de Molay. En el fondo documental de la poderosa Logia Masónica del Gran Oriente, hay un manuscrito, el n ° 631, ("Reception au sublim grade de Kadosh"), que afirma que el nombre real de Jacques de Molay era Bourguignon.

Poco antes de la acción del rey, se habían reunido los Caballeros Templarios y el Priorato de Sión. La propiedad de los Caballeros Templarios fue confiscada - nueve mil castillos (incluyendo su palacio de París) y fincas. El rey tomó el control de Chipre.

Este fue el final oficial de la sociedad secreta más poderosos de la historia. Pero Felipe el Hermoso cometió un grave error. No destruyó el corazón de los Caballeros Templarios, el Priorato de Sión. Por lo tanto la conspiración continuó.

A los Caballeros Templarios de Bézu los dejaron en paz, sin embargo, ya que gozaban de inmunidad especial en su sede. La gente de Lorena se negó a obedecer al Papa. Los Caballeros Templarios también se quedaron solos en Alemania y en Inglaterra. Eduard II primero ignoró la bula papal, pero el 6 de octubre de 1309, ordenó que se arrestaran a todos los Caballeros Templarios en Inglaterra y Escocia. En realidad sólo fueron detenidos dos, uno de ellos era el Maestro de Escocia, Walter de Clifton. Sin embargo, fueron liberados posteriormente.

La historia oficial afirma que los Caballeros Templarios fueron víctimas de la codicia de Felipe el Hermoso, porque les quería tomar sus posesiones. Pero las propiedades de los Caballeros Templarios fueron trasladadas a los Hermanos del Hospital de San Juan de Jerusalén o Hospitalarios, no a la corona francesa, según la bula papal Ad Providam del 2 de mayo de 1312

Pero no toda la extensa propiedad de los Caballeros Templarios fue encontrada, ya que habían logrado transferir una gran parte de su riqueza al extranjero. Sólo se encontraron pequeños activos.

Los Caballeros Templarios también fueron acusados de participar en actividades blasfemas y orgías homosexuales. Entre otras cosas, creían que debían escupir a un cuervo negro. Un compañero admitió haber tenido una relación homosexual con Jacques de Molay (Malcolm Barber, "La nueva caballería: Historia de la Orden del Temple", Cambridge University Press, 1994). Adoraban al maléfico Baphomet, un ídolo andrógino y lujurioso. Los rollos del Mar Muerto indican que, según el código judío, la palabra Baphomet en griego significa Sophia (sabiduría) (Christopher Knight, Robert Lomas, "El segundo Mesías: Templarios, el sudario de Turín & el gran secreto de la Masonería", Londres, 1998, p. 117). Baphomet necesita sacrificios de sangre nueva. Esta era la razón de por qué los Caballeros Templarios habían sacrificado niños. Cuanta más sangre humana era sacrificada, más poderosa se convertiría la orden de los Caballeros Templarios. La sangre es una sustancia extremadamente mágica, que contiene energías etéreas. Bernard E. Jones afirmó en su libro "Guía y compendio de los Masones" (Londres, 1950, p. 547) que en Madrás, India, era común, sumergir las manos en la sangre de una cabra sacrificada y marcar el marco de la puerta cuando una pareja de recién casados se trasladaba a su casa. Según la tradición islámica, la sangre es una sustancia muy peligrosa. No debe ser ingerida y atrae a los espíritus malignos (William Rowles, "Los paganos", Londres, 1948). Para los Caballeros Templarios, Baphomet de Mendes (Asmodeus) era el guardián del tesoro de Salomón. En el libro sagrado de los judíos, el Talmud, Asmodeus es considerado el jefe de los demonios.

Los antiguos Israelitas sacrificaban simbólicamente el chivo a Azazel, simbolizado por el pentagrama, que esconde el nombre "cabeza del macho cabrío".

El 13 de agosto de 1308, comenzaron dos juicios contra los Caballeros Templarios. La Fiscalía tenía conocimiento de un centenar de cargos. Durante estos juicios contra los Caballeros Templarios, se hizo mención de Baphomet, al que se identificó con el bautismo espiritual.

El mismo ser, pero con un nombre diferente, también ha sido encontrado en Egipto, donde está esculpido en la 15ª columna del templo sagrado de Heliópolis y simbolizaba el engaño y la injusticia.

Un caballero templario describió a Jacques de Molay como "extraordinariamente malo". Otro afirmó que el gran maestro había hecho trampas y manipulado las elecciones para llegar a ser gran maestro.

Según la acusación, los Caballeros Templarios utilizaban un cráneo con adornos de joyas montado sobre un falo de madera. En el documental "Schwarze Sonne" de Riidiger Siinners (1997) queda claro que los Caballeros Templarios también intentaban cruzar diferentes razas e incluso animales con humanos.

Se sospechaba que muchos de los principales Caballeros Templarios en realidad eran musulmanes ocultos, otros judíos, ya que el hebreo se utilizaba como lengua de trabajo dentro de la Orden del Temple. Había habido alguna cooperación con los Asesinos. Y aún había otra conexión musulmana: El Caballero Templario inglés Robert St. Albans se había convertido públicamente al Islam y dirigía un ejército musulmán.

El ídolo de los masones, el último Gran Maestro judío
de los Templarios, Jacques de Molay

Según los historiadores modernos, todas las acusaciones contra los Caballeros Templarios habían sido fabricadas y los Caballeros eran totalmente inocentes.

Pasados un par de días desde las detenciones, 36 caballeros murieron como consecuencia de la tortura. Los abogados de los Caballeros Templarios retrasaron el curso de la justicia. Tres años más tarde, en

1310 los primeros 54 Caballeros Templarios fueron quemados en la hoguera. El papa Clemente V disolvió los Caballeros Pobres del Templo en la bula *Vox in excelso* el 22 de marzo de 1312 Algunos de los Caballeros Templarios escapó hacia Escocia, donde la bula no era válida y otros hacia Portugal. Los que huyeron a Escocia comenzaron a intentar infiltrarse en los refugios de los masones. En Portugal, cambiaron el nombre de la orden por el de la Orden de Cristo y el Rey Dionisio II les dio asilo en 1319.

El miedo de Felipe IV tenía fundamentos. Descubrió que los Caballeros Templarios habían conspirado contra los reyes de Europa y la iglesia (William T. Still, "El Nuevo Orden Mundial: El antiguo plan de las sociedades secretas", Lafayette, Luisiana, 1990, p. 113).

Cuando la sede de los Caballeros Templarios fue trasladada desde Jerusalén al castillo de Kolossi, 14 km al oeste de Limassol en la costa sur de Chipre, en 1291, el gran maestro Thibault Gaudin comenzó una conspiración dirigida contra Henry, rey de Chipre. Jacques de Molay ayudó a Amaury, hermano menor del rey, a llegar al poder (Christopher Knight, Robert Lomas, "El segundo Mesías", Londres, 1998, p. 178). Los Caballeros Templarios habían conquistado Chipre en 1191 y fundado el Reino de Chipre.

Según las investigaciones del historiador Mattheus Paris, la Orden del Temple habían intentado socavar las políticas del emperador Germano-Romano Federico II (1220-1250). En 1293, Jacques de Molay fue elegido gran maestro. En 1306, comenzó a visitar Francia con frecuencia y a residir durante prolongados períodos.

Los Caballeros Templarios empleaban las líneas de energía (líneas Ley) en el sótano de su sede en el castillo de Kolossi. Utilizaban esta red para difundir y estabilizar su influencia secreta en todo el mundo. Este fenómeno, que afecta a todo el mundo, tenía la misma frecuencia negativa que el último símbolo de los Illuminati, la pirámide y el ojo que todo lo ve.

El historiador Harry L. Haywood escribió lo siguiente acerca de los Caballeros Templarios:

> "Los Caballeros Templarios soñaban con un estado mundial donde ellos mismos jugarían un papel protagonista..."

Sólo una sociedad secreta extremadamente malvada puede soñar con este objetivo.

Los líderes de los Caballeros Templarios tomaron una resolución conjunta:

> "Europa debe ser transformada en un solo estado. Europa debe convertirse en el tipo de estado donde todas las naciones con sus reyes y dirigentes estén incluidos como estados miembros, como una Unión de Estados." (Pekka Ervast, "Temppeliherrain unelma" / "El sueño de los Caballeros Templarios", Helsinki,

1927, p. 16) Los Caballeros Templarios ordinarios no tenían ni idea de los viles planes que hacían sus psicópatas dueños.

Felipe el Hermoso comprendió inmediatamente esta amenaza y tomó una decisión crucial.

Uno de los objetivos de los Caballeros Templarios era unir Europa bajo un poder centralizado. Paso a paso, lograron fortalecer su poder financiero durante un período de 200 años. Procuraron obtener el control total sobre las transacciones financieras y la banca, haciendo así que las naciones dependieran del extenso poder de los Caballeros Templarios. Con la ayuda de un banco internacional, los Caballeros Templarios se esforzaron por ser más potentes, económicamente, que los gobiernos nacionales.

El objetivo principal de los Caballeros Templarios era crear una base de poder. Por este motivo, la orden de los Caballeros Templarios hizo planes para fundar un estado independiente para la orden en una zona judía del Languedoc, en el sur de Francia a finales del siglo XIII.

Pero por todas partes de Europa aparecieron gobiernos nacionales fuertes con un considerable apoyo público y este intento de "globalización" medieval terminó en el montón de chatarra de la historia.

La maldición del gran maestro

El último gran maestro de los Caballeros Templarios, Jacques de Molay, nació en una familia de nobles menores judíos convertidos en 1244. Christopher Knight y Robert Lomas, ambos francmasones de 4º grado, afirmaban que de Molay tenía lazos de sangre que podían remontarse hasta Jesucristo. Se convirtió en templario a la edad de 21 años. Tenía 49 años cuando fue elegido como el 23º gran Maestre de los Caballeros Templarios.

Jacques de Molay fue condenado a cadena perpetua, después de su confesión, pero afirmaba que su orden era inocente. Por ello fue quemado en la hoguera en la Ile St. Louis en el Sena, cerca de Notre Dame la noche del 18 de marzo de 1314. Mientras las llamas lo rodeaban, maldecía tanto al papa como al rey. El papa moría 40 días después, el rey el año siguiente. Ambos murieron en el plazo que de Molay había pronosticado. El papa murió el 20 de abril de 1314 después de una dolorosa enfermedad estomacal. Felipe oficialmente fue asesinado por un jabalí mientras cazaba el 29 de noviembre de 1314. Estos acontecimientos sentaron las bases del mito.

En realidad, fue un caso de asesinato. Fue un agente de los Caballeros Templarios, Angerand de Maringá, quien organizó el asesinato del rey durante la caza. En abril de 1313, el canciller del rey (el primer ministro) Guillaume de Nogaret, profesor de derecho, que había comenzado el juicio contra los Caballeros Templarios, también fue asesinado.

Esto quedó demostrado durante el juicio de Maringá en 1315. El conspirador fue condenado a muerte y colgado (Grigori Bostunich, "La masonería y la revolución francesa", Moscú, 1995, p. 34). Fue necesaria cierta asistencia para que la "maldición" se hiciera realidad. También aquellos que habían informado a las autoridades sobre los Caballeros Templarios fueron asesinados.

Luis XVI fue obligado a yacer bajo la guillotina el 20 de enero de 1794. Lo llevaron allí desde la misma torre, donde Jacques de Molay había sido torturado.

El hecho de que tanto el Papa Clemente V como Felipe el Hermoso fueron asesinados es revelado a los masones cuando obtienen el 30° grado.

El memorando del Gran Consejo Masónico dice: "Esta venganza afecta implícitamente a aquellos que están en el poder." ("Cette venjeance implicitement s'exerce sur eux ont le droit.") Jacques de Molay también maldijo a Francia desde su pira de hereje. En 1315, Francia y la mayor parte de Europa fueron afectadas por la primera de una serie de años de malas cosechas. Llovió constantemente durante los años 1315 a 1318.

Cualquiera podía ver que algo no iba bien. La Peste Negra estaba esperando en la esquina. Y entonces vino la guerra.

Desde 1346 a 1352, la Peste Negra devastó toda Europa. La peste bubónica se cobró unos 24 millones de vidas, un tercio de la población europea. Las ratas y las pulgas de las ratas propagaban la enfermedad. De antemano, ciertos poderes de la iglesia se habían asegurado que los gatos fueran endemoniados y perseguidos. Los gatos podían, por tanto, limitar el número de ratas. Los ladrones y los saqueadores estaban por todas partes. Un rumor afirmaba que los judíos estaban detrás de esta catástrofe sin precedentes y miles de judíos fueron asesinados.

El gran maestro de los Caballeros Templarios, Beaujeu, un predecesor del Jacques de Molay, visitó a de Molay durante su encarcelamiento. A petición de de Molay, abrió la tumba del tío de de Molay y sacó un arca que contenía los documentos de los Caballeros Templarios. Estos fueron transportados a Escocia (Lenningen, "Encyklopaedie der Freimaurerei", Leipzig, 1863). Los masones suecos aún conservan alguna propiedad dejada por los Caballeros Templarios (Henning Melander, "Frimurarnas hemlighet" / "El Secreto de los Masones", Estocolmo, 1916, p. 20).

El 24 de junio de 1314, los escoceses ganaron la batalla contra los ingleses en Bannockburn, cerca de Stirling, debido a la intervención inesperada de los Caballeros Templarios (que fueron considerados "guerreros desconocidos"). Escocia posteriormente se convirtió independiente y así permaneció durante 289 años. Entre los guerreros había Sir William St. Clair (posteriormente Sinclair) de Roslyn.

El líder masónico americano Albert Pike, escribió en su libro "Moral y Dogma":

"La orden vivió, bajo diferentes nombres y fue dirigida por maestros desconocidos y revelaba su existencia sólo a aquellos que, pasando a través de una serie de grados, demostraban ser dignos de que se les confiara el peligroso secreto."

Fue por esta razón que los infiltrados de la Orden del Temple quisieron fundar la gran Logia de Europa para los masones el 24 de junio de 1717. Esta fecha marcaba la victoria de los Caballeros Templarios y traería suerte en la guerra secreta y mágica de los francmasones contra la civilización tradicional. El día del Cazador, el 24 de junio, es un día santo para los masones. También era un día importante para la Orden del Temple.

Después de Jacques de Molay, el liderazgo pasó a Jean-Marc Larmenius, que fue iniciado en los secretos de la orden por de Molay, mientras el gran maestro estaba en la cárcel. Larmenius, que venía de "Tierra Santa", se salvó porque se fue de Francia. En 1324, Thomas Theobald fue elegido el nuevo gran maestro en la sombra. El último gran maestro conocido por nosotros fue Bernard Raymond Fabre - Palaprat (1804-1838), que también era masón del Rito Escocés. Todo ello según un documento secreto, "Larmenius Charta", que salió a la luz en 1804 (Michael Baigent, Richard Leigh, "El templo y la casa de campo", Londres, 1998, p. 114). Aquel año, Napoleón legalizó la Orden de los Caballeros Templarios.

Los mismos masones, en realidad, admiten que de Molay tuvo tiempo de transmitir sus secretos a su sucesor antes de ser quemado y que el sucesor logró fundar logias secretas en París y Estocolmo (Peter Partner, "Los Magos Asesinados: Los Templarios y su Mito", Oxford, 1982, p. 110-114).

El descubrimiento en Rennes-le-Chateau

En 1891, el sacerdote Berenguer Saunière encontró cuatro pergaminos manuscritos dentro de una columna vacía del altar de su iglesia del siglo XIII en Rennes-le-Chateau, en Aquitania. Los pergaminos estaban escondidos dentro de un tubo de madera. Dos de ellos contenían una tabla genealógica de 1244, el mismo año en que el último baluarte de los cátaros de Monsegur, a pocos kilómetros de Rennes-le-Chateau, cayó en manos de la Inquisición. Los otros documentos eran mapas y textos parcialmente codificados en francés y latín. Algunos de los códigos eran simples: algunas letras eran un poco más grande que otras, y al leer las letras más grandes, se revelaba el siguiente mensaje: A DAGOBERT II ROI ET A SION EST CE TRESOR ET IL EST LA MORT. (Este tesoro pertenece al rey Dagoberto II y a Sion y es la muerte). Otro concepto codificado era REX MUNDI, que significa "Rey del mundo" en latín.

El cura del pueblo fue convocado en París para presentar los pergaminos a los líderes de la iglesia. Pronto Saunière se volvió increíblemente rico. El Vaticano le apoyó a pesar del hecho de que olvidó sus responsabilidades como sacerdote, y la congregación quería reemplazarlo. Hasta su muerte en 1917 se gastó millones de francos en pinturas, antigüedades y porcelana fina. Construyó un castillo y una torre, la Torre Magdala, así como una lujosa gran casa. Decoró la entrada de su iglesia con el notable texto: TERRIBILIS EST LOCUS ISTE. (Este sitio es terrible). Había una estatua de Baphomet colocada en la entrada de su iglesia.

Pasaba mucho tiempo en París y estaba asociado, entre otros, con el compositor Claude Debussy, que por ese entonces era el gran maestro del Priorato de Sión.

El objetivo principal de la francmasonería moderna es construir el Nuevo Orden Mundial, un Templo de Salomón espiritual, donde los no miembros no sean otra cosa que esclavos. Estos esclavos se conocen como la periferia y son tratados según el aspecto más crudo del racismo de antiguas maneras de pensar. El nuevo templo se convertiría también en un matadero donde incluso los seres humanos podrían ser sacrificados a Yahweh. Hay una instrucción en el Talmud, cuya crueldad nos recuerda a los antiguos adoradores de Moloch: "Quien derrama la sangre de un goy, ofrece un sacrificio al Señor." (Yalkut Simeoni, ad Penta., Fol. 245, col. 3. Midderach Bamidbar rabba, p. 21)

Según el historiador francés Gerard de Sede, el astrólogo judío Michel de Nostradame, llamado Nostradamus (1503-1566), era un agente de una red internacional de emisarios. Trabajó para François de Guise, duque de Lorena y para Charles de Guise, cardenal de Lorena, que comenzó a actuar en nombre del Priorato de Sión en 1557 (Gerard de Sede, "Signo: Rose + Croix", París, 1977). Como astrólogo de la corte, Nostradamus fue iniciado en todo tipo de secretos, que utilizó completamente en su beneficio. Muchas de sus profecías no eran en absoluto profecías sino mensajes crípticos, códigos, planos, horarios, instrucciones y conceptos para acciones dentro de la sociedad secreta.

Nostradamus insinúa que los futuros gobernantes serían originarios del Languedoc (a partir de la Orden de los Caballeros Templarios). Lo había visto en un libro de magia en un monasterio en Orval, en la actual Bélgica. La madrastra de Godfroi de Bouillon le había dado el libro. Fue en Orval, donde el Priorato de Sión había comenzado sus actividades. Fue también en Orval donde se publicaron los libros de Nostradamus durante el golpe masónico de 1789 y bajo el gobierno de Napoleón.

Según el historiador italiano Pier Carpi, Nostradamus era miembro activo del Priorato de Sión. Pero era mucho más que eso.

Pierre Plantard de Saint-Clair (Merovíngio) fue elegido gran maestro en Blois en el valle del Loira, el 17 de enero de 1981 Dos días más tarde, conoció a Licio Gelli, el gran maestro de la P2, en el café La Tipia en la rue de Roma en París. Plantard era amigo de Charles de Gaulle (Michael Baigent, Richard Leigh, Henry Lincoln, "Sangre Santa, Santo Grial", Nueva York, 1983, p. 222). En una carta, de Gaulle agradeció a Plantard sus servicios mediante los cuales fue elegido presidente. Durante la Segunda Guerra Mundial, la Gestapo había tenido encarcelado a Plantard desde octubre de 1943 hasta finales de 1944.

En 1983, Pierre Plantard de Saint-Clair, gran maestro del Priorato de Sión durante los años 1981 a 1984 publicó un artículo, donde escribió lo siguiente:

"Fue en Turín, en 1556, donde Nostradamus fue iniciado en el gran secreto del futuro... Pero no fue hasta 1557, cuando le hicieron gran maestro de la Orden que se le permitió participar del gran secreto... Aquí está el mensaje del sabio poeta de Salon-de-Provence, quien en sus escritos ha hecho inmortales los secretos de los herméticos a través de los siglos hasta nuestros días".

Esto demuestra ahora que el Priorato de Sión, con la ayuda de varias logias masónicas, organizó muchos eventos destructivos de la historia europea. La base de sus acciones ha sido "Los Protocolos de los ancianos de Sión", que fue compuesto originalmente para esta orden de élite, según Michael Baigent, Richard Leigh y Henry Lincoln ("Sangre Sagrada, Santo Grial", Nueva York, 1983, p. 191-195).

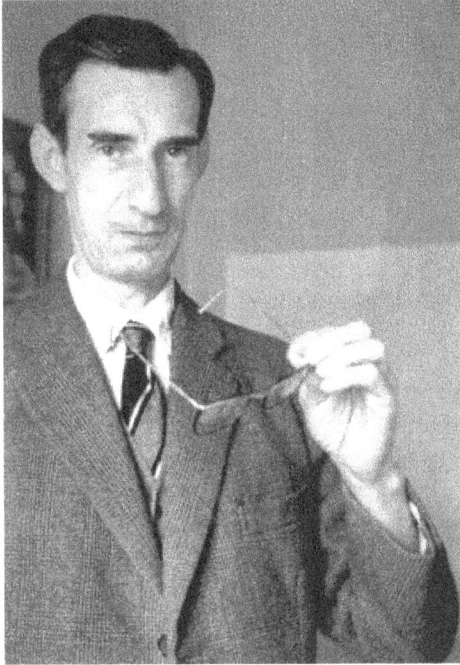

Pierre Plantard de Saint-Clair, Gran Maestre
del Priorato de Sión (1981-1984)

Capítulo III

El ascenso de la masonería

E l arte de la arquitectura geomántica fue altamente desarrollado en la Europa medieval. La geomancia es un antiguo concepto mágico. Los edificios deben estar colocados de acuerdo con el flujo de energía del universo y de la naturaleza para garantizar el bienestar de sus habitantes. A través del conocimiento de la geomancia, cada edificio se convierte en una caja de resonancia, que amplifica las energías positivas de la naturaleza. Estar dentro de un edificio construido según la geomancia debe ser una experiencia positiva. Los arquitectos que siguen las leyes de la geomancia pueden entrar en contacto con el orden mágico subyacente de la naturaleza.

Utilizando el conocimiento de la geomancia era posible alcanzar la armonía. Creando una arquitectura mágicamente correcta, los masones podían poner a los que frecuentaban estos edificios bajo la influencia de los impulsos de la naturaleza. En aquellos momentos la arquitectura era una forma de arte cargada mágicamente, un caso de interacción con la naturaleza, ya que las condiciones en estas estructuras geométricas reflejaban las leyes de la naturaleza.

En la arquitectura geomántica, cómo se sitúan las formas las unas en relación con las demás es importante, incluso crucial. La geometría mágica se utiliza para equilibrar los edificios de acuerdo con la radiación de la tierra desde líneas de energía (Nigel Pennick, "Geometría Sagrada", San Francisco, 1980). Los cálculos se utilizan junto con la geometría para crear métodos de construcción mágicos. Heráclito de Efeso en Asia Menor descubrió un código molecular estructural en la naturaleza. Hoy es posible percibir estas estructuras moleculares con la ayuda del microscopio. Los antiguos griegos, sin embargo, ya tenían conocimiento de estas formas perfectas. Los principios geománticos están construidos dentro de nuestro código genético, la doble hélice de ADN, así como en el sistema solar y en la galaxia espiral.

Los masones conocían la capacidad de los antiguos griegos para aumentar el nivel de la conciencia humana utilizando formas perfectas. Creían que todos los edificios debían ser construidos para estimular la espiritualidad. La clave para el éxito del sistema y la estética de los masones incluía la sección áurea. Todavía hoy, el arco de la sección áurea se utiliza en las logias masónicas.

Es una forma natural de la estética, independiente, una forma basada en la belleza y la armonía interior. Todo lo que se expresa con proporciones áureas se vuelve atemporal ya sea una cuestión de arquitectura, arte, música, literatura o cine.

En música, la sección áurea es creada por el equilibrio entre una bella melodía y su construcción armónica. Así se crea una tonalidad musical de alta frecuencia intensamente elevadora y edificante. Esta música armoniosa y bella tiene el poder de dignificar el alma. El matemático italiano Leonardo Fibonacci (conocido como Leonardo de Pisa, aprox. 1170-1240), demostró que había una explicación científica para la sección áurea.

La razón áurea promueve nuestro desarrollo espiritual, el arte inarmónico lo bloquea y nos perjudica e incluso nos hace enfermar. Incluso hoy se evita mencionar la sección áurea. Se aplica a edificios, ropa, música o a la apariencia de artículos cotidianos - la mayoría de las cosas se han vuelto más feas y menos armoniosas. Hoy en día raramente vemos prendas de vestir equilibradas, como eran usadas en tiempos medievales, cuando la ropa se equilibraba con la ayuda de la razón y los colores áuricos - por ejemplo con una pernera del pantalón azul y la otra verde. Esta combinación equilibra las energías, que afectan positivamente a diversos órganos del cuerpo con luz de diferentes longitudes de onda o frecuencias armónicas. También hacía bonita la ropa. El color es un flujo de luz, que afecta a la mente de una manera inexplicable. Cuanto más puros son los colores o más equilibrada la combinación de diferentes tonalidades, más positivo es su efecto sobre nosotros.

Experimentos hechos en Rusia han demostrado que la luz infrarroja aumenta la tensión muscular y que la luz ultravioleta la disminuye, a pesar de que ambas frecuencias son invisibles al ojo humano.

Los Puritanos introdujeron la ropa oscura y abolieron las tradiciones populares. Esto se hizo muy evidente en Estonia en 1583, cuando el país fue dividido entre los Católicos del sur y los Protestantes del norte. En Suecia, Protestante, una parte de Estonia, quemaron los trajes tradicionales. (Eran considerados como demasiado alegres). Fueron destruidos instrumentos musicales, bellas pinturas y libros. En el Sur, la parte Católica de Estonia, la gente continuaba con sus escalas armónicas de color. Hoy es más evidente que nunca que las formas se están deteriorando constantemente y convirtiéndose en desestabilizadoras.

La razón áurica nos afecta de forma muy positiva ya que es estéticamente atractiva y espiritualmente edificante, esto explica por qué la espléndida belleza de edificios como el Partenón causa una gran impresión sobre nosotros. La sección áurea es una relación numérica fija, donde a es a b lo que b es a a + b. El cociente es designado normalmente como Φ (phi), que es aproximadamente 1:1,618, un número irracional, como pi. Tiene propiedades peculiares. Este número se ha descubierto en las proporciones del cuerpo humano y también en círculos de las cosechas.

Esto significa que la sección áurea está cargada de magia. Si dibujamos dos círculos desde el mismo punto, uno 1,618 veces mayor que el otro y trazamos líneas entre los dos, podemos crear formas mágicas de la razón áurea (Nigel Pennick, "Geometría Sagrada: Simbolismo y propósito a las estructuras religiosas", San Francisco, 1980, p. 27-28).

La sección áurea es una proporción matemática que el pintor generalmente discierne en como el lado más largo de un rectángulo se relaciona con el más corto. Derivada por los antiguos griegos puede ser construida geométricamente o expresada como una simple proporción. Incluso los antiguos egipcios utilizaban la razón áurea, cuando diseñaban edificios y monumentos.

El pueblo Ainu del norte de Japón utiliza la doble hélice como símbolo sagrado del enlace entre la vida y el mundo material. Es una hélice logarítmica con las proporciones de la razón áurea.

Científicos de la Johns Hopkins University descubrieron que un entorno favorable, un buen diseño y preciosas pinturas pueden proporcionarnos una mejor salud. Un buen diseño (cercano a la razón áurea) puede conducir a una recuperación más rápida de la enfermedad. No sólo es bueno para el alma, incluso disminuye la presión sanguínea. Esto quedó demostrado mediante metodologías científicas en la primavera de 2000, según Roger S. Ulrich, profesor de arquitectura de la Universidad de Texas A & M.

A los arquitectos modernos bajo el control de los políticos masones raramente se les permite realzar mentalmente la geomancia. Diseñan edificios que tienen un efecto destructivo sobre la psique humana, por ejemplo, el Museo de Arte Moderno de París, el nuevo Museo Guggenheim de Bilbao o el Museo Van Gogh de Ámsterdam. Estos edificios, por ejemplo, están lejos de las proporciones de la razón áurea.

La masonería política moderna ha surgido de los gremios de artesanos medievales, que se trasladaban de un lugar a otro cuando construían palacios, castillos e iglesias. Estas gremios trabajaban a la manera de los sindicatos locales y las cofradías masonas de los canteros. Los constructores iniciados también deseaban hacer su ardua vida un poco más fácil y difundir su conocimiento geomántico secreto. Los otros artesanos generalmente eran estacionarios.

En los lugares de construcción, los trabajadores tenían una logia, donde guardaban las herramientas y donde podían descansar y comer. Era en esas logias donde los aprendices y los obreros eran iniciados en los secretos de la nave, que no eran divulgados a forasteros, por ejemplo a cómo calcular la fuerza y la presión de la bóveda así como conocimientos secretos sobre la importancia de las líneas de energía. También se les enseñaban las normas valiosas de la vida. El propósito de las cofradías era mantener un monopolio de un oficio en particular especialmente contra los extranjeros.

En el siglo V en España, una asociación de albañiles fue mencionada por primera vez, se llamaba *comancini*. Su líder era nombrado por el rey.

Los masones se reunían en su gremio local, la logia, principalmente con fines de protección, educación y formación.

Los masones fundaron la primera logia en York al norte de Inglaterra tan pronto como el año 926 d C, con la *collegia fabrorum* romana como prototipo. En las logias de los masones, se instruía viajantes en los complicados secretos de la arquitectura geomántica. En 1375, un documento, que más tarde fue encontrado en los archivos de la ciudad de Londres describe a los masones como artesanos, sus movimientos no quedaron limitados por los señores feudales. Al contrario eran libres de viajar por todo el país e incluso a todo el continente. En contraste con otros artesanos, como los herreros o los curtidores, los masones se unían en grandes grupos para trabajar en grandes y magníficas estructuras. Las asociaciones tenían las llamadas cartas de propuesta, que les concedían muchos privilegios de los papas, príncipes, ciudades y monasterios. Así que podían dejar acabados palacios y catedrales y viajar a otras zonas o incluso a otros países para planificar y construir su próximo proyecto y buscar trabajo a través de otras logias en diferentes partes de Europa. Una de estas cofradías excepcionales fue la Compañía de los Francmasones, fundada el año 1376. A los masones con residencia permanente se les restringía a buscar trabajo dentro de un área limitada.

Estos constructores pertenecían al gremio de los albañiles, que estaba dividido en tres etapas: aprendiz, oficial y maestro. Los novicios estaban obligados a someterse a un período de siete años de formación e instrucción antes de ser reconocidos como miembros de pleno derecho (obreros). El maestro albañil, que era el más respetado, tenía un conocimiento profundo de los secretos de la naturaleza, sabía cómo utilizar las energías positivas de las líneas del campo de radiación de la tierra y como evitar las negativas. También sabía cómo diseñar una ciudad en la que sus habitantes quedaban protegidos del viento. Las calles de las ciudades modernas crean un calado constante, el viento sopla libremente y afecta negativamente a los habitantes.

Estos métodos naturales todavía se utilizan en China. En los años ochenta, algunos eruditos suecos visitando una zona cerca de Shanghai utilizaron una escuadra y un compás para examinar si las casas estaban construidas con los muros alineados a lo largo de las líneas de Curry. El suelo de debajo de cada cama estaba a salvo del daño de las líneas de ley. Las casas en cuestión habían sido construidas en 1958, no durante la edad media. La radiación de la tierra es todavía un tema importante en la construcción de hoteles y bancos en Hong Kong y Singapur. Este sistema, que funciona de acuerdo con las reglas de la naturaleza, se llama feng-shui y fue violentamente rechazado por el régimen comunista en China. Una enciclopedia china afirma que los principios arquitectónicos del feng-shui son:

"Para crear bienestar, felicidad y riqueza a las personas que viven en la casa."

El albañil maestro era responsable de la obra. Los masones tenían sus propias leyes, reglamentos y ceremonias. Estas asociaciones (llamadas "Bauhiitten" en alemán) actuaban bajo el liderazgo "de un maestro de cátedra", una expresión, que más tarde fue copiada por los masones políticos (El Mariscal de campo Jean Baptiste Bernadotte fue un maestro de cátedra francés que el gobierno sueco eligió en 1810 como sucesor de Charles XIII, el jefe de los masones). El gran maestro instruía a viajantes y éstos, a su vez instruían a los aprendices en el arte de la arquitectura geomántica. Los grandes maestros también repartían los trabajos y pagaban los salarios.

El maestro de cátedra era elegido una vez al año. Las reuniones se celebraban cada mes. En estas se trataban los temas del gremio - se dirimían conflictos, se aceptaban nuevos miembros y los aprendices eran promovidos a obreros. Todo tenía lugar, según ordenadas ceremonias. Se imponían multas si se rompían las normas.

En Inglaterra, todos los masones eran considerados artesanos. En Alemania, tenían un estatus muy superior. Después de las devastadoras guerras de los siglos XVI y XVII, las actividades de los masones disminuyeron en Alemania, pero permanecieron vivas en Inglaterra.

Las logias masónicas mantenían un contacto internacional constante para que, a los masones, les fuera más fácil encontrar trabajo. La Gran Logia de Estrasburgo estaba al frente de todas las logias de Europa. Había introducido signos secretos de saludo, apretones de manos y contraseñas, así los miembros de diferentes logias se podían reconocer mutuamente. Esta era una precaución necesaria ya que los masones guardaban celosamente los secretos y las normas de su orden. Se aseguraron que todo el que afirmara dominar el arte de la edificación hubiera recibido la instrucción adecuada. Estas precauciones estaban justificadas, ya que los masones itinerantes a menudo se encontraban entre desconocidos que, a veces, falsamente, afirmaban ser miembros del gremio para sonsacar los secretos a los miembros reales. Los masones inventaron un número cada vez mayor de contraseñas y frases, señales de reconocimiento y apretones de manos especiales para ahuyentar a estos impostores. Hacían las preguntas de una manera particular. La respuesta correcta confirmaba que el recién llegado estaba calificado para tomar parte en la obra. Mucho de esto, más tarde, fue asumido y ampliado por masones políticos especulativos o "pasivos".

El único signo que es común en todos los grados y logias actuales es el signo de la angustia. En la masonería sueca, este signo se aprende al ingresar en el tercer grado. En caso de emergencia, el francmasón necesitado hace un triángulo equilátero poniendo las manos juntas sobre la frente con las palmas mirando hacia delante y grita: "¡A moi, a l'enfant de la veuve de Naphtali!" ("¡Ayudadme, ayudad al hijo de la viuda de Naphtali!")

Al ver este signo, todos los hermanos, de inmediato, tienen que ir al rescate del francmasón necesitado - incluso si esto va en contra del derecho común y de los intereses de la nación. Se debe prestar ayuda, cualquiera que sea la necesidad. Hay que ignorar la lealtad a las leyes del país. Muchos masones salvaron la piel de esta manera durante la Primera y Segunda Guerras Mundiales.

El oficial americano John McKinstry fue capturado por los indios Mohawk, que estaban en el bando de los británicos durante la guerra de la revolución entre 1775 y 1781 McKinstry estaba atado a un árbol y estaba a punto de ser quemado hasta morir, cuando hizo el signo masónico de la angustia. Para su sorpresa, uno de los indios se adelantó y detuvo la ejecución.

Su Salvador era Joseph Brant, un jefe de los Mohawk, que había sido educado en Europa e iniciado en la fraternidad en Londres. Brant había retornado a su tribu, pero permaneció parcialmente leal a la organización. Entregó a McKinstry a los masones británicos, que a su vez lo escoltaron hasta una de las posiciones revolucionarias. Este ejemplo demuestra que la lealtad dentro de la masonería es más fuerte que el vínculo al país o a la tribu de uno mismo.

Los masones principalmente eran canteros, albañiles y pintores, lo que nos permite compararles a los actuales arquitectos, ingenieros y escultores. Por lo tanto estaban altamente cualificados. Muchos de los mejores edificios de la Edad Media (la Catedral de Notre Dame de París, construida entre 1163 y 1320 y la Catedral de Saint Paul en Londres, que se terminó en 1663) fueron construidas por los masones. Construyeron palacios increíbles, monumentales fortalezas, bellos ayuntamientos, iglesias y muchos otros edificios. Sus conocimientos eran considerados como una forma de arte real. Comenzó a ser utilizada la expresión "música congelada", que denota arquitectura. Los edificios eran sin duda armoniosos y agradables de contemplar, y no estaban construidos en lugares arbitrarios. Con la ayuda de la varita mágica, se encontraron los lugares donde la radiación de la tierra era la más beneficiosa para el bienestar mental de los habitantes.

Tras la ruptura de la sociedad debido a la Muerte Negra, los gremios intentaron hacer valer sus derechos otra vez. El Parlamento inglés prohibió las actividades de las cofradías en 1425. En 1534, Enrique VIII de Inglaterra rompió con la Iglesia Católica de Roma, le confiscó sus propiedades y cerró los monasterios (oficialmente la razón era que el papa le había negado el derecho al divorcio, pero según la información no oficial, era que tenía un pacto secreto con los banqueros Venecianos). Enrique VIII detuvo todos los proyectos de construcción y muchos masones se quedaron en paro. Más tarde, se incautó el resto de activos de los gremios. Enrique VIII quería la guerra y los banqueros judíos de Venecia le dieron esta oportunidad.

La mayoría de los gremios dejaron de existir. Sus archivos se perdieron y con ellos su verdadera historia. Las pocas y debilitadas logias que quedaban, a pesar del saqueo real del sur de Inglaterra, intentaron recuperarse acogiendo a no masones como miembros y cobrándoles altos honorarios de ingreso por entrar en las logias. Esta era exactamente la posibilidad que determinadas fuerzas sombrías y ricas habían estado esperando. Necesitaban una red política que funcionara con códigos secretos para implementar su plan para hacerse con el control a fin de "estructurar la sociedad".

Comienza la infiltración

Tras la ejecución del gran maestro Jacques de Molay el 18 de marzo de 1314, muchos Caballeros Templarios huyeron a Escocia, donde conservaron los secretos de su orden y se infiltraron en las cofradías existentes.

Tan pronto como en 1420 los prohibidos Caballeros Templarios fundaron una logia en Escocia, donde establecer su sede central internacional. Los símbolos más importantes de los Caballeros Templarios eran un cubo y una esfera de piedra. Los Caballeros Templarios esperaron su momento hasta que fue la hora de fundar la llamada masonería Escocesa.

En 1446, William St. Clair comenzó a construir la capilla Rosslyn en Rosslyn, un pueblo al sur de Edimburgo, que finalmente se convirtió en una logia masónica real, llamada la Logia n° 1 (La Capilla de María). En realidad era la sede de los Caballeros Templarios, también llamada el Templo de Yahvé. El año 1480, se terminó la capilla bajo la dirección de Oliver Sinclair (St. Clair). A su debido tiempo, la familia escocesa Sinclair creó un sistema masónico propio, al que pertenecían clanes Hamilton, Stuart, Mac-Gomery y otros. La familia Sinclair, procedente de Francia y llamada St. Clair, eran descendientes de los Merovingios (Christopher Knight, Robert Lomas, "El segundo Mesías ", Londres, 1998, p. 131-132). Sir William Sinclair se convirtió en el primer gran maestro de Escocia en 1736. Sinclair, naturalmente, tenía conexiones con la secreta Orden del Priorato de Sión.

En 1601, James VI de Escocia, hijo de Mary Stuart, se hizo masón en la Logia de Perth y Scoon. Se convirtió en patrón supremo de la masonería. James VI tenía lazos de sangre con la familia Merovingia de Guisa, ya que la abuela materna de Mary Stuart fue Marie de Guise (Michael Baigent, Richard Leigh, "The Temple and the Lodge", Londres, 1998, p. 200). En 1603, fue nombrado James I de Inglaterra. Así llegaron los Merovingios al poder en Inglaterra a través de la familia Stuart. Su escudo representa, entre otras cosas, una paleta y una espada, que simbolizan la francmasonería y el orden de los Caballeros Templarios. Fue el primer jefe de estado Inglés que era francmasón.

Los Caballeros Templarios que permanecieron en Francia fingían ser Cristianos. Los Caballeros Hospitalarios de San Juan (conocidos ahora como Caballeros de Malta) aceptaron los restos de la abolición, con ideas similares y pseudo-Cristianas como los Caballeros Templarios en 1312

Teniendo en cuenta los planes de los Caballeros Templarios para tomar el control de las cofradías de oficios, los miembros de la Orden Hospitalaria de San Juan bastante imprudentemente comenzaron a proclamarse "masones" en 1440. Los Caballeros de Malta surgieron de esta sección de la Orden de los Caballeros Templarios.

El 9 de enero de 1599, algunos Caballeros Templarios fundaron la logia Atkinson Have en Escocia. El 31 de julio del mismo año, se funda otra logia en Edimburgo. El hecho de que un gran número de Caballeros Templarios habían huido a Escocia es confirmado por James Steven Curl en su libro "El Arte y la arquitectura de la masonería" (Londres, 1991, p. 46). También es evidente (pág. 48-50) que estos Templarios en 1714 habían erigido obeliscos en el Mount Stuart, Leven and Tongue, en Sutherland en la parte más septentrional de Escocia.

Así que la infiltración en las logias de operativos masones fue relativamente temprana. A principios de los años 1540, los gremios artesanales Ingleses comenzaron, por razones económicas, a aceptar miembros "pasivos" que no tenían antecedentes como constructores, como banqueros, comerciantes, propietarios, magos y científicos. Estas personas deseaban pertenecer a una logia masónica a pesar de que ellos no tenían antecedentes como obreros. Querían aprovecharse de algunos de los secretos de los masones. De esta manera, a determinadas fuerzas políticas oscuras, que deseaban utilizar una red internacional en buen funcionamiento, se les presentó una excelente oportunidad. La primera evidencia documentada de esta antinatural expansión de las logias proviene de 1598.

A principios del siglo XVII, cuando el número y la importancia de los masones creció notablemente, la mayoría de las logias ya estaban aceptando "miembros honorarios" que no eran albañiles, para recoger sus cuotas de afiliación. Estos recién llegados eran astutos políticos especuladores y Caballeros Templarios camuflados que habían esperado la posibilidad de infiltrarse en el sistema en perfecto funcionamiento de la masonería para ocultar su verdadera naturaleza. A los masones pasivos se les llamaba masones aceptados o masones especulativos. Por este motivo, todos los masones modernos son masones aceptados. Los miembros pasivos de muchos gremios estaban obligados a pagar una cuota de afiliación desorbitada, que significaba que sólo individuos muy ricos podían permitirse el lujo de ser aceptados en una logia masónica. Además, estaban obligados a pagar el banquete de aceptación.

Para ser aceptado en una logia, era obligatorio tener dos patrocinadores que fueran masones activos. El miembro propuesto debía ser un hombre con medios de vida independientes, como mínimo de 24 años de edad y tener educación superior. El hijo de un maestro masón podía, sin embargo, ser aceptado a los 18 años. Otras excepciones no eran infrecuentes, si el dinero aparecía en la fotografía.

Estas normativas fueron posteriormente mantenidas por los masones políticos. Hoy en día también hay mujeres masonas, aunque no hay ninguna en Escandinavia.

Uno de los que se convirtió en francmasón aceptado fue el filósofo y político Francis Bacon (1561-1626). Era miembro de la Orden de los Rosa-Cruces y pertenecía a una sociedad secreta llamada la Orden del Casco (Christopher Knight, Robert Lomas, "El segundo Mesías: Los templarios, el sudario de Turín & el gran secreto de la masonería", Londres, 1998, p. 292).

La fábula de Bacon "La Nueva Atlántida" describe el Nuevo Mundo donde el poder es ejercido por una sociedad secreta llamada la Casa de Salomón, que consta de una élite privilegiada y actúa como un gobierno oculto. Esta sociedad decide exactamente cuánto y qué debe saber el público. Bacon proponía un gobierno invisible, que también controlaría la ciencia. Parece ser que los masones aprecian este libro.

Supuestamente Francis Bacon era hijo ilegítimo de la Reina Elizabeth y de su amante, Sir Robert Dudley, conde de Leicester. Francis Bacon que era muy educado, había leído y viajado mucho, también debe ser considerado como el verdadero autor de las obras teatrales y sonetos del analfabeto William Shakespeare. Esto se ha demostrado a través de los códigos secretos, que Bacon utilizaba en todas sus obras, incluyendo aquellas publicadas bajo el nombre de William Shakespeare, como se describe en las obras del francmasón Manly P. Hall.

En 1641, el General Robert Moray, químico y matemático se hizo masón en la Logia Edenroth de Newcastle. Fue el primer conocido erudito aceptado como miembro por un gremio artesanal, según el resto de la documentación. El alquimista, astrólogo y ocultista Elias Ashmole se hizo francmasón en Warrington el 16 de octubre de 1646, como lo había hecho el cabalista Robert Boyle (1627-1691), que hacía investigaciones en química y física. Elias Ashmole pertenecía a la Asociación de Astrólogos. Muchos miembros de esta asociación se hicieron francmasones. Robert Boyle fue gran maestro del secreto Priorato de Sión entre 1654 y 1691 Sir Christopher Wren (1632-1723), el astrónomo y arquitecto que diseñó la catedral de Saint Paul y dibujó los planos para la reconstrucción de Londres después del Gran Incendio de 1666, fue iniciado en la Logia Original nº 1 de Londres el 18 de mayo de 1691 (Bernard E. Jones, "Guía y compendio de los Masones", Londres, 1950, p. 111). Él fue el último gran maestro desde las filas de los francmasones activos que en realidad eran constructores y artesanos.

Las personas antes mencionadas fundaron El Colegio Invisible el 28 de noviembre de 1660. La Royal Society of London surgió de este movimiento en 1662 Francis Bacon (1561-1626) fue nombrado su "santo patrón". Christopher Wren llegó a presidente de la Royal Society en 1680. Isaac Newton (1642-1727), que estaba muy interesado en la astrología y la alquimia, se convirtió en masón en 1672 a pesar de que no había sido constructor, pero en cambio era considerado un científico y en 1703 fue elegido presidente de la Royal Society. El motivo más importante fue que era gran maestro del Priorato de Sión (1691-1727), hacía todo lo que podía para infiltrarse en las logias masónicas y explotarlas por razones políticas. Robert Boyle antes también había sido gran maestro del Priorato de Sión. Entre los fundadores de esta sociedad estaba John Byrom, que pertenecía al Cabbala Club, también conocido como Sun Club.

Todos estos señores masones comenzaron a manipular la ciencia. Querían crear una nueva ciencia, materialista o "humanista" que negaba la existencia del alma. Esta tradición masónica continúa hoy en las llamadas organizaciones humanísticas. Estas niegan la existencia de Dios, afirman que el universo se originó por sí mismo y que la muerte constituye el final definitivo de la experiencia.

La "Philosophiae naturalis principia mathematica" de Isaac Newton (1687) fue un vergonzoso intento de socavar la ciencia tradicional. Newton resultó ser el enemigo de la ciencia. Para él, el universo era materia muerta donde la sustancia en forma de esferas sólidas transcurría sin objetivo o significado. Detrás de Newton había una maliciosa red política. El verdadero Rosa-Cruz Gottfried Wilhelm Leibniz (1646-1716) creó un documento para contrarrestar la "Principia" de Newton, que llamó "Un tratado sobre el que provoca los movimientos de los planetas". Leibniz entendía que la naturaleza del universo era la neguentropía (auto-desarrollo). Esta tendencia global daba forma a todas las leyes físicas. Leibniz se negaba a creer que la casualidad podía explicar la aparición o la no ocurrencia de un evento. Demostró que el espacio era relativo y no absoluto. Leibniz afirmaba que la órbita planetaria debía seguir la dinámica de flujo, lo que demostraba que habían de ocurrir movimientos en torbellino, ya que todos los planetas están en el mismo nivel orbital y giran en la misma dirección. Si no fuera así, el sistema planetario entero se derrumbaría.

Robert Hooke corrigió los errores básicos de Newton. Newton creía que un cuerpo que cayera hasta el centro de la tierra describiría un movimiento giratorio y no una trayectoria elíptica. La "Principia" de Newton fue completamente reescrita por Robert Coats, que estaba destinado a corregir los cientos de errores que llenaban la primera edición. Esto demostraba que Newton estaba completamente perdido en cuanto se trata de ciencia, según Carol White, editor de la revista científica estadounidense *Fusion*. Pero Newton todavía es alabado como un gran científico. Incluso su principal defensor, C. Truesdale, se vio obligado a admitir en 1960 que "las teorías de flujo de Newton son, sin embargo, en gran medida erróneas".

En 1619, la London Mason's Company fundó una logia paralela para los masones aceptados llamada The Acception *(La aprobación)*. Estos hombres no tenían ningún conocimiento como picapedreros, pero pagaban alegremente el doble de la cuota de entrada de la orden para, eventualmente, hacerse cargo de la organización, que era una cubierta perfecta para sus actividades delictivas y también les era útil en sus esfuerzos para envenenar ideológicamente el entorno.

En 1670, la infiltración había llegado al punto en que sólo 10 de los 49 miembros de la Logia Aberdeen eran masones operativos (activos) (Martin Short, "Dentro de la fraternidad", Londres, 1997, p. 49). Los masones aceptados efectivamente había echado a los verdaderos masones. Había comenzado la fatídica conversión del gremio artesanal de los masones hacia una poderosa organización de conspiración social.

En 1703, las logias comenzaron a aceptar no-masones oficialmente. Ya en 1714, los masones aceptados fundaban su propia Gran Logia de York en Inglaterra. Falsos Rosa-Cruces ayudaron a hacerse cargo de las logias masónicas.

Impostores políticos desde las invernadas filas de los Caballeros Templarios y judíos ocultistas lograban infiltrarse en la red de los francmasones para utilizarla para sus propios turbios intereses. Comenzaron una reorganización sin precedentes. En las logias escocesas incluso les otorgaron el derecho de poseer armas en 1684. La organización original de los masones fue completamente destruida y convertida en un eficaz movimiento de conspiración en el que los Caballeros Templarios utilizaban magia negra para obtener el control del mundo.

Las sociedades secretas se apoderan de los gremios de artesanos

Las sociedades secretas agitaban a los escoceses para qué se levantaran contra la corona en 1715. La revuelta fue aplastada y los líderes ejecutados en febrero de 1716. Durante el verano o el otoño de 1716, los masones decidieron fundar una Gran Logia en Londres (Fred L. Pick y Normand G. Knigth, «La historia de bolsillo de la masonería", cuarta edición, 1963, p. 68-69). Querían tener más control sobre los acontecimientos políticos.

En febrero de 1717, se pusieron los cimientos para una organización mundial y un imperio invisible. Varios señores bien vestidos, entre ellos Jean Theophile Desaguliers, profesor de derecho de la Universidad de Oxford y James Anderson, ministro protestante y sacerdote de la corte del Príncipe de Gales, se reunieron en la taberna Apple Tree para discutir la fusión de cuatro logias en una gran logia (Karl Milton Hartveit, "De skjulte brodre" / "Los hermanos ocultos", Oslo, 1993, p. 70).

La conspiradora masonería moderna comenzó en Westminster en el centro de Londres el 24 de junio de 1717, cuando la Gran Logia Unida de Inglaterra (UGLE) fue creada por la fusión de cuatro logias más pequeñas. El 24 de junio es la festividad de San Juan Bautista. Esto tuvo lugar en The Goose and Gridiron, en el jardín de la catedral de Saint Paul. A partir de entonces Londres se convirtió en la sede de un poder secreto, que creció cada vez más rápido. La manipulación de la francmasonería había comenzado su avance. La Gran Logia de Londres se convirtió en la Logia Madre del mundo.

Muchos hermanos masónicos también eran miembros del Hellfire Club, donde se adoraba a Satanás y se realizaban ritos de magia negra y se practicaba la homosexualidad (por ejemplo el amor de David por Jonathan, véase Samuel II 01:26). Los hermanos buscaban experiencias eróticas exclusivas. Naturalmente, la masonería se vio afectada por todo esto. Sir John Wharton fundó el Hellfire Club en 1719. Fue el presidente del club, que se reunía en el Pub Greyhound, cerca del St. James'Park de Londres. En 1721, las autoridades cerraron este club infame durante un corto periodo de tiempo. John Wharton fue más tarde gran maestro de la Gran Logia de Inglaterra desde 1722 a 1723. Los miembros más célebres del Hellfire Club fueron Sir Francis Dashwood, John Dee y Benjamin Franklin (miembro durante los años 1724 a 1726), antes de regresar a los Estados Unidos, donde se convirtió en gran maestro de los masones en Pensilvania.

El secreto Hellfire Club fue reabierto en la finca de Medmenham en 1755 bajo el nombre de Los monjes de Medmenham (se reunían en las ruinas de Medmenham Abbey). Sobre la puerta se podía leer, en francés, el lema de Francois Rabelais: "Fay ce voudrais" (¡Haz lo que quieras!)

Dentro de esta organización, que existió durante más de 50 años, se practicaban orgías rituales y perversiones sexuales de diversa índole con niños y mujeres de clase baja que habían caído en las garras de los aristocráticos masones.

Dashwood, uno de los fundadores del Hellfire Club, fue ministro de Hacienda y uno de los amigos de Franklin. Franklin también fue gran maestro de la logia francesa Las Nueve Hermanas. Las logias de San Juan, Las Nueve Hermanas (Gran Oriente), Amigos Reunidos y los Illuminati provocaron un golpe de estado en Francia en julio de 1789. Los grupos de los Illuminati los Jacobinos y los Frankistas también participaron en la revolución francesa.

En 1723, ya había 52 logias en Londres, y a finales de la década de 1720, había establecidas 115 logias. Los masones afirman que la orden sólo ha tenido un contenido simbólico desde entonces. Se perdieron los principios geománticos. Sólo la historia y el simbolismo permanecieron desde los tiempos de los canteros. Todo fue sustituido por la pseudo-ciencia y filosofías que representan una amenaza para la naturaleza y la humanidad. El público fue engañado inicialmente por la elección del constructor Anthony Sayer como gran maestro.

Bastante pronto los constructores fueron totalmente excluidos. Los antiguos gremios dejaron de existir. En su lugar se constituyó un sistema de masonería corporativa. El siguiente gran maestro fue Jean Theophile Desaguliers, que fue nombrado para el cargo en 1719. Durante los años siguientes se elegiría un nuevo gran maestro anualmente.

Los nuevos masones aceptados eran hombres poco dotados incapaces de crear nada duradero. Por esta razón sólo continuó abierto para ellos un campo de actividad - el de la destrucción. Los masones efectivamente han destruido cualquier cosa bella y agradable a su paso, incluyendo la arquitectura armoniosa. Han comenzado revoluciones, guerras y otras calamidades. Han impedido el desarrollo espiritual de la humanidad. Y también han conseguido destruir la verdadera historia de la masonería antes del 24 de junio de 1717, a fin de convertirla en un disfraz más eficaz. Los masones Christopher Knight y Robert Lomas admitieron que el liderazgo masónico esconde muchos secretos incluso a los masones ordinarios ("El segundo Mesías", Londres, 1998, p. 90).

El 24 de junio de 1945, los líderes soviéticos organizaron el desfile de la victoria del Ejército Rojo en la plaza Roja de Moscú, precisamente 228 años después de la Fundación de la logia masónica madre en Londres. No se trataba de una coincidencia, según fuentes masónicas.

Así, en 1717 las sociedades secretas se volvieron parcialmente visibles. En 1723 fue adoptada una nueva constitución, escrita por el teólogo James Anderson y el abogado Jean Theophile Desaguliers. Esta constitución es en gran medida la base para toda la francmasonería moderna, que pretende transformar la sociedad, especialmente la parte más importante de la constitución "Los antiguos cargos".

La arquitectura geomántica ha dejado de ser el objetivo de la masonería, incluso oficialmente. La orden fue casi completamente infiltrada por fuerzas destructivas, que afirmaban que la masonería quería promover el desarrollo de la conciencia espiritual de la humanidad. Manifestaban que deseaban desarrollar su espiritualidad y al mismo tiempo, construir un mundo mejor para la humanidad. El objetivo de la masonería se convirtió en transformar el mundo entero según la perspectiva mágica de los masones. Se desprende de la historia de la masonería política que sólo han conseguido hacer del mundo un lugar mucho peor para vivir.

Ya durante la segunda mitad del siglo XVIII, la masonería se había convertido en una potencia internacional que afectaba a la política y a la ideología de varios países ("La Enciclopedia Estonia", Tallin, 1998, vol. 10, p. 125).

Esta organización revolucionaria basa su actividad en mitos destructivos y una mezcla de ideas que derivan de la magia (negra) egipcia, el misticismo sufí, la cábala judía y la conspiración continúa y los ritos de los Caballeros Templarios. El prototipo más importante para la estructura de la masonería política es una versión negativa del sistema y ritos, en los que se basa la orden Sufi Malamati (Idries Shah, "Sufis", Moscú, 1999, p. 439).

Malamati significa "los que deben ser culpados". Los miembros de este movimiento religioso realizaban conscientemente actos, que generalmente son repudiados por el público. Pretendían ser marginados para demostrar que la opinión de la gente no tenía ningún valor duradero. De esta manera, cualidades negativas como la vanidad y la auto-importancia se perdían a través de la formación. Un maestro sufí podía obtener conocimientos del pasado y del futuro de la humanidad y se podía mover a izquierda y a derecha en el tiempo, lo que nosotros no podemos ni imaginar.

Los intrigantes masones distorsionan el contenido de los ritos espirituales de la orden sufista Malamati y crean un sistema propio antinatural y perverso. "Pervertus" en latín significa "rechazado". Los masones no deben pertenecer a una determinada religión. Podrían practicar la religión que desearan o preferiblemente ninguna en absoluto. El reconocido ateo Voltaire fue aceptado a un logia de Londres en 1720. La masonería moderna propaga la falta de espiritualidad y su filosofía es el materialismo sin alma (Robert Lomas, "La masonería y el nacimiento de la ciencia moderna", Glouscester, 2003).

Estos mejora-mundos no han conseguido ningún resultado positivo, sus esfuerzos están basados en la astucia y el engaño. Los miembros deben obedecer, incondicionalmente, las órdenes del maestro. Esta cadena de mando fue cogida directamente de las logias originales.

Así pues la masonería política nació en 1717 en Inglaterra. La logia madre de la masonería está situada en el Covent Garden de Londres. Cuando visité por primera vez el Freemasons'Hall allá por el 17 de agosto de 1998, vi sobre la entrada principal el lema latino del poder de la francmasonería por todo el mundo: "AVDI, VIDE, TACE" / "Oye, profundiza, sé tácito".

Esto significa que los hermanos que obedecen y permanecen en silencio sobre los planes secretos de los grandes maestros profundizarán en lo que realmente está sucediendo en el mundo. Otra inscripción, ahora en hebreo, sobre la entrada principal revela el prototipo ideológico: "Kadosh le Adonai" ("Sagrado para Yahweh").

Este texto estaba escrito originalmente en la mitra del gran rabino. En la Torá, este mito se denomina 'Nezer ha-kodesch', que significa "La sagrada corona". El valor de esta frase en numerología cabalista es 666. Nezer (diadema o corona) tiene el valor 257 y ha-kodesch (Santo) tiene el valor 409 (257 + 409 = 666). La palabra "cábala" significa "tradición" en hebreo. La cábala es una doctrina extremadamente complicada, reservada y sombría que representa cómo todas las cosas son partes de un todo organizado. Hay conexiones entre todas las cosas. Según la cábala, hay leyes secretas que rigen el universo y las conexiones ocultas entre las cosas que no parecen pertenecer juntas, los números y las letras son claves importantes para el patrón del universo.

El Freemasons'Hall en la calle Great Queen en el Covent Garden de Londres es el lugar de encuentro central para las 8.600 logias masónicas del Reino Unido. En el interior hay alrededor de unos 20 templos junto con el Gran Templo, con techos de mosaico, vidrieras y puertas talladas.

La cábala se originó del hecho de que los Israelitas no tenían ningún sistema de posiciones numéricas ni ningún signo para el cero. Estas matemáticas avanzadas presentaban dificultades insuperables. La suma y la resta funcionaban bien, pero la multiplicación, la división y utilizar fracciones se volvía imposible. Los Israelitas por tanto utilizaban los números en circunstancias mágicas y religiosas, más que para resolver problemas prácticos. Se convirtieron en adeptos a la numerología y la guematría. Las palabras se asociaron con diferentes números para simplificar la profecía. La ciencia mundana estaba prohibida junto con ciertos alimentos, incluyendo la carne de cerdo.

El antiguo principio de la guematría establece que cada letra también significa un número. El valor numérico de una palabra es equivalente a una medida geométrica como una línea, una superficie, o como el espacio.

Los cabalistas, por otra parte, interpretan el número como otra palabra o frase, que revela el sentido oculto de la palabra original. El cabalista del siglo XIII Abraham Abulaphia estaba convencido de que la cábala era un instrumento mágico muy eficaz y advirtió en contra de ella.

Los masones Christopher Knight y Robert Lomas admitieron que cada gran maestro es un sacerdote de Yahweh ("El segundo Mesías", Londres, 1998, p. 290).

Hoy los masones afirman que la masonería fue fundada por el Rey Salomón, que fue el primer gran maestro. Es cierto, sin embargo, que las modernas logias masónicas están conectadas con la orden de los Caballeros Templarios. En el año 2000, los masones hicieron una gran celebración porque, según su concepción cabalista de las cosas, era el 6.000º aniversario de la masonería. No hay ninguna prueba de esta hipótesis en los textos originales de los masones.

A medida que sube escalafones, al masón se le informa del código de dos letras Mac Benac (MB), que significa, "la carne ha caído de los huesos". Esto fue pronunciado cuando se desenterró el cuerpo del constructor Hiram Abiff. Él también estaba considerado como un hijo de la viuda.

Una leyenda importante dentro de la francmasonería se refiere a este Hiram Abiff, el constructor del templo del Rey Salomón. Abiff, llamado Huram Abiff en las Crónicas II, fue asesinado por sus aprendices y cimentado en el muro del templo. Todavía es alabado y algunas fuentes masónicas tienen un animado debate sobre si Hiram Abiff en realidad era Jesucristo. El asesinato de Hiram es re-promulgado en la iniciación del tercer grado. Parece ser que el asesinato no constituye ningún crimen para los masones, sino un desprendimiento de antiguas concepciones del mundo y el renacimiento en un nivel superior.

Los arqueólogos no han encontrado evidencia de Hiram en sus lugares de excavación y las muchas versiones de la historia no se corresponden la una con la otra.

La puerta estaba abierta para los políticos aventureros cuyo objetivo era un poder invisible en todo el mundo. La demanda más importante de la masonería se convirtió en la estricta observancia, porque de lo contrario sería imposible llevar a cabo una revolución. Sobre todo los masones italianos y franceses empezaron a utilizar la organización como una cubierta para su actividad política. Los mensajes políticos quedaban ocultos por la terminología críptica.

La primera logia de Francia (Santo Tomás) fue fundada en 1725, en 1726 la francmasonería apareció en Austria, en 1728 en España (Madrid), en 1733 en Italia (la primera gran logia fue fundada en 1750), en 1735 en Suecia, en 1736 en Suiza, en 1737 en Alemania, en 1739 en Polonia, en 1740 en Rusia. A finales de 1730 también había logias en Bélgica. La primera logia de Dinamarca fue fundada en 1745 y la primera de Noruega en 1749.

La masonería llegó a la India en 1730, cuando se fundó la primera logia en Calcuta, en China en 1767 y en Australia en 1863.

Los Caballeros Templarios reaparecieron en Francia en 1743 y fueron aceptados muchos nuevos miembros. Sus actividades comenzaron a aumentar en 1754.

La francmasonería se extendió a una velocidad increíble. Diez años después se fundó la primera logia en París, hubo cinco logias en esta ciudad, y en 1742 habían registradas 22 logias. En julio de 1789, justo antes del golpe de estado masónico en Francia había en el país 100.000 masones. Entre estos estaban los partidarios del rey y de la clase política durante el golpe. El lector probablemente se puede imaginar lo que les sucedió a aquellos que no estaban del lado del líder del Illuminati francés, Robespierre. Pero ellos no habían alcanzado los grados más altos y no tenían ni idea de la verdadera naturaleza de la orden.

La realidad entre bastidores resulta ser completamente diferente cuando uno se eleva a través de los grados. En los países cristianos, la masonería se presenta como cristiana, pero en países islámicos usa una cara musulmana. En realidad, la orden adora a otro ser, al gran arquitecto del universo Jahbulon, la naturaleza del cual guarda un gran parecido con la de Lucifer. Los masones están obligados a creer en TGATU (el gran arquitecto del universo). Según los masones, Jahbulon es el ser creativo. El tres veces mayor maestro de obras, el espíritu anónimo con un centenar de nombres.

En 1724, la vieja logia de York se autonombró una gran logia, al año siguiente se declaró 'La Gran Logia de toda Inglaterra celebrada en York'. Se volvió inactiva en 1740, se reavivó en 1761 y desapareció en 1792

El Consejo Supremo de los masones británicos se estableció en 1819. Hasta 16 príncipes fueron miembros de la orden inglesa entre 1737 y 1907. Cuatro de estos acabaron siendo Reyes.

A mediados del siglo XVIII, los masones escoceses introdujeron una o varias partidas de golf antes de las reuniones y los banquetes de la logia, para poder ejercitarse en cifras mágicas. Así fue como fueron escritas las reglas, mágicamente cargadas, del juego. Nació la noción de la vida de club y el número de golfistas se elevó de 500 a 5.000. Hoy en día el golf se considera el juego más importante dentro de la masonería.

A los masones les ha sido permitido propagarse por todo el mundo sin ningún tipo de resistencia y han logrado construir una ingeniosa organización. Los de fuera no tienen absolutamente ninguna pista de qué pasa realmente. Juramentos y muertes rituales unen a los miembros entre ellos.

Es una extremadamente potente red de responsables políticos, fabricantes de opinión, políticos, empresarios, economistas, obispos, autores famosos y otros. Sus finalidades, objetivos, rituales y creencias han sido escondidas al público, que ha sido engañado por un comportamiento aparentemente respetable, ideales públicos pulidos, caridad y en general religiosidad.

El movimiento masónico, desde fuera, parecía una inocua asociación cristiana. En realidad seguía manteniendo un movimiento subversivo de conspiración bajo el liderazgo judío, que mantenía sus objetivos, ceremonias y signos secretos de antiguos gremios, rituales, obediencia ciega a la autoridad y un juramento aterrador.

En 1780, se fundaron en Frankfurt am Main dos logias completamente judías (Friedrich Wichtl, "Weltfreimaurerei, Weltrevolution, Weltrepublik", Wobbenbiill, 1981, p. 82). Entonces el diario masónico francés *Akacia* comenzó a pedir: "¡Ninguna logia sin judíos!"

Los judíos extremistas estaban implicados en la formación de la masonería moderna en Inglaterra tan pronto como a principios del siglo XVIII (Jacob Katz,

"Judíos y masones en Europa 1723-1939", Cambridge, Mass. 1970). La primera referencia a un francmasón judío, Daniel Delvalle, maestro de la logia Cheapside de Londres, data de 1732 El mismo año un judío, Edward Rose, se convirtió en masón en Londres. El rabino director de Gran Bretaña, Sir Israel Brodie, era un francmasón de alto rango (John Hamill, Robert Gilbert, "La masonería: Una fiesta del artesano", Londres, 1998, p. 86). Más tarde un número significativo de judíos se unieron a la masonería inglesa, donde fueron acogidos.

Muchos creen que los masones intentan vivir en paz con nosotros y que sólo los prejuicios de los demás hacen que esto sea imposible para ellos. Pero la naturaleza de la masonería no es humana. Los masones tienen el deseo de ser algo distinto de nosotros. Odian asociarse con los que no son masones. Los judíos que no son miembros de logias masónicas y no desean facilitar las actividades destructivas de los judíos masónicos, pueden satisfacer un destino aún peor. Se les considera renegados. El masón de alto rango destruye todo lo que es bueno y tiene una sorprendente cantidad de simpatía por las más bajas formas de humanidad y los criminales. Los crímenes crueles e inusuales de los comunistas y socialistas a menudo reciben la "comprensión", si no el elogio absoluto de los medios de comunicación bajo el control de los masones.

El desarrollo del sistema masónico

Al principio sólo había dos grados, aprendices y obreros, que elegían un maestro de cátedra, que más tarde se convertiría en un tercer grado. De hecho sólo en 1725 el título de "maestro" entró en uso dentro de la masonería política. La Gran Logia era llamada la Logia de San Juan en honor del santo patrón de los picapedreros, Juan Bautista. La Fundación de la masonería se celebra cada año el 24 de junio.

Desde 1725 los cabalistas habían permitido unir varias logias masónicas en Inglaterra. Cuando los cabalistas judíos extremistas consiguieron ser admitidos en las logias, pronto ocuparon muchas de las posiciones más altas dentro de la masonería.

En Escocia se introdujo un cuarto grado. Los pocos grados de las logias de San Juan no eran suficientes como para ser de alguna utilidad a las fuerzas que querían explotar políticamente la francmasonería. No era posible hacer, de los hermanos, herramientas útiles con tan pocos grados y fue por este motivo que en Francia se introdujo un nuevo sistema con más grados, el sistema de San Andrés. Estos grados superiores después fueron llamados San Andrés, el primer discípulo de Juan Bautista. Los grados de San Andrés fueron atravesados por las doctrinas heréticas de los Illuminati. Los hermanos de San Juan tenían un rango inferior que los hermanos de San Andrés.

En París Charles Radclyffe fundó el sistema francés-escocés en 1725 para crear una conspiración política más eficaz. Radclyffe se convirtió en gran maestro de la Logia de Santo Tomás y un año más tarde fue el líder de toda la francmasonería de Francia. En 1727 fue elegido gran maestro del Priorato de Sión.

En 1754, los descendientes de los Merovingios, que a través de la dirección de Charles de Lorraine controlaban la francmasonería en Francia, sentaron las bases para el sistema de grados escocés. Este sistema tenía 25 grados y pronto ganó ocho más. El sistema francés-escocés contiene 33 grados divididos en siete clases. Supuestamente en el Templo de Salomón había una escalera con 33 escalones. Esta es la razón por la que la pirámide masónica del billete de un dólar estadounidense está construida con 33 piedras. Este es hoy en día el sistema de difusión más amplio del mundo.

El poeta Michael Andrew Ramsay, venido de Escocia, fue gran maestro de la Gran Logia de Francia. Ramsay el 21 de marzo de 1737 admitió lo siguiente a los masones iniciados recientemente en París:

> "El mundo entero no es más que una gran república, en la que cada nación forma una familia y cada individuo un niño. La orden masónica es una asociación de aquellos que han entendido esta verdad e intentan hacerla realidad." (Harry Lenhammar, "Med murslev och Svärd" / "Con paleta y espada", Delsbo, 1985, p. 45-46)

Ramsay afirmó que los Caballeros Templarios habían sido guiados por los mismos ideales y que habían unido fuerzas para llevarlos a cabo. Creía que el sistema escocés descendía de la orden de los Caballeros Templarios. Es por eso que volvió a crear el mismo sistema donde la contraseña secreta se tomó de las contraseñas de la guardia de los centinelas de los campamentos militares. Este sistema se conoce como el Rito Escocés de 33 grados. Todo esto lo explica en su libro "Oración" (1737).

La lectura mencionada acabó siendo tan crucial para la francmasonería como la Constitución de Anderson. El alias de Ramsay en la masonería era Chevalier. Era amigo de Isaac Newton y de Jean Theophile Desaguliers. El padre de Maximilien Robespierre perteneció a la logia que Ramsey había fundado. Ramsay fue ejecutado en Gran Bretaña en 1746 por participar en una revuelta en interés de la masónica familia Stuart.

El sistema fue desarrollado principalmente por los líderes judíos, entre ellos Estienne (Stephen) Morin. Quien se convirtió en el líder de todas las órdenes y en 1761 recibió la misión de difundir la masonería por toda América, donde hizo apariciones públicas como hugonote. Morin era un masón de alto grado. Introdujo su nuevo sistema de la masonería en las colonias americanas el 27 de agosto de 1761.

El 31 de mayo de 1801, Morin fundó el Consejo Supremo junto con John Mitchell, Abraham Alexander, Israel Mitchell, Emmanuel de la Motta y otros altos cargos judíos masónicos del Rito Escocés en Charleston, Carolina del Sur (Christopher Knight, Robert Lomas, "El segundo Mesías", Londres, 1998, p. 85). El Consejo Supremo del Grado 33 se convirtió en la sede mágica de los masones. Charleston está situada en el paralelo 33, una cuestión de gran importancia para los masones, y a este Consejo se le considera el Consejo Supremo madre de todas las logias masónicas del mundo.

En 1875, el Consejo Supremo se trasladó más cerca del centro del poder, Washington, DC. A partir de entonces ha sido considerado como el Consejo Supremo de la masonería mundial y ha afectado cada evento político importante desde entonces.

El masón escocés de alto rango John Robison dijo que en el paso, llamado el *Chevalier du Soleil* (Caballero del Sol), es la Razón la que ha sido destruida y enterrada, y el maestro de este grado, el Filósofo Sublime, ocasiona el descubrimiento del lugar donde está escondido el cuerpo (John Robison, "Pruebas de una conspiración", Belmont, 1967, p. 88). Los masones aprenden que los grados inferiores, que hacen referencia a la moral y la religión cristiana, son meras nubes que ahora han sido disipadas por la luz de la razón. Este grado en concreto en la francmasonería francesa es el primer paso de los masones avanzados "iluminados". Robison se hizo masón en mayo de 1770.

La masonería se convirtió en una conspiración Judía-Cabalista, el objetivo de la cual era subyugar al judío civilizado y esclavizar al resto de la humanidad. En 1869, un judío fue gran maestro del Rito Escocés en París (Henry W. Coil, "Enciclopedia masónica de Coil", editorial Macoy, Richmond, Virginia, 1996, p. 260). El Gran Oriente admitía judíos sin restricciones.

La misión de Morin era hacer que todos los masones gentiles funcionaran como los judíos extremistas o como sus secuaces. En cualquier caso, que sirvieran al interés del sionismo.

Parece ser que los líderes masónicos siguen la doctrina del Talmud, que afirma que si no hubiera judíos, la tierra no sería una bendición, y no existirían ni el sol ni la lluvia ni la humanidad (Jebammoth, fol. 98 a). Por lo tanto esta pretensión es común dentro de la masonería ya que esto también es tolerado por el Talmud. En la misma colección de enseñanzas, el rabino Bechai establece: "La pretensión está permitida siempre que el judío se muestre cortés con el gentil impuro, se muestre respetuoso con él y le diga: Te quiero." Pero el rabino Bechai explica que esta regla es válida, sólo si el judío necesita al gentil o si hay razones para creer que el gentil podría perjudicarlo. En todos los demás casos, esto (mostrar respeto por un gentil) se convierte en un pecado (Gittes, fol. 61 a).

El primer ministro británico Benjamin Disraeli habló en 1852 en la Cámara de los Comunes, refiriéndose a los acontecimientos de 1848:

> "Las sociedades secretas, que forman los gobiernos provisionales, proclaman la igualdad natural de los hombres y la abolición de la propiedad; y hombres de raza judía están al frente de cada una de ellas."

El rabino Isaac Wise (1819-1900), presidente de la sub-organización en Cincinnati de B'nai B'rith, Ohio, ha explicado que "la francmasonería es una creación judía, su historia, grados, nombramientos oficiales, contraseñas y explicaciones son judías de principio a fin" (*Israelite of America*, 3 de agosto de 1866).

También declaró:

"La masonería es el órgano político ejecutivo de la élite financiera judía".

Quería decir que la francmasonería es el grupo de acción política de los judíos extremistas.

El diario *The Jewish Tribune* (Nueva York) escribió el 28 de octubre de 1927:

"La masonería se basa en el judaísmo. Si del ritual masónico eliminamos las enseñanzas del judaísmo, ¿qué nos queda?"

The Jewish Guardian admitió abiertamente el 12 de abril de 1922:

"La masonería ha nacido fuera de Israel."

En la revista masónica francesa *Le Symbolisme* (julio de 1928) se podía leer lo siguiente:

"El deber más importante de la masonería debe ser glorificar a los judíos, que han conservado la inalterada norma divina de la sabiduría."

Un masón de alto rango el Dr. Rudolph Klein declaró:

"Nuestro rito es judío de principio a fin, el público debe concluir de ello que tenemos conexiones reales con la comunidad judía". (*Latomia*, nº 7-8, 1928)

Un discurso en la Convención de B'nai B'rith de París, publicado poco después en *The Catholic Gazette* (Londres) en febrero de 1936 y un poco más tarde en *Le Reveil du peuple* (París), declaraba:

"Hemos fundado muchas asociaciones secretas, todas trabajan para nosotros, bajo nuestra dirección y nuestras órdenes. Hemos hecho un honor, un gran honor a los Gentiles permitiéndoles acompañarnos en nuestras organizaciones, que están floreciendo, gracias a nuestro oro, más ahora que nunca. Pero sigue siendo nuestro secreto que aquellos gentiles que traicionan sus propios y más preciados intereses, para acompañarnos en nuestra conspiración, nunca deben saber que estas asociaciones son creación nuestra, y que sirven a nuestro objetivo...
Uno de los muchos triunfos de nuestra masonería es que aquellos gentiles que son miembros de nuestras Logias, nunca han sospechado que los estamos utilizando para construir sus propias cárceles, que sobre sus terrazas deberán erigirnos el trono de nuestro Rey universal de los Judíos, y nunca deben saber que los estamos enviando a forjar las cadenas de su propio servilismo hacia nuestro futuro Rey del Mundo..."

El presidente honorario de la Logia B'nai B'rith, el rabino Dr. Leo Baeck, en la inauguración del distrito Grand Lodge Kontinental Europa XIX en Basilea el 14 de septiembre de 1955, dijo:

"La misión de las logias en Europa es ser la conciencia de los judíos y asegurarse de que la conciencia de los judíos no se marchite en países diferentes." (*Jüdische Allgemeine Zeitung*, 27 de enero de 1956)

El líder sionista Theodor Herzl escribió en su "Tagebuch" (p. 92):

"En las naciones actuales, la masonería sólo beneficia a los judíos, pero acabará siendo abolida".

"Cada Logia es y debe ser un símbolo del Templo Judío; cada Maestro de Cátedra, un representante del rey judío, y todo Masón una personificación del obrero judío". ("Una enciclopedia de la masonería europea", Filadelfia, 1906)

El rabino Georg Salomon en Hamburgo hizo la siguiente iluminadora pregunta en su folleto "Voces de Oriente":

"¿Por qué no hay ni rastro de la Iglesia Cristiana en el todo ritual de la masonería? ¿Por qué el nombre de Cristo no se menciona ni una vez, ya sea en el juramento o en la oración, que se pronuncia en la inauguración de una nueva logia o logia de distrito? ¿Por qué los masones no cuentan el tiempo desde el nacimiento de Cristo, pero en cambio, lo hacen como los judíos, desde la creación?" (p. 106-107).

Esta es también la razón por la cual se utilizan nombres cabalísticos en los grados de los diferentes sistemas de la masonería: Comandante del Triángulo Iluminado, Doctor del Fuego Sagrado, Príncipe de Jerusalén (grado 16°), Caballero de la Rosa-Cruz (18°), Gran Pontífice (19°), Caballero Comendador del Templo (27°), Caballero Escocés de San Andrés (29°), Gran Caballero Electo de Kadosh (30°).

El último grado también se llama Caballeros del Águila Negra y Blanca. Los miembros de este grado deben apuñalar una corona real con una daga. Deberán vengar sin tregua la muerte del gran maestro Jacques de Molay el 18 de marzo de 1314 en París. ¡Recuerde esta fecha! Es por eso que los francmasones del grado 30° se llaman Los Vengadores. Se utilizan trece velas en la iniciación de ingreso de este grado. En la ceremonia de iniciación, se utilizan los siguientes colores: negro, blanco, azul y rojo.

Albert Pike creía que el grado 30° era el más importante, ya que es cuando comienza la lucha activa contra otras creencias y otras religiones. En este punto a los miembros se les enseña la cábala, que supuestamente es la llave del templo. Aquí también es cuando los miembros empiezan a trabajar activamente con la magia de Osiris.

Cada año, los masones de los grados más altos "matan" un muñeco vestido con ropa del siglo XIV y que simboliza a Felipe el Hermoso. O bien se le corta la cabeza (para simbolizar su sangre se derrama vino tinto) o bien se le quema de arriba abajo. Al Papa Clemente V también se le "mata" cada año. Entonces los caballeros de Kadosh deben pisar la corona real y la tiara del Papa.

Esta forma de magia ya se practicaba en Egipto. El papiro Harris describe como Hui, controlador del ganado del faraón creaba efigies de cera, que luego introducía a escondidas en Palacio. Los muñecos simbolizaban al faraón y a su familia y se situaban cerca de un fuego, para que se fundieran lentamente mientras el Faraón sufría y moría. El complot fue descubierto, sin embargo, y Hui y los otros conspiradores fueron sentenciados a suicidarse, una de las sanciones más duras de Egipto (Lewis Spence, "Mitos y leyendas del antiguo Egipto", Londres, 1915, p. 263).

Los nombres de determinados grados varían en diferentes países. El grado 22° en Inglaterra se llama el Caballero Real Hacha, mientras que en Alemania se llama Furst von Libanon (Príncipe del Líbano).

Estos 33 grados se dividen en siete categorías. La quinta categoría, por ejemplo, contiene los grados de caballero (19, 20, 23, 27, 28 y 29), que derivan de la orden de los Templarios.

La cuarta categoría tiene dos sub-apartados. El primero contiene las titulaciones de Israel (grados 4 y 8). La séptima categoría contiene sólo los grados más altos (31-33).

Al alcanzar el grado 18, se necesita el permiso de la élite masónica para avanzar más allá.

A los pocos masones que llegan al grado 28 de repente se les informa que todo lo que habían aprendido previamente era falso. Sólo entonces se les explicará la verdad. Esto se hace intencionadamente para probar cómo son de fiables estos masones. Ellos no están autorizados a explicar al público sobre sus actividades.

En su novela "El juego de las bolas de cristal" (1943), Hermann Hesse describe la naturaleza del hombre como noble y generosa cuando se sigue el camino de la verdad. En cuanto es traicionada la verdad, en cuanto la naturaleza humana deja de honrar la verdad, en cuanto vende sus ideales, se vuelve intensamente satánico. Este es también el caso en cuanto a la naturaleza masónica.

Los francmasones han realizado muchos actos de venganza. En Alemania el 18 de marzo de 1793 fue declarada la República o Comuna de Maguncia con la ayuda de las tropas "revolucionarias" francesas. Gracias al ejército prusiano, este nido de víboras fue liquidado cuatro meses más tarde, el 23 de julio de 1793.

El 18 de marzo se convirtió en un día especial. Fue en este día de 1848 cuando comenzaron las revueltas en Venecia, Milán y Estocolmo. En Berlín el mismo día tuvo lugar una revolución. Los líderes de la revolución de Berlín eran todos masones judíos, entre ellos Jacob Venedy y Johann Jacoby.

Este fue también el caso de otras ciudades. Aquel sábado incluso se hicieron coincidir las acciones al mismo tiempo en Milán, Berlín y Estocolmo.

Precisamente 23 años más tarde se organizaron nuevamente actos de venganza, el 18 de marzo de 1871, cuando fue declarada la Comuna de París. En la Unión Soviética, el 18 de marzo se celebra el día del Socorro Rojo. Los masones asesinaron a Georgios, el rey de Grecia, el 18 de marzo de 1913.

La base real de la masonería era una meritocracia despiadada, una especie de sociedad, que sólo se consigue con la ayuda de méritos y documentos. Esto implica subversión en todas las sociedades estáticas basadas en una jerarquía tradicional, según el historiador estadounidense James H. Billington.

Durante el siglo XVIII, las reuniones de las logias normalmente se llevaban a cabo en cámaras privadas en posadas o tabernas, donde los miembros se reunían alrededor de una larga mesa.

Se hizo evidente que el nuevo modelo de masonería suponía una amenaza política para el orden tradicional. Las reuniones de las logias en los Países Bajos fueron prohibidas en 1735, ya que había salido a la luz la información de que los hermanos masónicos estaban secretamente implicados en la actividad política. En 1738, el Papa Clemente XII prohibió la actividad de los masones en todos los países católicos, como Francia y Polonia. Pertenecer a los masones era un crimen atroz, según la bula papal *In Eminenti*.

La Emperatriz de Austria, María Teresa, cerró todas las logias en 1742, incluso la que su marido Franz era miembro. Pero ya era demasiado tarde, porque en aquellos momentos la francmasonería había logrado una posición en la que ya no podía ser controlada. Sus miembros eran demasiados y eran muy influyentes. Judíos ricos extremistas que eran miembros de diferentes logias y apoyaban sus actividades tenían acceso a enormes fondos, que las potencias mundanas no podían ignorar.

Algunos masones no pudieron afrontar la maldad de los rituales que habían llevado a cabo y abandonaron la orden. Un antiguo gran maestro, que también era uno de los principales financieros de Londres, dio a Martin Short este aterrador testimonio, que relata en su libro "Dentro de la Hermandad: Más secretos de los masones" (Londres, 1990, p. 124-126):

> "Me hice masón en 1970, pero incluso cuando estaba en el primer grado del ritual tuve dudas. Se me hacía raro hacer ese horrible juramento sobre la Biblia mientras contra mi pecho izquierdo desnudo empujaban con fuerza la afilada punta de un compás. Aunque se me hacía más extraño que se me dijera que sellara este juramento besando la Biblia y entonces con la cara empujando el compás y la escuadra que descansaban sobre sus páginas abiertas. Fue justo después cuando me di cuenta que el compás y la escuadra estaban alineados en forma de *vesica piscis* y que toda la ceremonia tenía connotaciones sexuales.
>
> A pesar de mi malestar pasé los tres grados artesanales sólo en tres reuniones. Durante el tercer grado ritual los diáconos me tiraron al suelo y me envolvieron en un sudario: una sábana negra bordada con cráneos y huesos cruzados blancos. Me dijeron que me quedara quieto como si estuviera muerto, hasta que me levantasen por los pies y el Maestro de la Logia aplicara la pinza del Maestro Masón.
>
> Mientras estaba allí de repente sentí la imponente presencia del mal. Yo antes nunca conscientemente había pensado en el mal, ni mucho menos lo había sentido, pero ahora mi cerebro daba bandazos. Sentí un dolor penetrante en el cráneo, como el peor dolor de cabeza que te puedas imaginar. Aún así, continué con la ceremonia y me convertí en un Maestro Masón.
>
> El punzante dolor de cabeza siguió volviendo, no sólo en las noches de logia, sino cada noche durante más de diez años. En ningún lugar sufrí ataques peores que

en mi habitación, así que adquirí el hábito compulsivo de poner un par de calcetines en forma de cruz en el suelo al lado de mi cama antes de poder llegar a dormir. No sé si mi mujer lo vio nunca. Supongo que estaba intentando rechazar el mal, aunque en ese momento no razonaba nunca de esta manera.

Asistí a mi Logia Masónica durante siete años y entonces dimití. Más tarde me di cuenta que este periodo coincidió exactamente con los años en los que sufrí constantes enfermedades: mononucleosis, faringitis crónica, hemorragias espontáneas y cáncer de piel maligno. Yo mismo podía haberme inducido estas condiciones. Lo supongo, pero el cáncer de piel supera con creces los poderes psicosomáticos de la mayoría de la gente. Pero ahora tomo constantemente Valium y píldoras para dormir. También me he visto afectado por una neuralgia aguda del trigémino: una parálisis facial, similar a los efectos de un anestésico dental, pero que no desaparece. Un anestésico dental también evita el dolor, pero este lo causaba: tanto, que a veces la agonía me hacía gritar.

En 1980 estuve a punto de suicidarme. Un domingo, estando muy deprimido, fui a mi parroquia y me sentí impulsado a comulgar. Cuando llegué a la barandilla pedí perdón y pedí que se me alimentara con el Pan de la Vida. No recuerdo haber tomado los sacramentos, pero cuando llegué a casa mi familia dijo que me brillaba la cara. Unos meses más tarde me di cuenta, que ese mismo día, de repente dejé de tomar todas aquellas píldoras.

Suena cursi, lo sé, pero había 'encontrado a Dios'. Me volví un cristiano comprometido y hablé con grupos de todo el país, pero aún estaba atormentado, como me di cuenta durante una reunión en Peterborough. El presidente me ofreció orar por cualquiera de los presentes que estuviera en peligro. Alguien se adelantó desesperadamente pidiendo ayuda, pero yo no tenía ninguna experiencia en este tipo de trabajo. Intenté extender los brazos para darle apoyo pero tenía los codos rígidamente cerrados. Me sentí muy mal. Salí de la sala tan pronto como pude. Sabía que me pasaba algo seriamente malo, así que oré pidiendo ayuda.

Se lo conté a un amigo que me presentó a un ministro Pentecostal. Dijo que creía que yo estaba atesorando algunas cosas, que, a los ojos de Dios, formaban una servidumbre espiritual con un pasado ilícito. No identificaba los objetos, pero dijo que la fuente del mal estaba en mi habitación: en la parte superior del armario y en el tocador. Estos eran los lugares exactos donde guardaba mis insignias masónicas y los libros rituales. Cuando llegué a casa lo cogí todo y se lo llevé a mi vicario. Él dijo que lo único que podíamos hacer era destruirlo, así que lo tiramos a una hoguera.

¡Esa noche dejé de poner los calcetines en forma de cruz! Sabía que por fin se había roto la maldición opresiva. Recordando la ceremonia masónica en la que noté por primera vez aquel intenso dolor, me doy cuenta que podía haber sido particularmente susceptible a aquellos sentimientos. Quizás soy psíquico mientras que la mayoría de los otros masones - hombres buenos, estoy seguro - simplemente no responden a estas vibraciones. Sea cual sea la explicación, no deseo a nadie la angustia que este galimatías masónico me causó durante tantos años."

Los grados más altos

El grado 31° se denomina Gran Inquisidor Inspector. Sólo 400 de entre todos los masones británicos llegan en algún momento a este grado.

El grado 32° se denomina Maestro del Secreto Real. Sólo logrando el grado 32 es cuando los masones dicen que "la francmasonería acabará controlando el mundo" (Paul A. Fisher, "Detrás de la puerta de la logia", Rockford, Illinois 1994, p. 240). En el grado 32°, a los miembros se les da una "imagen fiel" de la masonería. Sólo 180 miembros británicos alcanzan este grado. Sólo a 75 masones británicos se les permite alcanzar el 33° y último grado, Inspector General Honorario o Soberano Gran Comendador.

El líder de los Caballeros Templarios había basado todo este conocimiento sobre símbolos mágicos con poderosas cargas dentro de los grados más altos. Instrucciones masónicas:

"La magia es como las matemáticas, es precisión sin error y la ciencia absoluta de la naturaleza y sus leyes".

El filósofo sueco Henry Laurency explicó:

"La magia es la dirección mental de energías etéreas".

Los tres grados más altos están reservados para los líderes de la orden. Los grados inferiores son sólo un fachada para los ignorantes. Esta es la razón por la cual los hermanos más ordinarios no tienen ni idea de cómo se abusa de su papel. Muchos tienen dificultad en comprender que la francmasonería es un estado dentro del estado y supone una amenaza seria para cualquier sociedad.

Un hombre, que pertenecía al Grado 33° pero más tarde abandonó los inútiles ritos de la organización, declaró:

"Durante los ritos te están adiestrando para que no reflexiones sobre las contradicciones. Te están entrenando para que te dejes engañar."

Además de las elevadas tasas de entrada, los masones pagan una determinada suma cada vez que suben de rango. La masonería también tiene fuentes de ingresos secretas.

El Consejo Supremo de Francia fue fundado en 1804. Según el historiador Domenico Margiotta, los judíos extremistas pagaron 18 millones de francos al Consejo Supremo en la década de 1890. El Consejo Supremo de la masonería mundial (oficialmente La Jurisdicción del Sur) se encuentra en Washington, DC, no muy lejos de la Casa Blanca. Todas las decisiones políticas importantes son tomadas por el Consejo Supremo del Rito Escocés.

Se puede leer lo siguiente en "El Secreto de iniciación al 33 grado":

"La masonería no es ni más ni menos que una revolución en acción, la conspiración constantemente continuada".

Hay desertores que han desertado de la masonería y han revelado que hay tres grados por encima de los grados visibles: el Grado Invisible, el Consejo de los Siete y el Patriarca del Emperador del Mundo sin Corona. Estos son todos los grados secretos de los Illuminati.

El Consejo Supremo del Rito Escocés del Grado 33 en Washington, DC. El león de piedra a la derecha del edificio simboliza la sabiduría, el de la izquierda representa el poder.

En Wilhelmsbad en Hanau y Hessen-Nassau comenzó una convención masónica el 16 de Julio de 1782 El Gran Maestro Archiduque Ferdinand asistió presencialmente junto con representantes de todas las logias unidas, incluso logias francesas. La Convención duró 46 días. El objetivo era adoptar el sistema de grado de los Caballeros Templarios en vez del sistema inglés con sólo tres grados. Poco después apareció el sistema escocés reformado con cinco grados. Sin embargo, este sistema tuvo poco éxito en los estados alemanes. Las logias alemanas querían mantener el sistema de los Caballeros Templarios, que tenía varios grados (Carl Dahlgren, "Frimureriet" / "Masonería", Estocolmo, 1925, p. 133). Los Illuminati y los masones unieron sus esfuerzos en esta Convención. Dirigieron su ira hacia las monarquías y la iglesia.

Los trajes de los "Constructores del Templo", sus ceremonias y los nombres de los grados son típicamente judíos. Esto es evidente en un artículo de la revista *LIFE Magazine* del 4 de marzo de 1957.

Otros ritos masónicos

Oficialmente la masonería llegó a Suecia en 1735, cuando el conde Axel Wrede-Sparre fundó una logia. Las reuniones tenían lugar en el castillo de Stenbock en Riddarholmen en el casco antiguo de Estocolmo. Wrede-Sparre se había hecho francmasón en Francia. En realidad ya en 1721 se había fundado en Estocolmo una logia secreta (llamada más tarde del rito de Swedenborg). También hay evidencia de un periodo incluso anterior. Los masones de hoy en día prefieren no hablar del tema. El místico Emanuel Swedenborg también era masón en Lund en 1706.

El rito sueco es descendiente de la Logia de Kilwinning de Escocia. A este pequeño pueblo, no muy lejos de Glasgow, se le considera la cuna de la masonería escocesa.

Sparre aceptó a ocho nobles en su logia entre 1735 y 1738 y más tarde cinco de estos se convirtieron en consejeros reales (Harry Lenhammar, "Med murslev och Svärd" / "Con paleta y espada", Delsbo, 1985, p. 57). El rey Federico I prohibió todas las reuniones masónicas el 21 de octubre de 1738, el desafío a la ley se castigaba con la muerte. El rey de Francia también había prohibido la actividad de las logias masónicas. Federico I pidió y recordó su prohibición en diciembre de ese mismo año. Federico I posteriormente se convirtió en francmasón él mismo, pero la orden se aseguró que él nunca fuera informado de ningún secreto profundo.

Alrededor de 1750, el Subsecretario de la Oficina de Relaciones Exteriores de Suecia Carl Fredric Eckleff creó un sistema que más tarde llegaría a ser conocido como el Rito Sueco. La Gran Logia Nacional Sueca fue fundada por Eckleff junto con otros 24 hermanos masónicos de alto grado, incluyendo a Fredric von Stenhagen y a Israel Torpadius, el 25 de diciembre de 1759 en Estocolmo.

El rito sueco es cristiano en apariencia. En realidad todavía está más influenciado por el misticismo sincrético (una combinación de diferentes doctrinas místicas), la magia judía y la cábala, que en la masonería británica, según el historiador noruego Sverre Dag Mogstad.

Los masones llevaban un cordón amarillo y rojo en el sombrero. Era evidente inmediatamente que pertenecían a la orden. El duque Carl, hermano de Federico y Gran Maestro masón, envió una directiva en 1798 sugiriendo un código de vestimenta especial para los masones de octavo grado y superiores. La carta dice que "este uniforme, al cual el rey ha dado su consentimiento, consistirá en una levita de tela de color azul oscuro abotonada con una fila de botones dorados con una cruz en relieve, con forro de color escarlata, un cuello plegado y solapas del mismo color con trenzado o tubo blanco, un chaleco blanco, pantalón de color amarillo paja, botas de montar altas con espuelas, sombrero de tres picos decorado con una escarapela roja y blanca y estambre de plumas blancas, un tahalí de cuero blanco y una espada dorada" (Harry Lenhammar, "Med murslev och Svärd" / "Con paleta y espada", Delsbo, 1985, p. 81).

La intención era que el masón fuera visto como un caballero benéfico.

El 9 de marzo de 1803, la policía comenzó a seguir las actividades de todas las sociedades secretas. Pero esta vigilancia no se extendió a la masonería, que estaba bajo protección del rey. En 1818, el nuevo rey Carlos XIV se convirtió en el patrón Supremo de la masonería sueca. Esta información proviene del registro masónico del 1826.

En el sistema sueco había diez grados y dos grados más, que eran considerados secretos. No hace mucho, el registro también comenzó a enumerar los que habían logrado el 11° grado. El 11° grado se denomina Hermano Más Iluminado, Caballero Comendador de la Cruz Roja.

Los tres primeros grados se llaman grados de San Juan o masonería azul. La edad mínima es de 21 años.

Los grados de San Andrés (grados rojos escoceses) engloban del cuarto al sexto grado, y finalmente están del séptimo al undécimo grado (el undécimo se denomina el grado honorífico, pero también hay un duodécimo grado secreto). El ex ministro de defensa Anders Bjorck es francmasón de 10° grado.

Según el libro secreto de 37 páginas que contiene las descripciones de los reglamentos y los rituales de la fundación de la Orden Svenska Frimurare (el orden sueco de los masones), te puedes convertir en masón aceptado de primer grado (Aprendiz de San Juan) de la siguiente manera:

Con la punta de una espada apuntado a su pecho, conducen al solicitante a la puerta de la logia. Después de algunas preguntas, es admitido en la sala del primer grado con la punta de la espada en el pecho y una venda sobre los ojos. Allí hace un juramento de silencio en el cual se compromete a ser degollado. El maestro pide al solicitante: "¿Estás preparado para entregarte total y absolutamente en nuestras manos y hacerte francmasón según las leyes y prácticas que seguimos...?"

Al solicitante también se le pregunta si está dispuesto a aceptar la fe de los masones y a abandonar la suya propia. Esta pregunta se repite otra vez. El maestro entonces explica que el candidato debe ser "útil a nuestros propósitos" pero sobre todo debe tener "una sumisión inquebrantable a nuestras órdenes".

Con una pregunta hábilmente compuesta, el maestro quiere saber si el iniciado está dispuesto a obedecer las órdenes masónicas incluso cuando se trate de actos ilegales.

Al final de la iniciación, todos los hermanos dirigen sus espadas hacia el pecho del solicitante después de haberle quitado la venda. El presidente afirma que si alguien se atreve a revelar al público los rituales, que han sido representados, esta persona será considerará un enemigo y un traidor.

El solicitante recibe un delantal de cuero, un par de guantes blancos de mujer y una espada. El título del libro masónico "Con paleta y espada" / "Med murslev och Svärd: Svenska Frimurarorden under 250 ar" del masón y profesor Harry Lenhammar (Delsbo, 1985) demuestra que la espada tiene un papel importante dentro de la masonería.

Las ceremonias incluyen astrología, cábala y magia egipcia. Los ritos de sangre se mencionan varias veces en los manuales de rituales, que son secretos y muy difíciles de conseguir.

Al segundo grado se le llama el grado de Compañeros de Oficio.

En la iniciación del tercer grado, se realiza la siguiente ceremonia horripilante. Al masón se le conduce de espaldas al salón de la logia, que contiene todo tipo de símbolos de muerte. Está oscuro. Con un cráneo humano a su lado, el presidente golpea con un martillo tres veces la cabeza del candidato. Entonces se hace yacer al candidato en un ataúd y se pone en su lugar la tapa. Después de un rato de estar "muerto", un masón destacado dice: "El cadáver ya se ha descompuesto, las uñas le están cayendo de dedos, pero con mi ayuda y la de Cleopatra, haremos que cobre vida otra vez." Los otros masones dan golpes sobre la tapa del ataúd. La ceremonia termina con las palabras: "Se ha completado."

El ataúd simboliza el arca de la alianza israelí.

Durante la iniciación al cuarto y quinto grado se utiliza un nudo. Se coloca alrededor del cuello del candidato una cuerda y se aprieta cuatro veces. Con ello se supone que ayudan al candidato a convertirse en un ser humano mejor (¡!).

Entonces, ¿como te conviertes en un ser humano mejor? El 24 de marzo de 1980, un maestro masónico llamado Gibson de Southgate (un suburbio de Londres) y otros dos masones robaron un vehículo que contenía plata por valor de 3,4 millones de libras esterlinas en Barking, Essex, Inglaterra. A pesar de que muchos policías eran miembros de la misma logia que Gibson, ninguno de ellos parecía saber que Gibson estaba en una lista de los 100 delincuentes más buscados de Londres.

En la iniciación al sexto grado, un hermano enmascarado conduce al candidato a un oscuro pasaje subterráneo, llamado Acacia Path y lo deja allí. Con una linterna en la mano, el candidato debe pasar entre ataúdes, cráneos humanos, huesos y otros elementos espantosos, hasta que encuentra la ramita de acacia, que oficialmente simboliza la esperanza.

En el séptimo grado, el masón es iniciado en la fe masónica, vestido con una túnica con capucha blanca con una Cruz Roja en la espalda.

Los que son aceptados en el octavo grado, se les entrega el anillo simbólico de los masones, que afecta negativamente sobre el aura del portador, haciendo que se encoja.

La contraseña que se les pide a aquellos que han alcanzado el noveno grado es: "¿Rabbi, ubi habitas?" (¿Maestro, dónde vives?) La respuesta es: "Venite visum". (Ven y mira). Después de esto, se utiliza un grito de guerra llamado bautista.

Estos patrones de comportamiento enfermizos deberían servir de aviso a cualquier persona bien equilibrada.

Según la revista masónica sueca *Frimuraren* (n° 3, 2000, p. 13), se tarda 17 años en alcanzar el grado 10°.

El investigador noruego de la masonería Sverre Dag Mogstad, afirma que hay un grado secreto en la masonería noruega llamado 10:2, en el que se realizan ritos de sangre (mezcla de sangre) (Tom Lipkin, "Finns det en HEMLIG 10:2-grad i finlandskt frimureri?" / "¿Hay un grado secreto 10:2 en la masonería finlandesa?", *Vasabladet*, 16 de abril de 1993).

El grado más alto está ocupado por el gran maestro masónico, que lleva el título del Vicarius Sabio de Salomón (el más sabio entre los hermanos) y Líder Supremo. Por debajo del gran maestro hay diez ministros. Los hermanos de grado superior deben ser obedecidos. Pero por encima de este Vicarius, hay otra persona, secreta, el nombre y la dirección de la cual es desconocido por todos, excepto el Vicarius Sabio de Salomón (N. Eggis - en realidad Sigfrid Nilsson - "Frimureriet" Helsingborg, Suecia, 1933, p. 17). Así que todavía hay otro grado secreto en el rito sueco - el 13°.

A los hermanos de rangos más altos ya se les llamaba "iluminados" a principios del siglo XIX.

En septiembre de 2001, el Profesor de Física Anders Fahlman (11°) se convirtió en gran maestro. La orden está liderada por el Consejo Supremo, que incluye todos los principales cargos como procurador del gran maestro y canciller de la Orden y también a los maestros provinciales como representantes de las siete secciones del país. La Gran Logia Provincial de Finlandia se conoce como Gran Capítulo.

Los judíos que eran aceptados en las logias suecas debían ser bautizados.

El castillo de Baatska en Estocolmo fue adaptado para los fines de los masones en la década de 1870. Hay doce columnas con capiteles corintios en dos hileras frente al palacio. La masonería sueca no es en absoluto una organización independiente, a pesar de que esto es lo que se dice oficialmente. Si fuera así, no aplicarían el programa de cinco puntos de los Illuminati. El masón sueco Johan Jakob Anckarstrom en 1792 dio desde París la orden de matar al rey Gustavo III, a pesar de que la orden formal había sido dada por el gran maestro sueco, hermano del rey y futuro Carl XIII. El Duque Carl recibió el título de Duque de Södermanland después de haber participado en la denominada revolución de 1772

Los Illuminati Gustaf Bjornram, Gustaf Ulfvenclou y Carl Boheman fueron los responsables de confundir activamente al Príncipe Carlos con sus teorías de la magia. Carl Boheman, hijo de un calderero de Jonkoping, era el más peligroso de estos impostores. Había estudiado en la Universidad de Lund durante un período breve pero huyó a causa de una deuda y terminó en Ámsterdam donde empezó a trabajar en una casa de comerciantes y fue iniciado en la masonería. Boheman conoció a un rico inglés, llamado Stephens, que pertenecía a una orden secreta. Boheman acompañó a Stephens a Londres, donde se acabó comprometiendo con su hermana. Murió antes de que la pareja se llegara a casar, pero a Boheman se le permitió quedarse con las 10.000 libras, que habría recibido con motivo de la boda. En 1794 se fue a Copenhague como un hombre rico y se convirtió en ciudadano danés (C. Georg Starback, "Berattelser ur historia svenska" / "Cuentos de una historia sueca", Estocolmo, 1880, p. 122).

Boheman se casó en Suecia y durante sus visitas a su país natal conoció al Duque Carl durante su regencia. Boheman afirmaba ser francmasón de alto rango, poseedor de un gran conocimiento de la magia. El Príncipe Carlos, que tenía una gran influencia, hizo a Boheman secretario de la corte. Siempre recibió una acogida cálida del príncipe. Estaba presente en todas las reuniones masónicas y organizaba personalmente diversos rituales y reuniones secretas en el palacio del príncipe. Una habitación del Palacio Real de Estocolmo se convirtió en templo Illuminati a comienzos de 1803, donde se celebraban las reuniones de la Orden bajo el liderazgo de Boheman.

Boheman hizo propaganda a favor de la orden. El Príncipe Carlos le había dado el grado más alto dentro de la masonería sueca: Maestro de la Sabiduría Secreta. Durante las ceremonias mágicas delante del altar en el templo Illuminati, Boheman utilizaba símbolos muy ominosos.

En ese momento, el rey Gustavo IV Adolfus, que había sucedido a su padre Gustavo III, recibió la información de que los Illuminati se habían establecido en su palacio. Boheman fue revelado como un agente político que había utilizado la nobleza con intereses subversivos. Boheman fue detenido en febrero de 1803 y expulsado del reino (O. H. Dumrath, "Det XIX arhundrade"/ "El siglo XIX", parte II, Estocolmo, 1900, p. 82). En febrero de 1803, el rey ordenó la detención de Carl Boheman. Sus trabajos fueron investigados y su correspondencia con el Duque Carl von Hessen incautada. El juicio contra Boheman se celebró a puerta cerrada. El 18 de marzo de 1803, fue expulsado a Dinamarca. Las autoridades danesas le enviaron a Hamburgo a petición del gobierno sueco. En 1814, Boheman volvió a Estocolmo, donde el Príncipe Charles se había convertido en el rey Carlos XIII. Pero ya no fue bienvenido. Murió en la pobreza en Wandsbeck cerca de Hamburgo en abril de 1831

El Lunes, 13 de marzo de 1809, tuvo lugar un golpe de estado en el Palacio Real de Estocolmo. Gustavo IV fue detenido por varios oficiales masónicos de alto rango dirigidos por el coronel Carl Johan Adlercreutz. El rey pidió ayuda. La guardia rompió la puerta, pero los conjurados, dijeron que todo estaba en orden. Después el rey intentó abrirse paso hacia la guardia principal, donde estaba estacionado un regimiento alemán leal. Pero los conjurados lo atraparon y el rey fue arrastrado hacia atrás. Lo llevaron al Palacio de Drottningholm, donde fue puesto bajo arresto domiciliario. Fue depuesto el 10 de mayo. Los conspiradores masónicos ayudaron a llegar al poder al príncipe Carl (tío suyo, y gran maestro), y el 6 de junio de 1809, fue proclamado el nuevo rey (Carlos XIII), a pesar de que estaba completamente senil. Gustavo IV Adolphus fue expulsado del reino en diciembre de 1809. Murió en Suiza el 7 de febrero de 1837. Así terminó la línea Real de Vasa (C. Georg Starback, "Berattelser ur svenska historien", Estocolmo, 1880, p. 290-291).

Suecia pasó unos tiempos difíciles y se aclaró el camino hacia el socialismo. Durante los años 1860-1930 más de 1,4 millones de suecos emigraron a América debido a la pobreza y el hambre.

El sistema judío de Memphis Misraim fue fundado en Italia en 1780. Misraim en hebreo significa "Egipto". Los ritos mágicos del sistema descendían de Egipto y fueron revisados por el 'Conde' Alessandro Cagliostro (en realidad un estafador siciliano llamado Giuseppe Balsamo), que ocultaba su origen judío. Este sistema surgió de las ideas de Cagliostro sobre la magia negra. Cagliostro practicaba el satanismo y conspiraron contra la Corona. Su sistema, Krata Repoa, que creó en Burdeos, en 1783, contenía 97 grados. Cagliostro se llamaba a sí mismo el gran Copto (Kophta).

En 1776, a la edad de 33 años, se presentó en Londres. Ya en abril de ese mismo año, fue iniciado en la Logia la Esperanza n° 289 de Londres. Más tarde Cagliostro fue iniciado en la Orden de Malta de los Rosa-Cruces, la Logia de la Esperanza de Inglaterra, la Logia Indisoluble de Holanda, la Perfecta Unión de Nápoles, la Orden del Temple de la Estricta Observancia, y los Elegidos de Cohen en Lyon.

Posteriormente Cagliostro abrió logias él mismo en Holanda, Alemania y Rusia (San Petersburgo). Tomó parte en una convención masónica en París el 15 de febrero de 1785. El extremista judío danés Kolmer, conocido en Italia como Altotas, fue el maestro de Cagliostro y trabajó bastante para popularizar la magia de Osiris. Kolmer mantenía estrecho contacto con el líder de los Illuminati Adam Weishaupt en Ingolstadt, Baviera. Cagliostro se unió a los Illuminati en 1783 en Frankfurt. Fue expulsado de Francia en 1786 en relación con "el asunto del Collar", organizado por los Illuminati. Cagliostro había encargado un collar de preciosos diamantes a nombre de María Antonieta para crear celos entre los pobres. Antes de eso, había previsto que la Bastilla caería tres años más tarde. En 1789, Cagliostro fue detenido en Roma por intentar fundar una nueva logia masónica egipcia y fue sentenciado a muerte y luego a cadena perpetua. Murió el 26 de agosto de 1795.

Cagliostro también fue miembro de los Caballeros Templarios, cuya intención era construir el templo "eterno", según la afirmación de Albert Pike de 1871 La construcción de un templo posteriormente llegó a querer decir construir una nueva sociedad, que inmediatamente lideraría una organización de este tipo en la política.

En 1809, se desarrollaron dos sistemas independientes de magia dentro del sistema Misraim. Esto fue modernizado en Francia por el extremista judío Michel Bedarride. En este sistema hay 99 (95 + 4) grados. Los dos sistemas se unificaron en 1867. La nueva masonería egipcia asumió los 33 grados del sistema escocés. Uno de los más famosos grandes maestros de la masonería Misraim fue el antroposófico Rudolf Steiner, que estaba en contacto tanto con Lenin como con Hitler. Fundó el movimiento antroposófico en 1912

El rito egipcio está fuertemente influenciado por los cabalistas judíos. Ciertas palabras, como Yahweh, eran tan fuertes que no debían ser escritas o dichas en voz alta. Cagliostro había afirmado que el rito egipcio podía regenerar a sus miembros, tanto física como moralmente y llevarlos finalmente a la perfección. Tanto hombres como mujeres eran aceptados en las logias Misraim. Esto era inusual dentro de la masonería.

Los símbolos

"Los signos y los símbolos controlan el mundo, no las frases ni las leyes," según el filósofo chino Confucio (551-479 a C). Así, los símbolos son herramientas mágicas para controlar a la gente.

El simbolismo de la masonería política se basa en implementar la arquitectura. El deseo era construir simbólicamente un nuevo mundo (el templo invisible) para los no masones. Al mismo tiempo, los masones han utilizado la magia cabalística y han socavado la moral de la sociedad. Su propio lema comenzó a ser extendido: ¡haz lo quieras! (François Rabelais, 1494-1553).

Aquellos que se hacen francmasones se ven obligados a "admitir" que antes estaban en la oscuridad, y que la luz está dentro de la masonería. Los masones están iluminados tal como dicen estarlo los Illuminati.

Las experiencias mágicas de los masones se intensifican con el uso de secretos y sorpresas. En la ceremonia de iniciación al candidato se le hace estar de pie con el pecho descubierto y los ojos vendados. Después de la iniciación se le quita la venda y entonces el masón entra en la luz. Después de quitar la venda, se le hace la pregunta: "¿Qué ves?" Se espera que el iniciado responda: "¡Puedo ver el sol, la luna y el gran maestro!" (Platonov, "La historia secreta de la masonería", Moscú, 2000, vol. I, p. 529) esto implica que el sol brilla durante el día y la luna durante la noche, mientras que el gran maestro ilumina la logia con su consejo.

Quien deba iniciarse también lleva un nudo alrededor del cuello. Los hermanos posteriormente explican que mantienen al nuevo hermano en su lugar con un firme nudo. El nudo también puede ser simbolizado por la cuerda, que los Caballeros Templarios tenían en sus capas (Christopher Knight, Robert Lomas, "El segundo Mesías", Londres, 1998). La corbata moderna (su nudo) es un símbolo masónico que bloquea el flujo de energía del chacra de la garganta, que afecta a nuestro libre albedrío.

Los Caballeros Templarios que huyeron a Escocia en 1450 ya realizaban estas ceremonias. A un francmasón que se inicia no le está permitido tener dinero u objetos de metal en sus bolsillos durante la iniciación. Esto simboliza que es aceptado en la logia como un hombre pobre (Bernard E. Jones, "Guía y compendio de los Masones", Londres, 1950, p. 267).

La cabeza del candidato se cubre con un paño sangriento. La sangre se utiliza como una sustancia especialmente cargada y como un canal para las energías más sutiles en las formas más efectivas de magia negra.

El masón alemán Johannes Friedrich Merzdorf afirmó que la sangre del iniciado es vertida en un vaso de vino, que entonces se beben los hermanos (*Bauhutte*, Anuario 1879, p. 13). Se trata de una forma mágica de canibalismo.

La bandera roja y blanca de los Caballeros Templarios se encuentra entre los símbolos de muchas logias, ya que se considera que tienen una conexión espiritual con los Caballeros Templarios medievales. También la antorcha de los Caballeros Templarios ha sido tomada por los masones, como las procesiones con antorchas mágicas. Las procesiones con antorchas han sido utilizadas por los comunistas, los socialistas y los nacionalsocialistas. El símbolo del partido conservador británico es una antorcha azul.

Al iniciado novel se le hace jurar que servirá a la orden y mantendrá sus secretos bajo la amenaza de morir en un horrible ritual. Ceremonias y juramentos como este engendran energías muy negativas.

Los masones que se aceptan en la logia deben hacer el horrible juramento, de que el novicio promete no hablar nunca de ninguna finalidad o actividad de la orden con nadie de fuera. Tampoco se le permite visitar otras logias sin permiso. Además, acepta que si dice a alguien lo que ha sabido sobre los planes de los masones, le corten la garganta, le arranquen el corazón, la lengua y las entrañas y sean arrojadas al mar, quemen su cuerpo y esparzan las cenizas al viento, de modo que nada de su sustancia permanezca entre los hombres y los maestros masones. "Confirmo mi juramento, honesta y sinceramente, así que Dios ayúdame en la vida y en el alma." (Sverre Dag Mogstad, "Frimureri - mysterier, fellesskap, personlig-hetsdannelse" / "Masonería - misterios, hermandad, desarrollo personal", Oslo, 1994, p. 281).

Los masones finlandeses acordaron cortar la oreja y la mano derecha, a quien revelara los secretos de la orden (del diario finlandés *Iltalehti*, 8 de agosto de 1994, p. 10). Esto lo hizo público el periodista Pertti Jotuni, un francmasón finlandés que ya había tenido suficiente orden y la dejó al cabo de 23 años.

Entre los masones operativos, el castigo por revelar cualquiera de los secretos del oficio era la exclusión de la logia. No hacían asesinar a la gente y ciertamente no quemaban sus intestinos.

La magia cabalística está incluida en el dogma masónico, así como antiguas doctrinas egipcias y alquímicas, la astrología babilónica y varios símbolos cargados mágicamente, muchos de los cuales han sido extraídos de los masones originales. Las logias masónicas más potentes todavía utilizan magia cabalística para controlar y dañar más eficazmente el entorno.

En Londres, diferentes logias masónicas alquilan un gran templo de estilo egipcio en el Great Eastern Hotel en Liverpool Street para sus rituales mágicos.

El compás era la herramienta del aprendiz, el oficial utilizaba la escuadra y el maestro el martillo. La paleta, la escuadra, el compás, la plomada, el nivel de agua, la regla de medir, el cincel y el martillo ya no eran herramientas de trabajo, como lo habían sido para los constructores. En cambio se convirtieron en herramientas mágicas en los extraños ritos diseñados para conseguir objetivos políticos. Estas herramientas oficialmente simbolizan el desarrollo espiritual y la construcción de un nuevo mundo (el Templo de Salomón). Ahora incluso el nombre "francmasón" sólo tiene un significado simbólico.

Según el mito había siete escalones que llevaban al Templo de Salomón. Estos escalones representan las siete virtudes en la francmasonería actual. Una de estas virtudes es el amor a la muerte. El aspecto más peligroso de la adoración a la muerte es una pérdida de respeto por la vida. De esta manera la lucha espiritual - el sentido de la vida, el amor por la naturaleza, el arte - la consideración y lo efímero pierde su sentido en este caso. Quien se pierda a sí mismo en el misterio de la muerte, alcanzará su meta y por tanto dañará su alma. Se detendrá su desarrollo espiritual.

Bastante simbólicamente, esta escala construida especialmente en la Loyal Lodge N° 251, de Barnstaple, Inglaterra, no lleva a ninguna parte.

El compás da al francmasón un marco en su relación con la humanidad. Define los límites del bien y del mal. Asimismo, es un símbolo de precaución.

La escuadra ahora simbolizaba la integridad y la moral de la masonería. La plomada funciona como símbolo de la justicia. El nivel simboliza igualdad. Pero estos conceptos no existen fuera de la zona de actividad de los masones. La igualdad sólo se aplica dentro de la orden. A la gente de fuera de la organización se les llama "perros", según el "Ritual Masónico y de Control de Duncan" (p. 13) de Malcolm C. Duncan. Oficialmente se les denomina como 'profanos'. Esta ilusión de superioridad viene del judaísmo. El rabino Moisés ben Najman, el rabino Raschi, el rabino Abravanel, el rabino Jalkut y otros, a veces, comparan a los gentiles con los perros, a veces los burros o los cerdos (Comentario sobre Hosea IV, fol. 230, col. 4). Jesús mismo se supone que a los niños Judíos y a los paganos (gentiles) les llamaba perros (Mateo 15:26).

Sólo los hermanos deben ser favorecidos y deben ser atendidos. Deben ser defendidos, aunque sean culpables de robo o asesinato.

La paleta del maestro masón era un símbolo del amor fraternal (masónico). Se utiliza para forjar mágicamente a individuos diferentes en una hermandad. Los galardones personales "más altos" representan mayores secretos mágicos como constructores del mundo. El martillo como el bastón del gran maestro se convirtió en un símbolo de poder. Es una reminiscencia de un falo. El delantal de piel de cordero simbolizaba la pureza del masón, hiciera lo que hiciera. El delantal fue utilizado por varias sectas judías (incluyendo a los fariseos y los esenios). A los esenios se les daba un delantal durante la iniciación, que utilizaban para cubrir su desnudez y mantener sus mentes alejadas de pensamientos impuros durante muchos bautismos de la secta (Christian D. Ginsburg, "Los esenios", Londres, 1955, p. 41; Babilonian Becharoth 30, 6).

El gran maestro lleva una bata de color azul oscuro en las ceremonias importantes (Robert Schneider, "Die Fremaurerei vor Gericht" / "La Francmasonería a prueba", Berlín, 1937, p. 53). El mismo color azul oscuro que encontramos en la bandera de la Unión Europea. "Una Nueva Enciclopedia de la Francmasonería" de Arthur Edward Waite (Nueva York, 1996, p. 115) afirma que los masones ordinarios utilizan el color azul cielo, mientras que los dirigentes más altos llevan un manto azul oscuro.

Comenzaron a utilizarse muchos otros símbolos - la calavera (tomada de la Orden del Temple), los huesos, la espada (también un símbolo de los Caballeros Templarios, intentando anular mágicamente el alma individual del masón), la daga, la copa, el arca de la alianza, tres velas, la regla cuadrada, el bloque de piedra (las posibilidades de desarrollo del masón), y una pirámide. Esta última representa el conocimiento del masón. La espada simboliza la ley de la venganza (la ejecución de los traidores). La calavera y los huesos simbolizan la verdad perdida, la contraseña secreta que se perdió cuando fue asesinado el mítico maestro de obras Hiram Abiff.

Los masones se han apoderado de otro importante símbolo del Templo de Salomón: los dos pilares Jachin y Boaz, que corresponden a Osiris e Isis (Nigel Pennick, "Geometría Sagrada", San Francisco, 1980, p. 62). Estos pilares están representados en el signo del dólar por dos líneas verticales. Para los masones, el pilar simboliza la defensa de su "verdad" y "justicia". Estos dos pilares representan la Fuerza y el Establecimiento. Dentro de la tradición sufí, que los masones asumieron, el pilar significa 'hombre' (Idries Shah, "Sufis", Moscú, 1999, p. 439).

La escala de Jacob y una columna intacta representan oficialmente la fuerza y la sabiduría. El pilar roto, que acoge el altar con la inscripción 'adhuc stat' (aún permanece) y representa la desaparición de los Caballeros Templarios, tiene un significado muy especial dentro de la mampostería.

Según uno de los rituales del grado 33° (Arco Real), los restos del Pilar de Enoch (en tres partes) fueron retornados por los Caballeros Templarios que los habían encontrado bajo el Monte Moria en Jerusalén (Christopher Knight, Robert Lomas, "El segundo Mesías", Londres, 1998, p. 282-286).

Enoch fue el arquitecto de la Gran Pirámide. Fue introducido inicialmente en la francmasonería como uno de los fundadores de la geometría y la masonería por el masón James Anderson en sus Constituciones de 1723. Enoch vivió 365 años, un número sagrado en la historia antigua.

El ingeniero estructural británico David Davidson, que en 1924 publicó su monumental obra, "La gran pirámide", mencionó que los escritores antiguos llamaban a la Gran Pirámide "El Pilar de Enoch". El prólogo a la versión holandesa de la "Historia de los judíos" de Josephus dice: "El judaísmo y el helenismo... conforman los dos pilares de la cultura humana." (Flavius Josephus, "Historie der Joden", Arnhem, 1891)

Sobre el altar se ve la estrella de David, a veces la estrella roja de cinco puntas con una G en el centro. La G representa al Dios de los masones, Jahbulon. Este es una mezcla de los nombres de los tres dioses: Yahweh de Israel, Baal de Canaán (o Bel de Babilonia) y el egipcio On (otro nombre del Dios de la muerte Osiris). A los dos últimos también se les invoca en la magia negra y las ceremonias satánicas. La G oficialmente representa la geometría. Sólo al alcanzar un alto grado se informa al masón que el gran arquitecto del universo se llama Jahbulon. En el grado llamado el Sagrado Arco Real (13°), se revela la aparición del Dios masónico Jahbulon. Tiene cuerpo de araña y tres cabezas - la de un gato, un sapo y una cabeza humana. De esta manera se unifican el Dios padre, el Dios del cielo y el Dios de la muerte.

En el "Dictionnaire Infernal" (París, 1863), de Louis Breton y J. Collin de Plancy, Jahbulon es mostrado como el demonio Bael. Los masones veneran a un monstruo horrible.

El investigador inglés Stephen Knight entrevistó a 57 masones que habían sido "promovidos al Arco Real Sagrado", es decir que para atravesar el rito habían tenido maestros masones que les habían enseñado el secreto de Jahbulon, dios de los francmasones. Estos masones de alto rango estuvieron encantados de responder a las preguntas críticas de Knight hasta que les preguntó: "¿Qué pasa con Jahbulon?" A continuación, de repente, la situación se puso tensa. Intentaron cambiar de tema, detener la entrevista o mentir vergonzosamente (Stephen Knight "La Hermandad: El mundo secreto de los masones", Londres, 1983, p.

237-240). Esto es comprensible. Jahbulon difícilmente sería un dios, que uno desearía admitir abiertamente que adora.

Es muy raro que ninguno de estos símbolos se utilizara en beneficio del desarrollo de la bondad. A la masonería le está faltando un concepto fundamental, la nobleza.

Las logias masónicas tienen un suelo estampado de cuadros en blanco y negro, que supuestamente simboliza la relación entre el bien y el mal (el sistema Maniqueo), la lucha más importante entre lo que es positivo y lo negativo (desde el punto de vista de los masones). Todo lo que beneficia a la masonería es bueno y todo lo que pueda perjudicar a la orden es malo. Este tipo de suelo es una tradición judía; Los reyes Hebreos tenían suelos con cuadros en sus salas del trono y dos pilares rotos en el trono (Flavius Josephus, "Historia de los judíos"). Este suelo simbolizaba el poder justo. Entre los masones, este patrón mágicamente cargado activa otros tipos de experiencias para-psíquicas. La bandera de los Caballeros Templarios también consistía en cuadrados blancos y negros, que simbolizan la lucha entre el bien y el mal, o venir de la oscuridad para entrar en la luz.

Los agentes de policía de Inglaterra (también en Australia y en ocasiones en Estados Unidos) llevan bandas con cuadros en las gorras, lo que significa que el largo brazo de la ley también está regulado por los masones.

En términos de energía y también psicológicamente, este tipo de patrón afecta a la gente muy negativamente. En su estudio "Conceptos y mecanismos de percepción" (Londres, 1974), El profesor Richard L. Gregory hace referencia a pruebas psicológicas realizadas en relación con patrones estampados de cuadros blancos y negros. Si uno mira durante mucho tiempo un suelo cuadriculado, experimenta ciertos fenómenos psicológicos - el ojo se centra en diferentes puntos, aparece una sensación de letargo y de falta de estímulo, aumenta el riesgo de accidentes de tráfico. La gente comienza a sentirse enferma. El suelo cuadriculado del parlamento sueco (que entonces estaba ubicado en el Centro Cultural) irritaba a muchos parlamentarios durante la década de 1970.

El compás y la escuadra se colocan de una manera particular en el libro sagrado que se utiliza durante las ceremonias masónicas. Normalmente el "Gran Libro de Leyes" de los masones descansa sobre el altar. Para ellos es una fuente de luz. Sin este libro, hay oscuridad en el lugar de trabajo masónico y son incapaces de trabajar. Y por supuesto trabajan según el plan, que el Gran Maestro de Obra ha trazado.

El compás y la escuadra forman una *vesica piscis* (vejiga de pez), que es una reminiscencia de los genitales femeninos. La vida debe ser regulada por el nivel de agua y la medida. La *vesica piscis* y una cruz en forma de T- forman un llamado *ankh* (cruz en bucle) - el cetro del dios de la muerte, la llave del reino de la muerte.

Estos símbolos mágicamente cargados conectan a los masones con la realidad, que el símbolo representa. Los símbolos producen una participación mágica, abren la mente a la realidad espiritual que hay detrás de la idea transmitida. Esta realidad puede ser buena o mala. El símbolo también puede abrir la puerta a la experiencia espiritual. Los símbolos ocultan, pero hablan claramente a los que los entienden, aquellos que comprenden el código.

Los símbolos pueden ser canales de fuerzas negativas o acontecimientos positivos. Así, puede ser peligroso utilizar símbolos extraños sin saber su origen o cómo afectan al cuerpo. Los masones están convencidos de que los símbolos mágicos poderosamente cargados con bajas frecuencias afectan al medio ambiente. La influencia no es positiva.

Los obeliscos, monolitos cuadrados ascendentes estrechándose, se erigieron en Egipto hace 3.500 años como símbolos de las más altas divinidades, especialmente al sol. A menudo había una pequeña pirámide en lo alto del Obelisco, a veces cubierta de oro y plata. También hay obeliscos cilíndricos. Erigían dos obeliscos en la entrada a un templo. Los babilonios y los asirios también erigieron obeliscos. Los obeliscos se colocaban sobre los muertos en Europa durante el Renacimiento y después de las dos guerras mundiales.

Había una red lógica de obeliscos por todo Egipto, porque estaban ubicados en una relación matemáticamente calculada con las energías de la tierra y la órbita del sol o la luna. Funcionaban como herramientas para determinar las órbitas planetarias y el paso del tiempo. Los egipcios tenían un calendario cuidadosamente calculado.

Para los faraones era importante erigir obeliscos gigantes, ya que esta era una manera de controlar las ideas de la gente y conseguir puntos de vista estáticos (trance de consenso). De esta manera los obeliscos ayudaban al faraón a conservar el poder sobre el pueblo egipcio. Los súbditos del faraón trataban a los obeliscos con admiración, como correspondía a un símbolo de poder.

Así el obelisco masónico tiene su origen en el antiguo Egipto, donde simbolizaba al Dios sol. El obelisco fue el principal símbolo del culto a Osiris, que representaba la energía masculina - el falo. El culto al falo es una parte muy importante de la masonería (como lo demuestran los obeliscos por todo el mundo). Osiris era el más venerado de los dioses de Egipto. Como rey Osiris retornó a los egipcios a su estado natural, les dio leyes y enseñó a cultivar los cultivos. Osiris prohibía el canibalismo. Abogaba por la piedad, la salud y el bien común. Isis enseñó a los egipcios a cultivar cereales, el lino y la seda y a hilar, a tejer y a coser su propia ropa. Enseñó a sus súbditos a utilizar hierbas para curar enfermedades.

El hermano de Osiris, Seth (llamado Tifón por los griegos), dios del desierto, conspiró contra él junto con 72 más. Seth como un buitre atrajo a Osiris hacia un ataúd, una vez le tuvo dentro cerró la tapa, la clavó, la selló con plomo fundido y la tiró al Nilo. Esto ocurrió cuando el sol estaba en el signo de Escorpión.

Después Isis dio a luz a un hijo, Horus, fuera, en los humedales. Por este motivo los masones se denominan a sí mismos como los "hijos de la viuda".

Buto, la diosa del Norte, intentó proteger al chico, pero un día le picó un escorpión. Entonces Isis pidió a Ra, Dios del sol, que la ayudara. El dios la escuchó y envió a Thoth para que le enseñara un conjuro, que volvería a la vida a su hijo.

Mientras tanto, el ataúd que contenía el cuerpo de Osiris había estado flotando río abajo y había llegado hasta al mar. Finalmente llegó a tierra firme en Byblos en la costa de Siria. Alrededor del ataúd creció un hermoso árbol. Al rey de aquellas tierras le gustó el árbol e hizo un pilar, que puso en su casa, pero él no sabía que dentro del árbol estaba el ataúd de Osiris. Pero Isis fue informada de esto. Ella preguntó por el pilar y se sacó el ataúd. Isis lo abrió, entonces lo dejó allí al lado y fue a ver a su hijo Horus, al que habían llevado a la ciudad de Buto.

Seth encontró el ataúd, reconoció el cuerpo e hizo catorce trozos, que tiró por todo el mundo. Isis navegó por los humedales arriba y abajo en un barco de papiro y buscó los trozos de Osiris. Enterraba cada pieza allí donde la encontraba. También enterraba una imagen de él en cada ciudad, para que la verdadera tumba de Osiris no se pudiera encontrar nunca.

Pero los peces se habían comido los genitales de Osiris. En su lugar, Isis hizo una imagen y esta imagen fue utilizada por los egipcios en sus celebraciones.

Anubis, el dios con cabeza de chacal, Isis, Nephtis, Thoth y Horus volvieron a juntar el cuerpo desgarrado del dios y le devolvieron la vida, y después de eso gobernó como rey de los muertos en el otro mundo (G. Sir James Frazer, profesor de antropología social en Cambridge, "La rama dorada: Un estudio de religión comparativa", Londres, 1890, reimpreso en 1981).

Esta es la razón por la que los masones adoran el número 13 - el número de partes que se encontraron del cuerpo de Osiris. Pretenden cortar a la humanidad espiritualmente de la misma manera. El Obelisco simboliza el falo de Osiris, que se perdió.

Parece ser que los obeliscos han sido asociados con el sacrificio desde el principio, por ejemplo en el templo del sol de Niusseras en Abu Sir, donde junto al obelisco se encontró un altar, con surcos en la piedra para la sangre de los sacrificios (Iorwerth Eiddon Stephen Edwards, "Las pirámides del antiguo Egipto", Londres, 1947, p. 134).

En muchos países ha sido una tradición sacrificar humanos o animales con el fin de enterrarlos bajo los cimientos de las casas, los monumentos. El rey Mindon construyó el Palacio Real de Mandalay, Birmania, en 1857 sobre los huesos de los muertos. Más de 50 hombres y mujeres fueron sacrificados y enterrados bajo el palacio. Bajo el trono fueron enterrados cuatro.

En Galam, actualmente Ghana, en África occidental, un chico y una chica fueron enterrados en el siglo XIX a las puertas de la ciudad para hacerla impenetrable.

También en Europa se han utilizado sacrificios fundacionales. En 1844 se emparedó a una mujer en la pared del castillo de Nieder-Mander-Scheid en Prusia (Bernard E. Jones, "Guía y compendio de los francmasones", Londres, 1950).

En la capilla de Rosslyn hay una columna llamada el Pilar del Aprendiz. Según la leyenda, un aprendiz fue enterrado vivo allí. La explicación masónica es simple. Por supuesto, el aprendiz murió como aprendiz mientras se hacían las obras, ya que se convirtió en maestro. En la catedral de Gloucester hay un nicho del aprendiz, en la catedral de Rouen hay una ventana del aprendiz. En la mezquita de Damietta hay una torre del aprendiz (Bernard E. Jones, "Guía y compendio de los francmasones", Londres, 1950, p. 303-322).

En la Unión Soviética los comunistas heredaron la magia y el culto al obelisco de los francmasones. Los comunistas que lograron alcanzar temporalmente al poder en Letonia en 1919 organizaron una manifestación en Riga el 1 de mayo, donde construyeron numerosos obeliscos y una pirámide desde donde los líderes comunistas miraban a las masas de gente a las que habían ordenado marchar y desfilar entre los obeliscos.

Los comunistas solían erigir obeliscos sobre las fosas comunes. En 1960 fue levantado un obelisco sobre los cuerpos de los soldados enemigos estonios y alemanes en Tallin, capital de la Estonia ocupada por los soviéticos, sin inscripciones, en el cementerio de Maarjamae, que fue destruido.

En el siglo XIX, los masones comenzaron a levantar obeliscos en honor a Baphomet. Los masones siempre han planificado los peores crímenes durante el período en que el sol está en el signo de Escorpión.

Naturalmente comenzaron a utilizar el ojo que todo lo ve, que se supone que representa al dios Osiris, el creador. Albert Pike lo confirma en "Moral y Dogma del antiguo y aceptado rito escocés de la masonería". Al ojo, por lo tanto, también se le llama "el ojo de Osiris". Este es el símbolo más importante de los masones y los Illuminati, y parece el ojo de una serpiente.

Dentro del Rito de San Juan, fundamento de toda la francmasonería, los ataúdes, huesos y cráneos se utilizan en diferentes ceremonias. El propósito de estas propiedades simbólicas es el de iluminar la fugacidad del hombre. El ataúd es considerado como un símbolo mágico del renacimiento en una nueva vida (masónica), como si el candidato hubiera estado viviendo muerto antes de ingresar en la logia y sólo llega a la vida con su iniciación. Por lo tanto la oposición de los masones al mundo exterior, que son todos los no iniciados, se subraya. Cuando un francmasón es aceptado en el tercer grado, debe meterse en un ataúd y tomar parte en una dramatización de la muerte y el renacimiento. Por eso el tercer grado se denomina el grado de la muerte. Donde se acuerda un pacto destructivo con la muerte.

A los futuros miembros de la abominable magia negra del culto vudú se les coloca en una habitación que simboliza una tumba, ya que el candidato "muere" y " renace", cuando se convierte en un iniciado dentro de la religión.

Naturalmente esta secta también utiliza cráneos como objetos de culto. Los ritos también incluyen beber sangre y la adoración de serpientes vivas. Al demonio vudú Danbalah se le llama el Gran Arquitecto del Universo (Milo Giraud, "Secretos del vudú", San Francisco 1985, p. 14, p. 17).

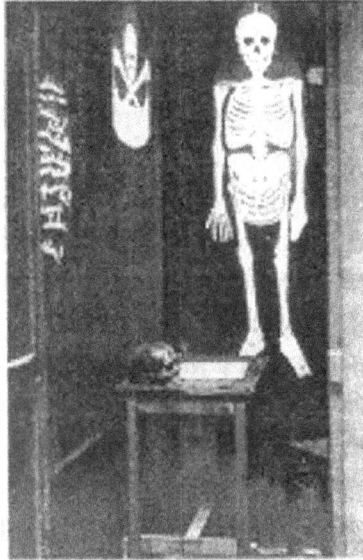

Cámara de meditación utilizada por los masones de primer grado en Francia.

En Estados Unidos el vudú se practica en las regiones alrededor de Charleston, Nueva Orleans y Galveston. En el Caribe (Cuba, por ejemplo) se practica el vudú de la santería, que utiliza el sacrificio humano.

De esta manera se puede ver que las ceremonias mágicas y símbolos más importantes de la masonería provienen de la forma más primitiva de la magia negra-vudú. Millones de seres humanos han sido sacrificados por los demonios masónicos. La francmasonería sólo es una forma algo más sofisticada del demoníaco vudú y funciona como una magia de la élite. Al mismo tiempo, los masones de rango más bajo son meros zombis bajo la influencia del trance de consenso.

El moderno Witch Movement (Wicca) tiene un sistema de tres grados y fue fundado en la década de 1950 por el masón Sir Gerald Brusseau Gardner, discípulo de Alister Crowley. Gardner publicó la revista *Witchcraft Todey (Brujería Hoy)*. Para experimentar con los símbolos de la muerte los aprendices de brujo tenían que meterse en una tumba abierta. Muchos otros rituales también son similares a los de la masonería.

El profesor Lars-Erik Bottiger ha llegado al grado 11° de la masonería sueca (Caballero) y mantiene el segundo oficio más alto en la orden. Afirma que el ataúd también es sacado y mostrado en el Masonic Hall durante la ceremonia de la fiesta masónica del 18 de marzo de cada año (*Nacka-Värmdö-Posten*, 11 de noviembre de 1997, p. 12). Según él, esta fiesta es muy antigua. Muchas generaciones de francmasones han celebrado la gran fiesta de la orden en memoria de la muerte de Jacques de Molay, gran maestro de los Caballeros Templarios, en 1314. Bottiger declaró "que estas cosas sobre el ataúd" son difíciles de explicar a la gente. "Probablemente lo que dijeras parecería bastante horrible."

Durante la iniciación al 4 ° grado, el candidato debe pasar por el "paseo de la muerte", un pasaje lleno de huesos y calaveras. A los recién llegados no les dicen que eso de estar entre los símbolos de la muerte es perjudicial, que se cargan con una potente energía negativa.

El número tres juega un papel central en la masonería moderna - en los apretones de manos, saludos y símbolos. También vemos el número tres en los números mágicos 12 y 13. Osiris tenía doce ayudantes (12 + 1). Israel constaba de doce tribus. El zodiaco consta de doce signos estelares. El símbolo de la UE es un anillo de hadas que consta de doce estrellas. La figura 13 simboliza el paso de la luna a través del zodiaco. La magia lunar es crucial para la masonería.

El Grupo Bilderberg tiene un comité ejecutivo de 39 miembros (13 x 3). Los números 5 y 7 son también importantes en la masonería.

Naturalmente, el número 33 juega un papel importante dentro de la francmasonería. Por cierto, el número de código del líder masónico Francis Bacon era el 33.

El símbolo del gran maestro es el sol, que simboliza la sabiduría. Así, el gran maestro siempre se sienta al este de la asamblea en la logia. El símbolo más antiguo de culto solar es el triángulo en lo alto de un rectángulo. Esto representa la forma y el espacio. En tres dimensiones esto se convierte en una pirámide en lo alto de una columna, que es un obelisco. El rectángulo representa la verdad y la justicia de los francmasones.

El águila se origina a partir de los símbolos de la familia Rothschild. El águila originalmente era una representación del Fénix, que según la leyenda vivía 500 años, pasados los cuales se quemaba a sí mismo reduciéndose a cenizas para finalmente resucitar de sus propias cenizas y volver a vivir 500 años más. Las dos cabezas del Águila simbolizan el bien y el mal, que se contrarrestan entre sí. En la masonería estadounidense hasta 1841, el Fénix tenía 13 plumas en cada ala. Originalmente el símbolo del águila fue tomado del Imperio Romano.

El águila bicéfala simboliza a Baphomet como un anagrama. Si se lee Baphomet al revés, el resultado es: tem-ohp-ab, que se puede interpretar como tem = duplex (doble), ohp = avis (ave), ab = generatio (progenie), que es la progenie del pájaro doble (Margiotta, "Le culte de la nature dans la franco-maçonnerie Universelle" / "El culto de la naturaleza en la francmasonería Universal", Grenoble, 1897, p. 215). Pero también puede significar *Templi Òmnium hominum pads abbas* (padre del templo de la paz de todos los hombres).

El símbolo de los judíos Khazar era el escudo rojo. Esta fue la razón por la que el banquero Mayer Amschel asumió el nombre de Rothschild. Este símbolo también comenzó a tomar parte en secreto en las actividades de los masones de alto rango. El banquero Nathan Mayer Rothschild (1777-1836) se convirtió en miembro la Logia de la Emulación n ° 12 de Londres el 24 de octubre de 1802 Hoy en día también hay logias Rothschild.

En las reuniones, los líderes masones cantan himnos a Satanás. Sólo los grados más altos utilizan la cruz de Baphomet. Aleister Crowley, que practicaba magia negra, utilizaba la cruz de Baphomet en su firma. Baphomet era un espíritu maligno, una entidad monstruosa que los Caballeros Templarios medievales adoraban y que se asociaba con Lucifer.

Varios desertores han revelado que los líderes masónicos veneran a Baphomet. Albert Pike decía que Baphomet era "el elemento principal de la gran obra (la francmasonería)".

Dos mensajes mágicos están escritos en los brazos del monstruo. *Solve* sobre el brazo derecho y *Coagula* sobre el izquierdo. Esto significa, "déjate disolver y coagúlate". Estas son las dos ramas principales de la alquimia. Según una interpretación esotérica, la masonería pretende disolver o destruir todo lo que hay de positivo en nuestra sociedad y mantener todo lo que es negativo para subyugar a la humanidad. Otra explicación es que los masones quieren disolver el orden actual y permitir que el Nuevo Orden Mundial solidifique mágicamente.

El filósofo esotérico sueco Henry T. Laurency dio una descripción excelente de la naturaleza de los masones en su libro "De vises sten" / "La piedra de los filósofos" (Skovde, 1995, p. 319):

"Buscan... impedir el desarrollo de todas las maneras posibles. Ven como verdaderos enemigos a todos los que se esfuerzan hacia objetivos más altos, que sirven a la causa del desarrollo. Según las circunstancias, trabajan para preservar el dogma o ideas desconcertantes, revoluciones y guerras. En todas partes se esfuerzan para provocar el caos."

Laurency a todos los miembros de sociedades secretas controladas por la logias negras les llamaba "lobos disfrazados de oveja".

Las contraseñas y las palabras sagradas han sido extraídas del hebreo. El gran maestro lleva la túnica de un rabino, con los colores simbólicos. El delantal cubierto con símbolos místicos también se convirtió en una prenda cargada de magia. El delantal de cuero masónico es el delantal de los grandes sacerdotes israelitas. Los Caballeros Templarios también usaban delantales blancos bajo sus capas.

Muchos de estos secretos masónicos fueron revelados por un desertor anónimo en el libro "Sarsena". El Antiguo Testamento es la base de los rituales masónicos. El cabalista masónico norteamericano Albert Pike declaró:

"Todas las logias masónicas reales deben sus secretos y símbolos a la Cábala. Sólo la Cábala confirma la unión entre el mundo común y el celestial. Es la clave para el presente, el pasado y el futuro".

Como líder de la masonería mundial Pike sabía de qué estaba hablando.

Los rituales masónicos incluyen estar sentado en una habitación oscura, vestir delantales sexualmente excitantes, ser empujado por la espalda, ser golpeado en la frente, ser amenazando con una espada, yacer dentro de un ataúd, permitir que te pongan un lazo alrededor del cuello y que te cuelguen.

El color de las logias de San Juan siguió siendo el azul, mientras que las logias de San Andrés utilizaron el color rojo. El negro es el color secreto de los grados más altos (31°-33°). Algunas logias también utilizan el verde. Los masones de los grados inferiores también son llamados "Siervos de San Juan". Son simples "trabajadores".

El rojo es considerado el color de la esclavitud. Los movimientos políticos creados por los masones utilizan el rojo en su simbolismo y tratan de imponer la esclavitud bajo el control de la masonería.

Según Albert Pike, la estrella de cinco puntas simboliza "inteligencia". Este símbolo también está conectado con Sirius, la segunda estrella más cercana y la más brillante. La luz de Sirius tarda nueve años en llegar. La estrella de cinco puntas también es mágicamente sinónimo de bisexualidad.

El verdadero significado de la estrella de cinco puntas es: "¡Nos estamos acercando a nuestro objetivo!" Según Karl Steinhaus, el pentagrama también simboliza la supremacía de la masonería. La estrella de cinco puntas se interpreta como la unión de cinco puntos de contacto. La estrella roja de cinco puntas era el talismán del verdugo durante la Edad Media (según la astrología los verdugos estaban bajo la influencia de Marte). Sólo se permitía llevar este símbolo a un verdugo. Si uno se expone a la estrella roja de cinco puntas ("la huella del diablo"), inmediatamente se le reduce el aura. Esto puede ser verificado con una varilla de zahorí. La estrella de cinco puntas es, pues, la señal de mal y de la magia negra. Originalmente en Sumeria era un símbolo sagrado de la media Áurica. Los magos negros de Caldea cargaban las estrellas de cinco puntas con energía negativa.

El 15 de enero de 2001, la televisión sueca (SVT) comenzó a utilizar su nuevo logotipo. Es una estrella roja de cinco puntas. ¿Esto significa que quieren demostrar que son servidores fieles a la masonería, propagando sus ideologías rojas aún más intensamente?

Después de que los masones Vladimir Lenin, León Trotsky, Lev Kamenev y Jakov Sverdlov, Grigori Zinoviev y otros conspiradores actuando como líderes Bolcheviques hubieran tomado el poder en Rusia, murieron millones de personas bajo la estrella roja de cinco puntas.

Los líderes masónicos han recurrido, a menudo, a rabinos para interpretar correctamente los símbolos de la masonería y de la mística cabalista para iniciar a los hermanos de rango más alto en una doctrina religiosa elitista.

El pelícano y el unicornio son símbolos secretos en la masonería. Hermes también es representado a menudo. El griego Hermes, Mercurio para los romanos, era el Dios de los mensajeros y los ladrones en la antigüedad clásica.

Antes de que los impostores políticos se hicieran cargo de las logias, las cosas significaban lo que pretendían significar. Un martillo era un martillo, una escuadra era una escuadra. Esta sensación de naturalismo también se hizo evidente en el arte y hoy se puede encontrar en el raro arte filosófico. El gran director de cine ruso Andrei Tarkovsky en su película "El espejo" (1974) muestra cómo un niño se niega a disparar un tiro en el campo de tiro durante la Segunda Guerra Mundial. A continuación, camina hacia la cima de una colina y se detiene en lo alto. De repente un pájaro se posa sobre la cabeza del niño.

Tarkovski visitó Estocolmo cuando se proyectó allí "El espejo" en 1983. Después de la película, una mujer le preguntó: "¿Cuál era el sentido del pájaro que se ponía en la cabeza del niño?" Me quedé junto a Tarkovski mientras respondía: "¡El pájaro no significaba nada!" - "¿Qué quiere decir?" preguntó la mujer insatisfecha, utilizando como hacía ella la antinatural manera de pensar de los masones. "¿No era un pájaro muy raro?" Tarkovski respondió: "¡No, era un pájaro ordinario!" La mujer no lo podía entender: "¿Pero había algo extraño?" Tarkovski: "¡Naturalmente. El chico era raro!" La mujer: "¿Qué quiere decir?" Tarkovski: "¡El chico tenía buen corazón! Un pájaro ordinario sólo se posaría en la cabeza de un chico que tuviera buen corazón!"

En esta escena, Tarkovski muestra el nivel de desarrollo espiritual del joven. Este chico se niega a herir a otras personas. Estas personas son muy raras en nuestro mundo, que a menudo es una reminiscencia de un asilo de lunáticos. Tarkovski había sido influenciado por el haiku japonés, donde todo significa sólo lo que parece significar. Las incomprensibles preguntas de la mujer muestran cómo los masones han destruido nuestra manera de pensar, donde las cosas tienen un sentido natural y el simbolismo casi no es más que basura de la magia negra.

Henry T. Laurency, al casi simbolismo de los masones le llama "intentos paródicos de pretender apropiarse de los símbolos secretos del conocimiento superior" ("De vises sten" / "La piedra de los filósofos", Skovde, 1995, p. 88).

Las descripciones masónicas de los rituales afirman que todos los símbolos masónicos tienen un doble sentido, uno natural y uno mágico. El simbolismo masónico está por todas partes (en el billete sueco de 20 coronas por ejemplo), en las estaciones de metro (Kungsträdgården de Estocolmo), en los paquetes de cigarrillos, en la ropa y en la arquitectura.

Magia masónica

Los masones creen de todo corazón que determinados fenómenos mágicos les ayudan a manipular la humanidad. Si los masones no creen eso ciegamente, nunca se les permitirá ascender por los escalafones. Esto es extraño, teniendo en cuenta que los masones dicen ser racionalistas y que su ideal más elevado es la razón.

El líder masónico americano Albert Pike, que fue elevado a Soberano Gran Comendador de la jurisdicción del Sur en 1859, explica su visión de la cosmovisión básica del rito escocés en su libro "Moral y dogma del antiguo y aceptado rito escocés de la masonería":

> "La magia es la ciencia de la antigua *magis*... la magia une en una sola ciencia, lo que de ninguna manera la Filosofía puede poseer de más cierto y la Religión de infalible y Eterno. - Ella perfectamente... concilia estos dos términos... fe y razón... los que la acepten (la magia) como una norma podrán dar a su voluntad un poder soberano que les haga maestros de todos los seres de interiores y de todos los espíritus errantes, es decir, los hará árbitros y reyes del mundo... "

El mago negro y francmasón Aleister Crowley afirmó:

> "La magia es el Ciencia y el Arte de provocar el cambio que se produce conforme a la Voluntad. Cada cambio positivo puede ser evocado, si se utiliza bien la fuerza de la manera correcta, utilizando el medio adecuado sobre el objeto correcto." (Aleister Crowley, "El libro de la alta Magia del Arte", París, 1930)

La magia es el arte y la ciencia del uso de la fuerza de voluntad para cambiar nuestra conciencia y remodelar ciertas cosas o para lograr la metamorfosis. La magia también es el arte y la ciencia de aplicar una determinada fuerza o poder durante el cambio o experimentar una poderosa energía durante la metamorfosis.

Si deseamos lograr metamorfosis positivas, estaremos tratando con la magia blanca. Si buscamos perjudicar a otros seres vivos, los métodos utilizados provendrán del arsenal de los magos negros.

El poder lo emiten todos los noúmenos psicológicos (seres vivos), aunque en diferentes grados, concentración y extensión. El poder potencial de los objetos psíquicos se incrementa con sus asociaciones positivas (magia blanca) y disminuye con sus asociaciones negativas (magia negra) con otro noúmeno psíquico, hasta el punto, que depende a la vez del poder potencial del segundo noúmeno y de la intensidad de la asociación.

Por cierto la magia tiene un poderoso efecto sobre nuestro entorno. La magia afecta en los procesos biológicos. Es posible conseguir carezza, un éxtasis sexual de larga duración, con la ayuda de la magia.

El fundador del arte de la curación psicosomática, Rolf Alexander, era capaz de influir en la forma de las nubes, o incluso desintegrarlas, con su energía concentrada, incluso si la nube estaba a diez millas, como en ciudad de México en verano de 1951 Este proceso le costó 12 minutos. Este fenómeno mágico se llama psicoquinesia en parapsicología (Rolf Alexander, "Realismo Creativo", Nueva York, 1954, p. 240-241). La homeopatía también es pura magia.

La magia surge cuando el mundo interior comienza a afectar a la realidad exterior, cuando se manipulan las energías. Un examen del mundo que nos rodea nos da una idea clara del confundido mundo interior de los masones. Al mismo tiempo, obtenemos una visión desagradable de nuestro propio futuro leyendo sus rencorosas y espiritualmente deficientes ideologías y visiones. Por lo tanto la manipulación mágica de un practicante confundido y engañado espiritualmente es especialmente peligrosa. Santo Tomás de Aquino sabiamente afirmó que "todas las cosas físicas son simples metáforas, encarnan cosas espirituales". En realidad el avance de la masonería demuestra cuan enferma está nuestra sociedad.

Ciertos objetos, ropas y símbolos tienen una fuerte carga mágica, como los instrumentos de escritura, la tinta, las varitas mágicas (que simbolizan el falo de los magos), las velas, el incienso, el cabello, las capas y las batas. Otros elementos protectores con una carga mágica más débil, como piedras u otros elementos con capacidad de carga, se denominan amuletos. Los objetos con una carga mágica muy poderosa se denominan talismanes.

Los talismanes más poderosos son los Abramelin, mágicamente cargados de casillas aforísticas con un propósito determinado, que provocan grandes cambios en el entorno en un tiempo relativamente corto. Los talismanes Abramelin son composiciones de letras que representan y finalmente cumplen los deseos más íntimos del mago. A menudo se utilizan palabras y nombres poderosamente cargados de los ángeles hebreos. Por ejemplo Alampis, que puede hacer invisible al practicante, o Catan que puede destruir matrimonios.

El sistema mágico de Abramelin el mago es una forma individual de magia basada en "El libro de la Magia Sagrada de Abramelin el Mago, impartido por Abraham el judío a su hijo Lamec" (Londres, 1900), escrito en 1458 por Abraham el Judío. Este libro inspiró al mago Eliphas Levi. Aleister Crowley, que decía ser la reencarnación de Levi, lo consideró como el mejor y más peligroso libro de magia jamás escrito. La magia de Abramelin supone que el mundo material fue creado por espíritus malignos. Estos espíritus malignos pueden ser esclavizados por el mago, que está protegido por el Ángel Custodio sagrado. El mago puede utilizar a los espíritus como sirvientes. El Ángel se aparece al mago y le enseña cómo puede controlar a los espíritus buenos y a los malos. Sólo entonces puede el mago curar a los enfermos, utilizar los milagrosos talismanes Abramelin, ganar riquezas incalculables y obtener un magnetismo sexual abrumador.

El Templo masónico de Amsterdam tiene talismanes Abramelin sobre su puerta. El mago utiliza cuadrados llenos de letras hebreas para exhortar a que uno de los miles de demonios o espíritus malignos le lleve riqueza, le haga ganar el amor de una doncella, animar a un cadáver durante siete años, hechizar a otros, demoler edificios, abrir cerraduras, y así sucesivamente.

Los cuadrados mágicos aforísticos están dotados de vida demoníaca, que funciona a través de ellos. Crowley afirmaba que los talismanes Abramelin eran "tan explosivos como la nitroglicerina y mucho más peligrosos". Estos talismanes pueden dar a luz a fantasmales soldados invisibles, para que luchen por los antinaturales objetivos de los masones.

La magia de Abramelin puede ser utilizada sin recibir un castigo sólo por un maestro que ha experimentado con éxito la purificación espiritual. Esta forma de magia difiere significativamente de todos los otros sistemas rituales europeos y su practicante incluso no utiliza el círculo mágico tradicional. En cambio selecciona y purifica un área, a menudo un lugar aislado en un bosque rodeado de fuerza mágica.

Los magos modernos consideran este sistema extremadamente peligroso. Utilizar los talismanes antes de conseguir el dominio es muy temerario.

Si uno es atacado por arte de magia con el uso de estos talismanes, se puede proteger formando un círculo mágico triple alrededor de uno mismo, utilizando símbolos de protección u objetos cargados de energía positiva, o llevando un traje de una sola pieza poderosamente cargado de magia.

Las pirámides también son talismanes. Los Illuminati y el Gran Oriente utilizan pirámides, triángulos y obeliscos como talismanes para afectar a su entorno.

Los amuletos eran el centro de la magia egipcia. Eran utilizados tanto para los muertos como para los vivos. Cada parte del cuerpo tenía su propio amuleto. Muchos de los amuletos hallados en momias tienen inscripciones con palabras de poder o fórmulas mágicas. Los amuletos comunes incluyen el escarabajo, una representación de loza, piedra o madera del escarabajo sagrado (escarabajo pelotero) para proteger el corazón, el cojín bajo la cabeza de la momia, el collar de oro que daba al difunto el poder de liberarse de sus envoltorios; el ojo de Horus, el dios egipcio del cielo y el sol, que proporcionaba protección y fuerza. Horus tenía cabeza de halcón (Lewis Spence, "Mitos y leyendas del antiguo Egipto", Londres, 1915, p. 263).

Normalmente el mago masónico dibuja un círculo mágico, dentro del cual se debe mantener para evitar los efectos de las fuerzas del mal que está invocando. En estas sesiones el pentagrama ayuda al mago: hace que las fuerzas demoníacas obedezcan.

Mientras que el pentagrama reduce notablemente el aura del usuario, los elementos sagrados budistas la aumentan. Una bata de una sola pieza tiene la propiedad de aumentar significativamente el campo energético (aura) del usuario, ya que el flujo de energía del cuerpo permanece imperturbable. Esto puede ser mostrado con la ayuda de una varilla de zahorí.

El mago Eliphas Levi (en realidad Alphonse Louis Constant, 1810-1875) describe cómo funciona la magia en su famoso libro "Dogma et Rituel de la haute magie" / "Dogma y ritual de la alta magia" (París, 1854). Afirmaba que en la magia había tres leyes básicas. La primera ley afirma que la fuerza de voluntad humana no es una idea abstracta, sino una fuerza material y medible. Ciertas figuras geométricas se utilizan en magia ritual, que ayudan al mago a concentrar su voluntad. La segunda ley afirma que el mago puede influir sobre objetos lejanos y provocar eventos que se producen a una gran distancia a través de su cuerpo astral. La tercera ley afirma que cada parte del macrocosmos (el universo) tiene un homólogo en el microcosmos (el individuo).

El mago Ramon Llull (1235-1315) desarrolló aún más el vino, con sus experimentos de transformación mágica y descubrió "el agua de la vida" (aqua vitae), es decir los espíritus.

Los magos creen que el conocimiento oculto de conexiones secretas, les hace posible utilizar cualquiera de las fuerzas cósmicas. También pueden producir la misma fuerza en sus propias almas y transmitirla a un elemento o proceso mágico. La fuerza de voluntad es controlada por un sentido de la imaginación altamente desarrollado.

El mago Agripa escribió:

"Nada se esconde a los sabios y sensibles, mientras que el incrédulo y el indigno no pueden aprender los secretos."

Enfatizó:

"Todas las cosas que son similares y por lo tanto están conectadas, se sienten atraídas unas a otras por el poder."

Esto se conoce como la ley de la resonancia.

El uso de sangre mágicamente cargada lleva al mago más cerca del mal. Es por ello, que al masón que se inicia se le cubre la cabeza con un trapo con sangre durante la ceremonia formal.

Los líderes masónicos (especialmente dentro del Gran Oriente) marcaban sus sacrificios de sangre para aumentar su poder erigiendo obeliscos en las grandes ciudades, donde tenían un control total. Con estos medios, los invisibles poderes iluministas creaban un enorme y negativo campo de fuerza, que acumulaba energía con la ayuda de los obeliscos. Los obeliscos generan la energía que acumulan.

Napoleón se alentó a invadir Egipto en 1798 para saquear lugares, donde había restos de antiguos conocimientos de magia y elementos cargados mágicamente. Los masones los necesitaban para sus rituales. Exigieron que Napoleón, al finalizar la campaña, debía llevar a París un gran obelisco egipcio como botín de guerra.

En 1835, los masones finalmente erigieron un obelisco de Osiris de Luxor, de 2500 años de antigüedad, que pesaba 246 toneladas, en el lugar donde ellos habían guillotinado a Louis XVI y Marie Antoinette, en una plaza llamada Plaza de la Revolución en la década de 1790 (que hoy se llama plaza de la Concordia). Marie Antonieta de Habsburgo era hija de François de Lorena, descendiente de los Merovingios. Fue sacrificada por el bien del futuro. La sangre aparece para aumentar el poder de los obeliscos y por tanto también de los masones.

La erección del Obelisco tuvo lugar a raíz del golpe de estado que los masones organizaron en junio de 1830 para poner en el trono a Louis Philippe. Querían deshacerse de Charles X, el hermano de Louis XVI (Martin Short,

"Dentro de la fraternidad", Londres, 1997, p. 119), que había impedido a los masones erigir el obelisco en el lugar de la ejecución de su hermano. Entre los conjurados estaba el masón liberal Adolphe Thiers (1797-1877), que entonces era ministro de empleo. Cinco años más tarde se convirtió en primer ministro y al mismo tiempo el obelisco fue erigido en el lugar escogido. Fue elegido presidente de la tercera República en 1871

Napoleón robó este obelisco en Luxor. Más tarde fue erigido
en el lugar donde fue ejecutado Louis XVI.

Con la ayuda de una varilla de zahorí, es posible determinar que el obelisco de la plaza de la Concordia se halla colocado en una poderosa línea de radiación de la tierra, que continúa recta hacia el Arco de Triunfo y la tumba del soldado desconocido de los Campos Elíseos.

La línea de radiación de la tierra se compone con diversas líneas de energía natural mediante una serie de ciertos actos.

Los masones británicos robaron su propio obelisco egipcio, construido originalmente por Tutmosis III. El obelisco de 3.500 años de antigüedad conocido como la aguja de Cleopatra se encuentra en Victoria Embankment en el Támesis en Londres. El obelisco fue transportado a Londres desde Alejandría y erigido el 13 de septiembre de 1878. El masón Dr. Erasmus Wilson pagó el transporte que, debido a una potente tormenta en el Golfo de Vizcaya, causó la muerte de seis hombres. El obelisco originalmente estaba situado en Heliópolis, pero Cleopatra ordenó que el monolito de 186 toneladas fuera trasladado a Alejandría. El obelisco era un símbolo del sol (Heliopolis significa "la ciudad del sol") en griego. Las inscripciones honran las victorias del faraón Tutmosis III en Asia.

El 22 de febrero de 1881, los masones (incluyendo a William Hulbert y William H. Vanderbilt) levantaron un tercer obelisco de Alejandría en el Central Park de Nueva York detrás del Metropolitan Museum of Art. Este obelisco fue erigido también originalmente en Heliopolis en Egipto en 1600 a C por Tutmosis III. Los romanos se lo habían llevado de Alejandría el año 12 a C.

Los masones levantaron un obelisco (conocido como "la pirámide") formado por 13 piezas en un lugar abierto al lado del Palacio Real de Estocolmo tras el asesinato de Gustavo III. Está construido según las medidas del obelisco de Luxor, con un modelo en miniatura de la pirámide de Keops en la parte superior. Los lados de la pirámide de Keops están en un ángulo de 51° 52' en dirección a la base (Iorwerth E. S. Edwards, "Las pirámides del antiguo Egipto", Londres, 1947, p. 87).

Los vampiros masónicos utilizan el bloqueo de Keops sobre los obeliscos para impedir que los enemigos introduzcan sus campos de energía mágicos. Poner el modelo en miniatura de la pirámide de Keops encima del obelisco es un movimiento muy inteligente.

La tierra tiene una red de líneas de energía con diferentes frecuencias. Las iglesias, los cementerios y los monumentos antiguos se construyeron a menudo deliberadamente donde estas líneas energéticas se cruzan entre sí. Es perjudicial para un ser humano residir cerca de un poderoso campo de radiación de la tierra durante un largo periodo de tiempo. A los gatos, sin embargo, les gusta sentarse allí donde se cruzan las líneas de energía, ya que sienten las vibraciones de los ratones cruzando las líneas, lo que hace más fácil la caza. Las logias masónicas a menudo están construidas encima de poderosas líneas de energía. Este es el caso de los templos masónicos de Ámsterdam y de Estocolmo. Por arte de magia, estas logias son el centro de la acción y por lo tanto están óptimamente situadas para influir en el mundo que las rodea, como una araña en el centro de su red. El hecho de que los masones de alto rango nieguen el uso de la magia no es, pues, otra cosa que una insolente hipocresía.

El siniestro escorpión bajo el obelisco de la ciudad de Nueva York.

El 12 de diciembre de 2000, se llevó a cabo un experimento en el obelisco de Estocolmo. Se utilizó una varilla de zahorí para determinar que el aura humana se veía afectada muy negativamente en el radio inmediato del obelisco reduciéndose hasta casi desaparecer. Al mismo tiempo se determinó que el obelisco estaba erigido en una poderosa línea de energía, que continuaba directamente hacia el Palacio de Baatska, la sede de los masones suecos. Otros experimentos concluyeron que las dos líneas de energía, que por cierto se cruzaban en la puerta de la logia, causaban que el aura humana quedara reducida a una fracción de su radio original. Estar dentro de una logia masónica no puede ser bueno para la salud. Los rituales masónicos hacen que las líneas de energía de las logias y los obeliscos acumulen una frecuencia muy negativa. El caso es todo lo contrario con las iglesias.

Hoy en día hay obeliscos egipcios genuinos en Londres, Kingston Lacy, Dorset, Durham (Inglaterra), Estambul, París, Florencia, Roma, Nueva York, El Cairo, Heliopolis, Luxor, Fayum y Karnak. Los últimos cinco lugares están en Egipto. Hay 13 obeliscos egipcios en Roma, entre ellos uno en el Vaticano.

Hoy en día los obeliscos están asociados con sacrificios. Los masones erigieron un obelisco que consta de 14 piezas con la antorcha de los Illuminati (o llama de Lucifer) en lo alto, en la plaza Dealy en Dallas, cerca del lugar donde fue asesinado a tiros el Presidente Kennedy el 22 de noviembre de 1963 (bajo el signo de Escorpión). El obelisco está situado en el paralelo 33, justo frente al Palacio de Justicia del Condado y la logia masónica de la ciudad (Artículo de James Shelby Downard, "El simbolismo masónico en el asesinato de John F. Kennedy").

El 4 de junio de 1963, el Presidente John F. Kennedy firmó la orden ejecutiva núm. 11110 que devolvía al gobierno el poder de emitir moneda, sin pasar por la Reserva Federal. La orden de Kennedy daba al Departamento del Tesoro el poder "de emitir certificados de plata contra cualquier lingote de plata, plata o dólares de plata estándares de la Tesorería". Por cada onza de plata de la cámara del Departamento de Tesorería, el gobierno podía poner nuevo dinero en circulación. Kennedy puso en circulación casi 4,3 mil millones de dólares en billetes nuevos. Las ramificaciones de este proyecto de ley eran enormes.

De un plumazo, Kennedy iba camino de provocar la quiebra del Banco de la Reserva Federal de Nueva York. Si muchos de estos certificados de plata entraban en circulación, se habría eliminado la demanda de billetes masónicos de la Reserva Federal. Esto era debido a que los certificados de plata estaban respaldados por plata y los billetes de la Reserva Federal no estaban respaldados por nada.

La orden ejecutiva 11110 podría haber impedido que la deuda nacional alcanzara el nivel actual, porque se podía haber dado al gobierno la capacidad de devolver su deuda sin tener que ir a la Reserva Federal y que se le cobraran intereses por crear nuevo dinero.

Desmantelar el sistema de la Reserva Federal y emitir dinero sin interés era un crimen contra las intenciones de la élite financiera masónica.

Cinco meses después de que fuera asesinado F. John Kennedy, no se emitió ningún certificado de plata más. La orden ejecutiva no fue derogada nunca por ningún presidente norteamericano y todavía es válida. Se han acumulado casi 6 billones de dólares en deuda desde 1963 ("El presidente Kennedy: la Reserva

Federal y la Orden ejecutiva", The Final Call, vol. 15, n° 6, 17 de enero de 1996, Estados Unidos).

El presidente Kennedy quería hacer regresar a casa los asesores militares de Vietnam, cancelar el "conflicto" sin sentido con la Unión Soviética y evitar que Israel produjera armas nucleares, convirtiéndose así en enemigo del francmasón David Ben-Gurion, primer ministro de Israel (Michael Collins Piper, "El juicio final: El eslabón perdido en la conspiración del asesinato de JFK", Washington, 1998).

En su carta a Ben-Gurion, Kennedy deja claro que bajo ninguna circunstancia aceptará que Israel se convierta en un estado nuclear. El historiador israelí Avner Cohen confirma en su libro "Israel y la Bomba" (1999) que el conflicto entre Israel y John F. Kennedy fue muy potente. El historiador estadounidense Stephen Green declaró:

> "Durante los primeros años de la administración Johnson cuando en Washington se hacía referencia al programa de armas nucleares israelíes se le llamaba "el tema delicado"."

Cuando el fiscal de distrito de Nueva Orleans Jim Garrison procesó al ejecutivo de comercio Clay Shaw por conspiración en el asesinato, Garrison había tropezado con el enlace del Mossad.

Estados Unidos perdía dos millones de dólares cada mes esforzándose en mantener la criminal guerra de Vietnam. Kennedy fue sustituido por el masón de alto rango Lyndon Baines Johnson, que hizo todo lo que pudo para ocultar la verdad detrás del asesinato. De ninguna manera el tirador no cualificado Lee Harvey Oswald podía haber conseguido disparar tres tiros, incluyendo dos dianas, en 5.6 segundos desde su supuesto escondite situado en la sexta planta del depósito de libros de Elm Street en Dallas. El fiscal de distrito Jim Garrison de Nueva Orleans creía que, como mínimo, habían participado tres francotiradores en el tiroteo. El periodista de investigación estadounidense Michael Collins Piper intenta mostrar en su libro "El Juicio Final" que el servicio secreto israelí, el Mossad, participó en el asesinato del Presidente Kennedy.

El fotógrafo de autopsias asistente Floyd Riebe, el técnico de rayos X Jerrol Custer y otro técnico, todos ellos a sueldo de la Marina de los EE.UU. y presentes en el Hospital Naval de Bethesda, cuando el cuerpo de John F. Kennedy fue llevado allí tras el asesinato, revelaron en una conferencia de prensa en Nueva York el 28 de mayo de 1992, que las fotografías y los rayos X de la autopsia del presidente habían sido falsificadas. En las imágenes genuinas quedaba claro que Kennedy fue golpeado por más de dos balas y que como mínimo una fue disparada desde delante suyo. Jerrol Custer declaró: "Las fotografías fueron retocadas para que no se pudiera ver el gran agujero de salida de la parte posterior de la cabeza." (*Expressen*, 29 de mayo de 1992 - ¡no se informó a la prensa estadounidense!)

El autor Harry Livingstone, quien estuvo presente en esta conferencia de prensa, relata en su libro "Alta Traición 2" que Kennedy fue emboscado con precisión militar por más de un francotirador. Que fue una conspiración, que se ha ocultado desde el nivel más alto.

El cerebro del presidente Kennedy que se había conservado desapareció de forma misteriosa. Hoy en día, un examen confirmaría con toda probabilidad que al menos había dos o tres francotiradores.

El obelisco de mármol más alto de Washington, tiene 555 pies de altura y está dedicado al Presidente y francmasón George Washington, se terminó en 1885. En aquellos momentos era la estructura de piedra más alta del mundo. El Monumento a Washington fue diseñado en 1838 por Robert Mills (1781-1855), siguiendo las medidas del obelisco de Luxor. El número 5 en el simbolismo masónico es sinónimo de muerte, mientras que una serie de tres cincos significa asesinato. Los médicos masónicos fueron los encargados de asesinar el Presidente George Washington. El Departamento de Planificación de la ciudad dictaminó que ningún edificio podía ser más alto que el Capitolio. La Gran Logia Masónica está directamente hacia el norte, el Capitolio directamente hacia el este.

Washington, DC fue planeado en 1791 por el arquitecto masón Pierre Charles l'Enfant, que diseñó las calles y las avenidas para formar un patrón mágico con la Casa Blanca en el centro (Frederick Goodman, "Símbolos Mágicos", Londres, 1989, p. 6). En 1792, el padre fundador puso la primera piedra de la Casa Blanca el 13 de octubre, el aniversario de la desaparición de los Caballeros Templarios.

El plano de la ciudad de Washington simboliza la cabeza de Baphomet y el triángulo masónico. Algunos sitios tienen nombres muy reveladores, como la plaza de los francmasones. La intención era construir la Nueva Atlántida donde el número 13 jugara un papel decisivo. Al trazar líneas rectas entre las cinco estructuras más importantes de Washington, DC aparece un pentagrama. Un punto de la estrella de cinco puntas está en el Capitolio, otro en la Casa Blanca, un tercero está sobre el obelisco de mármol (Charles L. Westbrook, "Los secretos más antiguos de los Estados Unidos: Las misteriosas líneas de las calles de Washington, DC. El talismán de los Estados Unidos, la firma de la Hermandad Invisible", 1990).

En 1800, el gobierno se trasladó a Washington desde Filadelfia que era la capital provisional. Los tres obeliscos de Washington juegan un papel clave en la magia simbólica del Nuevo Orden Mundial (Peter Tompkins, "La magia de los obeliscos", Nueva York, 1982).

Los masones nunca pierden la oportunidad de utilizar la práctica de la magia. Esperaban fuera de las puertas del Ayuntamiento de París cuando Louis XVI acudió poco después de la "revolución". Tal como llegó, alzaron sus espadas por encima de él. Oficialmente se habló de su deseo de proteger el rey con este "techo de acero". Esto mismo se dice del saludo masónico (Alexander Selyaninov, "El poder secreto de masonería", Moscú, 1999, p. 87). En realidad fue un acto simbólico que significaba que el rey estaba bajo la influencia de los masones desde ese momento. Las mujeres de los masones reciben un "saludo" similar cuando visitan la logia.

A los no miembros que visitan una logia se les pide que pasen por debajo de un "túnel de espadas".

La explicación esotérica de este fenómeno es la siguiente. Al apuntar con espadas a un ser humano, los masones rasgan agujeros en su aura al colocar frío acero en su campo de energía. Esto debilita la persona hasta el punto que acepta totalmente las ideas de los francmasones. Este es un caso de violencia simbólica contra el alma. Una persona temporalmente lesionada no puede resistirse a la "iluminación". Los psicópatas masónicos creen que es más importante dañar el alma de una persona que su cuerpo.

Hay empuñaduras de espada en la puerta principal de salida de la logia Freemason's Hall de Londres. Cuando visité este edificio en agosto de 1998, por primera vez, el guía nos explicó que estas empuñaduras cargadas mágicamente dan al francmasón que sale del edificio energía adicional para utilizar en la lucha contra los enemigos del orden. En las paredes hay murales de ángeles con pezuñas (¡!), Como si fueran demonios. Todo el edificio irradia una energía extremadamente negativa, lo que hace que el aura disminuya. Los masones pueden por tanto ser llamados con razón, vampiros energéticos.

El Banquete del Jubileo en la Gran Logia de Hamburgo en 1988.

En la biblioteca de la Gran Logia de Inglaterra, he encontrado muchos libros sobre magia, ocultismo y otros fenómenos que no tienen explicación oficial, incluyendo los Ovnis. Todos los intentos de formar una Comisión de la UE para investigar oficialmente informes de casos extraños sobre Ovnis han fracasado. Los masones parecen estar muy interesados en los platos voladores y han reunido una gran cantidad de información sobre el tema, pero exteriormente son los escépticos más grandes del mundo.

Las diversas fuentes de energía y radiación que hay en el universo nos afectan diariamente. Sólo cuando morimos, nos liberamos del universo físico. El científico ruso Semyon Kirlian logró demostrar con la ayuda de su aparato que esta energía continúa afectándonos después de nuestra muerte física. Los planetas nos afectan en gran medida (astrología). Es a la vez ignorante e imprudente no tenerlo en cuenta. Los masones utilizan la astrología, la más antigua de todas las ciencias. No nos podemos permitir el lujo de estar sin este conocimiento.

François Mitterrand, ex presidente de Francia y francmasón de grado 33°, estaba muy interesado en la astrología. Consultaba astrólogos para que le proporcionaran la fecha óptima para realizar un referéndum sobre el tratado de Maastricht y encargaba los horóscopos para los miembros del Gobierno socialista de la época (Bjorn Erik Rosin, "Mitterrand prisade sin stjarna" / "Mitterrand elogiaba su estrella de la suerte", *Svenska Dagbladet*, 9 de mayo de 1997, p. 1).

Los masones bolcheviques tenían un conocimiento profundo de los secretos de la astrología. Su astrólogo en jefe era Lev Karajan (Karakhanyan), más tarde diputado comisario de asuntos exteriores del pueblo. Naturalmente, los dirigentes nazis que estaban conectados a la francmasonería internacional, también estaban interesados en los secretos de la astrología.

Según el autor budista Michael Tamm de Boston, los masones participan activamente en la guerra mágica contra nosotros (Michael Tamm, "Reflexiones sobre guerra mágica", Boston, 1990). Michael A. Hoffman ha escrito un revelador libro sobre la guerra psicológica de los francmasones contra nosotros ("Las sociedades secretas y la guerra psicológica", Dresden, NY). Estas teorías son confirmadas por los expertos sobre radiación de la tierra y magia. La élite masónica con conocimientos de magia está utilizando una

frecuencia de 1,2 oscilaciones por minuto para dañar y debilitar a la humanidad. El 31 de mayo de 2000, la élite masónica del mundo transmitía esta frecuencia a lo largo de las líneas naturales Hartmann y Curry, ampliándolas y provocando que la gente sintiera un efecto perturbador y confuso similar al de la belladona. En otras palabras, nos han estado drogando espiritualmente con la intención de hacer que luchemos más entre nosotros.

El objetivo de la élite masónica incluye la transformación del mundo según su percepción de la magia de las cosas. Esta es la razón por la cual las herramientas comunes son considerados símbolos mágicos de violencia y dominación.

Un obelisco moderno frente al cuartel de la Policía Metropolitana de Toronto.

Ideología masónica

La base de la ideología masónica se pretende que sea la tolerancia, la apertura mental, el humanismo y la fraternidad. Estas frases han sido pregonadas por los propios masones. Es el lema oficial de la francmasonería: Lux ex Tenebris (la luz desde las tinieblas). La masonería oficialmente representa los valores humanistas, pero en realidad representa la peor forma de ateísmo y materialismo.

El mayor crimen contra la humanidad de los masones fue eliminar la antigua creencia de que no vivimos sólo una vida y de que somos completamente responsables de nuestras acciones ante los mundos invisibles. Por lo tanto, para ellos es importante ridiculizar todos los conocimientos sobre la reencarnación.

El masón Joseph Fouché, que hacía de comisario de convenciones, durante "la gran revolución francesa" de 1793 emitió la orden de colocar un cartel en la rue de la Cimetiere (calle del cementerio) en París. En el cartel se leía: "La muerte es el sueño eterno".

Dieter Schwarz y Heinrich Heydrich escribieron en el libro "La visión del mundo de la masonería" (Berlín, 1938) que la orden representa una filosofía humanista, donde "no se hace ninguna diferenciación entre razas, pueblos, religiones o creencias sociales y políticas". Según la propaganda actual, la masonería crea mejores seres humanos. Los hechos sugieren una verdad diferente.

Los masones se han distanciado notablemente del cristianismo. En el libro "El léxico de la masonería" Albert Mackey afirma que "la religión de los masones no es el cristianismo". En realidad es el demonismo-satanismo oculto.

El Gran Oriente de Italia alquiló el Palazzio Borghese de Roma en 1893. Dos años más tarde, a causa de una disputa sobre el contrato de alquiler, los masones tuvieron que desalojar el Palacio. El representante del dueño, el Duque de Borghese, llevó a cabo una inspección. El diario *Corriere Nazionale* afirma que una habitación estaba cerrada. Los inspectores tuvieron que amenazar con llevar la policía antes de que se les permitiera entrar en la sala. Toda la habitación había sido convertida en un altar a Satanás. Las paredes estaban recubiertas de seda roja y negra, un tapiz tejido con una representación de Lucifer colgaba de la pared del fondo. Frente al tapiz había un altar con triángulos y otros símbolos masónicos.

Los masones italianos de Ancona publicaban la revista *Lucifer* en la década de 1880, donde se admitía una y otra vez: "¡Nuestro líder es Satanás!"

Cuando los masones italianos descubrieron un monumento al gran maestro Giuseppe Mazzini el 22 de junio de 1883, llevaban banderas negras. Los postes estaban decorados con una efigie de madera de Lucifer.

El famoso poeta italiano, profesor de literatura y diputado gran maestro de los masones (*Felsinea*, Bolonia) Giosue Carducci (1835-1907, recibió el Premio Nobel de literatura en 1906) escribió "Himno a Satanás", que contiene las líneas:

"Te saludamos, ¡Oh Satanás! ¡Oh revuelta! ("Salute, o Satana! O Ribellione!)
¡Oh victoriosa fuerza de la razón! (O, forza vindice della Ragione!)"

"La Rivista della Masson Italiana" (vol. X, p. 265) en la década de 1880 declaraba:

"Hermanos míos, masones... ¡Satanás es grande!"

Manly P. Hall, masón de grado 33° declaraba en su libro "Las llaves perdidas de la masonería o el Secreto de Hiram Abiff " que los masones siempre tienen acceso a "la burbujeante energía de Lucifer".

Samuel Paul Rosen (1840-1907) estuvo en activo como rabino en Polonia durante muchos años y al mismo tiempo conseguía llegar al grado 33° dentro de la masonería. Finalmente tuvo suficiente y en vez de eso comenzó a servir a la humanidad. Dejó la francmasonería y se convirtió al catolicismo. En su libro "Satanás y el Cielo" ("Satán et del", Casterman, 1888), Rosen reveló que había una conspiración del mal basada en el satanismo dentro de la masonería. Rosen declaraba que la religión de la masonería es la adoración de la muerte y que su objetivo es hacer degenerar a la sociedad (p. 335). Por este motivo los masones han fomentado la creación de movimientos políticos y pseudo-espirituales destructivos para los espiritualmente retrasados y sin discernimiento. Dos ejemplos aterradores de este masónico culto a la muerte y sadismo son la destrucción de las culturas Rusa y China a raíz de sus llamadas revoluciones.

El movimiento anarquista, fundado por masones para políticos idiotas, utiliza los colores satánicos rojo y negro del Gran Oriente. Cuando la infame anarquista francesa, "revolucionaria", feminista y francmasona Clemence Louise Michel (1833-1905) volvió de su exilio, 5.000 anarquistas que se habían reunido en París el 18 de septiembre de 1880 le rindieron un homenaje. Los anarquistas gritaron: "¡Larga vida a Satanás!" La multitud casi tuvo un colapso nervioso colectivo (Verite de Quebec, artículo de J. Chicoyne sobre Michel, publicado en enero de 1905).

Michel había sido muy activa en las barricadas de la comuna de París, que se llamaban a sí mismos como la dictadura del proletariado del 18 de marzo al 28 de mayo de 1871 Ella llevaba una asociación revolucionaria. Michel fue detenida en innumerables ocasiones y en 1872 fue deportada a Nueva Caledonia. Pasados ocho años Michel fue amnistiada en1880. Viajó por toda Europa promoviendo el anarquismo hasta su muerte. En 1881 participó en el Congreso anarquista de Londres. Después de una manifestación contra el paro, fue condenada a seis años de prisión, pero fue indultada. Desde 1881 a 1895 vivió en Londres como jefe de una escuela libertaria. Después volvió a Francia.

Louise Michel era miembro de la Logia de La Philosophie Sociale dentro de La Grand Loge Symbolique Ecossaise, según documentos del Gran Oriente de Francia.

Los masones están luchando para conseguir el internacionalismo radical y el anti-nacionalismo (Konrad Lehrich, "Der Tempel der Freimaurerei" / "El templo masónico", p. 7). Han extendido la religión del odio y la intolerancia. Su ideología se basa en cuentos de hadas y no tiene en absoluto nada que ver con la realidad.

El masón abate de Raynal escribió:

"Ser caritativo es como estar enfermo". (Raynal, "Histoire Philosophique te Politique" / "Historia filosófica y política", La Haya, 1770-1776, vol. 6)

La judía francmasona y terrorista anarquista Louise Michel.

Los masones dicen actuar en nombre de la ciencia y la razón. Esto no impidió que los Jacobinos guillotinaran a un gran número de científicos. El 7 de mayo de 1794, fue ejecutado el prominente químico Antoine Laurent Lavoisier (1743-1794) en París por "conspirar contra el pueblo francés".

Albert E. Brachvogel mostró en su libro "Parsifal - el último Caballero Templario" (1878) que había estrechos vínculos entre los Caballeros Templarios y los masones. Kenneth McKenzie también demostró la existencia de esta conexión en su "Royal Masonic Cyclopaedia" (1875).

Un delantal masón típico.

El historiador masónico J.S.M. Ward, muestra que los rituales de los templarios son una parte de las iniciaciones ceremonias masónicas en su libro "La francmasonería y los dioses antiguos" (1921):

> "El Santo Templo de Jerusalén fue construido por Salomón, rey de Israel, Hiram, rey de Tiro e Hiram Abiff, maestro de obras de la tribu de Neftalí, en 2992".

En cuanto a la Biblia, los masones son los únicos interesados en la historia fabricada del maestro de obras Hiram.

Albert Pike afirmó en 1871 en su libro "Moral y Dogma del Antiguo y Aceptado Rito Escocés de la Francmasonería" (Charleston, 1871, p. 213-214):

> "Cada logia masónica es un templo religioso, y sus enseñanzas son instrucciones religiosas".

Karl Gotthelf Barón de Hunde, gran maestro de la séptima provincia de la masonería, que incluía toda Alemania y Prusia, habló del "gran secreto" en una Convención Masónica en Altenberg, en la década de 1760: "**Todo verdadero mason es un caballero templario.**" (John Robison, "Pruebas de una conspiración", Belmont, 1967, p. 41) El Barón de Hunde más tarde comenzó a utilizar el sistema de la Estricta Observancia, que había aprendido de la Orden del Temple en París en 1742 (Pekka Ervast "Vapaamuurarein kadonnut sana" / "La palabra perdida de los masones", Helsinki, 1965, p. 71). El Barón de Hunde era a la vez miembro de la Orden de la Observancia Absoluta en Escocia.

En este escudo de armas de los francmasones delante del Freemasons'Hall de Londres, son claramente visibles dos ángeles masónicos con sus pezuñas.

Capítulo IV

El potente ámbito financiero

Prestar dinero con interés fue condenado por los antiguos filósofos como Platón, Plutarco, Séneca y Cicerón. El dinero para ellos eran algo muerto; una cosa muerta no te permite crecer. Aristóteles escribió en su obra "Política" (Libro Primero, parte X):

> "La ganancia más odiada y con mayor razón, es la usura, que obtiene un beneficio del dinero en sí y no de su objeto natural. El dinero estaba destinado a ser utilizado en el intercambio, pero no para aumentar a base de interés... Porqué de todas las maneras de conseguir una gran cantidad ésta es la más antinatural".

Hasta finales de la Edad Media a los cristianos les estaba prohibido cobrar intereses. Cobrar intereses de un préstamo era el equivalente al asesinato y al robo. Más tarde, los que cobraban intereses eran tratados como herejes.

Martin Luther dijo claramente: "¡Todos los usureros son ladrones y pertenecen a la horca!" Todos los que prestaban dinero a una tasa de interés del 5 o el 6 por ciento eran considerados unos falsarios. Durante la edad media sólo los judíos estaban autorizados a prestar dinero con interés. El Deuteronomio prohíbe a un judío cobrar interés a su hermano. Pero el goy (no judío) no era su hermano. Y para los judíos extremistas el saqueo no era desconocido.

Para garantizar el normal desarrollo económico el rey de Babilonia capturaba a los ladrones de Israel que saqueaban y robaban a las caravanas en el desierto. Estos ladrones de caravanas vivían del trabajo y el esfuerzo de los demás.

El filósofo esotérico sueco Henry T. Laurency resume el giro de los acontecimientos de la siguiente manera en su gran obra "La piedra filosofal" ("De vises sten", Skovde, 1995, p. 249):

> "Los judíos eran una incivilizada tribu de pastores que en cierta medida vivían de los robos. Tenían un Dios tribal Jahwe que anhelaba sacrificios de sangre y vigilaba celosamente que otros dioses no recibieran ningún sacrificio. El exilio babilónico fue el primer contacto de los Israelitas con una filosofía más sensata y con cultura... a través de los datos históricos adquiridos y en parte a través de sus propias tradiciones orales se construyó una historia de los judíos. Los escritos de los profetas constituían sus propias revisiones de lo que habían estado sintiendo en cautividad."

En la antigua Babilonia la tasa de interés legal era de un 30 por ciento en dinero y un 50 por ciento en grano. En Asiria no había ningún límite máximo para la tasa de interés. Los agricultores a menudo estaban tan profundamente endeudados que morían de hambre junto con sus familias. Esto llevó a la explotación despiadada del suelo.

En la ciudad de Uruk en Babilonia vivían dos hermanos que prestaban dinero con interés. Cuando el prestatario ya no podría pagar su préstamo, perdía la casa y tenía que empezar a trabajar de forma gratuita para los hermanos. El esclavo podía ser prestado también a otros empresarios. Este es un ejemplo clásico de esclavitud económica.

Hace casi 3.700 años el gobernante de Babilonia, Hammurabi (1848-1805 a C), que era descendiente de la dinastía Amorita, prohibía a través de sus actos legales (que contienen 93 párrafos) el cobro de interés sobre intereses, lo que significaba que el prestatario, además de los activos que le habían prestado, tenía que devolver la misma cantidad de bienes o dinero. Quien rompía la norma era severamente castigado, aunque muy pocos la respetaban. Los 282 Códigos de Hammurabi escritos en Acadiano se encontraron en 1901 en las excavaciones de Susa en el antiguo Elam (el actual Irán).

Hammurabi entendía que el interés sobre el interés comportaría una terrible carga económica que la gente no sería capaz de soportar. Por eso creía que era necesario castigar severamente la usura. La tasa de interés máxima permitida se estableció en un 20 por ciento. El comercio y la economía en general mejoró inmediatamente, aunque era difícil cumplir con la ley. Los Israelitas disfrutaban de la práctica de la usura y comenzaron a explotarla con entusiasmo.

El Profeta Muhammad exigía que la usura fuera prohibida. Recomendó que el prestamista actuara como un inversor que quiere recibir parte de los beneficios. Si no hay ningún beneficio uno debe estar satisfecho con perder el dinero.

El 133 a C el tribuno romano Tiberius Gracchus intentó reducir el poder de los cambistas a través de leyes más estrictas contra la usura limitando la propiedad de la tierra legal a un iugerum por familia. Fue asesinado el mismo año.

El 48 a C Julio César privó a los cambistas del derecho de acuñar moneda y lo hizo él mismo. Con una mayor oferta de dinero fue capaz de levantar muchos edificios públicos. La gente de la calle adoraba a César por su contribución a que ganaran más dinero. Tras el asesinato de César, fue el final de la abundancia de dinero. La oferta monetaria se redujo un 90 por ciento. Los impuestos se pusieron por las nubes. Como resultado de ello la mayoría de la gente perdió sus tierras y sus hogares. La calumnia de César continúa todavía hoy.

Jacques Attali, el historiador judío, académico y francmasón, que escribió el libro "Los judíos, el mundo y el dinero" (París, 2001) declaró en la revista *L'Express* que los judíos habían inventado el capitalismo. Attali destacó:

> "Mi conclusión es que los judíos tienen toda la razón de estar orgullosos de esta parte de su historia".

Los judíos masónicos, por lo tanto, querían adquirir tanta riqueza como les fuera posible para servir a sus demonios durante los siglos XIX y XX.

Attali explica de la siguiente manera que los judíos se hicieran tan ricos:

"Fue un desarrollo natural. Dentro del Islam hay el mismo tabú contra el préstamo y el interés como con los cristianos. Los judíos se encontraban entre los pocos que sabían leer y escribir. Consecuentemente eran los únicos capaces de organizar las operaciones de crédito que el comercio necesitaba en ese tiempo. Además los educados empresarios judíos eran la única red internacional de prestadores de dinero, comerciantes y cambistas."

Durante los primeros trescientos años d C los judíos fueron las únicas personas en Europa que tenían derecho a prestar dinero. Attali tuvo que falsear la historia para que encajara con su tesis. Había mucha gente educada y altamente sofisticada que no tenía ninguna intención de hacerse rico mediante la usura. ¿Los judíos también deben estar orgullosos de que sus extremistas desarrollaran el capitalismo de estado - el comunismo, que ha recogido increíblemente tantas víctimas?

El reformador religioso judío Johann Calvin (nacido Cauin, 1509-1564) de Suiza permitió el interés y el francmasón Enrique VIII de Inglaterra redujo las leyes contra la usura. Los cambistas una vez más eran capaces de afirmarse.

La iglesia católica no cedió a la presión sobre los intereses hasta 1745.

El economista irlandés Margrit Kennedy señaló que un préstamo al 1 por ciento se duplica en 70 años. Un préstamo al 3% acumula el doble de interés en tan sólo 24 años. Un préstamo al 6% los dobla en 12 años y al 12% el importe se duplica en sólo seis años.

Si alguien hubiera prestado un centavo e 1 d C y le hubiera cargado un 4 por ciento de intereses, en 1750 podría haber comprado tanto oro como pesa toda la tierra. (Al cinco por ciento de interés le habría sido posible ya en el año 1403.) En 1990, hubiera podido comprar 12246 pepitas de oro del tamaño de la tierra.

Estos ejemplos extremos muestran como el interés perjudica locamente la economía de cada país.

El interés como arma

Durante los siglos XVI y XVII los españoles trajeron más de 16.000 toneladas de plata pura y 185 toneladas de oro de América Latina, según los registros oficiales españoles. El oro y la plata se utilizaban, entre otras cosas, para la compra de armas en Inglaterra y Flandes. Europa recibió así una afluencia enorme de capitales, que gradualmente sentó las bases para los Rothschild y los bancos Baring. Estos bancos entonces prestaban dinero a los diversos gobiernos.

En el siglo XVI, el cobro de intereses fue utilizado con más ganas. Los mercaderes de Venecia estaban dirigiendo este desarrollo. En 1571, a los blanqueadores de dinero ingleses se les permitía cobrar un interés como mucho del 10 por ciento. Después de la llamada revolución francesa el uso del papel moneda se había generalizado.

Los comerciantes de oro que comenzaron a practicar fraudes económicos se convirtieron aún más poderosos. Prestaban secretamente parte del oro que se les había depositado y mantenían los intereses de aquellos préstamos ilegales. Luego los comerciantes de oro emitieron más recibos (billetes) de los depósitos de oro que oro tenían, a su vez prestaban estos recibos y cobraban intereses así que prestaban mucho más dinero del que el acreedor tenía cobertura. Pronto estos ladrones de dinero habían prestado hasta diez veces más del oro que tenían depositado.

Este abuso de confianza se ha convertido común en todos los ámbitos del mundo de la masonería. Los bancos estadounidenses tienen derecho a prestar diez veces más dinero del que realmente tienen. Esto significa que su interés en realidad está cerca del 80 por ciento y no del 8 por ciento, que se afirma oficialmente. Los banqueros masónicos crean dinero de la nada y nos obligan a pagar intereses al respecto.

El Priorato de Sión con la ayuda de los cambistas (sobre todo del rabino portugués Menasseh ben Israel, que había vivido en Holanda y de Antonio Fernández Moses Carvajal) inició la insurrección de 1642, dirigida por Oliver Cromwell, que a su vez llevó a la primera República (Mancomunidad) en Inglaterra en 1649.

En 1643, un numeroso grupo de judíos ricos llegó a Inglaterra. Se reunieron con el embajador portugués en Londres, Antonio de Souza (un Marrano, convertido judío), donde se discutieron los nuevos movimientos. Todas sus acciones estaban coordinadas por Carvajal (de la revista alemana *Diagnosen*, febrero 1986, p. 50).

Después de haber depuesto y ejecutado a Carlos I, en 1649, y nombrarse a sí mismo como dictador en 1653, Oliver Cromwell se convirtió en un sediento de sangre y hostil al desarrollo cultural, dejando que los cambistas fortalecieran su poder financiero. Bajo la norma puritana del Lord Protector Cromwell, la música y otras actividades culturales fueron prácticamente prohibidas. Incluso prohibieron las ropas de colores. Sólo después de la desaparición de Oliver Cromwell, el genial compositor Henry Purcell pudo actuar públicamente. Fue Oliver Cromwell quien en 1656, después de haber negociado con Menasseh ben Israel dejó que una vez más los judíos se asentaran en Inglaterra.

En noviembre de 1688 (bajo el signo de Escorpión), fue derribado el rey católico de Inglaterra Jaime II (Stuart) a través de una bien organizada invasión financiada por la clase adinerada de los judíos de Ámsterdam y dirigida por el Priorato de Sión y la orden de Orange. El rey se exilió en Francia y en febrero de 1689 Guillermo de Orange, príncipe de Nassau, fue puesto en el trono inglés mediante un golpe de estado, que se conoce como la Revolución Gloriosa. Incluso los historiadores oficiales admiten que la gente no participó en este golpe.

Inglaterra en ese momento estaba en mal estado después de más de cincuenta años de guerra con Francia y los Países Bajos, y el nuevo rey, William III (de Orange), pidió ayuda a unos cuantos banqueros poderosos. Que proporcionaron al estado inglés un préstamo de 1,25 millones de libras pero del que sólo entregaron 750.000 libras. Los términos del préstamo fueron los siguientes: los nombres de los prestadores no serán revelados y a éstos se les garantiza el derecho de fundar el Banco de Inglaterra, los responsables aseguran establecer una reserva de oro para ser capaces de emitir préstamos por un valor de 10 libras por cada libra de oro depositada en la caja del banco. También se les permitió consolidar la deuda nacional y asegurar el pago de una anualidad y los intereses a través de impuestos directos a la población.

La propiedad privada del Banco de Inglaterra se estableció en 1694 con un control absoluto sobre la moneda (el derecho a emitir billetes bancarios). El préstamo de dinero con usura fue capaz de continuar en una escala aún mayor. De esta manera la población inglesa sufrió una enorme deuda nacional. Se subieron los impuestos y los precios se duplicaron. A los banqueros masónicos les era necesario tener un monopolio sobre la emisión del dinero. De esta manera podían tener beneficios enormes y también controlar los procesos políticos.

Al Banco de Inglaterra se le permitió prestar dinero una cantidad diez veces mayor a la que podía responder la garantía del prestamista. Al 5 % de interés el Banco sólo tardó dos años en recuperar de nuevo la cuantía inicial prestada.

En 1698 la deuda nacional había aumentado desde un millón y cuarto a dieciséis millones de libras. En 1815, era de 885 millones de libras esterlinas, en 1945 había crecido a 225 millones de libras, y en 1960 la deuda nacional fue de 28 millones de libras. Para 1995 la deuda nacional había aumentado hasta más de 300 millones de libras, equivalentes al 45 % del PNB. Desde 1946 este banco central ha sido oficialmente propiedad del gobierno británico. Hoy la City de Londres es el centro financiero de Europa y está custodiada por 2000 agentes de policía privados.

Ni siquiera el Comité MacMillan, que fue nombrado en 1929, consiguió averiguar quién gobierna el Banco de Inglaterra. Sólo se ha filtrado un nombre - el de los Rothschild. Todas las grandes guerras han sido iniciadas y financiadas por el conglomerado económico que emana de una única familia bancaria - Rothschild.

En los Países Bajos, las sociedades secretas habían sido capaces de fundar un banco central tan pronto como en 1609. Unos 40 de los bancos centrales más importantes del mundo se establecieron de manera similar a la del Banco de Inglaterra. De esta manera los banqueros masónicos determinaron el desarrollo mundial a largo plazo del préstamo con interés como método, los bancos centrales como intermediarios, los políticos como muñecos y de la gente como ignorantes esclavos asalariados. Los controlados bancos masónicos podían así gobernar la vida política actuando sin ser vistos. El pueblo inglés reforzó el poder de estos masones invisibles mediante el pago de impuestos durante tres siglos.

Los bancos centrales mantenían estable la economía. En realidad esto funciona de una manera muy diferente.

Benjamin Franklin escribió sobre las colonias británicas en América del Norte sobre 1750:

> "En ningún lugar de la tierra puede uno encontrar a gente más feliz y con más bienestar."

Explicó que esto era debido a que

> "las colonias hacemos nuestra propia moneda", llamada "escritura Colonial". Además explicaba: "Al emitir nuestra propia moneda podemos controlar su poder de compra y no estamos obligados a pagar intereses a nadie."

En estas colonias británicas de la costa este de Norteamérica, llamadas Nueva Inglaterra, había una riqueza que contrastaba fuertemente con la pobreza y la miseria de Inglaterra. Había suficiente dinero y estaban totalmente libres de intereses.

Cuando los banqueros masónicos de Inglaterra oyeron esto en el discurso de Benjamin Franklin en el Parlamento Británico, se aseguraron de que el Parlamento prohibiera que las colonias utilizaran su propio sistema financiero y exigieron que en vez de esto utilizaran dinero sin interés en el oro y la plata. Sólo había disponible una cantidad insuficiente de ese dinero. La oferta monetaria se redujo a la mitad, y las colonias se vieron obligadas a pedir prestado el dinero al Banco de Inglaterra. El resultado fue que tanto el precio como el interés aumentaron. Al cabo de un año las calles de las colonias estaban llenas de gente en paro.

En los libros de texto estadounidenses la razón dada por el estallido de la guerra revolucionaria era el impuesto del té, pero según Franklin,

> "las colonias con mucho gusto habrían soportado el bajo impuesto" (del dos por ciento) "del té y otros asuntos si no hubiera sido porque Inglaterra se llevó el dinero de las colonias, creando desempleo e insatisfacción".

El resultado de la influencia de los bancos ingleses en el Parlamento británico fue una terrible pobreza en Estados Unidos. Una vez creada esta situación, era fácil encontrar gente dispuesta a ir a la guerra, que los masones crearon con satisfacción. Querían una base segura para sus futuras actividades globales.

Entre los hombres que elaboraron la Constitución de 1787, hubo quienes pensaban que uno debería protegerse contra la fuga financiera de los banqueros internacionales. Por lo tanto, el Artículo 1, Sección 8 de la Constitución dice:

> "El Congreso tendrá el poder... de acuñar moneda, regulando su valor."

Alexander Hamilton, francmasón y secretario de finanzas del gobierno de George Washington y también agente de las financieras internacionales, ordenó el establecimiento de un banco privado propiedad de la unión y la introducción de los intereses al dinero. Su argumento era simple: "Una deuda nacional limitada sería una bendición para una nación." Consideraba peligroso que el gobierno pudiera emitir moneda propia.

Así, los Estados Unidos tuvo el primer banco central en 1791 Era de propiedad privada pero tenía un contrato que sólo duraba veinte años. No fue renovado cuando expiró. Andrew Jackson se refirió al hecho de que la Constitución había dado al Congreso el poder de acuñar moneda en cantidad suficiente pero no transferir este derecho a terceros.

El historiador Richard Boas reveló que el francmasón Nathan Rothschild (1777-1836), que el año 1806 había fundado su banco de Londres y financiado parcialmente las guerras napoleónicas a través del Banco de Inglaterra, posteriormente emitió un ultimátum - cualquier contrato debía ser renovado o habría guerra. Jackson dijo de los banqueros masónicos que eran un puñado de ladrones y se comprometió a exterminarlos. Rothschild dio sus propias órdenes:

"Dar a estos insolentes Americanos una lección. Obligadles a volver a un estado colonial."

El gobierno británico comenzó a limitar el comercio marítimo con América y comprobar la expansión norteamericana hacia Canadá. El presidente James Madison en 1812 no tuvo más remedio que dejar que el Congreso declarara la guerra a Inglaterra. La intención del líder de los masones, Rothschild, era devastar el país hasta el punto de que los estadounidenses se vieran obligados a buscar ayuda financiera. Gran Bretaña, sin embargo, no pudo recuperar las colonias perdidas, y los Estados Unidos no pudieron ocupar Canadá. En realidad la guerra se libró en 1814.

Se perdieron muchas vidas pero Rothschild no triunfó esta vez. La renovación del contrato con el banco central fue nuevamente suspendido en 1836 durante la presidencia de Andrew Jackson (1829-1837), a pesar de que era el gran maestro de Tennessee. El banco central fue abolido.

Aun así los banqueros europeos y sus agentes norteamericanos lograron ejercer un extenso control del sistema monetario estadounidense. Gustavo Myers admite en su libro "Historia de las grandes fortunas americanas" (Nueva York, 1907, p. 556):

"Bajo la superficie, los Rothschilds tenían siempre una poderosa influencia en el dictado de las leyes financieras estadounidenses. Los registros legales muestran que tenían poderes en el antiguo Banco de los Estados Unidos."

Nathan Rothschild, progenitor de la sucursal de la familia en Londres. Se convirtió en francmasón en 1802 en la Logia de la Emulación de Londres.

En los libros de historia de América no dice nada sobre el papel de los bancos en la Guerra de la Revolución (1775-1783) y en la Guerra de la Independencia (1812-1814). Tampoco dice nada sobre los 'billetes verdes' libres de deudas que emitió Abraham Lincoln. Su existencia sólo se puede verificar en muy pocas enciclopedias.

Para financiar la Guerra Civil americana, que estalló el 12 de abril de 1861, el presidente Abraham Lincoln se vio obligado a utilizar el derecho del Congreso a acuñar su propia moneda. Entre los años 1862 y 1864, se imprimieron 450 millones de "billetes verdes" libres de intereses. Lincoln en su reelección en 1864 prometió comenzar la lucha contra los bancos tan pronto como la guerra hubiera terminado.

Lord Goschen, representante del mundo financiero, escribió en el *London Times*:

> "Si esta política financiera se convierte en permanente, el gobierno podrá adquirir las provisiones monetarias necesarias sin gastos. Podrá pagar la deuda y pagar los préstamos sin deuda. Tendrá suficiente dinero para el comercio (en el mercado abierto). Esto le hará ser más saludable que cualquier otro (antes) de la historia. Si no derribamos este gobierno, él nos derribará a nosotros."

Durante la Guerra Civil el Norte fue financiado por los Rothschilds a través de su agente americano August Belmont (en realidad Schonberg) y el Sur por los hermanos Erlanger que estaban emparentados con la familia Rothschild. La Guerra Civil terminó el 9 de abril de 1865, y la masonería internacional se puso a trabajar para eliminar al Presidente Lincoln.

El asesinato de Abraham Lincoln fue llevado a cabo por el extremista judío John Wilkes Booth (Botha), masón de grado 33º, el 14 de abril de 1865 en Washington, D. C, sólo cinco días después del final de la Guerra Civil. Los antepasados del platero judío John Booth habían sido exiliados de Portugal a causa de sus opiniones políticas radicales. El padre de John era Junius Brutus Booth (Stanley Kimmel, "Los locos Booth de Maryland", Nueva York, 1970). Izola Forrester, nieta de Booth, afirmaba en su libro, "Esta loca ley" (1937), que Booth pertenecía a la logia de los Caballeros del Círculo Dorado y también al movimiento "revolucionario" Young América de Mazzini. Izola Forrester revela en detalle que los masones participaron en el asesinato del presidente. El posterior asesinato del asesino de Lincoln fue organizado por Judá P. Benjamin, un importante francmasón y agente de Rothschild (William Guy Carr, "Niebla roja sobre América", 1968, p. 194). Era el jefe del servicio secreto confederado y más tarde huyó a Inglaterra.

La logia masónica de los Caballeros del Círculo Dorado estaban involucrados en la trama. Este nombre había comenzado a ser visto en la prensa y así el masón Soberano Gran Comendador Albert Pike en 1866 decidió rebautizarlo como Kuklos Klan; 'kyklos' en griego significa "círculo" (John Daniel, "Escarlata y la bestia", volumen III, Tyler, Texas, p. 76). Los Caballeros del Círculo Dorado aparecieron primero en Cincinnati, Ohio, bajo la supervisión del organizador del Rito Escocés del Midwest Killian van Resselaer. Desde allí, los Caballeros se extendieron a través de Ohio, Indiana e Illinois, Mississippi abajo hacia el sur del Golfo de México y en Maryland y Virginia. El Círculo Dorado era un imperio esclavista centrado en Cuba. Los Caballeros armaron y entrenaron hasta 100.000 hombres. Se organizaban en logias llamadas "castillos".

Fue fundada oficialmente como una nueva organización, el Ku Klux Klan, en 1865 en Pulaski, Tennessee, por el General Nathan Bedford Forrest. Forrest disolvió formalmente el Klan en 1869, y el gobierno federal aplastó episodios residuales hacia 1871 En 1882 fue prohibido. El grupo racista actual con el mismo nombre fue fundado en 1915 por William Joseph Simmons y Simon Wolf por lo tanto no ha nacido fuera de la organización masónica que ya existía desde 1866 hasta 1871.

Tras la desaparición del Presidente Lincoln las cosas se "normalizaron". La cantidad de dinero en circulación, que en 1866 ascendía a 1907 millones de dólares o 50,46 dólares per cápita, en 1876 se había reducido a 605 millones o 14,60 dólares por persona.

Como resultado hubo 56.446 quiebras en diez años y una pérdida de dos millones de dólares. En 1887, los banqueros masónicos redujeron la cantidad de dinero hasta 6,67 dólares per cápita. El economista irlandés Margrit Kennedy afirmaba en el libro "El interés y la inflación del dinero gratuito" que la tasa de interés siempre sube cuando hay escasez de dinero. Esto a su vez conduce a quiebras y empeora la tasa de paro.

En los libros de texto estadounidenses se afirma que todo se hizo para que no fuera elegido el candidato demócrata a la presidencia de 1896, William Jennings Bryan, porque estaba en contra del patrón oro y del "sonido del dinero" de los bancos (que es dinero que crean deuda). Bryan explicó en su discurso "La

Cruz de oro" en la Convención Nacional Demócrata de Chicago el 9 de julio de 1,896:

> "Cuando hayamos recuperado el dinero de la Constitución, serán posibles todas las demás reformas necesarias, y hasta que esto no se haga no se podrá hacer ninguna reforma."

Bryan no fue elegido y 17 años más tarde, en 1913, el Congreso aprobó un proyecto de ley (introducido por el Presidente masón Woodrow Wilson), que derogaba el derecho del Congreso de emisión de moneda y transfería ese derecho a una "reserva federal" como sistema de financiación.

El congresista A. Charles Lindbergh, padre del famoso aviador, dijo lo siguiente al respecto:

> "Cuando el presidente lo firme, el gobierno invisible de los corredores de bolsa se habrá legalizado. El peor crimen jurídico del siglo será un hecho. El día del juicio final sólo se habrá retrasado unos pocos años."

Quien jugó un papel crucial en que Estados Unidos dispusiera de un banco central, fue Paul Warburg. Era un inmigrante alemán que llegó a Estados Unidos con su hermano Felix. Ambos hermanos, que eran Illuminati y también miembros de B'nai B'rith, se convirtieron en socios de la banca Kuhn, Loeb & Co., liderada por el iluminado Jacob Schiff, quien también pertenecía a B'nai B'rith (Viktor Ostretsov, "La masonería, la cultura y la historia rusa", Moscú, 1999, p. 583). Los Warburg estaban apoyados por Nelson Aldrich (quien más tarde sería el abuelo de Nelson y David Rockefeller), conocido como el encargado de John Pierpoint Morgan en el Senado.

La familia (Samuel Moses) Del Branco en 1559 se trasladó desde Italia a Alemania, tomando el nombre Warburg. En 1798, la familia fundó el Banco MM Warburg & Co.

El pánico financiero de 1907 había sido provocado por el banquero masónico JP Morgan, así lo concluyó el historiador Fredrick Lewis Allen en 1949. Fue utilizado como pretexto para mostrar que había necesidad de un sistema de bancos centrales.

Frank Vanderlip, que trabajaba para Rockefeller, admitió más tarde en el *Saturday Evening Post*:

> "No creo que sea una exageración decir que nuestra expedición secreta a Jekyll Island fue la ocasión de concebir lo que finalmente se convirtió en el actual sistema de la Reserva Federal."

Jekyll Island es un complejo muy conocido en la Costa de Georgia.

Durante la reunión en Jekyll Island a finales de 1910, Paul Warburg puso énfasis en que el término "banco central" debía ser evitado bajo cualquier circunstancia. Se decidió presentar el proyecto como un Sistema de Reserva Regional.

Se aseguraron que el candidato de Morgan, el masón Thomas Woodrow Wilson fuera elegido presidente. La campaña fue financiada por Jacob Schiff, Bernard Baruch, Henry Morgenthau, el editor del *New York Times*, Adolph Ochs y otros poderosos financieros judíos y francmasones.

El masón de alto rango Edward Mandel House, asesor confidencial del Presidente Woodrow Wilson, considerado por muchos historiadores como el verdadero presidente de Estados Unidos durante la administración Wilson, propuso en su novela "Philip Dru: Administrador - Una historia del mañana, 1920-1935" (Nueva York, 1912), que fue publicada de manera anónima, una transición gradual hacia un impuesto sobre la renta y un banco central. Estos requisitos ya eran conocidos por el programa de cinco puntos de los Illuminati. El "Coronel" House estaba a favor de formar un gobierno mundial y la adopción de un "socialismo como el soñado por Karl Marx". Para lograr esto estaba dispuesto a utilizar el fraude político. Su héroe Philip Dru se apoderaba del gobierno de Estados Unidos con el apoyo de un cártel secreto de ricos y poderosos financieros.

El proyecto de la Reserva Federal se presentó la noche del 22 de diciembre de 1913, cuando la mayoría de los miembros del Comité del Congreso estaban dormidos. El mismo día el proyecto fue apresuradamente empujado a través de la Cámara de representantes y del Senado, el Presidente Wilson firmó el acta de la Reserva Federal y el control sobre el dinero fue transferido del Congreso a los banqueros privados masónicos. El pueblo estadounidense había conseguido librarse cuatro veces de un banco central antes, pero no la quinta vez.

La ley de la Reserva Federal fue aclamada como la victoria de la democracia sobre los fideicomisos de dinero, que no era el caso. Paul Warburg inmediatamente comenzó a trabajar en la Reserva Federal por un sueldo sustancialmente inferior al que recibía como banquero. Ni el presidente, ni los miembros del Congreso ni el secretario del Tesoro tienen ninguna autoridad sobre la Reserva Federal.

El sistema de la Reserva Federal es en realidad un cártel de13 grandes bancos privados, de los cuales el Banco de Nueva York es el más importante.

El Presidente Woodrow Wilson permitió que la deuda nacional creciera desde mil millones de dólares hasta 455 mil millones. Los intereses se convirtieron en la tercera entrada del presupuesto federal.

Los Estados Unidos pidieron en préstamo hasta cuatro billones de dólares a varios bancos privados en 1992 Al mismo tiempo el déficit fue de 285 millones de dólares. En 1991, dos millones de personas fueron registradas como pobres en Estados Unidos. La deuda nacional era de poco menos de un billón en 1980, en 1995 era de cinco billones de dólares. 32,9 millones de Americanos vivían en la pobreza el año 2002.

El economista Milton Friedman está convencido de que el colapso económico de 1929 tuvo lugar porque el sistema de Reserva Federal se negó a comprar bonos del gobierno, lo que habría dado a los bancos más dinero en efectivo, y por lo tanto la causa del accidente monetario, que a su vez condujo a la profunda crisis económica.

En la década de 1810, los masones habían llevado a Europa a la pobreza para prepararla para sus revoluciones socialistas. Particularmente grave fue la situación en Guernsey, una de las Islas del canal. Del tamaño de un poco más de la mitad de Jersey, goza de un clima templado y húmedo y suelos fértiles. La gente no tenía dinero para comprar cosas, la producción se detuvo y trabajadores estaban desocupados. No había ningún comercio ni ninguna esperanza de empleo para los pobres. La quiebra estaba cerca, ya que en Inglaterra no se podían pagar los impuestos ni los intereses a los acreedores y no se concedían nuevos préstamos. La situación era desesperada. La gente empezaba a abandonar la isla y emigraba a Australia.

En 1815, Guernsey necesitaba un mercado cubierto. No había dinero. Entonces alguien propuso que la isla debería hacer valer una antigua prerrogativa y emitir su propia moneda libre de intereses. En un primer momento, la propuesta fue rechazada, pero ya que se necesitaban urgentemente 5.000 libras y sólo tenían 1000 a mano, imprimieron billetes de una libra del Estado de Guernsey libre de intereses. Esto se sumó a la oferta de libras esterlinas, que ya hacían circular los dos principales bancos de la isla.

Se comenzaron las obras del mercado, se pagó con dinero nuevo. Cuando estuvo terminado, los clientes llegaron y el negocio fue mejor de lo esperado. En 1822 el mercado estaba pagado. Los 4.000 billetes de una libra fueron destruidos. El primer proyecto con dinero nuevo fue tan exitoso que pronto fue seguido por otros.

En Glasgow, en comparación, el mercado de fruta original de Candleriggs fue construido en 1817 y costó 60.000 libras. Este dinero se consiguió pidiendo un préstamo con interés. A diferencia del mercado público de Guernsey, reembolsado 6 años después de ser construido, el mercado de Glasgow no se terminó de pagar hasta 1956 - ¡139 años después! Entre 1910 y 1956 no menos de 267.886 libras fueron pagadas sólo como intereses (Olive and Jan Grubiak, "The Guernsey Experiment", Hawthorne, California, 1960, p. 14).

A continuación se necesitaba una carretera nueva. Había grava, piedras y un montón de mano de obra - pero no había dinero para pagarlo. En total, el estado emitió billetes por valor de 55.000 libras, para pagar los nuevos proyectos. Se construyó una escuela nueva, luego unas cuantas más. Todo el entorno del mercado se renovó y se construyeron otros edificios públicos, también se ampliaron las calles. Se construyó un nuevo puerto junto con las mejores carreteras nuevas de Europa y alcantarillas nuevas. Todo se pagó con los impuestos y los billetes nuevos fueron destruidos. Todos estos proyectos proporcionaron trabajo y estímulo económico.

En 1827, el Alguacil de Lisle Brock fue capaz de hablar de "las mejoras, que son la admiración de los visitantes y que contribuyen tanto a la alegría, salud y bienestar de los habitantes". Las cosas ciertamente habían mejorado desde

1815. Es significativo que la gran depresión nunca preocupó a Guernsey. No había paro, y el impuesto de la renta tenía un techo del diez por ciento.

Las cosas fueron mucho mejor. Se redujo la importación de la cara harina inglesa. La oferta monetaria nunca superó las 60.000 libras. El paro era prácticamente inexistente. Guernsey se convirtió en una próspera comunidad isleña. Pero los masones odiaban este paraíso, por temor a que la idea se extendiera a otras partes de Europa. En este caso ya no serían capaces de construir sus proyectos destructivos. A los masones no les gusta la gente feliz.

En 1830, los bancos lanzaron un contraataque y comenzaron a inundar la isla con sus propios billetes. Los banqueros Finkelstein & Co. de Londres fueron los primeros en abrir una oficina en la isla. Comenzaron su propaganda de "dinero mejor", "dinero real". La gente se creyó esta charlatanería, que dio lugar a escasez de dinero y a solicitudes de préstamos a los bancos. El Alguacil luchó como un león para salvar la sólida economía de la isla y su alto nivel de vida - pero fue en vano. Las intrigas y el trabajo de socavamiento de los masones desviaron la economía de la isla hacia los bancos y su explotación.

El experimento de Guernsey desde 1816 al 1835 habla por sí mismo. Podemos prescindir de la economía masónica y hacerlo mucho mejor - pero intentar acabar con el interés es considerado el peor crimen posible contra la humanidad.

En 1837, el gobierno había puesto en circulación 50.000 libras con proyectos locales como principal objetivo como diques, carreteras, el nuevo mercado, una iglesia y un colegio. Estas 50.000 libras doblaban sobradamente la oferta monetaria, pero no hubo inflación.

En 1914, mientras que los británicos restringían su propio suministro de dinero, Guernsey emitía más - otras 140.000 libras los cuatro años siguientes. En 1958, había en circulación más de 500.000 libras de dinero libre de intereses en Guernesey y todavía no había inflación.

En 1990, había un total de 6,5 millones de libras esterlinas en circulación emitidas sin intereses. No había ninguna deuda pública como este en el resto de Gran Bretaña, que todavía estaba pagando sus deudas de guerra. Y aún más, en Guernesey, la prosperidad era muy evidente por todas partes (Dr. Jacques S. Jaiko, "El virus de la deuda: Una solución convincente para los problemas de la deuda en el mundo", 1992).

Aquí no había nada nuevo. En 1793, Liverpool sufría extremos problemas de tesorería y esto se resolvió mediante la creación de unas 300.000 de libras a fondo perdido con una ley del Parlamento, que se utilizaron para obras públicas con un gran beneficio para la ciudad y la su gente. Este asunto del dinero de la Corporación de Liverpool alivió la inmediata crisis de la deuda.

El 30 de junio de 1934, la revista londinense *New Britain* publicó una declaración del masón y ex primer ministro David Lloyd George:

"Gran Bretaña es una esclava sometida a los poderes financieros internacionales".

Los banqueros masónicos durante los últimos veinte años han prestado dinero a los gobiernos de las naciones industriales, a los que les resulta cada vez más y más difícil pagar su enorme deuda. El sector privado (es decir: masónico) se ha convertido exactamente mucho más rico. Este poder monetario (masónico) tiene el dinero suficiente para detener a cualquier político intransigente. Los políticos elegidos por el pueblo ya no tienen ningún medio para realizar las políticas que desean. No pueden recuperar su poder hasta que se paguen las deudas. Por cada dólar en préstamo, los políticos renuncian a más poder. Los países en desarrollo se encuentran en una situación mucho peor. Ni siquiera son capaces de pagar los intereses de sus préstamos.

Entre 1982-1990 los bancos de las naciones industriales han recibido 1345 millones de dólares con intereses y los pagos anuales han empobrecido a estos países.

La Isla de Guernsey emitió sus propios billetes libres de interés para reconstruir la economía.

El 1 de marzo de 1932 alrededor de las 5 de la tarde, en París, un hombre compró una pistola, afirmando ser el conocido financiero internacional sueco Ivar Kreuger. En aquel momento, Kreuger estaba reunido con su compañero Oscar Rydbeck, así que obviamente algún otro debió comprar el arma. Los diarios publicaron que ese mismo varón sueco Ivar Kreuger se había suicidado el 12 de marzo, porque su imperio financiero estaba a punto de quebrar. Sin embargo, nada de esto era verdad. El examen del doctor Erik Karlmark concluyó inmediatamente que Kreuger había sido asesinado. Una pariente cercana, Eva Dyrssen, estaba presente para comprobarlo. No se le realizó ninguna autopsia (Lars-Jonas Angstrom, "Kreuger-mordet" / "El asesinato de Kreuger", Estocolmo, 2000, p. 55).

Ivar Kreuger prestaba dinero a muy bajo interés para salvar a naciones con problemas. En 1930 prestó 27 millones de dólares a Rumania, una cantidad que hoy sería el equivalente a 500 millones de dólares. El grupo Kreuger estaba ayudando a quince gobiernos y a 400 millones de personas de la misma manera

(Gustaf Ericsson, "Kreuger kommer tillbaka" / "El regreso de Kreuger", Estocolmo, 1936, p. 63). Todos los activos de Kreuger fueron expoliados.

El economista germano-argentino Silvio Gesell (1862-1930) quería introducir "dinero gratis". Margrit Kennedy relata en su libro "Dinero gratis, interés e inflación" (1988) cómo los partidarios de la teoría de una economía libre de Gesell en la década de 1930 habían hecho varios intentos con dinero libre de intereses en varios países como Alemania, Suiza, España y los Estados Unidos. Especialmente fructífero había sido el modelo utilizado en la pequeña ciudad de Worgl en el Tirol, en Austria. En 1932 se introdujeron las ideas que se describen en el libro de Silvio Gesell "Die naturliche Wirtschaftsordnung" ("El orden económico natural", 1916).

En agosto de 1932, el Ayuntamiento de Worgl emitió sus propios billetes de banco, denominados certificados de trabajo, por un valor de 32000 chelines. Apoyados por un importe equivalente de chelines ordinarios del Banco, la ciudad puso en circulación 12600 certificados de trabajo. La tasa sobre el uso del dinero era del 1 % mensual o del 12 % anual. Esta tasa debía pagarla la persona que tuviera el billete al final del mes, en forma de un sello, que se enganchaba en el dorso, de un valor del 1% del billete.

Se construyó una pista de esquí, se renovaron las calles, así como el sistema del canal. Construyeron puentes, mejoraron las carreteras y los servicios públicos y pagaron los salarios y materiales de construcción con este dinero, que era aceptado por el carnicero, el zapatero, el panadero, por todos.

El módico precio hizo que todo el mundo pusiera en circulación este dinero antes de utilizar el dinero "real". Al cabo de un año, los 32000 certificados de trabajo habían sido puestos en circulación 463 veces y por tanto habían hecho posible el intercambio de bienes y servicios por un valor de 14.816.000 chelines. En comparación con la débil moneda nacional circularon ocho veces más rápido. El desempleo se redujo un 25 por ciento en un año. Cuando 130 comunidades de Austria comenzaron a interesarse en la adopción de este modelo, el 1 de septiembre de 1933 el Banco Nacional de Austria prohibió la impresión de cualquier moneda local.

Volvió el paro, la prosperidad desapareció y la situación estaba "normalizada" - es decir francmasonizada.

Esclavitud económica

Los cargos de los intereses siempre están incluidos en los precios actuales, lo que hace muy caros todos los bienes y servicios y deja muy poco dinero en la cartera. El historiador económico John King señaló que debido al interés, las empresas constantemente deben aumentar sus precios. Esto se camufla como inflación. Recomendó abolir el interés tan pronto como fuera posible, para evitar una catástrofe económica. Hoy en día todo el mundo asume el pago de los intereses. Está incluido en los precios - un 77 por ciento de las tarifas de alquiler, por ejemplo. Los honorarios y otras tasas e impuestos se suman. Así nos hemos convertido en esclavos de los bancos. Todos los bienes serían exactamente la mitad de caros sin el pago de intereses.

Según el historiador sueco Herman Lindqvist, los masones decidieron en la década de 1810 que los salarios debían ser fijados a un nivel de pobreza. Esta actitud demuestra un menosprecio enorme por la gente normal. Entre los años 1860 y 1910 más de un millón de suecos fueron a América a causa de unos cuantos años de hambre, de la pobreza y de las dificultades para valerse por sí mismos.

Durante la edad media las condiciones eran mucho mejores de lo que dicen los mitos masónicos. Se ha calculado que un albañil de Sajonia además de comida gratis, en moneda actual cobraba al menos 13.300 euros al mes. Los artesanos solían recibir varios beneficios además de sus salarios. Pese a que los salarios eran altos, las horas de trabajo eran pocas, normalmente ocho horas al día y la semana laboral tenía cinco días y medio. Los mineros en Sajonia sólo trabajaban seis horas al día. No fue hasta 1479 que se añadió una hora extra. A menudo los jornaleros gozaban de un lunes libre, llamado el lunes azul, normalmente sin reducción salarial. Esto en Suecia se terminó con la ley de gremios de 1669 ("Bonniers Stora Lexikon"/ "Encyclopaedia de Bonnier", Estocolmo, 1985, p. 252). Así que para no ser confundidos con los nobles, a los artesanos de Friburgo, en Sajonia, se les aconsejaba no usar joyas de oro y ropas de terciopelo y raso, aunque podían pagarlo. El hecho de que la vida cultural y economía florecieran fue a causa de las monedas bránteas, que fueron la base de un sistema con una continua retirada de monedas, porque se rompían a menudo. La retirada se producía tres veces al año y también servía de tributación. No era permitido utilizar monedas antiguas. Nadie quería quedarse con dinero 'malo', para no sufrir una pérdida, ya que por el intercambio de doce monedas (viejas) sólo recibían nueve (nuevas). La economía prosperó porque el efecto del interés-generando dinero no estaba presente. No se cobraba ningún interés. Había hospicios para los débiles, los ancianos y los enfermos y los ricos habitualmente proveían comidas, viviendas, y ropa gratuitos para los pobres. La riqueza estaba repartida relativamente con uniformidad para todos los niveles de la sociedad (Margrit Kennedy, "Dinero gratis, interés e inflación").

Todo esto desapareció cuando los banqueros masónicos se hicieron con el control de la economía. Desde entonces, nadie podía permitirse el lujo de una vida digna. Para qué pudiéramos soportar esta miseria, fue propagada la mentira de que las cosas antes estaban mucho peor, lo que ciertamente no es verdad.

El actual sistema de interés hace posible que aquellos que ya tienen dinero consigan ser aún más ricos, mientras que a los necesitados les resulta cada vez más difícil llegar a fin de mes. Entre 1968 y 1982 la Renta Nacional de Alemania Occidental aumentó un 300 por ciento, mientras que el interés de la deuda nacional aumentó un 1160 por ciento. En 1982, el interés ascendía a 29 mil millones de marcos alemanes. Cuando se suspende el interés, la inflación se desvanece. Margrit Kennedy destacó en su libro que el impuesto sobre la renta también debe ser abolido. El gobierno debería quedar satisfecho con un muy bajo IVA, en caso contrario crecerá la economía sumergida. A partir de ahora los tipos de interés suben, cuando no hay suficiente dinero disponible.

La Comunidad Europea durante los años 1982 hasta 1988 perdió hasta 735.000 puestos de trabajo a causa de la crisis de la deuda, mientras que en Estados Unidos 1,8 millones perdieron su empleo durante el mismo periodo.

En otoño de 1997 la deuda nacional sueca era de 140 mil millones de dólares, que hacía que Suecia tuviera más deuda que Brasil o Argentina. Los intereses sobre la deuda nacional eran de 11 mil millones de dólares anuales, que es unos 40 mil millones más que el coste de las prestaciones por vejez. Cada sueco le debía a varios bancos 16.000 dólares el año 1997. La mitad de la renta nacional sueca se va pagando intereses. En 1990 el veinticinco por ciento de los ingresos por la exportación fueron para soportar la deuda nacional. El jefe del banco central, Bengt Dennis, dijo:

> "En los círculos donde me muevo, se espera que Suecia mantenga una tasa de interés alta."

A principios de la década de 1990 los banqueros Salomon Brothers, que habían proporcionado enormes préstamos al gobierno sueco, exigieron que la Corona sueca fuera devaluada. El gobierno accedió.

Argentina pagó a sus acreedores unos 200 mil millones de dólares, la mayoría de los cuales fueron a cubrir el pago de intereses usureros. Argentina quebró la primavera de 2002, con una deuda pública de 132 mil millones de dólares. Dos bancos judíos (el Banco de Patricios y el Banco de Mayo) se derrumbaron en 1998 debido a las actividades delictivas de los propietarios. Este fue el golpe de gracia para la economía nacional.

El verano de 2001 la deuda nacional italiana sumaba la astronómica cifra de 2663.391000.000.000 liras (145.831500.000 dólares), equivalentes al 105 por ciento del PIB.

El sultanato de Brunei en Borneo septentrional tiene escuelas y atención médica gratuitas. No hay ningún impuesto y no hay IVA, pero el nivel de vida es muy alto. Los tipos de interés son muy bajos. El país cuenta con enormes cantidades de petróleo y gas, que exporta y proporcionan grandes ingresos. El

Sultán Muda Hassanal Bolkiah es uno de los hombres más ricos del mundo. Sus activos se calculan aproximadamente en 20 mil millones de dólares.

Noruega también tiene petróleo y gas, pero los políticos rojos no quieren abolir el impuesto sobre la renta y otras cargas. Los precios son horriblemente altos, la atención médica implica largas colas.

El 1 de mayo de 1998, exactamente 222 años después de la Fundación de la orden de los Illuminati (222 es un tercio de 666, que a su vez es una tercera parte de 1998), se estableció el Banco Central Europeo, en realidad un cártel de bancos privados. Todo el mundo debe estar endeudado mediante los impuestos. Los banqueros masónicos están tratando así de llevar a cabo la antigua idea de los Caballeros Templarios de crear un súper estado europeo por medio del sistema bancario.

El 'no' danés al euro en un referéndum en septiembre de 2000 y el 'no' sueco de septiembre de 2003 mostraba, sin embargo, que no todo iba como estaba previsto. No hace falta ser profeta para ver que el euro no estabiliza la economía, aunque no hay que decirlo en voz alta. Bernard Connolly, que fue jefe del Departamento de política monetaria de la Comisión Europea en Bruselas, en 1996 publicó un libro, "El corazón podrido de Europa", afirmando que fijar las tasas de intercambio y la Unión monetaria (UEM) daría lugar a inestabilidad y aumento del paro. Creía que el resultado sería horrible. Connolly fue despedido sumariamente.

En una visita a Suecia en agosto de 2003, Connolly destacó que la introducción del euro nos conduciría al desastre económico y a la caída de las democracias europeas.

Afirmaba que el euro se utilizaría como pretexto para formar un súper estado económico, político y militar.

Los problemas han acabado siendo peores en el sur de Europa. Portugal por ejemplo está al borde de una ruptura política y no están lejos de los disturbios en las calles. Después esto se extenderá al resto de Europa. Comparó la situación con el hundimiento económico de Argentina, pero los países de la UEM están peor. Argentina fue capaz de cortar sus lazos con el dólar, pero los países de la UEM no pueden abandonar el euro. El análisis de Connolly se considera muy pesimista. De su visita sólo informó el gran diario sueco *Expressen* en su web el 23 de agosto de 2003.

¿Pero qué más puede uno esperar de una moneda simbolizada por un signo estilizado de Satanás?

Un metro era solo un metro en 1910 igual que ahora. Un litro es un litro, pero una corona de 2004 ya no vale lo mismo que en 1910. Su valor ha disminuido considerablemente. ¿No es extraño?

Las estadísticas oficiales estadounidenses y suecas dicen que en la década de 1970, aproximadamente el 75 por ciento de los ingresos del trabajador medio iban a necesidades tales como comer, vivir, ropa, educación, atención médica, en comparación con hoy que con ambos padres trabajando apenas tienen suficiente para satisfacer sus necesidades.

En la década de 1970 el valor total del comercio mundial de productos industriales era del 50 por ciento, el resto eran acciones y participaciones. En 2001 la relación era del 1 por ciento en bienes y el 99 por ciento en operaciones con valores. Domina la especulación.

El actual sistema monetario fomenta el fraude y la extensión de la economía sumergida y ha llevado a que aquellos que están constantemente necesitados de dinero pierdan más y más que aquellos que tienen mucho más de lo que necesitan. Recogen más dinero las manos de ciertos individuos, que resultan ser banqueros masónicos. Si se suspende el interés, todo el mundo se beneficia del nuevo sistema, no sólo el 80 por ciento considerado pobre.

Alfred Herrhausen, miembro de la Junta del Deutsche Bank, señaló:

"Los responsables del actual sistema monetario, saben muy bien que esto no puede durar, pero no conocen otra alternativa o no quieren conocer ninguna."

Para los masones es importante mantenernos en la esclavitud económica, de lo contrario habrían hecho todo lo posible por abolir el interés. A través de los impuestos y los aranceles el gobierno recoge gran parte del resultado de las actividades económicas de la gente. Entonces ¿a qué vienen las hermosas frases de los masones de que el humanismo realmente vale la pena? El objetivo más importante de los líderes masónicos ha sido ocultar lo mejor que podían la esclavitud económica actual. Cabría preguntarse si han tenido éxito.

Capítulo V

El poder global de la masonería

Los masones se autodenominan hermanos y el deber de un hermano masón es ayudar siempre a otro hermano pase lo que pase. Elie Wiesel escribió en su libro "Leyendas de nuestro tiempo" lo siguiente:

"Algunas cosas pasan pero no son verdad. Otras son verdad pero nunca pasan."

Esta era su sabiduría talmúdica, que corresponde a la situación que existe en el mundo actual, donde los masones tienen una enorme influencia.

"Así que ya ves, querido Coningsby, el mundo está gobernado por personajes muy diferentes de lo que se imaginan aquellos que no están entre bastidores," decía Sidonia en la novela de Benjamin Disraeli, "Coningsby" (Londres, 1844, p. 233).

En la misma novela Disraeli admitía que Rothschild había financiado las revoluciones en Francia en los años 1789, 1830 y 1848. Por tanto, es comprensible que Marx nunca criticara a Rothschild.

En el Congreso del Partido Comunista soviético de 1979 el Profesor Valeri Yemelyanov declaró que

"la pirámide masónica judía controla el 80 por ciento de la economía de los países capitalistas y el 90-95 por ciento de los medios de comunicación / información".

En 1781, el líder masónico judío Johann Georg (Ivan) Schwartz fue a un Congreso masónico en Frankfurt, donde representó a la masonería rusa. Allí se decidió que la masonería rusa debía estar encabezada sólo por Schwartz, que en realidad venía de Transilvania. En la Convención organizada por Adam Weishaupt en el castillo de Wilhelmsbad en Hanau en 1782, Rusia se convirtió en la octava provincia de la masonería. Se acordó aniquilar la monarquía en Francia (Alexander Selyaninov, "El poder secreto de la masonería", Moscú, 1999, p, 126). Schwartz más tarde fue profesor de la Universidad de Moscú, todo organizado por los hermanos masónicos. Tras la desaparición de Schwartz en 1784, fue sustituido por el Barón von Schroder.

En 1875 el Congreso masónico de París, la práctica del iluminismo de hacer sacrificios de sangre mediante asesinatos cometidos por masones fue sancionada por unanimidad. Fue uno de los principales secretos de la masonería (Nicolas

Deschamps, "Las sociedades secretas", París, 1881). Por otro lado, si un masón perdía la vida, debía ser vengado inmediatamente.

La masonería y la política

Ya en 1709, el diario londinense *The Tatler* emitió un aviso sobre los masones, "que están involucrados en actividades políticas peligrosas". El masón Gonnoud declaró en el banquete de la convención de la Gran Logia de Francia el 18 de septiembre de 1886:

> "Se nos ha acusado de implicarnos demasiado en política, pero en qué deberíamos implicarnos? Nosotros los masones no hacemos sino implicarnos en política... Por todos los medios formalmente declaramos que no tratamos con religión ni política. ¿Qué es entonces hipocresía? al contrario estamos obligados a mantenernos en secreto, que es nuestra única implicación." (*Bulletin du Grand Orient de France*, 1886, p. 545; *Paris Maçonnique*, 1896, V - VI)

En 1893 en una reunión de logia otro hermano masónico declaró:

> "La francmasonería es una organización de poder, que somete a sus miembros a normas de disciplina que son necesarias". (Alexander Selyaninov, "El poder secreto de la masonería", Moscú, 1999. 48.)

El masón Sicard de Plauzoles admitió que había una guerra contra los enemigos de la masonería y de la República ("Convente de Grand Orient de France", París, 1913, p. 393).

Así la masonería está involucrada en una guerra contra el mundo completamente peligrosa para llevar a cabo cambios políticos y mágicos radicales, que beneficiará a sus propios intereses perversos.

> "La mayor parte de nuestro trabajo se desarrolla dentro de los grados superiores. Allí utilizamos la política y escribimos la historia del mundo... y ¿para qué sirven todas las ceremonias? ¡Sirven para engañar a nuestros enemigos!" (*Freimaurer - Zeitung*, Leipzig, 1875, año 28, p. 150)
> "O damos forma y dirigimos a la opinión pública o carecemos por completo de cualquier razón de ser." (*Rivista Massonica*, 1889, p. 19)
> "La revolución francesa de 1789 fue masónica, porque todos los hombres destacados de aquella época eran masones. Posteriormente de la misma forma la masonería realizó las revoluciones de 1830 y de 1848. Todas las convulsiones italianas de 1822 hasta los últimos acontecimientos gloriosos, a quienes se les ha de atribuir si no a la Orden... Si así está escrito en varios estatutos masónicos, que los masones son pacíficos y deben mantener las leyes sagradas, que sólo sirven para calmar las sospechas de los tiranos." (*Freimaurer Zeitung*, Leipzig, 24 de diciembre de 1864)

Claudio Jannet, que era profesor de la Universidad de París, afirmó en su libro "La franc-maçonnerie" (París, 1873):

> "Las logias masónicas no son nada más que los recursos de un ejército revolucionario... Bajo su influencia hay varias organizaciones populares,

movimientos y sociedades con nombres diversos - todas ellas no son sino diferentes formas de la francmasonería."

Una de estas organizaciones más tarde se convirtió en la Internacional. El historiador francés Edouard Friburgo, que fue uno de los fundadores de la Internacional, admitió en su libro "Association Internationale des Travailleurs" (París, 1871) que la organización siempre representaba los intereses de la masonería y no a los trabajadores. Hizo hincapié en el hecho de que en todas partes la Internacional estaba apoyada por la francmasonería (William T. Still, "Nuevo Orden Mundial: El antiguo plan de las sociedades secretas", Lafayette, Louisiana 1990, p. 137).

Los masones fueron elegidos para el Consejo Supremo (Alexander Selyaninov, "El poder secreto de la masonería", Moscú, 1999, p. 50). Muchos trabajadores han llevado a cabo una sangrienta lucha por la masonería sin ni siquiera darse cuenta de que ciertos privilegiados señores estaban detrás de su entusiasmo y su objetivo con sonoras consignas de solidaridad pero vacías. Al mismo tiempo, los masones agitaban a todos los trabajadores contra Dios.

Los profesores rusos de Psiquiatría, Sikorsky, Rybakov y Kovalevsky, en 1906 establecieron que los revolucionarios normalmente eran gente con enfermedades mentales, con un gran deseo de destruirlo todo (Grigori Klimov, "The Red Cabbala", Krasnodar, 1996, p. 35). De esta manera los masones revolucionarios, así como los líderes comunistas y los socialistas radicales eran gente totalmente desequilibrada. Simplemente eran psicópatas.

Según un estudio realizado por el padre de la criminología moderna y profesor de Psiquiatría, Cesare Lombroso (1835-1909, él mismo de ascendencia judía), en la Universidad de Turín, entre los judíos hay de cuatro a seis veces más enfermos mentales que entre otros grupos étnicos, y en Alemania la tasa es ocho veces más que entre los otros alemanes (Grigori Klimov, "Los protocolos de los sabios soviéticos" Krasnodar, 1995, p. 39).

Por lo tanto, es comprensible que los judíos extremistas estén sobre representados entre los diversos tipos de "líderes revolucionarios" y grandes maestros masónicos.

La revista del Gran Oriente *La Acacia* manifestaba en 1910:

"Los masones deben ir de la mano con el proletariado. Los poderes intelectuales y las fuerzas creativas están al lado de los masones, mientras que en el otro lado están la supremacía de los trabajadores y las fuerzas destructivas. Uniéndolos la revolución socialista será factible."

En la Conferencia Masónica Internacional de Bruselas de 1910, se proclamaba:

"A partir del día en que bajo nuestra dirección esté asegurada una alianza entre el proletariado y la masonería, constituiremos un ejército invencible."

En la lucha contra el desarrollo espiritual del hombre la francmasonería unió fuerzas con el socialismo, el comunismo y el capitalismo internacional.

El masón Konrad von Hagern declaró:

"Estoy totalmente convencido de que habrá un tiempo, y ha de venir, en que el ateísmo será el principio humano universal." (*Freimaurer Zeitung*, 15 de diciembre de 1866)

En esta guerra contra la humanidad, que es un proceso lento, los masones son libres de romper cualquier ley que ellos quieran. Un fiscal masón no puede procesar a un hermano masón, un funcionario masón no puede exponer el fraude de un hermano masón. Los jueces franceses que también son masones son más leales a la Orden masónica que a las leyes de Francia. Los políticos masones son más propensos a servir a sus hermanos que a su país. Los directores de bancos masones dan prioridad a sus "hermanos" y junto con otros banqueros masónicos bloquean préstamos e incluso desean llevar a los no masones a la quiebra. Asimismo un policía francmasón ayudará a un criminal masón.

Esta práctica de ayudarse mutuamente a priori es frecuente dentro de la administración central de la Unión Europea, donde varios altos cargos del Ministerio son masones (Brian Freemantle, "The Octopus", Londres, 1995). Los masones del Grand Orient dentro de la Comisión de la UE y el Parlamento Europeo han cooperado sobre todo con grupos mafiosos. Esto ha sido confirmado por parlamentarios de la UE como Leoluca Orlando, John Tomlinson, Terry Wynn y Peter Price.

Logias masónicas francesas e italianas totalmente criminales tienen una gran influencia sobre la Comisión de la UE en Bruselas y el Parlamento Europeo de Estrasburgo. Esto fue admitido por el portavoz de la Gran Logia de la Gran Bretaña, John Hamill. El Gran Oriente Belga también está involucrado penalmente. Sus hermanos masones están en las altas esferas de la Comisión de la UE, donde son capaces de influir en las decisiones tomadas por este órgano ejecutivo no elegido. La Gran Logia de Francia tiene miembros muy influyentes en la Comisión y el Parlamento. El Gran Oriente de Francia de hecho se considera la más activa y más potente de toda Europa. Dentro de las instituciones europeas centrales los masones causan estragos sin ningún obstáculo. Según John Hamill todos son socialistas y tienen conexiones con la mafia. Todas las propuestas para hacer un registro de todos los masones en el Parlamento de la UE han sido bloqueadas (*ibid*).

Según el periodista lituano-americano Valdas Anelauskas, la CIA ha financiado incluso hasta los años 60 a las organizaciones europeas que trabajan para crear unos Estados Unidos de Europa. La organización de inteligencia CIA está controlada por la francmasonería norteamericana.

El destacado historiador francés Bernard Fay después de minuciosos estudios llegó a la conclusión de que las sociedades secretas de los francmasones habían planeado la Revolución Americana de 1776, así como la revolución francesa de 1789 ("La revolución y la masonería", París, 1935). Hizo hincapié en que una conspiración similar ya estaba en marcha en la Europa del siglo XX. Durante la Segunda Guerra Mundial, Fay publicó muchos datos importantes que había descubierto. En 1943, ayudó a producir una reveladora película, "The

Occult Forces" ("Las fuerzas ocultas"), la historia de un joven francés que se infiltra en la hermandad para investigar su papel en el inicio de la guerra. La película muestra cómo el poder masónico sobre varios países había crecido gradualmente. Al mismo tiempo se revelan muchos secretos ocultos que los masones habían mantenido escondidos. A día de hoy la exhibición pública de la película está prohibida.

Bernat Fay fue nombrado jefe de la Bibliotheque Nationale de París, donde inició valiosas investigaciones sobre sociedades secretas en los archivos franceses y reveló los nombres de 17.000 conspiradores. El gobierno de Vichy inmediatamente deportó a 520 masones peligrosos y ejecutó a 117 extremadamente peligrosos.

Después de la guerra los masones tuvieron su venganza. En 1953 Bernat Fay fue condenado por un tribunal masónico (conocido como tribunal de crímenes de guerra) a cadena perpetua. Después de cumplir siete años, sin embargo, fue perdonado por el Presidente Charles de Gaulle en 1960.

Francia fue donde la masonería fue más ávidamente utilizada políticamente. Luis XV pronto se dio cuenta de que los masones constituían una amenaza para la sociedad, y en 1738 fueron prohibidas las actividades de las logias. El 21 de octubre de 1738, el rey de Suecia, Federico I, declaró ilegal la masonería. No había reuniones masónicas, las revueltas eran castigadas con la muerte. Poco antes la masonería también había sido prohibida en España.

Sin embargo, las malas intenciones de los otros se olvidan rápidamente. De la década de 1740 en adelante los panfletos masónicos franceses bastante legalmente empezaron a propagar una revolución y una República Democrática. Las personas debían ser iguales y vivir en fraternal libertad, que es el tipo de "libertad" que las logias masónicas permitían.

Al final del siglo XVIII la francmasonería derivó hacia una dirección política. La fuerza impulsora detrás de esto eran los Illuminati.

Mientras que las Logias británicas aún actuaban exteriormente como clubes de caballeros sólo con tres grados y normas estrictas contra las discusiones políticas o religiosas durante las reuniones, en Francia aparecieron logias que debido a su secretismo actuaban como lugares de encuentro seguros para intrigas políticas diversas. Estas logias secretas de repente tomaron un nuevo rumbo y comenzaron a propagar la abolición de todas las religiones, de un gobierno civil, de la propiedad privada y la creación de una ciudadanía de un mundo utópico (cosmopolitismo). Las logias cosmopolitas Chevaliers Bienfaisants, Philalethes, y Amis Reuneis, dirigidas por el duque de Chartres, eran conocidos como "logias mejoradas". Había 266 logias de éstas en 1784 (John Robison, "Pruebas de una conspiración", Belmont 1967, p. 28). La logia de los Chevaliers Bienfaisants publicaron una de las primeras obras donde se propagaba la Cabbala y el cosmopolitismo.

Estas acciones eran necesarias para los Illuminati, quienes aparentemente estaban detrás de este repentino cambio, para gobernar el mundo.

Los Illuminati

La sociedad secreta que lo controla todo dentro de la masonería, fue fundada en Ingolstadt, Baviera, el 1 de mayo de 1776 como los Perfectibilistas (Orden der Perfektibilisten). Los fundadores fueron el catedrático de 28 años Adam Weishaupt, su alumno el Príncipe Anton von Massenhausen (alias Ajax), que había ayudado a redactar los estatutos y el asesor Mertz (alias Tiberius). Franz Xaver Zwack de 20 años fue registrado como Cato el 29 de mayo de 1776.

El padre de Adam Weishaupt, Johann Georg (1717-1753), que era de Westfalen, había sido nombrado profesor de derecho penal en Ingolstadt en 1746.

Presumiblemente en 1779 la nueva organización secreta y subversiva fue rebautizada como Orden der Illuminati (La Orden de los Illuminati) y Weishaupt la ató con algunos puntos bien escogidos a la masonería. Su eslogan más importante era:

"¡Los Illuminati gobernarán el mundo!"

Bajo el nombre de les Illumines, en 1623 apareció una secta similar en Picardía, Francia, pero sucumbió en 1635.

Weishaupt desarrolló secretos sin precedentes. Nadie, excepto el Areópago (que es el grado máximo de los Illuminati) debía saber que él era el líder. Todos los mensajes estaban escritos en código. El líder y los demás miembros, así como las logias recibían nombres encubiertos extraídos de la antigüedad.

Adam Weishaupt (alias Spartacus) subrayó:

"La gran fuerza de nuestra Orden radica en su carácter secreto. No debe aparecer nunca con su nombre real, sino que siempre debe esconderse con otro nombre y otra actividad."

Quien más tarde ayudó a Weishaupt a acceder a diversas organizaciones masónicas fue su socio más cercano Adolf Baron von Knigge (Pat Brooks, "El regreso de los puritanos", Fletcher, Carolina del Norte, 1976, p. 68-69). Había nacido en 1752 en Bredenbeck en Baviera. En 1777 alcanzó el grado más alto de los Caballeros Templarios (el Caballero Cypric) en Hanau. Knigge de 27 años se hizo Illuminati en Frankfurt en julio de 1779 bajo el nombre de Filón, el nombre del famoso sabio judío. Fue en gran parte gracias a él que la orden se extendió por toda Alemania. Se utilizaron tanto dinero como favores sexuales para manipular la gente que ocupaba los altos cargos.

Adolph Knigge, un alto cargo de los Illuminati

Jakob von Manvillon que tenía planes para una revolución en Alemania era uno de los alumnos de Knigge (Augustin de Barruel, "Mémoires pour servir l'Histoire du Jacobinisme" / "Memorias para ilustrar la historia del Jacobinismo", Londres, 1797).

También se fundaron logias Illuminati en Austria, Francia, Bélgica, Holanda, Dinamarca, Suecia, Polonia, Hungría e Italia. En Holanda el iluminismo se extendió como un incendio forestal. Se fundaron logias en Leyden, Harlem y Neuden.

El lema de los Illuminati era libertad, igualdad y fraternidad. En el programa del Partido Comunista Soviético (Tallin, 1974, p. 29) dice que la burguesía utiliza estas palabras de juramento sólo para derribar la clase feudal y obtener el poder para sí misma. Es una especie de fraude político en otras palabras.

Weishaupt destacó que la orden quería gobernar el mundo: "Cada miembro, por lo tanto, se convierte en un gobernante." Todos ellos creen que están calificados para gobernar (John Robison, "Pruebas de una conspiración", Belmont, 1967, p. 123).

Robison, profesor de filosofía humana y secretario de la Royal Society, Edimburgo, Escocia, decía que hombres malvados utilizaban la masonería como una herramienta para sus propios propósitos.

Weishaupt tenía la intención de iniciar una guerra económica y psicológica entre las diferentes naciones y pueblos y también emprender una guerra mágica contra los opositores del iluminismo. Weishaupt afirmaba que el plan para el Nuevo Orden Mundial no podía ser ejecutado con éxito "de ninguna otra forma que a través de sociedades secretas que poco a poco y en silencio tomaran el gobierno". Su máximo objetivo era a través de una astuta estrategia para iniciar una revolución mundial. Quería unir todos los pueblos en una república mundial.

Que los Illuminati habían sido realmente los responsables del baño de sangre que tuvo lugar durante la gran agitación en Francia de 1789 al 1793, fue confirmado por el masón Marcel Valmy, que es un cineasta de Munich, en el libro "Die Freimaurer" (Colonia, 1998, p. 27).

El judío francmasón y socialista ruso Alexander Herzen admitió en su libro "From the Other Shore" (Tallin, 1970, p. 109):

> "La República (en Francia) aniquiló los últimos derechos, que los reyes no habían tocado".

Después del golpe de estado en Francia, Cagliostro declaró desde su celda de la prisión en Italia que también conocía la conspiración Illuminati dirigida a diferentes tronos, así como a altares.

Entre los banqueros judíos que se dice que habían ayudado a financiar la revolución francesa estaban Daniel Itzig (1722-1799), David Friedlander (1750-1834), Herz Cerfbeer (1730-1793), Benjamin Goldsmid (1755-1808), Abraham Goldsmid (1756-1810) y Moses Mocatta (1768-1857), socio de los hermanos Goldsmid y tío de Sir Moses Montefiore (Olivia Marie O'Grady, "Las bestias del Apocalipsis", First Amendment Press, 2001, p. 123). Todos estaban conectados a los Illuminati.

El revolucionario y francmasón Georges Jacques Danton también era un Illuminati. Dentro de la orden era conocido como Horace (Douglas Reed, "La controversia de Sión", Durban, 1978, p. 151).

El símbolo astrológico de la Orden Illuminati era el sol. La naturaleza demoníaca del iluminismo se esconde detrás de términos cristianos. Su símbolo oculto llegó a ser una rosa roja, que había sido tomada de la dinastía Tudor en Inglaterra. Cuando la rosa se marchita, el hedor es insoportable.

La Rosa es un poderoso símbolo mágico de la masonería. James Graham (grado 33°) escribió en el *Scottish Rite Journal* (enero / febrero 2004, p. 37): "En tanto que masones, utilizamos símbolos para enseñar y aprender..." Afirmaba que la francmasonería utilizaba la rosa como un símbolo antiguo e importante. En el Rito Escocés masón, la rosa es un símbolo importante del grado 18°, Caballero de la Rosa Cruz. Albert Pike en "Moral y Dogma" (Charleston, 1871, p. 291) dijo que la rosa "es un símbolo del Alba, de la resurrección de la Luz y la renovación de la vida".

El 1 de mayo de 1912, los socialistas suecos empezaron a utilizar la rosa roja como símbolo político suyo. No fue hasta 1979 que la rosa fue adoptada oficialmente como símbolo propio. ¿Quizás lo hicieron para mostrar a los líderes secretos, para quien empezaban de verdad a trabajar ahora, que estaban aplicando el programa de cinco puntos Illuminati?

El General Illuminati Adam Weishaupt quería que la gente que hoy llamamos "creadores de opinión" (es decir los sacerdotes, escritores, funcionarios gubernamentales), se convirtieran en herramientas a disponer para la Orden para luego, en palabras de Weishaupt, "rodear a los príncipes", es decir, en su posición de asesores influir en las decisiones políticas en una dirección favorable para los Illuminati.

Al iniciarse en la Orden el nuevo hermano debía prometer: "Nunca utilizaré mi posición o mi cargo contra un hermano."

A este grupo corrupto la lealtad, sin embargo, no les correspondía a los hermanos como individuos, sino sólo como herramientas para el invisible poder de la orden. Este poder podía ser utilizado también contra los propios hermanos, es decir si el "final" (el mismo Weishaupt) se lo exigía.

Los discípulos de Weishaupt debían aceptar un programa de estudios bien planteado y trabajar a través de diversas complicadas ideas hasta que adquirían el título de 'Areopagita' (como los del Consejo de la antigua Atenas, el Areópago). Los Illuminati de más alto rango (el grado 13°) se denominaban los Areopagita invisibles. Según Weishaupt una mentira suficientemente repetida, es aceptada por la opinión pública como una verdad. Aquellos que aceptaban la propaganda Illuminati, eran clasificados como liberales y humanistas. Los otros eran descalificados.

Cuando el Duque Karl Theodor, el gobernante más conservador y patriota, llegó al poder en Baviera, emitió una prohibición contra todas las sociedades secretas el 22 de junio de 1784. Otro decreto incluso más claro fue proclamado al año siguiente el 2 de marzo de 1785.

El 11 de febrero de 1785 Weishaupt fue expulsado y se le prohibió vivir en Ingolstadt y en Munich. Al mismo tiempo, la Universidad fue informada que Weishaupt sería arrestado. El 16 de febrero, pasó a la clandestinidad y fue escondido por su hermano Illuminati Joseph Martin, que trabajaba de cerrajero. Unos días más tarde huyó de Ingolstadt a Nuremberg vestido con la ropa de trabajo de un artesano. Se quedó en Nuremberg un tiempo y luego viajó a la ciudad libre de Rathenburg donde continuó sus actividades, pero entonces un golpe de suerte puso a la policía sobre la pista de los Illuminati (Sofia Toll, "Los hermanos de la noche", Moscú, 2000, p. 291).

El 20 de julio de 1785, al mensajero de los Illuminati Jakob Lanz (que trabajaba de sacerdote) le cayó un rayo en Rathenburg y murió. Weishaupt estaba con él. Lanz partía hacia Berlín y Silesia y había recibido las últimas instrucciones de Weishaupt antes de morir. Llevaba cosida en la ropa de sacerdote una lista de los miembros de los Illuminati y algunos papeles comprometedores. Weishaupt no sabía nada de esto y se convirtió en víctima de su propia conspiración (Condesa Sofía Toll, "Los hermanos de la noche", Moscú, 2000, p. 291).

La policía local encontró otros documentos importantes en casa de Lanz, incluyendo las instrucciones detalladas para la prevista revolución francesa. Algunos de los documentos iban dirigidos al gran maestro del Gran Oriente de París. Todo fue entregado al gobierno bávaro y el 4 de agosto de 1785, se emitió una nueva prohibición de las sociedades secretas.

El 31 de agosto, se emitió una orden para detener a Adam Weishaupt. En Baviera se puso precio a la cabeza de Weishaupt. Huyó a Gotha, donde el Illuminatus Ernst, duque de Sajonia-Gotha, podría protegerle.

Los Illuminati habían conseguido infiltrarse en muchas posiciones clave de la sociedad. Era por ello que la investigación policial progresaba tan lentamente. Un registro de la casa de Zwack, que estaba directamente conectado con los documentos secretos que habían encontrado en Lanz, se hizo catorce meses después de su desaparición - 11 y 12 de octubre de 1786.

Entre los documentos encontrados en Zwack, había un plan para poner en marcha una orden similar para mujeres, para que la orden pudiera divertirse. También había una fórmula sobre el aborto, un polvo que causaba la ceguera, una sustancia para abrir cartas selladas sin dejar rastro y una tesis sobre el suicidio. También fue capturada correspondencia muy comprometedora. En una carta a Zwack (Cato), Weishaupt (Spartacus) menciona que Sócrates iba siempre borracho, que Augustus tenía una muy mala reputación y que Tiberio había agredido a la hermana de su compañero (Democedis), que Marcus Aurelius, en Munich, se había asociado con ladrones y mentirosos. Los Illuminati de más alto rango (Areopagita) sólo causaban escándalos ("Signastern", Collected Documents, volumen 5, 1805, p. 266).

Dado que la prohibición de los Illuminati fue proclamada el 4 de agosto de 1785, Zwack huyó a Augsburgo y de allí a WESLO. Después de la muerte del gran duque Zwack volvió a Baviera, donde fue rehabilitado como funcionario. Von Knigge fue a Bremen, donde murió siendo oficial el 6 de mayo de 1796. Varios otros miembros se licenciaron de sus empleos, todo ello según el Illuminati General Leopold Engel.

La siniestra obra de los Illuminati estaba empezando a ser descubierta. Liderando la exposición estaban los espirituales Rosa-Cruces. Hacia 1790 se habían publicado nada menos que 50 artículos sobre los Illuminati con muchos detalles vergonzosos de las actividades criminales de la secta.

George Washington declaró que conocía los siniestros y peligrosos planes y las enseñanzas de los Illuminati. Thomas Jefferson, por su parte, rechazó las revelaciones del Profesor John Robison en su libro "Pruebas de una conspiración contra todas las Religiones y los gobiernos de Europa, llevada a cabo en los encuentros secretos de los francmasones, Illuminatis y las sociedades lectoras, recogidas de buenas autoridades", editado en Londres en 1797 y al año siguiente en Nueva York. Otro feroz oponente de los Illuminati fue Abbe August de Barruel ("Memorias que ilustran la historia del Jacobinismo" / "Mémoires pour servir l'Histoire du Jacobinisme", cuatro volúmenes, Londres, 1797), también lo fue el geógrafo Jedediah Morse.

Thomas Jefferson estaba muy interesado en la astrología, pero según el historiador masónico norteamericano Gordon Wood no era masón en absoluto. El historiador independiente Fritz Springmeier, sin embargo, ha demostrado que

Jefferson fue un illuminati de alto rango ("Sed cautos como serpientes", Londres, 1991).

En 1786, el Marqués de Mirabeau fundó una logia Illuminati en un monasterio jacobino de París. Estos miembros Illuminati pronto se llamaban a sí mismos "Jacobinos". El mismo año, en Frankfurt, se fundó otro grupo Illuminati bajo el nombre del ojo-que-todo-lo-ve. Este grupo, más tarde, fue infame como los Frankistes. La logia estaba dirigida por los extremistas judíos Jakob Frank y Michael Hess, este último trabajador de Meyer Amschel Rothschild.

Weishaupt afirmó que la finalidad de la orden era

"Promover ideas humanas y sociales, para obstruir toda inyección del mal, para apoyar la Virtud, allí donde fuera amenazada o suprimida por la Crueldad, para promover individuos meritorios y difundir un conocimiento útil entre numerosos grupos de personas, a los que en la actualidad se les niega toda educación".

Creía que el poder de la iglesia debía ser sustituido por el gobierno de los Illuminati.

La orden Illuminati había sido fundada sobre principios similares a los de la Orden de los Jesuitas. Adam Weishaupt había estado trabajando durante cinco años en un sistema que le convenía. La Orden estaba dividida en tres clases, mientras que los Jesuitas tenían cuatro. La primera clase constaba de los novicios y los menos ilustrados (conocida como Minerval), la segunda clase eran masones (y los Caballeros Escoceses), y la tercera clase - la clase del Misterio - era para sacerdotes, príncipes, así como magos y finalmente un rey o general.

El candidato a Illuminati debía someterse a muchas pruebas difíciles, hacer un juramento de silencio eterno y aceptar que la orden gobernara su vida. De un grado a otro se repetía el procedimiento. En vez de llegar a las puertas de la sabiduría, todo el mundo se convertía en herramientas miserables en manos de Weishaupt. No quería crear una sociedad ético-filosófica en absoluto, sino una sociedad subversiva que inmediatamente empezaba a transformar a sus miembros en psicópatas. Weishaupt en otras palabras estaba tratando con el engaño. Según el escritor Rudolf Rockoffner, los Illuminati se convirtieron en una organización criminal (Rockoffner, "Frimureriet" / "La masonería", Estocolmo, 1866, p. 35-36).

Un obelisco en Ingolstadt, la cuna del fundador de los Illuminati.

Los Illuminati admiten que los grados más altos tenían que llevar una gorra roja en las reuniones de la orden. Este sombrero fue adoptado por los Jacobinos durante la llamada Revolución Francesa. Para humillar a Louis XVI, los funcionarios Illuminati pusieron una gorra roja en su cabeza el 20 de julio de 1792 Los revolucionarios masónicos la estaban preparando para su encuentro con la muerte.

El poder supranacional socialista al que aspiraban los Illuminati se puede resumir en el concepto de Novus Ordo Seclorum (el Nuevo Orden Mundial). Algunos de los principales puntos de este programa eran:

1. Supresión de toda religión, incluyendo todas las Comuniones y las doctrinas que no puedan estar sometidas como herramientas por el iluminismo.

2. Supresión de todos los sentimientos de nacionalidad y - a largo plazo - la abolición de todas las naciones y la introducción de un gobierno mundial iluminista.

3. Sucesivas transferencias de todos los bienes nacionales y privados a manos de los Illuminati.

Los métodos a través de los cuales lograr esto eran nuevas leyes de imposición, que los funcionarios illuminati tenían que introducir. Los planes originales de Weishaupt incluían también un impuesto progresivo y un impuesto de sucesiones incluso más confiscatorio.

Karl Marx también quería un impuesto progresivo elevado en su "Manifiesto comunista". La intención era debilitar la sociedad.

4. Un sistema de espionaje de gran alcance y de denuncias con los "hermanos insinuantes" como prototipo.

El símbolo de este sistema era el ojo-que-todo-lo-ve, un ojo dentro de una pirámide, que era el símbolo del poder illuminati. También fue conocido como "mal de ojo", que simboliza a Osiris. Este símbolo se originó en la Hermandad de la Serpiente (Dragón) del antiguo Egipto, al mismo tiempo proclamaban a Lucifer como encarnación de la sabiduría.

Y finalmente:

5. Una norma moral global, una completa normalización de las voluntades más internas, de los deseos y aspiraciones de todos los pueblos bajo "la voluntad", la voluntad de los Illuminati.

Esto se simbolizaba mediante una rama de olivo.

Estas cinco normas también se señalan con la estrella de cinco puntas de la masonería.

El código secreto de los Illuminati es 666. El número de código del rey Solomon también era 666. Cada año exigía 666 talentos de oro (Reyes 1, 10:14).

El diseño de su trono incorporaba el código 666. El cuento de Salomón es la base de la magia masónica.

Los Illuminati simplemente querían abolir todas las formas ordenadas de gobierno, patriotismo, religión y familia para finalmente establecer un gobierno mundial. Nunca ninguna persona justa habría trabajado para un programa tan aborrecible, de modo que a los Illuminati "ordinarios" se les llena con honestas frases sobre el amor, la caridad y eso que hoy llamamos "ideología". Cuanto más arriba avanzabas, más primitivos eran los miembros. Cuanto más primitivos los individuos, más bajos los ideales que los guiaban.

En 1776, el mismo año en que Weishaupt fundaba su orden, Moses Mendelssohn (en realidad Moses Menahem-Mendel) fundaba un bien manipulado movimiento Haskalah sólo para illuminoides judíos. Haskalah es el término hebreo para iluminación. Mendelssohn fue el maestro "invisible" de Weishaupt (Marvin Antelman, "Para eliminar el opio", Nueva York-Tel Aviv, 1974). El hombre de confianza Mendelssohn había financiado a los iluminados de Mirabeau y el iluminado Friedrich Nicolai estaba cerca de Mendelssohn. Detrás de él estaba el Kahal, el Consejo secreto judío (Moses Samuels, "Memorias de Moses Mendelssohn", Londres, 1825, p. 159).

Algunos escritores ignorantes han afirmado que la organización ya no existe, que dejó de existir en la década de 1780. Los Illuminati ciertamente habían desaparecido de escena pero reaparecieron como una red de sociedades de lectura por toda Alemania. En los archivos de la ciudad de Dresde, hay una carta escrita por Friedrich Wilhelm II de Prusia el 3 de octubre de 1789 desde Berlín al Duque Federico Augusto III de Sajonia, donde decía que los Illuminati se habían esparcido por toda Alemania y constituían una secta completamente peligrosa.

Incluso varias fuentes oficiales contrastadas confirman que los Illuminati fueron recreados (es decir, reorganizados) en Dresde en 1880 ("Kleine WP Encyclopaedic", Bruselas, Amsterdam, 1949). En realidad fue Theodor Reuss, quien reorganizó la orden Illuminati en Munich en el año 1880, según el Archivo Especial de la Unión Soviética de Moscú.

Leopold Engel asumió el cargo de general de la organización mundial Illuminati en 1893. La enciclopedia Nacional Danesa (Copenhague, 1997, vol. 9, p. 266) dice que la orden de los Illuminati fue reorganizada en 1896 como una logia internacional y su sede se trasladó a Berlín. Al principio había 8 + 2 grados secretos Illuminati. Hoy en día hay 13 grados.

La organización fue reorganizada bajo el nombre Ordo Illuminatorum, que estuvo plenamente activa en Alemania hasta finales de la década de 1970, según el historiador alemán Peter K. Koenig.

La pirámide masónica tiene trece pasos. En el gran sello de los Estados Unidos trece estrellas masónicas de cinco puntas forman la estrella de David de seis puntas en una pirámide.

Efraim Briem, profesor y masón, afirma en una enciclopedia sueca (vol. 14, Malmo, 1950) que "en 1906 se fundó en Alemania una nueva orden Illuminati, que afirmaba ser una continuación de la antigua, sin que realmente hubiera lazos entre ellas". Esto significa que la orden todavía estaba permitida en Alemania.

Según la "Meyers Enzyklopadisches Lexikon", los grupos Illuminati de diferentes países se unificaron tan temprano como en 1925, siendo una asociación mundial, el año después de la guerra tenía su sede en Berlín. Los preparativos para reorganizar la organización alemana comenzaron en 1926.

La sede de los Illuminati se trasladó a Suiza durante la Primera Guerra Mundial y a Nueva York después de la Segunda Guerra Mundial (al edificio Harold Pratt). Los Rockefeller en vez de los Rothschilds financiaban ahora a los Illuminati (William Guy Carr, "Peones del juego", 1954).

Después de la Segunda Guerra Mundial hasta 1963 Julius Meyer fue el líder mundial Illuminati (*ibídem*). Los Illuminati (Consejo de Relaciones Exteriores) y la sede de la Comisión Trilateral están en la 58 East 68th Street de Nueva York y no en la 345 East 46th Street (suite 711), como consta oficialmente.

Según la Enciclopedia Noruega (Store Norske Lexikon, Oslo, 1979, vol. 6, p. 183), los Illuminati aún continúan sus actividades en cuanto a organización secreta.

También hubo la Société des Illumines d'Aviñón que solían reunirse en el Monte Thabor a las afueras de Aviñón. El grupo fue fundado en 1783 por el masón Antoine Joseph Pernetty en Aviñón en el sur de Francia. Tanto Cagliostro como Fredric Antoine Mesmer eran miembros. Más tarde, este grupo fue trasladado a Montpellier y fue rebautizado como la Academia para Verdaderos Masones.

Estamos gobernados por los masones

Durante el período subversivo entre 1868 y 1874 en España los masones declararon la República en 1873, pero los realistas lograron destruirla en 1874, y Alfonso XII ascendió al trono. Los masones intentaron asesinar a su hijo, Alfonso XIII, el 31 de mayo de 1906.

En la celebración del 24 de julio de 1854, organizada por el Gran Oriente de Bélgica, se acordó que a partir de entonces la masonería pudiera intervenir abiertamente en política (Alexander Selyaninov, "El poder secreto de masonería", Moscú, 1999, p. 104).

En 1886, el hermano masón Gonnoud declaró:

> "Hubo un tiempo en que nuestros estatutos proscribían que la masonería no debía ocuparse de cuestiones políticas y religiosas. ¿Realmente era éste el caso? Yo no lo diría. Sólo a causa de la ley y de la policía estuvimos obligados a ocultar cual

era nuestro único objetivo." (Alexander Selyaninov, "El poder secreto de la masonería", Moscú, 1999, p. 105)

El golpe de estado del masón Napoleón Bonaparte el 9-10 de noviembre de 1799 (bajo el signo de Escorpión) se organizó conjuntamente con el Gran Oriente. Napoleón fue iniciado en la Logia Philadelphia de París en 1798. También sus hermanos Joseph, Lucien, Louis y Jerome eran masones. Joseph Bonaparte fue incluso gran maestro del Gran Oriente de Francia. El consejo personal de Napoleón tenía seis miembros, cinco de los cuales eran masones.

Napoleón inicialmente era favorable a los judíos, pero más tarde cambió de opinión debido a ciertos acontecimientos. En 1806 convocó el Sanedrín (el Consejo Judío Mundial), que consistía en líderes judíos de todo el mundo. En vez de darles el poder político y económico, los impuso restricciones. Adolf Hitler empleó una táctica similar. Los sionistas y los líderes masónicos estaban furiosos y amenazaron con destruir al emperador.

Al frente de una conspiración contra Napoleón estaba el general del ejército y maestro masón Jean Victor Moreau (Henry Wilson Goil, "Enciclopedia masónica de Goil", Richmond, Virginia, 1995, p. 274).

El 13 De octubre de 1809, el estudiante Friedrich Staps intentó matar a Napoleón en Schonbrunn en los alrededores de Viena. El emperador francés dijo que era un iluminado (Johannes Rogallo von Bieberstein, "Die These von der Verschworung 1776-1945" / "Los anales de la conspiración 1776-1945, Flensburg, 1992, p. 90).

El golpe de estado de Charles Louis Napoleon Bonaparte (sobrino de Napoleón I) el 2 de diciembre de 1851 también fue obra de los masones desde dentro del ejército. Había sido elegido presidente de Francia el 10 de diciembre de 1848, pero él quería ser emperador. Al día siguiente del golpe su primo Lucien Murat fue nombrado gran maestro del Gran Oriente.

Todavía se conserva una carta que envió el Gran Oriente a Charles Louis Napoleon. En la carta fechada el 15 de octubre de 1852, se menciona que Charles Louis estaba iluminado por la luz de la masonería. A los masones les gustaba ser vistos como soldados de la humanidad bajo el liderazgo de Charles Louis Napoleon. La carta terminaba con el saludo "¡Viva el emperador!" El 2 de diciembre de 1857, fue proclamado emperador de Francia con el nombre de Napoleón III.

Los masones actuaban a su antojo. Cuando querían, fundaban una República - cuando un imperio servía sus intereses, lo proclamaban. Así que cuando Napoleón III decidió seguir un curso más independiente, el Gran Oriente de Francia tomó una decisión: ¡el emperador debe ser depuesto! Las dificultades habían comenzado en 1861 Los masones querían hacer la guerra con Prusia. El emperador trataba de evitarlo, ya que creía que Francia estaba poco preparada. Eso les daba igual a los masones. Ellos debían prevalecer y querían la guerra. Esto era lo que realmente parecía su llamada "amistad entre naciones" (Oleg Platonov, "La corona de espinas de Rusia: La historia secreta de la masonería

1731-1996", Moscú, 2000, volumen II, p. 60). El 19 de julio de 1870, estalló la Guerra Franco-Prusiana. A Prusia se le dio toda la ayuda posible para aplastar a Napoleón III. Los masones sustituyeron al comandante en jefe francés Patrice de MacMahon (1808-1893) en agosto de 1870 por el Mariscal de Francia Francois Achille Bazaine (1811-1888), que era un francmasón de alto rango. Su tarea consistía en perder la guerra.

Cuando los alemanes capturaron al emperador francés en Sedan el 2 de septiembre de 1870, pasaron dos días antes de que fuera derribado en Francia mediante una "revolución", donde los masones habían utilizado la Internacional como su voluntariosa herramienta de trabajo. Napoleón III fue vilipendiado con un frenesí salvaje de acusaciones (Paul Copin Albancelli, "Pouvoir occulte contre la France", 1908). Así, el 4 de septiembre de 1870, un gobierno masónico llegaba al poder todavía a través de otro *coup*. Nueve de los once miembros del gabinete eran masones, tres de los cuales eran de alto rango y Judíos extremistas - Isaac Adolph Crémieux, Alexandre Glaire-Bizos y Leon Gambetta.

Oficialmente los masones no tenían ninguna implicación en política. Sin embargo, aquí estamos preocupados por la realidad.

Las tropas francesas se rindieron en Metz el 27 de octubre del 1870. En Francia esto supuso un gran escándalo. La gente sospechaba la traición de Bazaine. El líder masón Leon Gambetta se vio obligado a tener que procesarle. En 1873, Bazaine fue condenado a muerte por alta traición, pero la sentencia fue conmutada por MacMahon, por veinte años de prisión. Al año siguiente "conseguía" escapar de una isla de Cannes y pasó el resto de su vida en la pobreza en España.

La masonería junto con los Illuminati pusieron a prueba con todas sus fuerzas el desarrollo espiritual, estando detrás de varios asesinatos políticos, de todas las revoluciones y de todas las principales guerras. Justin Sicard de Plauzoles, uno de los hermanos del Gran Oriente, llamaba a la masonería como la "madre de las revoluciones". Según él, instigar la revolución violenta era un deber divino de los masones. Nedelko Cabrinovic, que participó en la conspiración que dio lugar al asesinato del Archiduque austriaco Franz Ferdinand en Sarajevo el 28 de junio de 1914, dijo durante el juicio: "Dentro de la masonería está permitido matar." (Extraído de las disposiciones judiciales). Oficialmente, fue asesinado por la organización Juventudes de Bosnia y la sociedad secreta serbia La mano negra.

El ministro de exteriores austriaco el Conde Ottokar Czernin (1872-1932) y un amigo cercano de Franz Ferdinand, revelaron que, un año antes de la primera Guerra Mundial, el archiduque les dijo que los masones habían decidido asesinarlo.

La organización secreta La mano negra fue fundada el 9 de mayo de 1911 por el coronel Dragutin Dimitrijevic (alias Apis), que se convirtió en su primer líder. El masón Dimitrijevic junto con Voja Tankosic y otros conspiradores irrumpieron el 10 de junio de 1903 en el Palacio Real en Belgrado y mataron al

Rey serbio Alexandre y la Reina Draga, y así comenzó una "revolución". El favorito de los conspiradores, el príncipe heredero Peter, subió al trono.

Dimitrijevic después de haber fundado su sociedad secreta envió asesinos a Viena para matar el emperador Franz Josef, pero el plan fracasó. El 23 de mayo de 1917, Dimitrijevic fue condenado por alta traición y ejecutado el 11 de junio.

El Illuminati General Giuseppe Mazzini tenía previsto en la década de 1850 cubrir toda Europa con una red de organizaciones masónicas y unir las naciones europeas en un Comité central. En 1834, Mazzini coordinaba revoluciones en varios países. Ya en marzo de 1848 soñaba con establecer los Estados Unidos de Europa. El Imperio austrohúngaro se posicionó en contra de estos planes, por lo que el Gran Oriente de Italia exigió su destrucción.

Giuseppe Mazzini afirmó en su manifiesto de marzo de 1848:

"Austria es el mayor obstáculo del principio de la Europa de las naciones, debe desaparecer. ¡Guerra contra Austria! La iniciativa de esta revolución mundial Europea, que debe conducir a los Estados Unidos de Europa, está en poder de Italia, por lo tanto es el deber de Italia. "El pueblo de Roma" será quien con su nueva fe universal republicana unirá Europa y América y todas las partes del mundo habitado en la potencia mundial que finalmente lo abarcará todo." (Mazzini, "Cecato" volumen XIII, Roma, 1884, p. 179)

Planes similares fueron posteriormente dirigidos hacia el estado alemán, el gran modelo de la masonería. Mazzini unió las sociedades secretas sicilianas de las Juventudes Italianas (Giovine Italia) a su red criminal de los Estados Unidos. Recibió fondos para ayudar a socavar la sociedad norteamericana a través de sus conexiones con las familias criminales sicilianas (la mafia). También controlaba a los carabineros, que estaban bajo juramento para asesinar a personas que desagradasen al líder, entre las que se encontraban los reyes de Italia. A pesar de los planes masónicos no hubo ninguna República, pero si en cambio el Reino Unido de Italia.

El 4 de noviembre de 1848, el famoso autor francés y francmasón, Victor Hugo (gran maestro del Priorato de Sión) declaró en la Asamblea Nacional:

"El pueblo francés colocará sobre el antiguo continente monárquico una base para una estructura enorme, que será conocida como los Estados Unidos de Europa."

El 19 de julio de 2002, *the News* de la sueca TV4 manifestaba que en vez de la Unión Europea (UE) debían constituirse los Estados Unidos de Europa.

"En el Congreso Internacional Masónico, que tuvo lugar en París el 16 y 17 de julio de 1889, fue proclamado abiertamente que un final deseable sería una república mundial. En este congreso se declaró la expectativa de que el día del derrumbe de todas las monarquías de Europa llegaría pronto." ("Weltrepublik", artículo del *Mecklenburger Logenblatt*, 1889, p. 197)

Mazzini murió el 11 de marzo de 1872 El 20 de septiembre de 1873, Adriano Lemmi, un banquero de Florencia, Italia, se convirtió en el nuevo general de los Illuminati. Admitió:

"La francmasonería tiene como finalidad dar forma y dirigir la opinión pública. Quiere tener influencia en el gobierno, pues pertenece a instituciones sólidas y poderosas. Por lo tanto se esfuerza por situar sus propios dirigentes en la administración, en las legislaturas y en las más altas cumbres del poder."

Lemmi era partidario del líder revolucionario Giuseppe Garibaldi y había participado activamente en la Orden del Nuevo y Reformado Rito Paladio fundado por Albert Pike.

Lemmi anteriormente en Francia había sido condenado a un año de prisión por robo y fraude (Sofia Toll, "The Brothers of the Night", Moscú, 2000, p. 344). Entre los años 1885-1896 fue el líder de la Gran Oriente de Italia y desde esta posición se convirtió en un exitoso instigador de asesinatos políticos. Lemmi era amigo del primer ministro italiano Francesco Crispi (1887-1891 y 1893-1898), también francmasón. Crispi, que en su juventud había sido terrorista, llevó a cabo una política doméstica despiadada. Lemmi nació de padres Católicos pero tuvo que convertirse a la fe Mosaica para convertirse en líder francmasón. También era miembro del Consejo de Roma el más alto masónico paladio.

Después de Lemmi el liderazgo pasó a manos del extremista judío Ernesto Nathan, que también era gran maestro (Gran Maestro) de la Gran Oriente de Italia entre los años 1896-1904 y el 1917-1919. (Alexei Shmakov, "El gobierno internacional secreto", Moscú, 1912, p. 219).

El francmasón de alto rango, judío y conocido abogado Adolphe Isaac Crémieux declaró:

"La intención de las logias es aniquilar Alemania".

Prometió un millón de francos a quien matara al emperador alemán Wilhelm I. Crémieux era un político "liberal" y gran maestro del rito escocés y miembro de l'Ordre du rite Memphis-Misraim. En 1862, la Orden del Gran Oriente tomó el control del Rito Judío Misraim. Su pariente, Gaston Crémieux, fue un revolucionario extremista y terrorista durante la comuna de París de 1871 y fue ejecutado después de su caída.

Fue Crémieux quien en mayo de 1860, junto con el rabino Elie-Aristide Astruc, Narcisse Leven, Jules Garvallo y otros fundó, en París, la masónica judía Gran Logia La Alianza Israelita Universal, que utilizaba a B'nai B'rith como su órgano ejecutivo. En 1863, Crémieux se convirtió en presidente del comité central del movimiento. El lema de esta organización era: "¡Todos los Israelitas son camaradas!" En 1930, esta logia ya tenía 30.000 miembros. Adolph Crémieux ejerció de ministro de justicia en el gobierno revolucionario de 1870.

Achille Ballori (francmasón de grado 33°) que el año 1901 se había convertido en presidente de la francmasonería italiana y gran maestro de la Gran

Logia, exigió en 1908 "la inmediata implementación del poder de las logias en el ámbito político".

En la Logia La libre Pensee de Aurillac (Francia), el hermano masón Pierre Roques el 4 de marzo de 1882 dijo lo siguiente, refiriéndose al papel de la masonería en la revolución francesa de 1789:

> "El papel de la masonería está lejos de haber terminado. Cuando se ha terminado la revolución política, la masonería debe esforzarse hacia la revolución social." (Alexander Selyaninov, "El poder secreto de la masonería", Moscú, 1999, p. 53)

Las logias no están abiertas a los obreros. Estos deben ser una clase inferior que los masones deberán trabajar a base de medios sutiles para oprimir a los proletarios. Asimismo los socialdemócratas son los más ajetreados perros guardianes ideológicos de la masonería. Están espiritualmente degenerados y más que dispuestos a impedir el desarrollo de los demás.

En la Logia Unión Parfaite de París el 23 de julio de 1789 se concluyó lo siguiente:

> "Las primeras chispas de nuestros templos encendieron el fuego sagrado, que con la velocidad del viento se extendió de este a oeste, de norte a sur y encendió una llama en los corazones de todos los ciudadanos". (Pekka Ervast, "Vapaamuurarein kadonnut sana" / "La palabra perdida de los masones", Helsinki, 1965, p. 77)

El ámbito político de la operación de la masonería se ha ampliado a todos los países donde han sido fundadas logias. Ya en 1829, había 3.315 logias en todo el mundo (Alexander Selyaninov, "El poder secreto de masonería", reimpresión, Moscú, 1999, p. 67).

La masonería moderna predica el internacionalismo, el socialismo, el comunismo y el globalismo o mundialismo - que es propaganda de un gobierno mundial.

Fred Zeller que fue gran maestro del Gran Oriente en los años 1971-1972, publicó un folleto de cómo seducir a la juventud con las ideas del socialismo. El masón alemán Raimund Mautner al socialismo le llamaba "la masonería corporal". Otros masones también han destacado que los masones debe tender con todas sus fuerzas hacia un estado socialista.

La revista masónica alemana *Latomia* ya en 1849 declaraba:

> "No podemos dejar de saludar al socialismo (Marxismo) como un excelente compañero de la masonería para ennoblecer a la humanidad, para ayudar a mejorar el bienestar humano. El socialismo y la masonería, junto con el comunismo surgen de la misma fuente." (*Latomia*, nº 12, julio de 1849, p. 237).

La revista masónica internacional *Kosmos* (núm. 29, 1906) admitió abiertamente:

> "El espíritu de nuestro tiempo nos exige controlar el socialismo, y algunas logias ya han encontrado la manera y los medios de alcanzar este objetivo".

Cuando fue fundada la Asociación Internacional de los Trabajadores en Londres el 28 de septiembre de 1864, Luigi Wolff, el secretario del líder Illuminati Mazzini, estuvo presente e incluso inició los estatutos de la nueva organización, presentados ante el subcomité el 8 de octubre. La Junta se componía únicamente de masones (Luber, Cremer y otros). Las actividades de la Internacional fueron recibidas positivamente por los masones. Su objetivo era el globalismo.

La segunda Internacional nació a iniciativa de la logia El Socialista de Bruselas en 1889 (Boletín du Grand Orient, junio de 1943).

La masonería defiende la multiculturalidad antinatural. El General judío Wesley Clark, francmasón de alto rango y Comandante Supremo de las fuerzas de la OTAN en Kosovo, admitió en la red de TV CNN el 24 de abril de 1999:

"En la Europa moderna no hay lugar para los estados étnicamente puros. Ésta es una idea del siglo XIX y estamos tratando de hacer la transición hacia el siglo XXI y lo haremos con estados multiétnicos."

Los masones, después de haber renunciado a los sentimientos nacionalistas, están dispuestos a traicionar a su país, cuando los intereses de la masonería así lo exijan. Por lo tanto, la francmasonería es internacionalista.

Los masones comunistas proclamaron ilegalmente repúblicas soviéticas en Bremen (que existieron entre el 10 de enero y el 4 de febrero de 1919), en Brunswick (del 28 de febrero al 19 de abril de 1919), en Baden (del 22 al 25 de febrero de 1919), en Baviera (del 13 de abril al 1 de mayo de 1919) y en Vogtland-Sachen (del 3 de abril al 12 de abril de 1920). En Leipzig, Berlín y Hamburgo se hicieron intentos similares.

La *National Geographic Magazine* presentó la Rusia moderna con más de 60 páginas en 1914. La revista hizo una predicción:

"Si Rusia sigue desarrollándose a este ritmo, pronto superará a todos los países occidentales."

Sencillamente, esto no se debía permitir, era la opinión de la masonería internacional.

La revista masónica francesa *La Acacia* ha admitido que la masonería constituye el primer paso hacia el gobierno mundial.

Estados Unidos - La base ejecutiva masónica

El primer francmasón aceptado que marchó a América fue John Skene, llegó a Burlington, Nueva Jersey en 1682 Esto se explica en los registros oficiales masones, pero el primer no-trabajador en convertirse en miembro de un gremio masónico en Estados Unidos, fue el judío Abraham Moses de Rhode Island en el año 1656.

Extremistas judíos Neerlandeses habían fundado su logia mágica en Newport, Rhode Island, ya en 1658 (Viktor Ostretsov, "Masonería, cultura e historia rusa", Moscú, 1999, p. 603). Estos hechos son demasiado sensibles para ser mencionados oficialmente, pero la historia secreta debe ser revelada.

Estienne (Stephen) Morin, el extremista judío francés que apareció como líder masónico en Gran Bretaña, fundó la masonería política en Estados Unidos. Sus seguidores eran judíos masónicos como Moses Michael Hays (1739-1805), Henry Andrews Francken, Bernard M. Spitzer, Isaac Dacosta (1798-1860) y Moses Cohen.

También hay una referencia de 1658 relativa a la llegada a Newport, Rhode Island de quince familias judías de origen holandés, llevando con ellas los tres primeros grados de la masonería.

Moisés Hays inició en Newport, Rhode Island y Charleston un grupo masónico de judíos cabalísticos, que se habían hecho millonarios con el comercio de esclavos negros, entre ellos estaban las familias López y de Leon. El mismo Hays era banquero. Todas estas personas no tardarían en sumergirse en el comercio del opio. Estos elementos fundaron el Rito Escocés en Estados Unidos. Sólo se aceptaban personas prominentes.

La élite masónica judía organizaba la captura de negros en África y los transportaban a los Estados Unidos y controlaban el mercado de esclavos en los Estados Unidos. Que sólo el masón judío Aaron López tenía el control de más de la mitad de los negocios combinados en la Colonia de Rhode Island (con Newport) es un hecho bien conocido ("Documentos ilustrativos de la historia de los esclavos en América", del Instituto Carnegie, Washington). Hizo más del 5 por ciento de todas las transacciones con gente negra durante casi cincuenta años (1726-1774). Tenía otros barcos de su propiedad, pero navegaban con otros nombres. La evidencia aún está disponible para verla.

Más de 300 barcos, propiedad de judíos (Isaac Gómez, Hayman Levy, Moses Ben Franks, Isaac Dias, Benjamin Levy y muchos otros), se dedicaban al comercio de esclavos.

La Agencia judía llamada Asiento, que más tarde operó desde Holanda e Inglaterra, ayudaba a los masones judíos que proporcionaban esclavos negros a los colonos. Con la captura anual y el transporte de un millón de esclavos negros no es difícil imaginar que desde 1661 a 1774 (113 años) unos 110 millones de esclavos hubieran sido capturados en su tierra natal. Aproximadamente el 10 por ciento o sea once millones de esclavos negros llegaron vivos a las colonias.

Cada Negro estaba valorado en unos 100 litros de ron, 100 kilos de pólvora o en 18-20 dólares en efectivo. Más tarde, el precio fue de 40 dólares. Los negros, eran comprados en la costa africana por entre 20 a 40 dólares, eran luego revendidos por los mismos traficantes de esclavos judíos masónicos en Estados Unidos por 2000 dólares. ¡11 millones x 2000 dólares! Esto da una idea de cómo los líderes judíos masónicos lograron acumular una fortuna enorme.

Ya desde el principio los fundamentalistas judíos participaron activamente en la difusión de la francmasonería en los Estados Unidos. El libro del masón judío Samuel Oppenheim "Los Judíos y la masonería en los Estados Unidos antes de 1810" (American Jewish Historical Society, 1910) lo demuestra.

Los judíos masónicos extremistas querían ser los protagonistas. El extremista judío español Salomón Pinto se convirtió en miembro de la logia Hiram de Nueva York en 1763. Dos años más tarde ya era maestro de cátedra. El banquero Moses Seixas fundó la logia judía Rey David en Newport, Rhode Island, en la década de 1780 y se convirtió en el primer gran maestro de la Gran Logia de Rhode Island (1791-1800). Todos sus miembros eran judíos.

Otros líderes judíos masónicos eran: H. Blum (gran maestro de la gran logia) de Mississippi, Jacob Lampert de Missouri, Nathan Vascher de Texas, Benjamin Jacob de Alabama y Max Meierhardt de Georgia. Como maestro de la gran logia, Meierhardt, también era el editor de *The Masonic Herald*. El judío extremista Edwin Mark fue gran maestro de Luisiana en los años 1879-1880 (Viktor Ostretsov, "Masonería, cultura e historia rusa", Moscú, 1999, p. 604). Entre los grandes maestros judíos de renombre había Solomon Bush de Pensilvania, Joseph Myers de Maryland y más tarde de Carolina del Sur, Abraham Forst de Filadelfia en 1781 y Solomon Jacobs de Virginia en 1810. Al menos 51 judíos fueron grandes maestros. También participaron en el movimiento masónico en Estados Unidos muchos rabinos ortodoxos.

El judío extremista Moisés Hays fue uno de los que ya en 1768 extendió el Rito Escocés en América. Fue diputado inspector general de la francmasonería en América del Norte en 1768 y gran maestro de Massachusetts desde 1788 a 1792 Paul Revere de Boston era diputado gran maestro por debajo de él.

J.J. Lanier muestra en su artículo "Los judíos masones en la Revolución Americana" (The Oklahoma Mason, diciembre de 1924) que los masones judíos tuvieron un papel muy importante en la revolución americana.

Sin embargo, el judío masón más fanático fue Isaac Long, gran maestro de la Logia de Charleston, Carolina del Sur (Alexander Selyaninov, "El poder secreto de mampostería", Moscú, 1999, p. 119). En 1795, Long fue a Europa y volvió seis años más tarde con la estatua del ídolo Baphomet en su equipaje. Todos los masones de Charleston comenzaron a venerar a este terrible monstruo. Además Long llevó el cráneo y las cenizas de de Molay, que posteriormente se guardaron en Charleston. Tras la muerte de Pike en 1891, la estatua del Baphomet fue enviada a Roma (Oleg Platonov, "La corona de espinas de Rusia: La historia secreta de la masonería desde 1731-1996", Moscú, 2000, volumen I, p. 158).

Isaac Long también trajo consigo desde Europa la idea de introducir el sistema de 33 grados en América, al que también llamaba el Antiguo y Aceptado Rito Escocés. Las primeras grandes constituciones fueron firmadas en Charleston el 31 de mayo de 1801 (Domenico Margiotta, "Adriano Lemmi", Grenoble, 1894).

En 1859, la posición de Long fue conquistada por el cabalista Albert Pike, que inició una estrecha relación con el también líder Illuminati Giuseppe Mazzini en Italia.

La logia más importante de los Estados Unidos, la Logia de St. John fue fundada el 24 de junio de 1731 en Filadelfia. Desde Filadelfia y Boston (su logia se fundó el 30 de julio de 1733) la francmasonería se extendió por toda América. Tan pronto como en 1732 Daniel Coxe, primer masón Gran Maestro de América, propuso la creación de una confederación entre las colonias inglesas de los Estados Unidos. Los masones querían crear una nueva sociedad multiétnica y una base ejecutiva para la actividad internacional.

La logia madre de Londres comenzó a animar a los masones de las colonias americanas a conspirar y a crear agitación contra el gobierno británico. Después de haber sido obligados a abolir el dinero sin intereses, los colonos se enfrentaban a enormes dificultades económicas. Los masones provocaron la guerra entre británicos y franceses, que a su vez causó problemas financieros aún mayores en Inglaterra. Por ello, el gobierno británico introdujo impuestos incluso más elevados en las colonias americanas. Esta política fue propuesta en Londres por asesores masónicos, por supuesto. Debido a la oposición estadounidense, cuando la situación económica había empeorado gravemente, se derogaron los nuevos impuestos - excepto los del té.

La logia de San Andrés de Boston normalmente se reunía en el Dragón Verde al norte de la ciudad. Sus líderes Paul Revere, John Hancock y Joseph Warren utilizaron la decisión británica de 1773 de impedir a los colonos el comercio del té, como pretexto para iniciar su revuelta. Los británicos habían puesto un impuesto del 3 % sobre todo el té, que irritó a muchos colonos. Warren más tarde se convirtió en gran maestro de la Gran Logia de Massachusetts y un líder radical de Boston. Los británicos lograron asesinarlo. Incluso en la historia oficial masónica es admitido que el Boston Tea Party fue planeado y ejecutado por la logia de San Andrés y la Loyal Nine de Boston. Los hermanos Bradlee de San Andrés tuvieron la idea. La operación, sin embargo, fue dirigida por las élites masónicas de Londres.

La noche del 16 de diciembre de 1773, decenas de hermanos de logia con Paul Revere al frente disfrazados de indios Mohawk, abordaron más de tres barcos británicos y arrojaron 342 fardos de té al mar. El líder de este ataque era el masón Samuel Adams. Historiadores masónicos admiten que realmente el caso fue así (Carl M. Hartreit, "De skjulte brodre" / "Los hermanos ocultos", Oslo, 1993, p. 141). Fue una acción masónica tomada para protestar en contra de los muchos impuestos que Gran Bretaña imponía a las colonias americanas, mientras que los habitantes no tenían ninguna influencia en el Parlamento británico.

Ya en 1770 los masones habían utilizado la mentira como arma, cuando afirmaron que las tropas británicas habían disparado contra bostonianos inocentes, cuando en realidad era una multitud hostil.

En 1794, la Logia King Solomon erigió un monumento a Joseph Warren en Boston. El mismo año, Paul Revere se convirtió en gran maestro de los masones de Massachusetts. En 1825, el General francés y masón Marqués de Lafayette puso la primera piedra de un gran obelisco en el mismo lugar.

En 1776, se fundó una logia especial para los negros que eran anti-británicos. Y en 1784 se fundó otra logia negra con el nombre de Logia Africana n° 459, que se conocería como la masonería Prince Hall después del primer masón negro. La logia se autonombró la Gran Logia Africana Independiente n° 1 En Boston los negros todavía tenían otra Logia Príncipe Hall a su disposición en 1791, y en 1937 había treinta y cinco grandes logias para los negros en Estados Unidos.

El comandante en jefe George Washington (autodidacta) utilizó el espíritu masónico para crear solidaridad entre sus tropas - las tropas no tenían ningún país con el que identificarse. Lafayette notó que Washington raramente utilizaba oficiales que no fueran masones. Sólo se rodeaba de los más fiables - los francmasones. La mayoría de los generales de Washington (treinta y tres en total) eran hermanos masónicos, entre ellos Israel Putnam, el Barón von Steuben, Henry Knox, Horatio Gates y por supuesto Lafayette. Sólo dos no eran masones.

Los masones crearon los Estados Unidos de América como un lugar eficaz para sus actividades de abarcar el mundo y alcanzar su máximo objetivo - la supremacía mundial. Los habitantes nativos - los Indios - estaban en medio y su número debía ser reducido. En 1900 apenas quedaba un millón de los aproximadamente 30 millones de habitantes, que habitaban el continente norteamericano cuando llegó Colón.

El masón Steven C. Bullock admitió:

"El primer papel de masonería, la ampliación de los límites del liderazgo político, puede ser visto como una parte de su apoyo a los valores ilustrados. Como los revolucionarios, la masonería afirma que rechaza los antiguos medios de organizar la sociedad, el paternalismo del mecenazgo... la masonería podría rechazar los intereses particulares de unos pequeños grupos a favor del bien todos." (Steven C. Bullock, "Hermandad revolucionaria: La masonería y la transformación del orden social americano, 1730-1840", Carolina del Norte, 1998)

Un pasaje en el Consejo Supremo de grado 33° del Rito Escocés de la Francmasonería de Washington, DC afirma:

"Los miembros de la fraternidad masónica siempre han tenido una posición relevante en la historia de nuestra nación."

Uno de los líderes masónicos más malvados de la historia de Estados Unidos fue el General Albert Pike (nacido el 19 de diciembre de 1809 en Boston). Había estudiado derecho en la Universidad de Harvard. Fue uno de los abogados más conocidos del Sur. Pike era capaz de leer y escribir en 16 idiomas diferentes. Pike se convirtió en masón en 1850 y se unió al Rito Escocés el 20 de marzo de 1853. En 1854 fue nombrado Diputado Inspector General de Arkansas, donde procedió a presentar el Rito Escocés en su estado. Fue elegido

Gran Comendador del Consistorio de Luisiana en 1857. El año siguiente, Pike fue elegido para el Consejo Supremo y el 2 de enero de 1859 llegó a Soberano Gran Comendador del Consejo Supremo (líder de la masonería en todos los Estados Unidos). También se convirtió en Sumo Pontífice de la Francmasonería Universal, líder o gran sacerdote de la masonería mundial y miembro de los Illuminati americanos.

Las actividades revolucionarias de Giuseppe Mazzini (el anarquismo violento) habían traído mala reputación al Gran Oriente. Por tanto Mazzini propuso una nueva organización, completamente secreta, que nunca había de ser mencionada en otras reuniones de logia, ni siquiera si la congregación constaba únicamente de hermanos totalmente iniciados. Sólo unos pocos elegidos de algunos de los grados superiores comunes debían conocer el secreto, según el historiador italiano Domenico Margiotta ("Adriano Lemmi", Grenoble, 1894, p. 97).

Margiotta había sido masón de grado 33° del Rito Escocés de Florencia, que más tarde comenzó a revelar la maldad de la masonería. La Gran Oriente De Italia admitió a regañadientes que Margiotta era un masón de alto rango de la Logia Savonarola de Florencia. Si un escudriña el material que se ha hecho público, es evidente que muchos crímenes políticos son resultado de las siniestras manipulaciones de las logias masónicas. Así Mazzini fue quien organizó el Congreso de los Trabajadores de Roma en octubre de 1871 (Lady Queenborough, en realidad Edith Starr Miller, "Teocracia Oculta", 1933, p. 214).

Giuseppe Mazzini envió una carta a Albert Pike el 22 de enero de 1870, en la que describía a Pike la nueva organización superior creada por toda la francmasonería para alcanzar el Objetivo:

> "Debemos permitir que todas las federaciones sigan siendo tal como son, con sus sistemas, sus autoridades centrales y las diversas maneras de correspondencia entre los grados altos del mismo rito, organizadas como lo están en la actualidad, pero debemos crear un súper rito, que permanecerá desconocido, al que llamaremos a aquellos masones de alto grado que seleccionaremos (obviamente referentes al Nuevo y Reformado Rito Paladio). Con respecto a nuestros hermanos en la Masonería, estos hombres deben comprometerse a mantener el más estricto secreto. A través de este rito supremo, gobernaremos toda la francmasonería la cual se convertirá en un Centro Internacional, el más poderoso porque su dirección será anónima." (Lady Queenborough, "Teocracia oculta", 1933, p. 208-209)

Albert Pike creó esta organización completamente secreta llamada el Nuevo y Reformado Rito Paladio (o Consejo Soberano de la Sabiduría), que fue fundada en París en 1737. Al principio tenía tres centros importantes, que eran Charleston, Roma y Berlín. A través de los esfuerzos de Mazzini la organización finalmente estableció un total de veintitrés consejos subordinados en lugares estratégicos alrededor del mundo, incluyendo cinco Grandes Directorios Centrales en Washington, DC (Norte América), Montevideo (Sudamérica), Nápoles (Europa), Calcuta (Asia) y Mauricio (África), que servían para recoger información. Desde entonces todas estas ramas han sido las sedes secretas de las actividades de los Illuminati.

El Palladianismo en efecto se convirtió en una secta satánica demoníaca. Este culto o religión adoraba a Lucifer como un Dios, lo que demuestra su juramento:

"La religión masónica debe ser, para todos nosotros los iniciados de los grados altos, mantenida en la pureza de la Doctrina Luciferina."

Durante la Guerra Civil americana, Pike fue general de brigada del bando Confederado. La Confederación le llamó Comisionado de los Indios para que creara un ejército de guerreros Indios. Se convirtió en gobernador del territorio Indio y tuvo éxito en la creación de un ejército en el que había Chickasaw, Comanches, Creeks, Cherokees, Miami, OSAGI, Kansas y Choctaws.

Sus unidades de tribus Indias cometían masacres tan crueles que Gran Bretaña amenazó intervenir "por razones humanitarias". El Presidente de la Confederación, Jefferson Davis (1809-1889), por lo tanto se vio obligado a actuar contra su propio general y disolvió las unidades Indias. Tras la Guerra Civil, Pike fue declarado culpable de traición por un tribunal Marcial por sus malvadas acciones y fue encarcelado.

Los masones recurrieron al Presidente Andrew Johnson, que también era masón (Logia de Greenville nº19). El 22 de abril de 1866, el Presidente Johnson indultó a Pike. Al día siguiente, Pike visitaba al presidente en la Casa Blanca. Johnson en realidad era un subordinado de Pike en la masonería. Durante nueve meses la prensa estadounidense no informó sobre este hecho (William T. Still, "Nuevo Orden Mundial: El antiguo plan de las sociedades secretas", Lafayette, Louisiana, 1990, p. 123).

El 20 de junio de 1867, al Presidente Johnson se le concedió ascender del 4° grado al 32° del Rito Escocés. Más tarde fue a Boston a consagrar un templo masónico.

Albert Pike fue uno de los fundadores de la infame organización de supremacía blanca, Ku Klux Klan, a la que pertenecían muchos masones. Los masones lo han negado firmemente, pero en realidad él fue el primer Gran Dragón del Klan en Arkansas y escribió el himno y las normas de la organización. Sus artículos racistas en su periódico *The Memphis Daily Appeal* estaban escritos con el espíritu del Ku Klux Klan, por ejemplo, el publicado el 16 de abril de 1868. Aquí Pike muestra su disgusto por los negros y habla a favor de formar una organización para "todos los blancos en el Sur, que se oponga al sufragio de los Negros", porque "con testigos y jurados negros la administración de justicia se convierte en una burla blasfema".

En 1868, también escribió:

"Acepté mi obligación con los blancos, no con los Negros, y si tengo que aceptar a los Negros como hermanos o salir de la masonería, dejaré la masonería". (Charles W. Ferguson, "Cincuenta millones de hermanos", Nueva York, 1937, p. 186)

En 1868, Pike se trasladó a Washington, DC, y ejerció la abogacía en los tribunales federales hasta 1880. Murió en el escritorio de su oficina en el Templo del Rito Escocés de Washington, DC el 2 de abril de 1891

Albert Pike (su nombre Illuminati era Limud Enhoff), al que llamaban el diablo del siglo XIX, estaba muy obsesionado con la idea de la supremacía mundial. Cuando se convirtió en masón de grado 33º, y un alto Illuminati en su mansión de Little Rock, Arkansas, desarrolló planes para tomar el control del mundo mediante tres guerras mundiales y varias grandes revoluciones.

Pike escribió una carta a Giuseppe Mazzini (su alias era Emunach Memed), con fecha 15 de agosto de 1871 (o como él lo escribió 0871). El historiador Domenico Margiotta publicó la carta en su libro "Le Palladisme: Culte de Satán-Lucifer" ("El Palladianismo: Culto a Satanás-Lucifer", Grenoble, 1895, p. 186).

Albert Pike - Líder de la masonería mundial del siglo XIX.

El antagonismo inherente entre diferentes ideologías debía ser fomentado y hacerlo explotar en tres guerras mundiales y tres revoluciones. La primera Guerra Mundial se hizo para destruir tres imperios europeos, entonces los últimos baluartes que quedaban contra el iluminismo. En uno de estos (Rusia) se levantó un centro del totalitarismo ateo (el comunismo). La Segunda Guerra Mundial se hizo para crear una erupción de mayores tensiones entre la raza judía (y su rencoroso sionismo) y los nacionalismos extremos europeos (el fascismo y el nazismo). Esta guerra quería debilitar Europa económica y políticamente y quería ampliar el comunismo y convertirlo en tan fuerte como toda la cristiandad, pero no más fuerte, hasta el momento en que estuviera lo suficientemente maduro para la destrucción final de toda la sociedad. Una tercera razón para la Segunda Guerra Mundial era crear un estado judío en Palestina. Poco a poco, así sería posible llegar a aumentar las tensiones entre el judaísmo y el Islam hasta que estallara una guerra, que implicaría a todas las potencias mundiales. Las tres revoluciones, que ayudarían a esta disolución, cuidadosamente planificada de toda la civilización humana, eran la Rusa, la China y la Indo-China.

Parece como si alguien ya hubiese implementado la mayor parte de este malvado esquema, a pesar de que se anunciaba ya en 1895. En cuanto a la última etapa, el General Pike escribió lo siguiente:

> "Tendremos que liberar a los nihilistas y a los Ateos y provocar un cataclismo social formidable que con todo su horror mostrará claramente a las naciones el efecto del ateísmo absoluto, origen del salvajismo y de la más sangrienta confusión. Después, por todas partes, los ciudadanos, obligados a defenderse contra esta minoría de revolucionarios mundiales, exterminando a los destructores de la civilización, y la multitud, decepcionada con el Cristianismo, a partir de entonces los espíritus deístas que estarán sin brújula (dirección), ansiosos de un ideal, pero sin saber dónde representar su adoración, recibirán la verdadera luz a través de la manifestación universal de la pura doctrina de Lucifer, llevada finalmente a la vista pública, una manifestación que resultará del movimiento reaccionario general que seguirá a la destrucción del Cristianismo y el ateísmo, ambos conquistados y exterminados al mismo tiempo."

El comunismo ateo fue abolido de repente en la Unión Soviética en 1991 como parte del esfuerzo de ampliar la Unión Europea - el más siniestro de los proyectos masónicos, que dará lugar a la formación de los Estados Unidos de Europa, el sueño de Giuseppe Mazzini.

Los presidentes de Estados Unidos que perjudicaron los intereses masónicos fueron depuestos o asesinados, incluso siendo masones y fueron sustituidos por hermanos fiables.

En 1901, Theodore Roosevelt se convirtió en el vicepresidente de William McKinley. El presidente McKinley había sido iniciado en la masonería el 3 de abril de 1865 en la Logia Hiram nº 21 de Winchester, Virginia. Los masones se aseguraron de que Roosevelt, que había sido iniciado el 2 de enero de 1901, recibiera el 24 de abril de 1901 su maestría en la Logia Matinecock nº 806 de Oyster Bay, Long Island. Era miembro honorario de la Logia Filadelfia nº 23 de Washington, DC y en agosto de 1901 también fue aceptado en la orden secreta Ak-Sar-Ben de Nueva York (Alexander Selyaninov, "El poder secreto de masonería", Moscú, 1999, p. 121). El 26 de agosto de 1901 la prensa estadounidense publicó varios artículos sobre su perversa ceremonia de iniciación.

Colgando de una cuerda Roosevelt voló alrededor de túneles y pasadizos bajo el Templo masónico, mientras se oían gritos salvajes. Posteriormente fue izado en un globo giratorio y entonces cayó en los pies del gran maestro.

Finalmente terminó en una plataforma que hacían girar a gran velocidad. A su lado había seis hermosas mujeres que en realidad eran muñecos de cera. En la arena había varias personas boquiabiertas que aplaudían cada vez que uno de los maniquíes caía de la plataforma. A continuación tuvo lugar una explosión artificial, la plataforma se derrumbó y Roosevelt terminó en un pajar.

Los masones erigieron un monumento en honor de Albert Pike en la Plaza de la Judicatura en el centro de Washington, DC El rótulo de la estatua presenta a Pike como orador, abogado, filósofo, científico, escritor, filántropo, soldado y poeta.

Otros políticos de alto rango que se convirtieron en miembros en este establecimiento debieron someterse a la misma repugnante ceremonia de iniciación.

El presidente William McKinley (miembro de la Logia Hiram nº 21 de Winchester igual que Roosevelt que también lo era de la Logia Canton nº 60 de Canton, Ohio, así como Caballero Templario) había demostrado ser inadecuado y el 14 de septiembre de 1901, murió a causa de un atentado contra su vida el 6 de septiembre en Buffalo, Nueva York, por el anarquista judío polaco y francmasón Leon Czolgosz. El asesino era el amante de la "revolucionaria" Emma Goldman. Y poco después Theodore Roosevelt hacía el juramento de próximo presidente de Estados Unidos, convirtiéndose así en el décimo masón en el cargo más alto de la nación. Estuvo en el poder hasta 1909.

El presidente Theodore Roosevelt con su traje de masón

El Masonic Hall de Filadelfia

Cuando Theodore Roosevelt visitó Italia en el verano de 1910, fue recibido por la Gran Oriente de ese país con grandes festividades. También se convirtió en miembro de la logia Rienzi de Roma. El alcalde de la ciudad era el judío Ernesto Nathan, que en dos ocasiones había sido gran maestro de la Gran Oriente de Italia, según la "Rivista della massoneria italiana" (1910). Entre los años 1917 y 1921 también era el gran maestro de la Gran Logia de Italia. Nathan agradeció a Roosevelt sus favores a la masonería americana. Hizo hincapié en los estrechos contactos entre los masones italianos y la Grand Orient de Francia. En su respuesta Roosevelt dijo que estaba muy complacido de que el alcalde de la Ciudad Eterna en estos tiempos fuera masón (*ibid*, p. 109).

Inmediatamente después de la Segunda Guerra Mundial en las bases militares de los Estados Unidos, se abrieron logias masónicas como la Verona American, la George Washington Vicenza, la Benjamin Franklin en Livorno (Leghorn), y la Harry Truman, cerca de Nápoles. En Roma, la logia Coliseuum fue fundada por los oficiales y diplomáticos de alto rango.

El alto mando de la OTAN está controlado por la masonería y sirve a sus propósitos masónicos. No se puede ser secretario de estado de los Estados Unidos si no se pertenece a alguna logia importante. El actual secretario de Estado, Colin Powell es miembro del Bohemian Club y del grupo Bilderberg.

El objetivo más importante de la masonería americana es la implementación del Nuevo Orden Mundial a través de la globalización, esto significa aplastar a todos los estados nacionales.

Harry Shippe Truman

Uno de los presidentes masónicos de los Estados Unidos más viciosos fue S. Harry Truman (1884-1972).

El 9 de febrero de 1909, fue aceptado como aprendiz en la Logia Belton n° 450 de la masonería simbólica de Fulton, Missouri y el 18 de marzo de ese mismo año fue nombrado maestro.

En 1911, se convirtió en miembro fundador de la Logia Grandview n° 618 y también fue iniciado en el Rito Escocés. El 1 de enero de 1912, ingresó a la Logia Los Perfectos.

El 29 de marzo de 1917, se convirtió en miembro del consejo de los Caballeros de Kadosch. Recibió el grado 32° masónico el 31 de marzo de 1919 y en noviembre del mismo año fue aceptado en la Oriente Charter n° 102 en el rito de York, que contiene 13 grados. Los tres más altos se denominan grados de Mando y estos son Caballero de la Cruz Roja, Caballero de Malta y Caballero Templario.

En diciembre de ese mismo año se convirtió en miembro del Consejo de Shekina n° 12.

En junio de 1928, fue iniciado en la logia de los Caballeros Templarios n° 17 (Mando Palestino). Entre los años 1925-1930 fue miembro de la gran Logia de Missouri. Fue elegido diputado gran maestro y en 1940 le llegó el turno de ser gran maestro.

En 1941, fue nombrado maestro honorífico dentro de la masonería simbólica. Según un discurso que Truman dio por radio en 1941, George Washington construyó la Fundación de los Estados Unidos con principios masónicos. Truman quería continuar con el mismo espíritu.

El 19 de octubre de 1945, avanzó hasta el grado 33º del Rito Escocés.

El 22 de febrero de 1946, el Presidente de los Estados Unidos y Gran Maestro masón Harry S. Truman fue a la Logia American United (George Washington Memorial) de Alexandria, Virginia e hizo el juramento de gobernar el país según los principios masónicos.

En 1948, Truman apareció en una reunión masónica en la Logia Beach Grove nº 694, donde dijo:

"Mi trabajo como estadista se basa en principios masónicos. Creo que estos principios de liderazgo deben ser difundidos por todo el mundo, y con estos principios hay que construir toda la civilización."

En el mismo discurso Truman además manifestaba que, para él, era más importante ser gran maestro masón que presidente de Estados Unidos, porque un gran maestro dispersa bendiciones masónicas por todo el mundo (Oleg Platonov, "El secreto de la anarquía", Moscú, 1998, p. 404).

¿Cómo extendió después Truman, la bendición masónica? Bueno, entre otras cosas cometiendo rituales asesinatos de masas en Japón, cuando en agosto de 1945, dio la orden de aniquilar a cientos de miles de personas inocentes en las ciudades de Hiroshima y Nagasaki. A las 8:16 am del 6 de agosto de 1945, una bomba atómica llamada "Little Boy" detonó a unos 2000 pies encima de Hiroshima, la cual convirtió, inmediatamente en cenizas y ruinas. 80.000 personas fueron instantáneamente vaporizadas y 160.000 murieron durante los meses siguientes, haciendo llegar a 240.000 el total de muertes en Hiroshima.

Truman estaba muy feliz cuando se le informó del bombardeo de Hiroshima y del asesinato de una enorme cantidad de personas inocentes. Bromeaba sobre ello con su personal a bordo del buque de pasajeros Augusta en medio del Atlántico. Estaba desayunando y golpeó en su vaso para llamar la atención de la tripulación. Calificó la explosión de la infernal bomba como "un éxito abrumador". El 9 de agosto cayó otra bomba atómica, esta vez en Nagasaki.

Estas malvadas acciones contra Japón habían sido planeadas ya en mayo de 1943. No hubo ninguna discusión con los otros aliados. Los científicos estaban en contra de utilizar la bomba pero fueron ignorados. Habría sido suficiente demostrar el efecto devastador de la bomba a los representantes japoneses haciendo una prueba en los Estados Unidos. Los estadounidenses, sin embargo, querían utilizar a los japoneses como cobayas. Después de la guerra se estableció una estación médica estadounidense en Hiroshima. Su tarea sólo era documentar los síntomas de las víctimas del bombardeo sin dar a los pacientes ningún tratamiento en absoluto.

Tony Benn (antes de 1964 Sir Antony Wedgewood-Benn), que era miembro del gobierno británico, declaró que mucho antes de que las bombas fueran lanzadas Japón estaba dispuesto a rendirse. Truman no quería tener nada que ver con ello.

La administración Truman consistía exclusivamente en francmasones. Uno de los más importantes era Bernard Manassei Baruch, francmasón de grado 33º. No se tomaba una sola decisión sin consultarle. El secretario de estado George C. Marshall y el General Omar Bradley (Logia West Point nº 877, Nueva York) consideraban que Baruch era su jefe. El banquero Bernard Baruch ganó 200 millones de dólares en la Primera Guerra Mundial. También fue asesor del Presidente Wilson.

La investigación militar estadounidense oficial de los bombardeos estratégicos durante la Segunda Guerra Mundial, llegó a la siguiente conclusión en su informe de 1946:

"Japón muy probablemente se habría rendido antes del 31 de diciembre de 1945, con gran probabilidad, incluso antes del 1 de noviembre."

El almirante William D. Leahy, jefe del estado mayor del presidente Harry Truman y coordinador no oficial del Conjunto de Jefes de Estado Mayor, señaló que

"el uso de esta bárbara arma en Hiroshima y Nagasaki no supuso ningún tipo de ayuda material en nuestra guerra contra Japón. Los japoneses ya estaban derrotados y dispuestos a rendirse" (William D. Leahy, "Fui allí", Nueva York, 1950, p. 441).

Los japoneses ya estaban dispuestos a rendirse en la primavera de 1945, y en los mismos términos que aceptaron cuando las bombas habían caído, pero Truman no estaba interesado. Los Estados Unidos quisieron hacer una demostración de su súper-arma, para facilitar un gobierno mundial.

El presidente Truman en su traje de gran maestro.

La noche del 10 de marzo de 1945 más de 300 bombarderos B 29 dejaron caer 1700 toneladas de napalm y bombas incendiarias sobre Tokio. Murieron más de 100.000 personas, la tripulación de los últimos aviones podían percibir el olor de carne humana quemada. Estos bombardeos fueron designados como "más eficaces", en relación con los asesinatos por avión, que la tormenta sobre Dresden del 13 al 15 de febrero de ese año. Aquello fue una barbaridad, una absurda destrucción militar de la ciudad con 800 bombarderos. Se lanzaron 3.900 toneladas de bombas. Al menos 250.000 personas perdieron la vida (*Askania Annual*, abril de 1985). Un documento oficial de la ciudad de Dresden, con fecha 31 de julio de 1992, cifra el dato probable de muertos entre 250.000 y 300.000. La cifra citada a menudo en los medios de comunicación políticamente correctos de 35.000 sólo hace referencia a las víctimas identificados poco después. La mayoría de éstas estaban, sin embargo, tan gravemente quemadas que no fue posible su identificación.

Dresde era una de las ciudades más bellas de Alemania con una enorme cantidad de arte y tesoros culturales de los siglos XVI y XVII. Quemaron la ciudad durante toda una semana entera. De las 28.410 casas de la ciudad interior de Dresde, 24.866 fueron destruidas. Fue totalmente destruida una superficie de 15 kilómetros cuadrados: 14.000 hombres, 72 escuelas, 22 hospitales, 19 iglesias, 5 teatros, 50 bancos y compañías de seguros, 31 almacenes, 31 grandes hoteles y 62 edificios de la administración. También fueron destruidas partes de la muralla. Este acto de maldad también había sido planeado con mucha antelación. En Dresde vivían aproximadamente un millón de personas. Al menos un tercio de los habitantes eran refugiados.

También había planes para derribar todos los edificios históricos y monumentos de Bamberg con el pretexto de que la ciudad bávara era un nudo ferroviario. A primera hora de la mañana del 22 de febrero de 1945, 500 bombarderos americanos despegaron de sus bases del sur de Inglaterra. Pero algo protegía la catedral y el monasterio ese día en particular. La densa niebla y una visibilidad cero hizo que sólo dos de las tres divisiones llegaran a Bamberg. Los bombarderos tenían dificultad para localizar el ferrocarril y los 300 bombarderos gigantes mayoritariamente atacaron huertos y tierras de cultivo vacías. La tercera división despegó y en cambio atacó las poblaciones vecinas de Schwenningen y Villingen. Menos del diez por ciento de Bamberg fue atacado. En comparación con el 98% de Nuremberg que fue destruido el 2 de enero de 1945.

En toda Alemania se arrasaron 19 ciudades principales, entre ellos Hamburgo, Colonia, Essen, Dortmund, Düsseldorf, Hannover, Mannheim, Wuppertal y Aachen. Además, otras 26 estaban muy dañadas. Los historiadores británicos, Sir Charles Webster y Noble Frankland, afirmaron en su trabajo "La ofensiva aérea estrategia contra Alemania 1939-1945" (Londres, 1961) que como mínimo 600.000 civiles, adultos y niños fueron sacrificados durante el bombardeo de loco terror y furiosa destrucción de la Gran Bretaña. A ello hay que añadir las bajas de muchos más civiles que resultaron gravemente heridos y mutilados. El primer ministro Winston Churchill que era un alcohólico crónico estaba personalmente detrás del terror. En gran medida se basó en su asesor de aviación, el inmigrante judío y profesor de Oxford Frederic Alexander Lindemann (nombrado caballero Lord Cherwell), que planeó el terrorífico bombardeo británico contra la población alemana. Nunca fue acusado de crímenes de guerra, a pesar de que sus cálculos sobre el resultado que prometió estaban totalmente equivocados. El 8 de julio de 1940, Churchill escribió que contra los alemanes era necesario "un ataque exterminador absolutamente devastador, los bombarderos más pesados sobre la patria Nazi..." (Geoffrey Wheatcroft, *The Spectator*, 29 de septiembre de 1979). Dichos Webster y Frankland eran de la opinión de que el juicio de la historia sería devastador con esta malvada acción.

Los Estados Unidos ocuparon Japón hasta 1952 El presidente Bill Clinton dijo en una conferencia de prensa en 1995, que no había ninguna razón para pedir disculpas a Japón por los dos bombardeos nucleares.

El acuerdo de Yalta prescribía una división política del extremo Oriente, después de la rendición de los japoneses. Wall Street quería una división que en el futuro pudiera ocasionar posibles conflictos armados. Durante la conferencia de Teherán en otoño de 1943, se sugirió que la Unión Soviética iba a participar en la guerra contra Japón. No había ninguna necesidad lógica o militar para ello teniendo en cuenta que la primera bomba nuclear estaba casi a punto, se esperaba que en medio año.

El presidente Franklin Delano Roosevelt describía el tono entre los aliados en Yalta como "familiar", al mismo tiempo sabía exactamente qué representaba el comunismo. No era ingenuo ni estúpido. Declaró:

"En todas las épocas, pero ahora más que nunca, el mundo ha estado gobernado sobre todo por las sociedades secretas."

Que el ancestro de Roosevelt era un judío holandés del siglo XVII (Claes Martenszen van Rozenvelt), fue mostrado por el historiador Ottomar Kraintz en su libro "Juda endecht Amerika" ("Un judío descubre América", Munich, 1938, p. 128-129).

Roosevelt exigió que Japón debería ser dividido en diferentes zonas como el plan para Alemania. La Unión Soviética recibiría la isla de Hokkaido y la parte norte de Honshu, la isla principal. Los Estados Unidos la parte central de Japón, Gran Bretaña la parte occidental de Honshu y la isla de Kyushu. También Manchuria y las Islas japonesas de Sakhalin del Sur y las Islas Kuriles serían dadas al soviéticos por su participación para forzar la sumisión de Japón. Truman se opuso a este plan y como tenía el poder, su voluntad prevaleció.

El mismo día que los estadounidenses lanzaban la segunda bomba atómica sobre Japón, el 9 de agosto de 1945, la Unión Soviética sin dar en absoluto ninguna razón declaró la guerra a Japón y rompió el pacto de no agresión que había entre ellos. Japón se rindió el 15 de agosto, pero los soviéticos consiguieron ocupar algunas islas. En primer lugar las tropas soviéticas entraron en Manchuria, que en aquel momento era el Protectorado japonés de Manchukuo (la capital era Xinjing, hoy en día Changchun). Allí y en Sajalín hicieron 594.000 prisioneros de guerra, según cifras oficializadas en 1990. La mayoría de estos fueron llevados a campos de Siberia, donde 62000 murieron, 46.000 de los cuales han sido identificados; que representan aproximadamente el diez por ciento, probablemente debido al buen estado físico. Los japoneses fueron utilizados en trabajos forzados en la construcción del principal tren Baikal-Amur en las proximidades de Lago Baikal y también en la silvicultura. Muchos murieron de hambre y de frío. También fueron sometidos a un intenso adoctrinamiento comunista.

Cuando el Congreso de Estados Unidos aprobó 125 millones de dólares en ayuda a Chiang Kai-shek en 1948, Truman se aseguró de que nunca llegaran y que Chiang fuera derrotado por las tropas rojas de Mao. Las tropas de Chiang eran disminuidas constantemente. La ayuda estadounidense al masón Mao pasó a través de Moscú de 1945 en adelante (William T. Still, "Nuevo Orden Mundial: El antiguo plan de las sociedades secretas", Lafayette, Louisiana, 1990, p. 172). La República Popular China fue proclamada el 1 de octubre de 1949, en gran parte debido a la ayuda de Mao. La ayuda de Chiang se había detenido y ya no tenía combustible para sus depósitos ni municiones. Tuvo que ceder el paso a los comunistas (Michael J. Goy, "La dimensión perdida en los asuntos mundiales", South Pasadena, 1976, p. 103).

Todo esto ya fue planeado durante la conferencia de Potsdam en el verano de 1945. Por motivos comprensibles los Estados Unidos han querido ocultar su papel en este proceso. Esto fue confirmado por Owen Lattimore, profesor de la Universidad Johns Hopkins especializada en China y Asia, que fue asesor clave de Roosevelt sobre política de China y asesor de Chiang Kai-shek:

> "El problema era como dejarlos [China] caer sin que pareciera que Estados Unidos les hubieran expulsado." (Gary Allen, "Nadie se atreverá a llamarle conspiración", Seal Beach, California, 1972, p. 76)

La sociedad masónica secreta dirigida por Sun Yatsen, que había crecido a partir del Renacimiento chino hizo el juramento, cuando sus miembros se exiliaron a Hawai, de volver a China y derribar la dinastía Qing. Sólo en 1903, los masones trataron de derribar, en veinte ocasiones diferentes, el Imperio de Manchuria, el año siguiente hubo noventa intentos, y en 1905 lo intentaron ochenta y cinco veces. El gobierno chino se defendió con éxito durante ocho años. La masonería lo siguió intentando al mismo ritmo hasta el 10 de octubre de 1911, cuando varias sociedades secretas (entre ellas los Tongmengui) en Wuchang comenzaron la revolución Xianhai (que significa "año del cerdo"). Los masones liderados por Sun Yatsen proclamaron la república en Nanking el 1 de enero de 1912 En relación con este incidente el comandante en jefe Yuan Shikai forzó a la dinastía Qing, que había gobernado China durante 268 años, a abdicar el 12 de febrero de 1912 Yuan se convirtió en presidente.

Los masones chinos habían conseguido su objetivo más importante. El emperador de seis años Po Yi fue derribado y terminaba así un imperio de 2000 años. A Po Yi se le permitió permanecer en sus palacios de Pekín, pero se vendieron los tesoros, un fenómeno normal en estos cambios de poder. En 1934, los japoneses llamaron a Po emperador del Protectorado Manchukuo, donde él ya había estado actuando como jefe de estado durante dos años. Al final de la Segunda Guerra Mundial, Po fue capturado por las tropas soviéticas. Cuando se proclamó la República Popular de China, Po Yi fue extraditado a Pekín en 1950. Fue uno de los pocos monarcas que no fueron ejecutados después de una "revolución". Fue liberado en 1959 después de haberle estado lavando el cerebro durante nueve años en la cárcel y se le permitió trabajar haciendo de jardinero hasta que murió de cáncer en 1967.

John F. Kennedy y Richard Nixon no eran masones, lo que alteraba a la Orden Masónica. Kennedy fue asesinado, Nixon se vio obligado a dimitir. Noam Chomsky considera que casi todos los métodos corruptos, que provocaron la caída de Richard Nixon, también habían sido utilizados por su predecesor Lyndon Johnson y otros presidentes masones. El presidente Truman bloqueó ilegalmente la investigación de Nixon del crimen organizado. Poderosas fuerzas masónicas querían que Nixon dimitiera. Detrás de la discusión sobre su moral había secretos políticos y económicos. Es por eso que fue aislado por el sistema, aunque había conseguido una enorme cantidad para los Illuminati.

Eran masones, sin embargo, el jefe de Justicia de la Corte Suprema, el sueco-americano, Earl Warren (grado 33°), el senador Richard Russell (Logia Winder) y el Vice-Presidente Gerald Ford, que hizo todo lo posible para deshacerse de Nixon, lo que ocurrió el 9 de agosto de 1974. Utilizaron el caso

Watergate de 1972-1973. El sucesor de Nixon fue Gerald Ford, masón de grado 33° y Bilderberger.

El lobby judío en Estados Unidos había hecho uso del caso Watergate para romper a Nixon antes de que él obligara a Israel a hacer las retiradas necesarias para la paz en Oriente Medio.

El *Washington Star* informó lo siguiente el 1 de diciembre de 1971:

> "El ex presidente Lyndon B. Johnson confirma que Richard Nixon en cuanto a presidente Republicano fue capaz de hacer cosas que no era capaz de hacer un presidente Demócrata. "¿Podría usted imaginarse el revuelo," reflexionó durante una breve entrevista, "si hubiera sido yo el responsable de la expulsión de Taiwán de la ONU? O si yo hubiera introducido controles en los precios y los salarios? Nixon lo hizo," concluyó con un trasfondo de admiración. "Si yo, Truman o Humphrey o algún otro demócrata lo hubiera intentado, nos habrían destruido por completo."

En el *New York Magazine* de septiembre de 1970 había un artículo de John Kenneth Galbraith, el profesor socialista de Harvard. En el artículo titulado "Nixon y la gran renovación socialista", Galbraith afirmaba que el cambio durante la administración Nixon era el nuevo gran salto hacia el socialismo. Este juego era peligroso, ya que fue etiquetado de conservadurismo. El mismo Nixon llamó su política como "el nuevo federalismo".

El historiador Gary Allen, que escribió una biografía de Nixon, afirma que Nixon vivía en Nueva York en una casa propiedad de Rockefeller. Theodor White afirmó en su libro "Las decisiones del Presidente 1960", que Nixon estaba dispuesto a hacer cualquier cosa por Rockefeller para ganar la confianza de la familia. Rockefeller actuaba a través de Nixon, que tenía como asesor suyo a un extremista socialista y odioso francmasón, Henry Kissinger (nacido Avraham Ben Elazar, según el *The Jewish Press*, del 18 de junio de 1976).

El caso de Kissinger

Heinz Alfred Kissinger nació el 27 de mayo de 1923 en Furth Alemania central, hijo de un rabino (*Washington Observer*, 15 de abril de 1971). Sus padres emigraron a Estados Unidos en 1938 y Heinz se convirtió Henry. Entre 1943 y 1945 trabajó para la inteligencia de EEUU. Posteriormente enseñó ciencias políticas en la Universidad de Harvard. Kissinger fue educado por el Profesor William Yandel Elliott, que se adhirió a las locas ideas de HG Well.

En 1955, desarrolló una relación con Nelson Rockefeller (Frank Capell, "Henry Kissinger: Agente soviético", Cincinnati, 1992, p. 29). El pobre refugiado judío se convirtió en una poderosa figura gracias a la familia Rockefeller que empezó a utilizarlo como un representante. En 1956, fue nombrado editor de la influyente revista *Foreing Affairs*.

Henry Kissinger es un oficial de alto rango de la organización masónica judía B'nai B'rith. También es miembro del Grupo Bilderberg y de la Comisión

Trilateral. Pertenece a la Gran Logia Alpina Suiza, al elitista Bohemian Club, y es miembro del Phi Beta Cappa Club, del Cosmos Club, del Federal City Club y del Century Club.

Kissinger fue asesor de los presidentes Richard Nixon y George Bush, padre. Los años 1961, 1969 y 1973 pasó la comprobación interna de seguridad. La información sobre él fue entregada por el Departamento de Estado no por el FBI. Al principio de su carrera como consejero de Nixon, obtuvo el control de los servicios de inteligencia de Estados Unidos (Frank Capell, "Henry Kissinger: Agente soviético", Cincinnati, 1992, p. 9).

En abril de 1946, Kissinger comenzó a dar clases en una escuela para agentes de inteligencia. Durante este periodo fue reclutado como agente soviético por el KGB, bajo el nombre en clave de Bor (Gary Allen, "Kissinger: La parte secreta del secretario de estado", Seal Beach, California, 1976, p. 18).

Kissinger fue el artífice de los bombardeos de Navidad de 1972 en Hanoi y Hai Phong. Se convirtió secretario de estado bajo la presidencia de Gerald Ford en 1973. Según el *Wall Street Journal*, Kissinger ayudó a que Peter Wallenberg desde Suecia exportara ilegalmente alta tecnología a la Europa Oriental comunista.

Exteriormente Kissinger era un liberal. El liberalismo, sin embargo, es básicamente una ideología izquierdista. El *Salt Lake City-Deseret News* informó el 27 de marzo de 1970 que tras la designación de Kissinger como asesor de seguridad nacional del Presidente Nixon estaba Nelson Rockefeller.

Fue Henry Kissinger quien derrocó a Richard Nixon con el escándalo Watergate (Gary Allen, "El archivo Rockefeller", Seal Beach, California, 1976, p. 176).

Kissinger recibió el Premio Nobel de la Paz en 1973 por haber ganado a los comunistas en la guerra de Vietnam.

Fue Henry Kissinger quien estaba detrás de la crisis del petróleo de 1973-1974, y quien la impulsó con sus planes en una reunión secreta en Estocolmo, el jeque Yamani, ex ministro del petróleo de Arabia Saudita lo reveló a *The Observer* el 14 de enero de 2001 Kissinger organizó una cuadruplicación del precio del petróleo en noviembre de 1973. La reunión a la que el jeque Yamani se refería era la Convención Bilderberg cerca de Stockholm en mayo de 1973. Esto fue confirmado en el libro de William Engdahl "Un siglo de guerra: La política anglo-americana del petróleo y el nuevo orden mundial" (1993).

En la década de 1960, sin embargo, se produjo un grave inconveniente con el que no había contado. Un agente comunista desertor desenmascaró a Kissinger como espía soviético, con el nombre en clave de Bor.

El coronel Michal Goleniewski del servicio de inteligencia polaco había enviado una carta al embajador de Estados Unidos en Suiza, con el alias Sniper, en marzo de 1959 y le había revelado información secreta que conduciría al arresto de los oficiales del SIS George Blake y Gordon Lonsdale en Inglaterra.

Ambos fueron juzgados y condenados como agentes soviéticos. Durante la Navidad de 1960 el mismo Sniper desertó. Era un oficial de un relativo alto rango dentro del KGB, que desenmascaró a muchos agentes soviéticos en Gran Bretaña. Se verificó la información y los espías fueron arrestados. Un poco más tarde Goleniewski entregaba una lista de agentes soviéticos en Suecia, que la inteligencia sueca pudo verificar. El gobierno socialista sueco, sin embargo, no permitió la detención de ningún agente soviético, excepto la de un peligroso traidor, llamado Stig Wennerström.

A continuación, fue el turno de Alemania, Dinamarca y Francia. Otra vez, toda la información resultó ser correcta y los agentes soviéticos fueron capturados. Un total de 5.000 páginas de material de alto secreto fueron entregadas por Goleniewski, además de 800 páginas de informes de la inteligencia soviética y 160 microfilms. Toda la información era correcta.

El 12 de enero de 1961, Goleniewski llegó a los Estados Unidos. Tenía información muy importante sobre un espía de alto nivel y exigió ver al presidente Kennedy, lo que se le denegó. En cambio, vio al jefe de la CIA y le reveló quien era el agente secreto soviético - el profesor de Harvard y consejero de seguridad nacional Henry Kissinger.

La CIA reaccionó inmediatamente - Goleniewski recibió 50.000 dólares por guardar silencio y fue expulsado al momento. Kissinger era un miembro tan poderoso de B'nai B'rith que ellos no podían tocarlo. Se le permitió continuar con sus perjudiciales actividades.

Kissinger había enviado toda la información más secreta directamente a la Unión Soviética. Esto fue, sin embargo, filtrado por la CIA y llegó a la prensa de derechas. *The American Opinion* sacó a la luz las actividades secretas de Kissinger en abril de 1975 (p. 35) y en marzo de 1976. Todo esto fue verificado por el historiador Ladislav Bitman en su libro "KGB: Desinformación soviética" (Nueva York, 1985, p. 54-55).

El agente soviético Victor Louis visitó abiertamente a Henry Kissinger en la Casa Blanca el 13 de noviembre de 1971 (John Barron, "KGB", Tel Aviv, 1978, p. 230).

Anatoli Filatov, que trabajaba para el Ministerio de relaciones exteriores de la Unión Soviética, fue reclutado por la CIA (atraído por una trampa de carácter sexual) a comienzos de la década de 1970 en Argelia. A través de él la CIA obtuvo muy valiosos secretos de Moscú. Hubo un momento en que se hizo con una copia de una carta del embajador soviético en Washington, Anatoli Dobrynia (en realidad Gutman). En esta carta Kissinger se reveló como agente soviético.

El masón de alto rango David Aaron, que trabajaba para la CIA y al mismo tiempo era asesor del presidente Jimmy Carter, hizo todo lo posible para proteger a su "hermano" Kissinger de quedar expuesto. Quería castigar a Filatov por haber dado información sobre Kissinger. A través de un diplomático rumano hizo delatar a Filatov como agente estadounidense. Filatov fue arrestado en Moscú y ejecutado sumariamente. En Estados Unidos se convirtió en un gran escándalo, pero Kissinger nuevamente se había salvad.

El masón David Aaron traicionó a su país para salvar a un hermano masón de alto rango de quedar desenmascarado como agente extranjero. El caso de Kissinger se silenció. David Aaron nunca fue castigado por su horrible crimen.

Durante su etapa como secretario de estado Henry Kissinger se aseguró de que todos los anti-comunistas conocidos fueran apartados del Departamento de Estado (Gary Allen, "Kissinger: La parte secreta del Secretario de estado", Seal Beach, California, 1976, p. 129). Kissinger no soportaba a los anti-comunistas, ni en broma.

El 4 de marzo de 1982, se afirmó desde la estación de la televisión estadounidense del canal once que el ex secretario de estado Kissinger estaba implicado sexualmente con chicos jóvenes. La activista de derechos humanos, Ellen Kaplan, preguntó a Henry Kissinger en la calle: "Sr. Kissinger, ¿es cierto que está durmiendo con chicos en el Hotel Carlyle?" La esposa de Kissinger, Nancy, entonces intentó estrangular a Ellen Kaplan, quien denunció el incidente a la policía y Nancy Kissinger fue detenida por tentativa de homicidio.

Cuando se implemente el Nuevo Orden Mundial, el mundo será muy diferente, prometió el masón Henry Kissinger en un comunicado: "No habrá tantas izquierdas, pero todo será mejor para la gente". Este es un pensamiento humanista notable.

Planes siniestros

El objetivo más importante de los masones era poder mundial real. En el emblema de las Naciones Unidas se ve claramente que los 33 grados de la masonería ya controlan el mundo. Alrededor de este símbolo circular, que contiene una red de grados con 33 secciones, hay dos ramas de olivo con 13 hojas en cada lado - que simbolizan una concreción de los medios de desarrollo espirituales. Para la masonería la acacia es su principal signo simbólico, el significado esotérico es "una actividad muy intensa". El mítico constructor Hiram Abiff supuestamente estaba cubierto de hojas de acacia, que para los masones también simboliza la inmortalidad.

Recientemente la ONU ha formado una comisión para implementar un gobierno mundial. El ex-ministro sueco Ingvar Carlsson comparte la presidencia con Shridath Ramphal. Jim Garrison, de la Fundación Gorbachov y masón de alto rango, dijo al *San Francisco Weekly* (el 31 de mayo de 1995) que

"esta es la siguiente fase del desarrollo humano... durante los próximos 20-30 años por fin tendremos un gobierno mundial. Esto es inevitable".

Otro conocido francmasón de alto rango, Zbigniew Brzezinski, fue igualmente sincero cuando en la década de 1970, afirmó:

"No tengo ninguna ilusión de que el gobierno mundial aparecerá en vida nuestra... No nos podemos transferir a un gobierno mundial en un solo paso rápido... El requisito necesario para la definitiva y verdadera globalización es una continua regionalización, porque de esta manera nos movemos hacia unidades más grandes, más estables y más cooperativas."

Esto es increíblemente como un régimen estalinista:

"Después las diferentes regiones pueden unirse para formar una sola dictadura mundial." (Josef Stalin, "El marxismo y la cuestión nacional", Moscú, 1942)

El conocido masón James Paul Warburg dijo ante el Senado de EEUU el 17 de febrero de 1950:

"Tendremos un Gobierno Mundial, nos guste o no. La única pregunta es si el Gobierno Mundial será alcanzado por conquista o por consentimiento".

David Rockefeller declaró:

"Estamos al borde de una transformación global. Todo lo que necesitamos es una oportuna gran crisis y las naciones aceptarán el Nuevo Orden Mundial."

Strobe Talbot, que fue asistente del secretario de estado del presidente Clinton, declaró a *Time Magazine* (p. 70) el 20 de julio de 1992:

"El mejor mecanismo para la democracia... es.... una federación, una unión de estados independientes que asignen ciertos poderes a un gobierno central conservando muchos otros para sí mismos. El federalismo ya ha demostrado ser el más exitoso de todos los experimentos políticos y organizaciones tal como la Asociación Federalista Mundial lo ha defendido durante décadas como base para el gobierno mundial. Estados Unidos todavía es el mejor ejemplo de un estado federal multinacional... Quizás la soberanía nacional no era tan buena idea después de todo."

De esta manera los masones están preparados para revelar su poder secreto introduciendo un gobierno mundial.

El autor suizo Karl Heise publicó el mapa de la Europa del 1888 de los masones británicos. Mostraba las nuevas fronteras de Europa tal como serían después de la guerra. Su interesante estudio "Entente-Freimaurerei und Weltkrieg" / "Entente-Masonería y Guerra Mundial" (Basilea, 1919) analiza el rol secreto de la masonería al provocar la primera Guerra Mundial.

El diario británico *The Truth* publicó en diciembre de 1890 un mapa, mostrando estas fronteras europeas que sólo se hicieron realidad en 1919. ¡Tres grandes imperios habían desaparecido! Este mapa fue publicado como una exageración satírica. En 1919 nadie se rió.

"La responsabilidad de la Guerra Mundial recae únicamente sobre los hombros de los financieros internacionales. Es sobre ellos que reposa la sangre de millones de muertos y millones de moribundos". (Registro del Congreso, 67° Congreso, 4 ª sesión, 1923, Documento del Senado n° 346)

El masón de alto rango Jacques-Yves Cousteau dijo en una entrevista a *The UNESCO Courier* (noviembre 1991, p. 13):

"Para estabilizar la población mundial, deberíamos eliminar 350.000 personas al día. Decir esto es horrible, pero es igual de malo no decirlo."

Sólo en un año esto equivaldría a 128 millones de personas. Cousteau quería decir que los líderes mundiales tenían diez años para reducir la población, antes de que fuera la hora de tomar decisiones drásticas.

Thomas Ferguson, funcionario encargado de América Latina en la Oficina de Asuntos de la Población (OPA) del Departamento de Estado, escribió a principios de la década de 1970:

"Sólo hay un tema detrás de todos nuestros trabajos - hay que reducir los niveles de población. Nuestro fracaso para reducir la población a partir de medios simples ha creado las bases para una crisis de seguridad nacional. El gobierno de El Salvador ha fallado al utilizar nuestros programas para reducir su población. Por eso ahora se acercan a una guerra civil... habrá escasez de alimentos y trastornos. Allí todavía hay demasiada gente. Las guerras civiles son maneras muy extensas de reducir la población. La manera más rápida de reducir la población es a través del hambre, como en África o a través de enfermedades como la peste negra. Nos fijamos en nuestras necesidades estratégicas, y decimos que este país debe reducir su población - o bien tendremos problemas. Así que tomamos medidas." (*Executive Intelligence Review*, informe especial, 25 de junio de 2000, p. 28-30)

Cyrus Vance (1917-2002, Skull & Bones, Comisión Trilateral, Consejo de Relaciones Exteriores, Bohemian Club), quien en 1976 fue secretario de Estado del Presidente James Earl Carter, en 1975 editó el informe de 600 páginas "Global 2000", que fue encargado por la élite del poder.

Entre muchas otras cosas es un plan para reducir la población mundial mediante guerras, hambre, enfermedades y plagas hasta 2,5 millones de personas en 2000. La población de los Estados Unidos debía ser reducida a 100 millones en 2050.

El objetivo del Nuevo Orden Mundial es establecer un gobierno mundial totalitario. Para conseguir este objetivo los líderes masónicos hasta ahora han tomado las siguientes medidas:

1. Han tomado completamente el control del mercado monetario a través de las familias masónicas Rothschild, Warburg, Schiff, Rockefeller, el especulador de divisas George Soros.

2   Han ejercido influencia sobre los medios de comunicación mediante los masones William Randolph Hearst, Adolph Ochs, Silvio Berlusconi, Murdoch *et al.*

3.   Han establecido el control del sistema político a través de la francmasonería del Gran Oriente en Francia, Italia, América Latina, Rusia, Europa Oriental y en otros países. Georges Pompidou, Dean Rusk, Walter Mondale, Franz Joseph Strauss, Willy Brandt, Bruno Kreisky y muchos líderes políticos que eran miembros de diversos logias. El último Presidente de la Unión Soviética, Mikhail Gorbachov, se convirtió en masón de los Caballeros Templarios en Estados Unidos, donde recibió el título de Caballero de Malta (*Nóvoie Russkoye Slovo*, Nueva York, diciembre de 1989; Oleg Soloviov, "La masonería en la política mundial del siglo XX", Moscú, 1998). El 16 de noviembre de 1991, el Presidente ruso Boris Yeltsin también fue iniciado en esta logia (*Sovetskaya Rossiya*, 9 de septiembre de 1993).

4.   Han extendido un tipo repugnante de "entretenimiento" como películas de acción con violencia; pornografía; plagiado música popular inarmónica como la de los masones George Gershwin e Irving Berlin (Israel Baline, grado 32°), que venía de Rusia, y la música de rock duro; propagadas por deportes competitivos como el fútbol, que recogió 300 víctimas durante la década de 1980 y en 1969 causó una guerra entre Honduras y El Salvador que duró cuatro días y costó 6.000 vidas y dejó 50.000 sin techo). Los masones Louis B. Mayer (Metro-Goldwyn-Mayer), Darryl Zanuck, Rupert Murdoch (20th Century Fox), Jack Warner (Warner Brothers Fame) han hecho daño a la humanidad mediante la difusión de sus repugnantes películas. Hollywood estaba ya en la década de 1930 controlado por los banqueros francmasones Kuhn, Loeb & Co. y Goldman Sachs.

B'nai B'rith en la década de 1920 también fundó una logia en Hollywood, con Alfred Schwalberg, Baranay Bapaban (Paramount), Harry Goldberg (Warner Brothers) y otras figuras destacadas de la industria cinematográfica estadounidense. La logia recibió el número 1366. Entre los años 1925 y 1935, "el rey de las películas" Willy Hayes dio al presidente de B'nai B'rith, Alfred M. Cohen la opción de examinar todos los guiones que tuvieran que ver con los judíos.

B'nai B'rith posteriormente logró camuflarse y fundó la especial Logia Film en Hollywood el 16 de noviembre de 1939. En 1974 comenzó a ser conocida como Cinema Unit 6.000, que era una logia dentro de B'nai B'rith. En 1977 fue reorganizada con el nombre de Cinema-Radio-TV Unit 6000. Todos los masones de B'nai B'rith de los medios de comunicación se unificaron en esta logia.

En 1979, tenía 1600 miembros, como actores, distribuidores, directores, guionistas, productores y compositores. Todos estos masones han tenido una influencia enorme en el desarrollo del entretenimiento violento. Larry Hagman, que interpretaba el petrolero típico JR Ewing en la telenovela "Dallas", es uno de los miembros de esta logia. Otro miembro es Leonard Nimoy de "Star Wars" (Viktor Ostretsov, "La masonería, cultura e historia rusa", Moscú, 1999, p. 613).

5. Los francmasones se han asegurado de que el mayor número posible de jóvenes sean dependientes de las drogas. La llamada "cultura juvenil" es el peor crimen contra la juventud. El masón George Soros propaga la legalización de las drogas. El Gran Oriente favorece el tráfico de estupefacientes de la mafia. La CIA con apoyo tácito de los líderes masónicos ha participado en el negocio de drogas de Vietnam y ayudó a distribuir las drogas a los jóvenes en las calles.

6. Han extendido la confusión espiritual a través de destructivas o engañosas subculturas o sectas que han intentado controlar en diversos grados. Ejemplos de ello son el movimiento humanista, la iglesia mormona y los testigos de Jehová.

7. Han causado el paro y las crisis económicas, por ejemplo la caída de Wall Street en Nueva York el 24 de octubre de 1929.

8. Han instigado guerras, revoluciones y conflictos armados y apoyado el terrorismo. Los masones entre otras cosas causaron dos guerras mundiales, la guerra de Corea y la guerra de Vietnam. Por ejemplo el masón Jacob Venedy (1805-1871) fue uno de los líderes del Comité revolucionario de los cincuenta, que fue fundado en Frankfurt en marzo de 1848 durante la mayor revolución de Europa el año 1848. El comisario revolucionario Venedy conducía la revuelta en Berlín el 18 de marzo de 1848. La Logia P2 es otro ejemplo de cómo se ayudó a formar la organización terrorista de las Brigadas Rojas en 1969.

9. Han instalado regímenes totalitarios, por ejemplo en Rusia en octubre de 1917 y en China en 1949. (Más información sobre esto en mi libro "Bajo el signo del Escorpión").

10. Finalmente quieren convertir la ONU en un gobierno totalitario mundial. En las Naciones Unidas, como se ha mencionado anteriormente, ya funciona una comisión para la implantación de un gobierno mundial.

La expansión de la masonería

En 1829 había 3.315 logias masónicas en el mundo. En 1986 había 6.155.000 masones en 32370 logias. Según fuentes oficiales en 1998 había 8.660 logias con 358.214 masones en Inglaterra y 1175 logias en Escocia. En total hay aproximadamente 600.000 masones en Gran Bretaña. En Francia hay 120.000 masones en 700 logias (Ghislaine Ottenheimer, Renaud Lecadre, "Les Frères Invisibles", París, 2001, p. 21). En Suiza hay 3.450 masones en 52 logias, en Holanda 162 logias con 6.673 masones. España tiene solo 2000 masones en 96 logias gracias a Franco y a la iglesia católica. En Finlandia hay 5.500 masones.

En 2001 había siete millones de masones en todo el mundo (Ghislaine Ottenheimer, Renaud Lecadre, "Les Frères Invisibles", París, 2001, p. 117).

El 8 de marzo de 1775, en París se abrió la primera logia masónica para mujeres. Por lo tanto, después de esto, el 8 de marzo se celebra el día internacional de la mujer. La iniciativa fue tomada por la masona Clara Zetkin. El feminismo internacional es otra parte de la ideología destructiva masónica.

En 1931, bajo las alas de la Gran Logia, en Yugoslavia había 24 logias. El masón Josip Broz Tito no prohibió la masonería en la Yugoslavia comunista, como el masón Castro tampoco lo hizo en Cuba.

Durante los años ochenta, los masones serbios comenzaron a ser muy activos otra vez y en junio de 1990, en Belgrado, se estableció una nueva Gran Logia Serbia con el apoyo de la Vereinigte Grosslogen von Deutschland (La Gran Logia Unida de Alemania). Que es conocida como "Yugoslavia" y su finalidad es luchar contra el malvado nacionalismo.

En Estados Unidos había oficialmente 4,5 millones de masones en 16.000 logias en la década de 1960. Hoy en día sólo quedan 2,5 millones. Según el masón de grado 32º desertor Bill Schnoebelen, cada vez resulta más difícil reclutar nuevos miembros, ya que la aversión hacia la masonería está creciendo. También hay logias para niños y una posible guardería para futuros masones sería el movimiento de los Boy Scout.

De los 41 presidentes de Estados Unidos 14 eran masones, o aproximadamente el 30 por ciento. En 1929, el año de la caída de la bolsa, alrededor del 67 por ciento de todos los miembros del Congreso pertenecía a la masonería (Paul. A. Fisher, "Detrás de la puerta de la logia", Rockford, Illinois, 1994, p. 246).

En Canadá había 641 logias con 71799 masones en 1998. En Turquía tenían 140 logias con 10.540 masones. En Brasil había 1745 logias con 97.754 miembros. La India tenía 306 logias con 14.755 miembros.

En Vientiane, en Laos hubo hasta 1967 una logia escocesa, pero ya no está en activo.

En Macao, el Gran Oriente de Lusitania fue fundada en 1911, mientras que las logias más pequeñas ya se habían instaurado en 1872.

En Filipinas, los estadounidenses fundaron la primera logia en 1917, y en 1998 había 160 logias con 14.000 miembros.

En Corea del Sur había varias grandes logias. La primera logia, llamada Han Yang, fue fundada en Seúl el 5 de noviembre de 1908. Una gran Logia se llama Harry Truman nº 1727. En Taiwán hay sólo 10 logias con 754 miembros en activo. En Japón sólo han logrado establecerse 18 Logias con 3.743 masones (1980). La primera logia de habla inglesa abrió sus puertas en 1865, la primera de habla japonesa no lo hizo hasta 1954. En 1867, fue construido el Yokohama Masonic Hall. Durante la Segunda Guerra Mundial los masones eran detenidos como traidores en Japón (Jaspi Ridley, "Los francmasones", Londres, 2000, p. 239). Ya en 1911, en Tailandia, se fundó la logia de San Juan n° 1702 La segunda logia escocesa no se estableció hasta 1993 en Pattaya con el nombre de Logia West Pattaya Winds n° 1803. Al año siguiente se fundó en Chiangmai una logia francesa y en 1995 se estableció un logia irlandesa en Bangkok, llamada Logia Morakot n° 945.

En la Indochina francesa (el actual Vietnam) había una actividad masónica muy animada. El actual régimen comunista ha prohibido oficialmente la masonería, pero como es habitual en los países comunistas las logias continuando funcionando extraoficialmente.

En Jordania sólo están en activo unas cuantas logias. En Palestina se fundó en 1933 una gran logia Israelita, antes de la proclamación del estado de Israel. En 1988 había 60 logias masónicas con 3.000 miembros ("Lista de logias masónicas", 1989, p. 254-255).

Yitzhak Rabin, que fue asesinado el 4 de noviembre de 1995, era gran maestro masón de Israel. En 1998, había 78 logias en esa pequeña nación.

Todos los líderes políticos africanos son masones conectados al Gran Oriente de Francia (Ghislaine Ottenheimer, Renaud Lecadre, "Les Frères Invisibles", París, 2001).

La Grande Oriente do Brasil fundada en Río de Janeiro el 17 de junio de 1822, es hoy una orden poderosa en América Latina.

En Estonia había 250 masones en 2003. La primera logia, llamada Isis, se fundó tan pronto como el 12 de octubre de 1773. Según el conocido francmasón estonio Gunnar AARM, el Presidente estonio Konstantin Pats y el comandante en jefe Johann Laidoner pertenecían a logias suecas en la década de 1930 ("Kuldne kroon Eesti lipul" / "La corona dorada en la bandera de Estonia", Tallin, 1992, p. 35). Tras la caída del poder soviético, fue fundada la logia Fooniks (Phoenix) en Tallin el 12 de junio de 1993. Actualmente hay seis logias, tres en Tallin y una en Tartu, en Parnu y en Haapsalu. Además en mayo de 1999 se fundó una gran logia en Estonia.

Toomas-Hendrik Ilves es miembro de la Comisión Trilateral, que está dirigida por los Illuminati, ya que es un órgano masónico (Vladimir Krasny, "Los hijos del diablo", Moscú, 1999, p. 266).

El primer Gran Maestro de la Gran Logia de Estonia fue Arno Koorna el 1999, después de haberse convertido en francmasón en Finlandia el 1 de diciembre de 1991). El 19 de septiembre de 1950, fue nombrado secretario del Partido Comunista en la Universidad de Tartu. La evidencia documental muestra su carrera como perseguidor de los nacionalistas y de los "enemigos del pueblo". Nunca se ha retractado. Siim Kallas ministro de Finanzas durante los años 90 fue sospechoso de un importante desfalco pero se le permitió continuar como si nada hubiera pasado y fue absuelto de todas las irregularidades. Durante su mandato como jefe del Banco de Estonia, se aseguró de que el famoso símbolo masónico del ojo-que-todo-lo-ve apareciera en los billetes de 50 coronas. Los masones están muy interesados en poner sus símbolos en todas partes. En su panfleto de propaganda, el Gran Maestro Koorna destaca el hecho de que los masones son respetuosos con la ley y ciudadanos leales. Sostiene que la masonería no tiene un centro internacional, lo cual no es cierto. Koorna está tratando de trivializar los bien documentados crímenes de la masonería afirmando que sólo ha habido "digresiones" ocasionales de la verdadera masonería. En una entrevista al diario *Aripaev* (*Business Day*) el 13 de diciembre de 1999 afirmaba:

> "Somos hombres de bien, que quieren ser aún mejor".

P2 - La secta masónica más infame

La logia masónica más infame de Europa se llama P2, que ha sido interpretado como Propaganda 2, pero más bien debería leerse Palladianismo 2 (Albert Pike fue el fundador de esta muy secreta masonería de estilo palladianista), los centros de la cual estaban en Charleston, Roma y Berlín.

La P2 oficialmente fue fundada en 1966 por Giordano Gamberini, gran maestro de la Gran Oriente de Italia, con unos 18.000 miembros. En realidad, un Consejo masónico Palladianista de Roma, formado por Giuseppe Mazzini y Albert Pike, fue desarrollado en 1877 en una logia Masónica secreta llamada Propaganda Massonica. Esto fue introducido por los masones que visitaban la capital desde otras partes de Italia, y el mismo rey fue miembro. Más tarde sus 23 consejos acabaron siendo centros para el terrorismo.

Junto con los Illuminati, el Gran Oriente de Francia tuvo un papel destacado en la toma del poder por los Jacobinos en Francia en 1789, el evento es conocido como la "Gran" Revolución Francesa. El Gran Oriente estaba sometida al control total de los Illuminati, según algunos historiadores, entre ellos Nesta Webster.

Después de la Segunda Guerra Mundial, cuando la masonería fue de nuevo legal en Italia, la masonería italiana fue reorganizada por los norteamericanos. El emisario de la CIA Gilliotti inició personalmente la limpieza en la Gran Oriente de Italia de los miembros menos importantes. Gianni Rossi y Francesco Lombrassa afirman en su libro "En nombre de "la logia" ("In nome della "loggia": Le prove di come la massoneria segreta la tentato di impadronarsi dello stato italiano. Iretroscena della P2"), publicado en 1981 que:

> "los estadounidenses, especialmente aquellos que representaban a la mafia y a la CIA dentro de la masonería, tenían... el futuro de la Gran Oriente en sus manos".

En 1965, la P2 sólo tenía 14 miembros. Se había convertido en una logia de la élite. Los miembros eran conocidos como *piduesti* (P2s). Cuando Gamberini durante los años 1966-67 reorganizó la logia por orden del gran maestro de la Gran Logia, Lino Salvini, escogió a Licio Gelli como gran maestro en 1967. El pequeño empresario Gelli, venido de Arezzo en la Toscana, había sido iniciado en la Gran Oriente y en la P2 en Roma en 1965 después de una larga estancia en el extranjero. También fue miembro de la Orden de Malta.

Gelli había luchado al lado de Franco en la Guerra Civil española y apoyaba a Mussolini con avidez. Durante la Segunda Guerra Mundial torturó y asesinó a partidarios comunistas y les denunció. Al mismo tiempo pertenecía al partido comunista clandestino. Después de la guerra Gelli y el sacerdote católico Krujoslav Dragonovic organizaron una "línea de ratas" para los nazis que querían huir a Sudamérica. La cuota de Gelli era el 40 por ciento de su dinero (David Yallop, "En nombre de Dios", London, 1985, p. 172).

Licio Gelli, Gran Maestro de la Logia P2 (1966-1981)

En 1954, el mismo Gelli tuvo que huir a Argentina, donde se convirtió en el protegido del Presidente Juan Perón. Consiguió la doble nacionalidad. Gelli posteriormente también se acercó al Presidente de Nicaragua Anastasio Somoza.

Con Gelli la P2 creció rápidamente. Utilizaba chantajes despiadados para reclutar nuevos miembros para su logia (Stephen Knight, "La hermandad", Londres, 1994, p. 271). Todos los miembros debían ser leales a Gelli y no al estado italiano. Los miembros de la P2 obedecían por temor a los horribles castigos. Hacía chantaje a sus "hermanos", en su villa de la Toscana se encontraron documentos comprometedores. Las cuotas estaban por las nubes. La sede de la P2 estaba en el Hotel Excelsior de Roma. En realidad la P2 estaba dirigida por la Grand Logia Alpina de Suiza.

En 1973, el periodista suizo Mattieu Paola empezó a investigar el papel de la Alpina en la formación de la CE (Comunidad Europea). El principal propagandista era el presidente de Gaulle, que pertenecía a esta logia. El libro de Paolo "Les Dessous" ("El trasfondo") causó una sensación de inseguridad en Europa. Esto debía ser eliminado. La inteligencia israelí lo secuestró, lo acusó de espionaje y lo ejecutó sin juicio. De hecho el Mossad se había convertido en la organización terrorista de los Rothschilds.

A través de un potente miembro de la P2, el banquero Michele Sindona, Gelli se conectó a la Cosa Nostra durante los años 1970. Pronto la P2 tendría estrechos lazos con la mafia y se implicaría sobre todo en el tráfico de estupefacientes.

El Dr. Agostino Cordova, de la Fiscalía de la ciudad calabresa de Palmi y uno de los más destacados expertos sobre la mafia, en el año 1993 fue capaz de enlazar a Gelli con la logia masónica calabresa Roccella Ionica, que participaba en actividades delictivas, así como con la mafia local, la 'Ndrangheta, la actividad principal era engañar a la Comisión de la UE con sus prestaciones a la agricultura. Como mínimo un diez por ciento del presupuesto de la UE se perdía debido al fraude y la corrupción. Córdoba concluyó que Gelli, gran maestro de la P2, conocido como il Venerabile (el Venerable) en efecto estaba implicado en el fraude y la masiva conspiración de armas y drogas.

Todos los miembros de la P2 estaban involucrados en delitos económicos. Dejaban de pagar al gobierno 2 millones de dólares anuales en impuestos. Utilizando documentación falsa vendían crudo en vez de petróleo, ya que el gasóleo tenía un gravamen más alto. También hubo transacciones de acciones fraudulentas y exportaciones ilegales de divisas. En abril de 1997, una firma Internacional de Contabilidad afirmó que el fraude organizado estafaba a los ciudadanos de la Unión Europea y a las empresas más de 50 mil millones de dólares al año. La firma investigó el fraude de la Comisión de la UE. En Italia sólo 200.000 personas se ganaban la vida al margen del fraude.

Cuando el fiscal Cordova en febrero de 1993 destapó los lazos penales de Gelli con la Logia calabresa de la Roccella Ionica, para estafar a la Comisión, el ministro de Justicia socialista, Claudio Martelli, bloqueó la nominación de Córdoba como fiscal jefe de la Comisión italiana Antimafia y como fiscal de Nápoles, donde la mafia local se llama la Camorra (Brian Freemantle, "The Octopus", Londres, 1995, pág. 19).

Pronto el juez anticorrupción Cordova reveló que Martelli había detenido completamente sus investigaciones sobre la infiltración de la masonería y la mafia en el centro del poder de la Unión Europea (ibídem, p. 256). Córdoba señaló que un miembro de la Comisión Parlamentaria Antimafia era un masón de la P2 Martelli renunció a su cargo y al Partido Socialista. En breve se iba a Londres a hacer un curso de economía.

La P2 durante la década de 1970 estuvo bajo una gran influencia de la Gran Oriente, pero Gelli quería ser más independiente.

La P2 fue la responsable del ataque con bombas al Banco del Comercio en la Piazza Fontana de Milán el 12 de diciembre de 1969, donde murieron 16 personas. También organizó otra explosión con bomba en un túnel contra el tren Italicus entre Roma y Mónaco, la noche del 4 de agosto de 1974, como parte de un *golpe de estado* previo, que fracasó. Doce personas murieron y 105 resultaron heridas.

En diciembre de 1974, Lino Salvini, gran maestro de la Gran Oriente de Italia, sugirió que la P2 fuese cerrada. Quería repudiar públicamente la logia. En marzo de 1975, Gelli formó la nueva P2 y nuevamente se convirtió en gran maestro. La lista de los miembros de la Gran Oriente dejó oficialmente de ser secreta. Sin embargo Spartaco Mennini, Gran Secretario de la Gran Oriente de Italia, sólo conocía a una tercera parte de los miembros. El resto de la lista Gelli se la guardó para sí mismo, así como el Pentágono, que también tenía una lista completa de los miembros de la P2 (Philip Willan, "Maestros Títeres: El uso político del terrorismo en Italia", Londres, 1991, p. 69).

En julio de 1976, la P2 fue sospechosa del asesinato del juez Vittorio Occorsio, que estaba investigando las conexiones de la P2, entre otras logias masónicas, con otras organizaciones criminales.

Cuando el masón Francesco Siniscalchi en 1976 informó al fiscal jefe de Roma que Gelli participaba en actividades delictivas, fue ignorado. Pero de todos modos la burbuja estalló.

El Papa Juan Pablo I era una seria amenaza para la masonería. Se proponía detener las operaciones ilegales de dinero de los masones del Vaticano con varios bancos de todo el mundo y la corrupción dentro del papado. En el Vaticano en ese momento había 100 masones. En algún momento entre el 28 y el 29 de septiembre de 1978 el Papa murió. La causa de su muerte fue declarada como desconocida. Había ocupado el cargo tan sólo 33 días. David Yallop demuestra en su libro "En nombre de Dios" (Londres, 1985) que la P2 y Gelli habían organizado el asesinato del Papa - y detrás de la P2 estaba la Grand Lodge Alpina de Suiza.

En 1979, Licio Gelli fue elegido como presidente de la organización internacional de logias masónicas, Asociación Masónica Internacional (Vladimir Krasny, "Los hijos del diablo", Moscú, 1999, p. 272).

En 1980, Gelli fue entrevistado por la prensa, donde destacó que, para él, la masonería en Italia era como un gran teatro de marionetas. Admitió que él siempre había querido ser quien manejaba los hilos. Aquello fue una violación terrible en contra de la política oficial de la masonería.

Los masones italianos estaban molestos. Se convocó un tribunal masónico a principios de 1981 y a Gelli se le echó de la masonería y la P2 se cerró. De ahora en adelante todas las acciones de Gelli serían consideradas ilegales. La Grande Oriente dio permiso a la policía para examinar los asuntos de Gelli y la P2 Antes de eso a él lo dejaban en paz bajo las alas de la Gran Logia.

La masonería italiana enviaría una señal clara al castigar a Gelli el 18 de marzo, el día en que el último gran maestro de los Caballeros Templarios fue quemado en la hoguera. El 18 de marzo de 1981 la policía registró la villa Vanda de Gelli en Arezzo y encontró muchos documentos comprometedores. En la caja fuerte de Gelli encontraron una lista con 962 miembros de la P2 Entre ellos había 19 jueces de alta posición, cuatro ministros (entre ellos el ministro de industria Antonio Bisaglia), tres asistentes de ministros, varios líderes industriales, diplomáticos, 195 oficiales militares de alto rango (30 generales, entre ellos Giulio Grassini y ocho almirantes), jefes de policía, banqueros, periodistas y estrellas de TV, editores (incluyendo a Franco libelli, editor del Corriere della Sera), 58 profesores universitarios, directores de tres servicios de inteligencia y jefes de los diferentes partidos políticos (excepto los comunistas). Entre los socialistas de Bettino Craxi 35 eran miembros de la P2 Al principio sólo se dieron a conocer estos 962 nombres.

En la casa de Arezzo, la policía también encontró 150 lingotes de oro con un peso total de 165 kilos. El valor del oro era de unos 2 millones de dólares. Se encontraron en las enormes macetas que había en la terraza frente a la casa, que antes ya había sido registrada 34 veces, pero no se había encontrado nada de valor.

El 5 de mayo de 1981, la policía registró la sede de la Grande Oriente de Italia de Roma, en la vía di Pancrazio, 8, donde se incautaron el registro de miembros de la P2 y su correspondencia.

Después resultó que el número real de masones en la P2 eran tantos como 2600, 422 de los cuales eran trabajadores del servicio civil, aunque sus posiciones reales permanecieron desconocidas. Se reveló que la P2 tenía estrechas conexiones con la Banca Nazionale di Livomo. Entre los miembros de la logia también estaba Silvio Berlusconi, que estaba considerado el rey de la prensa italiana. Al principio negó ser miembro de la P2, pero los registros muestran que se hizo miembro el 26 de enero de 1978. Su número de socio era el 1816, emitido bajo el código E.19.78. Fue recomendado como miembro por el líder socialista Bettino Craxi, que volvió al poder el 4 de agosto de 1983. El ministro de Finanzas de Craxi, el socialista Pietro Longo, también era miembro de la P2 (Nº 2223).

El 11 de mayo de 1994, Silvio Berlusconi llegó a ser primer ministro de Italia, a pesar de una carrera de escándalos y fraudes. Compró su villa de Ancona mediante el abogado Cesare Previti (más tarde gratificado con el Ministerio de Defensa), que administraba la finca para una chica menor de edad cuyos padres habían muerto en una tragedia. Berlusconi vivió allí durante diez años sin ni siquiera pagar los bajos honorarios acordados ni el impuesto de bienes inmuebles (Giovanni Ruggeri, "Berlusconi gli Affari del Presidente" / "Los negocios del presidente Berlusconi", Roma, 1995). Berlusconi volvió a ser primer ministro en mayo de 2001.

En junio de 2002, Berlusconi despidió a tres presentadores de noticias. Enzo Biagi, Michele Santoro y Daniele Luttazzi eran algunos de los periodistas más populares de la TV Nacional italiana (RAI). Habían expuesto algunas de sus actividades delictivas. Como un típico francmasón, Berlusconi negó toda implicación en este nuevo escándalo.

Ahora volvamos a Gelli. El servicio de inteligencia francés, que está controlado por la Grand Orient de Francia, impidió que la policía italiana arrestara a Gelli en marzo de 1982, para que pudiera escapar a Suiza (David

Yallop, "En nombre de Dios", London, 1985, p. 444). Fue detenido en ausencia, acusado de espionaje industrial, militar y político. Fue considerado una amenaza para la seguridad nacional. Sin embargo, la Interpol logró detenerlo en Ginebra el 13 de septiembre de 1982, cuando intentaba retirar 120 millones de dólares de una cuenta bancaria secreta utilizando un pasaporte falso. La cuenta había sido congelada a petición del gobierno italiano. Fue llevado en custodia a una de las prisiones de máxima seguridad de Suiza. A Champ Dollon en los alrededores de Ginebra.

El 10 de agosto de 1983, Gelli se escapó. Oficialmente se dijo que Gelli había pagado 12000 francos suizos a un guardián de la prisión, Umberto Gerdana. Según el almirante Emilio Massera (P2), Gelli tenía cinco pasaportes falsos a su disposición. Primero huyó a Argentina y posteriormente a Uruguay, un país con el que la francmasonería italiana mantiene especialmente buenas conexiones, pero volvió a Suiza en 1987. Fue extraditado a Italia en 1988 y salió en libertad condicional después de estar un mes bajo custodia.

El 8 de mayo de 1981, se abrió una investigación y el 21 de mayo de 1981 el gobierno hizo pública la lista de miembros de la P2 Había miembros del gabinete (el Ministro de Justicia Adolfo Sarti, Giulio Andreotti, primer ministro 1972-73 y desde 1976 hasta 1979) y 43 miembros del Parlamento, entre otros. Andreotti volvió a ser primer ministro en 1989 como si nada hubiera pasado. También fue miembro del Priorato de Sión (Baigent, Leigh & Lincoln, "El legado mesiánico". Londres, 1986. p. 426).

Sin embargo, el 25 de mayo de 1981 el gobierno italiano encabezado por el primer ministro Arnaldo Forlani, cayó. El escándalo casi llevó a la disolución de la OTAN.

El 9 de junio de 1981, hubo un nuevo registro en la sede de la Gran Oriente de Roma. Las listas de todos los francmasones italianos fueron intervenidas y los archivos sellados.

No fue hasta el 15 de julio de 1981, que Giovanni Spadolini formó un nuevo gobierno que asumió el poder el 28 de julio.

La P2 fue declarada ilegal y se "disolvió" con una ley del Parlamento el 21 de enero de 1982 En el todavía activo extenso archivo sobre la organización, la P2 es descrita como "una estructura de poder invisible conectada con la delincuencia económica, los círculos políticos y militares y el servicio de inteligencia, creada para ser un estado dentro del estado".

La CIA se aseguró que la P2 comenzara a funcionar otra vez. Armando Corono, que era el socio más cercano a Spadolini, el 27 de marzo de 1982, se convirtió en gran maestro, mientras no estaba Gelli. La élite masónica necesitaba mucho a estas logias subversivas.

El 2 de julio de 1990, el ex agente de la CIA y del Mossad Richard Brenneke fue entrevistado en la TV italiana. Dijo lo siguiente:

"Conozco la P2 desde 1969 y he tenido tratos con la P2 en Europa desde entonces y también he tenido contactos últimamente, hasta principios de los años ochenta. El gobierno de EEUU enviaba dinero a la P2 La suma en algunos períodos fue de entre 1-10 millones al mes...

El dinero de la CIA para la P2 tenían varios objetivos. Uno de ellos era el terrorismo. Otro objetivo era obtener ayuda de la P2 para el contrabando de droga hacia los Estados Unidos desde otros países. Los utilizaron para crear situaciones favorables a la explosión del terrorismo en Italia y en otros países europeos a principios de los años setenta...

La P2 desde el comienzo de la década de 1970 era utilizada para el tráfico de droga, para desestabilizar de forma encubierta. Se hacía en secreto para que la gente no conociera la implicación del gobierno de EEUU. En muchos casos se hacía directamente a través de las oficinas de la CIA en Roma y en algunos otros casos a través de los centros de la CIA en otros países...

La P2 colaboró con las agencias del gobierno estadounidense en el envío de armas a Irán después de la reunión de 1980.

Sé que Bush estaba en París el mismo día en que tenían lugar las reuniones relativas a la libertad de los rehenes y el pago de un rescate por su libertad. Gelli participó en estas reuniones... Mis acusaciones son muy graves y no las haría sin tener pruebas".

Richard Brenneke afirma haber tenido una estrecha cooperación con la P2 durante 20 años. El control real de la P2 estaba en Suiza y en los Estados Unidos. El periodista Mino Pecorelli, miembro de la P2, también reveló que la logia estaba controlada por la CIA. Brenneke confirmó que la logia continúa activa como P7 en Italia, Austria, Suiza y Alemania.

Más de 128 masones estaban implicados con Gelli en una masiva conspiración de armas y drogas (Brian Freemantle, "El pulpo: Europa entre las garras del crimen organizado", Londres, 1995, p. 19).

En julio de 1990, el presidente italiano Francesco Cossiga exigió una investigación de las alegaciones de Brenneke de que la CIA había pagado a Licio Gelli por fomentar actividades terroristas en Italia a finales de los años sesenta y setenta.

Gelli fue también uno de los principales arquitectos detrás de muchas de las operaciones del grupo comunista terrorista de las Brigadas Rojas (Brigate Rosse). Gelli y la P2 les ayudaron a ponerse en marcha en 1969. *La Repubblica* estaba molesta porque entre los miembros de la P2 también estaba el juez Guido Barbara, que debía procesar a las Brigadas Rojas (Juan Maler, "Das Jiingste Gericht" / "El día del juicio final", Buenos Aires, 1982, p. 25).

La P2 junto con las Brigadas Rojas organizó el secuestro y el asesinato del líder demócrata cristiano Aldo Moro (primer ministro en 1963-1968 y 1974-1976 y más tarde presidente del Consejo Nacional). Según la lista secreta de la P2, él también era miembro de la logia. Durante el secuestro del 16 de marzo de 1978, también murieron cinco guardaespaldas de Moro. Las autoridades se negaron a negociar con los terroristas. El secretario político de los demócrata-cristianos Flaminio Piccoli dijo que Moro había sido asesinado el 9 de mayo de

1978, porque no quería que Italia se transformara en un escenario masónico para actividades ilegales varias.

Media hora antes de que se efectuara el asalto (a las 8:30 de la mañana), una emisora de radio difundía ya la historia que Aldo Moro había sido secuestrado. Las Brigadas Rojas tenían cómplices. Un oficial de inteligencia estaba presente como se puede ver en las fotografías de prensa. Dijo que iba a comer con un amigo - pero ¿a las 9 de la mañana?

Todos los miembros del grupo de crisis que se suponía que tenía que encontrar a Moro pertenecían a la P2, es decir, el director de la policía secreta General Bassini, el jefe de la inteligencia general Santo Vito, el General Walter Perugia, el General Raffaele Giudice, director de la policía de finanzas. Antiterroristas expertos dimitieron en señal de protesta contra la incompetencia y la dejadez. Afirmaban que todo era un juego de cara a la galería.

Corrado Guerzoni, que era un estrecho colaborador de Moro, declaró en Roma el 10 de noviembre de 1982 en el juicio del presunto asesino, que Moro estaba bajo una gran amenaza. Durante una visita oficial a Estados Unidos, Henry Kissinger apareció en la habitación del hotel de Moro y le amenazó:

"O cambia de política o pagará su oposición con la vida."

Aldo Moro se enfadó e inmediatamente se fue a casa a Italia. Su esposa Eleonora lo confirmó con su testimonio. Moro se aferró a su política. La prensa estadounidense no informó, pero en Italia fue publicado ampliamente.

El plan para matar a Moro fue coordinado desde el nivel más alto. Lo demuestra el hecho de que le fuera retirada su protección policial, aunque era bastante conocido que muchos infames terroristas rojos estaban reunidos en Roma en ese momento. El secuestro y el asesinato fue una cooperación entre la CIA, el KGB, la mafia, las Brigadas Rojas y los masones. En el interrogatorio muchos miembros de las Brigadas Rojas admitieron que sabían que la CIA participaba.

El escritor italiano Lionardo Sciascia y el director de cine Giuseppe Ferrara estaban convencidos de que la policía sabía exactamente dónde estaba escondido Moro, pero que tenían órdenes de no encontrarlo (Bjorn Kumm, "Terrorismens historia" / "La historia del terrorismo", Lund, 1998, p. 172-173).

El periodista y miembro de la P2 Mino Pecorelli era propietario del semanario *L'Osservatore Politico*, y tenía muchos contactos dentro del servicio de inteligencia italiano. Dijo a su hermano de logia Giulio Andreotti que tenía la intención de publicar un artículo sobre el papel de Andreotti en el secuestro y asesinato de Aldo Moro. Poco después, Pecorelli era asesinado por orden de Andreotti. El jefe mafioso desertor Tommaso Buscetta reveló estos hechos 15 años después. No fue hasta el 17 de noviembre de 2002 que Andreotti, con 83 años, fue condenado a 24 años de prisión por ordenar el asesinato de Mino Pecorelli en 1979. El Tribunal Supremo lo absolvió, sin embargo, el 30 de octubre de 2003.

Gelli aprovechó la oportunidad para deshacerse de los otros desagradables miembros de la P2: Giorgio Ambrosoli, Boris Giuliano y Antonio Varisco. Que sabían demasiado y podían amenazar la seguridad y la posición de Gelli (David Yallop, "En nombre de Dios", London, 1985, p. 440).

Uno de los fiscales que actuaron contra la P2 posteriormente declaró:

> "La Logia P2 era una secta secreta, que conectaba empresarios con políticos para destruir el orden constitucional de Italia".

A principios de julio de 1981, la hija de Licio Gelli, María tomó un vuelo hacia Italia. En Fiumicino, el aeropuerto de Roma, fue detenida y le registraron el bolso. En un compartimiento oculto encontraron documentos secretos de la P2 recibidos del Departamento de Estado de Washington, DC, entre ellos "El plan para el Renacimiento Democrático".

Las autoridades revelaron que Gelli también era un agente del KGB, que tenían asuntos secretos y conexiones escondidas en los países comunistas, entre ellos el dictador rumano Nicolae Ceausescu, que según Pier Carpi ("¿El caso de Gelli?", Bolonia, 1982) también era francmasón.

Era evidente que la P2 estaba indirectamente vinculada con el ataque al Papa Juan Pablo II y que la logia había organizado la explosión en la estación de Bolonia, el más importante centro comunista de Italia, el 2 de agosto de 1980, donde murieron 85 personas y 200 resultaron heridas. El mismo Gelli financió este atentado.

El semanal italiano *Panorama* revelaba en septiembre de 1984 que Stefano delle Chiaie, el masón y líder terrorista italiano a quien el año 1982, el ex-francmasón Ciolina había apuntado como el cerebro detrás del atentado de Bolonia, más tarde había acabado siendo asesor del grupo terrorista comunista *Sendero Luminoso* en Perú. A finales de los años sesenta era el líder del grupo neonazi Avanguardia Nazionale de Roma. A mediados de 1980 trabajó con la Alianza Argentina Anticomunista, una organización de 2000 hombres, financiada con los beneficios de las drogas. Más tarde dirigió un ejército privado sudamericano (un grupo de asesinatos).

Panorama declaró que la decisión de colocar la bomba en Bolonia, en realidad, fue tomada por la Logia Grand Alpina Suiza junto con logias de Lausana y Montecarlo. La P2 sólo fue utilizada como un intermediario en la organización del atentado.

En octubre de 1984, el general Pietro Musumeci, jefe del departamento interno de la inteligencia militar italiana (SISMI), fue acusado del encubrimiento del incidente de Bolonia. El General también era miembro de la P2 (David Yallop, "En nombre de Dios", London, 1985, p. 465).

La P2 desde el principio, estuvo financiada por el KGB, tal como habían reclutado a Gelli desde el principio. El objetivo del KGB era desestabilizar Italia y debilitar el flanco sur de la OTAN. Al mismo tiempo la P2 estaba, por supuesto, también financiada por la CIA.

El escritor británico Stephen Knight publicó un documento secreto, con fecha 4 de junio de 1981, que había recibido del servicio de inteligencia MI6. En el documento se indica que el KGB estaba detrás de la P2 y que solían utilizar logias masónicas para infiltrarse en las naciones occidentales con sus agentes. Los agentes comunistas que eran masones en Occidente recibían una considerable ayuda de sus hermanos de logia en sus carreras. Podríamos citar a, Georges Ebon, que fue detenido en Francia en la década de 1950 (Terry Walton, "El KGB en Francia", Moscú, 1993, p. 67-68).

En este documento se hizo hincapié en el hecho de que dentro de los servicios de inteligencia los masones llegaban más fácilmente a las primeras posiciones. El mayor éxito del KGB fue cuando su agente Sir Roger Hollis fue nombrado director del MI5, donde ejerció de 1955 a 1965. La investigación oficial no llegó a esta conclusión, sin embargo. Hollis era masón, y según el citado documento, los altos funcionarios, que también eran masones normalmente nunca eran descubiertos cuando eran sospechosos de actos ilegales. El caso o bien se cerraba o se archivaba por falta de pruebas. Por lo tanto, el autor del documento exigía que los jefes de los servicios de inteligencia no deberían pertenecer a ninguna orden masónica.

Stephen Knight señaló que los masones en Gran Bretaña tienen una influencia muy grande. El Príncipe Charles ha sido el primero de estos tiempos modernos en romper la tradición de que los pretendientes al trono masculinos fueran masones.

En 1980 el chequista Ilya Dzhirkvelov que estaba destinado en Italia desertó hacia el oeste y reveló que el KGB estaba utilizando las logias masónicas para sus propios fines. Especialmente exitosos habían sido los agentes soviéticos en Gran Bretaña (como en Italia), ya que habían logrado infiltrarse en las logias más poderosas. Dzhirkvelov explicó como el KGB daba instrucciones a sus agentes británicos para hacerse francmasones, ya que la sociedad estaba gobernada desde estas logias.

Licio Gelli saqueó el Banco privado de Italia, el Banco Ambrosiano, se llevó mil millones de dólares el año 1982 Utilizó 200 millones de dólares para comprar armas para Argentina para utilizarlas en la guerra que se acercaba por las Islas Malvinas. El General argentino Carlos Suárez y el almirante Emilio Massara, que participaron en la planificación de la invasión, también eran miembros de la P2 La estafa hizo que el banco se liquidara poco después. El Banco Ambrosiano propiedad del Vaticano dejó un déficit de casi mil millones de dólares. Fue el mayor escándalo bancario de Italia en los tiempos modernos.

El director y principal propietario del Banco Ambrosiano Roberto Calvi, sus guardaespaldas masones Florio Carbono y Sylvano Vittot, marcharon, el 10 de junio, de su casa en Roma primero fueron a Suiza y finalmente llegaron a Londres el 15 de junio de 1982 Dijo a la prensa: "Sono massone, ma della loggia di Londra." ("Soy masón, pero de la logia de Londres.", *La Nazione*, Roma, 11 de diciembre de 1981). También era, sin embargo, miembro de la P2 El 18 de junio, fue encontrado ahorcado bajo el puente de Blackfriars sobre el Támesis en Londres, a cuatro km del Chelsea Cloister, donde se alojaba - no muy lejos del Freemasons'Hall de Londres. El veredicto oficial, publicado por Scotland Yard, fue de suicidio. Sufría de vértigo, sin embargo y nunca habría estado dispuesto a bajar bajo el puente para colgarse. Además, se concluyó que antes había sido estrangulado.

El masón Calvi, llamado el banquero de Dios, había amenazado poco antes de sacar a la luz el papel de la P2 en la quiebra del Banco. Fue acusado de 65 delitos diferentes, tales como blanqueo de dinero, fraude, falsificación de documentos y perjurio. Es interesante observar que los miembros de la P2 solían vestirse como monjes (Dominicos) para sus ritos mágicos. Más tarde la policía ordinaria se hizo cargo de la investigación y concluyó que había sido asesinado.

El día antes del "suicidio" de Calvi, su secretaria Graziella Corrocher se tiró por la ventana de la cuarta planta de la oficina principal del Banco de Milán. Ella también había guardado los libros de la P2 y el 2 de octubre de 1982, otro empleado del Banco, Giuseppe Dellach, saltó por la ventana del Banco y se "suicidó" (David Yallop, "En nombre de Dios", London, 1985, p. 436).

Roberto Calvi tras su "suicidio" el 18 de junio de 1982.

Supuestamente dinero negro de la mafia (de robos y secuestros) había sido blanqueado en un centro financiero de Londres con la ayuda de Calvi. Este centro financiero también estaba en estrecha relación con la Gran Logia de Londres, que lideraba el Duque de Kent. En 1981, Calvi confesó ante el juez Guido Viola en Milán:

> "Yo me hice miembro de la Gran Logia de Londres porque Gelli y Umberto Ortolani me lo dijeron. Si no lo hubiera hecho, me habría sido imposible hacer negocios en Londres."

El banquero, mafioso y francmasón (P2) Michele Sindona, que era asesor financiero del Vaticano y de la mafia, fue detenido en 1980 en Estados Unidos, acusado de ordenar al gánster William Arico el asesinato en Italia del contable Giorgio Ambrosoli.

Sindona fue condenado a 25 años de prisión en Estados Unidos. Era originario de Sicilia. En 1986, fue extraditado a Italia, para ser juzgado por haber ordenado el asesinato y fue condenado a cadena perpetua. En septiembre de 1986, accedió a hablar con los investigadores del papel de los otros en el caso del Banco Ambrosiano. Antes de que pudiera hacerlo, el cianuro se deslizaba en su café en su celda monitorizada por TV de la prisión de Voghera. Su asesino nunca fue encontrado (Brian Freemantle, "El pulpo: Europa entre las garras del crimen organizado", Londres, 1995, p. 18). Las últimas palabras de Sindona fueron: "Ellos me han envenenado."

Cuando el libro de Stephen Knight "La fraternidad" se publicó en Londres en 1985, el Parlamento británico exigió una investigación de las conexiones de la P2 con la masonería británica.

Gelli volvió a Italia a principios de 1988, pero todavía prefería vivir en Suiza y Francia. Finalmente fue detenido en Suiza y extraditado a Italia. Fue condenado a 12 años por fraude, pero pronto le dejaron en libertad condicional. Sus catorce "hermanos" masones fueron condenados a largas penas de prisión por complicidad en el ataque terrorista de Bolonia, pero fueron liberados el verano de 1990 por "falta de pruebas".

En mayo de 1998, Gelli escapó a la Riviera francesa, aunque no se le permitía abandonar Italia, pero en septiembre de 1998 fue detenido en Francia. En un nuevo juicio también se investigó el papel de Gelli en la P2 La P2 continuaba conspirando denodadamente contra la República Italiana.

Además, la P2 era sospechosa de haber participado en el asesinato del primer ministro sueco Olof Palme. Licio Gelli había enviado un telegrama el 25 de febrero de 1986 - tres días antes del asesinato - a uno de los colaboradores de George Bush llamado Philip Guarino:

"¡Di a nuestro amigo Bush que la palmera sueca será talada!"

Guarino admitió que él conocía a Gelli pero que no podía recordar aquel telegrama. Esta información fue filtrada por la CIA a la colaboradora del Presidente Ronald Reagan, Barbara Honegger, que la utilizó en su libro "Sorpresa de Octubre". Esto lo confirmó el agente de la CIA Ibrahim Razin en una entrevista en la televisión italiana en mayo de 1990.

Razin dijo:

"Durante el verano de 1986 interrogué a un líder muy importante de la mafia norteamericana, su nombre no se puede mencionar, que me dijo que aquel telegrama se lo había enviado Gelli a Philip Guarino, uno los miembros más destacados del círculo republicano cercano a Bush, en ese momento."

El periodista de la RAI Ennio Remondini:

"¿Tiene alguna indicación precisa sobre la existencia del telegrama?"

Razin:

"En la actualidad el FBI ha abierto una investigación sobre esta historia. La existencia del telegrama también consta en los archivos de la agencia de seguridad nacional."

Remondini:

"¿Exactamente desde donde se envió este telegrama y quien lo recibió?"

Razin:

"Se recibió con la firma de Licio Gelli y estaba dirigido a Philip Guarino. Se envió desde Sudamérica, desde una de las regiones más meridionales de Brasil. Según la información más fiable, fue enviado por un hombre llamado Ortolani en nombre de Licio Gelli o en todo caso bajo las instrucciones de Gelli."

Este jefe de la mafia tenía un estrecho contacto con Licio Gelli.

Lo más sorprendente fue que un diplomático soviético y agente del KGB tuvo conocimiento de este plan días antes, se lo había mencionado a su mujer en el dormitorio... En su casa había micrófonos de la policía secreta sueca (SAPO).

¿Como podía saber un diplomático soviético con antelación que Olof Palme sería asesinado? El traductor, cuando tradujo las cintas, se dio cuenta de que Moscú había iniciado el asesinato (*Expressen*, 24 de agosto de 1989). Por otra parte el fiscal jefe del caso, Anders Helin, pensó: "Esto no quiere decir nada." La información fue considerada una tontería. El fiscal jefe Jan Danielsson descubrió las cintas de los micrófonos ocultos, pero el gobierno sueco no dejó que las utilizara debido a las sensibles relaciones con la Unión Soviética (*Svenska Dagbladet*, 17 de septiembre de 1990).

En 1987, no muy lejos del lugar del asesinato fueron erigidos un total de cinco obeliscos para "ornamentar" la zona. Un obelisco está a pocos metros de donde Palme fue tiroteado.

En 1994, la P2 fue nuevamente declarada ilegal. - Se había infiltrado minuciosamente en la Gran Logia y en la Grande Oriente de Italia. Giuliano di Bernardo, gran maestro de la Grande Oriente, no había podido eliminar a los peores criminales. En 1993, repasó los documentos secretos de la logia y abandonó la orden con la declaración: "He visto un monstruo". (Brian Freemantle, "El pulpo", Londres, 1995, p. 14) El actual gran maestro es Gustavo Raffi.

Giuliano di Bernardo se trasladó desde Roma a Milán. Allí fundó una nueva logia independiente de la Grande Oriente de Italia. Empezó a cooperar con la policía en la investigación de los vínculos entre la masonería y la mafia.

El 16 de abril de 1994, Licio Gelli fue condenado a 17 años de prisión. Durante el juicio de la P2 sólo fue acusado de ejercer una influencia indebida y de divulgación de secretos de estado. Once de los otros masones acusados fueron absueltos.

Leoluca Orlando, el alcalde de Palermo y miembro del Parlamento Europeo, fundó el partido anti-mafia La Rete (La Red). Orlando se dio cuenta de que el crimen organizado obtenía su fuerza de su vínculo con la masonería. Al escritor Brian Freemantle le señaló que "nunca piense en la mafia sin la francmasonería, ambos están conectados". 15 guardaespaldas armados vigilan constantemente a la familia de Orlando.

La P2 ha estado involucrada en enormes fraudes financieros, en el comercio de armas, en ventas de arte ilegales, en narcotráfico, en terrorismo y en asesinatos políticos. A pesar de todo lo que ha sido revelado, los miembros conservan sus posiciones claves en la sociedad italiana.

En sus memorias, "Mi verdad", Gelli afirmó que la P2 era simplemente "un club de amigos con buenas intenciones".

El masón francés Jean-Christophe Mitterrand (Grand Orient), hijo del ex-presidente François Mitterrand, participó en el comercio ilegal de armas en Angola. Una corte de investigación francesa en enero de 2001 exigió a las autoridades suizas que le congelaran sus cuentas bancarias.

Tina Anselmi, presidenta de la comisión de la P2, se quejó:

> "La P2 no está muerta en absoluto. Aun tiene poder. Está trabajando en las instituciones. Se está moviendo entre la sociedad. Todavía tiene dinero, medios e instrumentos a su disposición. Aun tiene centros de poder plenamente operativos en Sudamérica. También es capaz todavía de condicionar, como mínimo en parte, la vida política italiana." (David Yallop, "En nombre de Dios", London, 1985, p. 446)

Leoluca Orlando era de la opinión de que a través de la francmasonería la mafia se está moviendo por toda Europa. Consideraba que esto es un grave problema internacional (Brian Freemantle, Op. cit., p. 15).

Mucho menos se ha escrito sobre la logia hermana de la P2, la Iside 2 o A2, que fue fundada por los socios de Licio Gelli. La A2 se ha convertido en un sofisticado centro de actividades delictivas diversas. La logia se vio involucrada en la década de 1980 en el asesinato del juez Carlo Palermo, que fue el primero en verificar los vínculos entre la mafia, la masonería y las organizaciones de espionaje búlgaras y sirias.

Diversas investigaciones realizadas por el juez Ciaccio Montaldo han verificado cuidadosamente las conexiones que la mafia de Trapani, en Sicilia, tenía con la A2 Entre los miembros de la logia secreta A2 también había empleados de la embajada búlgara en Roma (Antonio Caspari, "La masonería, la mafia y el comunismo", *Stoppa Knarket*, n° 4, 1988, p. 8-9).

En junio de 1993 Giuseppe Mandalari, gran maestro de la Iside 2 fue condenado en una corte de Trapani por haber fundado una sociedad secreta (Claire Sterling, "Crímenes sin fronteras: La expansión mundial del crimen organizado y la Pax mafiosa", Londres, 1994, p. 230).

Los masones de todo el mundo son responsables, moralmente, de los crímenes de las logias, como la Grand Orient de Francia, la P2, la A2, la P1, la P3, y Albert Pike han cometido en Calabria.

La Comisión Parlamentaria de Investigación de Roma concluyó que la masonería italiana había acabado siendo la principal víctima de las actividades de Gelli, no la sociedad italiana. ¿Qué cabría esperar? La masonería es muy poderosa en Italia. Hay más de 500 logias.

El Club 45 ó "La logia roja de Viena"

El origen de la logia Club 45, también conocida como "La logia roja de Viena", se puede remontar a los tres hombres influyentes: Leopold Gratz, Hannes Androsch y Udo Proksch.

Hacia el final de la década de 1960 el joven parlamentario y secretario del SPO (Partido Socialista Austriaco), Leopold Gratz, reunió a un grupo de amigos de la Asociación Estudiantil Socialista, que apenas habían comenzado sus carreras en 1945 (de ahí el nombre de "Club 45"). Se comprometieron a mantener una amistad incondicional y darse apoyo mutuo en su carrera personal. Su objetivo era la influencia política, el poder real, el éxito y el dinero. ¿Os suena?

Casi al mismo tiempo, en 1969, el Canciller Bruno Kreisky envió a su protegido Hannes Androsch (más tarde fue nombrado ministro de relaciones exteriores) a la Universidad de Harvard durante un año. Allí tomó parte en los seminarios de Henry Kissinger. Androsch se sintió particularmente excitado con las conferencias de Kissinger sobre "la organización y el ejercicio del poder".

Después de volver a Austria, Androsch sabía qué hacer. Le dijo a unos amigos que tenían que poner en marcha una organización masónica especial dentro del SPO. De esta manera un pequeño grupo podría relativamente rápido llegar a la cima, primero dentro del partido y después en todo el país.

El tercer hombre de la troika original, el aventurero, traficante de armas y agente soviético Udo Proksch, decidió unir los planes de los dos jóvenes leones socialistas en una sola organización y concepto. Por supuesto, él tenía sus propios planes aparte de esto. Proksch se imaginó un grupo siguiendo el patrón de la logia Masónica italiana P2, en la que el organizador y más tarde maestro de la presidencia Licio Gelli era su modelo a seguir.

Desde que estalló el escándalo de la P2 en 1981 y la logia secreta acabó siendo conocida por el público, el Club 45 ha sido comparado a la P2, y "La logia roja de Viena" fue llamada la P2 austriaca. Había, sin embargo, importantes diferencias. La P2 tenía tres mil miembros de todos los partidos políticos excepto comunistas. El Club 45 sólo tenía unos trescientos miembros, todos ellos socialistas y "personas muy honorables y respetadas" (Kreisky).

El Club 45 está indisolublemente ligado al *Cafe Demel* de Viena. En abril de 1972 Udo Proksch adquiría por poderes el antiguo café. Toda la antigua clientela huyó, cuando la comida empeoró y subieron los precios. A muchos de los viejos clientes el límite les llegó cuando los nuevos propietarios celebraron el aniversario de la revolución de octubre de Rusia, con el Palacio de Invierno en llamas y retratos de Lenin hechos con mazapán (¡!).

En vez de la antigua clientela ahora se reunía la cumbre del Partido Socialdemócrata Austriaco: Leopold Gratz, Helmut Zilk, Hannes Androsch, Erwin Lanc, Franz Vranitzky, Fred Sinowatz y Karl Blech "Charly". El canciller Bruno Kreisky cortó la cinta de la gran reapertura siguiendo la renovación realizada por los nuevos propietarios.

Durante muchos años la vida del club prosperó subrepticiamente en "la Logia Roja". En sus reuniones de logia en los pisos superiores del *Cafe Demel*, protegidos de todo control democrático, los masones de la cafetería roja conspiraban y ampliaban constantemente sus posiciones. Como en Italia con la P2, pronto habría un estado dentro del estado. Hubo un periodo en que Austria prácticamente estaba gobernada por el Club 45 desde el *Cafe Demel*. También hubo un momento en que nadie podía ser miembro del gobierno austriaco si no era masón.

Entre los prominentes socialistas que entre los años 1974 y 1989 llegaron al gobierno afiliados a "la Logia Roja", se pueden citar los siguientes: Franz Vranitzky (canciller), Fred Sinowatz (canciller), Hannes Androsch (vicecanciller), Leopold Gratz, Karl Blech, Heinz Fischer, Helmut Zilk, Karl Sekanina, Gunther Haiden, Herbert Salcher, Franz Kreuzer, Willibald Paar, Gerhard Weissenberg, Karl Lausecker, Ernst-Eugen Veselsky, Karl Lutgendorf y Erwin Lane.

La gente más poderosa de los círculos financieros de Austria, por supuesto, también eran miembros del café masón: Walter Flottl (del banco BAWAG), Karl Vak (Zentralsparkasse der Gemeinde Wien), Hannes Androsch (Creditanstalt), Helmut Kienzl (Nationalbank), Theodor Mellich (Girozentrale), Otto Binder y Erich Gottlicher (Wiener Städtische Versicherung); directivos de corporaciones nacionalizadas como Walter Fremuth (Verbundgesellschaft), Kurt Meszaros (OMV), Heribert Apfalter (VOEST) y Johann Buchner (Chemie Linz).

Había líderes de los medios de comunicación como Friedrich Dragon editor del *Kronen-Zeitung* y el presidente de la ORF (Televisión Nacional Austriaca) Teddy Podgorski, así como Karl Reidinger jefe de la policía de Viena.

El astuto propietario del *Cafe Demel* Udo Proksch sabía cómo utilizar esta extraña masonería para sus propios fines, y no estaba solo. Se puede afirmar que todos y cada uno de los principales asuntos de corrupción de Austria desde mediados de 1970 y hasta la década de 1980 fueron planificados y coordinados en alguna de las habitaciones del primer piso de la cafetería (Hans Pretterebner, "Der Fall Luçon: Ost-Spionage, Korruption und Mord im Dunstkreis der Regierungsspitze", Viena, 1989, p. 84).

Por lo tanto, era de lo más natural que el Club 45 también fuera el centro ideal para el tráfico ilegal de armas. Proksch enfáticamente negaba tener nada que ver. Tan pronto como el 1 de junio de 1976 existía un documento (núm. 84-Verschl-HbeschA/76) del Heeres-Beschaffungsamt (proveedor de armas para la defensa austriaca), con una lista de más de 50 personas implicadas en esta actividad, Proksch estaba en el número 25 de la lista.

Tras el asesinato del político italiano Aldo Moro en 1978, la policía trató de rastrear el arma del crimen en varios países, una metralleta checa, del tipo Skorpion. La investigación no les llevó directamente a Chequia, sino primero a Austria.

El 19 de abril de 1978, pocos meses antes del asesinato de Aldo Moro, 150 de esas metralletas habían sido enviadas a un depósito de Niederösterreich, propiedad de Proksch. Desde allí las armas se habían enviado a Italia.

El diario de Viena *Kurier* preguntó a Proksch el 25 de noviembre de 1979:

"Sr. Proksch, ¿eres un espía del este y también un vendedor de armas? Y ¿cómo explica que la sede de la policía alemana le considere el proveedor de pistolas checas de los terroristas italianos? es bastante conocido que Aldo Moro fue asesinado con un arma de fuego".

Proksch ignoró la pregunta, diciendo:

"Lo que pasó con Aldo Moro no me interesa. No conozco ni un solo miembro de las Brigadas Rojas italianas".

Con amigos importantes como los hermanos de "la Logia Roja", Proksch quedó libre, por supuesto. Dijo:

"El Club 45 es mi protección contra las intrigas que se me dirigen". (Hans Pretterebner," op. cit, p. 75-89)

El pantano sin fondo que constituye la francmasonería política incluso en un país relativamente pequeño como Austria ha propiciado que un extraño y no masón como Jorg Haider se haya hecho muy popular. La gente está cansada del fraude y la corrupción. Los masones de Austria y todos los de la Unión Europea temen que políticos anti-masónicos alcancen el poder. No sólo amenazarían la estructura de poder masónico sino también con sacar a la luz las podridas intrigas y llevar a los criminales ante los tribunales.

La influencia masónica en Suecia

Durante los siglos XVIII y XIX los más altos funcionarios de Suecia formaban parte de la Orden (*Frimuraren*, Los masones, n° 3, 2000, p. 12). La influencia masónica era mucho mayor que ahora. Los masones de alto rango eran Oscar Themptander, primer ministro (1884-88), el general y ministro de la guerra Johan Bjornstierna, el general y miembro del gobierno Anders Skjoldebrand y Lindman Arvid (en realidad Salomon Achates), quien fue primer ministro dos veces (1906-11 y 1928-30). Lindman también fue miembro del Consejo Supremo de la Gran Logia de Inglaterra, Grado 33° según el catálogo de la Gran Logia Sueca de 1934. Esto demuestra que la masonería sueca estaba dirigida desde un centro internacional.

Esto también explica por qué el líder conservador y ministro de relaciones exteriores Arvid Lindman apoyó a Lenin cuando pasó por Estocolmo el 13 de abril de 1917. Estaba apoyando a un hermano masón.

El diario *Aftonbladet* publicaba el siguiente análisis del periodista Goran Skytte en enero de 1985:

> "Los miembros de la Orden de la Masonería Sueca tienen una gran influencia en la sociedad sueca. Los masones tienen miembros en cada una de las instituciones importantes: el servicio civil, los militares, los negocios, la política, la iglesia y los medios de comunicación... Estos masones tienen conexiones y lealtades entre sí que hacen que sean prácticamente un estado dentro del estado, un poder oculto del cual el público no es consciente".

El Gran Mariscal Tom Christian Bergroth manifestaba en agosto de 1994 que la Orden de la Masonería Sueca no tenía conexiones con la Grand Orient ni con los Illuminati. Esto no era verdad.

El diario rival *Expressen* el 12 de enero de 1995 llevaba este titular:

> "Suecos reconocidos están bebiendo sangre en una sociedad secreta".

El diario publicó los nombres de los diversos miembros secretos. Los masones amenazaron con vengarse. El masón conservador Sten Svensson admitió:

> "Estoy utilizando la masonería como política."

Quería que más políticos pertenecieran a la francmasonería.

Un mes más tarde, el editor del diario Olle Wastberg fue despedido y poco después lo fue el presidente de la Junta Johan Bonnier. Uno de los periodistas, Curt Radstrom, que era francmasón de alto rango en secreto, recibió una gran suma de dinero por haber sido puesto al descubierto.

El político socialista y francmasón desertor Roland Brannstrom (Skelleftea) reveló que no es extraño que los políticos socialdemócratas también sean masones (*Expressen*, 12 de enero de 1995, p. 16).

Según el masón Trevor W. McKeown, en 1721 se fundó un grupo llamado los Illuminati de Estocolmo, también conocido como el Rito de Swedenborg. Emanuel Swedenborg fue iniciado como masón en 1706, lo cual fue confirmado más tarde por el rey Gustavo III, el rey mismo también era francmasón. Este grupo estaba formado por aquellos miembros de la Gran Logia de Suecia que anteriormente hubieran alcanzado el honorable undécimo grado secreto. En 2000 había 67 masones de estos en Suecia y 56 en Noruega.

En Escandinavia los miembros cada vez son menos. En 1971 en Suecia había casi 26.000 masones. El año 2000 quedaban 14.000, de los cuales sólo 8.000 eran miembros activos. La pérdida de afiliación fue del 45 por ciento en 30 años.

En 1993, había 2500 empresarios, más de 200 policías, casi 500 abogados y 900 oficiales militares que pertenecían a la francmasonería.

El 7 de marzo de 1998, el gran maestro sueco Gustaf Piehl negó que la masonería estuviera involucrada en ningún tipo de ocultismo de ningún tipo.

¿Qué hay pues de las ceremonias mágicas con ataúdes y cráneos e incluso la deidad Baphomet, entonces? A mediados de 1980, fueron realmente publicados en los periódicos imágenes de cráneos y huesos en el sótano del Palacio Masónico de Estocolmo. La Orden Sueca de los Masones ha sido clasificada como una secta inofensiva en un informe oficial gubernamental (1998). Quizás no sea tan raro, teniendo en cuenta que el presidente de la encuesta era el masón de alto rango Sten Svensson.

Algunos masones también son miembros de los Caballeros Templarios como el ex-editor de *El Francmasón*, Roland Swers. El nuevo gran maestro desde septiembre de 2001 es el profesor de física Anders Fahlman. Desde 2001 las leyes generales de la orden están a disposición del público.

La Odd Fellows (Compañeros Extraños) es, sin embargo, la Orden más grande de Suecia, fundada el 29 de octubre de 1884 y estrechamente ligada a la masonería. Tiene 39.600 miembros en 168 logias, en su mayoría son hombres pero en las 80 logias Rebecca hay inscritas 12100 mujeres. La orden está dirigida por el gran padre. Los miembros aquí también disminuyen constantemente.

La Odd Fellows se originó en los gremios y oficios de la Inglaterra medieval. El primer registro impreso de una Logia Odd Fellows aparece en una referencia de una reunión de logias en The Globe Tavern de Londres en 1748. Esta logia fue la número nueve, así que parece ser que al menos había asociadas nueve Logias Odd Fellows en ese momento. En 1803, la Odd Fellows renació en una organización llamada Unión de Odd Fellows de Londres, que más tarde sería conocida como la Gran Logia de Inglaterra y asumiría la autoridad sobre todas las Logias Odd Fellow.

La Orden se trasladó a América a través de los emigrantes ingleses, desde donde regresó de una forma parcialmente diferente en Europa. Entre los primeros registros de la orden en los Estados Unidos está el de cinco hermanos ingleses de la orden que se reunieron en Nueva York en 1806 y fundaron la Logia Shakespeare n° 1 Los fundadores eran tres constructores de barcos, un comediante y un vocalista - un grupo apropiado para el nombre Odd Fellows.

La Orden Odd Fellows oficialmente fue fundada por el masón Thomas Wildey y otros cuatro miembros de la Orden Inglesa en Baltimore, Maryland, el 26 de abril de 1819 (Logia Washington n° 1). En 1821 se fundó, la Gran Logia de Maryland y los Estados Unidos de América. Thomas Wildey también hizo de primer gran padre (gran maestro) de la primera gran logia (antes al líder se le llamaba gran noble).

La Orden Independiente de los Odd Fellows en América del Norte (Estados Unidos y Canadá) se independizó de la orden de Inglaterra en 1834.

Sólo hay siete grados. En su propaganda, enseñan amistad, amor y verdad. Varias logias juntas forman un campo. El primer grado en un campo es sobre la fe, el segundo sobre la esperanza, y el tercero sobre la misericordia. Suena igual que los comunistas.

Los símbolos incluyen un cráneo, un ojo y una mano sosteniendo un corazón.

Desgraciadamente algunas logias Odd Fellows de Estados Unidos tienen asumidas ciertas ceremonias especialmente perversas de la masonería americana. James Madison, miembro de la Logia Knickerbockers de Nueva York, habla de su iniciación en la Odd Fellows en su libro "Exposición de las terribles y aterradoras ceremonias de la Odd Fellows" (Nueva York, 1847).

Cuando entró en la cámara de la logia, le pusieron un saco cubriéndole la cabeza. Entonces fue izado hasta el techo con un gancho de metal de la pernera del pantalón, le hicieron girar hasta que se mareó y lo tiraron al suelo. Posteriormente lo llevaron a una habitación que parecía muy distorsionada. Una vez hubo hecho el juramento, aparecieron seis "esqueletos" bailando. Uno de ellos gritó: "¡Caí sobre una daga, cuando juré contra un hermano!" Otro "esqueleto" amenazó: "Como muere un perro, muere el traidor."

Los Carbonarios

Los Illuminati y los francmasones trabajaban muy hábilmente entre bastidores. En Italia los Illuminati habían comenzado a infiltrarse en los Carbonarios para utilizar la organización para sus propios propósitos.

Los Carbonarios (carboneros) fue una sociedad secreta que tuvo sus orígenes en 1806 en Nápoles y la constituían masones, mafiosos y oficiales militares. Sus miembros hacían rituales que eran similares a los de los masones, pero que tenían su origen en los gremios de los carpinteros. Al líder se le llamaba maestro y estaba asistido por los dos primos, el Oak (roble) y el Elm (olmo). Su mesa era la tabla de cortar y sus asientos eran fardos de ramas. Llevaban delantales de piel y se rodeaban a sí mismos de atributos mágicos como hachas, ramas y guirnaldas hechas con hojas de roble. Se reconocían mutuamente frotándose la ceja derecha tres veces con la mano derecha. La contraseña era frotarse el lóbulo de la oreja derecha con la mano derecha. Los miembros se reconocían mutuamente también por apretones de mano secretas, diferentes para cada clase.

Su lugar de reunión se llamaba la "barraca" (Baracca). La logia suprema Alta Vendita (el Mercado) fue fundada en 1828 y el gran maestro fue Joseph Picilli.

El movimiento armado de los Carbonarios se estableció en el sur de Italia en 1807 y fundó un auténtico estado dentro del estado. Los Carbonarios, la estrella guía táctica de los cuales era la conspiración, participó en todas las insurrecciones en el Reino de Nápoles hasta 1835. Su lema era: "¡Es correcto matar a los reyes de Italia!" Las tropas austriacas tuvieron éxito al sofocar todos sus intentos de alcanzar el poder.

Después de 1840 las ideas psicópatas de los Carbonarios se extendieron por toda la Península de los Apeninos.

Los dirigentes más importantes eran destacados masones y los Illuminati como el conde Camilio di Cavour, Giuseppe Garibaldi, y Giuseppe Mazzini. Mazzini siempre iba vestido de negro como si llevara luto para su país. Acabó siendo conocido como el "genio malvado de Italia" e intentaba llevar a cabo las actividades de los Illuminati a través de la Alta Vendita, la principal logia de los Carbonarios. Cavour reformó la economía italiana e introdujo la *lira* como moneda. Desde noviembre de 1859, después de la formación del gobierno provisional, la nueva moneda se convirtió en la lira. Cavour fue nombrado primer ministro de Cerdeña en 1852 También fundó y editó el diario *Il Risorgimento* (*El despertar*) en 1847. Este acabó siendo, eventualmente, el nombre que dieron al movimiento de unificación.

La sede de los Carbonarios estaba situada en Roma. En la década de 1820 el movimiento tenía 700.000 miembros armados. Afirmaban que se podría iluminar el mundo con el fuego sagrado (¡iluminismo!). El símbolo de su mensaje de la verdad era el carbón, la fuente de la luz. Un árbol al revés simbolizaba al rey asesinado. Defendían la eliminación de los lobos (los tiranos) del bosque (la sociedad).

Los miembros de la misma cabaña se llamaban *boni cugini* (*primos buenos*). Los no-Carbonarios eran llamados *pagani* (*paganos*). Los Carbonarios se dividían en dos clases: maestros y aprendices. Ningún aprendiz podría alcanzar el grado de maestro hasta pasados seis meses.

Los colores de los carbonarios eran el azul (esperanza), el rojo (amor) y el negro (fe). En sus reuniones llevaban cinco triángulos brillantes que simbolizaban el programa de cinco puntos de los Illuminati.

El novato, debía ser recomendado por tres miembros, era arrastrado dentro de un saco desde la antecámara hasta el umbral de la choza. El maestro daba tres patadas a la puerta y decía ceremoniosamente: "¡Primos buenos, necesitamos ayuda!"

Una respuesta ritual permitía entrar a los principiantes. Según el rito simbólico el candidato era arrastrado a través de "el bosque", "el fuego" y "el agua", antes de hacer el juramento. Sólo entonces se le dejaba salir del saco.

Cuando el carbonario recibía el grado más alto, era informado sobre qué representaban realmente los símbolos. Hasta ese momento le habían mentido y le habían seducido con piadosas historias cristianas.

Un traidor perdía la cabeza, su cuerpo era quemado en la hoguera, las cenizas se esparcían por todas direcciones, el verdugo se lavaba con agua.

El movimiento se extendió a España, Suiza, los Balcanes y a Alemania, donde los carbonarios utilizaban el nombre de la Unión de los Muertos.

Al frente estaba el Alta Vendita, los diputados eran elegidos desde las otras *vendite*. El símbolo distintivo del maestro era una pequeña hacha, a los aprendices se les identificaba por un pequeño y gastado haz de leña en el ojal.

La similitud entre la sociedad secreta de los Carbonarios y la masonería es evidente. Los masones podían entrar en los Carbonarios directamente como maestros. Su bandera roja, azul y negra fue el estándar de la revolución en Italia hasta que fue sustituida por la roja, blanca y verde en 1831.

Los Carbonarios aparecieron en Francia en 1820. Dos años más tarde había 60.000 miembros, que habían sido reclutados entre oficiales militares ingenuos, estudiantes y trabajadores comunes. El marqués de Lafayette se convirtió en el gran maestro del movimiento de conspiración militante y organizó un complot contra Luis XVIII.

Los Carbonarios se aseguraron de que Louis Napoleón Bonaparte, sobrino de Napoleón, fuera elegido presidente de la Segunda República de Francia. Durante el Segundo Imperio, cuando las autoridades comenzaron a trabajar en contra de este movimiento masónico, los Carbonarios cometieron varios ataques terroristas. Su objetivo era derribar definitivamente a la dinastía Borbón.

En 1860, Mazzini había fundado una organización llamada *la Oblonica*, un nombre que deriva de la palabra latina 'obelus', que significa "un escupitajo o una daga". Dentro de este grupo, estableció un círculo interno, una moderna banda de criminales, llamada la Mafia, que era un acrónimo de Mazzini, autorizza, furti, incendi, avvelenamenti (Mazzini, autoriza, robos, incendios, envenenamientos).

Extracto de la instrucción permanente de la Alta Vendita:

"Aplastar al enemigo sea quien sea; aplastar a los poderosos mediante mentiras y calumnias, pero sobre todo hay que aplastarlos en el *huevo*. Es hacia la juventud que hay que ir. Son a quienes necesitamos seducir; son a los que tenemos que llevar bajo la bandera de las sociedades secretas. Para avanzar por pasos, calculados pero seguros, de esta peligrosa manera, primero necesitamos dos cosas. Debéis tener la apariencia de ser simples como las palomas, pero hay que ser prudente como la serpiente. Vuestros padres, vuestros hijos, vuestras propias esposas, siempre deberían ignorar el secreto, que lleváis en vuestros pechos. Si esto os complace, a fin de engañar mejor al ojo inquisitorial, id a menudo a confesaros, estáis, autorizados según el derecho, a preservar el silencio más absoluto en cuanto a estas cosas. Sabed que la más mínima revelación, que la menor indicación de que se os escape en el tribunal de la penitencia, o en cualquier otro, puede traeros grandes calamidades y que la sentencia de muerte ya está pronunciada para los reveladores, ya sea voluntaria o involuntariamente."

El Piccolo Tigre, un agente judío de la Alta Vendita, declaró en su carta, con fecha 18 de enero de 1822:

"Darse cuenta de que uno es miembro de una logia, sentirse obligado a guardar, delante de tu mujer y tus hijos un secreto que nunca les será confiado, es para ciertas naturalezas un placer y una ambición. Las logias, hoy día, pueden perfectamente crear glotones, pero nunca engendrarán ciudadanos. Hay demasiados comilones entre los muy reverendos y muy venerables hermanos de entre todos los Antiguos. Pues forman una especie de depósito, una especie de inseminación [de terreno abonado] y un centro a través del cual hay que pasar antes de llegar a nosotros. Las logias, sin embargo, crean un mal relativo, un mal templado por una falsa filantropía y por canciones aún más falsas como en Francia. Todo es demasiado pastoral y demasiado gastronómico, pero es una finalidad, que necesita ser animada sin parar. Enseñar a un hombre a llevar su copa hacia los labios te hace poseedor de su inteligencia y de su libertad, dispones de él, giras a su alrededor y le estudias. Adivinas sus inclinaciones, sus afectos y sus tendencias; entonces, cuando está maduro para nosotros, lo dirigimos hacia la sociedad secreta de las cuales la masonería puede ser sólo la antesala.

La Alta Vendita desea que bajo un pretexto u otro, cuantos más príncipes y personas ricas sea posible se deberían introducir en las logias masónicas. Los príncipes de las casas soberanas y aquellos que no tienen la legítima esperanza de ser reyes por la gracia de Dios, todos quieren ser reyes por la gracia de una revolución. El duque de Orleans es francmasón, el príncipe de Carignan también lo es. No faltan ni en Italia ni en otros lugares, entre ellos, los que aspiran a bastante modestos honores del delantal simbólico y la paleta. Otros entre ellos son desheredados y proscritos. Halagar a los numerosos que tienen ambición de popularidad; monopolizarlos para la masonería. La Alta Vendita posteriormente ya verá qué puede hacer para utilizarlos en la causa del progreso. Un príncipe, que no espere ningún reino, es una suerte para nosotros. Hay muchos de ellos en esta situación. Hagámosles masones. La logia los llevará al carbonarismo. Llegará un día, tal vez, que la Alta Vendita se dignará afiliarles. Mientras esperan servirán para la liga de los imbéciles, los intrigantes, de la *burguesía* y de los necesitados. Estos príncipes pobres servirán a nuestros fines, mientras piensen que trabajan sólo para ellos. Son una magnífica señal, y siempre se pueden encontrar bastantes tontos que estén dispuestos a comprometerse al servicio de una conspiración, de la que un príncipe u otro similar puede ser el jefe".

En 1870 el movimiento Carbonario de los Illuminati fue reemplazado por la más eficaz cruzada socialista. Algunos miembros de los Carbonarios se unieron a la Joven Italia, que había sido fundada y dirigida por Mazzini. Esta sociedad secreta era parte de la red de sociedades "revolucionarias" *Joven Europa* (Giovine Europa), que funcionó en los años 1934 hasta 1936 desde Suiza siguiendo las instrucciones de Mazzini.

La resistencia contra la francmasonería

A veces la élite en el poder ha intentado impedir que los masones tomaran el control total de la situación política. Esto se puede ilustrar con el siguiente ejemplo.

El 20 de octubre de 1798, Fredrik Wilhelm III de Prusia (1797-1840), emitió un edicto que prohibía las órdenes y sociedades secretas que pudieran ser perjudiciales para la población. Pero en 1814, en París, se unió a los masones porque su hermano Alejandro I, zar de Rusia, ya formaba parte de la masonería desde 1803. No había entendido cuan peligrosas podían llegar a ser las logias masónicas.

Fredrik Wilhelm III ni siquiera intervino contra la francmasonería en 1830, cuando su fe se vio sacudida debido a la revuelta en Bélgica, que había sido provocada y ejecutada por los masones. Los miembros de la Casa Real Neerlandesa no pensaban permitir que ellos mismos fueran controlados por los hermanos masones. Alexander I, sin embargo, siguió el ejemplo austriaco y prohibió la masonería en Rusia en agosto de 1822 En 1825, fue asesinado por los masones por "traidor". Los restos desaparecieron, tal como requerían los rituales. Enterraron un ataúd vacío.

"Del cuerpo del traidor no quedará ni un rastro que nos recuerde su traición."

En 1814 la masonería fue prohibida en Milán y Venecia. En Prusia se cerraron varias logias en 1820, debido a intrigas políticas. En Baviera la masonería fue nuevamente prohibida en 1845. Desde que la prohibición anterior se había levantado, los masones comenzaron más intensamente que nunca sus actividades de socavamiento.

Otro ejemplo es el de los Estados Unidos. El capitán William Morgan, que había alcanzado un alto grado de la masonería y tenía una posición central en la orden, descubrió algunos de los terribles secretos masónicos en su Logia nº 433 de Batavia, Nueva York. Viajó por todo Estados Unidos para avisar a las otras logias masónicas. En 1826, explicó que era su deber advertir al público de los planes secretos de los masones. Morgan quiso exponer las actividades de la élite masónica desde la sombra en un libro. Firmó un contrato con el editor Coronel David C. Miller. El libro, "La francmasonería al descubierto", fue publicado en agosto de 1826.

Esto hizo que a los preocupados miembros de las logias casi les diera un ataque de nervios. En aquel momento había 50.000 masones en Estados Unidos.

Rápidamente se difundieron advertencias en contra de Morgan. En los periódicos se publicaban anuncios, como este de Canandaigua, Nueva York, del 9 de agosto de 1826:

"Si un hombre que se hace llamar William Morgan llega a la sociedad, todo el mundo debe estar en guardia, particularmente la HERMANDAD DE LOS MASONES... Morgan está considerado un estafador y un hombre peligroso."

Los masones de Batavia y los Illuminati de América y de Europa estaban preocupados. Decidieron castigarlo por haber roto su juramento y traicionar a sus hermanos. Richard Howard, un iluminado inglés, fue enviado a los Estados Unidos para asesinar a Morgan (Michael di Gargano, "Los masones irlandeses e ingleses y sus hermanos extranjeros", Londres, 1878, p. 73).

Los masones atraparon a Morgan con un complot para asesinarlo. Algunos masones fueron a casa de Morgan y lo secuestraron el 11 de septiembre de 1826, afirmando que les debía dinero y que ellos tenían derecho a tenerlo en custodia hasta que pagara la deuda de dos dólares y 68 centavos. El masón que había tenido la idea de la deuda era Nicholas Chesebro. Los masones también afirmaban que Morgan había robado una camisa. El 13 de septiembre de 1826, el masón Lotan Lawson fue a la prisión de Canandaigua, a unos 50 km al este de Batavia y dijo que era amigo de Morgan y que había venido a pagar su deuda y obtener su liberación. Al salir a la calle, Lawson invitó a Morgan a entrar en su carruaje pero Morgan se negó. Entonces aparecieron dos masones más, Chesebro y Edward Sawyer, y entre ellos y Lawson obligaron a Morgan a subir al carruaje a la fuerza. Gente que estaba de pie en la calle oyeron a Morgan gritar: " ¡Ayuda! ¡Asesinato!" mientras el carruaje se iba.

Una noche entre el 17 y el 21 de septiembre lo llevaron al río Niágara en un barco, le ataron pesos metálicos en los pies y lo tiraron al río, donde se ahogó.

La idea era meter el miedo en el cuerpo a los demás masones y obligarlos a la sumisión. Uno de los conspiradores, John Whitney, confesó el asesinato a su médico en su lecho de muerte en 1860.

El editor de Morgan, David Miller, el 13 de septiembre también fue atrapado por las garras de los masones pero logró salir adelante con la ayuda de las autoridades. El 4 de octubre, Miller imprimió 5.000 trípticos que en grandes letras describía el secuestro de Morgan y pedía la ayuda pública. Fue bien conocido, sin embargo, que los masones amenazaban a la gente que revelaban sus secretos. Algunas fuentes masónicas afirmaban que Morgan había recibido 500 dólares y un caballo para que huyera a Canadá y no volviera nunca más.

De Witt Clinton, gobernador de Nueva York, nombró varias comisiones para indagar el destino de Morgan. El 1 de enero de 1827, los masones Lotan Lawson, John Sheldon, Nicholas Chesebro y Edward Sawyer fueron acusados de secuestro y asesinato. Más tarde diez masones más fueron condenados a prisión por complicidad en el delito.

Los masones contraatacaron nuevamente falsificando el libro Morgan y editandolo con contenidos distorsionados en diciembre de 1826, típico de aquellos que no quieren que aflore la verdad. La imprenta donde se había impreso el libro de Morgan fue incendiada en agosto de 1826.

El historiador norteamericano Emanuel M. Josephson reveló en su libro "El manifiesto comunista de Roosevelt" (Nueva York, 1955, p. 24) que la Logia Columbian de los Illuminati fue fundada en Nueva York en 1785. Su primer líder había sido el gobernador De Witt Clinton.

Había un montón de publicidad negativa sobre el caso Morgan. En todo el medio oeste y el noreste de los Estados Unidos los masones fueron aislados. El público exigió que los profesores y otras personas prominentes dejaran la orden o perderían sus empleos. A los masones se les vetó hacer de jurado. Eran insultados por las calles. El caso Morgan había despertado un resentimiento público contra las sociedades secretas en general y contra los masones en particular. Los políticos que estaban a favor de la masonería tuvieron que cortar los lazos con la orden. Pronto aparecieron tantas como 141 publicaciones antimasónicas.

Tras el juicio y la publicación del libro de Morgan, 45.000 masones abandonaron las logias. Se cerraron casi 2000 logias. Muchas de las logias restantes vieron anuladas sus actividades. Sólo en el estado de Nueva York, había 30.000 masones. Cuando se publicó el libro de Morgan, el número de miembros disminuyó hasta 300 (William J. Whalen, "El cristianismo y la masonería Americana", 1987, p. 9).

Uno de los que dejó la masonería en aquellos momentos fue un joven abogado, Millard Fillmore, que en 1850 fue el 13° presidente de los Estados Unidos. También comenzó a advertir en contra de los masones. El presidente de Estados Unidos John Quincy Adams (1825-1829), fue un decidido opositor de las sociedades secretas y de la fraternidad de la masonería. Creía que,

"La masonería debe ser abolida para siempre".

Adams declaró:

"Es mala - esencialmente mala - una semilla del mal, que nunca puede producir ningún tipo de bien... La existencia de esta orden es una mancha de suciedad sobre la moral de una comunidad." (William G. Sibley, "La historia de la masonería", 1913)

Adams escribió tres cartas al historiador y coronel William Leet Stone, masón de alto rango, Caballero Templario y editor de *The New York Comercial Advertizer*, en las que denunciaba como Thomas Jefferson había utilizado las logias masónicas con fines subversivos iluministas. Las cartas están en la biblioteca de la plaza de Whittenburg en Filadelfia.

Los Illuminati lo castigaron arruinando sus posibilidades de reelección. Adams fue totalmente destruido por la prensa ya que estaba controlada por los Illuminati. Se disponía a denunciarles en un libro, pero le robaron el manuscrito.

Debido al caso Morgan, David C. Bernard, David Miller y 41 ex-masones más fundaron la Sociedad Anti-Masónica en Le Roy, Nueva York, en la primavera de 1828, posteriormente fue llamado el Partido Anti-Masónico. Querían prohibir la francmasonería y las protestas organizadas en las ciudades de la costa este. Millard Fillmore se convirtió en miembro del partido en 1828.

William Wirt fue nominado a la presidencia de Estados Unidos por el Partido Anti-Masónico en Baltimore en septiembre de 1831 En la elección de 1832 recibió el ocho por ciento de los votos (1262755). La mayor parte eran de Vermont. Su limitado éxito fue debido al caso Morgan, pero la gente también fue consciente de la amenaza de la masonería internacional. Los efectos del escándalo lentamente se fueron apagando durante la década de 1840. Una sombra ominosa, sin embargo, ha estado colgando sobre las sectas masónicas desde entonces. No todo el mundo es un idiota con el cerebro lavado, como piensan los líderes masones.

Entre el 26 y el 30 de septiembre de 1896 se celebró un Congreso antimasónico en Trento, Italia, donde también participaron 36 obispos católicos. Unas 18.000 personas marcharon por las calles de Trento en protesta por la masonería.

En Batavia, Nueva York, se erigió un monumento en honor a William Morgan, "un ciudadano respetable de Batavia y Mártir de la Libertad por escribir y decir la Verdad, que fue secuestrado... por los francmasones y asesinado por haber revelado los secretos de su orden.

Otra gran manifestación contra los masones fue organizada por el coronel Emile Sonderegger en Ginebra, Suiza, el 9 de noviembre de 1932 El 28 de noviembre de 1937, hubo un referéndum para prohibir todas las sociedades secretas. Los que estaban a favor de la prohibición (235.000 votos) perdieron de largo. Dos tercios (514.000) votaron en contra. Todos los partidos políticos apoyaban a los masones. El movimiento antimasónico de Sonderegger se derrumbó rápidamente después del referéndum.

Durante la Segunda Guerra Mundial los nacionalistas serbios emitieron una serie de cuatro sellos con símbolos protectores en una exposición antimasónica en Belgrado en 1941 Los masones detestan estos símbolos que reducen el flujo de energía a partir de símbolos masónicos cargados negativamente.

Los sellos de la exposición antimasónica de Belgrado de 1941 El recargo iba a la campaña contra la francmasonería internacional.

Cuando el masón Bela Kun (en realidad Aaron Moritz Kohn) el 20 de marzo de 1919 proclamó la República Soviética de Hungría, con la dictadura del proletariado como sistema político, firmó un decreto para disolver las logias masónicas. Hizo exactamente como los Jacobinos en Francia, donde la mayoría de los logias estaban cerradas para qué no fueran utilizadas por la contrarrevolución. Ellos sabían que la masonería podía utilizar una fuerza poderosa para propósitos políticos. Bela Kun permitió las actividades del Gran Oriente, sin embargo, ya que sus camaradas comunistas pertenecían a esta orden. También era miembro de B'nai B'rith.

La masonería fue declarada ilegal en Hungría en 1920, cuando el almirante Miklos Horthy llegó al poder. El 18 de marzo de 1946, un nuevo gobierno controlado por los masones anulaba la prohibición y le reintegraba su estatus legal. Stalin prohibió nuevamente la masonería en Hungría el 13 de junio de 1950, porque las logias eran "lugares de encuentro de los enemigos de la república democrática popular, los elementos capitalistas y los partidarios del imperialismo occidental" ("Antimasonería", artículo de "La enciclopedia masónica de Coil", p. 58-59).

Muchos dictadores se opusieron a la masonería, aunque sabían que era un enemigo demasiado potente y peligroso para hacerle frente.

Benito Amilcare Andrea Mussolini cuando era un joven socialista estaba en contra de la entrada de Italia en la primera Guerra Mundial. De pronto cambió de opinión y participó en la guerra como soldado raso. La sindicalista judía Margherita Sarfatti se volvió fascista. El 23 de marzo de 1919, Mussolini y sus amigos judíos sindicalistas Aldo Finzi, J. Pontremoli, A. Jarach, Elio Jona y Cesare Sarfatti fundaban en Milán el fuerte partido nacionalista fascista *Fasci italiani di combattimento*. Mussolini utilizó el sindicalismo y el socialismo Fabiano al máximo.

El fascismo no es más que otra forma de socialismo Fabiano donde los masones sientan las bases. Mussolini nombró al francmasón judío Carlo Foa para editar el diario fascista *Gierarchia* (Jerarquía / Elio Jona era el financiador de la fascista *Il Popolo d'Italia* (El pueblo italiano).

Mussolini fue reconocido por los masones y recibió su ayuda. El hombre más poderoso de Venecia, el conde Giuseppe Volpi di Misurata, llevó a este socialista y fascista al poder el 31 de octubre de 1922 (bajo el signo de Escorpión). Volpi fue ministro de finanzas del primer gobierno de Mussolini (1925-1928).

El masón Volpi era la mano derecha del banquero Giuseppe Toeplitz, un judío polaco que era el jefe de la Banca Commerciale Italiana. Giuseppe Volpi había sido el centro de las entidades financieras que

ayudaron a provocar las guerras balcánicas de 1912-1913. El mismo Volpi di Misurata fue el artífice del estado de Libia en 1934 (*The New Federalist*, 11 de septiembre de 1987).

Entre los masones que ayudaron a llegar al poder a Benito Mussolini estaban los banqueros de Nueva York JP Morgan y Kuhn, Loeb & Co. (Gurudas, "Traición", San Rafael, CA, 1996, p. 83). El *Chicago Tribune, The New York Times* y *The Wall Street Journal* elogiaron a Mussolini desde el principio por haber creado estabilidad y prosperidad en Italia. La prensa estadounidense incluso le tildó de nuevo emperador romano y le comparó con Napoleón. El 20 de julio de 1936, la revista *Time Magazine* publicó un artículo muy favorable sobre Mussolini, llamándole el salvador de Italia.

El Illuminati estadounidense John J. McCloy se convirtió en asesor financiero del gobierno fascista de Benito Mussolini. McCloy fue presidente, en los años 1953-70, del Consejo de Relaciones Extranjeras (CFR) controlado por los Illuminati. También era una figura muy destacada del Grupo Bilderberg.

Tras la asunción del poder fascista en 1922, los judíos estaban excesivamente representados en la administración central, los militares y la educación superior. Muchos judíos se unieron al partido fascista, donde se podía llegar a altos cargos, algunos muy cerca de Mussolini (Meir Michaelis, "Mussolini y los judíos: Las relaciones germano-italianas y la cuestión judía en Italia 1922-1945", Instituto de Asuntos Judíos, The Clarendon Press, Oxford, 1979).

Los masones judíos más importantes que pertenecían al gobierno de Mussolini eran Aldo Finzi (mano derecha y ministro del interior de Mussolini) y Guido Jung (Ministro de Finanzas, 1932-35). El ideólogo en jefe fascista era el judío Illuminati Gino Arias, que utilizaba el modelo económico de los sindicalistas. Era miembro del Consejo Fascista que era quien, en realidad, gobernaba el país. También eran miembros los banqueros judíos masones Giuseppe Toeplitz y Otto Herman Kahan. Los asesores de Mussolini en asuntos económicos eran todos judíos: H. Ancona, A. Luria y T. Meyer. El ideólogo de

Hitler Alfred Rosenberg decía que Mussolini era un lacayo judío. La aportación judía al movimiento fascista está verificada por William Rubinstein, profesor de historia en la Universidad de Gales en Aberystwyth en su estudio "Un pueblo aparte: Los judíos en Europa, 1789-1939" (Oxford, 1999).

El masón Winston Leonard Spencer Churchill dijo que si él hubiera sido italiano, se habría puesto una camisa negra y se habría unido a Mussolini. Churchill fue iniciado el 24 de mayo de 1901 en la Logia Studholme n° 1591 de Londres y se convirtió en maestro el año siguiente en la Logia de Rosemary n° 2851.

A Mussolini le hicieron francmasón honorífico, pero traicionó la confianza de los banqueros masones y proclamó ya en 1924 que todos los miembros de su Partido Fascista que fueran masones deberían dejar cualquiera de estas organizaciones. El general Luigi Capello, uno de los fascistas más conocidos y diputado gran maestro de la Grande Oriente, la gran logia líder en Italia, dejó el Partido Fascista para no traicionar los ideales de la masonería.

En 1925, Mussolini concedió una entrevista en la que dijo que en Italia la masonería era una organización política que estaba subordinada al Gran Oriente de Francia.

El verano de 1925, Mussolini ordenaba la disolución de la francmasonería en Italia. En una carta abierta a Il Duce, Domizio Torrigiani, gran maestro de la Gran Oriente de Italia, exigió que se respetaran los principios democráticos. Mussolini en 1927 le ordenó que se exiliara a la isla de Lipari, donde murió.

El 4 de noviembre de 1925, el socialista masón Tito Zaniboni intentó asesinar a Mussolini. El general Capello fue arrestado por complicidad y fue condenado a 30 años de prisión (Sven G. Lunden, "La aniquilación de la masonería", *The American Mercuri*, núm. 206, febrero 1941).

Siguiendo la agitación antimasónica, los camisas negras estuvieron implicados en muchas actuaciones ilegales en contra de los masones entre el 26 de septiembre de 1925 y el 4 de octubre de 1925. Entraron en los hogares de muchos masones conocidos de Milán, Florencia y otras ciudades y mataron a 137. El gran maestro Raola Palermo se escapó pero fue capturado y asesinado.

El 9 de enero de 1926, Mussolini confiscó los bienes de las logias. Sólo perseguía a los masones a los que no les gustaba su gobierno.

Los masones nunca perdonaron a Mussolini que limitara sus medios de actuación, después de haber ayudado a organizar su marcha sobre Roma el 27 de octubre de 1922 que obligó a que el rey Victor Emmanuel III (también francmasón) lo nombrara ministro el 31 de octubre. Los masones mintieron al rey diciéndole que la guarnición de Roma sólo tenía 6.000 hombres (en realidad había 28.000) para combatir contra 100.000 camisas negras fascistas (en realidad 40.000).

En 1930, en un secreto total Eugenio Chiesa fue elegido gran maestro. Después de la Segunda Guerra Mundial, Guido Laj se convirtió en el legítimo gran maestro.

El *Wiener Freimaurer-Zeitung* afirmó en su nº 5-6 de agosto de 1925 que Mussolini no conseguiría librarse de los masones con su ley terrorista - la ley antimasónica. Eso no acabaría con la masonería en Italia. La palabra "fascismo" proviene de la palabra latina 'fasces' que significa "manojo de varas". En la Roma antigua el haz de palos era un símbolo para aquellos funcionarios con derecho a castigar a sus súbditos.

Este fue un símbolo radical durante el golpe de estado de los Illuminati, también conocido como la Gran Revolución Francesa de 1789 (Paul Johnson, "Tiempos modernos", Nueva York, 1983). En la sede de los Illuminati en Ingolstadt había una pintura en el techo, donde un hombre viejo llevaba un manojo de varas en la mano. Esto simbolizaban el poder de los Illuminati como lo hizo más tarde con los fascistas.

La prensa bajo Mussolini se mantuvo libre. No se estableció ninguna policía secreta. La economía estaba controlada por los consejos económicos corporativos. Para Mussolini el socialista Kurt Eisner era un gran ejemplo.

Su gente iba vestida con chaquetas de cuero negro al igual que los comisarios de Lenin. La retórica de Mussolini recordaba el lenguaje violento de Lenin, diciendo: "¡No hay vida sin derramamiento de sangre!"

Con Mussolini la Cosa Nostra fue perseguida y se vio obligada a pasar a la clandestinidad. Muchos mafiosos huyeron a los Estados Unidos, donde podían operar libremente. Durante la Segunda Guerra Mundial la mafia suministraba a las tropas estadounidenses información sobre la situación militar en Sicilia. Después del aterrizaje americano de 1943, la mafia tenía las manos libres. Los mafiosos se hicieron alcaldes de los pueblos y de las ciudades sicilianas. Y los estadounidenses se limitaban a mirar como los líderes de la mafia ejecutaban públicamente a sus enemigos.

Las autoridades americanas liberaron a 200 gánsteres durante la guerra, que originalmente habían venido de Italia, para volverlos a enviar a su antigua patria para renovar sus actividades mafiosas. Esto fue descrito por el ex ministro alemán de Investigación y Tecnología, Andreas von Biilow, en su libro "Im Namen des Staates" / "En nombre del estado" (Múnich, 1998, p. 173). El comandante de las unidades americanas en Sicilia utilizó la mafia para luchar contra el gobierno nacionalista de Roma.

Cuando el General Primo de Rivera llegó al poder en España en 1925, ordenó que la masonería fuera prohibida en su país. En septiembre de 1928 cerró la Grande Oriente y otras logias subversivas. Pero después de la revolución de 1931 fueron reabiertas todas.

El adversario más eficaz de la masonería fue el jefe del estado español el General Francisco Franco (un Cristiano judío). Él sabía que había una conspiración masónica real. Los líderes masónicos del Consejo Supremo, los grados 33° de Washington, DC el otoño de 1936 instaron a sus secuaces comunistas y socialistas del mundo a apoyar a los rojos en la Guerra Civil y a luchar contra el franquismo. Influyeron en la política de varios gobiernos.

Varios consejos supremos masónicos de todo el mundo ya en 1931 se reunieron en la masónica fuertemente infestada Ciudad de la Habana, Cuba, para celebrar un Congreso Internacional para discutir cuestiones comunes relativas a los cambios políticos a los que se enfrentaba el mundo.

En 1938, Franco emitió un decreto ordenando que todos los símbolos relacionados con la francmasonería fueran eliminados de las lápidas funerarias de los francmasones enterrados en España. La masonería era un delito punible con prisión para cualquier hombre que en algún momento hubiera estado conectado con la Orden, o cualquiera que no denunciara la francmasonería y no revelara a la policía los nombres de todos los masones con quienes hubiera estado asociado (Hamilton, "La masonería: Un prisionero de guerra," órgano oficial del Consejo Supremo de los grados 33°, *The New Age*, noviembre de 1948, p. 655-656).

El 2 de marzo de 1940, Franco dictó un decreto para la supresión del comunismo y la masonería" haciendo de la pertenencia a la masonería un delito punible con seis años de prisión para aquellos que estuvieran por debajo del grado 18°. Los activos de las logias fueron confiscados. Muchos masones fueron juzgados ante tribunales y condenados a largas penas de prisión. Se creó un tribunal militar especial español para suprimir la masonería. Unos 2000 hombres fueron encarcelados hasta 30 años, dependiendo de su rango y su actividad dentro de la masonería (Hamilton, "La masonería: Un prisionero de guerra", *The New Age*, noviembre 1948, p. 655). El ministro de Justicia de Franco afirmó que sólo habían sido encarcelados 950 masones y que 500 habían sido liberados en 1945, aunque se les prohibió trabajar o ejercer su profesión en España ("Masones pero no libres," *Newsweek*, 25 de junio de 1945, p. 114-115).

El artículo 1 del decreto declaraba que no se podía ser comunista, ni pertenecer a una orden masónica o de otras sociedades secretas. Todos los masones que a la vez fueran comunistas automáticamente deberían ser condenados a doce años y un día de prisión. Esto sólo se aplicaba en "circunstancias agravantes".

El artículo 6 explicaba que esto significaba que eran masones de los grados 18° al 33° o habían sido miembros del Comité central de la Grande Oriente de España.

Todos los masones o comunistas debían dejar sus organizaciones antes de dos meses después de la proclamación, y todos los que fueran funcionarios o estuvieran en posiciones de liderazgo dentro del sector privado debían ser despedidos.

Muchos masones huyeron al extranjero y sus bienes fueron confiscados. No fue hasta la década de 1970, varios años después de la muerte de Franco en 1975, que la prohibición de la masonería fue abolida.

Franco creía que era importante informar a la gente de la peligrosidad de la masonería. Escribió más de cincuenta artículos sobre la masonería en la revista *Arriba* entre los años 1946 y 1951 En 1952 los artículos fueron recogidos en un libro, llamado "Masonería", con el seudónimo de J. Boor. Volvió a ser publicado en 1982 cuando se reveló que el autor real era Franco.

Los masones todavía son calumniados ahora.

También el primer ministro portugués el nacionalista Antonio de Oliveira Salazar prohibió la francmasonería en 1931, que no podría funcionar abiertamente otra vez hasta después de su fallecimiento en 1970. El gran maestro Jose de Matos fue arrestado e ingresado en un hospital mental en contra de su voluntad.

Fujivara, que representaba a Japón en el Congreso Weltdienst de Berlín en 1938, dijo:

> "La Judeo-masonería está obligando a los chinos a convertir China en una punta de lanza para atacar a Japón y esto obliga a Japón a defenderse ante esta amenaza. Japón no está en guerra con China sino con la masonería, representada por el General Chiang Kaishek, sucesor de su maestro, el masón Sun Yatsen." (Henry Rollin, "L'Apocalypse de notre temps", París, 1991, p. 514)

La masonería fue prohibida en Turquía por el Presidente Mustafa Kemal Ataturk en 193, aunque él mismo era francmasón. También el gobierno francés de Vichy persiguió la masonería a partir de 1940. La actividad masónica tampoco estuvo permitida en Rumania, Bulgaria, ni en Yugoslavia durante la guerra.

La razón era simple. Durante los doscientos años anteriores los masones sin tener ningún mandato público en política, habían cometido actos terroristas, habían planeado y ejecutado asesinatos, habían provocado revoluciones y guerras. Seguramente había razones para prohibir este movimiento antidemocrático y destructivo que estaba utilizando medios democráticos para perjudicar a la sociedad que le rodeaba.

En Austria la masonería fue prohibida en 1938, y la mayoría de los masones fueron enviados a campos de concentración. Lo mismo ocurría en Checoslovaquia un año más tarde. Los masones finlandeses cerraron sus Logias voluntariamente durante la guerra para impresionar a sus aliados nazis.

El Papa Pío XII en 1958 condenó a todos aquellos, "que unieran su nombre al de la masonería".

En el mundo actual hay más necesidad que nunca de un movimiento antimasónico que excluya a los masones de las instituciones democráticas y de los centros de poder, incluyendo los parlamentos. Por ejemplo sólo 11 de 155 parlamentarios noruegos eran masones en 1983, es decir el 7 por ciento. También había 250 policías con altos cargos, 250 ejecutivos de banca, 400 funcionarios y 110 clérigos.

En Birmania (ahora Myanmar) y Camboya no permiten ningún tipo de actividad masónica en su territorio. Es remarcable que el General U Ne Win en 1962 llegó al poder con un golpe de estado en Birmania y el 1974 introducía el sistema político preferido de los masones - el socialismo - y al mismo tiempo cerraba todas las logias. Birmania ha convertido en el principal productor mundial de opio y heroína.

La logia más grande de Indonesia era la Grand Este de Holanda. El Presidente Sukarno prohibió toda actividad masónica en 1961 En Corea del Norte la masonería oficialmente está prohibida, como lo está en Egipto, Irán y en Irak.

Los horribles juramentos de los masones y las amenazas de castigos horribles para los "traidores" no tienen cabida en una sociedad democrática. Esta obligación de hacer juramentos incluso podría provocar trastornos de desdoblamiento de personalidad.

El primer ministro británico Tony Blair el otoño de 1999 decía que consideraba inadecuado que los altos cargos dentro de las instituciones judiciales (policía, fiscales y jueces) y la administración fueran masones. Sus declaraciones plantearon fuertes protestas desde el campo masónico. Esto fue silenciado inmediatamente.

En Noruega el presidente de la Comisión de Justicia Jorgen Kosmo a principios de 1990, disuadió a la policía y a otros empleados del poder judicial que fueran masones.

Un miembro del gabinete noruego, Stein Ludvigsen, se negó a abandonar su logia, a pesar de las protestas de la oposición. Se quiso evitar el conflicto de intereses a toda costa (del diario noruego *Dagsavisen*, 22 de octubre de 2001).

El parlamento finlandés en 2001 emitió una ley que prohibía que el juez perteneciera a la misma sociedad secreta que el acusado. Esta ley es necesaria en muchos otros países.

En otoño de 199, el British Commons Home Affairs Select Committee *(Comité de Selección de Asuntos Internos de la Cámara de los Comunes Británica)* exigió una lista a la Gran Logia Unida de Inglaterra, de los francmasones empleados en el sistema de justicia penal (*The London Times*, 20 de febrero de 1998). Dentro de la policía de West Midlands, la corrupción masónica estaba muy extendida. Cuatro de cada cinco policías eran masones, y a un no-masón le era muy difícil hacer carrera. En la lista de miembros se encontraron los nombres de 30 jueces. Dentro de Scotland Yard funciona una logia especial - la Manor St. James, a la que pertenecen 200 policías del centro de Londres.

El ministro del interior tuvo que cumplir con la recomendación del Comité y firmó una proposición de ley para todos los candidatos a altos cargos dentro del sistema de justicia penal, ya fueran masones o no. El sindicato de la policía se oponía a este registro, pero si alguien no cumplía con esta norma, era acusado de desacato.

Esta corrupción dentro de la policía británica masónica la describe con detalle Martin Short en "Dentro de la fraternidad" (Londres, 1997).

Stephen Knight concluyó que ningún policía británico podía llegar a ser jefe de policía, salvo que fuera masón (Stephen Knight, "La fraternidad", Londres, 1994, p. 49-80).

El 27 de julio de 2004 los jefes de la policía advirtieron a todos los oficiales que serían despedidos si pertenecían al Partido Nacional británico. Phil Edwards jefe de prensa del BNP dijo:

> "Este es el tipo de acto que solían hacer en la Unión Soviética, eliminando el derecho democrático de la gente de unirse a un partido político legal." (*The Guardian*, 28 de julio de 2004, p. 4)

¿Pero es una práctica común que la experiencia y habilidad de un policía no cuente a menos que pertenezca a la masonería? Algo parecido sucedió en la Unión Soviética, donde todas las carreras estaban cerradas para los no-miembros del Partido Comunista. En la Unión Soviética la sociedad organizada sólo contaba con 3 millones de comunistas. En Gran Bretaña aproximadamente medio millón de masones cumplen una función similar, y en Estados Unidos hay al menos 2,5 millones de estos conspiradores.

La policía británica sirve a la masonería y no al público. Ya en 1877 Scotland Yard estaba tan dañado que tres de los principales jefes de policía fueron condenados a trabajos forzados. La organización fue reestructurada. En 1977 volvió a serlo. Entonces se reveló que los detectives y los altos funcionarios aceptaban sobornos. 13 detectives, todos ellos masones, fueron condenados a prisión. Habían recibido dinero de tiendas porno de Londres a cambio de no denunciar su ilegal y extraña actividad.

En el mundo actual los masones están intentando desarmar toda oposición dirigida a la esencia de la masonería. En la Grand Logia Alpina Suiza, existe desde la década de 1920 la comisión central para combatir a los adversarios de la masonería. Los masones controlan estrechamente y recogen todas las declaraciones antimasónicas, aparecidas en artículos y libros de todo el mundo. Entonces todo esto se analiza y se toman las medidas adecuadas. La masonería internacional está emitiendo instrucciones especiales sobre cómo manejar a sus oponentes. Entre otros documentos masónicos del archivo especial de Moscú, el ruso Viktor Ostretsov, crítico con la masonería, encontró un informe de un renegado que era un francmasón que había dejado la orden. A estos masones se les llama camaleones sin personaje. A los retratos "Analíticos" también se les tacha de antimasones.

Hoy en día la propaganda juega un papel aún más importante para la masonería que antes. Por esta razón hay una oficina de propaganda en la Gran

Logia de Viena. Los paralelismos con los comunistas son sorprendentes (Viktor Ostretsov, "Masonería, cultura e historia rusa", Moscú, 1999, p. 579).

El mundo masónico

En 1900, en una convención masónica en el Hotel du Grand Orient de France de París se tomó la decisión de crear una agencia masónica internacional. En 1903, la idea fue adoptada por Edouard Quartier - La Tente, antiguo gran maestro de la Gran Logia Alpina de Suiza. Esta agencia intentaba coordinar mejor la lucha de los masones contra el mundo.

El 26 de diciembre de 1992 se publicó un sarcástico estudio de varias redes en la respetada revista *The Economist*. Los Illuminati fueron presentados como "la madre de todas las redes" y "los verdaderos gobernantes del mundo". La revista mencionaba a Adam Weishaupt y el 1 de mayo de 1776 y afirmaba que la conspiración de los Illuminati "es inmensa y terrible" y que "es la red de los que dirigen redes." A continuación, señalaba que "muchos presidentes estadounidenses habían sido Illuminati; algunos de ellos habían sido asesinados por los Illuminati y que el símbolo Illuminati - el del ojo en la pirámide - aún se engalana en el billete de dólar. Encontré este símbolo el verano de 1986 entre otros documentos Illuminati en los archivos de Ingolstadt.

La masonería y muchas otras organizaciones, entre ellas el movimiento internacional de los Boy Scouts, fundado por el masón Robert Baden-Powell en 1908, están controladas por los Illuminati. El emblema scout internacional es un lirio, que se interpreta como un símbolo de pureza, si bien de hecho es testimonio de la victoria de la masonería sobre la dinastía real francesa de los Borbones. Fuentes masónicas admiten libremente que el movimiento de los Boy Scouts está bajo la influencia de la masonería. Los masones también controlan los sindicatos en todo el mundo.

En Estados Unidos el francmasón Samuel Gompers (Logia Dawson n° 16 de Washington DC) era un cabecilla de la Unión y un alborotador. Él se encargó de que tanto socialistas como comunistas empezaran a celebrar el cumpleaños de los Illuminati, el 1 de mayo de 1889. Así, por arte de magia se reforzó la red secreta de los Illuminati. En Washington, DC los masones erigieron un monumento en honor de Samuel Gompers.

La primavera de 1999, por iniciativa del Partido Liberal Sueco (Folkpartiet) se fundó la Fundación para Obtener Información sobre Crímenes Contra la Humanidad cometidos por el comunismo. Cuando sugerí que las fuerzas que había detrás del avance del comunismo también deberían ser examinadas, fue rechazado. ¿El Partido Liberal Sueco está sirviendo a los intereses de los francmasones escondiendo los hechos?

El Presidente de Francia, Jacques Chirac y muchos otros jefes de estado son masones de alto rango. Es miembro de la Gran Logia Alpina Suiza (Ghislaine Ottenheimer, Renaud Lecadre, "Les Frères invisibles", París, 2001,

p. 61). Estamos bajo el poder masónico. Para conseguir que un político sea reelegido, nunca se indica si es francmasón.

A los 15 años, William Jefferson Blythe (más tarde Clinton) se convirtió en miembro del departamento de juventud de la Logia Jacques de Molay (de la orden DeMolay para niños) en el pequeño pueblo de Hope, Arkansas (*Freemasonry Today*, verano de 1998, p. 24). Su padrastro Wo Vaught era masón de grado 32°.

La orden DeMolay fue fundada por Frank S. Land en Kansas City, Missouri, en 1919. El 26 de junio de 1999, James C. McGee fue elegido gran maestro de DeMolay International.

El tráfico de drogas mediante un campo de aviación de Mena, Arkansas, tuvo lugar sin perturbación, mientras Clinton era gobernador. Testigos no deseados de esta actividad se encontraron con "accidentes letales". Clinton estuvo involucrado en el tráfico de drogas con los Contras (Patrick Matrisciana, "El libro de las crónicas de Clinton", Hemet, California, 1994). Como presidente cometió el grave delito de perjurio. Para sorpresa de muchos abogados, sin embargo, no fue a la cárcel.

Bob Woodward, editor adjunto de *The Washington Post*, dijo en su libro "La agenda: dentro de la Casa Blanca de Clinton" (1994) que el Presidente Clinton exhibía violentos ataques de ira y provocaba amargos conflictos entre sus asesores políticos.

En Gran Bretaña hay una poderosa organización masónica llamada La Mesa Redonda con sucursales en todo el mundo. Se refugia con cuidado del escrutinio oficial pero sin embargo ejerce una sutil influencia en la vida de la gente. El gran arquitecto político del mundo fue Alfred Milner, que planeó y financió las "revoluciones" de Rusia de 1917 para "celebrar" el 200 aniversario de la masonería moderna.

The Freemason Chronicle declaró en 1902: "La grandeza de la Gran Bretaña es el trabajo de los francmasones." (pág. 319).

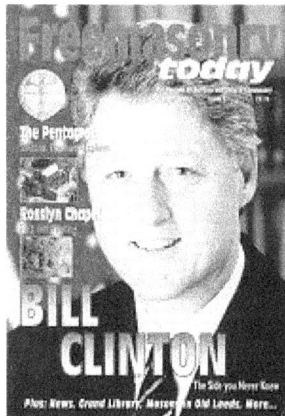

Michel Baroin, antiguo gran maestro del Gran Oriente en 1979, declaró:

"Ha llegado la hora de la masonería. Tenemos todo lo que necesitamos en nuestras logias, hombres y métodos". (*Humanisme*, septiembre de 1979)

Gary H. Kah escribió en su libro "Rumbo hacia el empleo Global" (Boblesville, 1992) que el movimiento marxista estaba

"completamente dominado por las sociedades secretas, finalmente haciendo su camino hacia Rusia donde, con la ayuda de las logias rusas existentes, con la asistencia de Trotski y Lenin y el apoyo externo de los financieros internacionales, será impuesto al pueblo ruso".

Domenico Anghera, soberano gran comendador del Consejo Supremo del Rito Escocés, dijo en un discurso poco antes de la guerra Franco-Prusiana de 1870:

"Nuestro primer paso como constructores del nuevo templo en honor de la gloria de la humanidad, debería ser la destrucción. Para destruir el estado social existente hemos suprimido la educación religiosa y los derechos humanos." (Domenico Margiotta, "Le culte de la Nature dans la Franc-maçonnerie Universelle", Ginebra, 1897, p. 45)

Domenico Anghera cree que esto es debido a que a los masones les han desaparecido los sentimientos por la patria, la religión y la familia.

La revista masónica austriaca *Her Zirkel* admitió el 13 de diciembre de 1908:

"Juntos hemos hecho un juramento; conspira cada día con malicia hacia el orden existente de la sociedad. No podemos esperar en exceso para utilizar nuestras fuerzas destructivas. No preguntaremos qué construir en vez de lo que hemos destruido."

La revista masónica de Mecklemburgo, declaró en 1910:

"La idea de la conducción es en todo momento centrarse en la destrucción y la aniquilación, porque el poder de esta gran sociedad secreta sólo puede surgir de las ruinas de la que ahora existe".

La revista *The Foreword* de las logias americanas declaró abiertamente en 1927:

"Queremos apoyar la construcción del gran monumento que el gran pueblo de la Biblia llevará ahora a su conclusión".

Así que los masones están construyendo, con ruinas, un Nuevo Mundo para nosotros. Afirman ellos mismos

"que la francmasonería es la construcción del templo (de Salomón) en los corazones de los hombres y de las Naciones".

Así que vivimos en el mundo de engaños y sin escrúpulos de los masones. Si alguien está disgustado, debería quejarse de la actividad secreta de los masones. Pero los masones son los engañadores engañados. Nunca admiten sus propios errores, aunque sus acciones nos han llevado a través de un sufrimiento indescriptible.

En general, ningún individuo llegará a ninguna posición importante sin ser recomendado por la logia. Los medios de comunicación se ponen en movimiento para asegurar la victoria de los candidatos de los masones. Incluso el cuerpo de oficiales militares está impregnado por la francmasonería.

He aquí una lista de masones famosos:

> George C. Marshall, Darryl Zanuck (20th Century Fox), Yitzak Rabin, Yassir Arafat, Jesse Jackson, Louis Farrakhan, Benjamin Disraeli, Ludvig van Beethoven, Jacques Delors, Thomas Chalmers, Jimmy Carter, Walter Rathenau, Arthur Conan Doyle, Duke Ellington, Chiang Kaishek, Boris Yeltsin, Clark Gable, George Gershwin, Joseph Ignace Guillotin, Oliver Hardy, Joseph Haydn, Hector Berlioz, Giacomo Puccini, Luigi Cherubini, Giuseppe Verdi, Rudyard Kipling, Mark Twain (Samuel L. Clemens), Mao (Gran Oriente), Oscar Wilde, Charles Hilton, Émile Zola, Alexander Pope, Thomas Lipton, Charles Lindbergh, Louis B. Mayer (Metro-Goldwyn-Mayer), Jean Sibelius, Jonathan Swift, Al Gore, William Taft, Edwin Aldrin, Leroy Gordon Cooper, Jacques Chirac, Valery Giscard d' Estaing, Roald Amundsen, Louis Armstrong, John Glenn (Concord Lodge n° 688), Henry Bell Laurence, George Soros, Helmut Kohl (Gran Oriente), Arthur Wellington, Harry Houdini (Erich Weiss), Samuel Colt, Mel Gibson, Denzel Washington, James Cameron (33°), Paul Whitman, Bob Dole, Jose Rizal, Leonardo DiCaprio, Walter P. Chrysler, Alan Greenspan, Carl Sagan, Albert Einstein, Andre Citroen, Francis J. Bellamy, Frederic A. Bartholdi, Moses Cleaveland, George M. Cohan, Carlo Collodi, Telly Savalas, Sidney Wagner, George M. Dallas.

El actual rey sueco se negó a ser masón y por tanto gran maestro. En cambio el banquero Gustaf Piehl llegó a gran maestro ("El rey rechaza a los masones", del diario sueco *Expressen*, 21 de abril de 1997). A su Majestad no le gustan las ceremonias secretas. Los masones se enfadaron y entristecieron al mismo tiempo. Cartas de felicitación de toda Suecia honraron al rey por su decisión de rechazar a los masones (*Dagen*, 30 de abril de 1997).

Oficialmente la francmasonería es una organización de caridad, patrocinando hospitales infantiles, orfanatos, instituciones educativas y geriátricos. El Gran Oriente de Francia ya ha tenido suficiente de este doble discurso y dijo que la caridad no tiene nada que ver con la masonería.

La revista masónica húngara *Kelet* afirmó en julio de 1911 (n°9):

> "Estamos estableciendo los cimientos de un nuevo orden social, donde la caridad sólo es una cubierta. El compromiso de secreto no tendría ningún significado, si sólo se refiriese a la caridad, y los terribles juramentos masónicos serían innecesarios."

"Las constituciones masónicas irlandesas" confirman esto:

> "La junta preguntó si los fondos de una logia podían ser utilizados para un propósito, que no fuera masónico. Finalmente se dictaminó que los fondos de una logia eran recogidos únicamente de fuentes masónicas sólo para fines masónicos y no deben ser utilizados para ningún otro fin cualquiera." ("Leyes y constituciones

de la Gran Logia de los masones libres y aceptados de Irlanda", Dublín, 1934, p. 117.)

Nuestra sociedad ha sido infectada por la perversa francmasonería elitista de una forma u otra, que ha causado la crisis espiritual más grande de la historia de la humanidad. Hemos sido demasiado débiles para resistir su despiadada alevosía. Los masones lo han descubierto y por tanto nos tiranizan ideológicamente (con el socialismo y el comunismo y otros ismos antinaturales), económicamente (con los intereses), químicamente (con los aditivos tóxicos en nuestra alimentación y a través de la industria farmacéutica) y culturalmente (con cultura basura). La inmensa mayoría de la gente no tienen ni idea de que son juguetes en manos de estas astutas fuerzas.

En la sociedad actual, "construida" por los masones, una persona espiritual es considerada anormal, lo que demuestra que esta sociedad es ella misma anormal. El desarrollo espiritual sólo se favorece en un entorno espiritual, no en los materialistas y despiadados.

Nos han quitado la historia, la dignidad, la sabiduría y el honor, el sentido de responsabilidad, la visión espiritual y nuestras tradiciones. Quienes han hecho esto contra una civilización sensible deben ser considerados los peores de los delincuentes.

Todos somos responsables en parte, sin embargo, porque hemos fallado al no actuar contra la locura masónica debido a nuestra enorme credulidad. Hemos sido engañados totalmente y hemos ignorado las señales de advertencia.

El científico alemán Robert Eberthardt dijo:

"No temas a tus enemigos - en el peor de los casos te matarán. No temas a tus amigos - en el peor de los casos te traicionarán. A los apáticos debes temer, porque no matan ni traicionan, pero gracias a su apatía silenciosa, existen en este mundo la traición y el asesinato."

Es vital hacerlo bien. Quien esté disgustado con el mundo de los masones, debería ayudar difundiendo información sobre las malas obras de estos "ángeles de luz". El hecho es que "estas fuerzas de la luz" no pueden soportar, ellos mismos, la luz.

Los masones siguen amenazando al mundo entero. ¿Cuando se pondrá fin a su poder ilegal y global? Es ilegal porque la Constitución sueca asegura que "todo poder político emana del pueblo" y la mayoría de las constituciones de los estados democráticos se basan en un principio similar.

Los masones afirman que el movimiento es sinónimo de libertad política y dignidad humana. Los hechos dicen lo contrario. El masón Sven G. Lunden en su artículo "La aniquilación de la masonería", publicado en *The American Mercuri*, nº 206, febrero de 1941, afirma que la masonería luchaba contra los tiranos. Quien era un tirano, lo decidían los grandes maestros.

Según el político científico sueco Anders Westholm, la masonería constituye un peligro para la democracia. Pero uno no puede tocar a estas personas ocultas en el poder. Niklas Stenlas, otro científico político, ha declarado que las sociedades secretas son un problema democrático:

> "La gente influyente conoce y tiene acceso a una red excelente, que a su vez aumenta su influencia. A menudo tienen canales directos en el Parlamento."

En 1996, hubo una sentencia del Tribunal Supremo sueco, respecto a una ley que prohibía el uso del cráneo humano como símbolo. La ley ha sido utilizada sólo para los neonazis. Los masones han quedado al margen, a pesar de que este símbolo malvado también tiene lugar dentro de la masonería.

Esto significa que la ley se aplica de forma selectiva. Los masones están por encima de la ley. ¿Qué más se podría esperar? La francmasonería es una fraternidad para poderosos e influyentes. Es una organización que habla con una lengua bífida. Según los masones ingleses Christopher Knight y Robert Lomas, los masones tienen aproximadamente 50.000 cráneos en diferentes logias por todo el mundo ("El segundo Mesías", Londres, 1998, p. 117).

Gustav Karlsson y Lars-Olof Engstrom, los masones de más alto rango en la ciudad sueca de Gavle, afirmaron que los rituales con cráneos y cosas de éstas sólo servían para estimular la imaginación, según ellos no tienen ningún significado más profundo (*Gefle Dagblad*, 23 de enero de 1985). Esta es una mentira primitiva que casi ninguna persona razonable se puede tomar en serio.

Las logias nacionales aisladas no existen, aunque los masones suecos lo digan. Cada hermano masón en todo el mundo participa en la construcción del "nuevo mundo" - el Templo de Salomón, que significa la transformación de cada estado en una provincia bajo un gobierno mundial gobernado por los masones. Los masones que todavía no son conscientes del pasado carmesí de su secta criminal deberían dejarla tan pronto como les fuera posible, si realmente quieren ayudar a la humanidad.

Los líderes masones son fanáticos mentalmente trastornados, llevados por el mal camino por sus propias utopías destructivas. Se han convertido en criaturas psicopáticas, mostrando muchos signos de su enfermo patrón de comportamiento. Valoran su secta como lo más alto y a la humanidad como lo más bajo. Ellos mismos se han bajado al nivel de los reptiles, que excluye toda espiritualidad. Los seres humanos espiritualmente desarrollados nunca hacen uso de la violencia. La masonería se ha convertido en un club para individuos desequilibrados, con carreras hambrientas y nada realistas. Por lo tanto, la gente con visión nunca se hacen masones.

Una logia alemana de rito sueco

El psicólogo CG Jung, su abuelo fue gran maestro de la Gran Logia de Suiza, estableció:

"A menudo he visto a gente convertirse en neurótica, cuando aceptan respuestas insuficientes o falsas a las preguntas de la vida." (C. G. Jung, "Mi vida".)

"La Francmasonería ha creado un tipo particularmente degenerado, que mete la mano en el bolsillo de su vecino, y clama que es él quien ha sido robado", escribió M. de Stock en su libro sobre la esencia de la masonería "La Franc-Maçonnerie" (Volumen I, "Partie Historique", París, 1906, p. 270).

Max Doumic escribió en su obra "La Franc-Maçonnerie est-elle Juive ou Anglaise?" (París, 1906, p. 193) que todo lo que se origina en la masonería lleva el sello de la falsedad. Se presenta una versión falsa de la historia al ocultar ciertos hechos y distorsionando otros. Quiso decir que bajo la influencia de la masonería, hemos ido por mal camino y por lo tanto en cada área de la vida viviremos en un ambiente de disparates y mentiras.

Los masones se sienten orgullosos de la maliciosa pseudo-historia que han escrito para nosotros. La pregunta es cuánto tiempo más vamos a aceptar sus insolentes cuentos de hadas.

Debido a la muy superficial educación de los intelectuales, muchos de ellos han sido influenciados por la distorsionada visión del mundo en blanco y negro de los masones, y por lo tanto, de buena fe han causado daño a otros, tanto mental como físicamente.

El periodista australiano John Pilger escribió una vez:

"Los engaños de los gobiernos elegidos democráticamente parecen más extraordinarios que los de las dictaduras, sólo debido a las ilusiones que crean."

En el confuso mundo de hoy en día, sin embargo, hay muchas personas astutas. En febrero de 2003, hubo una resolución en el Parlamento de Ucrania para procesar a los masones. Serían condenados a 3-5 años de prisión, los empleados del gobierno y los oficiales militares de alto nivel lo serían con 7-10 años. Si un masón causaba la muerte de alguien y perjudicaba los intereses del Estado, sería castigado a un máximo de 15 años de prisión.

Sobre una de las columnas del Freemason's Hall de Londres hay un símbolo del poder mundial masónico: el mundo envuelto en una red.

Los masones de alto grado saben que la capacidad de la mayoría de la gente para analizar y sacar conclusiones es primitiva y limitada. Por lo tanto, no temen que el público vinculen su símbolo de poder global con el logotipo de la ONU, que cuenta con una red de 33 secciones que abarcan el mundo. Como es bien recordado la deidad masónica Jahbulon tiene el cuerpo de una araña. Las arañas tienden a hacer girar sus redes.

También cabe destacar que los comunistas gozaban arrastrando a sus enemigos capturados en una enorme red, lo que pasó, por ejemplo, en los Estados bálticos.

Durante la edad media los monjes mientras hacían camino hacia Roma a través de Suiza, se les ordenaba llevar una venda en los ojos, de modo que no se dejaran tentar por la belleza de la naturaleza. Hoy en día muchas personas se dejan cegar por las mentiras de los medios de comunicación, para evitar ver rotas sus ilusiones por un encuentro brutal con la realidad.

Varias instituciones poderosas, incluidos los bancos, en la City de Londres tienen sus propias logias masónicas. El Banco Lloyd tiene su Logia Caballo Negro en Lombard Street. El Banco de Inglaterra tiene una logia con su propio nombre, una de las primeras, consagrada en 1788 (Melvyn Fairclough, "El Destripador y los Reales", Duckbacks, 1992, pág. 70).

En Kaunas, Lituania, en 1940 la NKVD (policía política soviética) arrastraba a sus prisioneros a lo largo de las calles utilizando una gran red.

Aquellos que quieran más información sobre la participación de los masones en la política y la economía durante los últimos 220 años en Europa, están invitados a leer mi anterior libro "Bajo el signo del Escorpión" (Estocolmo, 2002).

La Logia George Washington de Alexandria, Virginia.

Capítulo VI

La naturaleza sanguinaria de la masonería

Nuestro nivel de conocimientos hoy en día es poco profundo y deficiente y los hechos a los que tenemos acceso nos llevan por mal camino. Están basados en los mitos y engaños de los masones. El mito más peligroso nos coacciona a pensar que no hay ningún vínculo entre la élite financiera y los masones. Estas ideas no son más que teorías "ultraderechistas" sobre una conspiración imposible. Esta visión masónica es propagada por los comunistas, socialistas y liberales conservadores. Los que están en el poder se aseguran de que cualquier persona que trate seriamente la información importante sobre la conspiración sea desacreditada.

La idea misma de una trama delictiva es horrible y repugna incluso a la conservadora revista sueca *Contra*, que ha trabajado contra los comunistas pero niega que el Partido Comunista de la Unión Soviética fuera una poderosa organización internacional de la conspiración, que recibió toda la ayuda que necesitaba de Occidente. *Contra* se ha negado a examinar los motivos que hay detrás de esta afirmación y por lo tanto se ha convertido en parte de la red internacional de desinformación que oculta hechos indeseables. Sus principales escritores quizás estén cegados por la propaganda oficial (es decir mentiras), pero ninguna persona sensata osaría negar algo sobre lo que no supiera nada.

La historia del mundo contiene muchos secretos guardados por la francmasonería internacional. Los secretos más viles de todos están asociados con el socialismo y el comunismo.

El crecimiento del socialismo y el comunismo está sin duda vinculado a la logia masónica más potente y peligrosa de Europa, el Gran Oriente de Francia, que tiene su sede en el n° 16 de la rue Cadet de París. El lector no encontrará una sola palabra sobre el Gran Oriente en la enciclopedia nacional sueca (Nationalencyklopedin). Esta obra sólo habla bien de la masonería.

Si examinamos la historia de la masonería, descubrimos que la orden está estrechamente asociada con el socialismo y el comunismo, así como con el crimen organizado. La principal tarea de la masonería es combatir el conocimiento del mundo real e ignorar los hechos de la verdadera historia. Los que niegan esta obvia conspiración soportan una responsabilidad moral por los crueles abusos que sufre la humanidad en manos de los masones. No se puede desestimar una demanda hasta que ha sido investigada.

Los masones han utilizado una arma terrible - el socialismo en sus diversas formas.

El autor judío y francmasón Heinrich Heine (nacido Chaim Biideburg) estaba convencido de que el comunismo era una completa barbarie. Una organización, que propaga algo tan vil y repugnante, hay por lo tanto también que considerarla igual de bárbara. Heine se hizo francmasón en la logia de Las Trinosophes de París en 1844.

A los masones en París se les conmemora por toda la ciudad. Pocos son conscientes de que el Marqués de Lafayette (Marie-Joseph Motier, desde 1757-1834) fue un francmasón muy potente. El 25 de diciembre de 1775, la Lafayette a los 18 años abrió la logia de La Canduer en París. Esto fue posible debido a la fortuna a la que tenía acceso. En 1777, fundó la Gran Logia de Pensilvania. Cuando Lafayette regresó a Francia, se convirtió en gran maestro del Gran Oriente, un cargo que conservó hasta su muerte en 1834.

Los antecedentes históricos del Gran Oriente

Le Grand Orient de France fue fundada en París en los años 1771 a 1773. Su objetivo era infiltrarse en el gobierno y luego destruirlo. El primer gran maestro fue Louis Philip de Orleans (hasta 1792, oficialmente hasta 1793, cuando terminó ajusticiado por "traicionar" a la revolución).

Otros grandes maestros importantes fueron Alejandro Roëttiers de Montaleau (1795-1804), Joseph Bonaparte (1805-1814), Jacques Mitterrand (1962-1963, 1967-68), Fred Zeller (1971-1972) y Jean-Robert Ragache (1987, 1989-1991).

Alain Bauer ha sido el gran maestro del Gran Oriente de Francia desde el 8 de septiembre de 2000 y según su propia afirmación, "innegablemente Judío". Pidió una bandera roja como regalo de su séptimo cumpleaños. Bauer tenía 19 años, cuando se convirtió en miembro del Partido Socialista y de los masones. A los 21, Bauer fue ascendido a vicepresidente de la Universidad de París 1 (*Le Point*, 4 de enero de 2002, p. 24). El sindicalista Alain Bauer dirige una empresa, que actúa como asesora de los ayuntamientos franceses sobre cuestiones relativas a los servicios de vídeo monitorización, que dejan entre 10.000 a 90.000 euros.

El Gran Oriente cuenta con un presupuesto anual de 4 millones de euros.

A principios del siglo XIX, el Gran Oriente también asumió el sistema de 33 grados uniéndose a la Gran Logia Escocesa General de Francia (Carl Dahlgren, " Frimureriet" / "Masonería", Estocolmo, 1925, p. 114). El escudo de armas del Gran Oriente representa un ojo-que-todo-lo-ve, 40 estrellas de cinco puntas, un martillo (contra los enemigos) y una serpiente mordiéndose su propia cola. Esta serpiente se llama Ouroboros.

Cuando entré por primera vez en la sede del Gran Oriente de París en septiembre de 1999, me encontré con un gran triángulo rojo con consignas en sus tres laterales: Liberte, Egalité, Fraternité (libertad, igualdad, fraternidad). Esto demuestra que el Gran Oriente estaba detrás de la llamada Revolución Francesa. Los masones no niegan esto, al contrario, afirman en su diario *Humanisme* (n° 240, de junio de 1998) que esta orgía de violencia fue de hecho obra suya. La república fue declarada por el masón Jean Marie Roland el 21 de septiembre de 1792 El versificador de "La Marsellesa" fue el masón Claude Roget de Lisle (*Humanisme*, n° 235, septiembre 1997, p. 24).

> "Es la francmasonería, quien preparó nuestra revolución, la más grande de todas las epopeyas populares en los anales de la historia conocida y es la masonería a quien se debe el gran honor de haber proporcionado este evento inolvidable con la fórmula, que es la encarnación de todos sus principios". ("Declaración Principal del Consejo de la Orden del Gran Oriente de Francia", París, 1936)

En el Museo de la logia por todas partes hay lemas como *Solidarite* y ¡*Vive la Republique*! Según el programa del Gran Oriente, la orden combate activamente el racismo y la xenofobia. El lector probablemente reconocerá estas consignas cosmopolitas (que son mundiales), con las que los medios de comunicación nos asaltan cada día. ¡Y este asalto a cualquier sentimiento de patriotismo se desarrolla en nombre de la solidaridad internacional! Pero como indica el escritor sueco Lars Adelskogh, la sociedad multicultural no es otra cosa que la última Utopía del socialismo y un "ideal" que está condenado al fracaso.

Antes de la Revolución Francesa, el Gran Oriente tenía 67 logias en París y 463 en el resto del país, en las colonias y en otros países. Durante la revolución, en París, sólo había abiertas tres logias. Los "revolucionarios" no querían dejar ver su conexión con la masonería, los líderes masónicos que se opusieron a este plan secreto fueron ejecutados. Estos hechos han sido explotados en la propaganda moderna.

Muchas logias estaban bajo la influencia del Gran Oriente, incluyendo Les Amis Reunis, que fue fundada en París el 23 de abril de 1771 Tenía 12 clases (no grados). El Gran Oriente a su vez estaba controlado por los Illuminati. El Gran Oriente aún mantiene esta relación íntima con "los iluminados". Les Amis Reunis fue una cobertura excelente para los Illuminati.

Durante mi visita a Versalles en septiembre de 1999, una guía mencionó que el conjunto patrimonial había sido expoliado durante la revolución. 65.000 piezas de mobiliario fueron vendidas en subasta. Sólo unas cuantas piezas han sido devueltas por ciertos proveedores, por ejemplo la familia Rothschild, que devolvió una mesa. El trono del rey desapareció sin dejar rastro. Sólo unas pocas cámaras de las cientos de Palacio están abiertas al público. El Museo del Louvre sólo alberga los restos de la antigua riqueza del arte de Francia. Dos tercios de las joyas de la Corona continúan desaparecidas.

El masón Benjamin Disraeli describió como sus hermanos masones organizaron disturbios en Europa en la primavera de 1848:

"Cuando las sociedades secretas, en febrero de 1848, sorprendieron Europa, ellos mismos quedaron sorprendidos por la inesperada oportunidad y tampoco habrían sido capaces de aprovechar la ocasión, si no hubiera sido por los Judíos, quienes en los años finales, desgraciadamente habían estado conectándose con estas impías asociaciones, tan imbéciles como los gobiernos, ese inadecuado brote no habría devastado Europa." (Benjamin Disraeli, "Lord George Bentinck: una biografía política", Londres, 1882, p. 357.)

Algunos miembros del Gran Oriente acabaron siendo ministros del gobierno provisional tras la revolución de febrero de 1848. Uno de ellos fue Victor Schoelcher (1804-1893). Su objetivo era deponer la monarquía de julio, que ya no era útil para los intereses del Gran Oriente. El 24 de febrero de 1848, el Rey Louis Philip se vio obligado a abdicar. Los masones declararon su Segunda República, que fue la semilla de un nuevo imperio. Louis Philip era hijo de Felipe de Orleans.

Esto ocurría a pesar de que el mismo Louis Philip era miembro de la logia Les Trois Jours. El rey se había hecho de los masones (oficialmente de la burguesía) el 7 de agosto de 1830 mediante un golpe de estado el 27-29 de julio, que fue conocido como la revolución de julio y que depuso a Carlos X. Pero el títere de Louis Philip ya había hecho su parte y ya no le necesitaban.

Benjamin Disraeli (1804-1881) afirma en su libro, "Lord George Bentinck: Una biografía política" 1882:

"No fueron ni los parlamentos ni la población, ni el curso de la naturaleza, ni el curso de los acontecimientos, lo que derrocó del trono a Louis Philip... Al trono le sorprendieron las sociedades secretas, siempre preparadas para devastar Europa... Las asociaciones secretas siempre están atentas y siempre están a punto."

En 1849, todos los líderes socialistas eran miembros del Gran Oriente. El socialismo y la masonería son lo mismo. Los masones socialistas más importantes eran Pierre Leroix y el modelo a seguir e ideólogo de los anarquistas, Joseph Proudhon. Proudhon afirmaba que toda propiedad privada era propiedad robada, que debería ser confiscada en una adecuada oportunidad y escribió en su libro "La Justice dans la Revolution et dans l'Eglise" ("La Justicia en la revolución y en la iglesia") que el significado de los términos "Taller socialista" y "logia masónica" eran idénticos. En este contexto, también puedo mencionar a Armand Barbas, Felix Pyat (miembro de la Assemblée Nationale, de 1848), Jules

Simon, Jean Mace (1815-1894), Jules Valles. La líder anarquista Louise Michel jugó un papel más bien de "revolucionaria" que como francmasona (Alec Mellor, "Logen, Rituale, Hochgrade-Handbuch der Freimaurerei" / "Logias, rituales, grados: Manual de la masonería", Graz, 1967, p. 477). Louis Blanc fue también un "francmasón revolucionario".

Los dirigentes de la comuna de París en 1871 (18 de marzo - 29 de mayo) constaban íntegramente de miembros del Gran Oriente. El masón Eugene Pottier escribió la *Internacional*. La sección francesa de la internacional pertenecía a la francmasonería (Alec Mellor, "Logen, Rituale, Hochgrade-Handbuch der Freimaurerei", Graz, 1967, p. 477).

El diario francés *Commune* escribió el 27 de mayo de 1871 que una delegación masónica había sido recibida en el Ayuntamiento de París. Lefrance, miembro de la comuna de París y de la logia 133, dijo que él se había "dado cuenta hacía tiempo que el objetivo de la comuna era el mismo objetivo que el de la masonería". Otro masón declaró:

> "La comuna es el nuevo templo de Salomón".

Y este "templo" se cobró muchas víctimas. La Unión Soviética se convirtió en el templo perfecto para los masones, un templo en el que fueron sacrificados más de cien millones de individuos.

En 1879, los masones judíos republicanos (Leon Gambetta, Jules Ferry y Jules Grevy) llegaron al poder y formaron un nuevo gobierno. Gambetta había tenido un cierto papel en los horrores de la comuna de París (marzo - mayo de 1871). Jules Grevy llegó a ser presidente de Francia el año 1879. Leon Gambetta (1838-1882) era un hermano de logia muy importante (fue miembro de la logia La Reforme de Marsella), y llegó a ministro en 1881 Ferri se convirtió primer ministro después de la muerte de Gambetta en 1882 y fue conocido por su "política" agresiva hacia el resto del mundo.

El Gran Oriente de Francia está controlada por un Consejo, en el que se eligen cada año 33 masones. Este Consejo es el órgano ejecutivo de la orden y sus actividades son coordinadas por una oficina dirigida por un presidente que a la vez es gran maestro (Alexander Selyaninov, "El poder secreto de la Masonería", Moscú, 1999, p. 13).

Durante los años 1877-1878, la dirección del Gran Oriente no hizo ningún tipo de mención a Dios o a la inmortalidad del alma en su constitución. El título de "Gran Arquitecto" fue retirado de sus estatutos y por lo tanto se independizó de la logia madre Inglesa de Londres. El Gran Oriente proclamó que representaba a la masonería atea o humanismo. Todas las sociedades humanistas modernas se han visto afectadas por la ideología antinatural del Gran Oriente.

El judío masón Léon Gambetta, Primer Ministro de Francia (1881-1882)

La Orden del Gran Oriente de Francia, publica la revista *Humanisme,* un nombre que suena tan falso como el comunista *Pravda* (Verdad). La Asociación Conservadora de Estudiantes de Suecia publicó una serie de artículos en la revista *Svensk Linje* (Política Sueca), "¿El satanismo, otro nombre para el humanismo?" (N° 1-2 y N° 3-4, 1999). La masonería se basa en una forma extraña de satanismo. Por lo tanto, es bastante raro que los liberales jóvenes hayan salido en defensa del satanismo, afirmando que es lo mismo que el humanismo.

En 1996, el Grand Orient de France (GODF) contaba con 38.800 miembros en 900 logias en Francia y otros países. En 2000, la organización contaba con 980 logias con 41000 miembros. A las oficinas de la sede del Gran Oriente les llaman talleres (N° 1, N° 2, etc.).

Una placa en la logia museo de París representa a un francmasón apoyado sobre un cadáver y al mismo tiempo tratando de construir un mundo nuevo para nosotros, un templo invisible. Pero no es posible construir un mundo con cadáveres, con mentiras, con saqueos y con injusticias. Una sociedad así sería extremadamente inestable y desequilibrada. El asesinato y otras expresiones de violencia, así como las mentiras, son parte del modelo del Gran Oriente de una sociedad perfecta.

La influencia de los masones en el Partido Socialista italiano estaba en una etapa tan monumental que el partido empezó a excluir a los masones en 1914 (Alec Mellor, "Logen, Rituale, Hochgrade-Handbuch der Freimaurerei", Viena, 1985, p. 476).

Durante la tercera República (1870-1940), la francmasonería francesa participó muy activamente en la política. El hecho de que la posición ideológica de la masonería se inclina hacia el socialismo fue confirmada por una tesis, "La francmasonería bajo la tercera República francesa" de Mildred J. Headings Universidad Johns Hopkins de Baltimore ("Estudios de Ciencias Históricas y Políticas", serie LXVI, n° 1, 1949, p. 283-284).

El portavoz de la Gran Logia Unida, John Hamill, afirmó:

> "Los miembros del Gran Oriente siempre han estado muy politizados, muy mentalizados con las políticas sociales como grupo y no como individuos." (Brian Freemantle, "El pulpo", Londres, 1995, p. 16)

"El Gran Oriente es socialista en el sentido más amplio de la palabra," escribió el autor francés Maurice Talmeyr en su libro "Comment on fabrique l'opinion" / "Cómo fabrican la opinión" (p. 27).

En Francia hay unos 35 diferentes sistemas masónicos. Los tres más grandes son el Gran Oriente de Francia, la Grande Loge de France (26.000 miembros) y la Grande Loge Nationale Française (27.000 miembros).

Este plato masónico expuesto en la sede del Gran Oriente de Francia de París muestra que la masonería está construyendo su nuevo mundo sobre los cadáveres de sus víctimas. Foto: Juri Lina

También hay una logia extremadamente secreta en el Gran Oriente llamada *Demain*. Al menos diez ministros de Mitterrand eran miembros de esta logia secreta (Ghislaine Ottenheimer y Renaud Lecadre, "Les Frères invisibles" / "Los hermanos invisibles", París, 2001, p. 21).

En las zonas donde el Frente Nacional ha llegado al poder - Vitrolles, Orange, Marignane y Toulon - el Gran Oriente se ha visto obligado a cerrar varias logias y a sustituirlas por una "Logia itinerante", que está sometida a protección directa desde de París.

En 1998, el Gran Oriente expulsó al hermano masónico Jean-Pierre Soisson, un político regional de Borgoña, que había sido reelegido con el apoyo de los votos del Frente Nacional (*ibídem*, p. 66).

Sede central del Gran Oriente en la rue Cadet, Paris

La Justicia de los masones

En caso de estar sometidos a ciertas circunstancias, el deber civil más alto y más sagrado de la masonería es recaudar armas contra el gobierno legal de una nación, según la crónica de la masonería (Londres, 1875, I, p. 81). Por este motivo la francmasonería ya había sido prohibida en varias partes de Europa: en Nápoles en 1731, en Polonia en 1734, en Holanda y en Francia en 1735. Catalina la Grande prohibió las actividades de las sociedades secretas el 8 de abril de 1782 y nuevamente en 1794 para evitar las continuas actividades de las logias de Rusia. Los masones simplemente se negaban a obedecerla. La logia Osiris simplemente continuó con sus acciones en contra de Rusia. La gente normal y corriente consideraba a los masones delincuentes traidores.

Alexander Herzen socialista masón judío y ruso (el Gran Oriente) estaba inquieto por la destrucción total y absoluta del gobierno de la época. Había una destrucción generalizada en forma de estruendo y sangre. "¿Que nacerá de esta sangre? ¿Quién sabe?" preguntaba. Acogía la destrucción y el caos, que estaban por venir.

El Gran Oriente quería controlar la política no sólo en Francia sino también en el extranjero, preferentemente en toda Europa. Los miembros del Gran Oriente estaban particularmente interesados en inmiscuirse en los asuntos internos de Rusia. Odiaban especialmente a Rusia. Desde 1890, el Gran Oriente de Francia cuidó mucho a todos los emigrantes revolucionarios de Rusia mediante la organización de una escuela internacional de revolucionarios. Muchos rusos extremistas judíos comenzaron a seguir los "estudios revolucionarios" en esta escuela (Yuri Ivanov, "Los judíos en la historia rusa", Moscú, 2000, p. 94). Detrás de la asociación revolucionaria judía estaba el Gran Oriente. Esta Orden ayudaba a los "revolucionarios" a escapar de la justicia.

En 1897, había 5.215.800 judíos viviendo en Rusia (casi el cinco por ciento de la población). Toda la actividad revolucionaria estaba en manos de los extremistas judíos, que controlaban la mayoría de las 370 logias masónicas (*ibídem*, p. 97).

Los gobernantes que perturbaban los planes del Gran Oriente eran asesinados. Dentro de la masonería, matar a un enemigo está justificado.

El Zar Paul I (hijo de Catalina la Grande) volvió a soltar las riendas a los masones, a pesar de la prohibición oficial contra la francmasonería. Se convirtió en gran maestro de la Orden de Malta. Los masones se lo "agradecieron" asesinándole la noche anterior al 11 de marzo (24 de marzo del nuevo calendario) de 1801 El asesinato de Paul I de Rusia estuvo organizado por el conde Pavel Stroganov, representante del Gran Oriente de Francia. También pertenecía a la logia Les Neuf Soeurs. Varios masones rusos estuvieron implicados en el asesinato de Paul I. El conde Stroganov había llegado a Rusia desde Francia como un agente de influencias masónicas, todo esto según Oleg Platonov.

Después de este asesinato político, más y más logias de Rusia quedaron bajo la influencia del Gran Oriente de Francia.

Los decabristas de Rusia en realidad eran Illuminati. El masón coronel Pavel Pestel (1793-1826) fue un decabrista infame. El representante más importante de los Illuminati era Ernst Raupach Benjamin-Solomon, que vivía con el conde Sergei Volkonsky. Los Illuminati habían fundado Soyuz Blagodentsviya, una sociedad subversiva. En 1822 Raupach fue expulsado por actividades contra el estado ruso.

El 14 de diciembre de 1825, estalló la revuelta de los decabristas y posteriormente fue reprimida por el gobierno. 1271 fueron asesinados. Los masones habían provocado disturbios entre soldados y civiles, habían difundido mentiras igual que los comunistas, los socialistas y los liberales hacen hoy. Todos estos individuos intolerantes son herramientas para la masonería.

En 1876, tres masones judíos, Lieberman, Grigori Goldenberg y Zuckerman, se reunieron en una sala de la logia Gran Oriente de Londres para elaborar un plan para asesinar al Zar ruso Alexander II. Encontraron al asesino adecuado, el extremista judío Leon Hartman (1850-1913), que era miembro del Comité Ejecutivo de la organización terrorista Narodnaya Volya (Voluntad Popular, fundada por masones). Intentó hacer estallar el tren del Zar cerca de Moscú el 19 de noviembre de 1879 (bajo el signo de Escorpión).

El intento fracasó y Hartman logró huir a París, donde el Gran Oriente tuvo buen cuidado de él. Fue detenido en París gracias a la embajada rusa, pero los masones locales protestaron cuando fue extraditado a Rusia. Mientras el Gran Oriente le ayudó a escapar a Inglaterra, donde fue recibido con aplausos e inmediatamente se inició en la logia The Philadelphians (Yuri Ivanov, "Los judíos en la historia rusa", Moscú, 2000, p. 93). Más tarde se trasladó a Estados Unidos, donde fue alabado por los anarquistas.

La condición de masón de Hartman queda confirmada en una carta de Garibaldi a Gabrielle Pia del 6 de marzo de 1880 (Vasili Ivanov, "La intelectualidad rusa y los masones desde Pedro I hasta hoy", Moscú, 1997, p. 346).

El Gran Oriente no se rindió. Se atentó varias veces contra la vida del zar. Los masones finalmente consiguieron matar a Alexander II con una bomba el 1 de marzo (13 de marzo según el nuevo calendario) de 1881 utilizando a Narodnaya Volya (Voluntad Popular). Dado que la asesina era judía, Chess Mironov-Helfman, esto condujo a viciosos pogromos contra los judíos. Vera Figner, otra judía, era una de las cabezillas de los agentes. Helfman fue sentenciada pero liberada y deportada en 1879. Escapó el mismo año. Giuseppe Garibaldi (1807-1882) fue convertido en héroe nacional italiano por los masones.

Garibaldi se hizo francmasón en 1833 y fue miembro de la Joven Italia de Mazzini y de la Grande Oriente. En 1834, fue condenado a muerte en ausencia por haber participado en un motín en la marina Sarda pero consiguió huir a Brasil en 1836.

Garibaldi vivió en Uruguay entre 1836 y 1848. Después de ir a Uruguay, puso al movimiento "revolucionario" del ex Presidente Fructuoso Rivera en contra del Presidente legal Manuel Oribe, ya que Oribe no quería una guerra contra Argentina. En junio de 1838, Rivera derrotó a Oribe con la ayuda de Garibaldi. Oribe huyó a Buenos Aires en Argentina. Entonces Garibaldi fue el dictador virtual de Uruguay entre 1838 y 1843, mientras que oficialmente el poder residía en Rivera. Durante ese tiempo, Garibaldi llevó a Uruguay a una guerra contra Argentina. El 16 de febrero de 1843, Oribe depuso la dictadura con la ayuda de fuerzas de élite argentinas. El nuevo Presidente Joaquin Suárez asumió el cargo en marzo de 1843. Garibaldi fundó la logia Les Amis de la Patrie en Montevideo en 1844 (Karl RH Frick, "Licht und Finsternis" / "Luz y tinieblas", Parte 2, Graz, 1978, p. 206). En diciembre de 1845, dirigió la primera legión italiana, que defendió Montevideo de británicos y franceses.

En abril de 1848, Garibaldi volvió a Italia y entró al servicio del gobierno provisional de Roma. En 1849, luchó contra las fuerzas, en superioridad, francesas pero tuvo que huir del país otra vez. Los terroristas iluministas de Garibaldi, algunos de los cuales eran llamados Carbonarios, llevaban largas

camisetas de verdugo de color carmesí. Después de sus "revolucionarios" actos de terror entre 1848 y 1849, Garibaldi se convirtió en un hombre perseguido, huyó y se vio obligado a mantenerse alejado. Vivió en África del Norte, en Estados Unidos y en Perú. Volvió a Italia en 1854. El intento de Garibaldi en 1859 para hacer del Tirol una parte de Italia fue un fracaso, sin embargo. La guerra terminó repentinamente mientras él se preparaba para atacar al enemigo.

El 6 de mayo de 1860, Garibaldi salió de Génova con 1067 hombres y comenzó un nuevo levantamiento. El 11 de mayo, aterrizó en Marsala, Sicilia, con sus camisas rojas. Allí derrotaron varias veces una fuerza varias veces mayor y se hizo el Señor de la isla y se proclamó dictador. Ya que Garibaldi se llamaba a sí mismo socialista, fundó una dictadura socialista. El cruel Garibaldi instó a sus cómplices:

"Nuestros corazones no pueden albergar ningún tipo de misericordia."

Seis meses más tarde fue el turno de la Italia continental. El 8 de noviembre de 1860, Garibaldi marchó hacia Nápoles con el Rey de Cerdeña, Victor Emmanuel II a su lado. El masón Victor Emmanuel quería ser rey de toda Italia. Mazzini y Cavour le dieron el trono.

En 1862, Garibaldi participó en el asalto al Estado Papal, en el que fue capturado. Le concedieron la amnistía y pronto organizó de nuevo una revuelta, por lo que fue detenido pero logró escapar.

Durante ese mismo año, su duro trabajo para destruir el viejo orden mundial le hizo ganar el grado 33º y a partir de entonces se convirtió en gran maestro del Rito Escocés de Palermo y en 1864 la Asamblea Constituyente de Nápoles escogió a Garibaldi como gran maestro honorífico de la Grande Oriente de Italia. Se convirtió en el "Primer Francmasón Italiano".

La Grande Oriente de Italia fue fundada por Napoleón Bonaparte en Milán, en 1805. Garibaldi también era gran maestro de l'Ordre du rite Memphis-Misraim. Junto con los sindicatos del crimen, planeó crímenes atroces contra gente políticamente incómoda.

En 1867, Garibaldi fundó el Consejo Supremo de los Masones de Italia y la Asociación para la Paz y la Libertad, que comenzó a difundir los Estados Unidos de Europa. Esta unión debía poner fin a los estados nacionales, después de que los masones intentaran fundar un súper-estado global. El sueño masónico sobre los Estados Unidos de Europa tenía que ser una realidad, a cualquier precio, aunque fuera necesario emplear tanto el fuego como la espada. En cambio fue elegido el astuto método del paso-a-paso, que suponía innumerables engaños políticos. Diferentes estados nación serían fundados y destruidos camino de un imperio mundial.

Garibaldi continuó siendo un agitador y fue nuevamente condenado a prisión. Pronto le liberaron y tomó parte en la guerra de Francia contra Alemania en 1870-1871 Su único objetivo era la destrucción, limpiar el terreno para la construcción del nuevo templo de Salomón.

En Madrid el joven anarquista Mateo Morral lanzó una bomba al cortejo de la boda real el 31 de mayo de 1906. Pero Alfonso XIII y su esposa Victoria Eugenia sobrevivieron. El terrorista inmediatamente se suicidó. Se descubrió que había trabajado en una editorial, que pertenecía al conocido anarquista y masón Francisco Ferrer. La policía sospechaba que Ferrer habría planeado este atentado contra la vida del rey, ya que anteriormente había sido sospechoso de dos asesinatos políticos. Ferrer fue detenido el 4 de junio de 1906. Su abogado Bulot (un hermano masón) se encargó de la defensa. Ferrer fue liberado el 12 de junio (*Revue Maçonnique*, enero 1907, n° 310, p. 13).

En junio de 1909, comenzaron a aparecer en España problemas violentos. Los masones instigaron alborotos en Barcelona, durante los cuales 97 edificios, incluyendo 76 iglesias católicas, capillas y lugares de reunión, fueron quemados y entonces fueron violadas y asesinadas monjas (Edward Cahill, " La masonería y el movimiento Anticristiano", Dublín, 1959).

El principal instigador fue nuevamente Francisco Ferrer. Fue condenado por causar la revuelta en Barcelona y ejecutado el 13 de octubre de 1909. Era el francmasón más famoso de España y anarquista y fue declarado mártir por las fuerzas oscuras.

El ex-masón Sidonio da Silva Pais llegó al poder el 8 de diciembre de 1917 para derrocar al gobierno masónico de Portugal. Como presidente, empezó conscientemente a apoyar los intereses nacionales. Decretó la amnistía para todos los presos políticos. Los masones le consideraban un traidor y una alimaña que tenía que ser liquidada. El 14 de diciembre de 1918, Pais fue asesinado a tiros en la estación de tren de Rossio de Lisboa, por un sindicalista y soldado del ex-Frente Occidental. Pais iba camino de Braga para intentar evitar una guerra civil.

En febrero de 1920, el gran maestro portugués Sebastiao Magalhaes de Limas fue detenido por su participación en el golpe de estado masónico del 14 de mayo de 1915, contra el dictador Pimenta de Castro. Los masones internacionales comenzaron a actuar inmediatamente. Poco después, de Limas y su amigo masón, el diputado gran maestro Jose de Castro fueron liberados, ya que "no había ningún motivo para la detención".

El masón judío húngaro Hollander afirmó en un discurso el 16 de abril de 1905:

> "El objetivo final de la socialdemocracia y de la masonería es el mismo." ("Grossversammlung der Symbolischen Grossloge von Ungarn" / "Compilación de las Grandes Logias Simbólicas de Hungría", Budapest)

El masón Ludvig Balint escribió en 1918 en la revista de la logia *Eotvos* (Hungría):

> "Las ideas, que hacen a la gente feliz son al mismo tiempo nuestros objetivos, que es el cosmopolitismo, el ateísmo, el comunismo."

El éxito más grande de la élite masónica engañando a la gente es la difusión de ideas socialistas peregrinas que únicamente descansan sobre mentiras contradictorias. A la gente inteligente le es fácil ver a través de este fraude social, pero la mayoría no tienen la capacidad de pensar con claridad y, por lo tanto, fácilmente son presa de las mentiras socialistas.

La principal tarea de los masones es detener la información correcta y provocar el estancamiento económico y espiritual en la sociedad, que entonces ya no puede escapar de la esclavitud de los banqueros masónicos.

Michel Reyt, alcanzó el grado 33° en *Sabios* fundada dentro del Gran Oriente, el objetivo era proporcionar dinero al Partido Socialista (Ghislaine Ottenheimer y Renaud Lecadre, "Les Frères invisibles", París, 2001, p. 25).

La influencia oculta de los masones ha sido y es enorme. De los mariscales de Napoleón dieciocho eran masones, entre ellos Bernadotte, Brune, Jourdan, Kellermann, Massena, Mortier, Murat, Ney, Oudinot, Poniatowski y Sérurier (de la revista francesa *Historia*, n° 48, julio-agosto de 1997).

Si uno observa al presidente de una compañía, al presidente de una junta o a un ministro que es masón, uno descubrirá un significativo número de hermanos masones revoloteando a su alrededor: contables, secretarias, abogados, asesores de RRPP, banqueros, etc. A medida que los masones se vuelven más poderosos, van empujando a los no masones lejos de las posiciones de poder.

> "Cuando alguno de mis compañeros de trabajo, masón, insiste en que contratemos a un hombre de cincuenta años y del que nunca he oído hablar antes, sé inmediatamente que está pasando", dijo el presidente del consejo de France Television Marc Tessier, quien él mismo presume de pertenecer a la logia Espartaco, que capta a los jefes de las emisoras de radio y cadenas de televisión (Ghislaine Ottenheimer y Renaud Lecadre, "Les Frères invisibles", París, 2001, p. 33).

Más de un tercio de los miembros del Consejo Económico y Social, la tercera cámara de la Asamblea Nacional de Francia, son masones. El hall de entrada del edificio del Consejo está cubierto con símbolos masones: dos columnas con las imágenes de Horus e Isis. Horus sosteniendo en las manos un globo terráqueo y una mitra. Isis cogiendo un ángulo recto en el vacío de su brazo. Otros símbolos son la luna, el sol, el cielo estrellado, la pirámide, la piedra tallada, y la cadena de tres eslabones.

El Salón del Templo del Gran Oriente, París.

El sector de la energía, la industria de la energía nuclear y las telecomunicaciones son bastiones de la masonería.

Alain Grange Cabane, director general de la asociación de empresarios dijo: "La primera vez que conocí a Patrick Le Lay, presidente de TF1 (el primer canal de la televisión nacional francesa), le dije: 'Creo que nosotros pertenecemos a la misma familia.' Le Lay respondió: 'Sé lo que hacemos.' Nos hicimos amigos. Con Jean Miot nos hicimos amigos de la misma manera". Miot era entonces presidente de la junta directiva de la Asociación de Empresarios de Prensa de París (*ibid*, p. 35).

Hay una regla teórica dentro de la Gran Loge Nationale Française que dice que dentro de la logia no se debe discutir ni de política ni de religión. En la práctica, esto sólo se aplica a las logias azules, es decir, los grados más bajos. En los grados superiores, llamados capítulos, se discute de todo. El trabajo del Gran Oriente y de la Gran Logia de Francia está centrado en la sociedad desde el principio (Ghislaine Ottenheimer y Renaud Lecadre, "Les Frères invisibles", París, 2001, p 49-50).

El Gran Maestro del Gran Oriente, Alain Bauer, admite que hay falta de ideas y que existe la pobreza filosófica dentro de su orden. No ha habido casi ninguna idea nueva hace poco, a excepción de las acciones de protesta contra la visita del Papa y de la movilización general contra el Frente Nacional.

La corrupción masónica

Los líderes masónicos admiten que se produce un abuso de poder, pero al mismo tiempo afirman que la orden ya trata estas cuestiones con severidad. Esto no es cierto. Casi todos los que ha intentado trabajar contra la corrupción dentro de la masonería o advertir a las instancias más altas dentro de la orden, masones como Jean Verdun, Pierre Marion, Pierre Bertin y Thierry Meyssan, han sido condenados al ostracismo o ellos mismos han optado por abandonar la masonería (*ibídem*, p. 9). Los hermanos tienen la obligación de ayudarse mutuamente, incluso arriesgando sus vidas.

El masón Jacques Medecin fue alcalde de Niza entre 1966-1995. Sus dos colaboradores más cercanos, Jean-Paul Claustros y Jean Oltra, también eran masones. Junto con varios masones más, fundaron toda una red de organizaciones locales ficticias, que recibían subvenciones del gobierno financiadas con dinero de los contribuyentes. Muchos de los hermanos masones que Medecin implicó en sus actividades delictivas, eran miembros del Gran Oriente, pero cuando su presencia hizo sentir incómodos a los demás hermanos, se acercaron a la Gran Logia Nacional Francesa donde fundaron su propia logia (la nº 475). Otros empleados del gobierno local acudieron a esta logia. Se estima que los hermanos de Niza consiguieron robar unos mil millones de francos entre 1983 y 1989 (Bernard Bragard, Frederic Gilbert y Catherine Sinet, "Le feuilleton nicois", París, 1990). Medecin más tarde se trasladó a Uruguay, donde murió.

Otro ejemplo de cómo un hermano que él mismo ha hecho imposible el continuar en una orden puede ser "reutilizado" en otra: Guy Kornfeld fue expulsado del Gran Oriente en 1986 por robar 180.000 francos de los hermanos de su logia, la Salvador Allende. Cuatro años más tarde fue aceptado sin ningún tipo de dificultad en la Gran Logia Nacional Francesa. En mayo de 1990, Kornfeld fue atrapado en una comprobación de identidades de un banco de Mónaco y fue detenido. Transportaba 3,6 millones de francos en bonos del estado, que habían sido robados en un atraco a mano armada en Bélgica una semana antes (*ibídem*, p. 86).

A fin de atraer a personas influyentes, la Logia Nacional Francesa ha formado logias de especial interés (*Loges d'appel*), basadas en la logia secreta *Demain* del Gran Oriente, donde los rituales se han reducido al mínimo. Ministros y otros hombres de poder se sienten como en casa en estas logias. La logia Espartaco fue creada para los jefes de la radio y de la televisión, la logia de La Banniere Etoilee (la Bandera Estrellada) es para empresarios que deseen invertir en los Estados Unidos, la logia Les Chevaliers de Jerusalén (Los Caballeros de Jerusalén) es para quien está especialmente interesado en Israel, L'Esprit Olímpico (el Espíritu Olímpico) es para deportistas, Les Cabires es para los masones interesados en temas africanos franceses. La cuota anual para algunas de estas logias exclusivas es de 10.000 francos, que se pagan para diez sesiones. Las cenas, que les gusta hacer en relación con las reuniones, cuestan 750 francos cada una (Ghislaine Ottenheimer y Renaud Lecadre, "Les Frères invisibles", París, 2001, p. 94).

La corrupción masónica tiene signos propios. El signo de reconocimiento para el primer grado, el grado del aprendiz, consiste en poner la mano delante de la garganta con los cuatro dedos juntos y el pulgar en ángulo recto y entonces mover la mano de izquierda a derecha, como si cortara la garganta. También se le llama "el signo de la garganta" y simboliza que al hermano se le cortará la garganta en caso de revelar cualquiera de los secretos de la masonería.

Para el grado del oficial, se coloca la mano derecha sobre el corazón. La mano se redondea, como si cogiera el corazón. Al mismo tiempo, se levanta el antebrazo izquierdo con la mano abierta. Esto significa: podéis romper mi corazón si traiciono los secretos.

En el tercer grado, el grado de maestro, se pone la mano derecha con el pulgar señalando el lado izquierdo del abdomen a la altura del ombligo. Cualquiera que traicione a la masonería morirá de esta manera.

Estas señales de reconocimiento son descritos por muchas fuentes. Hay varias señales de reconocimiento para los grados más altos, de las que los de fuera no son conscientes. Una de ellas consiste en colocar el índice y el dedo anular de la mano derecha atravesados delante de los labios tres veces seguidas. Esto demuestra que uno ha sido informado de los secretos más importantes.

Los masones se reconocen entre sí por medio de preguntas sencillas como "¿Qué hora es?", "¿Cuántos años tienes?". Si contestas: "las ocho y media" o "cincuenta años," demuestras que no eres un hermano. Se supone que uno debe responder: "Ya no queda tiempo" o "Soy muy viejo". También puedes demostrar que eres un hermano preguntando: "¿Tú también trabajas día y noche?"

Los que no han alcanzado el grado de maestría no tienen derecho a visitar otras logias. Deben obedecer a su maestro y a cualquiera que tenga un grado más alto que ellos.

La destrucción de Rusia

Los masones siempre están dispuestos a jugar al gato y el ratón para socavar a sus enemigos. A la víctima le está permitido jugar al juego en los términos del gato, hasta que es hechizada por el trance de consenso y la mente le queda paralizada. Exactamente eso es lo que le pasó al Zar Nicholas II de Rusia.

A finales de la década de 1890, el masón Philip Vashod fundó la logia masónica Krest y Zvezda (la Cruz y la Estrella) en el Palacio de Invierno y más tarde en Tsarskoye Selo, para rodear al zar y destruirlo. Incluso el engañado Nicholas II se unió a la logia. Pero el zar no estaba informado de muchos de los secretos importantes. Philip Vashod era asesor para cuestiones de estado (Viktor Ostretsov, "La masonería, cultura e historia rusa", Moscú, 1999, p. 387). El masón Leonti Kandaurov (emisario del zar en París) lo confirmó (Archivo Central Histórico de Moscú, sección 730, I).

La francmasonería francesa consiguió el visto bueno de la Rusia zarista, a pesar de que en realidad representaba el ateísmo y el republicanismo. Nicolás II era consciente de ello. Al asociarse con los masones, destruyó las posibilidades de desarrollo de Rusia.

Entre el 1900 y el 1902, 10.000 individuos, mayoritariamente judíos rusos, fueron entrenados en los Estados Unidos. Su misión era volver a Rusia después de su formación revolucionaria para sembrar el terror y aplastar el régimen zarista. La mayoría de los recursos financieros de estas actividades provenían del multimillonario sionista Jacob Schiff y de otros banqueros judíos de los Estados Unidos.

Estos mismos banqueros también financiaron la guerra Ruso-Japonesa de 1904 y la Revolución Rusa de 1905 (Urgench Nikolov Dichev, "La conspiración de mal", 1992, p. 99).

En 1904, el Gran Oriente intrigaba contra el gobierno ruso, diciendo que era una desgracia para el mundo civilizado. La Orden del Gran Oriente de Francia participaba constantemente en los asuntos internos de Rusia mediante el apoyo a "revolucionarios allí tan temprano como en 1905-1906, cuando muchos agitadores estaban activos" (Oleg Platonov, "La corona de espinas de Rusia: La historia secreta de la masonería 1731-1996", Moscú, 1996, p. 172).

El zar fue influenciado por varios masones que actuaban como si fueran amigos íntimos. El príncipe Alexander Mikhailovich era uno de ellos. La madre de Mikhàilovitx era judía. Otro era el duque Nikolai Nikolayevich, que convenció al zar para que firmara el manifiesto del 17 de octubre de 1905, que despejó el camino para los masones. Este documento daba más poder al Parlamento, que estaba completamente bajo control de los masones. La comprensión de una Rusia masónica, el zar la obtuvo principalmente de estos señores masónicos de alto rango que eran incapaces de decir la verdad y en realidad lo que querían era deponerlo y matarle.

En 1905, en San Petersburgo, el secretario del Consejo Supremo Masónico, David Bebutov, entregó 12000 rublos al líder de los revolucionarios sociales a cambio del asesinato del Zar Nicholas II. Los planes no pudieron ser llevados a cabo. En 1906 los masones hicieron otro intento de matar al zar con la ayuda de los revolucionarios sociales. Incluso utilizaron un submarino en el atentado. También hubo planes para construir un avión para este fin (*ibídem*, p. 179). La acción estaba organizada por el infame terrorista y francmasón Nikolai Tchaikovsky (revolucionario social), que había diseñado el avión que atacó al zar desde el aire. Cuando su secuaz Jevno Azef fue detenido, los planes quedaron en suspenso.

Cuando el General V. Teplov se hizo miembro de la logia, un "hermano" quiso saber qué pensaba del plan de eliminar físicamente al zar. Teplov respondió con franqueza militar: "Si se me ordena hacerlo, le mataré." (Sergei Melgunov, "Camino al Golpe del Palacio", París, 1931, p. 185).

Durante el otoño de 1905, los masones intentaron de todo para asumir el poder en Rusia. Entre los conjurados había dos miembros del Consejo Nacional, Alexander Guchkov y Mikhail Stakhovich (que también ejercía de diplomático), así como otros conocidos masones como Sergei Urusov, un terrateniente que había traicionado al zar. Este era quien manejaba los contactos con el Gran Oriente de Francia.

Urusov era a la vez presidente del Consejo Supremo Masónico de Rusia. Estos hombres querían, inmediatamente, formar parte de un gobierno ruso. También los masones Vladimir Rozenberg y Georgi Lvov tomaron parte en este plan. Se trataba de imponer a Rusia el modelo republicano francés.

Los sanguinarios directores masónicos, incluyendo a Alexander Parvus y Leon Trotsky, habían comenzado una ola de terror devastador en 1905. Los crímenes "revolucionarios" cometidos en 1905-06 eran grandes avances, según los masones. Los masones continuaron asesinando a sus enemigos en Rusia. Entre 1906 y 1908, el movimiento revolucionario controlado por masones realizó 26.268 intentos de asesinato - 6.091 rusos resultaron muertos y más de 6.000 heridos (Vladimir Krasny, "Hijos del diablo", Moscú, 1999, p. 181).

En diciembre de 1905, Boris Nikolsky, catedrático de derecho y miembro del Consejo Nacional, pronunció un discurso ante la Asamblea de Rusia y del zar. Nikolski habló de las actividades de la comunidad judía y los masones en Rusia, tachándolas de actividades subversivas. Al zar no le gustó nada este discurso así que prohibió su publicación. Nicolás II quiso ganarse a los elementos de la izquierda, que sin embargo todavía le odiaban.

La masonería aparecía como una organización criminal en los informes de la policía secreta. Esto era verdad, ya que las logias transgredían constantemente las leyes rusas. El zar tenía acceso a estos informes.

El zar disolvió el Parlamento dos veces - en julio de 1906 y en junio de 1907. En esta etapa la Duma había transgredido la ley otra vez. El diputado masón y abogado Yevgeni Kedrin recibió un aviso del Gran Oriente de Francia el 7 de septiembre de 1906, que proclamaba que los rusos estaban sufriendo la tiranía del zar y que el Gran Oriente de Francia proporcionaría a los opositores del régimen los medios para poder derrotar este despotismo, todo ello según documentos encontrados en el Archivo Especial de los Sindicatos Soviéticos, que se hizo público debido al debilitamiento del régimen comunista en 1989.

Después de varios intentos de revolución en 1905 y en 1906, el Gran Oriente abrió nuevas logias en Rusia: El Anillo de Hierro en Nizhni Nóvgorod (Kilvein era el gran maestro), Kiev (Steingel era el gran maestro) y en otras ciudades. El conde Alexei Orlov-Davydov financiaba estas nuevas logias (Oleg Platonov, "La Corona de espinas de Rusia: La historia secreta de la masonería 1731-1996", Moscú, 1996, p. 172).

En 1906, el Gran Oriente incitaba a sus miembros a servir a los más altos intereses del socialismo internacional. El Gran Oriente prometió todo el apoyo imaginable para actividades anti-gubernamentales en Rusia. Pero se tomó la decisión de que este apoyo se debía mantener en secreto (*ibídem*, p. 178).

Laferre, uno de los líderes de la masonería mundial, dijo en una conferencia masónica internacional en 1908, que los masones estaban preparados para financiar una conspiración contra Rusia. Especificó:

"El Consejo de la Orden hará todos los sacrificios necesarios para alcanzar el verdadero progreso de esta nación, que aún no se ha librado de la oscuridad y donde el triunfo de la masonería está a punto de desarrollarse." (*Kolokol,* 9 de noviembre de 1908)

Cuando Nicholas II fue de visita oficial a Suecia, en 1909, fue víctima de un intento de asesinato. Pero el anarquista que había sido contratado, atacó a la persona equivocada, y terminó matando a un coronel sueco con uniforme de Gala.

A mediados de 1911 el diputado del ministro del Interior, el Teniente General Pavel Kurlov, emitió un informe especial al ministro del Interior Piotr Stolypin, cuyo contenido molestó profundamente a los masones rusos. El informe trataba de la conexión de la francmasonería con actividades terroristas contra el estado ruso y sus representantes. Parece ser que Stolypin se tomó esta amenaza de los masones contra el estado más en serio y decidió imponer medidas contra ellos. Stolypin no sólo dejó de ser ministro del interior, sino también presidente del Consejo de Ministros, es decir, primer ministro.

Anteriormente, en 1910, un agente de policía llamado Boris Alexeyev había sido enviado a París para recoger información sobre el Gran Oriente de Francia, desde donde se originaban las acciones contra Rusia. Pero Stolypin fue asesinado en la ópera de Kiev el 1 de septiembre de 1911 en presencia del zar. El asesino, el agente masónico Dmitri (Mordekai) Bogrov, fue detenido. La figura más destacada del Gran Oriente ruso, Alexander Kerensky (en realidad Aaron Kurbis) escapaba hacia el extranjero en ese momento. Poco después, llegaba un informe de Alexeyev desde París.

El informe mencionaba que

"los líderes masónicos habían llegado a la conclusión de que el presidente del Consejo de Ministros... era un individuo que era perjudicial para los intereses de la masonería. Esta decisión, tomada por el Consejo Supremo, cuya existencia era sabida desde hacía varios meses... Resulta que los líderes secretos de la masonería estaban disgustados con la política de Stolypin y habían utilizado las conexiones íntimas entre el Gran Oriente de Francia y los comités revolucionarios de Rusia para completar el plan, que sólo tenían como un borrador. También se dice que el aspecto puramente técnico del delito y ciertos detalles de las circunstancias, hace posible pensar que el asesinato, estaba preparado por los masones" (Oleg Platonov, "La corona de espinas de Rusia: La historia secreta de la masonería 1731-1996", Moscú, 1996, p. 198-200).

Leon Trotsky se reunió con Bogrov la mañana del 1 de septiembre de 1911 en una cafetería de Kiev. Los residentes de Kiev querían matar a todos los judíos de Kiev tras el asesinato de Stolypin pero el gobierno envió un regimiento de cosacos para evitar un baño de sangre ("La guerra por el derecho común", Minsk, 1999, p. 42).

El asesino Bogrov fue colgado. Era miembro del Gran Oriente. El terrorista y francmasón Manuil Margulies (un secuaz de Alexander Guchkov) era el líder de la trama.

Los planes de Stolypin contra los masones nunca se hicieron realidad. Después de su asesinato, el masón conde Vladimir Kokovtsev (1853-1943) se convirtió en primer ministro. Previamente había ocupado el cargo de ministro de finanzas. Fue el único ministro zarista que recibió una alta pensión del gobierno provisional en la primavera de 1917, mientras que otros eran encarcelados. Ni los bolcheviques lo tocaron. Debería haber prestado un gran servicio a la francmasonería internacional (Viktor Ostretsov, "La masonería, cultura e historia rusa", Moscú, 1999, p. 399).

El extremista judío Nikolai Maklakov se convirtió en el nuevo ministro de interior, en 1912 Su hermano, el abogado Vasili Maklakov, era un notorio francmasón. Los masones comenzaron inmediatamente a infiltrarse en el gobierno ruso, que estaba condenado a morir. Tras el asesinato de Stolypin, la policía ya recibió la información necesaria sobre el daño que habían hecho los masones. Los responsables de la información habían sido reemplazados por agentes masónicos, que deliberadamente se descuidaban de transmitir la información que recibían a sus superiores.

A través del diputado ministro del Interior y francmasón, Vladimir Dzhunkovsky, la organización internacional de los masones también tenía el control de la policía rusa. Desde el principio, los masones apoyaban las actividades de socavamiento de Lenin. En 1912, los masones controlaban todo el cuerpo diplomático ruso.

El 18 de febrero de 1912, el banquero masón Salomon Loeb pronunció un discurso en Filadelfia, manifestando la necesidad de crear un fondo que permitiese enviar armas y líderes a Rusia. Estos líderes tenían que enseñar a los jóvenes judíos a exterminar a los opresores como si fueran perros. Destacó que "obligaremos a Rusia a arrodillarse". Con la ayuda del fondo, se logró todo esto (*Philadelphia Press*, 19 de febrero de 1912). Como el lector recordará, los masones consideran que todos los no-masones son como perros.

Del 28 de agosto al 1 de septiembre de 1911, la masonería internacional celebró su Segundo Congreso Internacional Socialista en el palacio de la Odd Fellows de Bredgade en Copenhague. Los principales organizadores eran el francmasón Walter Rathenau y la logia masónica judía B'nai B'rith. Entre los participantes estaban los conocidos masones Karl Liebknecht, Rosa Luxemburgo, Lenin, Trotsky, Hjalmar Branting (Suecia), Georges Clemenceau y otros destacados representantes de las fuerzas destructivas (Aage H. Andersen, "Verdensfrimureri" / "El Mundo de la masonería", Copenhague, 1940, p. 29). Rathenau también era miembro de B'nai B'rith.

Según Nina Berberova, investigadora de la masonería rusa, León Trotsky fue durante seis meses miembro de una logia masónica rusa cuando tenía dieciocho años. Dejó la logia, cuando se convirtió en miembro de logias extranjeras, entre ellas Art et Travail (Arte y Trabajo) en Francia (L. Hass, "La masonería en Europa Central y Oriental", Wroclaw, 1982).

La primavera de 1914, Trotsky fue a Venecia como miembro de la Gran Logia francesa, a reunirse con su hermano masón V. Gacinovic para discutir los planes para el asesinato de Franz Ferdinand. Los hermanos masones Trotsky, Radek y Zinoviev fueron informados de los planes para asesinar al pretendiente al trono austrohúngaro (Yuri Begunov, "Los poderes secretos a la historia rusa", Moscú, 2000, p. 220).

En 1916, Trotsky estudió tácticas revolucionarias en la logia francesa Les droits de l'homme (Yuri Ivanov, "Los judíos en la historia rusa", Moscú, 2000, p. 124). También fue nombrado miembro de la poderosa orden judía B'nai B'rith, que en Estados Unidos le proporcionó medios financieros para su camino de regreso a Rusia en la primavera de 1917 (W. Charles Ferguson, "Cincuenta millones de hermanos: Un panorama de las Logias y los Clubes de América", Nueva York, 1937, p. 253).

Esto fue confirmado por el científico político austriaco Karl Steinhaus. Trotsky también era miembro de la Logia Shriner, donde sólo los masones que han alcanzado el grado 32° pueden ser miembros (Johan van Leers, "El poder detrás del Presidente", Estocolmo, 1941).

Durante su estancia en América en 1917, Trotsky también se hizo miembro de la Logia Memphis Israel (Vladimir Istarkhov, "La batalla de los dioses rusos", Moscú, 2000, p. 154).

Alcanzó el grado 33° en Moscú en 1919, mientras recibía a una delegación de hermanos del extranjero (Grigori Bostunich, "La masonería y la revolución rusa", Moscú, 1995, p. 55-56).

León Trotsky hacía de revolucionario en la película norteamericana de espionaje "Mi mujer oficial". Fidel Castro también participó en películas de Hollywood ("Belleza Bañándose" en 1944 y "Vacaciones en México" en 1946).

En julio de 1914, el Gran Oriente comenzó a instar a Rusia a que se uniese a la guerra contra Alemania. Los asesores masones cada vez dirigían más las decisiones tomadas por el zar. Fue manipulado para cometer errores desastrosos.

El asesinato de Grigori Rasputin, un monje cercano a la familia del zar y en posesión de poderes para-psíquicos, fue planeado en la Convención General masónica de Bruselas durante la Primera Guerra Mundial. Rasputin había querido impedir que Rusia tomara parte en la guerra. El masón Alexander Guchkov (Gran Oriente) había organizado previamente una campaña de difamación contra Rasputin. La principal fuerza detrás de los planes era el francmasón y extremista judío Vasili Maklakov (Oleg Platonov, "La corona de espinas de Rusia: La historia del pueblo ruso en el siglo XX", Moscú, 1997, volumen 1, p. 456). El conde Felix Yusupov, también francmasón, asesinó a Rasputin el 29 de diciembre de 1916. Yusupov padecía graves problemas mentales, que Rasputin había estado intentando curarle. El cómplice de Yusupov fue el gran duque Dmitri Pavlovich.

El zar no procesó a los asesinos. Simplemente fueron deportados. Los sepultureros de la nación rusa interpretaron esto como una prueba de que ahora los asesinatos estaban permitidos, como que los asesinos ya no serían perseguidos.

En 1915, el embajador británico George Buchanan (masón) recibía casi a diario la visita del ministro de relaciones exteriores ruso Sergei Sazonov, del líder de los octubristas Alexander Guchkov, del presidente de la Duma Mikhail Rodzianko y del líder del derechista Partido Cadete y diputado Pavel Milyukov. Todos ellos masones criminales y conspiradores, con el objetivo de derribar el reinado del zar. Buchanan jugó un papel muy sucio en la tragedia rusa, dándoles apoyo tanto moral como económicamente (*ibídem*, volumen 2, p. 35).

En enero de 1917, una serie de influyentes conspiradores masones, entre ellos el general Nikolai Ruzsky, se reunieron con el embajador Buchanan en Petrogrado. Discutieron sobre un golpe de estado, decidiendo que debería tener lugar el 22 de febrero de 1917 (Fazarov, "La misión de la emigración rusa", Stavropol, 1972, volumen 1). Posteriormente la fecha se cambió al día siguiente, el 23 de febrero. El 24 de marzo de 1917, el diario judío *Jevreyskaya Nedelya* (Semana Judía, nº 12-13) publicó un artículo sobre la "Revolución de Febrero" con el revelador título de "¡Esto sucedía el día del Purim!", Es decir el 23 de febrero de 1917.

Los masones Alexander Guchkov y Alexander Kerensky estaban preparando el derrocamiento del zar. El General Alexander Krymov (francmasón) era el gobernador de Petrogrado, una manera de evitar todos los intentos de salvar al zar. Kerensky colaboraba estrechamente con Genrikh Sliozberg, el líder de B'nai B'rith en Rusia. (Lady Queenborough, "Teocracia Oculta", 1933, p. 466).

A finales de febrero de 1917, una delegación de Sionistas locales visitaron el embajador Buchanan para agradecerle su contribución a la destrucción de la monarquía en Rusia (Oleg Platonov, "La corona de espinas de Rusia: La historia secreta de la masonería", Moscú, 2000, volumen 2, p. 35).

El Zar Nicholas II era consciente de la conspiración masónica y conocía a los miembros por su nombre pero no hizo nada para detenerla. Al contrario, a principios de enero de 1917 emitió una orden para que la policía no detuviera a Guchkov ni a Kerensky (Viktor Ostretsov, "La masonería, cultura e historia rusa", Moscú, 1999, p. 406). Continuó financiando el Comité para la industria de guerra, un nido de víboras intentando conducir a la Rusia zarista hacia la destrucción. También se entregaba apoyo financiero a varias organizaciones de izquierdas, la extensión del brazo de la masonería. Nicolás II es el ejemplo de cómo la masonería induce a los individuos espiritualmente débiles a la parálisis del pensamiento y al aislamiento de la realidad.

Los masones obligaron al zar a abdicar el 2 de marzo (15 de febrero del calendario viejo) de 1917 con la amenaza de que si no lo hacía, su familia sería asesinada. Esto fue revelado por Anna Vyborova, una amiga cercana a la familia del zar, en sus memorias. El zar, que entonces estaba en Pskov, renunció a la corona en favor de su hermano menor Mikhail, quien se convertiría en un monarca constitucional. Al día siguiente, los masones también forzaban a Mikhail II a abandonar el trono. Fue el último zar.

Un documental ruso, en idioma inglés, "La Revolución Rusa" (Moscú, 1993), admite:

> "Los políticos, los poderosos magnates industriales y los miembros de las fuerzas militares que fueron incapaces de llegar a un acuerdo con el zar, empezaron a considerar una conspiración. Muchos de ellos, que aparentemente eran enemigos políticos, de hecho eran aliados entre bastidores. Todos eran miembros de la hermandad masónica Veliky Vostok (Gran Oriente), que había sido fundada en San Petersburgo en 1912 Esta organización estaba gobernada por el Consejo Supremo, que tenía 300 socios. En 1916, el abogado popular Alexander Kerensky era el presidente del Consejo Supremo. Él y otros miembros del Gran Oriente estaban planeando un golpe de estado contra el zar."

Este film fue financiado por los judíos americanos Alexander Aisenberg, John Doukas y Matthew King Kaufman. Creyeron que había llegado el momento de decir la verdad.

Sergei Melgunov, un historiador ruso en el exilio, muestra cómo en febrero de 1917, cuando tuvo lugar el golpe de estado, la rama militar de los masones estaba liderada por Alexander Guchkov, mientras que la rama civil estaba liderada por Alexander Kerensky (Melgunov, "Camino del golpe del palacio", París, 1931).

Tras el derribo del zar, una Comisión masónica fue incapaz de localizar un solo documento que acreditara los presuntos crímenes del zar (Oleg Platonov, "La corona de espinas de Rusia: La historia secreta de la masonería 1731-1996", Moscú, 1996, p. 271). A pesar de esto, la comisión exigió su ejecución. Sin embargo, el plan nunca se llevó a cabo. Cuando la familia real británica quiso invitar a la familia del zar a ir a Inglaterra, las fuerzas masónicas encabezadas por Jacob Schiff se aseguraron que la amenaza de una huelga general dejara a la familia del zar fuera de Gran Bretaña.

Un gran número de documentos sobre las atrocidades cometidas por los masones fueron sin embargo retirados de los archivos y destruidos. Alexander Kerensky, que era miembro del gobierno provisional masónico, ordenó la destrucción de todos los documentos censurables, incluyendo una edición de "Los protocolos de los sabios de Sión".

Kerensky también recibía dinero procedente de Alemania, otra razón por la que el gobierno provisional no estaba dispuesto a perseguir a los bolcheviques. Kerensky mantenía temporalmente en prisión a Trotsky, para impedir que hablara demasiado. Había el riesgo de que revelara la verdadera fuente de las ayudas del Gobierno Provisional destinadas al golpe de estado. La intención de

Kerensky era mantener estos datos en secreto (Igor Froyanov, "Octubre 1917", San Petersburgo, 1997, p. 81).

El 24 de marzo de 1917, *The New York Times* informó que el banquero Jacob Schiff había pagado un tributo a León Trotsky:

> "Era la persona que habíamos estado esperando y perseguido durante todos estos años".

Schiff (B'nai B'rith) había preparado la llegada de Trotsky a Estados Unidos en enero de 1917 y que fuera capaz de vivir cómodamente con una limusina a su disposición.

Posteriormente a la Guardia Roja se le hizo llevar un medallón alrededor del cuello, con la imagen de Trotsky (Grigori Bostunich, "La masonería y la revolución francesa", Moscú 1995, p. 89).

Banqueros internacionales de Gran Bretaña, Estados Unidos, Rusia, Alemania y Francia se reunieron en Suecia el verano de 1917. Acordaron que la Kuhn, Loeb & Co. depositara 50 millones de dólares en un banco sueco en la cuenta de Lenin y Trotsky, según Oleg Platonov.

Por otra parte, el abogado Elihu Root de John P. Morgan pagó a los "revolucionarios" más de 20 millones de dólares a través de un fondo de guerra. Este dinero vino de Jacob Schiff, como confirma la documentación del Congreso Americano del 2 de septiembre de 1919.

Una presunta delegación de la "Cruz Roja" viajó a Rusia en agosto de 1917 con la intención de discutir con los líderes Bolcheviques los últimos detalles de un supuesto poder rojo. De los miembros de esta delegación, siete eran médicos, otros banqueros de Nueva York, entre ellos John P. Morgan y Jacob Schiff. La delegación estaba encabezada por William B. Thomson, el responsable del Banco de la Reserva Federal de Nueva York, que entregó a los bolcheviques al menos un millón de dólares (*The Washington Post*, 2 de febrero de 1918). Los banqueros detrás de esta delegación ocultaban su intención real, que incluía la entrega de grandes sumas de dinero a los bolcheviques (Antony Sutton, "Wall Street y la Revolución Bolchevique", Morley, 1981, p. 83).

El Congreso Masónico Internacional celebrado en el Hotel du Grand Orient de France en París el 28-30 de junio de 1917, destacó que Rusia constituía un obstáculo para el gobierno mundial masónico. Esto daba permiso al Gran Oriente para destruir Rusia con la ayuda del comunismo.

Después de la ascensión al poder de los bolcheviques se hizo vital impedir las críticas contra los bandidos rojos. El coronel Edward Mandel House, asesor presidencial influyente y francmasón de alto rango, envió un cable al Presidente Wilson el 28 de noviembre de 1917, instándole a restar importancia ante cualquier crítica a los bolcheviques:

> "Es de vital importancia que este tipo de crítica sea silenciada."

El telegrama fue clasificado como secreto y así quedó durante los siguientes seis años.

Los envíos de armas a los enemigos de los bolcheviques (la Guardia Blanca) fueron detenidas, tal como había ideado el traficante de armas Basil Zaharoff.

En abril de 1919, el Ministerio de Asuntos Exteriores y la Oficina de la Commonwealth publicaron un libro blanco sobre la Rusia Soviética, que declaraba que la confiscación Bolchevique del poder había sido organizada y financiada por banqueros internacionales. Se señalaba que se habían importado delincuentes chinos para colaborar con las checas para atemorizar al pueblo ruso. El libro blanco fue retirado apresuradamente y fue reemplazado por una versión acortada donde faltaba esta sensible información (Dr. Kitty Little, "Infiltraciones subversivas en Westminster y Whitehall: Promoción de una Europa Federal", Jamaica, 1995, p. 4).

Lenin era masón de grado 31° (Grand Inspecteur Inquisiteurs Commandeur) y miembro de la logia francesa Art et Travail (Oleg Platonov, "La corona de espinas de Rusia: La historia secreta de la masonería 1731-1996", Moscú, 2000, volumen 2, p. 417).

En su visita a la sede del Gran Oriente en la rue Cadet de París en 1905, Lenin escribió su nombre en el libro de visitas (Viktor Kuznetsov, "El secreto del golpe de octubre", San Petersburgo, 2001, p. 42). En 1914, Lenin era miembro de la logia más maliciosa del Gran Oriente, las Nueve Hermanas. (*Soviet Analyst*, junio de 2002, p. 12). Lenin también pertenecía a la logia Union de Belville.

La masona francesa Rozie de la logia Jean Georges de París elogiaba a sus hermanos masones Lenin y Trotsky (*La Libre Parole*, 6 de febrero de 1918).

Muchos de los bolcheviques, aparte de Lenin y Trotsky, eran masones: Boris Solovyov, Vikenti Veresayev, Grigori Zinoviev (Gran Oriente), Maxim Litvinov, Nikolai Bujarin (realmente Moshe Pinkhus-Dolgolevsky), Christian Rakovsky, Yakov Sverdlov, Anatoli Lunacharsky (en realidad Balich-Mandelxtam), Mechislav Kozlovsky (francmasón polaco), Karl Radek (Gran Oriente), Mikhail Borodin, Leonid Krasin, Vladimir Dzhunkovsky y muchos más. En el archivo del KGB, el historiador Viktor Bratyev ha encontrado un documento según el cual Lunacharsky pertenecía al Gran Oriente de Francia (Anton Pervushin, "El secreto oculto de la NKVD y las SS", San Petersburgo, Moscú, 1999, p. 133).

En el Cuarto Congreso del Comintern, León Trotsky anunció que los compañeros Zinoviev, Radek y Bujarin eran masones (Viktor Brachev, "Los masones en Rusia", San Petersburgo, 2002, p. 439).

Incluso antes de la toma del poder en octubre de 1917, Zinoviev, Kamenev y Trotsky hicieron una visita a la logia Los Estudiantes de St. Petersburgo (Yuri Beguno, "Los poderes secretos a la historia rusa", Moscú, 2000, p. 308).

"¡Lo que necesitamos es odio!" era una de las consignas preferidas de Anatoli Lunacharsky, comisario del pueblo para asuntos educativos.

Lenin, Zinoviev, Radek y Sverdlov también eran miembros de B'nai B'rith. Esto fue confirmado por los especialistas en las actividades de B'nai B'rith, entre ellos Schwartz-Bostunich (Viktor Ostretsov, "La masonería, cultura e historia rusa", Moscú, 1999, p. 582-583).

Hasta la década de 1990, un secreto particularmente oscuro sobre Lenin se mantuvo bien escondido, como demuestra la correspondencia entre Lenin y su camarada de partido y hermano francmasón Grigori Zinoviev (Radomyslsky). Lenin escribía a Zinoviev el 1 de julio de 1917:

> "¡Grigori! Las circunstancias me obligan a dejar San Petersburgo inmediatamente... Los compañeros han sugerido un lugar... Es tan aburrido, la soledad... Únete a mí y vayamos a pasar unos días maravillosos juntos, lejos de todo..."

Zinoviev escribió a Lenin:

> "¡Estimado Vova! No me has contestado. Probablemente te has olvidado de tu Gershel [Grigori]. He preparado un buen nido para nosotros... Es un lugar maravilloso para vivir donde estaremos bien, y nada molestará nuestro amor. Ven tan pronto como te sea posible, te estoy esperando, mi pequeña flor. Tu Gershel".

En otra carta Zinoviev quería asegurarse de que Lenin no dormía con otros hombres en su apartamento. Terminaba enviando a su Vova un beso marxista. Sugería no ocultar nada a la mujer de Lenin, Nadezhda Krupskaya, recordándole la primera vez que ella los había pillado. (Vladislav Shumsky, "El hitlerismo es horrible, pero el Sionismo es peor", Moscú, 1999, p. 479).

Así, los dos hermanos masónicos practicaban el amor de David por Jonathan. Quizás esto nos permitirá entender por qué los masones están tan dispuestos a defender la liberación homosexual.

En Rusia, el abuelo de Lenin, el Kalmukia Nikolai Ulyanov, tuvo cuatro hijos con su propia hija, Alexandra Ulyanov (oficialmente conocida como Anna Smirnova). Ilya, el padre de Lenin, era el cuarto de estos niños, nacido cuando Nikolai Ulyanov tenía sesenta y siete años (Vladimir Istarkhov, "La batalla de los dioses rusos", Moscú, 2000, p. 37). Ilya Ulyanov se casó con la judía María Blank, su padre, Moisha Blank, había sido acusado de varios crímenes, entre ellos de fraude y chantaje. La endogamia probablemente jugó un papel muy importante en hacer de Vladimir Lenin-Ulianov un hombre tan pervertido. Tenía una agresividad congénita enorme y daños cerebrales, sufría numerosas crisis nerviosas y era bisexual.

Los agentes de la OGPU, Gleb Boky y Alexander Barchenko entre otros, también pertenecían a la masonería. Muchos de ellos eran miembros de la logia de la Hermandad de los Jornaleros Comunes.

El masón Leonid Krasin actuaba de intermediario en la obtención de dinero para el Gran Oriente de París. Lo que hacía era encontrar receptores adecuados, que compraban el oro y las antigüedades que los bolcheviques habían expropiado al zar. Estaba en contacto con el francmasón Dmitri Rubinstein, que actuaba como gran receptor. Krasin también recibía ayuda del general Yuri Lomonosov para exportar el oro del zar de Rusia a través de la capital de Estonia, Tallin a los banqueros extranjeros que habían financiado el ascenso de los bolcheviques al poder. El masón Yuri Lomonosov había actuado anteriormente como viceministro de transporte del gobierno zarista. Su esposa Raisa Rozen era judía. Podía contar con una total confianza en los círculos masónicos.

Los masones soviéticos deseaban transformar el Comintern en una organización masónica con el fin de que representara una amenaza más efectiva para el resto del mundo. El hermano Zabreshnev del Gran Oriente trabajaba para la rama internacional del Comintern.

De acuerdo con el historiador ruso Vasili Ivanov, Rusia se transformó, ya en los inicios de la década del 1930, en una nación típicamente masónica, que mostraba claramente la masonería y el socialismo como ramas de un mismo árbol oscuro.

Vasili Ivanov describió la situación de la siguiente manera:

"Para que los ideales masónicos triunfaran, era necesario matar el alma del pueblo ruso, eliminar de la gente su Dios, destruir su carácter nacional, pisar su poderosa historia en la tierra, hacer opaco el intelecto de su joven generación y formar una nueva clase de personas que no tuvieran ningún dios ni ningún país de origen: las criaturas salvajes de dos patas que, después de ser entrenadas, obedientes, se metieran ellos mismos dentro de la jaula masónica". (A. Balabukhi, editor, "Los poderes ocultos de la Unión Soviética", San Petersburgo, 1998, p. 358)

El apoyo sanguinario de los comunistas

Unos minutos cogidos de una reunión en la gran Logia de Alemania en 1917 recogen la siguiente declaración:

"El anarquista y revolucionario Lenin en realidad y coherentemente representa el ideal político de la masonería internacional." (Del Archivo Especial de Moscú, 1421-1-9064 y 815; Viktor Ostretsov, "La masonería, cultura e historia rusa", Moscú, 1999, p. 585).

En 1919, tras el acceso de Lenin al poder, estableció contactos secretos con el Gran Oriente de Francia en París. Mientras vivía en París ya había visitado ocasionalmente la logia (Viktor Ostretsov, "La masonería, cultura e historia rusa", Moscú, 1999, p. 584).

El por otro lado ingrato Lenin mostró su agradecimiento, exclusivamente, hacia sus maestros masónicos de París, que le habían ayudado a alcanzar el poder. En 1919 envió enormes cantidades de dinero al Gran Oriente para la renovación de su edificio de París, su propaganda y otras actividades, mientras que millones de rusos pasaban hambre y la gente moría por las calles de

Petrogrado y Moscú (Oleg Platonov, "La corona de espinas de Rusia: La historia del pueblo ruso en el siglo XX", volumen 1, Moscou 1997, p. 577).

En octubre de 1920, *Libre Parole* publicó información sobre la reunión del Consejo del Gran Oriente del 20 de diciembre de 1919, celebrada en la rue Cadet. Oficialmente, los líderes de la logia deseaban mantener un aspecto serio y mostrar una actitud anti-bolchevique. La revista informó que el hermano de logia Millet admitía que el Gran Oriente acogía con entusiasmo la toma del poder bolchevique, diciendo que gracias a los bolcheviques el Gran Oriente había sido capaz de reconstruir el templo, el edificio de la logia de la calle Cadet. El hermano Giuarte subrayó, sin especificar, que el movimiento bolchevique, que atravesaba períodos críticos, había hecho un servicio enorme al Gran Oriente.

El gran maestro portugués, Sebastiao Magalhaes de Limas era igualmente amable hacia la república bolchevique de Rusia.

El hermano Lankin de París admitió que había bolcheviques entre los miembros del Gran Oriente de Francia, y que la logia ayudaba a los bolcheviques en sus actividades por todo el mundo.

Los representantes de la masonería internacional iban a menudo a visitar la Rusia Soviética para discutir temas de actualidad con Lenin, Trotsky, Bujarin, Petrovsky, Lunacharsky y otros hermanos masones (Oleg Platonov, "La corona de espinas de Rusia: La historia secreta de la masonería 1731-1996", Moscú, 1996 p. 283).

La masonería internacional seguía con impaciencia la destrucción bolchevique de un país floreciente y su cultura nacional. El Gran Oriente ayudó a esparcir mentiras sobre la situación en Rusia antes de que los bolcheviques llegaran al poder, afirmando que el país estaba en un estado miserable y que las cosas ahora estaban mejorando constantemente en todos los aspectos. No mencionaban que en la Rusia zarista, a toda empresa, de más de 100 trabajadores se les ofrecía atención médica gratuita.

En 1919, el líder del Consejo del Grand Orient, Lang, declaró que el bolchevismo significaba evolución, en consecuencia que era un fenómeno muy positivo.

El 5 de julio de 1843, el líder francmasón Ragon de la logia Le Socialiste de Bruselas presentó un esbozo del programa de acción revolucionaria, que fue el origen del posterior Manifiesto Comunista. Le Socialiste se apropió de la propuesta y la máxima autoridad masónica belga, El Consejo Supremo de Bélgica estuvo de acuerdo unánimemente en aceptar el programa anarquista de Ragon

> "como correspondía al punto de vista masónico de la cuestión social y que el mundo que está unido al Gran Oriente a toda costa debía implicarse en su realización" (Boletín du Grand Orient, junio de 1843).

El 17 de noviembre de 1845, Karl Marx se convirtió en miembro de Le socialiste de Bruselas. En febrero de 1848 vio la publicación, ante la insistencia de los líderes masones, de su Manifiesto Comunista.

Marx y Engels eran ambos francmasones de grado 31° (Vladimir Istrarkhov, "La batalla de los dioses rusos", Moscú, 2000, p. 154).

El profesor suizo y francmasón Zimmermann, dijo en una convención masónica en Winterhur:

"El marxismo es el fenómeno más noble del siglo XX".

Otros destacados masones han considerado el marxismo

"la filosofía de la masonería, la ciencia social para las masas".

En 1919, el *Wiener Freimaurer Zeitung* informó que "profundamente emocionados, los masones saludaban las banderas rojas del proletariado revolucionario". El masón judío Raimund Mautner llamaba al marxismo "la masonería encarnada" (*Der Zirkel*, n° 4, vol. 37, p. 61).

Por lo tanto, es fácil entender por qué el líder socialista austríaco, masón y asesino político Friedrich Adler tenía frecuentes y secretas comunicaciones con el líder masónico Rothschild. En 1916, Adler había sido condenado por el asesinato del Primer Ministro Austriaco Karl von Stürgkh, pero fue liberado después de pasar un breve periodo de tiempo en la cárcel.

La Guardia Blanca estaba condenada al fracaso después de la ascensión bolchevique al poder, desde los gobiernos alternativos de Kolchak, Yudenich, Denikin, y Wrangel, respectivamente, en todos los ámbitos fueron controlados por las fuerzas masónicas.

Los masones franceses tenían a menudo la situación de la Rusia Soviética en su agenda de reuniones. Junto con los bolcheviques planeaban medidas comunes contra las tendencias anti-soviéticas de las derechas, en Occidente (Oleg Platonov, "La corona de espinas de Rusia: La historia secreta de la masonería 1731-1996", Moscú, 1996, p. 297).

La mayoría de los masones de todo el mundo apoyaban el régimen de violencia soviético. Sin este apoyo, se habría derrumbado. Aunque había desacuerdos entre los masones y los desinformados bolcheviques, su colaboración continuó. El Gran Oriente de Francia condenó las actitudes anti-soviéticas de ciertas logias. En 1933, la Oficina Internacional para la cooperación dentro de la masonería aceptó una resolución haciendo una excepción a la propaganda anti-soviética seguida por la logia francés Etoile du Nord (la Estrella del Norte) de París.

Algunos masones, actuando como revolucionarios sociales en el ala izquierda del partido, proclamaron la opinión de que no había ninguna necesidad de luchar contra los bolcheviques, así como apoyar al General Blanco Kolchak constituía un delito contra Rusia.

El masón y ex ministro de asuntos exteriores Pavel Milyukov destacó en 1924, que los comunistas se desarrollaban hacia la democracia, y que los rusos exiliados no podían interferir en este proceso defendiendo el anti-comunismo (*Svobodnaya Rossiya*, 1924).

Cuando los bolcheviques, condenaron a muerte a ciertos rebeldes masones rusos, secretamente se cambiaron a penas de prisión preventiva (Oleg Platonov, "La corona de espinas de Rusia: La historia secreta de la masonería 1731-1996", Moscú, 1996, p. 284).

Muchos líderes comunistas occidentales y sobre todo los franceses, mantenían en secreto su pertenencia a la masonería. Los masones franceses (en particular los miembros del Gran Oriente de Francia) dieron a los comunistas soviéticos su apoyo de todo corazón. El masón Richard N. Coudenhove-Kalergi, por otro lado, quería establecer una organización masónica anticomunista. Esto no ocurrió, evidentemente. Los socialistas constituían la mayoría en las logias occidentales.

Los masones bolcheviques necesitaban sacrificios humanos. Según Lenin, sacrificaban a la gente a Moloko, tal como lo reveló el líder bolchevique desertor Georges Salomon (Georges Salomon, "Entre gobernantes rojos", Estocolmo, 1930, p. 56). El nombre del demonio Moloko deriva de la expresión hebrea *la-molek* ("al rey"), que se utiliza en relación al sacrificio.

Entonces, ¿cómo realizaban los comunistas masónicos sus sacrificios rituales a Moloko? En una sala de la sede de la Checa de Kiev en 1920 había un estanque, que antes había contenido peces de colores. El estanque se llenaba con la sangre de los seres humanos sacrificados. A lo largo de las paredes habían colocado ganchos, donde colgaban un montón de cadáveres humanos. A los oficiales les hacían cortes en los hombros, y a los cristianos les hacían cortes en forma de cruz en el pecho. Algunos eran desollados, dejando a los cadáveres desangrarse en los ganchos. Encima de la mesa había un frasco que contenía la cabeza de un decapitado en alcohol. La cabeza pertenecía a un hombre extraordinariamente apuesto de unos treinta años (Aleksei Shiropayev, "La cárcel del pueblo", Moscú, 2001, p. 75).

Cuando, en la primavera de 1920, el experimentado conspirador Alexander Guchkov se dio cuenta de que los bolcheviques no tenían ninguna intención de compartir su poder con los masones procedentes de Rusia, comenzó a intrigar contra Rusia desde Berlín (Oleg Platonov, "La corona de espinas de Rusia: La historia del pueblo ruso en el siglo XX", volumen 1, Moscú, 1997, p. 580). Esto, sin embargo, no conducía a ninguna parte, ya que los masones fundamentalmente continuaban apoyando al régimen bandido de Moscú. La masonería internacional ciertamente quería ayudar a los bolcheviques a construir el falso frente del comunismo.

En 1932, el Gran Oriente convocó una convención extraordinaria en París, donde el presidente Gaston Bergier dijo:

Hemos sido informados personalmente por nuestro anterior hermano del Gran Oriente, Radek, que el gobierno soviético pretende mantener un estrecho contacto con la masonería mundial, y nos pide que influyamos en nuestros hermanos estadounidenses tanto como podamos para persuadirles de que el gobierno de Roosevelt reconozca el poder Soviético. Es nuestro deber moral apoyar a nuestros hermanos rusos y luchar junto a ellos contra nuestro enemigo común." (Oleg Platonov, "La historia secreta de la masonería", volumen 2, Moscú, 2000, p. 113).

Solo un mes después, a principios de 1933, los Estados Unidos reconocían el poder Soviético. El siguiente paso fue que el gobierno Soviético legalizara la actividad de las logias masónicas en su territorio.

Ya podían actuar libremente. Karl Radek (Chaim Sobelsohn), que ya era miembro del Gran Oriente de Francia antes de que los bolcheviques confiscaran el poder, fue nombrado gran maestro de la Soviet Gran Logia de la Estrella Polar.

Los líderes de los diversos movimientos revolucionarios siempre han sido masones: Giuseppe Mazzini, Giuseppe Garibaldi, Aurelio Saffi, Agostino Bertani, Simon Bolivar (el Libertador de Sudamérica), Francisco de Miranda (un general que fundó la Logia Lautaro y fue generalísimo en Venezuela en 1812), Francisco I. Madero, Venustiano Carranza (un general que dirigió "la revolución" en México en 1913-1914), Alvaro Obregon, Plutarco Elías Calles, Jose Marti, Salvador Allende, Fidel Castro...

El general Simon Bolivar (1783-1830) se hizo masón en Europa. Perteneció a la Logia artesanal de Cádiz, España y fue maestro de la Logia las Nueve Hermanas (Gran Oriente) de París en 1807. Benjamin Franklin también era miembro de la misma logia y durante un tiempo fue su gran maestro. En París, Bolívar se hizo miembro de los Caballeros Templarios. Impulsó "revoluciones" en Venezuela, Ecuador y Perú y finalmente fundó Bolivia. En 1824, fundó la logia Libertas n° 2 en Perú. Bolívar compró los cabellos de George Washington, que envió a Lafayette, quien quería sacar poder de ellos (Manly P. Hall, "Asignación con destino a América", California, 1998, p. 102).

Francisco Madero era hijo de un rico terrateniente en México. Estudió economía en Francia, donde se convirtió en masón. El 5 de octubre de 1910, comenzó una revuelta contra el régimen. En 1911, logró derribar al dictador Porfirio Díaz, con la ayuda de los Estados Unidos. Posteriormente se convirtió en presidente de México. Madero fue depuesto y asesinado por el General Victoriano Huerta en febrero de 1913.

Masones judíos millonarios condujeron la Revolución Mexicana de 1910-1917. Cuando todo terminó, Plutarco Elías Calles, un francmasón de grado 33°, se aseguró para sí mismo una posición indirecta de poder. En 1924, se convirtió en presidente de México, asegurándose que México reconociera el poder Soviético de Moscú ese mismo año. La fortuna de Calles ascendía a 80 millones de pesos, a pesar de que había nacido en una familia judía pobre.

Su compañero Aron Sáez (cuya fortuna ascendía a 40 millones de pesos) era otro masón y extremista judío que participaba en la "revolución" que no resultó en nada positivo. 20.000 Católicos fueron asesinados (Louis Marshalko,

"Los conquistadores del mundo", Londres, 1958, p. 54). Durante los cuatro años que Calles fue presidente, todas las propiedades que pertenecían a la iglesia fueron confiscadas y los sacerdotes excluidos de dar enseñanza de religión a los niños. A partir de 1928, Calles se convirtió en la eminencia gris detrás de tres presidentes de corto plazo: Portes Gil, Pascual Rubio y Abelardo Rodríguez.

Otro francmasón fue Jose Marti (1853-1895), fundador del Partido Revolucionario de Cuba en 1892, que encabezó la rebelión contra España en 1895.

Incluso el líder comunista chino Mao Zedong pertenecía al Gran Oriente (John Daniel, "Escarlata y la bestia", volumen III, Tyler, p. 33-35). Mao se aseguraba de que ciertos hermanos masónicos de alto rango del extranjero mantuvieran a China constantemente suministrada de estupefacientes.

La Logia del Norte de China, nº 570, fue fundada en 1849 en Shanghai. Más tarde, la rama china de la masonería fue muy potente. Se inauguró una nueva gran logia en el Templo Masónico de Shanghai el 18 de marzo de 1949 con un gran número de invitaciones emitidas a representantes de otras logias. Tras la proclamación de la República Popular China, la mayoría de las logias prosiguieron sus actividades como si nada hubiera pasado. La mayoría de ellas, sin embargo, se habían trasladado a Hong Kong por razones de seguridad. En 1962, el Ministerio Chino del Interior expresó el deseo de que las logias estuvieran registradas de la misma manera que otras organizaciones. Los masones no estaban dispuestos a dar a conocer las listas de sus miembros y así prefirieron desplazarse a Hong Kong o Taiwán. Según fuentes masónicas, los miembros no fueron perseguidos en la China comunista. Esto probablemente se debió a que los masones eran activos en el escalafón más alto del gobierno (entre otras cosas como asesores).

Fidel Castro Ruz nació en 1926, hijo de un rico terrateniente de las proximidades de Santiago de Cuba. Los padres de su madre, Lina Ruz, que era judía, habían emigrado desde Turquía. El padre de Fidel Castro, Angel Castro se hizo millonario trabajando para la United Fruit Company de Rockefeller. Mientras que Castro, estudiante de la Universidad de la Habana, también era un notorio gamberro (Paul Johnson, "Tiempos modernos", Nueva York, 1983). Fidel se unió a la UIR, una organización anti-fascista y anti-católica. También se asoció con los comunistas. Todos sus amigos eran comunistas. Fue en aquellos tiempos cuando Castro se hizo agente del KGB.

Mientras estaba en la universidad, junto con Ortiz mató a Manolo Castro-Campos el 22 de febrero de 1948. También participó en el asesinato de un oficial de policía, Fernández y en el caso del asesinato de Lionel Gómez.

Castro participó en la invasión Clave Confeti de la República Dominicana el 20 de septiembre de 1947, una revuelta puesta en escena por un grupo terrorista estudiantil. Él iba armado con una ametralladora (Hugh Thomas, "Cuba: O la búsqueda de la libertad", 1998, p. 814-916).

El periodista Gerardo Reyes escribió en su artículo "Scotland Yard investiga a Castro por asesinato" (*El Nuevo Herald*, 10 de abril de 2001), que Fidel Castro había sido considerado uno de los sospechosos del asesinato del líder Liberal Colombiano Jorge Eliecer Gaitán por los detectives de Scotland Yard, que investigaban el caso en julio de 1948, según el investigador norteamericano Paul Wolf.

Castro concertó una cita con el candidato presidencial Gaitán.

El 9 de abril de 1947, a las 11 a m, Castro y su socio Del Pino se reunieron en la Cafetería Colombia de Bogotá con el asesino de Gaitán, el líder estudiantil y masón Juan Roa Sierra, de 22 años, horas antes de disparar al político, en una céntrica calle de Bogotá. El asesinato terminó en disturbios donde murieron 5.000 personas. Los agentes de la CIA William A. Wieterra y Robottom no quitaron el ojo de encima a los acontecimientos.

El embajador cubano en Washington, Octavio Belt, estaba presente en Bogotá y fue el encargado de aportar un avión para que Castro y los otros terroristas comunistas volvieran a Cuba.

Castro se graduó en derecho en 1949 en La Habana y posteriormente trabajó como abogado. En esos momentos también se hizo francmasón. Estaba falto de principios y se etiquetó a sí mismo de "revolucionario". Había encontrado la inspiración en el dictador español Primo de Rivera. Mientras prosperó la economía cubana, él fue incapaz de introducir el comunismo.

Castro junto con Batista planearon todos los detalles del golpe de estado de Batista desde 1948 hasta 1950, a veces en la villa Cookyness de Batista. A Batista le llamaban simbionte, porque el único propósito de tenerlo en el poder era para ayudar a Castro y a la toma del poder comunista. Castro recibió formación comunista en la embajada soviética de La Habana entre 1948 y 1949. El golpe de estado de Batista, el 10 de marzo de 1952 fue como la repetición de una película mala por la tele.

El 26 de julio de 1953, Castro dirigió una revuelta armada contra el dictador Fulgencio Batista en Santiago de Cuba, que oficialmente le supuso 15 años de prisión. Sin embargo, se le concedió la amnistía en 1955, tras la cual se trasladó a México.

Exiliado en México, Castro recibía incluso más ayuda de los comunistas. Veteranos de las brigadas rojas de España entrenaban a Castro en México. La prensa mexicana les acusaban de ser terroristas comunistas. El Presidente socialista Lázaro Cárdenas y los banqueros de Londres les protegían. Cárdenas también les proveía de algunas armas de fantasía y varias casas de campo y de seguridad donde entrenar y vivir.

Benjamín Vega publicaba las entrevistas de Castro en *Alerta*, un diario propiedad de Vasconcelos y Batista.

El 2 de diciembre de 1956, volvió de Tuxpan junto con 82 terroristas que aterrizaron cerca de Belic-Niquero, Oriente, en Cuba con la intención de luchar contra Batista con el apoyo de la CIA.

Las autoridades cubanas controlaron el aterrizaje. No hicieron nada, ya que Fidel Castro estaba en simbiosis con Batista.

La sede permanente de Castro estaba en la Hacienda Sevilla, la granja más grande de Cuba, en las montañas de Sierra Maestra, al este del pico Turquino. La Hacienda Sevilla anteriormente había sido propiedad de la Standard Oil de Rockefeller.

Los estadounidenses también podían abastecer a Castro desde la bahía de Guantánamo. Los barcos de los Marines de EE.UU. fueron capturados transportando suministros para Castro en Caimanera-Guantánamo en 1957.

Para justificar que Batista, no utilizara su fuerza aérea para la única gran operación militar de la guerra, el plan "H", Castro hizo que su hermano Raul secuestrara a cincuenta ciudadanos estadounidenses de la zona. El cónsul americano de Santiago el 18 de julio de 1958, sin autorización, negoció con los rebeldes la liberación de los rehenes. Hicieron prometer a Batista que no usaría más su fuerza aérea, lo que Batista aceptó de buen grado.

William A. Wieland, que dirigía la Oficina del Caribe del Departamento de Estado en Washington, dijo a Earl Smith, que había sido embajador en La Habana el año 1957:

> "Cuba te ha sido asignada para supervisar la caída de Batista. La decisión ha sido tomada: Batista se tiene que ir." (Earl Smith, "La cuarta planta", Nueva York, 1962)

Smith no era masón, y quiso advertir al público estadounidense contra Castro. Fue detenido, y el Departamento de Estado comenzó a trabajar a sus espaldas.

El 17 de diciembre de 1958, Batista en una reunión con altos cargos militares estadounidenses que no formaban parte de la conspiración, hizo público que el embajador Earl Smith le había dicho que tenía que irse. La noticia se difundió a todos los comandantes de guarnición y terminó con la voluntad de luchar del ejército. Los rebeldes no habían tomado ni una sencilla guarnición ni ninguna ciudad importante en aquellos momentos.

En La Habana, la CIA era muy pro-Castro ("La amenaza comunista en EE.UU. a través del Caribe: Audiencias de la sub-Comisión de seguridad interna, Senado de EU", Washington, D. C, 1959-62). El abogado principal de Castro era Herbert Matthews de *The New York Times*, que lo retrataba como el T.E. Lawrence del Caribe.

En julio de 1959, el comandante Pedro Díaz Lanz, de la fuerza aérea cubana, fue de gira por Estados Unidos y reveló que Castro era comunista. Este hecho se evitó en los medios de comunicación. El Departamento de Estado estaba encubriendo expresamente las conexiones comunistas de Castro, el hecho de que sus partidarios eran entrenados por la Unión Soviética, y que él estaba llevando a cabo una revolución comunista.

De pronto, la Casa Blanca detuvo todas las ventas de armas a Cuba. En el puerto de Nueva York fue interceptado un cargamento de rifles (Paul Johnson, "Tiempos modernos", Nueva York, 1983). Los Estados Unidos sólo armaban a uno de los bandos - a los "revolucionarios" de Castro.

La economía cubana se fue deteriorando y el apoyo a Castro iba creciendo. Antes del embargo de armas él contaba con no más de 300 seguidores terroristas.

Batista se exilió a la isla de Madeira (Portugal) y murió en España en la década de 1970.

Tras el acceso comunista al poder el 8 de enero de 1959, el masón Fidel Castro cerró todas las 339 logias masónicas de Cuba con aproximadamente 35.000 miembros con la excepción del Gran Oriente, donde él mismo había sido iniciado en su juventud. Más tarde reabrió todas las logias. En 1998, en Cuba había 314 logias con un total de 24.000 miembros.

Tras la toma de poder de Castro había encarcelados 100.000 oponentes. No fue hasta 1961 que implantó el comunismo. El 2 de diciembre de 1961, Castro proclamó:

"He sido comunista desde mi adolescencia".

Tras la caída del comunismo en la Unión Soviética, Castro expresó su opinión diciendo que era mejor desaparecer como la Atlántida antes que abolir el socialismo.

Robert Hill, embajador de EU en México, dijo bajo juramento en una audiencia del Senado: "Ciertos individuos del Departamento de Estado y ciertos individuos del *The New York Times*, pusieron a Castro en el poder." Estos individuos incluían a Robert McNamara, Theodore C. Sorenson, Arthur M. Schlesinger Jr., Roy Rubottom, McGeorge Bundy, J. William Fulbright, Herbert Mattew y Roger Hilsman.

El susodicho A. William Wieland afirmó que las autoridades y la inteligencia militar conocían con antelación los planes de Castro para imponer el comunismo. Aún así, la prensa estadounidense lo presentaba como un líder patriótico y benévolo. Varios observadores fueron de la opinión de que la operación Bahía de Cochinos el 17 de abril de 1961 pretendía deshacerse de Castro, fue un fracaso deliberado.

Earl E. Smith, antiguo embajador de EU en Cuba, declaró:

"Castro podría no haber llegado al poder en Cuba sin la ayuda de los Estados Unidos. Las agencias de gobierno estadounidense y la prensa de Estados Unidos jugaron un papel importante en llevar Castro al poder... el Departamento de Estado coherentemente intervino... para provocar la caída de Batista, haciendo así posible que Fidel Castro tomara el gobierno en Cuba." (Carta al Editor, *The New York Times,* 26 de septiembre de 1979, p. A 24).

El historiador Jean Boyer destacó que el dinero y las armas a Castro no le llegaban de Moscú sino de los Estados Unidos. Fue el Presidente Eisenhower quien ayudó a Castro a hacerse con el poder.

Castro explotaba la ayuda extranjera para enriquecerse. Tiene al menos 32 casas en Cuba, tres de las cuales están en La Habana. Él y sus bienes están protegidos por 9.700 guardias. Ha tenido al menos 14 hijos con diferentes mujeres (Georgie Ann Geyer, "El príncipe guerrilla: La historia no contada de Fidel Castro", Boston, 1991). La fortuna personal de Castro se estima en casi mil millones de dólares. Es cuatro veces más rico que la Reina Elizabeth II.

Los Estados Unidos también detuvieron todas las ayudas al derechista Presidente de Nicaragua, Anastasio Somoza, dirigiendo secretamente su ayuda, en cambio, a los Sandinistas Marxistas. Con la ayuda de los Estados Unidos, los Sandinistas lograron tomar el poder.

EEUU afirmaban que Anastasio Somoza había establecido una dictadura de terror en Nicaragua y exigió que liberara a los presos políticos inocentes. La Casa Blanca comenzó a actuar frenéticamente para derribar al presidente. Cuando los Sandinistas llegaron al poder, se descubrió que en las cárceles nicaragüenses sólo había 59 terroristas comunistas, considerados como presos políticos por los Americanos. Después de la ascensión Sandinista al poder el 17 de julio de 1979 el mundo (es decir, los masones) ya no se preocupaban de las decenas de miles de nuevos prisioneros políticos o de que 150.000 nicaragüenses hubieran abandonado el país huyendo del terror comunista.

Somoza afirmó más tarde en sus memorias que Nicaragua había sido víctima de una conspiración internacional.

Robert Pastor, asesor de seguridad nacional de la Casa Blanca, había preguntado a Daniel Oduber, presidente de Costa Rica:

> "¿Cuando conseguiremos que este hijo-de-puta salte de la presidencia?" (Anastasio Somoza y Jack Cox, "Nicaragua traicionada", Boston, 1980, p. 79-80)

El FMI (Fondo Monetario Internacional) estaba bloqueando todo el crédito al gobierno Somoza. Los Estados Unidos se aseguraron de que otros países que participaban en un proyecto mutuo lo abandonaran. El mercado del café nicaragüense se cerró. La Nicaragua de Somoza fue cerrada al mundo. La exportación de carne a los Estados Unidos se detuvo.

Los Estados Unidos también cerraron el mercado petrolero para Nicaragua. Los Sandinistas ya sabían entonces que la victoria estaba en su alcance (*ibídem*, p. 259). Los Estados Unidos detuvieron el envío de suministros militares a Managua. Cantidades enormes de dólares eran succionados fuera de Nicaragua, evitando que el gobierno pudiera comprar armas en cualquier otro sitio. Finalmente, Estados Unidos cerró en Nicaragua todos los mercados de armas. Al ejército nicaragüense le faltaban municiones y fue incapaz de luchar contra los comunistas.

Los Estados Unidos entregaron inmediatamente 75 millones de dólares de ayuda al nuevo régimen marxista, así como alimentos y medicinas por valor de tres millones de dólares. El Congreso de EEUU retiró 8 millones de dólares de su fondo de ayuda, para enviarlo al gobierno comunista de Nicaragua. El dinero en principio estaba destinado a otros países (Jack Cox, Anastasio Somoza, "Nicaragua traicionada", Boston, 1980, p. 288).

Antes de que el presidente Jimmy Carter ordenara la ayuda a Nicaragua, los dirigentes sandinistas dijeron: "¡Nosotros somos marxistas!" Al parecer, Carter la aprobó.

Era conocido en los Estados Unidos que los líderes comunistas de Nicaragua Tomas Borge y Moisés Hassan eran amigos íntimos del dictador Fidel Castro. Borge, que fue ministro del interior, era un famoso asesino, que había organizado la ejecución del líder de la oposición Bravo. Humberto Ortega era comunista, había estudiado en Moscú.

Después de este golpe de estado, el ex-presidente Somoza ya no era bienvenido en los Estados Unidos.

La aportación masónica a la Rusia Soviética

Demasiados masones estaban contentos trabajando para los bolcheviques. Mikhail Skóbelev era masón y miembro del Gobierno Provisional en 1917. En 1922, se hizo bolchevique y comenzó a trabajar para el gobierno soviético.

Uno de los líderes del derechista Partido Cadete, Nikolai Nekrasov (1879-1940) había sido ministro de transporte del gobierno provisional. Antes de eso, era secretario general del Consejo Supremo del Gran Oriente de Rusia. Tras la dimisión de Nekrasov, Alexander Kerensky, masón de grado 32°, fue nombrado Secretario General en verano de 1916. Más tarde el mismo año entregó esta posición a Alexander Galpern. Kerensky recibió el grado 33° en los Estados Unidos. También era miembro de B'nai B'rith.

En 1918, Nikolai Nekrasov cambió su nombre por el de Golrofsky y comenzó a trabajar para los bolcheviques. Fue uno de los líderes de la Cooperativa Unión. También impartía clases en la Universidad de Moscú. En 1921, fue arrestado por la Checa, pero fue liberado inesperadamente. El director de la Checa, Felix Dzerzhinsky, había dado la orden: "La investigación debe ser parada de inmediato." Empezó a trabajar para la Organización Sindical Central de la Rusia Soviética ese mismo año (Platonov, "La historia secreta de la masonería", Moscú, 1996, p. 364).

El masón Sergei Urusov había sido ministro del interior en el gobierno del zar y más tarde también en el Gobierno provisional. Después de la pesa de poder bolchevique, ocupó un lugar destacado en el Banco Nacional ("La Mayor Enciclopedia Soviética, volumen 56, Moscú, 1936, p. 301). Era el emisario de los masones franceses.

Alexander Manuilov que era director de la Universidad de Moscú fue uno de los responsables del Banco Nacional bolchevique. El conocido economista Vladimir Groman que era menchevique, se hizo masón, prefiriendo trabajar para los bolcheviques. Maximilian von Mekki ascendió y fue un oficial importante en el Comisariado de Transportes del Pueblo. El historiador Mikhail Lemke se convirtió en un dedicado bolchevique y comenzó a falsear la historia.

El diputado zarista Ministro de Finanzas Nikolai Kutler y el diputado Ministro del Interior, el General Vladimir Dzhunkovsky fueron dos masones más de alto rango que servían al comunismo trabajando para la Checa. Incluso el portavoz de la Duma, el masón Fiodor Golovin, consiguió alcanzar una posición elevada en la Rusia Soviética.

El Ministro de la Guerra zarista, el masón Alexei Polivanov, se unió a los bolcheviques y sirvió en el Ejército Rojo. Grigori Petrovsky, otro masón, se hizo comisario del pueblo para asuntos interiores. Todavía estaba trabajando para el gobierno en la década de 1950.

Gleb Boky, el chequista supremo de Petrogrado, continuaba protegiendo a sus hermanos masones. En 1919, Boky era miembro de la Hermandad Común. A mediados de la década de 1920 los masones se encontraban por todas partes en la administración Soviética (Platonov, "La corona de espinas de Rusia: La historia secreta de la masonería 1731-1996", Moscú, 1996, p. 292). El masón de alto rango Dmitri Navashin era asesor de planificación económica en el gobierno Soviético. Los bolcheviques estaban muy bien dispuestos con estos hermanos masónicos. Antes de 1925, parecía que no hubieran hecho nada malo.

En 1925, el General Boris Astromov, secretario general de la Masonería Autónoma Rusa, se puso en contacto con la policía política, la GPU. En una carta, destacaba los objetivos comunes de los masones y los bolcheviques. Quería ayudar a establecer el comunismo (*ibídem*, p. 293). Astromov señalaba que el símbolo comunista, la estrella roja de cinco puntas, era un símbolo masónico, como lo eran el martillo y la hoz.

Los comunistas también defendían la hermandad, tal como lo hacen los masones. Los masones son ciudadanos del mundo sin ningún tipo de lealtad a ningún país en concreto, como también lo son los comunistas. Ambos grupos defienden la "igualdad". La comunista confiscación de la propiedad privada era una idea masónica. La masonería igual que el comunismo está arraigada en el "movimiento" de la clase obrera y la organización pionera se copió del masónico movimiento scout de Occidente.

Astromov, el líder de la Francmasonería Autónoma, se dio cuenta de que si la francmasonería se legalizaba en la Rusia Soviética, se podría impedir que el movimiento actuara con eficacia. Era preferible actuar en secreto. La Masonería Autónoma Soviética era una unión de un gran número de logias. Astromov había asumido el liderazgo después que el gran maestro Vladimir Telyakovsky, muriera en 1924.

En enero de 1925 se vio el restablecimiento de la Logia Estrella del Norte de Francia por masones rusos, numerosos miembros se transfirieron desde el Gran Oriente de Francia. La logia en realidad había sido fundada antes de 1917. Muchos terroristas notorios eran activos allí, incluyendo a Nikolai Avksenchev, que fue maestro en 1925-27 y en 1931, y Pavel Pereverzev (1929-30), anteriormente miembro de varias organizaciones terroristas (Platonov, "La corona de espinas de Rusia: La historia secreta de la masonería 1731-1996", Moscú, 1996, p. 307). Avksenchev más tarde se unió al gobierno provisional como ministro de asuntos extranjeros. Pavel Pereverzev era ministro de finanzas en el mismo gabinete.

La Estrella Polar se convirtió en la logia líder de los rusos exiliados en Francia. El Gran Oriente de Francia permitió a sus miembros que se reunieran en su sede de París.

El 10 de febrero de 1927, el Consistorio Ruso se convirtió en el centro administrativo de la masonería. A partir de 1930, el centro recibía ayudas desde París.

Muchos miembros del Gran Oriente, incluyendo a Teplov, Lobolensky y al conde Alexander Orlov-Kaganovich, sin embargo, no se añadieron, ya que en su opinión las actividades de la renacida logia eran demasiado públicas.

La logia Rusia Libre, fundada el 9 de noviembre de 1931, tenía muy frecuentemente contactos con el Sionismo internacional.

Vladimir Jabotinsky, un Rusófobo radical, pertenecía a esta logia (*ibídem*, p. 308).

Las organizaciones de refugiados también estaban bajo control masónico. Sólo a estos individuos espiritualmente perdidos se les permitió determinar quién era un refugiado político en Rusia.

Una organización que empezó a actuar con mucha impaciencia bajo la autoridad masónica fue la Unión de Judíos Rusos. Tenía un presupuesto varias veces mayor que todos los demás sindicatos de refugiados juntos (*ibídem*, p. 311).

Los masones no estaban dispuestos a desprenderse de Rusia incluso después de la caída del comunismo. El periodista francmasón Lev Lyubimov expuso sus planes en 1934:

> "Después de la caída de los bolcheviques, la masonería se encargó de la educación del pueblo ruso." (*Vozrozjdenije*, 3 de octubre de 1934).

Posteriormente dejó la masonería y volvió a la Unión Soviética en 1948.

Después de la Segunda Guerra Mundial, un grupo de masones rusos exiliados visitaron la embajada soviética en París para expresar su apoyo a la Unión Soviética. La delegación estaba dirigida por Vasili Maklakov (grado 33º), que había organizado el asesinato de Grigori Rasputin. Los masones rindieron homenaje a Stalin y brindaron por él. Estaban tratando de hacer ver que ideológicamente los emigrantes rusos estaban más cerca de la Unión Soviética.

La lucha de Stalin contra la francmasonería

Los masones Soviéticos sufrieron graves reveses en la era de Stalin. Aunque habían alentado a Stalin a atacar la iglesia, peligrosa enemiga y rival de la masonería y de las tropas nacionalistas, se encontraron siendo víctimas de persecución a finales de la década de 1920 y a principios de la de 1930. El dictador soviético Josef Stalin ya había tenido suficiente con la masonería y comenzó una intensa batalla contra las sociedades secretas a mediados de la década de 1930, pese a que la masonería Soviética había sido legalizada unos años antes.

A partir de 1926, Stalin sistemáticamente ejecutaba a los masones, ya que él ya no confiaba en los conjurados. En su opinión ya habían contribuido a sus propósitos y no eran necesarios. Los masones cobraron en especies.

El *Leningradskaya Pravda* informó el 5 de enero de 1928 que "no hace mucho, en Leningrado había activas cuatro logias masónicas". Stalin las cerró todas. En 1931 se liquidaron los Caballeros Templarios en la Unión Soviética (Anton Pervusin, "Los secretos ocultos de la NKVD y las SS", San Petersburgo, Moscú, 1999, p. 153).

Dos estalinistas italianos y masones, Carlo y Nelli Rosselli, habían previsto, en Venecia, una "revolución" para el 25 de mayo de 1937, pensaban atacar con 2600 terroristas, provocando una guerra civil. Stalin de pronto quiso cancelar la operación y vetar cualquier actividad de los hermanos Rosselli contra Italia. Los hermanos comunistas ignoraron el veto. El NKVD, con la ayuda de una organización de derechas, pensó entonces en asesinar a los dos hermanos (Franco Bandini, "Il cono d'ombra: Chi armo la mano degli assassini dei Fratelli Rosselli" / "Lo que queda en el sombra: ¿Quien armó a los asesinos de los hermanos Rosselli?", Roma, 1990). Carlo Rosselli era miembro de la Italia Nuova de París.

En este punto, la masonería internacional llegó a una decisión importante: la Unión Soviética debía ser manipulada hacia una guerra sangrienta contra Alemania (Platonov, "La corona de espinas de Rusia: La historia secreta de la masonería 1731-1996", Moscú, 1996, p. 298). Los masones aseguraron que no habría ningún tipo de sanciones económicas contra Alemania. Querían que Hitler fuese capaz de amenazar a la Unión Soviética.

En 1948, el masón Igor Krovoshein, grado 32°, miembro del gobierno en el exilio, volvió a la Unión Soviética. Los chequistas fueron capaces de descubrir su misión, y fue detenido y enviado a un campo de trabajo. En 1957, los hermanos franceses le ayudaron a regresar a Francia. El autor masón Bronislaw Sosinsky también volvió a Rusia en 1960.

Los archivos secretos masónicos

El Departamento de Estado de EE.UU. comenzó una estrecha cooperación con el Gran Oriente de Francia a finales de la década de 1930, según lo demuestran documentos incluidos en los archivos del Gran Oriente, que fueron confiscados y llevados a los archivos especiales de Moscú en 1945.

En relación con la ocupación alemana durante la Segunda Guerra Mundial los masones de Francia se vieron afectados por serios contratiempos. El gobierno de Vichy, donde el mariscal Henri Philippe Petain tuvo un papel central, estaba en contra de la francmasonería y cerró el Gran Oriente en 1940. El 13 de agosto de 1940, el mariscal Petain forzado por las leyes exigió la disolución de todas las sociedades secretas. Los funcionarios que eran masones fueron forzados a dimitir de sus cargos o de las logias. Petain detuvo a los principales masones (5.000 en total) y los envió a campos de concentración. Los conspiradores, sin embargo, llevaban a cabo sus actividades en los campos.

Petain tuvo la oportunidad de confiscar los archivos de los masones, que habían sido entregados a los alemanes. Los masones se tomaron la revancha contra él en 1945, cuando primero fue condenado a muerte y después a prisión de por vida. Noventa y seis masones, miembros del Parlamento, habían votado a favor de dar a Petain la autoridad para gobernar Vichy - Francia (Ghislaine Ottenheimer, Renaud Lecadre, "Les Frères invisibles" / "Los hermanos invisibles", París, 2001, p. 63).

En 1945, en el castillo de Altan en Nieder-Schlesien, el Ejército Rojo encontró 25 grandes vagones de tren que contenían material de archivo altamente sensible, incluyendo documentos de diversas logias masónicas en Alemania, Francia, Bélgica, Holanda, Luxemburgo, Polonia y Checoslovaquia (Platonov, op. cit. vol. 1, p. 3).

Los documentos dieron una amplia visión del poder secreto ejercido por la francmasonería internacional. Todo el material se llevó a Moscú, donde formó la base del Archivo Especial de la Unión Soviética (Osoby Arkhiv, OA). Antes de la guerra el presidente de Checoslovaquia Edvard Benes (1884-1948) también había demostrado ser un francmasón de alto rango. Otro importante miembro del Gran Oriente era Émile Vandervelde (1866-1938), el ministro socialista de relaciones exteriores de Bélgica, que representó a su país en la Sociedad de Naciones en 1925-1927. Fue presidente de la Oficina Internacional Socialista (1900-1920) y de la Internacional de Trabajadores Socialistas (1929-1935).

Con la ayuda de los archivos masónicos secretos, Stalin fue capaz de chantajear a varios políticos masónicos occidentales que temían la exposición de sus sombrías actividades.

El extremista judío Andrei Kozyrev (en realidad Aaron Friedman) que después de la desaparición del comunismo llegó a ser Canciller ruso, organizó el retorno de los documentos masónicos secretos a la central masónica de París. El 20 de mayo de 1994, Rusia entregó más de un millón de actas secretas a Francia.

Según el bibliotecario del Gran Oriente, Pierre Mollier, esto fue "como muchas Navidades juntas". Estos documentos contenían información importante sobre la conspiración masónica global. El historiador ruso Oleg Platonov logró copiar algunos de estos documentos antes de abandonar Rusia.

La *Freemasonry Today* (enero 2002) escribía sobre estos documentos:

> "El 14 de junio de 1940, el ejército alemán entró en París y el mismo día tomó el control de los edificios del Gran Oriente de Francia, en la rue Cadet, situada en el centro de la ciudad... el 1 de julio de 1940, el ministro de exteriores alemán, Alfred Rosenberg, informó a Martin Borman que en los locales que ocupaban los masones se habían descubierto "grandes tesoros". Se establecieron equipos para confiscar los documentos relacionados con el funcionamiento del Gran Oriente, el mayor cuerpo organizado de la francmasonería francesa. Se confiscaron valiosos documentos históricos, específicamente dirigidos a archivos que cubrían las relaciones externas del Gran Oriente desde mediados del siglo XIX, y se prestó especial atención a los años inmediatamente anteriores al estallido de la guerra de 1939... los archivos fueron transportados a Alemania."

La masonería jugaba el mismo papel en la sociedad Occidental que el Partido Comunista en la Unión Soviética. Sin pertenecer a la masonería, no había ninguna posibilidad de hacer una carrera razonablemente rápida, independientemente del talento que uno tuviera. Los masones indudablemente controlan la ciencia e influyen en la vida cultural en una dirección determinada (Robert Lomas, "La masonería y el nacimiento de la ciencia moderna", Gloucester, Massachusetts, 2002). Así, la vida cultural presente se ha vuelto prácticamente inconsciente. Hemos presenciado el comienzo de la senilidad cultural. Muchos cineastas mediocres han sido capaces de labrarse una carrera sólo gracias a su pertenencia a la masonería: John Ford, John Houston, William Wyler, Peter Sellers, Charles Chaplin y otros. El director de cine soviético y falsificador de la historia, Sergei Eisenstein, también era masón. Perteneció a la Logia Stella, fundada en

1920, durante la época soviética. Según el prominente director de cine ruso Andrei Tarkovsky, Eisenstein no sabía nada del lenguaje cinematográfico.

El 20 de marzo de 1936, todos los documentos de los Illuminati fueron confiscados por los nacionalsocialistas alemanes. Todo el material del archivo fue trasladado a Moscú en 1945. Unos 1400 metros de material de archivo fueron devueltos más tarde a Alemania Oriental y a la Stasi.

Desde 1989 los documentos masónicos de los Archivos Especiales de Moscú han estado disponibles para estudios. Los archivos contienen también el llamado baúl sueco, el Schwedenkiste, que ha jugado un papel importante en la historia de la masonería. La caja contiene cartas y documentos pertenecientes a la orden Illuminati, que fue fundada por Adam Weishaupt en 1776 y que se infiltraba sistemáticamente en las logias masónicas de la época. Muchos masones prominentes había sido Illuminati, y la historia de la orden Illuminati está considerada una parte importante de la historia de la masonería en su conjunto.

El baúl sueco es de gran interés. El hermano líder Illuminati Johann Christoph Bode murió en Weimar en diciembre de 1793. Bode había sido reclutado por Knigge en Wilhelmsbad el verano de 1782 Bode también tenía acceso a la parte más importante de la correspondencia Illuminati de Gotha y de Weimar. Estos documentos terminaron siendo custodiados por el iluminado de alto rango Ernst Duke von Gotha. Tras su muerte en 1804 tanto los papeles en sí como el archivo de Bode volvieron a la Grand Logia de Suecia, ya que el Duke von Gotha no estaba convencido de que no acabaran siendo publicados si quedaban guardados en una logia alemana. El masón de alto rango el Rey Charles XIII de Suecia le aseguró que los documentos nunca llegarían al público. En 1880, el duque Ernst II (nieto de Ernst von Gotha) pidió que la documentación de los Illuminati fuera devuelta a Alemania. Tres años más tarde, el archivo que contenía 20 volúmenes de documentos variados, pasó a propiedad de la Logia Ernst zum Kompass de Gotha. En 1909, el historiador Carl Lepp llamó al material el Schwedenkiste. Leopold Engel, gran maestro judío de los Illuminati, utilizó el material del Schwedenkiste cuando publicó su libro sobre la Orden Illuminati. Rene le Forrestrier, que no era masón, también hace referencia a este material.

Más tarde en los años veinte y treinta, sin embargo, se siguen las instrucciones del duque, y el material sensible no se publicó. Ninguna información de esta se filtró a la prensa, aunque una gran cantidad de información llegó a la parte de la prensa controlada por los masones en ese momento.

La influencia oculta

En su libro "El Club de los Jacobinos" ("Le club des Jacobins sous la Troisième Republique", París, 1900), el historiador francés Paul Nourrisson mostró como todas las leyes eran discutidas en el Gran Oriente antes de ser pasadas a través del Parlamento.

Jean Bidegain publicó un extracto de un protocolo masónico en su libro "Masques et Visages Maçonniques: Documents inedits" / "Máscaras y rostros masónicos: Documentos inéditos" (París, 1906, p. 187):

"El masón Schwand opinaba que la masonería debe sostener su mano protectora sobre el movimiento socialista."

Pero subrayaba que era importante para la francmasonería no quedar comprometida por estos procedimientos furtivos. Según Bidegain, la masonería apoyaba a una asociación muy secreta, una Chevalerie de Travail (La Caballería de Trabajo), que adoctrinaba a sus miembros con un socialismo fuertemente militante. Bidegain señalaba que toda la política es una política masónica, que no beneficia el desarrollo de la humanidad, sino sólo a las intenciones secretas de los masones. Estas intenciones acabarán destruyendo las tradiciones que crean armonía en cualquier sociedad (Sofia Toll, "Los Hermanos de la Noche", Moscú, 2000, p. 347).

El 24 de octubre de 1883, bajo el signo de Escorpión, 17 socialistas Illuminati acordaron fundar la Sociedad de la Nueva Vida en Londres. El 7 de noviembre de 1883, se reunió un grupo para discutir la formación de una sociedad nueva y potencialmente influyente. El grupo se dividió en dos facciones, y el 4 de enero de 1884, una de estas facciones fundó la Sociedad Fabiana. El 25 de enero J.G. Stapleton fue nombrado su primer presidente. El objetivo de la sociedad era una introducción lenta y secreta del socialismo, lo que explica su nombre, tomado del líder militar romano Quintus Fabius Maximus Cunctator (El Retardante). A través de una inteligente maniobra derrotó al mucho mayor ejército de Aníbal. La otra facción llevó a cabo sus actividades durante quince años con el nombre de La Hermandad.

En mayo de 1884, el periodista masón George Bernard Shaw se hizo miembro. (Recibió el Premio Nobel de literatura en 1925.) Fue ascendido relativamente pronto a ser uno de los líderes de los Fabianos. Su amante Florence Farr era miembro de la Orden del Alba Dorada. Shaw sugirió que no se llamara nunca al socialismo por su verdadero nombre, para no asustar a la gente de fuera. Se etiquetaba a sí mismo como socialista Marxista.

En marzo de 1885, se hizo miembro el masón Sidney James Webb (1859-1947), y al año siguiente también se añadió Graham Wallas, otro francmasón. A Shaw, Webb, Wallas y Sidney Olivier se les llamaba "los cuatro grandes". Sidney Webb, fundó en 1895 la London School of Economics. Recibió aportaciones económicas de los banqueros masones Rothschild, Julius Wernher y Ernest Capel. En 1912, Webb fundó un diario propagandista, *The New Statesman*. Más tarde se le podía encontrar entre los líderes del Partido Laborista.

Otros miembros de este grupo eran los masones Edward Pease, Havelock Ellis, Frank Podmore, Annie Besant, John Galsworthy, RH Tawney, G.D. H, Cole, Harold Laski, Israel Zangwill e Israel Cohen.

El fabianismo también se extendió a otros países, entre ellos Estados Unidos y Australia, así como a Canadá, Nueva Zelanda, Dinamarca, Alemania, España e India. En Estados Unidos el Fabianista más influyente era Dean Acheson, quien en 1933 hizo todo lo que pudo para convencer a EEUU de que reconocieran a la Unión Soviética.

El escritor, masón y agente de los servicios secretos Herbert George Wells se hizo miembro en febrero de 1903. Que Wells era masón quedó claro en la revista *The American Mason* (octubre de 2001, p. 24). La Gran Logia de Minnesota confirmó la pertenencia de Wells. Wells quería actuar más abierta e intensamente y sugirió cambiar el nombre por el de La Sociedad Socialista Británica. Los líderes de los conspiradores no aprobaron esta sugerencia, y en 1908 dejó el grupo.

El objetivo secreto de este grupo era establecer una sociedad atea, sin clases, socialista, que preparara el camino para la victoria final - el comunismo. En 1891, el grupo se unió a la Segunda Internacional, que fue creada por los masones con la intención de convertir Inglaterra en un país Socialista.

En 1890, los fabianos abandonaron el Partido Liberal. Posteriormente, ayudaron a fundar el Comité de Representación Laborista, que en 1906 se convirtió en el Partido Laborista, que en 1918 asumió todas las ideas principales de la Sociedad Fabiana.

En 1946, la Sociedad Fabiana tenía 8.400 miembros, entre ellos Bertrand Russell, (Pandit) Motilal Nehru, padre del Primer Ministro de la India Jawaharlal Nehru, Ramsey MacDonald (primer ministro británico 1924, 1929-35), Julian Huxley, Aldous Huxley y John Maynard Keynes. También era miembro Harold Wilson, que más tarde se convirtió en primer ministro. Casi la mitad de los parlamentarios laboristas eran Fabianos.

La sede de la sociedad se encuentra en el n° 11 de Dartmouth Street de Londres. Publica *The Fabian Journal* y *The Fabian News Magazine*. Los fabianistas exigen una nacionalización total de la industria.

En septiembre de 1902, los fabianos Beatrice y Sidney Webb fundaron un club de élite, los Coeficientes, que se reunían una vez al mes en el Hotel de St. Ermin de Londres para cenar, generalmente se trataba de unas 10-14 personas. Más tarde ese año, H.G. Wells fue un miembro destacado. Otros miembros eran los masones Richard B. Haldane, Lord Robert Cecil, Lord Edward Grey, Bertrand Russell, Alfred Lord Balfour y Lord Alfred Milner. Haldane, Cecil, Grey y Bratislava habían sido ministros del gobierno liberal durante la Primera Guerra Mundial. El ideólogo en jefe de los Coeficientes era Wells.

Muchos de los caballeros eran miembros de la logia Illuminati, la Mesa Redonda Británica, también llamada Cliveden Set, por el nombre de la casa de la familia Astor. Lord Waldorf Astor se convirtió en un potente magnate de la prensa (*The Times*). Esta organización masónica, fundada y financiada por el masón Cecil Rhodes (Logia Universidad Apollo n° 357 y Logia Príncipe Rose Croix n° 30), el 5 de febrero de 1891, no hizo nada para ocultar su apoyo a Lenin y a Hitler. Esta organización de élite también incluía miembros como Rudyard Kipling, Arthur Balfour y Lord Rothschild. Tras la muerte de Rhodes en 1902, Lord Alfred Milner fue nombrado el nuevo líder.

Fuera de la Mesa Redonda crecieron otras numerosas organizaciones: en 1919, el Illuminati Real Instituto de Asuntos Internacionales (RIIA) en Londres; en 1921, el Consejo de Relaciones Exteriores (CFR) en Nueva York; y en 1925, el Instituto de Relaciones del Pacífico (IPR). El ideólogo más importante de la Mesa Redonda Norteamericana fue el Fabiano y periodista Walter Lippmann.

El profesor Vitus Renner, desertor Illuminati, testimonió bajo juramento el 7 de abril de 1785:

> "Los Illuminati sólo tienen miedo a ser conocidos por su nombre. Se Eesconden bajo el manto de la francmasonería."

El portavoz de esta conspiración internacional era H.G. Wells. En 1884 había recibido una beca para estudiar en la Escuela Normal de Ciencias en South Kensington, donde durante tres años su maestro fue Thomas H. Huxley, un defensor consagrado de las falsas doctrinas de Darwin. Wells destacó su contribución decisiva en el debilitamiento del concepto de Dios.

Después de la Segunda Guerra Mundial, los hijos de Huxley, Aldous y Julian contribuyeron enormemente al lavado de cerebro de la generación más joven con la música rock, el sexo y las drogas, consiguiendo así el control social. Wells más tarde dijo que Hitler era su hermano gemelo en espíritu.

Ya en 1855, el socialista masón Alexander Herzen observaba:

> "Es posible llevar por mal camino a toda una generación, cegarla, embotarla y orientarla hacia objetivos equivocados..." (Alexander Herzen, "Desde la otra orilla", Tallin, 1970, p. 130).

Durante la Primera Guerra Mundial, Wells dirigió el departamento de propaganda del servicio de inteligencia británico. Fue asesor de desarrollo del equipamiento militar en ambas guerras mundiales.

En 1901, Wells publicó "Anticipaciones de la reacción del progreso mecánico y científico sobre la vida y el pensamiento humano", donde por primera vez introdujo la idea de una 'conspiración abierta' conduciendo a un "estado del mundo con una sola lengua y un solo gobierno".

Wells exigía matar a los menos valiosos. La Elite debía decidir quién era menos valioso. Wells escribió:

> "Con una multitud de criaturas despreciables y tontas, impulsadas por el miedo y indefensas e inútiles, infelices o odiosamente felices en medio de un sórdido deshonor, débiles, feas, ineficientes, nacidas de deseos sin límites e incrementándose y multiplicándose por pura incontinencia y estupidez, los hombres de la nueva República tendrán poca lástima y menos benevolencia."

Wells enfatizaba:

> "Sostendrán, lo anticipo, que cierta parte de la población - una pequeña minoría, por ejemplo, que sufra indiscutiblemente enfermedades transmisibles, con trastornos mentales transmisibles, con estos horribles incurables hábitos mentales como el ansia de intoxicarse - existe sólo por tolerancia, por compasión y paciencia y con la condición de que no se propaguen, y yo no preveo ninguna razón para suponer que ellos dudarán en matar cuando se abuse de este sufrimiento...
> Tendrán un ideal que hará que matar valga la pena; como Abraham, tendrán fe para matar, y no tendrán ningún tipo de supersticiones sobre la muerte... Todos estos asesinatos se realizarán como un opio...
> Si se utilizan castigos disuasivos constantemente en el código del futuro, la disuasión tampoco será la muerte o la mutilación del cuerpo, ni la mutilación de la vida por encarcelamiento, ni ninguna de esas cosas horribles, pero el dolor causado bien científicamente, no dejará más que un recuerdo". (Wells, "Anticipaciones a la reacción del progreso mecánico y científico sobre la vida y el pensamiento humano", Londres, 1901, p. 299-300)

En 1905, publicó su libro "Una utopía moderna". Wells era de la opinión que la conspiración podía ser perfectamente pública, a diferencia de las tramas secretas de los masones franceses.

En su panfleto "La conspiración abierta: Modelos para una revolución mundial" (Londres, 1929) Wells especificaba las principales características de la empresa masónica:

- Control sobre los recursos naturales del mundo

- Reducción de la población mundial mediante la guerra

- Sustitución de un orden mundial multipolar, consistente en la soberanía de las naciones, por una dictadura mundial unipolar

Wells pensaba que la sola existencia de estados nacionales conduciría a la guerra, inevitablemente y era mejor, por lo tanto, eliminarlos. Una raza suprema establecería el nuevo estado del mundo. El nuevo sacerdocio consistiría en "conspiradores al descubierto".

Todo esto encaja con los objetivos del Gran Oriente, como publicó en 1982 en su revista:

"El concepto de raza, resultó ser irreal por los descubrimientos en biología, los conceptos de límites, aniquilados por el desarrollo de las comunicaciones, el concepto de clase, debilitado por el avance de la igualdad; todos estos conceptos anticuados deberían ser abolidos para integrar plenamente al hombre en un marco universal"
Es, de hecho, la gran revolución de los tiempos modernos, la verdadera revolución, que permanece y de la que el Gran Oriente de Francia no puede estar ausente, si es que quiere mantenerse fiel a sus propios principios." (*Humanisme*, noviembre de 1982, p. 84).

Wells enfatizaba que las ideas y la moral deberían ser controladas de tal manera que la gente "voluntariamente" deseara el Nuevo Orden Mundial de 'la conspiración al descubierto', que sería introducido paso a paso.

"La conspiración al descubierto" está prevista como una red insidiosa, un sistema ágil, desarrollada como una nación dentro de la nación, para finalmente abolir esta nación y establecer un gobierno mundial.

Esta red debe funcionar como "una especie de sociedad secreta al descubierto... una francmasonería informal y al descubierto". Que influenciara y dirigiera al gobierno existente en todas las formas imaginables. La 'conspiración al descubierto' debe estar basada en las ideas de Darwin.

Wells destacaba:

"Todos estos valores obsoletos y actitudes con las que se distraía a nuestras mentes deben ser eliminados si la nueva fe tienen que tener vía libre. Los debemos eliminar no sólo de nuestra propia mente, sino de las mentes los otros que deben convertirse en nuestros socios".

Wells consideraba necesario que 'la conspiración al descubierto' utilizara este tipo de lavado de cerebro con la gente joven, para crear "mejores" personas con la ayuda de la psicología de masas. Lo llamó "lucha cultural".

La idea de la conspiración al descubierto, según Wells, es para matar el alma humana, para destruir la conciencia y la moral humanas y convertir a los seres humanos en criaturas sin voluntad. La conspiración al descubierto le quitaría al hombre su valor, ya que se le privaría de libertad y lo convertiría en un objeto de un imperio mundial. La consecuencia de esta conspiración sería reducir la capacidad cognitiva del hombre para impedirle ver la horrible locura de los psicópatas masónicos.

La gente está siguiendo a los masones como si estuvieran encantados, como el equipo que seguía al diabólico capitán Ahab, que estaban divorciados de la realidad, persiguiendo fanáticamente la fantasmal ballena blanca, Moby Dick. Finalmente, permitió que se perdiera la nave, ya que la mayoría de la tripulación no se atrevía a cuestionar a Ahab y la minoría eran incapaz de resistirse. Todos ellos estaban embelesados.

Wells admitió:

"La conspiración al descubierto no es tanto un socialismo como un descendiente más comprensivo, que ha comido y asimilado cualquier cosa digerible de sus antecesores socialistas".

"La "conspiración al descubierto" no es tanto una especie de socialismo, sino un plan más amplio que ha devorado y digerido todo lo que era útil de sus antepasados socialistas." ("La conspiración al descubierto").

El plan de Wells, ha sido implementado de la manera más alarmante, durante los últimos 75 años. Wells era un creyente ardiente de la "globalización", el objetivo más destructivo de los Illuminati. Hoy la conspiración al descubierto de los fabianos es llevada a cabo por el miembro de la Sociedad y Primer Ministro Británico Tony Blair.

Los encuentros secretos de los Illuminati eran llamadas sínodos. Los que, dentro de cualquier distrito, habían alcanzado el grado medio, los "epopts", constituían un sínodo. Cada distrito tiene nueve "epopts". Su trabajo es crear opinión pública a base de propaganda. Según la constitución de Weishaupt aquellos que pertenecen al grado "epopt" dirigen la opinión pública. En nombre de la ciencia, los Illuminati pretenden poner el mundo patas arriba. Los "epopts" actúan como Apóstoles. Aquellos que alcanzan el grado deben haber abandonado la creencia en Dios (Augustin Barruel, "Memorias que ilustran la historia del Jacobinismo", Londres, 1797). Wells era uno de esos "epopts".

Luego hay, por supuesto, los grados más altos (Iniciados del Santuario de la Gnosis, Rex Summus Sanctissimus, Frater Superior y Jefe Exterior de la Orden (grado 12º). Por encima de todos ellos está el Consejo Supremo de la orden, cuyos miembros se llaman areópagos. Su presidente es el rey secreto de los Illuminati, su nombre y residencia la conocen sólo los areópagos. Los areópagos son la clase invisible, la parte oculta de la conspiración.

Si, debido a las actividades criminales de un miembro de los Illuminati, existe el riesgo de que los secretos de la orden caigan en manos equivocadas, el miembro en cuestión debe suicidarse. Los líderes, en estos casos, exigen el suicidio. Para proteger los secretos de la orden, el adepto Serge de Portugal, se suicidó en la década de 1790. Weishaupt señaló: "Ningún poder mundano puede salvar a quien nos traiciona."

Los masones necesitaban una organización internacional, capaz de controlar a todas las naciones. Esta se constituyó el 28 de abril de 1919 en París con el nombre de la Sociedad de Naciones por iniciativa de los masones Woodrow Wilson y Jan Christiaan Smuts (1870-1950, primer ministro de Sudáfrica 1919-1924) y originalmente estuvo liderada por masones encabezados por James Eric Drummond (político Liberal inglés, 1876-1951) y Joseph Avenol (1879-1952). Sus estatutos entraron en vigor el 10 de enero de 1920. La Sociedad de Naciones, según su propaganda, acabaría con todas las guerras.

La élite masónica había instigado la Primera Guerra Mundial, que duró cuatro años, tres meses y once días. Murieron ocho millones de soldados, unos veinte millones de civiles murieron de enfermedades y de hambre y a causa de las convulsiones sociales. Veinte millones de soldados fueron gravemente heridos y tres millones quedaron discapacitados. La guerra costó 100 millones de dólares diarios. Mientras el gobierno francmasón miraba, empresarios ingleses vendían alimentos a los alemanes, así prolongaron la guerra durante varios años. Los envíos se hicieron a través de intermediarios escandinavos.

La élite masónica más tarde ofreció su solución, la Sociedad de Naciones, que establecería oficialmente la paz y la cooperación entre las naciones del mundo, pero que finalmente se convirtió en un gobierno mundial.

La Convención de la Gran Logia Francesa de 1922 admitió que la Sociedad de Naciones daría lugar a la formación de los Estados Unidos de Europa y a una federación mundial (Vasili Ivanov, "La intelectualidad rusa y la francmasonería desde Pedro I a los días presentes", Moscú, 1997, p. 476).

El intento fue un fracaso. El 25 de septiembre de 1919, el Senado de EEUU votó en contra de la pertenencia a la Sociedad de Naciones. Cuando el Presidente Wilson fue informado, tuvo un ataque de nervios. Poco después, sufrió un derrame cerebral que le paralizó el lado izquierdo del cuerpo. El 19 de marzo de 1920, el Senado votó de nuevo en contra de que Estados Unidos se uniera a la Sociedad de Naciones.

Alemania constituía el principal obstáculo para la realización de los planes hechos por la Mesa Redonda Británica de un gobierno mundial gobernado desde Londres y Nueva York.

Lord Lionel Rothschild era un poderoso miembro de la Mesa Redonda, que financiaba tanto a Cecil Rhodes como al líder de la masonería Británica, Alfred Milner. De esta manera, pudieron construir su imperio minero (DeBeers Consolidate Mines) en Sudáfrica. Rothschild se mostró satisfecho con Milner y por lo tanto le nombró presidente de la Junta de Rio Tinto Zinc.

Antes de la primera Guerra Mundial, ya había un francmasón de alto rango, Rene Viviani (1863-1925), ejerciendo de primer ministro en Francia. Después de la guerra representó a Francia en la Sociedad de Naciones. En 1925, el destacado masón (Gran Oriente) y líder de los radicales franceses, Leon Bourgeois (1851-1925), se convirtió en el jefe de la delegación francesa en la Sociedad de Naciones (Pierre Mariel, "Les Francs-Maçons en France", París, 1969, p. 204).

Gran Bretaña también estaba gobernada por masones potentes en altos cargos políticos, entre ellos Lord Alfred Milner (1854-1925), que en 1918-19 era el secretario conservador para la guerra del Gabinete de Lloyd George y en 1919-1921 secretario de las colonias, así como también fue delegado en Versalles en 1919. Durante la primera Guerra Mundial, fue miembro de la coalición del gabinete de guerra.

En 1936, un delegado del Gran Oriente hizo un discurso en París: "¿Es correcto utilizar la bondad contra las cosas malvadas?" Al contrario, su opinión estaba totalmente equivocada. Las cosas malvadas incluso las no beneficiosas para los intereses de los masones y del Gran Oriente en particular, podrían aumentar el desarrollo espiritual de la humanidad.

El 1 de marzo de 1931, el masón de alto rango Gabriel Terra se convirtió en presidente de Uruguay. Dos años más tarde establecía una dictadura de derechas, que duró hasta el 19 de junio de 1938. Sin el apoyo de las logias americanas su gobierno no habría sido posible.

Los Archivos Especiales de Moscú contienen documentos que muestran a B'nai B'rith (Hijos del Pacto) como superior a todas las demás ramas de la masonería, de hecho constituye una especie de masonería dentro de la masonería. Las 1090 logias de B'nai B'rith no tienen nombres, sólo números. El Presidente de B'nai B'rith Internacional es Richard D. Heideman.

B'nai B'rith la fundaron con el nombre de Bundesbriider doce masones judíos alemanes el 13 de octubre de 1843 en el Café Saint Germain de Nueva York. En la orden sólo se admiten judíos y medio judíos. La logia estadounidense B'nai B'rith trabaja muy estrechamente con los Illuminati. B'nai B'rith está representada en la ONU por su Fundación ("Lexikon des Judentums").

El 12 de septiembre de 1874 se firmó un convenio en Charleston entre B'nai B'rith y el Consejo Supremo del Rito Escocés, sobre su extensa cooperación y la formación de una confederación general de logias israelíes. Firmaron este documento Armand Levi y Albert Pike, alias Limud Enhoff, su nombre masónico, gran maestro del Palladium. En su edicto, emitido en relación con este acuerdo, Pike afirmó que de hecho el año era el 874 (Oleg Platonov, "La corona de espinas de Rusia: La historia secreta de la masonería 1731-1996", Moscú, 2000, vol. II p. 102).

En la Unión Soviética, B'nai B'rith actuaba abiertamente ya en 1988. En mayo de 1989 el periódico judío el *Arche* informó de una visita a Moscú de una delegación de 21 miembros de la rama francesa de B'nai B'rith entre el 23-29 de diciembre de 1988. Su presidente, Mac Aron, fundó una logia que pronto incluía a 63 judíos rusos, entre ellos a los financieros Vladimir Gusinsky, Mikhail

Fridman y Mikhail Khodorkovsky y al político Grigori Yavlinsky (Oleg Platonov, "Rusia bajo el poder de la masonería", Moscú, 2000, p. 25). Pronto B'nai B'rith se había establecido en San Petersburgo, Kiev, Odessa, Nizhny Novgorod y Novosibirsk.

Muchas cosas dependen del apoyo de B'nai B'rith, entre otras si a un país se le permite ser miembro de la OTAN. Esto quedó claro el 13 de septiembre de 2002, cuando los líderes de B'nai B'rith y del Comité Judío de Estados Unidos prometieron al Presidente letón Vaira Vike-Freiberga, que estaba de visita de trabajo en Estados Unidos, que ellos apoyarían a Letonia para que fuera miembro de la OTAN. Henry Kissinger también se reunió con el presidente letón para discutir la expansión de la OTAN. El representante de la B'nai B'rith, Saul E. Joftes manifestó en 1969, que el sionismo (y por lo tanto sus organizaciones, incluyendo B'nai B'rith) tiene como objetivo lograr el control mundial con la ayuda de un gobierno mundial (*Washington Observer*, 12 de diciembre de 1969).

Los masones se infiltran en movimientos ideológicos extremos o establecen otros nuevos, enfrentando los unos contra los otros y así logran sus objetivos de cambiar la sociedad. Al mismo tiempo, intentan, por medio de sus clubes exclusivos, controlar y gobernar esta élite de la sociedad, a la que no pertenecen.

El Rotary International por ejemplo está totalmente en manos de masones. Este movimiento fue fundado en Chicago en marzo de 1905, por el francmasón Paul Harris, que también pertenecía a B'nai B'rith. Dos tercios de los miembros del Comité francés del Rotary ya eran masones en la década de 1930. En 1933-1934, el Presidente del Rotary Club francés era Ulisse Fabre, que a su vez actuaba como maestro de la Logia Orange La Cite Futura, según el registro del Gran Oriente. Revistas masónicas han elogiado las actividades de los Clubes Rotary, ya que estos son muy útiles para la masonería. En 1952, el movimiento tenía un millón de miembros con 7.650 clubes en 84 países. En Suecia, el Rotary tiene 30.000 miembros en 522 clubes. Hoy, el Rotary también está presente en Rusia. El conocido director de cine Stanislav Govorukhin es miembro de este exclusivo club. El Rotary también es hoy activo en Estonia (tiene 12 clubes con casi 400 socios).

También hay varios otros grupos similares o clubes como el Lions y Le Cercle. El Lions International fue fundado en 1917 por Melvin Jones, miembro de B'nai B'rith. En 1968, el Lions tenía 470.000 "hermanos" en Estados Unidos y 160.000 en el resto del mundo, con un total de 17.441 clubes.

El Bohemian Club fue fundado como una organización para periodistas seleccionados en 1872 en Monte Rio en el Condado de Sonoma, 75 km al norte de San Francisco. Este club fue infiltrado y transformado en una cofradía. Cada año el 15 de julio varias docenas de destacados miembros participan en un ritual vestidos de "sacerdotes" con túnicas Illuminati rojas con capucha, guardianes del fuego, adorando una enorme piedra con forma de búho llamado Moloko. Entonces hacen rituales mágicos mientras queman una efigie. Utilizan una antorcha que lleva la llama de la lámpara de la Asociación para encender el fuego.

Este club de élite del Grove Camp es una reminiscencia del área cerrada, como había en la nomenclatura Soviética. Cuenta con 2700 miembros masculinos, entre ellos Henry Kissinger, George Schultz (ex secretario de estado), Helmut Schmidt, Tom Clausen director del Banco Mundial, Caspar Weinberger (ex secretario de defensa), Paul Volcker (ex presidente de la Reserva Federal), Gerald Ford, el Presidente de los Estados Unidos George W. Bush, el secretario de estado Colin Powell (CFR) y otros personajes importantes del ámbito político.

George W. Bush es también miembro de la Logia secreta Skull and Bones (Cráneo y Huesos) y del Hillbilly Camp. No es extraño que W. Bush nombrara Secretario de estado a su "hermano" Colin Powell. Todos los miembros pagan ávidamente una cuota de iniciación de 2500 dólares y cuotas de 600 dólares al año.

El 15 de julio de 2000, el documentalista Alex Jones y su asociado Mike Hanson, equipados con dos cámaras de video ocultas y disfrazados con éxito como miembros del Bohemian Club se infiltraron en el elitista recinto del culto.

Alex Jones explica que aquella noche:

"De repente iluminaron al búho con algunos reflectores y salieron corriendo un centenar de sacerdotes o algo así vestidos con albornoces negros, rojos y verdes. La mayoría de las túnicas eran negras, algunas rojas y un par plateadas o verdes... allí estaba yo asistiendo a algo sacado de las "Visiones del infierno" del pintor medieval Hieronymus Bosch: cruces de metal ardiendo, sacerdotes con túnicas rojas y negras con el gran sacerdote con una túnica plateada y una capa roja, un cuerpo atado quemándose gritando de dolor, un búho gigante de piedra con grandes cuernos, líderes mundiales, banqueros, medios de comunicación y el jefe de la academia participando en estas actividades. Era una locura total."

Los ancianos gritaban llenos de odio:

"¡Oh si! ¡Quemad a este cabrón! ¡Matadle! ¡Esto es lo que se merece!"

Charles Taze Russell, francmasón de grado 32°, fundó los Testigos de Jehová en 1879 en Estados Unidos para intentar manipular a los que estaban fuera de las logias, pero que no les importaba hacer el papel de idiotas útiles. Su sucesor fue Joseph Franklin Rutherford. Utilizaban símbolos masónicos y Illuminati.

Joseph Smith y Brigham Young, fundadores de la iglesia Mormona en 1830, eran ambos masones de alto rango. En sus ceremonias, los Mormones llevan batas blancas con una escuadra a la derecha y un par de compases a la izquierda. Hasta 1937, los Mormones no podían hacerse francmasones (W. Charles Ferguson, "Cincuenta millones de hermanos", Nueva York, 1937, p. 28). El líder Mormón Heber C. Kimball deseaba, sin embargo, que todo el mundo fuera masón.

El movimiento hippie fue fundado y dirigido por dos masones judíos, Herbert Marcuse y Jerry Rabin. Hicieron todo lo posible para introducir a los jóvenes en el uso de drogas y la música rock disonante, silenciando así sus protestas contra la estancada sociedad masónica.

Los que tratan de socavar nuestra sociedad no están interesados en la paz y la felicidad. Más bien preferirían que hubiera miseria y caos. El masón Henry Kissinger declaró:

> "Prefiero el caos y la guerra civil en Rusia que las tendencias que la llevarían a ser una nación unida, fuerte y gobernada centralmente." (Platonov, "La corona de espinas de Rusia: La historia secreta de la masonería 1731-1996", Moscú, 1996, p. 418).

Así también el francmasón de alto rango Zbigniew Brzezinski, asesor del Presidente Jimmy Carter, dijo:

> "Rusia será dividida y puesta bajo tutela."

El debilitamiento de la posición de la Unión Soviética entre 1985-91 costó hasta 90 millones de dólares (*ibídem*, p. 404). Los políticos rusos, o mejor dicho, los políticos malos, están constantemente apoyados desde el extranjero, en particular por Estados Unidos.

En junio de 1992, los masones organizaron un seminario con el título Los derechos sociales de los ciudadanos europeos, donde se defendía una Europa sin fronteras. Tras el seminario había entre otros el Gran Oriente de Francia, la Gran Logia francesa, la Gran Logia de Turquía, la Gran Logia Simbólica de España, la Gran Logia de Italia. Los masones de Rusia estaban representados, entre ellos estaba el alcalde de San Petersburgo, Anatoli Sobchak (*Pravda*, 21 de julio de 1993).

Un año más tarde se organizó otra convención similar. Los masones nombraron una comisión, la Gran Europa, incluyendo a muchos masones de renombre como Jacques Chirac (entonces alcalde de París) y Wilfried Martens (ex primer ministro belga). Los participantes rusos fueron Anatoli Chubays, Anatoli Sobchak y Gleb Yakunin. El 21 de diciembre de 1993, la Comisión presentó el resultado la "Gran Europa", un típico documento masónico.

Al lector le puede haber chocado la aparición frecuente de la palabra "grande" en relación con los masones: gran maestro, gran logia, el Gran Oriente, la Gran Revolución Francesa, la Gran Europa. ¿Quizás los masones están sufriendo delirios de grandeza?

En una conferencia de prensa en abril de 1990, el gran maestro del Gran Oriente, Jean-Robert Ragache, anunció que su logia también estaba presente en Rusia.

Muchas figuras poderosas se volvieron aún más poderosas por el hecho de hacerse francmasones, como el banquero Vladimir Gusinsky (B'nai B'rith), Yuri Luzhkov (ex alcalde de Moscú, el Gran Oriente) y Anatoli Sobchak (el Magisterium).

En mayo de 1991, Radio Liberty de Munich instó a los ciudadanos soviéticos para que se hicieran miembros de la logia Pushkin de París (Oleg Platonov, "Rusia bajo el poder de la masonería", Moscú, 2000, p. 30). Cuando el poeta ruso Alexander Pushkin vio la maldad de la masonería y ya no quiso seguir siendo miembro de este movimiento, fue provocado en un duelo y asesinado a sangre fría. Pushkin en cuanto que enemigo de la masonería fue considerado peligroso (Platonov, "La historia secreta de masonería", Moscú, 2000, vol. I, p. 559-560).

La política real se decide en las logias masónicas. La política siempre se ha hecho con la ayuda de grandes cantidades de dinero. La élite masónica es capaz de robar y robar sin riesgo de ser perseguida.

En pocos días en otoño de 1992 el súper ladrón y francmasón George Soros (B'nai B'rith) gestionó drenar de Suecia 18 millones de dólares, provocando un daño enorme al país. Dirigió una operación similar contra Gran Bretaña, ganando entre 1-2 mil millones de dólares. En septiembre de 1992, ganó casi 300 millones de dólares, especulando contra la lira italiana. Italia se vio obligada a devaluar la lira un 30 %.

Los ataques de Soros contra las monedas de los países del sudeste asiático fueron un factor importante detrás de las fuertes devaluaciones de estas monedas, que comenzaron en verano de 1997. En la reunión de la IMF en Hong Kong en septiembre de 1997, el ministro de Malasia Mahathir bin Mohamad etiquetó estas actividades de "extorsión". El 23 de agosto de 1997, hizo la siguiente declaración:

> "Todos estos países han trabajado durante 40 años intentando hacer crecer sus economías, sólo para que un canalla como Soros venga cargado de dinero a especular contra sus monedas."

Señalaba a Soros como uno de los ladrones.

Soros, pirata monetario y jefe del Quantum Fund, indicó claramente el 4 de septiembre de 1998 que Mahathir bin Mohamad "debería ser eliminado del poder". No se puede permitir que se protejan los intereses nacionales. Sólo aquellos políticos que perjudican el interés nacional están autorizados a permanecer en el poder en el macabro mundo masónico actual. En octubre de 2003, Mahathir dijo,

> "Los judíos gobiernan el mundo por poderes".

Los medios de comunicación masónicos protestaron.

La Junta del Quantum Fund de Soros incluye representantes de la familia Rothschild, entre ellos los financieros Nils O. Taube y Richard Katz. También incluye fuerzas que se ocupan del blanqueo de dinero. George Soros ha destacado:

> "Ni puedo, ni no lo hago, considerar las consecuencias sociales de mis acciones."

Nadie habla así a menos que sea un malvado endurecido. Quizás era por eso que el presidente del comité bancario estadounidense, Henry Gonzalez, le designó como el "Golem Soros".

Soros se aseguró de que una organización especial, el Magisterium, fuera fundada por la élite política rusa. El mismo Soros es miembro del Magisterium, como lo son Alexander Yakovlev (Caballero de Malta) y Eduard Shevardnadze (Caballero de Malta), así como Yegor Gaidar, Anatoli Chubays, Leonid Abalkin, Stanislav Shatalin, Yevgeni Yevtushenko, Ernst Neizvestny, Anatoli Sobchak, Ivan Brodsky y muchas otras personas conocidas.

Todos recibieron apoyo económico de Estados Unidos, como lo hizo el francmasón Grigori Yavlinsky. Esto fue confirmado por la Comisión Trilateral.

Durante los años 1993-97, Soros pagó al menos 6 millones de dólares a organizaciones de Estados Unidos que promovían la legalización de las drogas. También fundó sus propios institutos para la legalización de las drogas y por la eutanasia, con oficinas en su "fundación benéfica", el Instituto para una Sociedad Abierta. A juzgar por sus actividades, parece que para Soros, una "sociedad abierta" es un país, que abre sus puertas de par en par a sus ataques especulativos y robos.

Con la terapia de choque que Soros y su banda han sometido a los países europeos orientales, ha impedido que cualquier posibilidad razonable de una política de reforma económica tuviera éxito.

El presidente Boris Yeltsin fue hecho Caballero de Malta el 16 de noviembre de 1991 En agosto de 1992 firmó el decreto n° 827, según el cual los contactos oficiales se harían con la francmasonería (Oleg Platonov, "Rusia bajo el poder de la masonería", Moscú, 2000, p. 34).

En Rusia las organizaciones masónicas están financiadas por los círculos sionistas. Los masones siempre han servido a los intereses del sionismo.

Jean Izoulet, alto rango del Gran Oriente e iniciado en la organización Alianza Israelita Universal, escribió en su "Paris, capital de las religiones" en 1931:

> "El significado de la historia del siglo pasado ha sido que trescientos financieros judíos, todos ellos maestros de cátedra, gobernarán el mundo."

Adolphe Isaac Crémieux, gran maestro de la Alianza Israelita Universal, colaboraba estrechamente con el Gran Oriente y, junto con Karl Marx en Inglaterra, fundó una sociedad secreta, la finalidad era prepararse para la revolución mundial masónica en nombre del proletariado.

El Gran Maestro judío francmasón Adolphe Isaac Crémieux

El masón Crémieux divulgada los objetivos de los masones:

"Las naciones deben desaparecer. Las religiones deben dejar de existir. Sólo Israel seguirá existiendo, ya que es el pueblo elegido por Dios". (Archivos Israelitas, París, 1861, nº 25).

Los masones promovidos al grado 18º en el Gran Oriente son admitidos, correspondientemente, como miembros de la Alianza Israelita Universal.

Según el calendario masónico austriaco, Viena tenía 13 Logias en 1916. En 12 de ellas los grandes maestros eran judíos.

En 1923, en Inglaterra había 300.000 masones, de ellos 43.000 eran judíos. La logia Shelby tenía un 75% de judíos. La logia Hiram estaba constituida totalmente por judíos. Esta fue la causa de un escándalo tal que el gran maestro, Prince Edward, se vio obligado a disolverla.

Uno de los grandes funcionarios desconocidos en la UE es Jacques Attali, que ha sido etiquetado como el Señor de Europa. Pertenece a B'nai B'rith. Era una fuerza que se movía detrás del presidente francés, Francois Mitterrand, un masón cuyo hermano, el General de la fuerza aérea Jacques Mitterrand, fue gran maestro del Gran Oriente en 1962-63 y 1969-70 (de la revista masónica *Humanisme*, nº 235, septiembre 1997, p. 12).

Algunos masones colaboraron con el régimen de Vichy. Uno de estos colaboradores fue Francois Mitterrand (Josiah E. DuBois Jr., "Generales con trajes de color gris", Londres, 1953). Nunca fue perseguido por sus colaboraciones con el régimen de ocupación. Mitterrand se reunió con el mariscal Petain en octubre de 1942 No se sabe de qué hablaron. Hasta 1986 Mitterrand estuvo asociado con el jefe de policía del régimen de Vichy, otro masón.

El predecesor de Mitterrand, Valery Giscard d' Estaing, no era un hermano masón, cuando comenzó su campaña electoral en 1974, pero fue persuadido por miembros del partido para hacerse, ya que de lo contrario no tendría ninguna posibilidad contra Mitterrand. Por lo tanto, se unió a la Logia Gran Oriente Franklin Roosevelt (bautizada así por el presidente estadounidense masón).

El Gran Oriente también estaba detrás de la campaña dirigida contra Augusto Pinochet, el líder militar de Chile, ya que él había causado la muerte del hermano masónico Salvador Allende. Allende se convirtió masón en 1935, en la Logia Progreso n° 4 de Valparaíso. Antes había sido elegido presidente, su abuelo era masón. El Gran Oriente de Francia el 3 de noviembre de 1998 exigió justicia en relación a Pinochet. Oficialmente fue acusado de haber ordenado el asesinato de 3.000 izquierdistas (muchos de los cuales eran terroristas). Al mismo tiempo, los medios de comunicación callaron sobre el hecho de que Pinochet así salvó la vida de cientos de miles de compatriotas, que estaban en las listas de la muerte de los terroristas marxistas. Incluso el no-violento Gandhi consideraba que era correcto matar a locos que asesinan a personas inocentes, salvando así a muchos más. Los agentes de policía también tienen derecho a contestar al fuego para defenderse a ellos y a la gente. Según el Gran Oriente, Pinochet no tenía ese derecho, aunque él también era francmasón (perteneciente a otra logia) y había establecido estrechos contactos con las mafias criminales del contrabando de armas y drogas.

El hecho de que Pinochet era francmasón se ve claramente en una entrevista de Roger Letrei, gran maestro del Gran Oriente de Francia (*Le Point*, mayo de 1989). Cuando un masón de izquierdas acaba, un masón de derechas le toma el relevo.

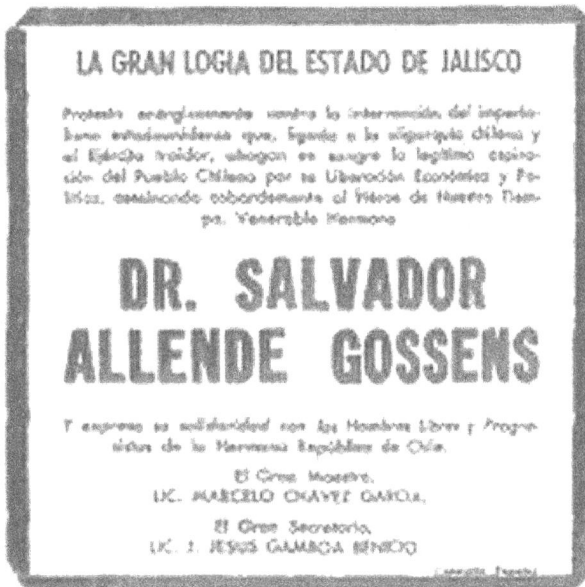

La Gran Logia de México encabezada por el gran maestro Marcelo Chávez y el Gran Secretario Jesús Gamboa protestaron con un anuncio en los periódicos contra la interferencia de Estados Unidos por los intentos del hermano masón Salvador Allende de introducir el cambio social (socialismo) en Chile.

El diario masón francés *Humanisme* Nº 235 (septiembre 1997) publicaba en su editorial una declaración defendiendo la prohibición del partido nacionalista francés Frente Nacional.

El objeto primordial de odio para los masones suecos son los nacional-demócratas. Los medios de comunicación están propagando mentiras sobre los nacional-demócratas diciendo que son un partido neonazi.

Paddy Ashdown, masón y líder del Partido Liberal de Gran Bretaña, intentó amenazar a todos los nacionalistas y "racistas" con la guerra, si continuaban con su resistencia contra la introducción de una política exterior y de seguridad común. Calcula que la oposición pública a la inmigración llevaría a una guerra. Sólo había una posibilidad de evitar la guerra - la ampliación de la UE. Según él, hay una batalla entre nacionalistas y federalistas. Para asegurarse una victoria federalista, deberían abolir el derecho de veto e introducir la moneda común. Paddy Ashdown opinó que cuanto antes se pudieran eliminar las monedas nacionales, mejor sería (para la Unión Europea).

Controlar e influenciar la educación en una dirección en particular parece ser la tarea más importante de la masonería. J. Masse del Gran Oriente solía decir:

"Quién controla la educación, controla Francia".

Destacó que las sociedades masónicas harían cualquier cosa para mantener el control en Francia. Están dispuestos a separar a los niños de sus padres (Alexander Selyaninov, "El poder secreto de masonería", Moscú, 1999, p. 318). En 1907, el masón Debner afirmó en un discurso en el Gran Oriente:

> "Los padres no deben olvidar nunca que tienen el derecho de retener con ellos a sus propios hijos sólo gracias a la autoridad que les da la sociedad."

Este es el espíritu Illuminati en esencia, tal como Weishaupt señaló que los padres no deberían tener derecho a ser responsables de la educación de sus hijos.

Un Congreso Masónico en el Hotel du Grand Orient de París en 1903 aprobó una resolución para hacer una adición a la legislación de los derechos civiles. El Congreso quiso eliminar el derecho de los padres a educar a sus hijos, les quería hacer perder sus derechos como padres y ciudadanos (*ibídem*, p. 318).

Sabemos por la historia que ni los masones ni los socialistas son capaces de decir la verdad. Y una vez que han empezado a decir mentiras, lo deben seguir haciendo. Esta es la verdadera, naturaleza sanguinaria de la masonería.

Capítulo VII

Cómo los masones ayudaron a Hitler a llegar al poder

En junio de 1929, los banqueros y los industriales se reunieron secretamente en Nueva York para analizar la situación en Francia y Alemania. Sobre todo habló el iluminado John Davison Rockefeller, Jr. Todos estuvieron de acuerdo en que debía detenerse el progreso económico francés. Para ello había que empezar una revolución comunista o como mínimo una nacionalsocialista. Finalmente los banqueros decidieron que preferían un régimen nacionalsocialista. Anteriormente ya se habían fijado en Adolf Hitler.

Esta información aparecía en un libro de "Sidney Warburg", "De Geldbronnen van het Nationaal-Socialisme" ("Los financieros del nacionalsocialismo"), que fue publicado en 1933 en Ámsterdam y que desapareció sin dejar rastro. Más tarde volvió a aparecer en Suiza traducido al alemán. El libro sigue estando

en el archivo social de Zúrich. James y Paul Warburg declararon que era una horrible falsificación antisemita (C. Antony Sutton, "Wall Street y el ascenso de Hitler", Sudbury, 1976, p. 133-148).

El 7-8 de noviembre de 1918, el socialista judío, masón y periodista Kurt Eisner (en realidad Kosmonowski Salomon) había tomado el poder en Munich en nombre del socialismo. En octubre de ese mismo año había sido liberado de prisión. Durante el golpe de estado alborotó a la gente y organizó una manifestación con 100.000 alemanes ingenuos. Con un centenar de masones ocupó el Parlamento y edificios del gobierno y proclamó una República Socialista. El rey de Baviera fue derribado y fue obligado a exiliarse. Un consejo de obreros y soldados con masones al frente llegó al poder. Eisner se nombró a sí mismo primer ministro y ministro de exteriores. En el gobierno había tanto mencheviques como bolcheviques. La mayoría de ellos masones. Eisner falsificó documentos estatales para exagerar la deuda de la guerra de Baviera. El masón Rudolf von Sebottendorf se quejó, sin embargo, en su discurso en la Sociedad Thule de que los enemigos de Alemania - los judíos - habían tomado el poder.

Otros masones judíos dieron un golpe de estado similar en Berlín el 9 de noviembre. Todo esto ocurría bajo el signo de Escorpión. Muchos acontecimientos negativos en los siglos XIX y XX han golpeado la Humanidad durante este período, mientras el sol estaba en el signo de Escorpión. El régimen soviético fue implementado el 8 de noviembre de 1917, y la Unión Europea fue proclamada también bajo este signo del 1 de noviembre de 1993. Los libros internos de las sociedades secretas judías que están prohibidos para los no-judíos muestran un Escorpión simbólico en sus cubiertas.

Tres meses después del golpe de estado socialista, el 21 de febrero de 1919, Kurt Eisner fue asesinado por el oficial alemán el conde Anton Arco-Valley, que había sido expulsado de la nacionalista y ocultista Sociedad Thule debido a su sangre judía. Con este asesinato quería demostrar que era leal a los ideales alemanes.

Kurt Eisner, el masón judío y agitador socialista

En un viejo carrete de noticias de aquella época, entre un grupo de oficiales, se puede ver al cabo Adolf Hitler caminando con un distintivo rojo comunista en el cortejo fúnebre para honrar al socialista judío Eisner. Posteriormente, Hitler ocultaba que había simpatizado con los socialdemócratas. Eisner pertenecía a la misma logia masónica que Lenin - Art et Travail (Hans Jurgen Ewert, "In der Zeitenwende", Fischbachau, 1986, p. 52). Pero también era miembro de la logia Zum aufgehenden Licht (la Luz Ascendente) y Der Isar, así como también era miembro de B'nai B'rith.

El diario judío *Tribune Juive* el 6 de julio de 1922 admitió:

"La Revolución Alemana es una acción de los judíos".

Ya en Viena, Hitler tenía amigos judíos, y dependía de varios fabricantes de marcos y vidrieros judíos para vender las acuarelas de donde obtenía sus ingresos. Hitler recibía apoyo financiero de al menos tres tiendas de arte judías. El historiador Ken Anderson admitió en su libro "Hitler y lo oculto" (Nueva York, 1995, p. 37) que los primeros contactos de Hitler con los judíos habían sido sorprendentemente cordiales. A pesar de sus posteriores ataques contra los judíos, respetó y protegió al médico judío Eduard Bloch, que había tratado gratis a la madre de Hitler cuando padecía cáncer. En 1940, Hitler permitió a la familia Bloch emigrar a los Estados Unidos (Richard Swartz, "La política antisemita de Hitler se estableció en Viena", *Svenska Dagbladet*, 9 de enero de 1997). Pero a

Hitler no le gustaba que los judíos controlaran el Partido Socialdemócrata de Austria.

En el caos que surgió tras el asesinato de Eisner, algunos masones bolcheviques aprovecharon la oportunidad para establecer un nuevo gobierno rojo con Johann Hoffmann al frente. Pero el gobierno arruinó la economía y tuvo que huir a Bamberg a principios de abril de 1919. Entonces pasó algo extraño. El 7 de abril de 1919, un grupo de intelectuales, anarquistas y representantes de la Alianza de Campesinos encabezados por Gustav Landauer llegaron al poder y establecieron un nuevo gobierno que trató de normalizar la economía para lograr librarse del "malo de la película" - el pago de intereses.

Los masones estaban bastante preocupados con la posibilidad de perder su control secreto sobre la comunidad. El nuevo gobierno de Baviera llevaba en el poder sólo una semana, cuando los masones comunistas lo derribaron el 13 de abril. Landauer se puso del lado de los bandidos. Su ideal era el anarquista masón Francisco Ferrer.

Así se impidió que el Ministro de Finanzas, Silvio Gesell, introdujera un sistema sin intereses ni inflación que hubiera hecho que la economía funcionara. Willy Hess escribió lo siguiente en su libro "Silvio Gesell und die Freiwirtschaft" ("Silvio Gesell y la economía libre", Winterthur, 1985, p. 22):

> "Las reformas de Gesell se consideraron un golpe mortal al capitalismo y debían ser combatidas con cualquier medio disponible."

Es difícil encontrar información sobre este corto periodo de la historia política de Alemania. En los libros de historia ordinarios uno tiene la impresión de que el criminal político masón Levine se hizo con el control inmediatamente después del asesinato de Eisner. Esto no fue así en absoluto. Simplemente quisieron borrar el nombre de Silvio Gesell de los libros de historia, aunque fuera el único fenómeno positivo que se produjo en ese tiempo.

Los comunistas masones judíos con Eugene Levine, Ernst Toller (líder del Ejército Rojo local), Max Levien, Erich Miihsam (hijo de un rabino), Arnold Wadler y Tobias Axelrod en lo alto, ocuparon el poder durante dos semanas (del 13 de abril - al 1 de mayo de 1919). Proclamaron la República Soviética de Munich y posteriormente la República Soviética de Baviera. Todos sus líderes pertenecían a la logia masónica secreta Número Once, situada en la Brennerstrasse de Munich. La mayoría de ellos había llegado a Baviera desde Rusia después de tomar parte en el terror revolucionario rojo de 1905.

Eugene Levine se convirtió en el presidente del Consejo de Comisarios del Pueblo de la República Soviética de Baviera. Había nacido en San Petersburgo en 1883 como Nissen Berg. Eugene Levine violó a la condesa Westarp, la famosa nacionalista, antes de matarla a tiros a ella y a otros.

Tobias Axelrod (francmasón de grado 33° e illuminati) fue gran maestro de la logia y se fue comisario del pueblo para asuntos económicos. Inmediatamente anuló las reformas financieras de Gesell. En 1918, fundó una oficina de información en Copenhague en nombre de la Rusia Soviética (Mijail Demidenko, "Rastreando las SS hasta el Tíbet", San Petersburgo, 1999, p. 177).

El extremista judío gallego y francmasón Dr. Ernst Neurath fue comisario del pueblo para la ideología comunista de la República Soviética.

Estos "revolucionarios" en Múnich querían hacerse con tanto oro y joyas como les fuera posible. Las Milicias Comunistas tomaron rehenes para conseguir hacerse con la riqueza de los ciudadanos. Eugene Levine y Max Levien también asesinaban a sus rehenes. Por ejemplo, los guardias judíos revolucionarios el 26 de abril de 1919 tomaron como rehenes a siete miembros de la Sociedad Thule y a partir de entonces (el 30 de abril) los asesinaron a todos, incluyendo al conde Gustav von Turn und Taxis. En todo Múnich se podían ver soldados del Ejército Rojo perpetrando diversas atrocidades. El Tribunal Revolucionario estaba detrás del terror organizado.

Rápidamente la Sociedad Thule fundó una unidad especial de batalla, la Thule, su tarea era, luchar contra la República Soviética de Baviera con armas de fuego en sus manos.

Adolf Hitler también se lo montó para hacer el papel de Bolchevique durante esas dos semanas. Fue el número dos del Consejo de Batallones del Ejército Rojo de la República Soviética. En otras palabras, Hitler comenzó su carrera política como activista del Consejo de los Soldados. Se dice que políticamente estaba confundido. En las descripciones habituales del camino con el que Hitler llegó al poder, estos hechos han desaparecido. Los documentos, sin embargo, todavía están ahí.

Las Tropas Blancas que habían rodeado Múnich, consiguieron derribar a los comunistas masónicos el 1-2 de mayo, lo que los Illuminati consideraron como un contratiempo durísimo. Landauer fue detenido el 1 de mayo y ejecutado al día siguiente. Eugene Levine fue inmediatamente detenido, y el 3 de junio fue condenado a muerte. Dos días más tarde fue fusilado. Toller fue condenado a cinco años de prisión y Miihsam a 15. El asesino de masas Max Levien (nacido en 1885 en Moscú) primero huyó a Viena y en 1921 se trasladó a la Rusia Soviética, donde se fue miembro del Comité Ejecutivo Central y actuaba en el Komintern. Los sanguinarios bandidos masones ya habían hecho su papel y tuvieron que dejar Baviera.

Max Levien se convirtió en el líder de la Liga Espartaquista roja y después de la primera Guerra Mundial estableció un partido comunista en Múnich (David Korn "Wer ist wer im Judentum: Prominenz Lexikon der Jiidischen" / "Quién es quién en el judaísmo: Enciclopedia de judíos prominentes", volumen 2, FZ-Verlag, Múnich, 1999, p. 188). Intentó exterminar tantos nacionalistas alemanes como le fue posible. Los líderes de los espartaquistas pertenecían a la orden de los Illuminati. Los judíos Tobias Axelrod, Karl Liebknecht y Rosa Luxemburgo pertenecían al nuevo orden de los Illuminati (Friedrich Wichtl, "Freimaurerei, Zionismus, Kommunismus, Bolschewismus" / "Masonería, sionismo, comunismo, bolchevismo", Múnich, 1921, p. 15). Karl Liebknecht también era miembro de B'nai B'rith (Zeiten-Schriften, nº 32, 2001).

En septiembre de 1919, Hitler se hizo miembro del pequeño Partido de los Trabajadores Alemanes (DAP) de Múnich, después de haber asistido a las reuniones de la inteligencia militar (L. William Shirer, "El ascenso y caída del Tercer Reich", Nueva York, 1960). A comienzos de 1920, Hitler asumió la función de propaganda del partido. Finalmente acabaría controlando todo el partido. El movimiento comenzó a crecer rápidamente. Hitler utilizaba hábilmente el descontento debido al empeoramiento de las condiciones sociales. Ya el 1 de abril ese mismo año, el movimiento recibió su nuevo nombre - el Partido Nacional Socialista de los Trabajadores Alemanes (NSDAP). El verano de 1921, Hitler era el líder oficial del partido.

En noviembre de 1922, la Embajada Americana de Berlín envió al capitán Truman Smith a Múnich para obtener información sobre Adolf Hitler y el Partido Nacional Socialista (*ibidem*).

El masón judío y asesino político Max Levien

A comienzos de 1923, Lenin y el líder del Comintern Grigori Zinoviev decidieron que Alemania estaba preparada para una revolución bolchevique. Los comunistas la consideraban una zona clave para la revolución mundial y querían utilizar el descontento entre la gente. El Comintern y la Ayuda Roja intentaron desesperadamente implementar el plan en Alemania, mientras el sol estuviera en el signo del Escorpión. Su toma del poder tendría lugar la medianoche del 22 de octubre de 1923.

Al día siguiente al amanecer Hamburgo, Berlín y otras grandes ciudades estarían en manos de los bolcheviques. Todas estas operaciones fueron dirigidas por los masones Karl Radek (en realidad Sobelsohn), Bela Kun y Josef Unschlicht (miembro de la Checa y la inteligencia militar soviética) desde

Moscú. La operación se extendió por toda Alemania. Oficialmente Radek estaba destinado a la delegación comercial soviética de Berlín. Los funcionarios comunistas alemanes pensaban, sin embargo, que estos preparativos no eran suficientes para una empresa tan grande (todo no estaba suficientemente maduro, como si dijéramos) y querían posponer la "revolución" durante tres meses. Los masones de alto rango, que controlaban varios movimientos comunistas, simplemente tenían otros planes para Alemania.

Sólo, que se "olvidaron" de informar al líder terrorista Ernst Thalmann. Por lo tanto junto con sus 300 "revolucionarios", comenzaron su intento de golpe de estado en Hamburgo el 23 de octubre a las 5 a m. El 25 de octubre, todos los terroristas fueron derrotados.

Hitler consiguió la atención que necesitaba, cuando el 8 de noviembre de 1923 intentó una contra-acción, un golpe de estado muy mal organizado en Múnich. Posteriormente se ocultó temporalmente en casa de una mujer judía llamada Hanfstaengl en Múnich. Hitler acabó siendo conocido no sólo en Alemania sino también en el extranjero. El nombre de Hitler estaba en las portadas de los periódicos de todo el mundo. Utilizó totalmente el juicio y convirtió la derrota en una victoria ideológica. Fue liberado después de menos de nueve meses, aunque había sido condenado a cinco años de prisión (en realidad la ley estipulaba cadena perpetua).

En prisión dictó su manifiesto político "Mein Kampf", el 18 de julio de 1925 se publicó la primera parte y la segunda parte en 1927. Citó el libro de Henry Ford "El judío internacional". Más tarde el libro le reportó grandes regalías - en 1930 ascendían a 50.000 Reichsmark y al final acabó llegando casi al millón. "Mein Kampf" primero fue traducido al ruso e impreso en una edición limitada para la Comisión Central de Moscú en 1928. Stalin comenzó a admirar a Hitler y decidió apoyarle en su camino hacia el poder (Viktor Suvorov, "Suicide", Moscú, 2000, p. 55-56).

Se tardó años en reorganizar el Partido Nacional Socialista. En enero de 1927, los nacionalsocialistas y su lucha por el poder y el socialismo aparentemente no tenían ningún futuro. Según su condena, a Hitler no se le permitía hablar públicamente hasta 1927. Desde 1925 Hitler estaba sin nacionalidad, habiendo fracasado en convertirse ciudadano alemán. No fue hasta 1932 que en realidad fue ciudadano alemán.

Después de cierto tiempo fue considerado por los banqueros de Wall Street como una figura prometedora. Decidieron apostar por Adolf Hitler y así provocar el caos en Europa.

Para contactar con él fue enviado a Alemania un servicio de mensajería con estatus diplomático. Esta persona se hacía llamar Sidney Warburg, obviamente un alias. Para ayudar a Hitler a llegar al poder los banqueros masónicos intentaron ofrecerle apoyo económico. A cambio, estas personas buscaban una política exterior agresiva y acciones contra Francia. Los banqueros calculaban que Francia en este caso recurriría a Gran Bretaña y a los Estados Unidos, y así el gobierno francés se encontraría entrampado económicamente. Se decidió no revelar a Hitler el por qué en realidad era contactado.

El acuerdo entre Hitler y los banqueros en junio de 1929 fue firmado entre otros por John D. Rockefeller Jr., J.H. Carter (Guaranty Trust Company, The National City Bank de Nueva York), el banquero Tommy Walker y el Presidente de los Estados Unidos Herbert Clark Hoover (1929-1933), la mayoría de ellos masones de alto rango. El magnate de la prensa William Randolph Hearst (Consolidate Publications) también estuvo presente en esta reunión. Esta importante información el antiguo profesor de economía Antony Sutton la da en su libro "Wall Street y el ascenso de Hitler" (Sudbury, Inglaterra, 1976). La información fue verificada y aún más detallada por el político alemán y autor G. Schmalbrock.

William Whitney Collins, uno de los directores de la Guaranty Trust Company, era miembro de la sociedad secreta Skull & Bones y de los Illuminati.

La Skull & Bones está estrechamente ligada a la masonería y a los Illuminati. La Orden de la sociedad Skull & Bones durante un tiempo se llamó la Hermandad de la Muerte.

La Skull & Bones, originalmente era el Capítulo 322 de una Orden secreta alemana, fue fundada en la Universidad de Yale en los años 1832-1833 por el General William Huntington Russell y Alphonso Taft, quien más tarde fue secretario de guerra en la administración de Ulysses S. Grant. Ambos eran masones. La Orden se construyó con las rentas del tráfico ilegal de estupefacientes. Cada año se seleccionan 15 miembros nuevos.

El abuelo del presidente George W. Bush, Prescott Sheldon Bush y algunos otros "Bonesmen" (*de los Skull & Bones*), saquearon la tumba de Gerónimo, cogieron el cráneo y otras reliquias del jefe Apache y todavía lo tienen todo expuesto en una urna. Los Bonesmen dicen que lo tienen, a pesar de las demandas para su devolución. Bush Senior afirmó que las habían "perdido".

También fueron Bonesmen famosos William Howard Taft, presidente de Estados Unidos, Henry Luce, fundador de la revista Time y Averell Harriman, diplomático y confidente de presidentes de los Estados Unidos.

John D. Rockefeller Jr. también era miembro de la organización masónica The American Protective Association (APA), que fue fundada el 13 de marzo de 1887 en Clinton, Iowa, por el masón de alto rango Henry Francis Bowers (Paul A. Fisher, "Detrás de la puerta de la logia: La Iglesia, el Estado y la masonería en América", Rockford, Illinois 1994, p. 79).

Su hermano Percy Rockefeller también participó en la financiación de los bolcheviques, así como a la de los nacionalsocialistas. Percy Rockefeller también pertenecía a la sociedad Skull & Bones.

Además, el banquero George Herbert Walker (padre de George H. Bush, presidente de Estados Unidos 1989-1993) ayudó a financiar a Hitler. Entre éstos estaba Prescott Sheldon Bush, su yerno.

Prescott Bush y Averell Harriman financiaron a Hitler con 100 millones de dólares desde 1926 hasta 1942 a través de su Banco de Nueva York, Harris & Brothers Harriman. El Congreso, sin embargo, incautó el Banco, pero los miembros del Consejo recibieron unos 1,5 millones de dólares cada uno después de la guerra.

Mediante el estudio de documentos que nos habían mantenido ocultos, podemos descubrir las circunstancias reales de la toma del poder de Hitler. También estamos informados de los nombres de las personas encargadas de comenzar la Segunda Guerra Mundial. Estos señores nunca fueron juzgados en Nuremberg. Según Antony Sutton, el juicio de los crímenes de guerra de Nuremberg fue una farsa política, donde ni las atrocidades soviéticas ni los terribles crímenes de los aliados, durante y después de la guerra, nunca fueron mencionados.

Los líderes nazis fueron acusados de crímenes contra la paz (por instigar la guerra). El gobierno alemán fue visto como un conspirador contra la paz. Al contrario, los vencedores eran los poderes que había detrás de estos crímenes. Alemania estaba intentando evitar la guerra, ya que todavía no estaba preparada para ella, como lo demuestran las estadísticas descubiertas por el historiador de la guerra Viktor Suvorov en su libro "Suicide" (Moscú, 2000).

A partir de abril de 1945, las fuerzas estadounidenses y francesas mataron a más de un millón de prisioneros de guerra alemanes. La mayoría fueron internados en campos estadounidenses. Eisenhower creó un reinado del terror nunca visto antes en la historia militar de los Estados Unidos. Fue un enorme crimen de guerra. Virtualmente eran campos de exterminio (James Bacqué, "Otras pérdidas", Toronto, 1991).

Existe un mito engañoso que dice que los capitalistas alemanes, dirigidos por Fritz Thyssen, el fabricante de motores de tren Ernst von Borsing y el magnate del carbón Emil Kirdorf de la zona del Ruhr proporcionaron apoyo financiero a Hitler. Hasta 1933, Thyssen no había pagado más de 2 millones de marcos. Se trataba de una cantidad relativamente pequeña. Sólo el Partido Comunista Alemán recibió decenas de millones de marcos de Moscú.

Que en general este capitalismo alemán no tenía ninguna conexión con el Partido Nazi queda fácilmente demostrado mediante el estudio de los documentos que había en los archivos de las grandes empresas. El Partido Nazi tenía desde el principio una actitud anticapitalista, dirigida en contra del capitalismo alemán. Cuando los nazis en noviembre de 1932, trataron de hacer que los capitalistas alemanes firmaran una petición para el nombramiento de Hitler como Canciller, en realidad sólo la firmó uno de ellos - Fritz Thyssen, que de hecho era uno de sus partidarios.

Franz von Papen estaba en manos de la élite financiera. La élite financiera alemana jugó un mínimo papel, como lo confirma el historiador norteamericano Henry Asby Turner Jr. en su magna obra "El gran negocio Alemán y el ascenso de Hitler" (Oxford, 1987). Desafortunadamente Turner no dice nada del papel que las grandes empresas estadounidenses y la francmasonería jugaron en el ascenso de Hitler hasta lo más alto.

Hitler recibió ayuda de unos pocos judíos capitalistas, cuyas empresas estaban radicadas en Alemania y estaban estrechamente ligadas a la francmasonería internacional, en particular la IG Farben y la familia Warburg, que actuaban como una fachada de los Rothschild. En 1937, Max Warburg cambió el nombre de su banco de Warburg & Co., por el de Brinkman Bank, para camuflar el negocio. Herr Brinkman era un gentil que no quería atraer la atención.

Las reuniones de Hitler con sus financiadores

El encuentro entre Hitler y "Sidney Warburg" tuvo lugar en Múnich en junio de 1929 y fue organizada por el alcalde de Múnich Deutzberg. Hitler exigió 100 millones de marcos (24 millones de dólares) a los estadounidenses. El 25 de octubre de 1929, se organizó otra reunión, que incluía a los principales banqueros y representantes de los grandes fondos. Entre los participantes estaba Henry Deterding, el director de la Royal Dutch-Shell y masón de alto rango. Georg Bell, uno de los líderes de las SA, era su agente dentro del movimiento nazi. Las SA (Sturmabteilung) estaban formadas por los infames camisas-marrones. El símbolo de las SA constaba de grandes estrellas de cinco puntas. Los banqueros de Nueva York consideraron que la cantidad exigida por Hitler era demasiado grande y le dieron unos escasos 10 millones de dólares. Este dinero fue trasladado al Banco Mendelsohn de Ámsterdam, controlado por los hermanos Warburg, que eran masones de alto rango y Illuminati. Formaban parte del Imperio financiero de Rothschild. Diez de los máximos dirigentes nazis tenían derecho a retirar el dinero a base de cheques en diez diferentes ciudades alemanas.

En una etapa posterior, el banco Schroder de Frankfurt también participó. El barón Kurt Schroder era el banquero personal de Hitler y de las SS - Gruppenfiihrer (el equivalente en el ejército a teniente general). Desde 1938, el Banco Schroder representó los intereses económicos nazis en Gran Bretaña. En Estados Unidos, Schroder y Rockefeller fusionaron algunos de sus intereses comerciales. Avery Rockefeller, hijo de Percy Rockefeller, era vicepresidente de la Corporación Bancaria Schroder de Nueva York (Antony Sutton, "Wall Street y el ascenso de Hitler", Sudbury, 1976, p. 81).

Henry Deterding prometió enviar 500.000 libras a Hitler, quien además recibiría el 20 por ciento de los beneficios de la Rhenania-Ossag, filial alemana de la Shell. Según el historiador Oswald Dutch, Deterding y Yahudi Samuel (Royal Dutch Shell) proporcionaron a Hitler 30 millones de libras esterlinas en 1931.

Incluso el falsificador de la historia William L. Shirer afirmaba que a Hitler le habían condonado sus deudas en 1929 ("Ascenso y caída del Tercer Reich"). De repente, tenía un montón de dinero, un coche con chófer, una villa en Ober-

Salzburgo y un apartamento de lujo en la Printzregentstrasse de Múnich. Según Shirer, nunca se ha establecido qué cantidad de dinero dieron los banqueros alemanes y magnates industriales al Partido Nacional Socialista antes de enero de 1933. Se conocen las cifras, pero, al igual que son conocidas las contribuciones financieras de los masones Americanos. Pero la información es muy desagradable para estas cifras oscuras.

Poco después del acuerdo entre Hitler y los banqueros internacionales, el magnate de la prensa estadounidense William Randolph Hearst (1863-1951) comenzó a mostrar gran interés por el Partido Nazi y su líder Adolf Hitler. Incluso el New York Times cubría los discursos de Hitler. La revista de la Universidad de Harvard publicó un extenso estudio sobre el nazismo.

El magnate de la prensa británica Harold Sidney Rothermere (1868-1940) añadió su voz a la de los propagandistas nazis.

Según la información obtenida por Stalin tras el final de la guerra, 40.000 empresarios judíos continuaban financiando el fortalecimiento de la máquina de guerra alemana incluso después de 1938.

Publicidad para Hitler

John D. Rockefeller Jr. estaba particularmente interesado en las declaraciones anticomunistas de Hitler, que eran citadas por la prensa.

Durante la década de 1920, Rockefeller había utilizado la conocida agencia de publicidad Ivy Lee & T.J. Ross de Nueva York para dar una imagen positiva de los bolcheviques. Debían ser considerados idealistas confundidos y humanitarios caritativos. Lee afirmaba que los comunistas eran "buenos", y que no existía ningún problema con el comunismo. Se trataba simplemente de un malentendido psicológico. Una declaración de Frank Vanderlip, comparando Lenin con George Washington, fue ávidamente divulgada. La misma agencia también compiló el panfleto de propaganda insidiosa "La URSS - un Enigma". Al asesino de masas Stalin se le llamaba de una manera familiar con el apodo de "Tío Joe".

En mayo de 1927, Ivy Lee viajó a la Unión Soviética convocado por Stalin y Radek para discutir sobre la propaganda comunista en Occidente. Al mismo tiempo, aprovechó la oportunidad para perfeccionar los métodos manipuladores de los ideólogos soviéticos.

En 1939, Joseph Stalin fue elegido hombre del año por la *Time Magazine* (después de los exterminios masivos de 1937-38). El mismo honor fue concedido a Mikhail Gorbachov en 1987, después de su promesa de exterminar al pueblo afgano.

Después del ascenso de Hitler al poder en enero de 1933, la agencia de publicidad Ivy Lee & Ross fue llamada de nuevo para pacificar al público estadounidense. A Ivy Lee se le otorgó la tarea de pulir los métodos de propaganda de Hitler y Goebbels. Sus servicios fueron pagados por la estadounidense IG Farben, dirigida por la familia Warburg. El 13 de marzo de 1933, *Time Magazine* publicó un artículo rindiendo homenaje a Hitler, donde se le llamaba el Mesías alemán. La revista llevaba su foto en la portada. Por motivos de propaganda, Adolf Hitler fue elegido hombre del año por *Time Magazine* en diciembre de 1938, por "mantener la paz mundial".

Ya en 1936, el ex primer ministro británico y Gran Maestro masón David Lloyd George (en realidad David Levi-Lowit), al volver de Alemania, había gritado: "¡Heil Hitler!" En su opinión, Hitler era un gran hombre, y los alemanes eran el pueblo más feliz.

El 4 de octubre de 1938, Winston Churchill dijo lo mismo. La madre de Churchill Jennie era judía americana, su nombre de soltera era Jerome. La madre de Jennie, Clara Hall tenía una cuarta parte de iroquesa (*Jerusalem Post*, 18 de enero de 1993). El padre de Winston, Randolph murió a consecuencia de la sífilis a los 47 años de edad.

En 1956, Churchill dijo al Presidente Eisenhower:

"Soy, por supuesto, Sionista y lo he sido desde la Declaración de Balfour." (Herbert Mitgang, "El Churchill oficial en un volumen", *The New York Times*, 6 de noviembre de 1991)

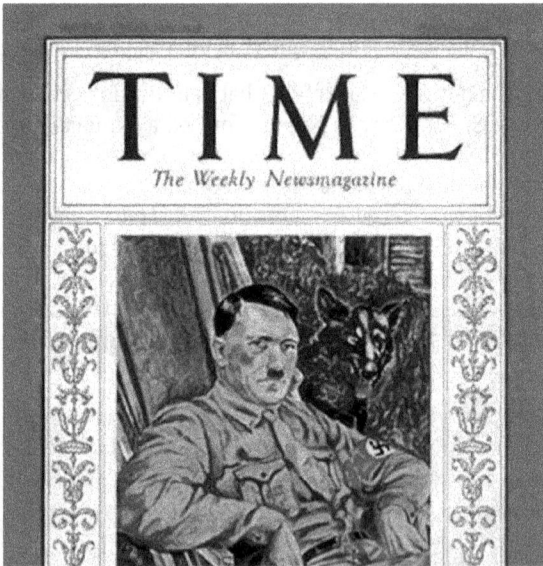

La Enciclopedia Popular Bonnier ("Konversationslexikon", Estocolmo, 1926, vol. 8, p. 634) dice lo siguiente sobre el nacionalsocialismo:

"Un movimiento dirigido a la intervención de la sociedad para el beneficio de las clases más pobres y la ampliación del control estatal de la economía social, enfatizando fuertemente la solidaridad nacional entre las clases. N. por lo tanto presenta un agudo contraste con el socialismo internacional basado en la lucha de clases. N. está representado principalmente en Alemania, donde Hitler en 1920 fundó un Partido Nacional Socialista, que cooperaba con la derecha. La Nationalsozialer Verein, que estuvo activa en 1896-1909, es considerada como su predecesora."

La misma enciclopedia llama a Hitler un trabajador social demócrata, que se distinguió en la Guerra Mundial (vol. 5, p. 779). La Nationalsozialer Verein originalmente representaba al socialismo cristiano.

"Sidney Warburg", junto con los representantes de James Warburg y varios directivos de las compañías petroleras americanas, fue a Berlín, donde en el Hotel Adlon, se reunieron con Hitler, Gregor Strasser, Hermann Goring, "von Heydt" (Thyssen) y un abogado alemán. Los estadounidenses expresaron la voluntad de que Alemania ya no debiera ser obligada a pagar a Francia por los daños de la guerra. Alemania ya había pagado cerca de 10 millones de dólares en daños y perjuicios sólo en Estados Unidos.

En octubre de 1931, Hitler envió una carta a los banqueros masónicos internacionales, que condujo a una nueva reunión en la Guaranty Trust Company. Algunas de las entidades financieras (Montagu Norman, Royal Dutch Shell y Gleaner) consideraron que Hitler no sería capaz de actuar. Por otra parte, Rockefeller, J.H. Carter y McBean creían que sus inversiones con Hitler eran acertadas. Todos estuvieron de acuerdo sobre continuar apoyando a Hitler.

"Sidney Warburg" fue otra vez a Alemania, donde conoció al banquero von Heydt (Thyssen), quien le explicó que las tropas de las SS necesitaban ametralladoras de buena calidad, revólveres y fusiles.

Warburg se volvió a encontrar con Hitler, quien le habló de sus planes para alcanzar el poder. Tenía dos opciones: una revolución o un golpe de estado, que tardaría tres meses con un coste de 500 millones de marcos. También tenía otro plan, que implicaba una toma de poder legal. Esto se esperaba que tardara tres años y costaría unos 200 millones de marcos. Hitler sugirió que lo decidieran los mismos banqueros, qué plan querían utilizar.

En opinión de los banqueros neoyorquinos, estas cantidades eran, sin embargo, demasiado elevadas. Una semana más tarde, enviaron a Hitler unos 15 millones de dólares, exigiendo iniciativas agresivas con los países vecinos.

Hitler acordó utilizar los 15 millones de dólares para su propaganda electoral. El dinero fue trasladado a tres bancos: a Mendelsohn & Co. de Ámsterdam, al Banco Rotterdamsche de Rotterdam y a la Banca Italiana de Roma. Cada banco recibió 5 millones de dólares.

En total, Hitler recibió al menos 32 millones de dólares de los financieros americanos (Morgan, Lamont, Rockefeller, Kuhn, Loeb & Company, General Electric Company, National City Bank y otros) entre 1929 y 1932 (Antony Sutton, op. cit., p. 134). De otras fuentes estadounidenses, británicas y alemanas procedían algunas aportaciones más.

Los intentos de investigar los ingresos secretos de Hitler

Después de esto, el ministro del Interior alemán el socialista Carl Severing, descubrió que los nacionalsocialistas de Hitler estaban recibiendo grandes sumas de dinero desde el extranjero. Inmediatamente informó al Canciller, Heinrich Bruning, quien más tarde dio la orden de detener las conversaciones de Hitler con los norteamericanos el 11 de diciembre de 1931.

Carl Severing ordenó a su asistente el Dr. Abegg, que averiguara todo lo que pudiera en relación a Hitler y a quien le proporcionaba el dinero, con la intención de llevar a Hitler ante los tribunales. Además Hitler no tenía nacionalidad alemana. El gobierno organizó una reunión, donde de acuerdo con las actas secretas, el general mayor Kurt von Schleicher, dijo que las cantidades recibidas por Hitler del interior del país eran mucho más bajas de lo que se había dicho. Schleicher fue nombrado canciller el 2 de diciembre de 1932 El partido necesitaba entre 80-100 millones de marcos. Esta información proviene del líder de las SA Ernst Rohm, quien más tarde se hizo famoso por ser pederasta. Las SA recibían dinero del fondo secreto de la Reichswehr, pero la cantidad era muy modesta. La campaña electoral ya había comenzado, y las autoridades no tenían suficiente tiempo para investigar las fuentes secretas de las finanzas de Hitler. Era bastante conocido, sin embargo que Hitler tenía acceso a una enorme cantidad para cubrir sus gastos de propaganda.

Ya el 20 de diciembre de 1922, *The New York Times* dijo que el fabricante de automóviles Henry Ford financiaba, en Múnich el movimiento antisemita del nacionalsocialista Adolf Hitler. El *Berliner Tageblatt* publicó una protesta contra la participación de Ford en la política alemana. Hitler más tarde agradeció a Ford en una carta sus generosas contribuciones a los nazis. Henry Ford también era francmasón (Logia Palestina N° 357, Detroit, Michigan, 1894).

El objetivo de Hitler

Después de cinco años investigando, el historiador suizo Wolfgang Hanel fue capaz de demostrar que la información recibida del ex-gauleiter *(líder zonal del partido)* Hermann Rauschning, relativa a las intenciones secretas de Hitler, era inventada. De hecho no se había reunido con Hitler "más de cien veces", sino sólo cuatro veces y nunca solo. Las citas que Rauschning citaba como si fueran de Hitler en realidad procedían de diferentes fuentes, entre ellas Ernst Junger y Friedrich Nietzsche. La historia de cómo Hitler fue visitado por demonios una noche fue sacada de un cuento de Guy de Maupassant. El propósito de los libros de amplia distribución de Rauschning "Hitler habla" (Londres, 1939) y "La voz de la destrucción" (Londres, 1940), era el de inflamar la opinión pública en muchos países, sobre todo en Estados Unidos, en la guerra contra Alemania. El cerebro detrás de este proyecto era el periodista húngaro-judío Emery Reves, que dirigía una influyente oficina de propaganda anti-alemana en París en la década de 1930. Reves más tarde escribió un libro, "La anatomía de la Paz", que contiene la propaganda Illuminati habitual de que las naciones deben ser divididas y establecer un gobierno mundial.

Los sensacionales hallazgos de Wolfgang Hanel se publicaron en 1983 en la revista revisionista histórica *Journal of Historical Review*. Dos años más tarde, dos influyentes diarios alemanes, *Die Zeit* y *Der Spiegel*, admitieron que Hanel tenía razón. *Der Spiegel*, en un extenso artículo, escribió que el libro de Rauschning "Hitler habla" era una falsificación, una distorsión desde la primera página a la última... "Hanel no sólo demuestra que es una falsificación, demuestra como este impresionante sustituto fue inventado de forma rápida y cómo se mezclaron entre sí los ingredientes." (*Der Spiegel*, 7 de septiembre 1985).

Hemos tenido acceso a diversas fuentes originales que revelan el tipo de sociedad socialista que, en realidad, tenían intención de construir los nazis.

Joseph Goebbels hizo hincapié en su libro "Bolchevismo en la teoría y la práctica" (Berlín, 1936), en que

"nuestra lucha contra el bolchevismo no es una lucha en contra, sino al contrario una lucha por el socialismo, una lucha inspirada en la profunda convicción de que el verdadero socialismo sólo puede materializarse si el descendiente más vulgar y más comprometedor del socialismo... primero es eliminado".

No tenía intención de defender los intereses anti-socialistas y capitalistas, pero los nazis se vieron obligados a hacerlo independientemente.

El judío masón de alto rango Max Warburg estaba detrás de las políticas de Hitler.

Tan pronto como en 1926, Joseph Goebbels ya soñaba con una alianza entre nazis y comunistas para resolver los problemas sociales. Muchos miembros de las SA eran antiguos comunistas que estaban descontentos con el paro actual. En los largos artículos en el *National-Sozialistische Briefe* y en el *Völkischer Beobachter*, Goebbels había defendido la Rusia Soviética, nombrando a Lenin como el liberador de la nación. En su opinión, los líderes judíos bolcheviques en Europa occidental practicaban la explotación económica.

En 1928, hizo un discurso (a través del Zentral Sprechabend) a los grupos de Múnich, donde, según un informe publicado en la prensa nazi, dijo:

> "Nos están responsabilizando de utilizar métodos marxistas en Berlín. Por supuesto que luchamos utilizando métodos marxistas. Estos métodos son simplemente los mejores, y los únicos apropiados, si queremos conquistar a las masas. Sólo tenemos que mejorar un poco nuestra práctica. No estamos sólo abordando determinadas clases, sino a todo el pueblo alemán." ("Adolf Hitler", del periodista judío Konrad Heiden, Zúrich, 1936)

De esta manera, el pueblo alemán se vio atraído a aceptar ideas Illuminati con un nuevo disfraz. Los métodos marxistas (que son Illuminati) que tan bien adaptaron los masones nazis, como los masones comunistas nunca pueden ser adecuados para personas totalmente desarrolladas. Goebbels fue denunciado por decir abiertamente:

> "¡Lenin es mi ídolo!" (*Der Spiegel*, nº 46, 1986).

Goebbels quedó impresionado con la película propagandística de Sergei Eisenstein "El acorazado Potiomkin". Enfatizó:

> "Una persona que no tenga fijada ninguna visión del mundo, podría hacerse bolchevique mediante esta película."

Ernst Niekisch incluso fundó lo que él llamaba el nacional bolchevismo.

En noviembre de 1932, los nazis dirigidos por Goebbels cooperaron abiertamente con los comunistas en organizar la huelga de los trabajadores del transporte de Berlín. Esto fue rechazado por los capitalistas alemanes (Kay Bellotas, "Nazismo y grandes negocios en la nueva luz" / "Nazismen och storkapitalet que Nytt ljus", *Svenska Dagbladet*, 2 de julio de 1987). Hitler también condenó esta acción.

Los nazis deseaban crear un "estado popular basado en el socialismo" (de un folleto distribuido durante la campaña electoral de 1932). En esta Volksgemeinschaft (alianza popular), el proletariado y la burguesía se fusionaban. Los socialistas suecos también deseaban crear un estado del bienestar que originalmente se fundara con principios de pureza racial. El líder socialista francmasón Hjalmar Branting fundó el Instituto de estudios raciales en 1922.

Los nacionalsocialistas alemanes también querían introducir una economía libre de intereses. La usura se castigaba con la muerte.

La gente de la Alemania Nazi estaban organizados como seres colectivos. Los comunistas de la Alemania del Este utilizaron el mismo sistema después de la Segunda Guerra Mundial. Hitler lo había aprendido de Lenin. Esta es la razón por la que las SS empezaron a combinar el control estatal de la economía con el sistema de campos de concentración. Hubo comisarios en Alemania, así como en la Unión Soviética y en Francia durante "la Gran Revolución" de 1789-1793.

El socialismo de Hitler era de la misma naturaleza que el de Lenin. Goebbels hacía hincapié en que un socialista debía renunciar a su individualismo por el bien colectivo. Hitler también aprendió de Stalin. Para fortalecer el poder del partido y el control estatal de la economía, se introdujeron los planes de cuatro años (Stalin había utilizado planes de cinco años desde 1929). Estos planes eran similares al New Deal de Roosevelt. En el Tercer Reich, el control de la economía era tan estricto que se puede hablar de otro tipo de economía planificada a partir de 1936.

El término 'El Tercer Reich' expresa la creencia de los nazis que dos épocas serían finalmente reemplazadas por una tercera eterna, donde la dicotomía derecha-izquierda sería sustituida por una tercera alternativa, una opción nacional y social. El término fue adoptado por el escritor alemán Arthur Moeller van den Bruck en su libro "El Tercer Reich" ("Das Dritte Reich", 1923). Durante la guerra, Hitler rechazó el término e incluso prohibió su utilización.

Hitler utilizó hábilmente la difícil situación económica de Alemania. El país estaba sufriendo daños enormes a causa del Tratado de Paz de Versalles. Cada año Alemania debía pagar 132 millones marcos en oro, que ascendía al 25 por ciento del valor de la exportación. De hecho, un 20 por ciento era considerado como el límite absoluto para evitar la quiebra. Hitler prometió que anularía el Tratado de Paz de Versalles.

La posición alemana se deterioró aún más cuando Francia y Bélgica mostraron que no tendrían ninguna paciencia para reclamar su parte de los daños de guerra. En este punto fue cuando ocuparon la zona del Ruhr, con la intención de utilizar la fuerza para conseguir tanto como pudieran. Wall Street (Douglas Dillon, Harris, Speyer, Kuhn, Loeb y otros) por lo tanto, concedió a Alemania un préstamo de 800 millones de dólares. El dinero fue utilizado para construir las corporaciones gigantes IG Farben (Internationale Gesellschaft Farbenindustrie), que estaba controlada por Rothschild y Warburg, y Vereinigte Stahlwerke.

Louis Rothschild era un destacado hombre en el Chicago de la década de 1890. Pertenecía a la Gran Logia del Rito Masónico Escocés y había llegado al grado 32°. Lord Lionel Walter Rothschild se hizo masón mientras estudiaba en Oxford. Fue reclutado por Lord Alferd Milner, el líder de la Mesa Redonda.

Paul Warburg se casó con Nina Loeb, hija del banquero Salomon Loeb. Kuhn, Loeb & Co., de la entidad financiera más influyente en los Estados Unidos en el año 1900. El hermano de Paul, Felix Warburg, se casó con Frieda Schiff, su padre era el notorio Jacob Schiff. Schiff, un líder sionista, era el principal propietario de Kuhn, Loeb & Co. Fue él quien ayudó financieramente a León Trotsky cuando los bolcheviques tomaron el poder. Antes ya había ayudado a Alexander Kerensky (Aron Kiirbis) a llegar al poder. Jacob Schiff además había ordenado a Lenin que ejecutara a la familia del zar, como lo demuestra el telegrama que envió a Lenin.

Controlar un gobierno a base de recibir préstamos de bancos privados extranjeros es muy fácil. Según Antony Sutton, varias compañías de finanzas judías - Dillon, Read & Co., Harris, Forbes & Co. y la National City Company - fueron las principales instigadoras detrás del establecimiento de la IG Farben y Vereinigte Stahlwerke (Antony Sutton, "Wall Street y el ascenso de Hitler", Sudbury, 1976, p. 163).

Juntas, estas empresas producían el 95 por ciento de los explosivos utilizados por los nazis durante la Segunda Guerra Mundial.

La IG Farben jugó un papel importante en la financiación de los nazis, aunque Hitler a la compañía la llamaba "una organización judía internacional". Según el historiador Anton Chaitkin, Max Warburg, uno de los principales accionistas, dio órdenes a otros líderes judíos para que no boicotearan o protestaran contra la persecución de los judíos por parte de Hitler.

La familia Warburg no en vano había contribuido enormemente a la creación del banco central estadounidense, el Sistema de la Reserva Federal, en 1913.

La IG Farben se convirtió en la industria química líder en el mundo, fabricante de todo desde armas hasta medicamentos. Ya en 1928 la empresa decidió apoyar a Adolf Hitler y su programa. La dirección de la empresa estaba constituida totalmente por masones.

La IG Farben suministró el gas cloro durante la Primera Guerra Mundial. Esta empresa había desarrollado planes durante la Segunda Guerra Mundial para fluorar a la gente de los países ocupados, porque se habían dado cuenta de que la fluoración causaba daños leves a una parte concreta del cerebro. Este daño tenía un efecto muy particular. Hacía que a la persona afectada le fuera más difícil defender su libertad. Volviéndose más dócil frente a la autoridad.

La IG Farben comenzó oficialmente a apoyar a Hitler en 1931 En otoño de 1932, como mínimo se pagaron 400.000 marcos a los nazis por orden del presidente de la IG Farben, Carl Bosch (Joseph Bork, "Hitler y la IG Farben", 1978). La IG Farben también dio apoyo financiero a las SS de Himmler, al igual que las grandes empresas estadounidenses ITT y General Motors.

El 4 de febrero de 1999, el Deutsche Bank se vio obligado a abrir sus archivos de la época nazi. El Deutsche Bank admitió haber financiado el campo de concentración de Auschwitz y el esfuerzo de guerra nazi por cuenta de IG Farben.

Los judíos propietarios de IG Farben dieron en total 70 millones de Reichsmarks a los nazis. Sin la ayuda de IG Farben, los nazis no habrían sido capaces de actuar tan eficazmente como lo hicieron. La IG Farben estaba contenta utilizando a los presos de Auschwitz para probar sus medicamentos.

En su libro "Todos los hombres honorables" (Boston, 1950), James Stewart Martin reveló que la planta de IG Farben cerca de Colonia se libró de los bombardeos durante la Segunda Guerra Mundial. Esto fue obvio, ya que los edificios contiguos fueron totalmente destruidos. Tampoco las plantas de Ford, ni bombardearon las plantas de la United Rayon junto al Rhin. Tanto John Foster Dulles, como Allen Dulles (CFR) participaron en la financiación de Hitler (*ibídem*, p. 51). Todas las empresas alemanas con titularidad de cárteles alemanes-americanos escaparon al bombardeo.

Las sedes de IG Farben estaban totalmente intactas después de los bombardeos estadounidenses sobre Hannover, aunque gran parte de la ciudad fue destruida. Los pilotos americanos recibían órdenes de evitar los edificios, que eran la columna vertebral de la máquina de guerra alemana. Después de la guerra, la IG Farben se dividió en tres empresas: Hoechst, Bayer y BASF (*Frankfurter Allgemeine*, 6 de febrero de 1999).

La difusión de esta información se desvió, dando prioridad a las novedades de la temporada del carnaval alemán. La posibilidad de procesar a los prominentes masones que había detrás de Hitler, nunca ha sido explorada. ¡Pero los documentos todavía están! Incluso las empresas todavía están, aunque con diferentes nombres. ¿Por qué nunca se les ha pedido que pagaran daños y perjuicios?

Manipulaciones secretas

En 1928, Wall Street construyó el llamado Plan Young, que exigía que Alemania pagara en efectivo sus daños de guerra y no con bienes comerciales. El masón Owen D. Young actuaba por cuenta del banquero J.P. Morgan. Cuando el plan se llevó a cabo, el resultado fue un aumento dramático de la tasa de desempleo, que llevó a un empeoramiento de la situación en la Alemania de los años 1929-33. En 1932, seis millones de alemanes estaban sin trabajo. La producción industrial había caído un 40 por ciento desde 1929.

Cuando fue interrogado en septiembre de 1945, el magnate industrial Fritz Thyssen dijo:

> "La gente estaba desesperada. Hitler se comprometió a poner fin a la situación de desempleo. El gobierno era débil y las condiciones de la gente empeoraban".

Una vez más, "Sidney Warburg" se encontró con Hitler poco antes de su ascenso al poder. Hitler le habló del éxito del partido. El número de miembros del Partido Nacional Socialista se había triplicado en un par de años. Hitler quería otros 100 millones de marcos, pero Wall Street le ofreció un máximo de 7 millones de dólares (unos 24 millones de Reichsmarks en 1933). Hitler los aceptó, y el dinero fue transferido vía bancos extranjeros. Esta información más tarde estuvo disponible a través de otras fuentes. ("Historia económica del mundo", Zúrich, 1936).

Hitler fue financiado aún más por Paul Warburg, miembro de la Junta de IG Farben (o GAF, tal como se conocería después de Pearl Harbor), la dirección de la cual estaba totalmente constituida por hombres de Rockefeller, y de Max Warburg, director de la sede de IG Farben de Alemania. Se ha publicado documentación con el nombre de Hitler junto al de Max Warburg. Uno de estos documentos hace mención a Hjalmar Schacht como presidente del Banco Nacional. Schacht era masón, como queda confirmado por fuentes masónicas. Pertenecía a la Gran Logia de Prusia (Dieter A. Binder, "Die diskrete Gesellschaft: Geschichte und Symbolik der Freimaurer" / "La sociedad discreta: Historia y simbolismo de la masonería", Graz, 1988, p. 77, 90).

En opinión de Antony Sutton, Hitler nunca hubiera sido capaz de alcanzar el poder sin las aportaciones de la corporación química más grande del mundo. El director jurídico de IG Farben era August von Knieriem, el tío por parte de padre de Olof Palme, futuro primer ministro sueco.

Entre 1932 y 1939 la General Motors invirtió cerca de 30 millones de dólares en IG Farben. La General Motors también apoyó el movimiento político de Hitler. En la década de 1940, IG Farben cooperaba con 53 empresas estadounidenses. El industrial William R. Davies fue nombrado proveedor oficial de la Kriegsmarine.

La empresa económica más importante realizada más tarde por IG Farben fue el campo de concentración de Auschwitz. La inversión ascendía a 300 millones de dólares en dinero de hoy. En los juicios de Nuremberg, sólo tres ejecutivos de Alemania (todos ellos no masones) fueron sentenciados por esclavitud, conspirar contra la humanidad y otros delitos. Los directores estadounidenses nunca fueron ni mencionados. Los directores alemanes de AEG fueron igualmente procesados, mientras que los estadounidenses no lo eran.

En los juicios de Nuremberg se hizo todo lo posible para evitar divulgar las actividades de los estadounidenses que habían financiado a Hitler. Los capitalistas alemanes que se habían unido a las actividades de las empresas estadounidenses también pudieron escapar sin problemas. Sólo dos financiadores alemanes fueron condenados: Fritz Thyssen y Emil Kirdorf (póstumamente, ya que había muerto en 1937). La Unión Soviética trató de revelar más nombres. En Estados Unidos se opusieron, lo que llevó a la absolución del Director General de AEG, Buëch. Él afirmaba que, al margen de que IG Farben, Siemens y AEG fueran las empresas alemanas más fuertes estaban dirigidas por anti-nazis convencidos. Antony Sutton estaba, sin embargo, dispuesto a publicar un documento que demostraba que AEG transfería dinero a la cuenta de Hitler del Nationale Treuhand (la Nacional Holding Company), que servía para financiar su campaña electoral (Sutton, "Wall Street y el ascenso de Hitler", Sudbury, 1976, p. 56).

No se tomó ninguna acción contra el illuminati Paul Warburg, que financiaba a Hitler y era consejero delegado de la IG Farben americana. No fue posible acusarlo de crímenes contra la humanidad. Los estadounidenses no eran acusados, debido a la presión de Rockefeller. Las fábricas americanas de Alemania (Opel y Ford) fabricaban el 90 por ciento de los camiones de tres toneladas utilizados por la Wehrmacht.

Por supuesto, Moscú no dijo nada sobre el papel de Wall Street, ya que los comunistas dependían de la misma fuente de financiación. Nunca se señaló que los Estados Unidos fueron el único país que obtuvo beneficios de la Segunda Guerra Mundial. Todos los demás países perdieron dinero y terminaron con enormes deudas.

La información disponible hoy muestra con qué facilidad Hitler adquirió tecnología americana (Charles Higham, "Comerciando con el enemigo", Nueva York, 1984).

Los banqueros contaban con la derrota alemana en una potencial guerra a gran escala y esperaban ser capaces de controlar completamente Europa después de que la guerra hubiera terminado.

En las elecciones parlamentarias celebradas en abril de 1932 los nacionalsocialistas aumentaron los escaños de 107 a 162 El 31 de julio se celebró otra elección parlamentaria que dio 13.745.000 votos a los nazis, el 37% del total, concediéndoles 230 escaños en el Reichstag. Ahora el Partido Nazi era el más grande y más poderosos de Alemania, gracias a una masiva campaña de propaganda.

El 6 de noviembre los nazis perdieron dos millones de votos y 34 escaños en el Reichstag. Dos días más tarde, Hitler pidió una reunión con el Presidente Paul von Hindenburg. Hitler exigió que le nombraran canciller. Una vez más fue rechazado. Kurt von Schleicher se convirtió en Canciller de Alemania el 2 de diciembre de 1932

En el pequeño estado libre alemán de Lippe, las elecciones locales estaban previstas para el 15 de enero. Hitler aprovechó esta oportunidad para crear una buena impresión. Los nazis hicieron una gran campaña y recibieron un pequeño aumento de votos del total de las elecciones anteriores. Pero utilizaban sus propios periódicos de amplia circulación para exagerar la importancia del voto y reivindicar una vez más que los nazis eran la tendencia del futuro. Funcionó bien e incluso impresionaron al Presidente Hindenburg.

El domingo, 22 de enero de 1933, se celebró una reunión secreta en casa de Joachim von Ribbentrop. Asistieron von Papen, hijo de Hindenburg Oskar, junto con Hitler y Goring. Hitler cogió a Oskar y se lo llevó a una sala privada y estuvo trabajando con él una hora para convencerlo de que los nazis tenían que llegar al gobierno según sus términos. Oskar salió del encuentro convencido de que era inevitable. Entonces Franz von Papen prometió lealtad a Hitler.

El 28 de enero, Schleicher fue a ver a Hindenburg y le pidió una vez más que disolviera el Reichstag. Hindenburg dijo que no. Schleicher dimitió. El día 29, circuló un falso rumor de que Schleicher estaba a punto de detener a Hindenburg y dar un golpe de estado militar al gobierno. Cuando Hindenburg oyó esto, se le acabaron las dudas. El masón Paul von Hindenburg decidió nombrar a otro francmasón, Adolf Hitler como el siguiente canciller de Alemania.

Alrededor del mediodía del 30 de enero de 1933, comenzó un nuevo capítulo de la historia alemana cuando un Adolf Hitler con ojos llorosos surgió del Palacio Presidencial como Canciller de Alemania. Rodeado de admiradores, se metió en el coche y fue conducido por las calles llenas de ciudadanos que le animaban. Hitler exclamó: "¡Lo hemos conseguido! ¡Lo hemos conseguido!"

El mago Franz Bardon (alias Frabato, 1909-1958) alcanzó un alto cargo en el gobierno (Franz Bardon, "Frabato", Wuppertal, 1979). Según Bardon, Hitler pertenecía a Der Freimaurerischer Orden der Goldene Centurie de Dresde, comúnmente conocida como Logia 99. Las 99 logias de esta orden tenían 99 miembros. Cada logia veneraba a un horrible demonio. El demonio ayudaba a los miembros a ganar dinero y a obtener poder. Los miembros de las 99 logias también eran industriales y banqueros. Que Hitler era realmente un francmasón de alto rango, lo confirma Norman MacKenzie en su libro "Sociedades secretas" (Nueva York, 1967). También ha sido confirmado desde Moscú, donde se conservan todos los documentos que hacen referencia al tema.

En 1933, el masón Rudolf von Sebottendorf publicó un libro llamado "Los magos". Ya no quería permanecer más entre los bastidores del Partido Nacional Socialista. El libro fue prohibido inmediatamente y se emitieron órdenes para que fuera destruido. Sólo fueron rescatadas varias copias, una de las cuales está todavía en Moscú. Según este libro, Hitler alcanzó el rango de gran maestro de la Germanenorden en 1932.

En el cine y en las fotografías, a Hitler se le ha presentado mostrando el signo esencial: los brazos cruzados sobre el pecho. Este es el signo del gran maestro, el símbolo del poder (Yuri Vorobyov, "El camino del Apocalipsis: Un paso de la serpiente" (Moscú, 1999, p. 94). Un modelo de este signo masónico secreto es la imagen de Osiris, mostrado sosteniendo los brazos cruzados sobre el pecho, las manos sujetando el bastón con la serpiente y el látigo. Estos atributos simbolizan el orden y el castigo.

El 30 de enero de 1933, Wall Street consiguió que su candidato fuera nombrado líder de Alemania. El 27 de febrero de 1933, ardía el edificio del Reichstag. Después de la guerra, los historiadores falsificadores dieron la culpa a los nazis. Ahora ha quedado establecido que el fuego no lo provocaron los nazis bajo el liderazgo de Goring. En realidad fue provocado tan sólo por el comunista Marinus van der Lubbe. En 1962, el historiador británico Fritz Tobias publicó una detallada investigación que mostraba que las pruebas presentadas anteriormente como prueba de la implicación de los nazis eran falsas. Examinando los registros de la policía queda claro que van der Lubbe era muy consciente de las implicaciones políticas de sus acciones. Edward Calic, secretario de la comisión de investigación, fabricó una serie de documentos falsos, que se utilizaron como base para un informe falso. Los nazis aprovecharon la oportunidad para prohibir todas las organizaciones comunistas.

Después de las elecciones de noviembre de 1932, las arcas del partido estaban vacías, pero de repente el dinero empezó a llegar otra vez. En las siguientes nuevas elecciones del 5 de marzo de 1933, Hitler y los nacionalistas alemanes recibían la mayoría de los 16 votos del Parlamento, que les permitían llevar a cabo sus planes. El 23 de marzo, Hitler se convirtió en el dictador de Alemania. Ya no necesitaba consultar al Parlamento. Su poder era ilimitado. La revolución nacionalsocialista podía comenzar.

Durante 1933 los nazis prohibieron todas las canciones contra los judíos, incluyendo la canción de los camisas pardas "Cuando por el cuchillo corre sangre judía".

En octubre de 1933, Hitler disolvió el Parlamento.

Hitler quería eliminar las deudas de 12 mil millones de marcos de los agricultores y bajar la tasa de interés al dos por ciento. Las tasas de interés ascendían al catorce por ciento de la renta total de los agricultores y había que añadir aproximadamente la misma cantidad de impuestos y la seguridad social. El objetivo de Hitler era abolir completamente el interés de los préstamos para los agricultores y eximirlos de pagar ningún tipo de impuesto. Pero destacados masones, encabezados por Warburg, prohibieron a Hitler abolir los impuestos y los intereses. Hitler consiguió, sin embargo, bajar la tasa de interés al seis por ciento. Más tarde deseaba introducir un sistema que limitase la capacidad de oprimir a la sociedad mediante la especulación con el capital, pero los que le habían ayudado a llegar al poder lo rechazaron. Al fin y al cabo, Abraham Lincoln fue asesinado por intentar abolir las tasas de interés.

Hitler creó empleo para seis millones de parados. Desde febrero de 1933 hasta la primavera de 1937 el número de parados se redujo de seis millones a menos de un millón. Finalmente, no había ningún detenido. Los nazis introdujeron el concepto de "cartilla de trabajo", que originalmente venía de la Unión Soviética. Ningún trabajador alemán podía ser contratado sin su cartilla de trabajo. El mismo sistema fue utilizado posteriormente en Suecia y muchos otros países hasta la década de 1960.

El producto nacional bruto se dobló de 1932 a 1937. Se construyeron autopistas atravesando el paisaje de las maneras menos perjudiciales para la naturaleza, aunque esto incrementaba el coste. Cada trabajador alemán debía tener un coche económico, y el propio Hitler ayudó a diseñar uno de adecuado - el Volkswagen (automóvil del pueblo). La exitosa economía estaba dirigida por el director del Banco Nacional, Hjalmar Schacht que según el oficial de las SS Hans Werner Woltersdorf, era masón.

La IG Farben, junto con otras grandes corporaciones, necesitaban mejorar, y sus necesidades fueron satisfechas.

En 1933, el gobierno de EEUU consideró que era el momento oportuno de reconocer a la Unión Soviética. Muchas empresas estadounidenses (Electric Boat Company, Ford Company, Seversky Aircraft Corporation, General Electric y otras) ayudaron a construir el falso frente soviético y muchas entidades financieras, como Kuhn, Loeb & Co., Morgan, Rockefeller, los Warburg, Douglas Dillon (en realidad Lapowitz), Cyrus Eaton y David Kendall, también invirtieron enormes cantidades en el comunismo (Antony Sutton, "Wall Street y la revolución bolchevique", Morley, 1981).

El 2 de agosto de 1934, murió el presidente alemán Paul von Hindenburg. Hitler nunca reveló que el legado político de Hindenburg incluía el deseo de reintroducir la monarquía. Esto era imposible para Hitler y los masones que le habían instalado en el poder.

Cualquier extranjero, sin importar cuan anti-nazi fuera, podía visitar Alemania y ver y observar todo lo que deseara ver, exceptuando los campos de concentración y las instalaciones militares (como es el caso de todos los países). A ningún anti-comunista se le permitió visitar la Unión Soviética, y ningún extranjero fue capaz de ver mucho de la vida soviética del día a día. Nadie, excepto unos pocos miles de ciudadanos alemanes que estaban en la lista negra, podían viajar al extranjero. Este no era el caso de los ciudadanos soviéticos. Sólo a unos pocos elegidos se les concedía el permiso para viajar al extranjero.

El alto nivel de prosperidad fue posible porque en 1934, Alemania abandonó el patrón oro internacional y comenzó a emitir dinero según sus propias necesidades, con una moneda basada en el valor de la producción.

Durante los años 1923 y 1929, la economía estadounidense tenía una elevada tasa de crecimiento. Esta tendencia debía ser revisada, según Gary Allen y Antony Sutton. El 24 de octubre de 1929, un día que se volvió notorio como el Martes Negro, se organizó un colapso en el mercado bursátil de Wall Street. Como consecuencia, hubo 13,2 millones de parados en Estados Unidos en 1932, y el índice de producción cayó desde el 120 al 57 (100 después de haber sido creado 1930).

Esta terrible crisis económica, que fue organizada por los bancos, tuvo repercusiones a nivel mundial. El objetivo de los grupos criminales del poder es el control de la economía mundial. Hoy en día, esto se logra a través del Fondo Monetario Internacional (FMI) y el Banco Mundial, las intenciones de los cuales son criminales, sin tener en cuenta la engañosa propaganda oficial.

El Martes Negro de octubre de 1929 fue un factor que contribuyó a la elección de Franklin Delano Roosevelt, que prometió todo tipo de reformas. Roosevelt había colaborado con Owen D. Young, el llamado Plan Young que llevó al poder a Hitler en Alemania.

Los principales banqueros habían reducido la cantidad de dinero en circulación y el volumen del comercio, aumentando la tasa de interés (la tasa mínima para préstamos), pero prestaron muy poca atención a las necesidades financieras de la industria. Las restricciones económicas provocaron una depresión, que en 1934 llegó al peor nivel en 100 años en el mundo occidental.

Gracias a las políticas económicas de Hjalmar Schacht, sin embargo, la economía alemana una vez más comenzó a llegar prosperidad. Esto incluso llevó finalmente a una escasez de mano de obra. La mortalidad infantil era menor que la de Gran Bretaña. El sistema de la seguridad social se desarrolló más eficientemente. Hitler ordenó el uso de los recursos naturales y energéticos como el viento y el agua. El combustible del futuro era el hidrógeno. La Hitlerjugend perseguía el culto a la naturaleza.

En Alemania en la década de 1930, gran número de agricultores producían metano del estiércol, utilizando el gas como combustible para los tractores y las cosechadoras, ya que el coste del combustible ordinario había aumentado demasiado (Bjorn Gillberg y Arthur R. Tamplin, "Asesinato con el consentimiento del gobierno: Cómo la política ambiental acorta nuestras vidas" / "Mord med statligt tillstand. Hur miljopolitiken forkortar vara liv", Helsingborg, 1988, p. 120).

El nacionalsocialismo resultó ser superior al sistema democrático. Hitler fue capaz de resolver la crisis social y económica contra la que luchaban los países democráticos. El pueblo estaba contento con el sistema de una economía de mercado, con liderazgo centralizado, aunque las autoridades no respetaran mucho los derechos humanos.

Las políticas de Hitler relativas al oro, al crédito y el interés fueron un duro golpe al sistema económico europeo. Los líderes de la bolsa de Londres, que todos ellos eran masones, consideraban esta situación como una amenaza a sus esfuerzos para controlar el comercio nacional, así como el internacional.

Exigieron que Alemania volviera a la esclavitud bajo las tasas de interés y amenazaron con destruir el país mediante una guerra, a menos que la demanda fuera satisfecha. Se celebraron negociaciones secretas entre Londres y Berlín durante varios años. En agosto de 1933, Samuel Untermeyer, presidente de la Organización Sionista Mundial, amenazó con destruir Alemania, si continuaban con las innovadoras políticas económicas. Este era el hombre que anteriormente había dirigido el saqueo del Imperio financiero Kreuger, que había salvado varios países al proporcionarles préstamos a bajo precio. Untermeyer consideraba que los judíos debían ser los aristócratas del mundo.

El gobierno masónico de Polonia comenzó una extensa persecución de los alemanes que vivían allí. Entre marzo y septiembre de 1939, las autoridades polacas internaron a más de 50.000 alemanes, muchos de los cuales murieron en los campos de concentración. El mariscal polaco Edward Rudz-Smigly anunció el verano de 1939:

"Polonia quiere la guerra contra Alemania."

Miles de alemanes fueron masacrados por los polacos después de la agitación provocada por el gobierno. Más tarde, 12857 de ellos pudieron ser identificados ("Die Polnischen Greueltaten an den Volksdeutschen in Polen", "Las atrocidades étnicas de los polacos contra los alemanes en Polonia", Berlín, 1940). Esto fue confirmado por el historiador alemán Theodor Oriente Bierschenk en 1954, sobre la base de documentos polacos. Según el escritor socialdemócrata Otto Heike de Lodz, al menos hubo 15.000 víctimas. Alemania fue el único país que protestó, los documentos que prueban esto todavía están allí.

Los masones comprendieron que Alemania no aceptaría esto indefinidamente, pero que deberían actuar. Hitler pretendía, finalmente, actuar para poner fin al terror y a los asesinatos.

Uno puede preguntarse por qué el gobierno alemán esperó tanto tiempo. La respuesta es simple. Polonia estaba planeando un ataque relámpago sobre Berlín con 700.000 soldados. Varsovia sólo estaba esperando el visto bueno de Londres. El equipo militar polaco era básicamente moderno, pero de acuerdo con el mito, Polonia sólo disponía caballería. Alemania no podía esperar más. Hitler utilizó a Stalin como aliado a través del pacto de no agresión del 23 de agosto de 1939. El 1 de septiembre de 1939, Hitler atacó, a pesar de que Alemania no tenía una economía de guerra en aquel momento, como incluso lo admite el historiador Paul Johnson ("Tiempos modernos", Nueva York, 1983).

Miembros de la minoría étnica alemana masacrados
en Polonia en el verano de 1939.

Los conductores de tanques polacos se mantuvieron al margen

De acuerdo con el tratado secreto con los nazis, la Unión Soviética aprovechó la oportunidad el 17 de septiembre de ocupar las partes polacas de

Bielorrusia y Ucrania. En los 21 meses de dominio soviético antes del ataque alemán del 22 de junio de 1941, murieron hasta 750.000 personas pertenecientes a estas minorías étnicas. 1250.000 de los antiguos ciudadanos polacos (entre ellos judíos no comunistas), fueron deportados a Siberia y a Asia Central en febrero de 1940. Criaturas, viejos y gente enferma morían de frío, cuando a veces se llegaba a menos 30-40 grados (Celsius). Las vías férreas que iban hacia el este estaban llenas de cadáveres congelados. Una nueva ola de deportaciones mató de sed a sus víctimas. Casi la mitad murieron durante el transporte en los vagones del tren sellados. De los supervivientes, a 120.000 se les permitió abandonar la Unión Soviética en 1942 en relación con el establecimiento del ejército polaco bajo el mando del General Wladyslaw Anders. En junio de 1941, hasta 100.000 polacos fueron fusilados por la NKVD, la policía secreta Soviética (Jan T. Gross, "La revolución desde el extranjero: La conquista Soviética de Ucrania occidental y de la Bielorrusia occidental polacas", Princeton University Press, 1988). Comparado con esto, los nazis parecen gamberros insignificantes.

El Dr. Burton Klein publicó el libro "La preparación económica de Alemania para la guerra" (Cambridge, 1959), donde rechazaba la acusación común de que Alemania tenía una economía militar totalmente dirigida hacia la guerra:

"Francia e Inglaterra gastaron tanto o más en armamento, y su gasto conjunto de armamento era mucho más alto."

El historiador A. J. P. Taylor en 1961 señaló también la responsabilidad británica en el desarrollo.

En su informe final al presidente Franklin D. Roosevelt, el General George C. Marshall señaló que Hitler no estaba de ninguna manera preparado para una guerra larga, y menos para una guerra para conquistar el mundo. De hecho, ni siquiera estaba preparado para una guerra contra Inglaterra y Francia, y menos contra la Unión Soviética. Esto fue confirmado por un experto mundial en preparación económica militar, el coronel A. G. Texley, en un artículo en la *Quartermaster Review*, en junio de 1948.

El destacado historiador norteamericano, el profesor David Leslie Hoggan, muestra en su obra "La guerra forzada: Los orígenes e instigadores de la Segunda Guerra Mundial" ("Der erzwungene Krieg: Die Ursachen und Urheber des Zweites Weltkrieges", San Francisco 1961) que Hitler nunca deseó una guerra en 1939, y que la sus reclamaciones sobre Polonia eran más modestas de lo que muchas publicaciones estadounidenses y británicas han mostrado. Hitler había pedido una autopista a través del corredor polaco y su regreso a la ciudad alemana de Danzig. A partir de marzo de 1939, Polonia se negó a negociar. El embajador británico Kennard (francmasón) en agosto de 1939 presionó a los polacos para que no negociaran.

El libro de Hoggan, publicado por primera vez en Alemania en 1961, estaba basado en su tesis. Describía a los británicos y polacos como los agresores y a Alemania como la víctima. El libro de Hoggan también afirmaba que las políticas hacia los judíos alemanes eran benignas, o por lo menos más indulgentes que las de Polonia.

El profesor Hoggan afirma:

> "La responsabilidad definitiva del estallido de la guerra polaco-alemana recae en Polonia e Inglaterra, y la responsabilidad de la guerra que se extendió por toda Europa radica principalmente en Inglaterra."

Hoggan obtuvo el doctorado de historia en la Universidad de Harvard en 1948 y diferentes cargos importantes en el profesorado académico.

En vez de ayudar a Alemania, Gran Bretaña le declaró la guerra a las 11 a m del 3 de septiembre. Francia al principio se resistió pero seis horas más tarde hacía lo mismo. Estas eran las naciones que habían prometido "ayudar" a Polonia, en caso de que Alemania se atreviera a defender a las etnias alemanas de Polonia. Polonia continuó con su terror contra todos los alemanes incluso después de la guerra. Después del 1 de septiembre de 1939, ni Francia ni Inglaterra estaban interesados en Polonia. Durante varios días se negaron a recibir al agregado militar polaco, que pedía ayuda militar. Los aliados no tenían tiempo para Polonia.

No fue hasta el 9 de septiembre que oficiales militares británicos acordaron reunirse con una delegación polaca en Londres. Sin embargo, el responsable del Estado Mayor Británico, William Edmund Ironside, fue incapaz de prometer ningún envío de armas a Polonia. Sencillamente no había ningún plan para ayudar a Polonia. Se alegó que Gran Bretaña ya había bombardeado Alemania y que a Rumania habían llegado 44 aviones para los polacos. Esto fue una mentira descarada de un "aliado" (Mikhail Meltiukhov, "La oportunidad perdida de Stalin", Moscú, 2000, p. 102). Todo lo que Inglaterra había hecho había sido bombardear las ciudades alemanas de Wilhelmshaven y Cuxhaven el 5 de septiembre.

El Consejo Mundial Judío declaró la guerra a Alemania el 5 de septiembre de 1939. Los nazis consideraron esta acción como una base legal para encarcelar a todos los judíos aparentemente hostiles. Ya en junio de 1934 el judío Emil Ludvig había manifestado:

> "Hitler no quiere la guerra, pero se verá obligado a entrar". (*Les Annales*)

Cuando Hitler atacó Polonia el 1 de septiembre, Alemania no tenía en total más de 2980 tanques. Según el historiador David Irving, Hitler era un estratega excelente, mucho mejor que sus generales ("La guerra de Hitler", Londres, 1977). Fue él quien planeó la operación blitzkrieg (relámpago) contra Francia, que se inició el 10 de mayo de 1940.

Después de dos semanas de combates en Polonia, los tanques alemanes iban escasos de combustible, y los bombarderos de bombas. Si la Unión Soviética no hubiera atacado el 17 de septiembre con la intención de destruir Polonia, Alemania habría sido derrotada (Viktor Suvorov, "Suicide", Moscú, 2000, p. 314).

El historiador militar Basil Henry Liddell Hart hace referencia al intercambio de telegramas que tuvo lugar entre los Ministerios de Asuntos Exteriores ingleses y alemanes en 1939-1940. El teniente coronel J. Creagh Scott habló del mismo intercambio el 11 de agosto de 1947 en el Chelsea Town Hall de Londres (*Tomorrow* del 6 de noviembre de 1947).

Creagh Scott relataba:

> "Durante todo el período de la guerra de telegramas, 1939-1940, tuvieron lugar varias negociaciones entre los ministerios de asuntos exteriores alemanes y británicos, en las que los británicos sugerían cancelar la guerra si se aceptaba restaurar el patrón oro en Alemania y la reintroducción de las tasas de interés".

J. Creagh Scott desvela a las insidiosas fuerzas masónicas que gobernaban entre bastidores ("El gobierno oculto", Londres, 1954). En todo el mundo, la gente fue incapaz de entender por qué no había ninguna lucha en el frente occidental en 1939-1940. El público no sabía nada de las negociaciones.

El banquero judío Montagu Norman, portavoz de los financieros ingleses, no tenía ningún interés en el destino de Polonia o de otras naciones pequeñas, sólo si Alemania volvía al patrón oro. La respuesta de Alemania fue negativa. En aquellos momentos Montagu Norman era el jefe del Banco de Inglaterra, que estaba controlado por los Rothschilds.

Winston Churchill dijo a Norman que en Alemania se restablecería el patrón oro. Esta fue la razón que había detrás de la destrucción de Alemania y del asesinato de 55 millones de personas durante la Segunda Guerra Mundial.

Montagu Norman y Hjalmar Schacht se reunieron en secreto en octubre de 1935 en Badenweiler, la Selva Negra, para concertar préstamos para Hitler. Norman era en efecto el chico de los encargos de los Rothschilds. (Eustace Mullins, "El orden en el mundo: Nuestros gobernantes secretos", Staunton, 1992).

La Segunda Guerra Mundial la iniciaron las élites financieras para poder controlar la economía, dividir el mundo entre comunistas y capitalistas y facilitar la introducción definitiva de un gobierno mundial.

La Unión Soviética aceptó los planes. Christian Rakovsky, el emisario soviético en París y el enlace entre la élite soviética y las altas finanzas, al ser interrogado por el funcionario de la GPU Gabriel Kuzmin en Moscú el 26 de enero de 1938, hizo hincapié en que tenía acceso a la información no porque fuera masón, sino porque era el portavoz de los financieros.

En 1919, Lenin le había puesto a cargo del gobierno soviético de Ucrania. Mantuvo el área para los bolcheviques durante la Guerra Civil. Stalin le nombró embajador soviético en París en 1925. Rakovsky pertenecía a la poderosa facción Trotskista que recibía las órdenes de los Rothschilds. Muchos de los miembros de este grupo fueron fusilados por Stalin en la purga del PCUS del 1937.

Según Rakovsky,

"Hitler, este hombre ignorante y elemental, ha restaurado gracias a su intuición natural e incluso contra la opinión técnica de Schacht, un sistema económico de un tipo muy peligroso". Los comunistas sólo hablaban de abolir la explotación económica, mientras que Hitler lo había hecho. Rakovsky acusaba a Hitler de haber eliminado las "finanzas internacionales y las privadas". Opinaba que "algo tan contra-revolucionario que, como ya veis, mediante la magia, por decirlo así, ha eliminado radicalmente el paro de más de siete millones de técnicos y trabajadores".

Enfatizó:

"Si Hitler ha triunfado a pesar de todos los economistas burgueses que le rodean, entonces era bastante capaz, en ausencia de peligro de guerra, de aplicar su sistema también a la producción en tiempos de paz... sólo hay una solución - la guerra".

Rakovsky sugería un ataque del este hacia el oeste, que era un planificado acto de guerra soviético contra la Alemania Nazi. Esta medida beneficiaría a la élite financiera internacional y al liderazgo masónico. Hitler al final les había decepcionado y debía ser maltratado y destruido mediante una guerra con dos frentes.

Rakovsky preguntaba:

"¿Qué fuerza puede conducir a Europa hacia un completo suicidio? Sólo una fuerza es capaz de hacer esto: el dinero. Dinero es el poder y el único poder".

Toda la información relativa a Rakovsky se ha extraído de la publicación de Bruno Schubert "Free-Economy Association" (Huntington, 1972). Los protocolos del interrogatorio de Rakovsky los sacó a escondidas de la Unión Soviética después de la Segunda Guerra Mundial el médico de la NKVD Josef Landovsky y los publicó con el título "Sinfonía en Rojo Mayor" *(en castellano en el original)* en España en 1950. El expediente entero fue publicado en inglés en 1968 con el título "The Red Symphony: X-Ray of Revolution".[2]

La transcripción de las 50 páginas de su interrogatorio no estaba destinada a hacerse pública. Esto confirma que los Illuminati de los Rothschild habían previsto utilizar el comunismo para establecer una dictadura mundial de los súper ricos.

El hecho de que a Inglaterra no le importaba Polonia queda demostrado con el destino del General Wladyslaw Sikorski. Había huido a Londres y se había convertido en el jefe del gobierno polaco en el exilio. Cuando los alemanes descubrieron la masacre de los oficiales polacos en el bosque soviético de Katyn en abril de 1940, Sikorski pretendió condenar públicamente este asesinato en masa. Los británicos esperaban que él se quedara quieto, pero como no lo hizo, sólo había una opción - deshacerse de Sikorski. El 4 de julio de 1943, durante un vuelo del General Anders del ejército polaco a Alejandría, Egipto, el piloto saltó

---

[2] Cf. La versión española *Sinfonía en Rojo Mayor*, José Landowsky, Omnia Veritas Ltd, www.omnia-veritas.com

en paracaídas sobre Gibraltar y el avión se estrelló. Habían quitado a Sikorski de en medio.

Tras la conquista de Polonia, von Ribbentrop fue de nuevo a Moscú el 27 de septiembre de 1939, donde se reunió con Stalin. Firmaron un pacto en cuanto a fronteras mutuas y de amistad entre Alemania y la Unión Soviética.

El 28 de septiembre, Alemania y la Unión Soviética emitieron una declaración común explicando que los dos países habían "resuelto" la cuestión de la desintegración de Polonia, instando a Inglaterra y a Francia para que hicieran la paz con Hitler. Gran Bretaña y Francia quedaron advertidos de que a menos que aceptaran el tratado de paz, se las haría responsables de la guerra.

Stalin, que era un cruel tirano, sin embargo a veces decía la verdad cuando le convenía para sus propósitos. En el *Pravda* del 29 de noviembre de 1939, declaró:

> "No fue Alemania quien atacó a Francia y Gran Bretaña, fue Francia y Gran Bretaña quienes atacaron a Alemania y son las responsables de la guerra."

En noviembre de 1939, el Komintern organizó un movimiento para la Paz dirigido a conseguir un rápido final de la "injusta y ladrona guerra imperialista". El 9 de octubre *Izvestiya* había informado que hacer la guerra para aplastar el hitlerismo era una locura política y criminal. En Moscú, Walter Ulbricht, condenó la actitud anti-Hitleriana de las potencias occidentales.

El verano de 1940, Gran Bretaña estaba a punto de quebrar e incapaz de hacer la guerra. Pero Londres esperaba la ayuda de Wall Street.

La aportación norteamericana

En 1938, en una entrevista en *The New York Times*, el masón Henry Ford dijo:

> "Alguien dijo una vez que sesenta familias han dirigido los destinos de la nación. También podría decirse que si alguien centrara la atención en las veinte personas que manejan las finanzas de la nación, los que en realidad fabrican las guerras del mundo serían puestos de relieve."

Hitler también recibió apoyo financiero para construir la industria de guerra de Henry y Edsel Ford. Los principales financiadores, sin embargo, fueron Standard Oil (Rockefeller), General Motors, General Electric, ITT, el banco J.P. Morgan y Bernard Baruch. La Standard Oil hoy se llama Exxon, entre otras cosas. Todas estas empresas y banqueros también ayudaron a Franklin Delano Roosevelt a llegar al poder en 1933.

Precisamente este mismo grupo de banqueros e industriales internacionales también apoyaron el ascenso bolchevique al poder en Rusia. En su libro "Wall Street y la revolución bolchevique", Antony Sutton hace referencia a algunos documentos muy interesantes de varios archivos perteneciente al gobierno estadounidense. Según estos documentos, la misma élite financiera armaba a ambos lados en las guerras de Corea y Vietnam, siendo capaces de matar a tanta gente como les fuera posible.

El illuminati J. P. Morgan se puso muy contento, cuando Hitler llegó al poder. Había hecho sus propios preparativos para una dictadura fascista en Estados Unidos en 1933-34, pero el General Smedley Darlington Butler expuso este complot de Wall Street. El Congreso, y en particular sus miembros Dickstein y MacCormack (ambos masones), aseguraban que ninguna información sobre este complot se había filtrado de la investigación (Antony Sutton, "Wall Street y el ascenso de Hitler", Sudbury, 1976, p. 175).

El Presidente Roosevelt también estaba ansioso por ocultar los detalles de esta empresa criminal.

Sólo en la década de 1950 una pequeña parte estuvo disponible para los historiadores.

El embajador estadounidense en Berlín, William Dodd, escribió en su diario que la embajada en 1933 recibió las visitas de banqueros de Wall Street y de industriales, que admiraban a Hitler e iban buscando nuevas oportunidades para hacer negocios con el régimen nazi. Por ejemplo, Henry Mann, representante del National City Bank y Winthrop W. Aldrich del Banco Chase, se reunieron con Hitler el 1 de septiembre de 1933 para discutir estos asuntos (Antony Sutton, "Wall Street y el ascenso de Hitler" Sudbury 1976, p. 15 y p. 133)

El 19 de octubre de 1936 desde Berlín Dodd escribía al Presidente Roosevelt:

> "Por mucho que yo crea en la paz como nuestra mejor política, no puedo evitar los temores que Wilson destacó más de una vez en nuestras conversaciones, el 15 de agosto de 1915 y más tarde: la rotura de la democracia en toda Europa será un desastre para la gente. Pero, ¿qué puedes hacer?
>
> En este momento más de cien empresas estadounidenses tienen filiales aquí o acuerdos de cooperación. Los Dupont tienen tres aliados en Alemania que están ayudando en el negocio del armamento. Su principal aliada es la empresa IG Farben, una parte del Gobierno, que da 200.000 marcos al año a una organización propagandística para influir sobre la opinión norteamericana. La Standard Oil Company (sub-compañía de Nueva York) envió 2000.000 de dólares en diciembre de 1933 y se ha hecho con 500.000 dólares al año ayudando a que la alemana Ersatz produzca gas para propósitos bélicos... El presidente de la Compañía International Harvester me decía que su negocio aquí ha aumentado un 33 % anual (fabricación de armamento, creo yo), pero podría no obtener nada. Incluso nuestra gente de los aviones tienen acuerdos secretos con la Krupps. La General Motor Company y Ford hacen aquí negocios enormes a través de sus filiales y no sacan ningún beneficio. Menciono estos hechos porque complican las cosas y se añaden a los peligros de la guerra."

Es imposible encontrar todos los hechos relacionados con estos asuntos, porque algunos documentos fueron destruidos en 1945. Pero, según una investigación realizada por el Departamento de Guerra de los Estados Unidos poco después de la Segunda Guerra Mundial, los alemanes habrían sido incapaces de luchar en una guerra sin la IG Farben y otros esfuerzos de los estadounidenses.

Es significativo que la gigantesca corporación americana General Electric, que en la década de 1920 y 1930 proporcionaba energía eléctrica a la Unión Soviética, jugara un papel esencial en el establecimiento del régimen nazi. La prensa alemana de la época no tenía ni idea de que técnicamente la General Electric tenía el monopolio total sobre la industria eléctrica soviética, que según el Plan GOELRO, fue construida utilizando dinero americano e ingenieros y trabajadores rusos esclavos.

Hitler fue ayudado también por AEG (Allgemeine Elektrizitäts-Gesellschaft, la General Electric Company alemana) y OSRAM, cada una de las cuales tenía en la Junta cinco miembros estadounidenses de Wall Street.

Henry Ford, que ayudó a financiar a Hitler desde el principio, a partir de 1933 construyó una moderna fábrica de automóviles en la Unión Soviética. La planta estaba situada cerca de Gorky (hoy Nizhny Novgorod) y empezó fabricando camiones para el Ejército Rojo. Sólo poco antes Estados Unidos había reconocido diplomáticamente a la Unión Soviética.

En 1932, la élite financiera había retirado todo el apoyo al Presidente de los Estados Unidos Herbert Hoover. Él dio a conocer este hecho, pero fue silenciado por la prensa. La élite financiera prefería apoyar a un potente francmasón y jurista, como Franklin Delano Roosevelt. En 1933, tras su victoria electoral en noviembre de 1932, Roosevelt comenzó a llevar a cabo su programa socialista bajo la denominación del New Deal, que implicaba el control de la economía. El New Deal fue aclamado como el Nuevo Orden Mundial, Novus Ordo Seclorum. La declaración oficial fue que la crisis económica necesitaba ser estabilizada. Fue remodelada la economía de mercado. Los sindicatos adquirieron una gran influencia, que comenzó a frenar peligrosamente la economía, ya que numerosas bandas del crimen organizado se hicieron con el control.

Las agencias del gobierno creadas para hacer frente a la crisis básicamente fueron copias de las instituciones establecidas en la entrada de los EEUU en la Primera Guerra Mundial en 1917. Roosevelt deliberadamente también revivió la retórica de la época. El gobierno declaró la guerra a la Gran Depresión. Nada, salvo la amenaza de la guerra podía hacer que los Americanos amantes de la libertad aceptaran el aumento de los impuestos y un gobierno regulador. Sin embargo, el New Deal fue básicamente un fracaso durante la década de 1930. La recuperación económica era débil, y en 1939 el país entró en otra recesión. Sólo el rearme masivo en relación con la Segunda Guerra Mundial, hizo que las ruedas giraran de nuevo, como lo demuestra el historiador Michael Sherry en su libro "A la sombra de la guerra: Los Estados Unidos desde la década de 1930" (Yale University Press, 1995).

El Tribunal Supremo, sin embargo, rechazó la demanda de Roosevelt de que el gobierno federal debía controlar la economía. El Tribunal Supremo en cambio limitó la implicación estatal y federal en la economía. Roosevelt quiso ampliar el número de miembros, para poder él mismo nombrar jueces receptivos a su filosofía. El Congreso se negó a ampliar el Tribunal Supremo. El Presidente Truman, por otra parte, comenzó la nacionalización de la industria siderúrgica.

El astuto Presidente Roosevelt pertenecía al círculo de Wall Street, que había sacado beneficios enormes de su apoyo al régimen nacionalsocialista de Alemania.

Roosevelt reconoció formalmente a la Unión Soviética tan pronto como en 1933, para permitir que los intereses empresariales estadounidenses obtuvieran una parte mayor en la construcción de la economía soviética. Dio permiso para financiar los planes quinquenales de Stalin. El Presidente anterior, Herbert Hoover había dicho que el New Deal era un programa fascista, porque era una forma corporativa de socialismo.

Tanto Rockefeller como Morgan, que habían ayudado a Hitler a llegar al poder, continuaban ayudando a la Unión Soviética. Según *The Washington Post* (2 de febrero de 1918), Morgan había dado a los bolcheviques 1 millón de dólares. En 1967, en el mercado de valores las acciones de Morgan estaban valoradas en 926 mil millones de dólares.

El hombre designado para recibir las aportaciones de los banqueros y consejeros americanos era Rudolf Hess, que conocía muchos de los secretos sobre las transacciones del dinero estadounidense. Hess, siendo adjunto de Hitler, había volado a Escocia en mayo de 1941 para tratar de organizar una solución a las negociaciones sobre el patrón oro y, por tanto, un acuerdo sobre las condiciones para la paz.

Hess había creído ciegamente en el sueño del psíquico Karl Haushofer en cuanto a que el viaje sería un éxito. Pero el sueño no se hizo realidad y Hess fue detenido.

Después de saltar en paracaídas sobre Escocia el 10 de mayo de 1941, varios astrólogos, a los que él había protegido, fueron detenidos. Fueron vistos como cómplices del error de juicio de Hess.

En 1946, en Nuremberg, Hess fue condenado a cadena perpetua. Mientras, en la prisión de Spandau de Berlín, escribió sus memorias. Cuando ya había terminado tres libros, se los retiraron y los quemaron. Volvió a empezar otra vez, y se repitió el mismo proceso. Los vencedores no querían que la verdad fuera revelada. Hess murió en la cárcel de Spandau a los 93 años, el 17 de agosto de 1987, bajo misteriosas circunstancias. Estaba demasiado débil como para quitarse su propia vida.

La estrecha colaboración entre Nazis y Sionistas

Moses Hess acuñó el término nacionalsocialismo, normalmente acortado a nazismo, que él quería usar para el nacionalismo judío - y esto ya en 1862 La conexión entre el sionismo y el nazismo alemán pues ya existía desde el principio y posteriormente se desarrolló aún más, tanto ideológica como políticamente.

Los documentos encontrados por el historiador alemán Klaus Polkehn, revelaron una extensa colaboración entre los líderes nazis y líderes sionistas. Esta información fue publicada por el profesor israelí Israel Shahak en el diario israelí *Zo Haderekh* el 2 de septiembre de 1981 Los nazis y los sionistas tenían un interés común para asustar a los judíos europeos para que emigraran a Palestina. Las principales organizaciones sionistas de esta estrecha cooperación eran Lohamei Haruto Israel (más tarde conocida de manera infame como la Banda de Stern) y la Irgun Zvai Leumi. Entre los líderes también había Yitzhak Shamir y Menachem Begin, quienes más tarde ambos fueron primeros ministros israelíes.

Lenni Brenner divulgó en 1984 en su libro "El telón de acero" que la Banda de Stern en 1940 entregó un memorándum a un diplomático alemán en Beirut. Se sugería que los judíos de Polonia deberían recibir formación militar para luchar contra los británicos en Palestina.

Tras la victoria, se tenía que crear un Estado Judío - "un Hebraium" (hogar nacional hebreo) - que entonces tenía que hacer un tratado con la Alemania nazi y ser gobernada según los mismos principios totalitarios. Muchos políticos extremistas judíos, por ejemplo, los miembros del Partido Revisionista de Palestina, iban vestidos con camisas pardas en la década de 1930 (Donald Day, "¡Adelante, soldado cristiano!" / "Frames, Kristi stridsman!", Helsinki, 1944, p. 139-140). La organización terrorista sionista Betar estaba organizada como las SS. Es por eso que hoy Israel está utilizando métodos nazis.

El emisario de Heinrich Himmler Leopold von Mildenstein junto con funcionarios sionistas visitó Palestina en 1933 y en 1934. Posteriormente fueron publicados unos artículos en el diario de Goebbels *Der Angriff* que con las palabras más excitables elogiaban la lucha judía para construir nuevos asentamientos en Palestina.

La mayoría de los judíos se fueron o fueron forzados a irse a otros países europeos, prefirieron ir a Alemania (Ingrid Weckert, "Feuerzeichen: Die Reichskristallnacht" / "La noche de los cristales rotos: Un modelo", Tubingen, 1981).

El 23 de diciembre de 1935, se publicó una entrevista con el líder sionista alemán Georg Kareski en *Der Angriff*. Estaba satisfecho con las nuevas leyes de Nuremberg que prohibían con dureza todos los contactos sexuales entre judíos y arios. En palabras de agradecimiento aclamó estas leyes como el cumplimiento de los deseos del sionismo. En relación con esto, se convirtió en permisible levantar la bandera sionista azul-y-blanca junto con la esvástica.

Los nazis querían hacer todo lo posible para dar cabida a la demanda de los sionistas de que se establecieran en Palestina tantos judíos como fuera posible. En 1933, la administración de Hitler y la Organización Central Sionista firmaron un convenio para la emigración judía a Palestina. Había tantos nuevos pobladores que muchos árabes sospecharon que Hitler debía ser judío y cripto-sionista. Sólo en 1934 emigraron a Palestina 120.000 judíos alemanes. Hasta septiembre de 1940, 500.000 judíos de Alemania y de la Polonia ocupada habían emigrado a Palestina.

En 1950, se afirmó de fuentes oficiales judías que el número total de judíos de varios países europeos en Palestina sólo ascendía a 80.000. Tantos como 420.000 de los presentes figuraban como gaseados en los campos. Aunque estaban vivos y sanos y salvos en Israel, los sionistas los consideraron víctimas del holocausto y exigieron una retribución (Weckert, "Feuerzeichen: Die Reichs-Kristallnacht" / "La noche de los cristales rotos: Un modelo", Tubingen, 1981).

A finales de febrero del 1937, Feiwel Polkes, representante del movimiento sionista Haganah, se reunió con los funcionarios de las SS Herbert Hagen y Adolf Eichmann en el Restaurante Traube de Berlín para tener una discusión amistosa sobre las formas adecuadas de burlar a las autoridades británicas, a las que consideraban demasiado estrictas en sus limitaciones respecto a la inmigración en Palestina. Polkes también quería que los alemanes impidieran que los judíos se trasladaran a otros países. Fue un hecho bien conocido que los judíos alemanes no eran partidarios de ir a Palestina, sino más bien a otros países. A cambio, Polkes suministraría al Sicherheitsdienst (SD), el servicio de seguridad de las SS, "toda la información secreta posible y al mismo tiempo lo que más interesara a Alemania de todo Oriente Medio" (Andreas Bliss, "Der Stopper der Endlösung" / "El final de la Solución final", Stuttgart, 1966).

En octubre de 1937, Adolf Eichmann fue al Cairo y de camino, hizo una visita a Palestina.

Las negociaciones se rompieron, ya que la mayoría de los judíos no estaban dispuestos a desplazarse a Palestina. El 15 de mayo de 1935, el diario de las SS *Das Schwarze Korps* informó:

> "¡Los días en que Palestina daba la bienvenida a sus hijos perdidos no son muy distantes. Les deseamos suerte, y que la buena voluntad de la nación alemana esté con ustedes!"

Cuando empezó la emigración judía de Polonia y Alemania, una serie de países comenzaron a quejarse. En pocos años, Rumanía había recibido 500.000 judíos del este, muchos de los cuales eran una amenaza para la nación a causa de sus actividades revolucionarias comunistas.

En los primeros meses de 1937, Suecia concedió 15.222 solicitudes de permisos de trabajo y de residencia, la mayoría de ellos a inmigrantes judíos que eran designados como "alemanes", "rusos" o "polacos".

Los sionistas han hecho todo lo posible para suprimir la información de su cooperación con los nazis en los años anteriores a la Segunda Guerra Mundial.

La cooperación forzó una provocación sionista sin precedentes - la Kristallnacht (la noche de los cristales rotos), que tuvo lugar bajo el signo de Escorpión. El objetivo real era el pueblo alemán. Ingrid Weckert encontró información de archivo diferente de la propaganda anti-nazi habitual y en 1981 publicó esta información en su libro "Feuerzeichen: Die Reichskristallnacht" ("La noche de los cristales rotos: Un modelo", Tubingen, 1981).

La explicación oficial fue que el judío polaco de diecisiete años, Herschel Feibel Grynszpan, disparó al secretario de la embajada alemana en París, Ernst von Rath, en protesta contra la deportación de su familia. A pesar de que Grynszpan no disponía de papeles de identificación válidos ni dinero, la mañana del 7 de noviembre de 1938, pudo comprar una pistola de 250 francos e ir a la embajada una hora después. Como revancha, se suponía que los nazis fanáticos habían quemado y destruido propiedades judías.

Mientras investigaban los hechos de la noche de los cristales rotos, aparecieron unos desconocidos, alegando ser altos cargos de la dirección del partido. En varias ocasiones, el gauleiter (líder de distrito) había recibido llamadas telefónicas anónimas de hombres pretendendiendo representar a los líderes del partido. Sin embargo, los líderes del partido no habían dado nunca órdenes de destruir propiedades judías. Estos agentes anónimos fueron los primeros en tirar piedras contra las ventanas de los comercios judíos. Atacaron residencias judías. Todos los disturbios estaban centralizados en un grupo liderado por agentes bien entrenados.

Los provocadores se aprovecharon del hecho de que el 8-9 de noviembre de 1938, todas las tomas de decisiones dentro del Partido Nazi habían sido delegadas a los hombres de inferior rango y menos experiencia, porque los líderes nazis estaban muy ocupados celebrando el cumpleaños del golpe de Múnich de 1923.

Cuando llegaron los primeros informes de los disturbios, el comandante de la SA Viktor Lutze ordenó que no era necesario atacar las propiedades judías. En caso de haber aún manifestaciones contra los judíos, la SA intervendrían para detenerlas. Siguiendo esta orden de Lutze, los miembros de la SA comenzaron a hacer guardia ante las tiendas judías a las que habían roto los cristales. Las SS y la policía dieron directrices similares para restaurar la ley y el orden. Sin embargo, como mínimo, tres de las 28 unidades de la SA se negaron a obedecer las órdenes y enviaron a sus hombres a destruir sinagogas y otras propiedades judías.

En diciembre de 1937, varios periódicos alemanes informaron que el asesinato de judíos sería castigado con la muerte. Se informó que Josef Reinhardt había sido condenado a muerte por matar al comerciante judío Abraham y su mujer gentil. Se señaló que un asesinato era un asesinato independientemente de la víctima.

No fueron destruidas más de 180 sinagogas, no 1400 como dijo la propaganda. 7.500 ventanas estaban rotas, no 100.000. En muchos casos, los asaltantes fueron combatidos por los judíos junto con miembros de la SA.

Heinrich Himmler ordenó a Reinhard Heydrich que pusiera fin a todas las manifestaciones y protegiera a los judíos de los manifestantes. Los telegramas dando las órdenes todavía están disponibles en los archivos. Cuando Hitler fue informado a la una de la madrugada de los disturbios de Múnich, y que una sinagoga había sido quemada, se puso furioso y ordenó al jefe de policía de Múnich que le informara inmediatamente. Ordenó apagar todos los fuegos y detener todas las manifestaciones y disturbios de Múnich. Él aseguraba que a las 3 a m había enviado un télex a todos los gauleiter. La orden exigía:

> "De parte la máxima autoridad: Ningún incendio provocado ni agresión a tiendas judías ni a otras propiedades judías no deben tener lugar bajo ninguna circunstancia."

La mañana del 9 de noviembre, Goebbels dijo por radio que se prohibían todas las acciones contra los judíos. Cualquiera que fuese pillado violando esta proclamación sería severamente castigado.

Resultó que se trataba de la logia masónica judía B'nai B'rith, en cooperación con la organización sionista LICA (Liga Internacional contra el Antisemitismo) de París quienes estaban detrás de la llamada Kristallnacht (Noche de los cristal rotos) del 9 de noviembre de 1938. El objetivo de la provocación de la LICA era alentar la emigración de judíos alemanes (Weckert, op. cit., p. 254-256).

B'nai B'rith se había infiltrado en partes vitales del movimiento nazi: las SS, la SA y el partido. Estos masones había logrado infiltrarse en los operadores de telefonía de las oficinas de los gauleiter. Cuando estos recibían órdenes de Lutze, las alteraban diciendo lo contrario.

El liderazgo nazi no tomó ninguna acción legal contra B'nai B'rith, a quien se le permitió continuar con sus actividades subversivas. B'nai B'rith tenía 12000 miembros en 80 logias en Alemania, tres de ellas en Berlín. B'nai B'rith fue la única organización judía que fue autorizada por Hitler para permanecer abierta y activa durante el régimen nazi desde 1933 (Viktor Ostretsov,

"Masonería, cultura e historia rusa", Moscú, 1999), aunque la propaganda afirma que se disolvió en Alemania en 1937 ("Lexikon des Judentums"). Pero de hecho Hitler cerró las operaciones de B'nai B'rith en Alemania por primera vez en 1939.

No fue hasta que la guerra ya había comenzado en noviembre de 1939, que a B'rith B'nai se le confiscaron los documentos. A la logia judía VOBB se le incautó la biblioteca en abril de 1938.

En 1952, Nahum Goldman, presidente del Congreso Mundial Judío, exigió 500 millones de dólares al canciller alemán Konrad Adenauer como compensación por los daños sufridos por los judíos durante la noche de los cristales rotos. Cuando Adenauer cuestionó la justificación de esta escandalosa afirmación, Goldman respondió: "¡Puedes justificar tanto como quieras, yo quiero el dinero!" Y se lo dieron. ¡A esto se llama audacia, la insolencia judía! Por cierto, la mujer de Adenauer, era judía.

En la década de 1930, Cyrus Adler, presidente del Comité Judío Americano, coordinó las actividades de B'rith B'nai y del *The New York Times* para bloquear cualquier medida política estadounidense contra Hitler.

Los masones americanos no mostraron ningún interés en luchar contra el nazismo, sólo buscaban una oportunidad adecuada para satisfacer su sed de sangre. El presidente Roosevelt se mostró firmemente en contra del apoyo de cualquiera de los grupos anti-nazis, ya que él lo que quería era matar a tantos alemanes como le fuera posible (Coronel John Beaty, "El telón sobre América", p. 74). El General Mark Clark, francmasón y comandante del quinto Ejército de EEUU, dijo a sus soldados:

> "No hay ningún límite en cuanto al número de alemanes que se pueden matar." (*The New York Times*, 13 de febrero de 1944)

Los miembros de la SA que habían participado en los disturbios fueron juzgados por los tribunales. El partido tenía sus propios tribunales que estaban a cargo de Walter Busch. Todos los documentos todavía están disponibles.

Herschel Grynszpan sobrevivió a la guerra, aunque había sido llevado a Alemania. Después de la guerra regresó a París, donde debería haber sido juzgado por asesinato. En cambio, le dieron un nuevo nombre y documentos de identidad nuevos. Su familia también sobrevivió a la guerra, y emigró a Palestina. Alguien pagó 4.000 libras para darles la oportunidad, ya que la familia no tenía dinero propio.

A consecuencia de la noche de los cristales rotos, se fundó el Centro Nacional para la Emigración Judía.

La colaboración sionista con Hitler llegó a tal extremo que algunos de ellos fueron declarados arios, entre ellos el banquero Oppenheimer y el fabricante de aviones Ernst Heinrich Heinckel.

En su libro "Bevor Hitler kam" ("Antes de Hitler", Ginebra, 1975), el profesor de historia judío Dietrich Bronder mostró cuáles judíos habían financiado a Adolf Hitler, ayudandole así a alcanzar el poder. Esto explica por qué a un gran número de judíos se les dio documentación. También demuestra que la mayoría de los líderes nazis eran judíos o medio-judíos, o estaban casados con mujeres judías. El libro de Bronder está prohibido en Alemania.

En 1943, el servicio de información estadounidense compiló un archivo sobre Hitler. El material fue clasificado y no fue liberado hasta 1972 El psiquiatra Walter C. Langer, que durante la guerra había analizado toda la información secreta sobre Hitler para la Casa Blanca, publicó el material delicado en su libro "La mente de Adolf Hitler" (Nueva York, 1972). Tenía acceso a hechos similares a los puestos a disposición de Dietrich Bronder.

El liderazgo nazi también incluía a judíos con "la documentación en regla", entre ellos el responsable de las SS Heinrich Himmler (demostrado que era judío por el escritor judío Willi Frischauer en su libro "Himmler: El genio malvado del Tercer Reich", Londres, 1953). Las actividades homosexuales de Himmler quedaron grabadas en la película del fotógrafo nazi Walter Frenz. Wilhelm Canaris, el jefe de la Abwehr, era un judío griego. Otros judíos eran Alfred Rosenberg, quien desarrolló la ideología nacionalsocialista utilizando como modelos el Talmud y "La raza que viene" de Bulwer-Lytton (1871) y Joseph Goebbels, la primera novia era judía y quien sólo apreciaba al profesorado judío (Grigori Klimov, "Los protocolos de los ancianos soviéticos", Krasnodar, 1995, p. 328-329). La ascendencia judía de Goebbels también ha sido demostrada por el historiador David Irving. Su familia venía de Holanda; en la escuela le llamaban "rabino". Su esposa era hija adoptiva de una familia judía llamada Friedlander. Su suegra una vez fue insultada por los miembros de la SA en un café judío, por lo que respondió que se quejaría a su yerno el Dr. Goebbels (Konrad Heiden, "Adolf Hitler", Zúrich, 1936, p. 350).

El Vicecanciller del Reich, Rudolf Hess, nació en Egipto de madre judía. En los círculos homosexuales de Múnich, era conocido como "La señorita Ana" (Bronder, op. cit.). Es menos comúnmente sabido que en la década de 1920, Hitler abusaba sexualmente del nieto de Richard Wagner, Wieland Wagner (*Time Magazine*, 15 de agosto de 1994, p. 56). Esta información está bien documentada.

Julius Streicher, editor de *Der Sturmer,* era otro judío homosexual. Su verdadero nombre, Abraham Goldberg, fue difundido al ser colgado el 16 de octubre de 1947, después de los juicios de Núremberg (Bronder, op. cit.).

Durante los juicios de Núremberg, Streicher admitió:

"Nuestro modelo era la ley judía" (Nikolai Ostrovsky, "El Templo de la bestia", Moscú 2001, p. 120).

Tanto el oficial de las SS Adolf Eichmann como el Ministro de trabajo Robert Ley eran judíos, como también lo eran los generales de las SS Erich von dem Bach-Zelewski (1899-1972) y Odilo Globocnik (1904-1945). Después de la guerra, Bach-Zelewski fue mantenido bajo arresto domiciliario durante diez años. En 1958, fue juzgado otra vez y condenado a cadena perpetua (Bronder, op. cit.).

El joven Rudolf Hess como estudiante y miembro de la Sociedad Thule.

El que fue mano derecha de Goring, el Mariscal de campo Erhard Milch era medio judío, según *Time Magazine* (7 de febrero de 1972), pero su madre era judía. Goring declaró ser ario, aunque su padre también era judío. Según Bronder, el mismo Goring era judío, como también lo era su segunda esposa.

En 1961, el escritor británico Charles Wighton publicó su libro "La historia de Reinhard Heydrich", basado en fuentes nazis. Demostraba que el responsable de la SD Reinhard Heydrich era judío por parte de madre. Su padre (Bruno Ziiss) también era judío, y el mismo Heydrich era homosexual. Hitler tenía una buena impresión de Heydrich y creía que sus raíces no-arias garantizarían su obediencia.

El general Karl Haushofer, profesor universitario y director del Instituto de geopolítica de Múnich, estaba casado con una judía. Su hijo judío Albrecht Haushofer, más tarde no tuvo ningún problema para trabajar en el Ministerio de relaciones exteriores de la Alemania nazi. Era científico, así como político (David Korn, "Wer ist wer im Judentum"/ "Quién es quién en el judaísmo: Enciclopedia de judíos prominentes", vol. 2, FZ Verlag, Múnich, 1999, p. 124-125). En 1940, Albrecht Haushofer era profesor en Berlín. Tomó parte en la planificación del vuelo de Hess a Escocia en 1941 y más tarde fue ejecutado sospechoso de complicidad en el intento de asesinar a Hitler en julio de 1944. El 10 de marzo de 1946, Karl Haushofer asesinó a su mujer y luego ritualmente, ante un altar budista de color negro, se abrió el vientre utilizando una espada corta japonesa, al estilo Samurai (harakiri).

Según el libro de Henneke Kardel "Adolf Hitler: Begriinder Israels" / "Adolf Hitler: Creador de Israel" (Ginebra, 1974), el abogado de Hitler, Hans Frank era medio-judío, porque su padre era un abogado judío de Bamberg. El libro fue prohibido en Alemania, y de acuerdo con una decisión judicial, todos los ejemplares que encontraron fueron hundidos en una dársena del puerto de Hamburgo en 1974.

En la designación de Hitler como Canciller, Frank fue ministro de Justicia en Baviera. En 1934 fue nombrado ministro sin cartera. Cuando fue ocupada Polonia el otoño de 1939, Frank fue nombrado gobernador general.

Un secreto bien guardado era que Alois, el padre de Hitler, se casó con una mujer judía, y así, los hermanastros de Hitler eran judíos. Su hermanastra Ángela fue empleada por Hitler como un ama de casa en Obersalzburg, mientras su hermanastro vivía en Berlín.

Eva Braun era medio judía y había sido presentada a Hitler por el fotógrafo medio judío Heinrich Hoffman.

Muchos de los principales oficiales de la Wehrmacht eran judíos: como mínimo dos Mariscales de campo, diez generales, que mandaban más de 100.000 soldados, catorce coroneles y treinta comandantes.

En una veintena de casos soldados de ascendencia judía fueron condecorados con la Ritterkreuz *(Cruz de hierro),* uno de los premios más altos al mérito del ejército alemán. Esta información la ha verificado en mayor detalle el historiador estadounidense Bryan Rigg, también de origen judío (William D. Montalbano, "Judiska soldater slogs per Hitler" / "Soldados judíos lucharon para Hitler", *Dagens Nyheter,* 5 de enero de 1997).

Miles de hombres de ascendencia judía y cientos a los que los nazis designaban como judíos, servían en las fuerzas armadas con el conocimiento de Hitler. Una docena de listas de excepción que llevan su firma todavía existen. Más de 1200 casos están bien documentados. En un solo documento, firmado personalmente por Hitler, utilizó su derecho a hacer excepciones para los 77 mejores oficiales de la lista, según las leyes nazis de 1935, que prohibían que cualquiera que tuviera un abuelo judío fuera oficial. La lista también contiene los nombres de los altos directivos dentro de la administración civil que colaboraban con los militares.

El rubio de ojos azules y medio-judío Werner Goldberg fue utilizado por la propaganda nazi como el soldado ideal alemán. El comandante Paul Ascher y el general Johannes Zukertort ambos eran judíos. El coronel medio-judío Walter H. Hollaender fue condecorado con la Ritterkreuz y la cruz de oro alemana. Hitler declaró que el medio-judío y más tarde general de la Luftwaffe Helmut Wilberg era ario en 1935 (galardones militares: Cruz de los caballeros de Hohenzollern con espadas).

Se informó que al menos un oficial alemán uniformado había visitado a su padre en el campo de concentración de Sachsenhausen. Un judío religioso adoptó una identidad no judía y se convirtió en capitán del ejército, se casó con una mujer judía de su ciudad natal y logró permanecer un judío ortodoxo mientras estaba en el ejército durante la guerra.

Helmut Schmidt, Canciller de Alemania (1974-1982), fue oficial de la fuerza aérea (Luftwaffe), aunque su abuelo paterno era judío.

En 1921-1937, el judío Ernst Hanfstaengl era amigo cercano de Hitler y más tarde fue amigo de Franklin Roosevelt. El escritor austriaco Rudolf Kommoss le advirtió:

"Si surge un partido liderado por judíos antisemitas o medio-judíos, ¡tendremos que ir con cuidado!" (Ernst Hanfstaengl, "Hitler: Los años perdidos", Londres, 1957).

430.000 judíos soviéticos lucharon como judíos alemanes en la Segunda Guerra Mundial (Aron Abramovich, "En la guerra decisiva", San Petersburgo, 1990, p. 25). El alto mando del Ejército Rojo incluía a muchos judíos, entre ellos a los generales Solomon Raikes, Isaak Revzis, Simon Reiz, Josef Rubin, Mikhail Belkin, Zelik Yoffe, y Grigori Preizman.

¿Quién era Hitler?

Adolf Hitler nació en Austria el 20 de abril del 1889 a las 6:30 p m en Branau am Inn. Según su horóscopo, debía ser un hombre de acción, que se expondría personalmente al peligro debido a iniciativas innecesariamente descuidadas y que probablemente causarían crisis. Las posiciones de los planetas indicaban que su destino era ser un líder. Su horóscopo indica claramente que tenía un gran don como orador.

Se ha afirmado que el abuelo paterno de Hitler era judío, pero no hay pruebas a favor o en contra de esta afirmación. Su abuela, Anna Schicklgruber, era una campesina que dio a luz un hijo, Alois. La identidad de su padre nunca ha sido establecida. Se sospecha de dos hermanos, uno agricultor y el otro molinero, así como de un judío llamado Frankenberger de Graz. Anna Schicklgruber trabajaba para este judío cuando se quedó embarazada, y él pagó el mantenimiento de Alois hasta que cumplió los 14 años. Alois más tarde se convirtiría en el padre de Adolf Hitler. Hay fuertes indicios de que el abuelo de Hitler era judío, en vez del molinero Johann Georg Hiedler. Un pariente de la madre de Adolf, Johann Salomon, era judío. Así lo menciona el biógrafo de Hitler, Konrad Heiden.

Según el médico judío Kurt Kreuger, el padrino de Hitler era judío, se llamaba Prinz. Afirma que el padre real de Hitler era un judío que vivía cerca (Kurt Kreuger, "Yo fui médico de Hitler", Nueva York, 1953).

La propaganda anti-nazi ha afirmado que Hitler aparentemente nunca había leído ningún libro. De hecho, era muy leído. En Viena, prefería morir de hambre, antes que renunciar a comprar un libro imprescindible. También cogía en préstamo grandes cantidades de libros. En general leía un libro al día, sobre todo libros de historia y mitología (William L. Shirer, "Ascenso y caída del Tercer Reich"). Pero también leía libros sobre marxismo, magia oriental, yoga, hipnotismo, astrología, religión, ocultismo, el talmud, numerología, grafología, psico-cinética, magia negra, simbolismo alquímico... Había leído las obras de Hegel, Homero, Ovidio, Cicerón, Nietzsche, Schelling, Dante, Schiller y otros. Almacenava todo lo que era esencial en su prodigiosa memoria. Sus conocimientos también incluían mecánica y biología. Aunque fuera autodidacta, tenía un conocimiento más profundo que muchos académicos mediocres con títulos.

El masón estonio Gunnar Aarma, que entrevistó a Hitler el 30 de septiembre de 1930, informó el 30 de agosto de 1994 en el diario *Eesti Elu* que Hitler daba "una muy buena impresión". Según Aarma, era un hombre inteligente.

Los masones consideraron que Hitler era un hombre apto para apostar como perdedor de una gran guerra.

Hitler también participaba del estilo comunista del saqueo y la malversación de fondos. Según el director de la Gestapo Heinrich Muller, Hitler tenía 188.457.322 francos suizos en su cuenta personal suiza al final de la guerra. El código de la cuenta era "Lobo" (Gregory Douglas, "Geheimakte Gestapo-Muller: Dokumente und Zeugnisse aus den US-Geheimarchiven", Berg am Stamberger See, 1996, vol. 2, p. 258). Esto podría explicar por qué sólo en 1939, Hitler fue capaz de pagar 264 exclusivas obras de arte.

La CIA contrató a Muller en 1948. Trabajó para la CIA en Washington, D.C. hasta su muerte en 1963 (*Spotlight*, 3-10 enero 2000, p. 2). Muller había dejado la mayoría de las logias masónicas alemanas solo, razón por la cual salvó la vida. Por otra parte, la CIA necesitaba su conocimiento de los comunistas. Muller y otros líderes de la Gestapo también ayudaron a transformar la OSS (Oficina de Servicios Estratégicos) en la CIA (Central Intelligence Agency).

Hitler era demasiado vigoroso e independiente, y estaba empezando a desviarse de la doctrina masónica. Sus problemas de salud, por lo tanto, fueron utilizados como excusa para drogarle. Tenía problemas constantes de digestión, como flatulencias y estreñimiento, que indicaba una falta de vitamina B. Era incapaz de digerir correctamente lo que comía. Pero en vez de darle vitaminas y minerales, recibía grandes dosis de productos químicos, que le arruinaron completamente la salud. Este hecho era conocido por el servicio de inteligencia estadounidense, según los informes que ahora están disponibles.

El médico judío de Hitler Theodore Morell, catedrático de psiquiatría y miembro de la Sociedad Thule, fue capaz de poner a Hitler en la condición exigida por los financieros del nacionalsocialismo. Daba a Hitler hasta 20 comprimidos al día de belladona y estricnina. Todos los médicos son conscientes de los efectos de la belladona. Agrava los problemas digestivos, más que aliviarlos. La belladona provoca la parálisis del sistema nervioso central y los órganos internos como el estómago, inhibe la secreción en el tracto digestivo y las membranas mucosas. La belladona también tiene un efecto negativo sobre el cerebro. Cuanta más inteligencia, más perjudicial es. La sensibilidad del paciente se deteriora, le convierte en un maníaco y le hace propenso a histéricos ataques de ira. La belladona también afecta la visión y la audición, puede provocar un hablar rápido, vértigo y síntomas similares a la rabia. Esto provoca la parálisis de la médula espinal y los músculos del estómago. Se detiene el proceso digestivo, y el paciente se vuelve colérico.

La estricnina también es un veneno que causa calambres, amnesia y dolores de cabeza y provoca dificultades al levantar la cabeza y en la capacidad de caminar.

Además, Hitler tomaba atropina, que provoca exaltación y desorientación. Tenía alucinaciones, palpitaciones en el corazón y estreñimiento agudo. Los hechos fueron revelados por el neurocirujano estadounidense Bert Edward Park en su libro "El impacto de las enfermedades en los líderes mundiales" (1986). Por lo tanto, no es cierto que Morell fuera un "doctor píldora ignorante, sin escrúpulos" como más tarde se dijo. Después de la guerra, Morell dijo a los aliados que había envenenado a Adolf Hitler deliberadamente.

Por otra parte, el Führer tomaba grandes cantidades de cafeína, cardiazol, coramine, sympatol, entre otros - un total de 28 medicamentos y drogas (Hugh Trevor-Roper, "Los últimos días de Hitler", Londres, 1947, p. 68). Hitler exigía que le dieran medicinas naturales, pero éstas eran neutralizadas por el pervitine, un pariente cercano de la anfetamina, que comenzó a destruirle el cerebro. Frecuentemente se despertaba temblando por la noche. A causa del insomnio, se convirtió histérico y tenía miedo de la oscuridad.

Hitler prefería a Morell antes que a los otros médicos, el profesor Karl Brandt y el profesor Hans Karl von Hasselbach. Brandt acusó Morell de "negligencia criminal" ya en 1934 (David Irving, "La guerra de Hitler", Londres, 1977, p. 713).

El Dr. Theodore Morell también era masón (Hans Werner Woltersdorf, "Die Ideologie der neuen Weltordnung", 1992, p. 110).

El Führer siempre comenzaba el día cansado, refunfuñando y de mal humor. Después de su dosis diaria de pervitine, cambiaba completamente. Se le ponían ojos de maníaco, su discurso era rápido y confuso y temblaba. Los cuidados de Morell también incluían grandes dosis de testosterona, la hormona sexual masculina. En 1945, Hitler tomaba 92 sustancias químicas diferentes.

El Presidente John F. Kennedy también tenía el cerebro arruinado por las anfetaminas y los esteroides. El médico judío Max Jacobson visitaba a la familia Kennedy cuatro veces a la semana para administrarles las inyecciones. Ya en el verano de 1961, los Kennedy habían desarrollado la adicción a las anfetaminas.

Tras el atentado contra su vida el 20 de julio de 1944, Hitler recibía dosis máximas de cocaína para sus problemas de sinusitis. Dos veces al día, tomaba una solución de cocaína en forma de aerosol nasal. Una vez se tomó una sobredosis, que le llevó al colapso, le dejó inconsciente y con un ataque epiléptico. La cocaína provoca depresión y pérdida de energía y de apetito y afecta al corazón. Resulta imposible dormir con normalidad. Los efectos son sensación de desmayo, mareo, palpitaciones, deterioro del sentido del olfato, dolores de cabeza e insomnio incurable. El cerebro deja de funcionar correctamente y uno se queda reducido a ser un zombi, una herramienta adecuada para los poderes del mal. La cocaína causa daños permanentes en las células nerviosas.

Los fármacos, sobre todo los opiáceos como la morfina y la heroína, destruyen las células nerviosas en los ganglios basales del cerebro, que causan síntomas similares a los del Parkinson. Hitler ya tenía la enfermedad de Parkinson a mediados de la década de 1930. La enfermedad le causó deterioro desde 1940, y empezó a desintegrarse mentalmente.

Hitler se volvió extraño e irracional. Sus notorios arrebatos neuróticos se daban cada vez más a menudo, cuando se le contradecía. Parecía funcionar a base de descargas o de síntomas de abstinencia de su intoxicado sistema nervioso.

En su libro "El impacto de las enfermedades en los líderes mundiales" Edward Park supone que Hitler estaba sufriendo un trastorno cerebral primario, un tipo de epilepsia del lóbulo temporal.

De hecho, tenía que tener muy buena salud y ser muy fuerte para poder soportar los ataques de estas grandes cantidades de productos químicos. En parte fueron los responsables de las decisiones criminales que tomó Hitler bajo la influencia de estos terribles fármacos y toxinas.

Si uno ya no puede controlar su cerebro, habrá otras fuerzas dispuestas a hacerlo, y serán en general de todo menos benevolentes.

El historiador alemán Anton Joachimsthal descubrió que Hitler había ordenado la ejecución del amante de Eva Braun, Hermann Fegelein, un oficial de enlace entre Hitler y las Waffen SS. Fegelein se comprometió con la hermana de Eva Braun durante el transcurso del asunto. Hitler se enteró del engaño cuando un día Fegelein llamó a Eva Braun, pidiéndole que huyera con él. Joachimsthal tuvo acceso a las cartas de la secretaria privada de Hitler y de un amigo cercano a Eva Braun.

Hitler se volvió físicamente un hombre roto. No quería asumir las consecuencias de sus acciones y la tarde del 30 de abril de 1945 se suicidó o eso es lo que nos dicen. La noche siguiente a este día es la noche de Walpurgis, cuando las fuerzas oscuras hacen su celebración. El cuerpo de Hitler no se encontró nunca, según Anton Joachimsthal (Múnich, 1998, "El final de Hitler"). Las explosiones de artillería habían destruido completamente la zona. No quedaba nada del cuerpo de Hitler, aunque podría haber estado allí. Los comunistas falsearon todas las fotografías y las llamadas pruebas. Los registros de la autopsia, que estuvieron disponibles en 1992, también fueron inventados.

El hecho de que a Hitler se le permitiera permanecer en el poder mientras lo hizo, a pesar de estar desequilibrado, enfermo y por lo tanto peligroso, es una prueba de cómo un líder debilitado y confundido, era muy útil para los líderes masónicos. De no haber sido así, habría sido derribado inmediatamente.

La RAF británica incluso había planeado secuestrar a Hitler con la ayuda de su piloto Hans Baur, como lo confirman una serie de documentos de los archivos nacionales de Londres. El archivo fue desclasificado en 1972 Aparentemente, Baur estaba preparado para volar a Gran Bretaña con Hitler. No hay ninguna explicación en los documentos en cuanto al por qué el secuestro nunca tuvo lugar.

Otra teoría, presentada por el jefe de la Gestapo Heinrich Muller, entre otros, dice que Hitler logró escapar de Alemania.

La razón de que el cuerpo de Hitler no se encontrara nunca fue que los cuerpos de Eva Braun y el suyo habían sido quemados y las cenizas transportadas como una reliquia por un submarino a una base alemana de la Antártida. Previamente, fue distribuida deliberadamente información incorrecta sobre la supuesta fuga de Hitler. Posteriormente, varios oficiales alemanes, que entonces estaban en la Marina, y que después se trasladaron a los Estados Unidos, contactaron con el historiador ruso Valentin Prusakov, que había escrito sobre Hitler. Publicó su historia en "Los restos de Hitler" (Moscú, 1994).

Según *The Washington Post* resultó fácil escoger a Hitler como la persona más malvada del siglo:

"No había alternativa. Adolf Hitler era el más malo." (1 de enero de 1996).

Sin embargo, Hitler seguía siendo un gamberro menor en comparación con Lenin o Stalin, el peor de todos ellos.

La magia de los nacionalsocialistas

La ideología nacionalsocialista se basa en muchos de los ideales defendidos por la logia masónica Germanenorden y la mística Sociedad Thule. La Germanenorden (fundada en 1912 en Leipzig) fue el origen de la Liga Hammer. La Orden pronto tenía hasta 100 logias, bajo la dirección de Herman Paul. La Germanenorden fue disuelta en 1916 y reorganizada por Philip Stauff en 1918. El masón Rudolf von Sebottendorf fue miembro de uno de los grupos disidentes, la Germanenorden Walvater. Su verdadero nombre era Adam Alfred Rudolf Glaus. Fue nombrado maestro de la logia en 1918. En otoño de 1919, la Orden tenía 1500 miembros, entre ellos a Hermann Goring. La Logia principal de la orden, que estaba

situada en Múnich, fue rebautizada como la Sociedad Thule, bajo el liderazgo del astrólogo "Baron" Rudolf von Sebottendorf. Los miembros adoraban el continente perdido de Thule.

Sebottendorf fue sobre todo un experto Sufi. Creía que la tradición esotérica del Islam, especialmente el sufismo, era la corriente más pura de la sabiduría antigua y que había nutrido al ocultismo europeo a través de los Rosa-cruces, alquimistas y los auténticos masones de la edad media (Wulf Schwartzwaller, "El Hitler desconocido", Berkeley Books, 1990). En 1917, regresó a Alemania desde Turquía donde se había familiarizado con una familia judía llamada Termudi de Saloniki. El padre de familia era miembro de la logia masónica del Rito Francés de Memphis. Debido a Termudi, Sebottendorf fue iniciado en la misma logia. También se hizo cargo de la biblioteca oculta de Termudi (Anton Pervushin, "Los secretos ocultos de la NKVD y las SS", San Petersburgo, 1999, p. 278). El hecho de que Sebottendorf fuera abiertamente francmasón fue muy vergonzoso para los nazis, que hicieron todo lo que pudieron para esconder sus orígenes masónicos.

En 1919, la Sociedad Thule hizo suyo el símbolo de la esvástica masculina con los brazos mirando hacia la derecha y líneas curvas, que gira al contrario que las agujas del reloj (la energía sale del centro, a través de los extremos de la cruz). La esvástica femenina es una imagen especular de la masculina. La energía es aspirada hacia el centro desde los extremos. La cruz femenina también gira como las agujas del reloj, como la madre tierra, para recoger la energía. Un principio explosivo unilateral, después de la generación de energía, lleva al agotamiento. La esvástica masculina es mágicamente robusta, mientras que la esvástica femenina es altamente sensible y consume mucha energía. Ambas giran en la misma dirección, como lo confirmará la radiestesia.

El objetivo de la Sociedad Thule era luchar contra el antiguo marxismo alemán, que animaba a la envidia. Los dirigentes de la sociedad, entre ellos el periodista y ocultista Dietrich Eckardt, comenzó fundando un club de trabajo político para la difusión de ideas sobre biología racial. El 5 de enero de 1919, se fundó el sindicato de trabajadores alemanes (Deutscher Arbeiterverein). El diario de la Sociedad Thule *Munchner Beobachter* se convirtió en el diario del partido, el *Völkischer Beobachter*.

Esta es la explicación detrás del destacado interés nazi en los fenómenos mágicos y la astrología. Entre los miembros de la mágica Sociedad Thule había jueces, jefes de policía, abogados, maestros, profesores, líderes industriales, médicos, científicos y gente muy rica. El jefe de policía de Múnich, Ernst Pohner y el diputado Wilhelm Frick y el ministro de Justicia de Baviera Franz Gurtner, eran miembros. Frick llegó a ser ministro de asuntos internos del Tercer Reich. El abogado Hans Frank, que más tarde fue ministro de Justicia de Hitler, Rudolf Steiner, Rudolf Hess, Alfred Rosenberg y el mago Hans Hörbiger también eran miembros.

Rudolf Steiner también fue gran maestro de la Mystica AEterna, que pertenecía al rito de Memphis-Misraim. Esta logia estaba abierta a miembros masculinos y femeninos. Steiner más tarde cayó en desgracia con Hitler. En 1909, Steiner comenzó a tener contacto con su hermano masónico Lenin en Zurich. En un informe escrito por el agente americano Norman Armond el 2 de abril de 1923, se ve como Steiner protegía los intereses del régimen soviético. Trabajó activamente para hacer que las naciones occidentales levantaran oficialmente el embargo comercial contra la Unión Soviética. De esta manera trabajaba Steiner para los Illuminati.

El 12 de septiembre de 1919, Hitler asistió a una reunión general del partido de los trabajadores alemanes, como agente de la inteligencia militar. Después de su primer encuentro personal con Hitler, Dietrich Eckardt se dio cuenta inmediatamente de que había encontrado al hombre pronosticado por la Sociedad Thule. A través de sesiones espiritistas había recibido información detallada sobre el futuro líder de Alemania. A través de Eckart, Hitler entró en contacto con la Sociedad Thule.

Eckart era un prominente ocultista iniciado en el arte de la magia negra por Aleister Crowley (en realidad Edward Alexander Crowley, 1875-1947) en una colonia mágica, la Abadía de Thelema, fundada por Crowley en 1920 en Cefalu, Sicilia. Crowley inició en los secretos de la magia a varios otros ocultistas de estrechos colaboradores de Hitler. Crowley adoraba al Baphomet. Todos los miembros de la colonia eran castigados, si se olvidaban de evitar la primera persona en su discurso.

Después de la muerte, presuntamente por intoxicación alimentaria, de uno de los miembros de la colonia, Raoul Loveday en 1923, la prensa británica comenzó a publicar artículos sobre las orgías mágicas de Crowley. Los miembros de la Colonia habían sacrificado a un gato y consumido su sangre como un rito mágico, poco antes de la muerte de Loveday. El líder italiano Benito Mussolini forzó entonces a Crowley a abandonar el país, porque había practicado magia sexual perversa (tenía relaciones homosexuales con Victor Neuberg y otros) y maltrato infantil ritual. Según diversas fuentes, sacrificaba a niños. El mismo Crowley declaró que había sacrificado a 150 chicos jóvenes entre 1912 y 1928. También practicaba magia con drogas. Crowley animaba al sacrificio humano, sobre todo de niños.

A la edad de 21 años, la medianoche del 31 de diciembre de 1896, mientras estaba en Estocolmo, Crowley tuvo una experiencia mística, que le abrió un mundo mágico. Crowley era asmático desde principios del siglo XX, utilizaba heroína recomendada por sus médicos, porque todos los opiáceos tienen el efecto de ensanchar los tubos bronquiales. El cerebro de Crowley fue destruido, sin embargo. En cambio tenía que haber tomado adrenalina, que es más eficaz expandiendo los tubos. En Cefalu, Crowley utilizaba opio, así como cocaína, cannabis y heroína.

El masón Karl Kellner fundó la Ordo Templi Orientis, en 1895. Tras su muerte en 1905, la dirección fue asumida por el magnate de la prensa Theodor Reuss. Los de la OTO afirman ser los herederos de los Caballeros Templarios. La orden también comenzó a practicar orgías mágicas rituales (principalmente aquellos miembros que habían alcanzado el grado 9 °). Uno de estos miembros era Rudolf Steiner. En 1902, Kellner fundó la sección alemana del rito de

Memphis-Misraim junto con el teósofo Franz Hartmann y el ocultista Heinrich Klein.

Crowley se hizo francmasón de grado 33° (Rito Escocés) en Ciudad de México en 1900. También fue francmasón de grado 97° en el sistema Egipcio Misraim, que contiene 90 grados comunes y 7 grados secretos. Más tarde, Crowley también trabajó para el servicio de inteligencia británico MI5. Murió de una sobredosis de heroína el 1 de diciembre de 1947. Su libro "Liber Legis" ("El libro de la Ley") reveló muchos de los secretos de la magia.

El "Mein Kampf " incluye muchas ideas y pensamientos derivados del "Libro de la Ley" de Crowley. En 1912, Crowley entró en contacto con la OTO y se convirtió en miembro ese mismo año. Tomó el nombre mágico de Baphomet, la divinidad venerada por los Caballeros Templarios y los Illuminati. Se convirtió en líder de la Logia británica Mysteria Mystica Maxima. En 1904 Crowley comenzó a referirse a sí mismo como la bestia 666. Cuando en 1922 murió el gran maestro Theodor Reuss, Crowley asumió el papel de gran maestro de la Ordo Templi Orientis. Muchas logias y miembros dejaron la orden en señal de protesta. Crowley había conseguido, sin embargo, hacerse con el control de toda la organización.

Aunque él mismo había sido miembro, Hitler prohibió la OTO en Alemania en 1937 (Ken Anderson, "Hitler y lo oculto", Nueva York, 1995, p. 125). La OTO había utilizado diversos métodos para ayudar a Hitler a llegar al poder. En 1907, Crowley había fundado su propia organización, la Astrum Argentinum (A∴ A∴), Asumiendo el sistema de grados del Amanecer Dorado, de la que Crowley había sido excluido.

En la logia mágica Astrum Argentinum (Estrella de Plata), que se parecía a una logia masónica, Crowley enseñaba magia negra. Reclutó a sus 30 miembros de la Maxima Mystica Mysteria. Él mismo se nombró Maestro del Temple (Magister Templi). Durante la Segunda Guerra Mundial, Churchill consultaba a Crowley en asuntos de magia. Después de eso, comenzó a utilizar su famoso signo de la V.

El primer maestro de magia de Hitler fue un judío bajo jorobado, Ernst Pretzsche, que dirigía una librería de ocultismo en Viena. Ocasionalmente daba de comer a Hitler, cuando éste tenía hambre y empeñaba sus libros de ocultismo.

Pretzsche había crecido en Ciudad de México donde su padre era farmacéutico. Estudió la magia ritual de los Aztecas. Una vez que la familia regresó a Europa y Ernst Pretzsche abrió su librería, conoció al mago Guido von List, que en su Logia Sangre afirmaba que podía hacer materializar a los malos espíritus. Cuando esta logia fue descubierta, hubo un escándalo en los países de habla alemana.

Pretzsche habló al joven Hitler de magia negra y le reveló el secreto que esconden los símbolos astrológicos y alquímicos (Ken Anderson, "Hitler y lo oculto", Nueva York, 1995, p. 75).

El masón judío Churchill

El masón y mago Aleister Crowley

Pretzsche animaba a Hitler a utilizar la mezcalina, que se encuentra en el cactus mexicano peyote (Lopophora williamsii) para abrirle el tercer ojo, el centro de la clarividencia en el cerebro y así tener acceso a los registros Akasicos, donde se almacena la verdadera historia del mundo, todas las experiencias y todo el verdadero conocimiento. Von List más tarde se hizo miembro de la Sociedad Thule.

Previamente Hitler había practicado meditación y control mental. Tomando peyote (mescalina) Hitler se exponía a un proceso que era incapaz de controlar. También descubrió sus vastas habilidades psíquicas. Se convirtió en una especie de médium sin centro espiritual.

En los registros Akasicos, Hitler era capaz de ver imágenes de la historia universal, así como de sus propias encarnaciones anteriores, todo ello según el ocultista Walter Johannes Stein que en varias ocasiones habló a Hitler sobre sus experiencias mágicas.

Hitler estaba profundamente fascinado por la Lanza Sagrada de Longinus, que había sido un talismán mal utilizado por los señores de la guerra alemanes. Muchas veces, Hitler se quedaba cerca de la lanza en la tesorería en el Hofburg de Viena.

El "Barón" Jorg Lanz von Liebenfels era compañero de Hitler en Viena. Publicaba un periódico antisemita y se convirtió en guía espiritual de Hitler (Wilhelm Daima, "El hombre que daba ideas a Hitler", Viena, 1958). Lanz era un judío extremista y homosexual. Se trasladó a Suiza para reunirse con Lenin, a quien admiraba.

Otro judío amigo de juventud de Hitler fue Ignatz Timotheus Trebitsch-Lincoln, que ayudó a financiar las actividades del joven Hitler en Viena, según el historiador judío Dietrich Bronder.

En la Primera Guerra Mundial, Hitler corría riesgos extremos, en el frente, para demostrar que el destino no le permitiría morir. Recibió la Cruz de Hierro por su excepcional valentía, un premio otorgado muy raramente. Como tenía nacionalidad austriaca, fue a la guerra como voluntario.

Durante la guerra, Hitler tuvo un hijo. Hitler y Charlotte Lobjoie se conocieron en 1916 en Vavrin una ciudad francesa ocupada por los alemanes. Comenzaron una relación, que se prolongó durante casi dos años. El hijo, Jean Loret, nació el 18 de marzo de 1918, sólo unos meses después de que el cabo Adolf Hitler hubiera dejado Francia. Más tarde ese mismo año, Hitler fue informado del nacimiento de su hijo. En la década de 1930, quiso llevar Jean a Alemania para educarlo, pero esto nunca ocurrió. La madre de Jean era alcohólica, había trabajado de stripper en París, y Hitler no quería un escándalo. Pero más tarde cuando los alemanes ya habían ocupado Francia, ordenó a la Gestapo que encontrara su hijo. Sin decirle que era hijo del Führer, ordenó a la Gestapo que hiciera los arreglos para él. A Jean Loret se le dio un trabajo subordinado en la Gestapo, con un sueldo muy generoso y un vehículo privado con el combustible incluido, lo cual era extraordinario para alguien de 23 años en Francia durante la guerra.

En 1944, la Gestapo ordenó destruir todos los documentos que demostraran que Jean Loret había sido un colaborador, para ahorrarle el castigo. Jean Loret no entendía por qué la Gestapo estaba tan interesada en él, pero su madre le contó el secreto en su lecho de muerte.

Hacia el final de la década de 1970, Jean Loret se dirigió al historiador Verner Maser, quien al principio dudaba de él, pero quien quedó convencido de la verdad de su historia después de una cuidadosa investigación. Entonces contó la historia del hijo de Hitler en un libro. Jean Loret murió en 1985. Su hijo, Philippe Loret, nieto de Hitler, no está interesado en su ascendencia. Su hermana está casada con un profesor judío.

Todos los atentados contra la vida de Hitler fallaron. Maurice Bavaud, un estudiante de teología suizo de 22 años, intentó varias veces disparar contra Hitler, pero falló y fue arrestado el 9 de noviembre de 1938, cuando intentaba abandonar el país en tren sin llevar un billete válido.

Hitler tenía miedo de los malos augurios. El 13 de octubre de 1938, confiscó la lanza de Longinus y la llevó a Núremberg. El mismo día en que se dice que se suicidó Hitler (30 de abril de 1945), la lanza llegó a manos estadounidenses.

Durante algunos meses de 1920, Hitler recibió lecciones de astrología del astrólogo judío Erik Jan Hanussen (en realidad Hermann Herschel Steinschneider). Hanussen más tarde se convirtió en el clarividente nacional y el oráculo oficial del partido nazi. Se hizo miembro del partido en 1931 Hanussen también ejercía de clarividente privado de Hitler. Hitler estableció una nueva academia dirigida por Hanussen, que le hizo doctor honoris causa. Joseph Goebbels recibió clases particulares de Hanussen sobre el arte de influir en las masas y de astrología. Era bastante bueno haciendo horóscopos. Rudolf Hess también estaba muy interesado en el conocimiento mágico.

En marzo de 1933, Hanussen predijo:

"Hitler acabará como una antorcha encendida".

Poco después Hanussen era asesinado, todo ello según el ahijado de Hanussen, Hans Mayer, que es periodista.

En septiembre de 1939, pocos días después del estallido de la guerra, las SS contrataron a Karl Ernst Krafft, un célebre astrólogo suizo, que fue capaz de predecir que la vida de Hitler estaría en peligro entre el 7 y el 10 de noviembre de 1939. El 8 de noviembre de 1939, en la cervecería Bürgerbräukeller de Múnich, explotó una bomba matando a ocho personas e hiriendo a 63. Hitler había estado allí, celebrando una fiesta con veteranos, pero había dejado la fiesta al principio para coger un tren hacia Berlín. No recibió nunca el aviso de Krafft. Berger, el astrólogo personal de Hitler era masón.

Excepto Wilhelm Wulff, que trabajaba para Himmler, los astrólogos terminaban siendo una vergüenza para los nazis. Sus predicciones eran más incómodas. Las cosas les empezaron a ir mal. Krafft fue detenido en junio de 1941 y fue encarcelado en el campo de concentración de Oranienburg, donde murió pocos meses antes de la capitulación de Alemania. Fue él quien había recomendado a Rudolf Hess que volara a Escocia el 10 de mayo de 1941 a pedir un tratado de paz por cuenta propia. Hess se retrasó, y la misión falló. Más tarde se le consideró un traidor.

El historiador británico John Charmley opinaba que Gran Bretaña debería haber aceptado una paz unilateral con Alemania tras la caída de Francia. Pero no había ningún plan para acordar esta paz. Y Hitler se aferró a su política económica.

En otoño de 1940, Winston Churchill había contratado al astrólogo judío belga Louis de Wohl, que había escapado de la Alemania Nazi en 1935, para averiguar, para la oficina británica de guerra, los consejos que los astrólogos podrían estar dando Hitler (Jan Bojen Vindheim, "Misterios del oeste", Oslo, 1990, p. 145). De Wohl había previsto que la muerte de Hitler sería violenta.

El 10 de mayo de 1940, Hitler había atacado con éxito a Holanda y Bélgica en contra de los consejos de sus generales. Krafft, astrólogo de Hitler, había recomendado una guerra relámpago, y el mismo Hitler había previsto el éxito de la acción. También fue capaz de predecir la ocupación de la Renania.

La Operación Barbarroja, por otra parte, se realizó sin consultar a los astrólogos, lo que resultó fatal. Hitler también acabó poniéndose enfermo. Había rechazado la petición de Stalin de una paz por separado en julio y otra en octubre de 1941 (Stalin estaba preparado para evacuar el gobierno a Siberia el 15 de octubre). Dos años más tarde, en 1943, rechazó, otra vez, una propuesta de Stalin. Hitler, sin embargo, deseaba la paz con Gran Bretaña y Estados Unidos. Roosevelt, rechazó la oferta alemana de "una rendición honorable" en la primavera de 1943. Los manipuladores querían que la guerra continuara hasta que el mundo se pareciera cada vez más y más al nuevo templo de Solomon, un esclavo inigualable - y un matadero.

En marzo de 1936, Hitler dijo a su círculo más cercano:

"Voy allí donde la Providencia me lleva, como un sonámbulo".

Era evidente que alguien más orientaba sus acciones. A menudo caía al suelo durante sus arrebatos.

El general de división profesor Karl Haushofer, director del Instituto de geopolítica de Múnich, se convirtió en el segundo mentor esotérico de Hitler, reemplazando a Dietrich Eckardt. Algunos historiadores le han señalado como uno de los Illuminati, lo que se ha negado oficialmente (Friedrich Paul Heller y Anton Maergerle, "Thule", Stuttgart, 1995, p. 46). Hess había presentado a Haushofer, que era un maestro de magia y un experto en cultura Oriental, a Hitler. En 1919, Karl Haushofer fundaba en Múnich la oculta Orden de Bruder des Licht (Hermanos de la Luz o la Logia Luminosa), que más tarde en Berlín fue rebautizada como la Sociedad Vril (que había sido bautizada a partir de un libro de Edward Bulwer-Litton). Haushofer era un estudiante del mago ruso y metafísico Georg Gurdjieff. Haushofer también era miembro de la Sociedad Thule y de la logia masónica Golden Dawn, que se fundó en 1917 en Wien (entre sus miembros estaba Rudolf von Sebottendorf). Esta logia estaba conectada con Georg Gurdijeff.

Los miembros de la Sociedad Vril creían que el interior de la tierra estaba habitado por una civilización muy avanzada (Agharta) que tenían acceso a la energía Vril. Según Haushofer, la energía Vril era la fuerza mágica más poderosa del universo, más conocida como energía del éter o prana. Con la ayuda de esta energía se podía vencer la gravedad. Máquinas voladoras especialmente diseñadas serían capaces de utilizar esta energía para lograr la anti-gravedad.

Haushofer regularmente visitaba a Hitler en la prisión de Landsberg en 1924. Inició a Hitler en los secretos de la magia más profunda y la avanzada idea del "Lebensraum" (Espacio Viviente). Fue Haushofer quien animó a Hitler a escribir "Mein Kampf". Hitler también se hizo miembro de la Sociedad Vril.

Haushofer era llamado el mago más grande de Alemania. Era conocido como el general clarividente. En el campo de batalla durante la primera Guerra Mundial, predijo correctamente el momento de un ataque enemigo y señaló los lugares que se verían afectados por los proyectiles enemigos. Predijo cuando sería invadido París por las tropas alemanas, así como la reocupación alemana de Renania y la hora exacta de la muerte del Presidente Roosevelt.

Hoy en día existe en Francia una sociedad Sociedad Vril que tiene como símbolo principal la esvástica. Su líder es Jean Claude Monet.

Haushofer consideraba que el Tíbet era el hogar de los magos más poderosos del mundo. Había visitado el Tíbet y había entrado en contacto con la Ge-lugs-pa (la Orden de los Sombreros Amarillos), que había sido fundada en 1409 por el reformador budista Tsong-kha-pa. Haushofer fue iniciado en esta secta y juró suicidarse si fallaba en su misión.

Debido a Haushofer, Hitler comenzó a enviar expediciones de investigación al Tíbet ya el año 1926, con el fin de adquirir conocimientos de magia negra, pero sus intentos fallaron.

En otoño de 1925, el emisario de Lenin, Nikolai Roerich, francmasón de renombre y artista, había viajado el Tíbet junto con el asesino de la checa Yakov Blumkin con la intención de obtener conocimientos mágicos para los bolcheviques. Fracasó.

Los magos tibetanos Bon se pusieron del lado de los nazis para ayudar a combatir la masonería internacional. La religión Bon es la más antigua del Tíbet, a menudo se ha visto como la religión original y primitiva del Tibet, rellena de rituales oscuros y conjuros. Los sacerdotes de Bon tenían una potente reputación de magos entre la gente común. Los nazis optaron por no contarles su cooperación con la masonería, y la batalla contra los Illuminati quedó en una ilusión.

Los monasterios budistas habían sido advertidos contra las actividades secretas, perjudiciales y antinaturales de los masones. Esto fue confirmado por el monje budista estonio Karl Tonisson. En un folleto, publicado ya en 1923, se preveía la ocupación soviética de los Estados Bálticos. Después de su muerte en Birmania en 1962, fue declarado un bodhisattva (un santo), su cuerpo no empezó a descomponerse hasta pasados varios días.

Los líderes nazis habían decidido utilizar el modelo Bon de magia tibetana. Creían que el Tíbet era el hogar original de los arios. Las SS también enviaron expediciones a la cordillera de los Andes.

Los magos tibetanos, que practican la religión Bon original, acabaron siendo conocidos como la Sociedad de los Hombres Verdes en el círculo interno de los nazis. Hacia el final de la guerra, el 25 de abril de 1945, en un sótano de un suburbio de Berlín, los soldados soviéticos descubrieron los cuerpos de seis lamas tibetanos que se habían suicidado, una práctica que sólo se permitía en el caso excepcional de que los secretos de la magia cayeran en manos de enemigos. Uno de ellos llevaba unos guantes verdes. Más tarde, se encontraron más de mil cuerpos de hombres asiáticos que llevaban uniformes alemanes, pero sin las insignias habituales de rango. Todos se había suicidado.

En Konigsberg los nazis tenían un laboratorio, el Konigsberg 13, dirigido por el Reichsführer de las SS Heinrich Himmler, donde estudiaban varios métodos mágicos. Los nazis querían utilizar la práctica de la magia para combatir presuntos enemigos - el judaísmo internacional -, que también desde la antigüedad practicaban la magia. Himmler estaba muy interesado en la geomancia, las energías de la tierra y las líneas de ley. Creía que la sede de las SS de Wewelsburg se había convertido en un centro de poder (Michael Baigent, Richard Leigh y Henry Lincoln, "El legado mesiánico", Londres, 1987, p. 203).

La policía de seguridad soviética, la NKVD, tenía un laboratorio similar en Moscú donde todos los líderes eran judíos comunistas. Stalin también tenía asesores sobre cuestiones de magia. El astrólogo y telepático judío Messing Wolf era uno de ellos. En Polonia el año 1937, Messing consiguió predecir que 1945 sería un año fatal para Hitler y su régimen. En un primer momento sólo la prensa polaca escribía sobre las predicciones de Messing, más tarde fue relatado por los grandes diarios del mundo. Cuando los nazis ocuparon Polonia, intentaron encontrar a Messing. Fue detenido por la Gestapo, pero logró escapar a la Unión Soviética, donde en 1940 predijo que los tanques soviéticos ocuparían Berlín. En 1943, en una aparición en la ópera de Novosibirsk, predijo que la guerra terminaría entre el 1 y el 5 de abril de 1945 con la derrota de Alemania.

El 9 de abril de 1951, la revista *LIFE* informó que el General Eisenhower, comandante supremo Aliado, había dicho a Stalin que la intención estadounidense era detener el avance hacia el Elba, dando al Ejército Rojo el honor de ser el primero en marchar hacia Berlín. Fue el Presidente Truman quien impidió que Eisenhower avanzara a través de Alemania hacia Berlín. Después que el Ejército Rojo ocupó Berlín, los aliados tuvieron que esperar varios meses antes no fueron autorizados a entrar en la ciudad.

Después de la guerra, los estadounidenses dejaron un gran número de cohetes V2 de Wernher von Braun a los rusos en un túnel subterráneo de una montaña alemana. Oficialmente, los cohetes habían sido "dejados accidentalmente" allí.

Himmler había reorganizado las SS como una Orden de los Caballeros de magia negra (orden de la Estrella de Plata) siguiendo el patrón de los jesuitas o incluso de la orden de los Illuminati. Las SS habían asumido algunos ritos de magia muy especiales de los masones, pero algunos ritos habían sido extraídos directamente de los Caballeros Templarios. Los miembros de las SS llevaban uniformes negros cuidadosamente diseñados con un antiguo símbolo mágico - cráneos de plata. También se encontraban símbolos en anillos mágicos. Esto lo sugirió el mago personal de Himmler, el Brigadenfuhrer de las SS Karl Maria Wiligut (1866-1946), que también era conocido por el sobrenombre KM Weisthor (Nicholas Goodrick-Clarke, "Las raíces ocultas del nazismo", San Petersburgo, 1993, p. 197). En 1924-1927, Wiligut había sido tratado en un hospital psiquiátrico de Salzburgo. La doble S, o runas solares, se asemejaban a dos relámpagos. La dirección exigía estándares muy altos a sus miembros.

Las SS oficialmente se pusieron por "Schutzstaffeln" (cuerpo de guardia), pero el significado real era Schwarze Sonne - el sol negro. Himmler era el gran maestro. La sede de las SS estaba en el castillo de Wewelsburg en Westfalia (en Alemania noroccidental), Himmler lo había comprado en ruinas en 1934 y los siguientes 11 años lo reconstruyó con un coste de 13 millones de marcos y se convirtió en un templo para el culto de sus SS.

La sala de banquetes central del castillo contenía una enorme mesa redonda con 13 sillas como tronos para acoger a Himmler y a 12 de sus socios más cercanos ("apóstoles") - haciendo, como algunos escritores ocultistas han señalado, un aquelarre de 13. Debajo de esta sala estaba la sala de los muertos, donde había zócalos de piedra erguidos situados alrededor de una mesa de piedra. Cuando un miembro del círculo interno de las SS moría, su escudo de armas era quemado y, junto con sus cenizas, situado en una urna en uno de estos zócalos para ser venerado.

Hitler y el jefe de las SS Himmler practicaban magia negra. La fuerza especial de Himmler, o Unidades de la Calavera, practicaban elaborados ritos mágicos fraternales. En su juventud en Viena, Hitler se había sido suscrito al periódico de magia *Ostara*.

En 1933, el profesor de psicología y ocultista Friedrich Hielscher fundó el Instituto Público de Ocultismo e Investigación Cultural - Deutsche Ahnenerbe (el legado alemán). Entre los asesores estaba el francmasón y diplomático sueco Sven Anders Hedin. La Ahnenerbe estaba encabezada por el Standartenführer Wolfram Sievers. En 1939, el Instituto se convirtió en un departamento de las SS encabezado por Himmler.

Los líderes nazis usaban un péndulo para localizar barcos de guerra en las cartas náuticas. Ludvik Straniak consiguió localizar al acorazado Prinz Eugen que estaba en una misión secreta. Más tarde los nazis le ordenaron que encontrara información sobre las tropas enemigas utilizando el péndulo en los mapas del territorio.

Los recursos disponibles en la Ahnenerbe para investigación oculta eran más grandes que los disponibles para el proyecto Manhattan (para el desarrollo de la bomba atómica). La Ahnenerbe más tarde se unió a la sociedad Sociedad Vril.

La esvástica (o cruz de fuego), que en la antigüedad era un signo de felicidad y suerte, es el símbolo más antiguo más complejo y más ampliamente distribuido de todos. La primera vez que aparece es en Sumeria (Carl G. Liungman, "Tanketecken", Estocolmo, 1993, p. 228).

"Esvástica" es una palabra sánscrita que significa 'traer-fortuna'. Se presenta como un mandala en muchas culturas asiáticas. En Europa (desde el Mediterráneo hasta el norte de Noruega) también propugnaba fertilidad y renacimiento, como en Sumeria y en el antiguo Egipto donde, sin embargo, era generalmente sustituida por la cruz de Osiris o de ankh, que era una cruz con la parte superior en forma de círculo o bucle oval. Se encontraron esvásticas talladas en antiguos sarcófagos judíos en Palestina. El signo también es conocido en las culturas árabes desde tiempos antiguos. La esvástica es un símbolo del Dios supremo, el sol. En Japón, representa riqueza y larga vida. También se convirtió en un signo sagrado del budismo y del jainismo. Los adoradores de Vishnu lo utilizaban. El símbolo protegía al portador contra las energías negativas entre los nativos americanos, que lo vieron como la representación del círculo de la vida. En la Grecia antigua era visto como la crux gammata gammadion, formada por cuatro letras Γ (gamma). El símbolo también aparece cuando cruzando dos codos de meandro. Una cruz alrededor de su centro simboliza el movimiento eterno del universo. Los primeros cristianos utilizaban también este símbolo como una cruz de fuego. Se encontró en las catacumbas de Roma como un símbolo de Cristo como fuente de energía del mundo. En Escandinavia, la esvástica era conocida como el martillo de Thor.

Los musulmanes consideran la esvástica como significando las cuatro principales direcciones - cronista (oeste), muerte (Sur), predicador (este), vida (norte), así como las cuatro estaciones, gobernadas por ángeles.

Como ya se ha mencionado anteriormente, hay dos tipos de esvásticas que representan los aspectos macho y hembra, sol y Luna. El hecho de que la esvástica inversa sea femenina es sugerida por imágenes de Artemisa y Astarté, que se presentan en la región pudenda. En China las dos versiones se utilizan para indicar las fuerzas del yin y el yang (femenino - masculino).

La esvástica señala los cuatro puntos cardinales del zodiaco, los cuatro elementos y otras cosas. En algunas partes de China, la esvástica servía para aumentar la energía de los talismanes "femeninos". Generalmente era un signo positivo, pero también era el signo japonés del número mágico 10.000 (100 x 100).

Hay una cierta confusión en cuanto a qué versión de la esvástica está más cargada positivamente. En el Japón medieval la sauwastika (manji) se utilizaba como un talismán contra las fuerzas del mal. Sauwastika significa "bendición". En la India, la sauwastika era vista como un símbolo de mala suerte y sufrimiento. Esta esvástica inversa (la sauwastika) bendice la noche y glorificaba la muerte y la destrucción. También era el símbolo de Kali, la diosa de la muerte, que ocupa el lado oscuro de la vida. La sauwastika está representada en la sala de baile del Palacio Real de Fontainebleau, en Francia.

A las esvásticas conectadas, a veces se las denomina como nudos de Salomón, simbolizando lo que es insondable e infinitamente divino.

En relación con el golpe de estado de febrero de 1917, los poderes oscuros de la francmasonería que se habían infiltrado en el gobierno ruso preparando el derrocamiento del zarismo, comenzaron a utilizar una esvástica masónica ligeramente camuflada en los billetes de 250 rublos.

Los líderes Bolcheviques decidieron utilizar las propiedades mágicas de la esvástica masculina. Este símbolo también aparece en la masonería, según el masón Marcel Valmy ("Die Freimaurer", Colonia, 1998, p. 89).

Así pues, el primer símbolo Bolchevique fue la esvástica, que se podía encontrar en los uniformes del Ejército Rojo y en los billetes de 250 rublos hasta 1922 (Akim Arutyunov, "El Dossier Lenin sin retoques", Moscú, 1999, p. 453). La esvástica también se encuentra en los billetes comunistas de mil, cinco mil y diez mil rublos.

En su libro "La historia del pueblo ruso en la década de 1990", Oleg Platonov escribió:

"El principal símbolo bolchevique era la esvástica, que... las autoridades querían utilizar como elemento principal en el escudo nacional". (Vol. I, Moscú, 1997, p. 520)

Bajo este símbolo, el Ejército Rojo mató a casi 20 millones de personas. Hay que subrayar que en comparación con los criminales comunistas, Hitler y sus compañeros eran gamberros menores. Hitler de niño había estado influenciado por la esvástica pagana, que estaba conectada a la historia alemana y que aparecía en un escudo de armas de un monasterio de Dambach, donde él cantaba con la escolanía.

*En 1917, la Unión Soviética consideró la utilización
de este símbolo en los uniformes de sus soldados.*

Hitler estaba, sin embargo, impresionado por la magnificencia de la esvástica inversa comunista de ángulos rectos, y comenzó a utilizarla como símbolo nazi el 20 de mayo de 1920. El dentista Friedrich Krohn de la dirección del partido (también era miembro de la Germanenorden) había sugerido utilizar la sauwastika, porque promovía la salud y habría aportado equilibrio y éxito en la organización masculina. En budismo se ve como un símbolo de las enseñanzas esotéricas de Buda, la rueda de la vida, pero Hitler insistió en utilizar la esvástica masculina. En el budismo la esvástica femenina yin se utiliza para ciertas finalidades a fin de lograr equilibrio espiritual. La Sociedad Thule estaba, sin embargo, interesada principalmente en utilizar la esvástica masculina. Celebraban juicios secretos y condenaban a la gente a muerte.

Pero fatalmente, la esvástica no funcionaba en manos de estos hombres malvados. Reducía el aura a las luchadoras masas masculinas. Los líderes nazis, sin embargo, tomaban medidas para garantizar su propia seguridad - produciendo energía sin recoger su poder. Para los nazis por lo tanto, este símbolo mágico funcionaba como una fuerza de la explotación a través de la alegría (Kraft durch Freude).

Los nazis, sin embargo, veían la esvástica como un símbolo del renacimiento nacional. En 1935, la esvástica con los colores originales alemanes (rojo, negro y blanco) se convirtió en la bandera oficial alemana, que había sido eliminada por los masones en 1848.

En la década de 1920, parte de la industria alimentaria estadounidense, que simpatizaba con las tendencias totalitarias de Europa, comenzaron a utilizar la esvástica en sus productos (cereales del desayuno, Coca-Cola, soda Uncle Sam).

Cuando Hitler hablaba en público, tenía la capacidad de hechizar a sus oyentes como un hipnotizador. Cuando el público hacía el saludo romano con la mano derecha, el líder recibía la energía que enviaban con su mano izquierda, un gesto mágico.

En julio de 1926, Hitler estaba de pie en su coche en una convención del partido en Weimar, Thuringia, donde tenía permiso para hablar, y unos 5.000 hombres marcharon frente a él y él les saludó por primera vez con el brazo derecho extendido (Alan Bullock, "Hitler: Un estudio de tiranía", Nueva York, 1961).

En el primer Congreso Sionista de Basilea en 1897, los delegados judíos levantaron la mano derecha mientras cantaban un antiguo Salmo hebreo:

> "No, si me olvido de ti, Jerusalén, también mi mano derecha olvidará su deber". (Johannes Hagner, "Se, han kommer med skyarna" / "He aquí, que él viene con los cielos", Estocolmo, 1941, p. 48).

Seguramente, había algún tipo de poder mágico detrás de este antiguo saludo romano.

Los Días de la Fiesta de Núremberg en 1937, fueron una espléndida acumulación de magia ritual: fanfarrias, marchas, movimientos rítmicos, el saludo con el mantra mágico ("Heil und Sieg" fue utilizado como "Sieg Heil"; Hess liderando las masas recitando el mantra), bonitos uniformes, procesiones de antorchas con cruces gamadas, potentes focos reflectores y superandolo todo, los inflamatorios discursos de Hitler. En la Roma antigua, el saludo era "Ave". La Logia Masónica de la Hermandad del Amanecer Dorado saludaba con "¡Heil!" (Anton Pervushin, "Los secretos ocultos de las SS y la NKVD", San Petersburgo, Moscú, 1999, p. 298). Los nazis se apoderaron de los rituales.

La Oficina del Ocultismo Nazi fue cerrada después del ascenso al poder de Hitler. En 1934 toda actividad profética, búsqueda mágica y literatura esotérica estaba oficialmente prohibida o eran declaradas tonterías fuera de su propio círculo interno. El Palacio del Ocultismo de Berlín fue cerrado. Al astrólogo Jorg Lanz von Liebenfels se le impidió publicar libros, a pesar de que era amigo de Hitler desde su juventud. El conocimiento oculto parecía inadecuado para las masas. En la Unión Soviética, los comunistas habían actuado de la misma manera.

Los franceses Jacques Bergier y Louis Pauwels informaron en su libro "El origen de los magos: La realidad fantástica" (Kiev 1994) que los Nazis habían enviado expediciones al Tíbet hasta 1943. Aquel año, Himmler envió a Otto Reinz, que era de padre alemán y madre buriata, de una zona budista de la Unión Soviética. El objetivo de su viaje era el monasterio el Pabellón del Cielo. Los nazis querían un dibujo detallado de la colocación de los edificios del monasterio, ya que sabían que estaba emplazado de acuerdo con el principio de la magia del mandala. El mandala significa el flujo ininterrumpido de energía entre el centro y las diversas unidades, creadas por el centro. Todas las edificaciones estaban edificadas sobre una espiral en forma de corazón orientada hacia el norte.

El cuartel general de Hitler, Wolfschauze (fortaleza de un lobo) en Prusia Oriental, fue diseñado y construido como una copia casi exacta del monasterio tibetano. (Adolf, por cierto, significa "lobo noble".) Algunos de los edificios, sin embargo, no se correspondían con el plano original tibetano. Otto Reinz lo consideró un debilitamiento del sistema. Uno de estos edificios era una estructura de madera donde explotó una bomba el 20 de julio de 1944. El búnker del Führer, así como la casa de Bormann estaban rodeados por un camino en forma de corazón. Los aliados nunca consiguieron descubrir este lugar a las afueras de Rastenburg, a pesar de sus constantes intentos.

El Tíbet también era el origen de los numerosos patrones de camuflaje mágicamente cargados utilizados por los nazis en sus uniformes de batalla. Había más de 400 dibujos diferentes. Varios de estos fueron adoptados por otras naciones (los norteamericanos, por ejemplo, robaron uno de los patrones, llamándolo camuflaje de bosque). Desde los años ochenta, la Bundeswehr utilizaba los diseños de camuflaje de la Waffen-SS para sus uniformes, la fuerza aérea y los monos de combate.

Después de la Segunda Guerra Mundial, la masonería internacional consideró que el Tíbet era una seria amenaza debido a sus malvados diseños. Esta es la razón por la que China fue utilizada para destruir al Tíbet, que tenía acceso a los secretos de la naturaleza. Los comunistas chinos derrumbaron todos los monasterios y mataron a tantos lamas iniciados como pudieron.

Durante los juicios de Núremberg no se hizo mención de la magia utilizada por los nazis, ya que incluso los regímenes masónicos victoriosos como la Unión Soviética, Europa occidental y los Estados Unidos utilizaban sus propios métodos de magia negra.

En 1961, se imprimió en Múnich "El libro secreto", donde se dice que Hitler lo había dictado en 1926, pero que prohibió su publicación. Es dudoso el hecho de si realmente lo dictó él.

El nazismo y la francmasonería

La ideología comunista así como la nacionalsocialista surgió del movimiento secreto de los Illuminati. Las ideologías son como dos aspectos de la misma doctrina social. Cuando Hitler llegó al poder, ordenó que se celebrara el Primero de Mayo (la orden Illuminati fue fundada el 1 de mayo de 1776). El fascismo nace de la misma rama del árbol iluminista. El propósito era destruir totalmente nuestro mundo tradicional, que estaba construido sobre valores espirituales, sustituyéndolos por valores materialistas similares.

Alfred Rosenberg ordenó que se utilizaran valores masónicos en la ideología nazi (Helmut Neuberger, "Freimaurerei und National-Sozialismus" / "La francmasonería y el nacionalsocialismo", Hamburgo, 1980, p. 62-63).

Las logias masónicas tenían una influencia enorme en la sociedad austríaca, en particular en Viena, a finales del siglo XIX. Pero Hitler no menciona nada de esto en "Mein Kampf". El libro no revela nada sobre la masonería. El lector tiene la impresión de que Hitler obedecía el código de silencio masónico. En conjunto, el libro es una reminiscencia de la aburrida literatura del partido soviético.

En la primavera de 1933, el Ministerio del Interior alemán envió una carta importante (documento nº8.540 en los archivos especiales) a los Illuminati, alegando que ya no había ninguna necesidad de contactos secretos con Alemania para proteger los intereses de los Illuminati. Cuando los nazis asumieron el poder, los objetivos de los Illuminati fueron adoptados por el propio estado. Por lo tanto, no tenía ningún sentido continuar con sus actividades en Alemania. La carta demostró que los nazis y los Illuminati tenían el mismo objetivo: destruir el antiguo mundo y "construir" uno nuevo y mejor. Esto, sin embargo, no es lo que pasó. (Viktor Ostretsov, "Masonería, cultura e historia rusa", Moscú, 1999, p. 586-588).

En junio de 1933, los líderes Illuminati emitieron una circular a las logias. El documento informaba que la orden Illuminati había sido disuelta como resultado de la toma del poder por los nazis. Simultáneamente la sede de los Illuminati envió un mensaje a la Jefatura Superior de Policía diciendo que la orden había sido reorganizada y se había convertido en la Liga Mundial Illuminati. La reorganización ya había comenzado en 1926.

Se entregaron a las autoridades alemanas listas de todos los miembros Illuminati. En 1932, habían sido reclutados un gran número de miembros nuevos (documento n° 8.543). Himmler estaba dado de alta en varias organizaciones conectadas a los Illuminati.

En 1934 en Konigsberg, se fundó una nueva logia masónica. Otras habían cambiado de nombre para enfatizar la "fundación Cristiana".

En 1935 se produjo una demanda global para disolver las logias masónicas. Esta fue una reacción a la declaración de guerra a Alemania hecha por los masones, el 5 de enero de 1935. Ese día, el presidente de B'nai B'rith Alfred Cohen declaró la guerra a Alemania en nombre de todos los judíos, masones y cristianos. La guerra contra el pueblo alemán continuó incluso después de la rendición de la Wehrmacht en mayo de 1945.

Esta declaración de guerra era en realidad más dura y exigente que la anterior presentada por los judíos extremistas y los masones el 24 de marzo de 1933 en el diario británico *Daily Express* y otros periódicos importantes a nivel mundial. El objetivo era aumentar la presión sobre el gobierno alemán para forzar a los judíos a emigrar a Palestina. Los productos alemanes fueron, por lo tanto, sometidos a boicot con relación a la declaración de guerra.

Los judíos declaran la guerra a Alemania

El *Jewish Chronicle* exigía, el 14 de diciembre de 1938, que el boicot a Alemania continuara hasta que todas las Logias fueran reabiertas y les devolvieran sus activos.

Al mismo tiempo, el gobierno alemán fue contactado por representantes sionistas de la Yeshiva de Palestina, ofreciendo acabar con el boicot a condición de que se agilizara la emigración judía de Alemania a Palestina. Las negociaciones finalizaron en mayo de 1933 con la firma del convenio Ha-Avara (el Acuerdo de Transferencia). Este acuerdo posteriormente se convirtió en un importante factor para el nacimiento del estado de Israel. Los sionistas dieron a Alemania más de 20 millones de dólares entre 1933 y 1939, según el acuerdo.

El acuerdo Ha-Avara permitía emigrar a todo judío alemán, llevándose todos sus bienes y todos los activos, siempre que permaneciera en Palestina. El acuerdo fue efectivo hasta finales de 1941, cuando Estados Unidos se sumó a la guerra.

Los judíos que se negaban a emigrar eran enviados a los campos de concentración. La primera declaración de guerra sionista llegó ya en 1932, antes de que los nazis llegaran al poder. Los poderes masónicos querían la guerra. Las declaraciones de guerra se emitieron en repetidas ocasiones en 1939 y en 1942.

En Alemania, la masonería se opuso firmemente. En 1937, Joseph Goebbels organizó una exposición anti-masónica en Múnich. Según documentos disponibles hoy día, los masones prosiguieron como de costumbre, tal como corrobora su correspondencia interna. El liderazgo nazi exigió que los miembros del partido dejaran las Logias. A principios de junio de 1934, el miembro nazi Fritz Werner ya había dejado la logia Illuminati. Incluso exigió una confirmación por escrito de que ya no era miembro.

Adolf Eichmann pertenecía a la logia masónica Schlaraffia (Schlaraffenland era la tierra de los sueños alemana). Ernst Kaltenbrunner, posteriormente responsable del Reichsicherheitshauptamt (autoridad de seguridad nacional), explicó a Eichmann la necesidad de abandonar su logia, ya que siendo nazi no podía ser francmasón (Hannah Arendt, "Eichmann en Jerusalén", 1963).

Como primer ministro de Prusia, Hermann Goring, dijo en 1933:

"En la Alemania nacionalsocialista no hay lugar para la masonería".

También admitió que el dinero de los judíos continuaban yendo a parar a los nazis.

A principios de 1930 Alemania tenía diez grandes logias, 690 sub-logias y un total de 70.000 masones. Antes de la guerra el movimiento masónico alemán era el segundo más grande del mundo.

En 1934, la Gestapo a veces golpeaba, por ejemplo cuando la logia Hohle vio confiscado su patrimonio en Tilsit. En la logia Andrea Strenua, en cambio, se le permitió continuar sus actividades legalmente en Tilsit incluso en 1939. La Logia Montana se disolvió en 1939 y la Logia Irene en 1940. La Zur Einigkeit de Frankfurt no se cerró hasta 1941, como ocurrió con toda una serie de otras logias de Marienburg y de otras ciudades.

En 1926-1935, la gran Logia de Alemania alentó a los miembros de la Logia Zur Edlen Aussicht de Friburgo para que se hicieran miembros del Partido Nazi (Viktor Ostretsov, "Masonería, cultura e historia rusa", Moscú, 1999, p. 586-588). Era su deber en cuanto masones.

En 1933, George Frommholz dejó su logia para hacerse miembro del Partido Nazi. Ascendió hasta el rango de Truppenfuhrer de las SS, según los archivos restantes. En las SS, comandó la Brigada Skull. En 1949, se volvió a hacer masón otra vez. Fue maestro de la Logia Zum Totenkopf und Phonix. En 1974, a Frommholz le hicieron gran maestro de la Gran Logia Unida de Alemania (Martin Short, "Dentro de la fraternidad", Londres, 1997, p. 28-29).

En 1935, los nazis poco a poco comenzaron a confiscar los archivos de las logias masónicas, que fueron entregados a la Reichssicherheitshauptamt y se utilizaron para diversos propósitos. Según la información oficial, las logias masónicas se prohibieron junto con otras sociedades sombrías en 1937. En realidad sólo ciertas logias fueron perseguidas por los Nazis, como lo demuestran los documentos de los archivos especiales soviéticos.

La dirección nazi escribió educadas cartas a varias logias masónicas pidiéndoles ayuda. Las logias estaban obligadas a distribuir folletos nazis entre sus miembros. Todas las cartas terminaban: "¡Heil Hitler!"

Todas las sociedades teosóficas y esotéricas, así como la Germanenorden y la Sociedad Thule fueron prohibidas el 20 de julio de 1937. El mismo año, la Orden de los Nuevos Templarios NTO (fundada en 1907) fue prohibida. Las librerías que vendían literatura de ocultismo se vieron obligadas a cerrar. La Sociedad Thule existe hoy en día, bajo el alias de los Caballeros de Poseidón (Robert Charroux, "El legado de los Dioses", Londres 1979, p. 178). Rudolf von Sebottendorf, líder de la Sociedad Thule, fue deportado en verano de 1934.

A pesar que Benito Mussolini expulsó a todas las logias masónicas de Italia, continuaron sus actividades en el extranjero. Los masones quedaron muy decepcionados ya que habían tomado parte en la famosa marcha hacia Roma y habían ayudado a los fascistas también de otras maneras. (Paul A. Fisher, "Detrás de la puerta de la logia", Rockford, Illinois 1994, p. 223).

En un discurso de 1938, Hitler condenó la francmasonería internacional. Esto, sin embargo, era sólo una fachada, que queda demostrado por documentos masónicos.

Los planes nazis para una Confederación Europea

En 1987, el historiador alemán Hans Werner Neulen publicó su libro "Europa y el Tercer Reich: un proyecto de unificación de las estructuras de poder de Alemania 1939-45" ("Europa und das Dritte Reich: Einigungsbestrebungen im deutschen Machtbereich 1939-1945"). Según los documentos de las SS presentados en este libro, es obvio que los nazis deseaban llevar a cabo el programa pan-europeo concebido por el masón Coudenhove-Kalergi, que encontró apoyo en todas las logias masónicas en la década de 1920.

El Conde Coudenhove-Kalergi creía que los pueblos de Europa dejarían de luchar entre ellos y se ahorrarían miles de millones, si estuvieran unidos en un compromiso de comercio y defensa mutua sin barreras aduaneras. Esto haría poner fin de una vez por todas a todas las desigualdades sociales a través de medidas radicales (socialismo). Todos los caminos conducirían a una Pan-Europa, que no sólo era lo mejor, sino también la única solución posible. Coudenhove-Kalergi no veía otra salida. En 1923, se imprimió su primer libro sobre la Pan-Europa. Pensaba que era deseo de todos el poner fin a las guerras y a los males sociales. Según los masones, la Federación Europea era la única cura para los grandes peligros que amenazaban Europa. La Federación permitiría la creación de una raza mixta. Su libro "Idealismo práctico" (1925) contiene las siguientes palabras:

> "El hombre del futuro será mestizo. Respecto a una Pan-Europa, me gustaría ver una mezcla de euroasiáticos con negras con una gran variación en el tipo de personalidad... los judíos deben adoptar las posiciones de liderazgo, ya que la Providencia ha dado a Europa una raza de nobleza espiritual superior llamada los judíos." (p. 22 y 50).

Se publicaron más planes masónicos sobre la reestructuración de Europa en el periódico *Wiener Freimaurerzeitung* en septiembre de 1925 y en octubre de 1926.

Richard N. Coudenhove-Kalergi escribió en su autobiografía:

"A principios de 1924, recibimos una llamada telefónica de Louis Baron de Rothschild. Un amigo suyo, Max Warburg de Hamburgo, había leído mi libro y quería que nos conociéramos. Con gran sorpresa por mi parte Warburg espontáneamente nos ofreció 60.000 marcos de oro, para financiar el movimiento durante los tres primeros años... permaneció seriamente interesado en el movimiento de la Pan-Europa hasta el final de su vida.

En 1925, Max Warburg arregló que sus hermanos de Estados Unidos, Felix y Paul, me invitaran a dar un paseo por los Estados Unidos, para presentarme a Paul Warburg y Bernard Baruch. En Estados Unidos, se discutió la suma de la unidad europea con Hoover, Kellogg, Young y Lippmann, pero también se vio que aquel apoyo estadounidense para la unidad de Europa descansaba sobre cimientos incompatibles entre sí".

En 1966, Coudenhove-Kalergi publicó el libro "Pan-Europa: de 1922 a 1966", en Viena, donde dice (p. 95) que la joven generación vivirá en los Estados Unidos de Europa. En la página 103 revela los planes para extender los Estados Unidos Europeos tan lejos como hasta Vladivistok.

Ya en 1930, la revista semanal estadounidense *Saturday Evening Post* publicó un artículo de Winston Churchill con el título "Los Estados Unidos de Europa". En 1942, Churchill, entonces primer ministro de Gran Bretaña, afirmó:

"Tengo muchas ganas de unos Estados Unidos de Europa."

Otra vez en septiembre de 1946, dijo:

"Debemos construir una especie de Estados Unidos de Europa".

En París, en 1948, destacó que su objetivo era establecer los Estados Unidos de Europa, que fuera gobernada por un solo gobierno, un Parlamento, un tribunal de Justicia y un consejo económico.

En mayo de 1948, el movimiento por una Europa unida celebró su congreso Europeo. Su principal defensor fue nuevamente Winston Churchill. Una de las siete resoluciones del Congreso decía:

"La creación de una Europa unida debe ser considerado como un paso crucial hacia la creación de un mundo unido".

Con ello, estaban haciendo referencia a un gobierno mundial.

El masón Jean Monnet fue el principal defensor de una Europa unida. Dirigió el comité para los Estados Unidos de Europa. Monnet era hijo de un comerciante de vinos franceses. Había ido a Canadá cuando tenía 20 años a trabajar para el Banco judío Lazard Frères. Después de la Primera Guerra Mundial, tomó parte en las negociaciones de Paz de Versalles. En 1919, fue nombrado Vicesecretario General de la Sociedad de Naciones. Tras el movimiento europeo también estaba Joseph Retinger, masón de grado 33°. Los masones utilizaron la amenaza del comunismo para salirse con la suya.

Los nazis querían establecer una confederación europea, basada en el sistema económico soviético. El plan se hizo público en 1942 Querían una Europa regionalizada. El Ministro de Finanzas Walter Funk publicó el libro "La comunidad europea" donde presentó las ideas de Goring de la "necesidad de unificar Europa extensivamente después de la guerra". Goebbels proclamó:

> "En 50 años Europa estará unida y las palabras "país de origen" ya no se utilizarán".

Existía un plan secreto para socializar toda la economía alemana y construirla sobre unos cimientos comunistas (es decir Illuminati). Ernst Kaltenbrunner, director del Reichssicherheitshauptamt, estaba en contra. Consideraba que era demasiado peligroso acercarse al sistema comunista de esta manera.

La intención era reducir el poder de Hitler en el nuevo sistema - haciéndole presidente del Reich alemán y ampliando el papel del Reichsfiihrer Heinrich Himmler, quien se convertiría en el líder de la confederación Europea. Uno de los arquitectos que estaba detrás de este proyecto era Hitlerjugend Reichsleiter Baldur von Schirach (hasta 1940).

Las tropas de las SS también ayudaban en las labores agrícolas, según documentos y fotografías encontrados en los archivos nazis. La intención era mostrar que las SS estaban al servicio del pueblo.

Los nazis afirmaban que querían una forma de socialismo flexible, un sistema justo que garantizara los derechos de las naciones pequeñas. La confederación quería unir las naciones europeas económica y políticamente. Debía ser una sociedad socialista amable, una Volks-Gemeinschaft, gobernada por el socialismo libertario con derechos civiles para todos y un pasaporte europeo común. No habría ningún tipo de interés, los bancos y las grandes empresas debían ser nacionalizadas, ya no sería posible hacer grandes cantidades de dinero de los demás, y las autoridades policiales debían ser sometidas a un control legal. Alemania renunciaría completamente a tener hegemonía sobre las demás naciones miembros. El programa nacionalsocialista original debía ser respetado. El deseo expresado era el de crear los Estados Unidos de Europa, donde todas las naciones serían iguales (Hans Werner Neulen, "Europa und das Dritte Reich: Einigungsbestrebungen im deutschen Machtbereich 1939-1945").

El 15 de febrero de 1945, el Ministro de Propaganda Joseph Goebbels publicó una directiva donde se prohibía estrictamente la discriminación hacia los otros pueblos europeos, en particular con los de origen eslavo - una conversión a la sombra de las horcas.

Los nazis, en otras palabras, querían implementar un programa que pudiera crear los Estados Unidos de Europa y que el líder Illuminati Giuseppe Mazzini había defendido ya en marzo de 1848. Los estatutos de las SS incluían el concepto de los Estados Unidos de Europa. Era el Imperio Merovingio con un nombre nuevo.

Otto Ohlendorf, responsable del SD-Inland (seguridad interna), fue nombrado por Himmler como Graalshuter der Idee (Ideólogo del Grial). Propuso varias ideas antes de la guerra, como el control jurídico de los internamientos en campos de concentración y el estatus de minoría para los judíos, lo que llevaría a respetar todos los derechos de un pueblo.

Este proyecto de confederación haría que fuese moralmente imposible empezar una nueva guerra de fraternal destrucción en Europa. En su libro "La fuente contaminada: Los orígenes antidemocráticos de la idea europea" (Londres, 1997), el periodista británico John Laughland destacó que Joachim von Ribbentrop y Joseph Goebbels veían el futuro mediante el principio del nuevo orden. Goebbels quería abolir todas las fronteras entre las naciones. El futuro de Europa se llevaría a cabo a través del progreso tecnológico mutuamente dependiente. Hacía falta un nuevo régimen monetario para proteger a Europa de la competencia con el resto del mundo.

Ya en 1942, los nacionalsocialistas estaban planeando la introducción de una moneda común europea. El plan fue finalmente lanzado por los masones en 1970, bajo la dirección del primer ministro de Luxemburgo Pierre Werner.

Los líderes nazis creían realmente en este gran plan. Le llamaban la Comunidad Económica Europea (Europäische Wirtschaftsgemeinschaft), que significaba un mercado común laboral, político, industrial y de comunicaciones.

Los nazis deseaban hacer la paz con la Unión Soviética. El líder nazi belga Leon Degrelle preguntó una vez a Hitler que haría si Stalin viniera a por él. Hitler respondió:

"Ordenar que a esta persona se le diera acceso al castillo más bonito de Europa."

Dado que el proyecto de la confederación nazi se apartaba de los planes masónicos originales de unos Estados Unidos de Europa (economía libre de intereses y naciones no-mixtas), los Estados Unidos de América destrozaron todos los intentos de hacer realidad las ideas.

Utilizando métodos más refinados y más pacíficos, los masones en la Unión Europea intentaron diseñar el programa nazi-Illuminati sin estas digresiones. Afirmar que la Unión Europea es una total reminiscencia de los planes nazis para una reorganización similar de Europa, está considerado, en general, del todo políticamente incorrecto.

El Ministro de Asuntos Exteriores de Alemania Joschka (Joseph Martin) Fischer (un antiguo terrorista de izquierdas) en la Universidad Humboldt de Berlín, el 12 de mayo de 2000, dijo del Parlamento Europeo que era hora de introducir una Federación Europea. Hablaba de una transición de la UE hacia un parlamentarismo total dentro de una Federación Europea, tal como el masón Robert Schuman había exigido 50 años antes. Esto significaba un Parlamento y un Gobierno europeo respectivamente que ejercieran los poderes legislativos y ejecutivos de la Federación. Los masones recibieron la sugerencia de Fischer con felicidad.

La declaración de la Comunidad Europea del 9 de mayo de 1950 declaró que los cimientos de hormigón para la futura federación habían sido puestos.

El Ministro francés para Europa Pierre Moscovitch declaró en la primavera de 2002:

> "Debemos avanzar hacia los Estados Unidos de Europa. Digo Estados Unidos ya que estamos hablando de la Federación Europea. Mucha gente piensa que la idea de unos Estados Unidos es una secuela lógica de la introducción de una moneda común - el euro."

La intención, aparentemente, es establecer los Estados Unidos de Europa, con todas las naciones miembros convertidas en estados federales con poco poder.

Planes siniestros entre bastidores

Ya en 1938, el Presidente Roosevelt aumentó la producción de aviones militares de 10.000 a 20.000 y a 50.000 en mayo de 1940. Los Estados Unidos no estaban en guerra, pero se estaban preparando para la guerra.

El almirante James O. Richardson en un análisis llegó a la conclusión de que sería mejor para los Estados Unidos, si Hitler atacaba primero a Stalin. En San Diego en mayo de 1941 se decidió que Hitler debería atacar a Stalin y no al revés. Esto sería más beneficioso para los intereses de la élite masónica. (Igor Bunich, "El oro del partido", San Petersburgo, 1992, p. 133).

Gran Bretaña tenía planes para ocupar Noruega y Dinamarca en abril de 1940. Hitler contraatacó y ocupó los países el 9 de abril de 1940. Las fuerzas de ocupación británicas ya estaban en marcha. Hitler se había opuesto a la invasión, pero su jefe de la marina Erich Raeder demostró que Inglaterra había avanzado los planes ignorando la neutralidad noruega y minando las aguas noruegas. Esto queda claro en el libro "Den nionde april" ("El nueve de abril"), de Michael Tamelander y Niklas Zetterling, publicado el año 2000.

Al comienzo de la Segunda Guerra Mundial, Winston Churchill había adelantado los planes de ocupar el norte de Suecia para evitar que llegara hierro sueco a los alemanes. En un informe secreto con fecha 20 de diciembre de 1939 se afirma que

> "el hierro sueco sería un factor decisivo para la guerra y la victoria caería del lado de quien finalmente pudiera controlar estas vitales minas".

Churchill pretendía construir una base naval británica en Estocolmo. El resto del gabinete y el ejército dudaron, y el ataque a Suecia fue aplazado varias veces. Hitler, sin embargo, tenía la intención de llegar en primer lugar, como lo había hecho tanto con Noruega como con Dinamarca.

El 30 de abril de 1945, Churchill deseaba al menos prepararse para dar apoyo militar a los suecos desde Noruega en caso de que las tropas de ocupación alemanas se negaran a rendirse, cuando el resto de las tropas nazis depusieran las armas (*Dagens Nyheter*, 25 de mayo de 1987). Los aliados tuvieron corredores aéreos seguros a través de Suecia durante toda la guerra.

Stalin había planeado un ataque en territorio de Hitler (La Operación Trueno), a pesar de que había purgado a los mejores líderes del Ejército Rojo. El ataque tuvo lugar el 6 de julio de 1941 Cuatro días después, el 10 de julio, el ataque había terminado. El alto mando del Ejército Rojo ya había recibido el 21 de junio (el día antes del ataque de Hitler), órdenes de atacar Rumania el 6 de julio de 1941 El comandante de esta operación debía ser el Mariscal Semyon Timoshenko. Él suponía que tenía que ir a Minsk el 22 de junio para preparar el ataque, en el que se debían movilizar 4,4 millones de hombres. Pero los alemanes atacaron primero.

Stalin quería forzar el paso a través de los países capitalistas como un rompehielos y ocupar los territorios en poder de Hitler, después de convertir a toda Europa en comunista, según los libros "El rompehielos" (Moscú, 1992), "El día M" (Moscú, 1994) y "La última República" (Moscú, 1996), todos ellos escritos por el agente desertor de la GRU Viktor Suvorov (en realidad Vladimir Rezun).

Junto al ataúd de Lenin, Stalin había prometido ampliar las fronteras de la Unión Soviética (*Pravda*, 30 de enero de 1924). El 19 de agosto de 1939, Stalin ya había tomado la decisión final sobre el inminente ataque a Europa (Viktor Suvórov, "El día M", Tallin, 1998, p. 23). Suecia también era un objetivo para ser ocupada y sovietizada.

Los espías de Hitler habían advertido a Berlín contra el ataque de Stalin y el 18 de diciembre de 1940, Hitler emitió la orden n° 18, a fin de preparar un plan para un primer ataque contra la Unión Soviética el 16 de mayo de 1941, la Operación Barbarossa.

El 11 de marzo, la Unión Soviética decidió llevar a cabo el ataque el 12 de junio de 1941 (Mikhail Meltiukhov, "La oportunidad perdida de Stalin", Moscú, 2000, p. 283). El 30 de abril de 1941, Hitler cambió la fecha del ataque al 22 de junio. El 9 de mayo, Moscú ignoró los rumores de las concentraciones de tropas en las fronteras occidentales.

El 17 de mayo, las autoridades soviéticas prohibieron a todos los periodistas extranjeros y diplomáticos que visitaran las fronteras occidentales de la unión. Tras la huida de Hess a Escocia, Stalin aplazó los planes para atacar. El 24 de mayo el mando militar soviético se decidió por una nueva fecha para el ataque, 6 de julio de 1941 El 10 de junio dieron órdenes a la Wehrmacht de comenzar el ataque a la Unión Soviética el 22 de junio.

Gran Bretaña trató de calmar a la Unión Soviética, con la promesa de acudir a ayudarla contra Alemania. Stalin recibió la información directamente desde Londres sobre el previsto ataque alemán. Pero no creyó que los informes fueran verdad (Mikhail Meltiukhov, "La oportunidad perdida de Stalin", Moscú, 2000).

A través de este ataque Hitler irónicamente salvó a Europa de una destrucción segura. Algunos libros de texto estonios también dicen que la Alemania Nazi al atacar a la Unión Soviética, impidió un ataque soviético sobre Alemania (M. Laar, Tilk M. y E. Hergauk, "Historia para 5° grado", Tallin, 1997,

p. 190). El historiador M. Laar es idéntico al ex Primer Ministro estonio Mart Laar. En Occidente, aún se repiten las viejas mentiras de la propaganda comunista.

A pesar de los informes de sus espías, Stalin fue cogido totalmente por sorpresa. No podía entender la temeridad de Hitler, emprendiendo una guerra simultáneamente en dos frentes. A Stalin incluso le costaba creer en los informes de guerra. Lo consideraba una provocación, igual que el día anterior había dejado de creer los cuentos de los desertores alemanes sobre el ataque inminente. No fue hasta la noche del 22 de junio que dio órdenes para resistir.

Un mito común afirma que Alemania atacó la Unión Soviética sin declararle la guerra. De hecho Alemania declaró la guerra a la Unión Soviética de madrugada, cuando Ribbentrop entregó una nota al embajador soviético. La nota decía que Alemania se veía obligada a atacar para prevenir un ataque soviético planificado. Por lo tanto, los masones guardaron silencio al respecto. Una de las razones por las que Ribbentrop fue ahorcado tras los juicios de Núremberg, fue la falsa acusación de que Alemania nunca había declarado la guerra a la Unión Soviética. Incluso historiadores soviéticos admitieron más tarde que la nota había sido entregada ("Historia de la Segunda Guerra Mundial", Moscú, 1973-82, vol. 4, p. 31). Así pues, fue la Unión Soviética quien violó el acuerdo Molotov-Ribbentrop, no Alemania. En Occidente, las mentiras estalinistas todavía están siendo aceptadas como verdades.

Las llamadas Divisiones Negras estaban formadas por prisioneros de los campos de detención rusos, que habían sido entrenados a fondo en Sochi en el Mar Negro y enviados a combatir contra los alemanes detrás de las líneas en julio -agosto de 1941 Stalin tenía más de un millón de estos paracaidistas a su disposición con fines atacantes, más que los que tenían todos los ejércitos occidentales juntos para el mismo propósito.

Stalin disponía de un total de 15.000 tanques, cinco veces más que Hitler. También tenía tanques especiales A (Avtostradnye tanks), que podían circular por las autopistas alemanas. La mayoría de los 15.000 tanques eran anfibios. Los alemanes no tenían tanques pesados.

Alemania sólo tenía seis divisiones acorazadas. Berlín perdió una tercera parte de sus tanques. Hitler tenía un total de 3.410 tanques, 210 de los cuales no tenían cañones. Ninguno de ellos era anfibio (Viktor Suvorov, "Suicide", Moscú, 2000, p. 192, p. 299). Con un ejército tan mal equipado, era difícilmente posible extender su Lebensraum, es la prueba de que se trataba de una guerra preventiva.

Wilhelm Canaris, jefe de la inteligencia militar, nunca informó a Hitler sobre la gran capacidad militar de la Unión Soviética o de lo contrario Hitler nunca se hubiera atrevido a hacer el ataque preventivo soviético. Según el profesor William Carroll Quigley (1910-1977), el almirante Canaris trabajaba para la élite mundial traicionando a Hitler (Carroll Quigley, "La sociedad secreta que puso en marcha la Segunda Guerra Mundial"). Canaris había sido reclutado por el servicio de inteligencia británico antes de que los nazis llegaran al poder.

Hitler se atrevió a atacar principalmente debido a los fracasos soviéticos durante la guerra contra Finlandia (1939-1940).

Las citas de Suvórov sobre los Mariscales Georgi Zhukov, Alexander Vasilevsky, Vasili Sokolovsky, Nikolai Vatutin, Ivan Bagramyan y otros, confirman totalmente que Stalin estaba preparando un ataque y no la defensa como se diría más adelante. Esta fue la razón de por qué las pérdidas de Moscú fueron tan enormes - 600.000 hombres las tres primeras semanas, 7.615 tanques, 6.233 aviones de combate (de los cuales 1200 se perdieron el primer día) y 4.423 piezas de artillería.

Un gran número de soldados rusos se dejaron hacer prisioneros. Al final del primer año, 3,8 millones se habían pasado a los alemanes. El Ejército Rojo simplemente se negó a luchar por el comunismo. La mayoría de los restantes 1,2 millones murieron en la acción. Joseph Stalin se sorprendió. Con la ayuda de tropas de obstrucción, los comisarios empezaron a matar a todos los soldados soviéticos reacios a seguir adelante.

Los financieros de Wall Street entraron en pánico y comenzaron a enviar todo tipo de equipos a la Unión Soviética lo más rápido que pudieron. En agosto de 1941, los Estados Unidos comenzaron a hablar con Moscú sobre cómo podrían ser rechazadas con más eficacia las tropas de Hitler. Hitler fue incapaz de planear sus operaciones, ya que en ese momento estaba enfermo, por "cortesía" del Dr. Morrell. Los Estados Unidos por su parte continuaron apoyando a los militares nazis y ayudando económicamente, pero en menor escala.

La ayuda continuó durante la guerra

La élite financiera en Estados Unidos continuó apoyando a Alemania incluso durante la guerra, que ellos mismos habían causado y entonces proporcionaban una "solución" - la división de Europa en dos bloques ideológicos. Tenían la intención de hacer que este desastre continuara durante tanto tiempo como les fuera posible.

El senador y francmasón de alto rango S. Harry Truman, que fue vicepresidente y después presidente de Estados Unidos, explicó la situación tras el ataque de Hitler a la Unión Soviética el 24 de junio de 1941, en *The New York Times*:

> "Si vemos que Alemania está ganando, ayudaremos a Rusia, y si es Rusia quien está ganando, ayudaremos a Alemania. Y de este modo dejaremos que se maten tanto como sea posible, aunque no quiero ver a Hitler salir victorioso bajo ninguna circunstancia. Ninguno de ellos se creen sus obstinadas palabras."

En aquellos momentos, Truman (1884-1972) no era sólo francmasón de grado 32°, también era gran maestro de la Gran Logia de Missouri (1940-41). Esta información está disponible en el templo masónico de Alexandria, Virginia.

Gran Bretaña y Francia declararon la guerra a Alemania el 3 de septiembre de 1939, pero resultó ser una guerra muy extraña, pasiva y unilateral. Los masones tenían la esperanza de que el canciller alemán anularía su decisión de que el valor de la moneda alemana dejara el patrón oro. Según Hitler la base del valor del dinero debía ser el trabajo. Los banqueros de Wall Street lo rechazaban. Ellos también detestaban los planes de Hitler de reducir las tasas de interés y finalmente abolirlas (Bruno H. Schubert, "La Asociación de la economía-libre, Inc., EE.UU.", Huntington 1972).

Hitler trató de convencer al primer ministro británico Neville Chamberlain de que actuara contra los conspiradores y firmara un acuerdo de paz con Alemania. Chamberlain aceptó. La prensa inició entonces una violenta campaña contra él, obligándole a dimitir como primer ministro en mayo de 1940, siendo sustituido por Winston Churchill. Neville Chamberlain dejó el gobierno finalmente en octubre de 1940.

El 1 de agosto de 1940, Gustavo V de Suecia se dirigió al monarca británico George VI ofreciéndose para actuar como mediador. Pero el primer ministro Churchill se opuso a todas las futuras negociaciones. Londres no tendría nada que ver con un tratado de paz, a menos que Alemania volviera al antiguo sistema económico.

Las negociaciones con Hitler fracasaron. Los banqueros amenazaron con ir a la guerra, a menos que la situación volviera a la normalidad. No fue hasta el 6 de junio de 1944, que Estados Unidos y Gran Bretaña abrieron un segundo frente para la invasión de Normandía.

Mientras tanto, varios capitalistas seguían haciendo negocios con Hitler. Sólo en 1941, las fábricas de Ford en Francia tuvieron un beneficio de 58 millones de francos con los productos que logró vender a los alemanes. La Casa Blanca era consciente de ello pero hacía todo lo posible para ocultarlo al público.

En marzo de 1942, la Royal Air Force bombardeó la planta de Ford de Poissy, Francia. En una carta posterior de Edsel Ford a Sorenson, el gerente de Ford sobre este ataque de la RAF, comentaba:

> "En los periódicos estadounidenses se publicaron fotografías de la planta en llamas, pero afortunadamente no se hacía ninguna referencia a la Ford Motor Company".

En cualquier caso, el gobierno de Vichy pagó a Ford Motor Company 38 millones de francos en compensación por los daños y perjuicios en la planta de Poissy. De esto no se informó a la prensa estadounidense, ya que al público en general no le habrían gustado estas noticias (Josiah E. DuBois, Jr. "Generales con trajes de color gris", Londres, 1953, p. 251).

DuBois afirma que estos mensajes privados de Ford a Europa fueron entregados a Edsel Ford por el Secretario de Estado adjunto Breckenridge Long.

Durante toda la guerra, los petroleros de Rockefeller suministraron combustible a los submarinos de Hitler, permitiéndoles hundir con éxito barcos estadounidenses. Normalmente los submarinos se proveían de combustible en los alrededores de las islas Canarias (Charles Higham, "Comerciando con el enemigo", Nueva York, 1984, p. 61).

El historiador judío Ladislas Farago, que entonces trabajaba para la inteligencia norteamericana, estuvo de acuerdo:

> "La guerra de Hitler con submarinos contra los buques anglo-americanos durante el invierno de 1942-1943 fue un éxito gracias a la ayuda que recibió de Rockefeller." ("La guerra silenciosa", Estocolmo, 1956, p. 77).

En 1940, la Standard Oil de Nueva Jersey (ahora Exxon) tenía seis petroleros con bandera panameña, tripulados por oficiales nazis para llevar el fuel-oil desde las refinerías de la Standard Oil hasta las Islas Canarias, lugar de abastecimiento de los submarinos nazis (Antony Sutton, "Como el orden crea la guerra y la revolución", Bullsbrook, 1985, p. 64). Un informe de la inteligencia al Fifth Corps de Columbus, Ohio, el 15 de julio de 1941 decía que los nazis no habían hundido ningún barco de la Standard Oil.

Los submarinos alemanes hundieron 3.000 barcos americanos. La Standard Oil también suministraba combustible para la Luftwaffe. Según un informe del FBI de 1942, durante la guerra el 20 por ciento de la producción energética de la Standard Oil iba a Alemania. La Standard Oil era propietaria y extraía el petróleo en la Rumania ocupada por los alemanes. El presidente de la empresa Harriman-Bush, Karl Lindemann, tenía permiso para avalar los cheques de la Standard Oil en beneficio del jefe de las SS Heinrich Himmler.

Franklin D. Roosevelt había permitido oficialmente el comercio con el enemigo, el 13 de diciembre de 1941, cuando se firmó la "Licencia General de conformidad con la sección 3 (a) del acto de comercio con el enemigo". El documento también estaba firmado por el judío francmasón y Secretario del Tesoro, Henry Morgenthau y el Procurador General Francis Biddle. Morgenthau participó en los juicios de Núremberg a fin de salvaguardar los intereses norteamericanos.

El 14 de marzo de 1985, el diario sueco *Aftonbladet* mostraba que los banqueros Jacob y Marcus Wallenberg también habían trabajado estrechamente con el régimen nazi haciendo préstamos de grandes cantidades de dinero a IG Farben. Dos historiadores holandeses, Gerard Aalders y Cees Wieber, pasaron seis años buscando su evidencia. En 1939 se firmó un contrato entre los nazis y Wallenberg, válido hasta 1944. Durante este periodo, Jacob Wallenberg visitó Alemania en repetidas ocasiones para negociar con el gobierno de Hitler. IG Farben daba forma a la política exterior de Hitler, como fue confirmado por Georg von Schnitzler, miembro de la Junta de IG Farben:

> "IG Farben es básicamente responsable de las políticas de Hitler".

En Estados Unidos, Wallenberg era la fachada de varias empresas propiedad del industrial alemán Robert Bosch. Después de la guerra, cuando se descubrieron los acuerdos, los estadounidenses confiscaron las empresas pero el dinero misteriosamente fue devuelto a Wallenberg. Gerard Aalders dijo en *Aftonbladet*:

> "Cómo lograron devolver el dinero a los Estados Unidos sigue siendo un secreto."

El Stockholms Enskilda Bank hacía de fachada de Bosch, Krupp, IG Farben y otras empresas importantes de Alemania durante la Segunda Guerra Mundial. El banco Wallenberg les ayudó, entre otras cosas, haciéndose pasar por el comprador de sus empresas filiales extranjeras (Gerard Aalders y Cees Wieber, "Affari till varje pris" / "Negocios a cualquier precio", Estocolmo, 1989).

La familia Wallenberg también colaboró con los líderes soviéticos. Esto fue revelado por el ex jefe del espionaje de Escandinavia, Yelisei Sinitsyn, en su libro "El testigo residente" (Moscú, 1996, p. 260). Relató como los Wallenberg, durante la Segunda Guerra Mundial, se aseguraron de que la Unión Soviética recibiera regularmente rodamientos de bolas de alta calidad y suministros militares. Sin este suplemento la Fuerza Aérea Soviética habría tenido serios problema. Casi cada noche, aterrizaban aviones soviéticos en los aeródromos suecos con el permiso del gobierno sueco para transportar refuerzos para las fábricas soviéticas de aviones.

El gobierno sueco también delegó en Raoul Wallenberg la tarea de velar por los intereses soviéticos en Budapest. Pero como Raoul Wallenberg también cooperaba con los servicios de inteligencia alemanes y americanos y protegía otros intereses (entre ellos los de los fascistas italianos y los empresarios inútiles) fue arrestado, llevado a la Unión Soviética y ejecutado con una inyección de veneno.

Después de la Conferencia de Yalta Churchill declaró:

> "Ahora sabemos que tenemos un amigo (Stalin) en quien podemos confiar."

Esto lo dijo para engañar a la opinión occidental. Los masones eran muy conscientes de que Stalin no era más digno de confianza que Hitler.

Estos poderes sabían exactamente qué pasaría con los europeos del Este antes de que Stalin tuviera acceso a las nuevas tierras de la Europa Oriental. Se ha afirmado que Winston Churchill acuñó la expresión 'telón de acero' el 5 de marzo de 1946 en el Westminster College, Fulton, Missouri. No fue así. De hecho, fue el ministro de propaganda nazi, Joseph Goebbels, quien en el periódico *Das Reich* del 25 de febrero de 1945, utilizó la expresión por primera vez. En el artículo "El año 2000" (p. 1-2) describía la situación Europea tras una posible derrota alemana. Su hipótesis era que si Alemania deponía las armas, toda la Europa del Este sería ocupada por la Unión Soviética de acuerdo con la Conferencia de Yalta. Escribió:

> "Un telón de acero cae a través de un vasto territorio controlado por la Unión Soviética. Detrás, los diferentes pueblos serán masacrados. La prensa judía de Londres y Nueva York probablemente incluso lo aplaudirán."

Goebbels asumió que Alemania se dividiría según el plan de Yalta, una parte se volvería comunista. Hizo hincapié en que los vencedores crearían todo tipo de mitos sobre la guerra. Finalmente, en 2000 Europa sería reunida en una única unión.

Las fuerzas que ayudaron a Adolf Hitler a hacerse con el poder aún tiran de los hilos entre bastidores. Es por ello que todos los vergonzosos hechos sobre los financieros americanos no hayan surgido hasta ahora. Los Estados Unidos son los responsables finales de la aparición del comunismo, así como del nacionalsocialismo en el ámbito político.

Después de la Segunda Guerra Mundial, 226.931 alemanes fueron juzgados acusados de crímenes contra la humanidad. Originalmente, debían ser juzgadas 3.596.000 personas, pero por razones prácticas no se hizo. Muy pocos asesinos comunistas han sido juzgados en el antiguo mundo comunista. Los comunistas al final no dejaron que sus dueños, la élite financiera, cayeran.

Los comunistas polacos iniciaron la mayor operación de limpieza étnica de la historia - la expulsión de más de doce millones de ciudadanos alemanes de las provincias orientales de Alemania.

El primer ministro Winston Churchill dijo ya en 1944 en un debate en la Cámara de los Comunes:

> "En nuestra opinión, el método más satisfactorio y duradero es la expulsión. Al librarnos de las mezclas raciales que conducen a conflictos interminables... se conseguirá la limpieza."

Así pues, la intención actual de mezclar a los pueblos no es una expresión de solidaridad (un término masónico) sino la creación de infinitos conflictos, que luego pueden ser utilizados por los líderes masónicos para promover sus intereses criminales.

Obviamente vivimos en un mundo muy bárbaro. La situación ha surgido debido a nuestra falta de juicio. Pero finalmente resultará imposible que esto continúe así con mentiras, actos malvados e injusticias. Tarde o temprano este sistema también se derrumbará.

La histeria del *holocausto*

En marzo de 1916, *The Daily Telegraph* informó que los austriacos y los búlgaros habían gaseado 700.000 serbios. Después de la guerra, nadie se creía ya esta historia. Se admitió que esto sólo era propaganda de guerra.

El 31 de octubre de 1919 *The American Hebrew* publicaba un artículo propagandístico con el título "¡Hay que detener la crucifixión de judíos!" En el artículo, se afirmaba que durante la Guerra Mundial a causa del hambre, de las epidemias y de "el holocausto", podían haber sucumbido seis millones de judíos. Después resultó que todo era propaganda de guerra. Esta información fue difundida durante y justo después de la Primera Guerra Mundial.

Según Ben Weintraub, la figura seis millones tiene una gran importancia cabalística, por lo tanto es importante mantenerla tanto si es correcta como si no ("El dogma del holocausto del judaísmo: Piedra angular del nuevo orden mundial", Toronto, 1995, p. 12).

En 1933, había 5,6 millones de judíos en las áreas que más tarde fueron controladas por los alemanes (The New York Times, 11 de enero de 1945).

Los judíos ortodoxos en su libro sagrado del Talmud groseramente han calumniado a los romanos afirmando que el emperador Vespasiano "Había matado a cuatrocientas mil miríadas de judíos inocentes en la ciudad de Beth". Una cifra bastante imposible ya que supuestamente una miríada eran ¡diez mil! En otro lugar en el Talmud (Gittes 58a, p. 269), se afirma:

> "En Beth, dieciséis millones de escolares israelitas fueron envueltos con pergaminos y quemados vivos por los soldados romanos".

Casi todo el mundo ha aceptado la versión oficial de lo que ocurría durante el reinado del nacionalsocialismo. A medida que el lector se da cuenta, gran parte de estas historias han demostrado ser mitos. Los políticos masónicos de alto rango han hecho creíbles flagrantes falsificaciones, especialmente la del intento de exterminar sistemáticamente a todos los judíos europeos. Uno de los propósitos de este mito era hacer imposible toda crítica a los judíos en el futuro. Era necesario que hubiera una compasión automática hacia el pueblo judío, para facilitar que los extremistas judíos pudieran cometer tantos crímenes como desearan.

La revista israelí *News from Whithin* (n° 5, mayo de 1995) decía que los sionistas utilizaban el sufrimiento del pueblo judío para alcanzar determinados objetivos políticos. Por lo tanto, los hechos han sido manipulados y se habrían negado a ayudar a su propia gente. Michael Warschawski, en la revista, decía lo siguiente:

> "La sensación de ser la eterna víctima ha hecho posible en gran medida eliminar todos los sentimientos de empatía por el sufrimiento de los otros y todos los sentimientos de culpa para las víctimas de las injusticias cometidos por el estado de Israel."

Moshe Zuckerman revelaba en la misma revista que Israel está utilizando el holocausto para lavar el cerebro a la nueva generación.

Los escolares de Holanda han sido tan eficazmente adoctrinados por la propaganda del holocausto que están convencidos de que en el mundo ya no quedan judíos. Eso dijo un portavoz del Museo Judío de Ámsterdam en junio de 2000.

El editor político del diario sueco *Dagens Nyheter*, Svante Nycander, escribió lo siguiente el 18 de abril de 1992:

> "Entonces, ¿cómo puede una persona razonablemente bien informada estar segura de que el holocausto realmente tuvo lugar?... Si sólo está permitida una versión de un acontecimiento histórico, la gente no tiene ninguna razón de peso

para creer que es verdad. Una afirmación que requiriera la protección de la ley, haría sospechar que se trata de un mito."

El holocausto durante la Segunda Guerra Mundial sigue siendo "un hecho probado", aunque los relatos absurdos de los testigos contradicen las leyes naturales y la lógica humana.

Sin embargo, existen, los que cuestionan la versión oficial.

El primer defensor del holocausto que dudó fue Alexander Radcliffe, político escocés que afirmaba a finales del 1945 en su revista Vanguard, que el holocausto había sido un invento judío. Esta declaración la había sacado de La verdad sobre los judíos, un panfleto que Radcliffe había publicado anteriormente en el que especulaba también con que el gobierno británico en realidad estaba controlado por los judíos.

En 1947, el escritor francés Maurice Bardèche afirmó en su segundo libro, "Núremberg o la tierra prometida" que al menos una parte de la evidencia que rodea a los campos de concentración había sido falsificada y que las muertes de los que estaban allí enterrados principalmente habían sido a causa del hambre y la enfermedad. Bardèche también fue el primero en sostener que los judíos a los que no gaseaban, los utilizaban para la limpieza de las llamadas cámaras de gas.

El suizo Paul Rassinier fue el siguiente disidente importante en surgir. El mismo Rassinier era un superviviente de los campos de concentración. Fue detenido por la Gestapo en 1943 por sus actividades en la resistencia (que incluía el traslado de judíos a Suiza) y pasó el resto de la guerra en Buchenwald y Dora. En 1948, Rassinier publicó "Cruzando la línea", que fue el primero de una serie de libros con la intención de mostrar que las afirmaciones de la mayoría de los supervivientes de los campos de concentración eran exageradas, y que los reclusos encargados de las ejecuciones en los campos eran los culpables reales de los horrores de los campos, no las SS. En su libro "El drama de los judíos europeos" (1964), Rassinier argumentaba que la afirmación de que las cámaras de gas se utilizaban para matar judíos no era más que una invención creada para hacer servicio al gobierno sionista de Israel. Aunque Rassinier murió en 1967, su obra fue más tarde recogida y publicada póstumamente en 1976 con el título "Desenmascarando el mito del genocidio", llevando las teorías de aquel superviviente de un campo de concentración francés a una nueva generación de escépticos.

En mayo de 1945, Austin J. App, profesor de literatura inglesa en la Universidad de Scranton y en La Salle College de Missouri, afirmó que las atrocidades que tuvieron lugar en los campos de concentración estaban legalmente justificadas de acuerdo con las reglas de la guerra.

En 1946, App utilizó estadísticas para mostrar que los seis millones de judíos muertos a manos de los nazis era bastante imposible. En 1949, en una carta al Time Magazine, App había calculado el número de judíos muertos en 1,5 millones. En 1973, App publicó "El timo de los seis millones: Chantaje de muchos marcos al pueblo alemán fabricando cadáveres", donde trazaba sus ocho "afirmaciones irrefutables" donde demostraba que la cifra de seis millones de judíos muertos es una enorme exageración.

El juez alemán Wilhelm Staglich reveló el farol en su libro "El mito de Auschwitz" / "Der Auschwitz-Mythos" (Indiana, 1984). Como resultado vio reducida su pensión y perdió el título de médico.

Las autoridades se apoyaron en una ley derogatoria de títulos académicos de 1939 - ¡una ley firmada por el propio Adolf Hitler!

582 THE AMERICAN HEBREW October 31, 1919

The Crucifixion of Jews Must Stop!
By MARTIN H. GLYNN
(Former Governor of the State of N. Y.)

"Disección del Holocausto: La creciente crítica de la 'Verdad' y la 'Memoria' " (Capshaw, Alabama, 2000), editado por el ingeniero químico Ernst Gauss, contiene los resultados de los análisis químicos que dejan perfectamente claro que todas las afirmaciones de las cámaras de gas para el asesinato masivo de gente en los campos de concentración es un disparate total. El libro está prohibido en Alemania.

Norman C. Finkelstein, profesor de la Universidad de Nueva York e hijo de dos judíos supervivientes del gueto de Varsovia y los campos de concentración, escribió "La industria del Holocausto" (Londres, 2000), donde afirma que todo este revuelo conduce al antisemitismo y a beneficiar a neonazis y revisionistas.

El americano judío David Cole denunció el engaño del holocausto de Auschwitz, cuando fue en septiembre de 1992 Cole habló con el director del Museo el Dr. Francizek Piper y llegó a la conclusión de que todo era una ficción. Sus documentales son para reflexionar. Cole creía que las mentiras sólo hacían daño a los mentirosos. Los judíos extremistas comenzaron a amenazarlo y desapareció sin dejar rastro.

El judío francés Jean-Gabriel Cohn-Bendit en 1991 expresó sus dudas en un ensayo sobre las historias de las cámaras de gas. Inmediatamente fue objeto de calumnias.

Ian J. Kagedan, portavoz de la logia canadiense B'nai B'rith, escribió en The Toronto Star el 26 de noviembre de 1991:

"El Holocausto fue la piedra angular, o principio fundamental, del Nuevo Orden Mundial".

El ingeniero civil francés Henri Roques a la edad de 66 años en mayo de 1986 recibió la máxima calificación con su tesis doctoral en la Universidad de Nantes en Bretaña. Afirmaba que las cámaras de gas no habían existido en los campos de concentración alemanes. Según él, las cámaras de gas son un mito.

Roques había trabajado en su tesis durante 20 años y leído prácticamente todo el había escrito sobre los campos de concentración de Hitler. Después de la interferencia de las organizaciones judías, Roques finalmente perdió su titulación.

El catedrático de historia polaco, Dariusz Ratajczak, en 1999 escribió en su libro "Asuntos peligrosos" que el número oficial de víctimas judías en los campos de concentración nazis era muy exagerado. Sostenía que los relatos de los testigos estaban faltos de credibilidad y que la gasificación de judíos nunca tuvo lugar. Ratajczak dijo que las "cámaras de gas" mostradas al público nunca fueron utilizadas como tal. Fue despedido de su puesto de trabajo en la Universidad de Opole y se le prohibió enseñar en cualquier otro lugar de Polonia durante tres años.

El Presidente Eisenhower admitió que los campos de concentración nazis eran "cárceles para presos políticos".

Cuando las organizaciones judías de Estados Unidos, Gran Bretaña y otros países en 1933 comenzaron un boicot que infligió un enorme daño económico a Alemania, Hitler comenzó a hacer las leyes anti-judías. Los judíos eran considerados como un riesgo para la seguridad. Los sionistas querían provocar que Hitler impusiera medidas más severas contra los judíos para acelerar la emigración judía a Palestina. A partir de 1933 los judíos fueron intensamente perseguidos y empujados hacia el exilio.

Los que en 1941 y más tarde todavía estaban viviendo en el ámbito de interés alemán, fueron enviados a campos de trabajo, reunidos en guetos y deportados a Rusia, por lo que perdieron sus posesiones y muchas familias se dividieron. Durante la campaña militar del este, las tropas alemanas, llamadas Einsatzgruppen, asesinaron a muchos judíos.

Pero no es cierto que hubiera un plan para aniquilar físicamente a todos los judíos y que hubiera cámaras de gas para matar a gente en varios campos de concentración. También ha sido exagerado el número de víctimas.

La guerra ofrecía una oportunidad para forzar "la solución final de la cuestión judía" a través de los nazis. Hermann Goring el 31 de julio de 1941 escribió a Reinhard Heydrich sobre sus intenciones:

"Como un suplemento a la tarea, que fue confiada a usted en el decreto de fecha 24 de enero de 1939, para resolver la cuestión judía mediante la emigración y la evacuación de la manera más favorable posible, dadas las condiciones actuales, por la presente le encargo llevar a cabo todos los preparativos necesarios en materia organizativa, sustantiva y financiera para una solución total de la cuestión judía en la esfera de influencia alemana en Europa... Además le encargo que presente puntualmente un proyecto relativo a las preparaciones de carácter práctico para la solución final de la cuestión judía." (Raul Hilberg, "El exterminio de los judíos europeos" / "Die Vernichtung der Europäisches Juden", Fischer Taschenbuch Verlag, 1990, p. 420)

La conferencia de Wannsee en Berlín el 20 de enero de 1942 que según el mito, decidió exterminar a los judíos, en realidad trataba sobre su reubicación, lo que también es claramente evidente a partir las actas de la reunión.

Todos nos hemos acostumbrado tanto a estas mentiras en relación con la histeria del holocausto que tenemos problemas para aceptar los hechos de las circunstancias reales.

Deberíamos preguntarnos cómo alguien ha podido ser tan cruel como para mentir sobre el holocausto. Aparentemente, este ha sido el caso. Una gran cantidad de hechos contundentes desmonta fácilmente las mentiras que hay detrás del mito del holocausto.

Durante la guerra hubo 14 campos de concentración grandes y varios más pequeños. Además había 500 más de los llamados campos de trabajo que contenían cada uno de ellos desde unos cuantos cientos hasta más de 1000 prisioneros. El austriaco campo de Mauthausen fue notorio por su falta de humanidad.

Había reglas estrictas para los funcionarios de las SS que estaban al cargo. Karl Koch, comandante de Buchenwald, fue fusilado por corrupción y asesinato. Hermann Florstedt, el comandante de tan mala fama de Majdanek, fue colgado frente a los prisioneros reunidos.

El 4 de junio de 1937, el Gruppenfiihrer de las SS Theodor Eicke informó en un memorándum interno que el Oberscharfiihrer de las SS Zeidler había asaltado sádicamente a un recluso en el campo de concentración de Sachsenhausen. Como advertencia a los demás vigilantes, fue degradado, licenciado de las SS y entregado a las autoridades. Eicke señaló que no estaba tolerado agredir a los reclusos.

Entre el 1 de julio de 1942 y el 30 de junio de 1943, murieron 110.812 reclusos en los campos de concentración, según queda demostrado en las estadísticas recogidas por el Waffen de las SS General Oswald Pohl para Heinrich Himmler. En agosto de 1943, el número total de prisioneros en el campamento era de 224.000, y un año más tarde había 524.000.

Al educador suizo Jurgen Graf le chocaron muchos de los disparates de la versión oficial del "holocausto". Por lo tanto, compiló todo el material disponible en un libro, "El holocausto a juicio: Los relatos de los testigos hacia las leyes naturales" ("Der Holocaust auf dem Priifstand: Augenzeugenberichte versus Naturgesetze"). El libro es muy convincente por su verosimilitud.

Afirma:

"Salvo en los últimos caóticos meses de la guerra, el peor período en los campamentos fueron el verano y otoño de 1942 Durante estos meses más de 300 personas murieron de fiebre tifoidea haciendo vida cotidiana en Auschwitz. La enfermedad también reclamó entre sus víctimas a los guardias de las SS. Dentro de los complejos de Auschwitz la mayoría de las muertes se produjeron en Birkenau, tres kilómetros al oeste del campamento principal, que se había convertido en un campamento hospital. Durante ciertos períodos murió en Birkenau más gente que en todos los otros campos juntos. Este "campamento de la muerte" donde sucumbieron probablemente entre 60.000 a 80.000 presos, principalmente por enfermedad (¡también hubo ejecuciones y asesinatos!), más tarde se convirtió en el legendario "campo de exterminio", donde según los "historiadores" fueron asesinados entre uno y cuatro millones de personas.

Para quemar los cadáveres de las víctimas de la enfermedad, había hornos crematorios y para almacenar los cadáveres antes de la cremación debía haber tanatorios y bodegas construidas especialmente para ello, que la leyenda más tarde convertiría en "cámaras de gas". Incluso las duchas, al menos parcialmente, se convirtieron en "cámaras de gas". Y la división de los prisioneros en sanos y discapacitados se convirtió en "la selección para las cámaras de gas". Así nació la mentira más fatídica de nuestro siglo, la mentira de Auschwitz."

Hay paralelos históricos en cuanto a la tasa de mortalidad en campos de detención similares. En los campos de prisioneros de la Unión Douglas y en Rock Island durante la Guerra Civil estadounidense, la media mensual de muertes era del 2 al 4 por ciento, y en el campo de prisioneros de la Confederación en Andersonville murieron 13.000 de los 52 000 soldados capturados de la Unión. Durante la guerra de los Boers los británicos encarcelaron aproximadamente a 120.000 civiles Boers, así como a decenas de miles de nativos africanos, de los que murió uno de cada seis. Ni los prisioneros de guerra en la Guerra Civil americana ni los de la guerra de los Boers murieron deliberadamente; casi todos ellos murieron de epidemias. La cifra de muertos se puede comparar a la de Dachau (sobrevivieron el 84%) o de Buchenwald (sobrevivieron el 86%).

¿Cómo puede alguien confiar en los sionistas, cuando ya durante la primera Guerra Mundial mintieron sobre este asunto? La propaganda sionista después de la primera Guerra Mundial afirmó que habían muerto seis millones de judíos a causa del hambre, las epidemias y el holocausto.

Poco después de la Segunda Guerra Mundial aparecieron diferentes versiones del holocausto. ¿Cuál de ellas se supone que uno debe creer?

Stefan Szende (Dr.), un judío sueco de ascendencia húngara, escribió en su libro "La promesa que Hitler respetó" (Nueva York, 1945), sobre el campo de concentración de Belzec:

"Los trenes que llegaban a Belzec cargados de judíos eran conducidos por un túnel a las instalaciones subterráneas del edificio de ejecución. Allí los judíos bajaban y tenían que dejar sus pertenencias. Cada día llegaban trenes llenos de judíos desde Alemania, Austria, Checoslovaquia, Bélgica, Holanda, Francia y los Balcanes... los llevaban a salas enormes capaces de albergar a varios miles de personas. En estas habitaciones no había ninguna ventana, estaban construidas completamente con metal y tenían el suelo que se podría bajar.

Los suelos de estas salas, con miles de judíos, se hundían en una balsa de agua, que había debajo - pero sólo lo suficiente como para que la gente no quedara totalmente sumergida bajo el agua. Cuando todos los judíos sobre la placa de metal tenían el agua por encima de las caderas, se enviaba una descarga eléctrica a través del agua. Al cabo de unos momentos, todos los judíos, miles a la vez, estaban muertos.

A continuación, la placa de metal salía fuera del agua. Con todos los cadáveres de las víctimas asesinadas. Se enviaba otra descarga eléctrica, y la placa de metal se convertía en un horno crematorio, al rojo vivo, hasta que todos los cuerpos eran reducidos a cenizas.

Unas grúas enormes levantaban nuevamente el suelo y vaciaban las cenizas. El humo salía a través de grandes chimeneas industriales.

Este era todo el procedimiento. Tan pronto como se acababa, se podría volver a empezar de nuevo. Constantemente nuevos lotes de judíos eran conducidos por los túneles. Los trenes individuales llevaban entre 3.000 y 5.000 judíos a la vez y había días en que por la línea de Belzec se veían llegar entre veinte y treinta de estos trenes.

La tecnología moderna triunfó en el sistema nazi. El problema de cómo exterminar millones de personas se resolvió."

El libro de Szende fue retirado del mercado y destruido, cuando más tarde se escogió la versión de la cámara de gas. Los hechos sobre el exterminio de los judíos se publicaron ya en 1942 en periódicos controlados por los sionistas como

The New York Times. El propósito principal de esta propaganda de terror era destacar la necesidad de establecer una patria judía.

El historiador estadounidense Arthur R. Butz analiza en su libro "La gran estafa del siglo XX" (Ladbroke, 1976) cómo se originó el fraude del siglo. Su conclusión:

> "Las cámaras de gas son fantasías de la posguerra".

En *The New York Times* fueron descritos varios métodos de exterminio, además del de las cámaras de gas. El 7 de febrero de 1942, aparecieron cuentos sobre "lugares donde envenenaban la sangre" en la Polonia ocupada y el 30 de junio de 1942 sobre "una casa de tiro", donde disparaban cada día a miles de judíos. Estas versiones fueron abandonadas ya antes del final de la guerra. Luego vinieron las cámaras de la muerte de vapor que incluso se presentaron en los juicios de Núremberg.

Estos son unos cuantos ejemplos más: Los judíos eran asesinados con hornos eléctricos... Los judíos eran asesinados con fuertes descargas con duchas eléctricas y entonces convertidos en jabón. Esta versión es de Simon Wiesenthal... Los judíos eran asesinados con cal viva y gases de diesel...

En el juicio de Belzec en 1965 un tribunal alemán estableció la versión donde los judíos habían sido asesinados con Zyklon B, mediante un sistema de tuberías que lo llevaba a las duchas. El Tribunal creyó que pasadas unas semanas se cambió a los gases de diesel. Aparentemente los estúpidos hombres de las SS tardaron un par de semanas en darse cuenta de que era imposible hacer pasar los granos de zyclon por las tuberías. Además, las SS hicieron lo contrario en otros campos y pasaron de los carburantes diesel al Zyclon B, todo ello según la histeria del holocausto...

No hay, sin embargo, ninguna prueba del asesinato de 600.000 judíos en Belzec - ni un solo documento alemán. No se han encontrado fosas, ni las cenizas después de 600.000 asesinados y reducidos a cenizas. Las cámaras de gas no se han encontrado por ninguna parte.

En enero de 1995, la revista francesa L' Express informó que el personal de Auschwitz ahora admitía que la cámara de gas conocida como la Krema I había sido erigida en 1948 por el gobierno comunista polaco para beneficiarse de los turistas extranjeros. Fred Leuchter ya había revelado el engaño en 1988.

Hay evidencia de que todas las cámaras de gas fueron construidas después de la Segunda Guerra Mundial por soldados soviéticos y también americanos. En las fotografías aéreas realizadas por aviones de reconocimiento estadounidenses durante la guerra, no se pueden observar ninguna de estas construcciones. También en Polonia ha sido admitido que las cámaras de gas fueron construidas después de la guerra.

Las tropas aliadas en Bergen-Belsen, Buchenwald y Dachau encontraron, además de montones de cadáveres y esqueletos andantes, decenas de miles de prisioneros aparentemente sanos y bien alimentados, de los cuales casi nunca se ha mostrado ninguna imagen. Por otra parte, hay un montón de fotografías falsificadas, entre ellas pinturas presentadas como fotografías.

En la Universidad de Lund, en Suecia, se recogieron 564 testimonios de supervivientes de los campos de concentración nazis. Un estudiante polaco, nacido en 1924, describe el trabajo pesado y el maltrato desde abril de 1945, cuando pasó diez días en Bergen-Belsen. El estudiante declaró:

> "Lo primero con que nos encontrábamos eran montones de cadáveres esparcidos por todas partes. Eran víctimas de una epidemia de fiebre tifoidea. Fue horrible tener que arrastrar los cuerpos hasta grandes diques utilizados como fosas." (*Goteborgs-Posten*, 30 de julio de 2000)

Ni una palabra sobre cámaras de gas ni el holocausto. Estos testimonios originales, por lo tanto, son de máxima importancia.

En 1990, la Unión Soviética puso las listas de los muertos de Auschwitz a disposición de la Cruz Roja internacional. Cubrían el periodo desde agosto de 1941 hasta diciembre de 1943 y contenían 66.000 nombres. El número de víctimas de epidemias de fiebre tifoidea, sarampión, vejez y tiroteos durante los años 1935-45 en Auschwitz ascendía a 73.137. De estos 38.031 eran judíos. La tasa de mortalidad tuvo su apogeo entre 1942 y 1943.

Entre 1935 y 1945, un total de 403.713 personas murieron en campos de concentración nazis (*The New York Times*, 3 de marzo de 1991).

Menos de la mitad eran judíos, ya que en muchos de estos campos sólo constituían una pequeña minoría (en Auschwitz al final la parte de prisioneros judíos era casi del 80 por ciento).

El Canciller alemán Konrad Adenauer afirmó en 1953 que durante la Segunda Guerra Mundial habían sucumbido 170.000 judíos. Esta información la dio La Oficina de Información y Prensa del gobierno de Alemania Occidental (Presse-und Informationsamt aer Bundesregierung).

Es cierto que los comisarios, es decir los agentes de propaganda política comunista, a menudo fueron liquidados inmediatamente después de su captura. La mayoría de estos comisarios eran judíos. Los judíos también estaban fuertemente representados en el movimiento partisano, algo que es evidente a partir de fuentes soviéticas. Unos cuantos judíos que fueron fusilados ni eran comisarios, ni partisanos, ni rehenes. Fueron fusilados "sólo para estar seguros". No hay excusa para estos asesinatos en masa - pero eso no justifica todas las mentiras de la exterminación masiva con cámaras de gas.

Los aliados querían impedir que la inhumanidad de los crímenes contra civiles alemanes de los comisarios judíos en los campos de concentración soviéticos y los de los propios aliados, saliera a la luz en Núremberg. Después de la guerra entre 12 y 14 millones de alemanes fueron asesinados deliberadamente. Muchos de ellos murieron en diversos campos después de la guerra. La Unión Soviética en 1939 recuperó el territorio tomado por Polonia 20 años antes. Después de la Segunda Guerra Mundial, la Unión Soviética permitió a los polacos recortar una quinta parte del territorio original alemán, en total 100.000 kilómetros cuadrados. 16 millones de alemanes debían ser exterminados o expulsados. Dos millones de alemanes fueron asesinados en pogromos y en campos de concentración, o murieron de frío y de las privaciones durante el destierro. Las tropas soviéticas incluso mataban a los prisioneros en los campos alemanes, según el historiador francés Jacques de Launay ("La gran debacle", París, 1985).

Los soldados soviéticos no diferenciaban entre alemanes y checos en la "liberación" de Checoslovaquia. Al mismo tiempo los checos rojos aprovecharon la oportunidad para matar a casi 40.000 civiles alemanes en acciones de venganza entre el 8 y el 25 de mayo de 1945. La mafia también participó en la masacre.

Los norteamericanos y los franceses deliberadamente dejaron que más de un millón de prisioneros de guerra alemanes murieran de hambre y de enfermedades. Muchos fueron ejecutados sin el debido proceso. Cientos de miles de alemanes fueron asesinados por las turbas comunistas poco después de la guerra. Al menos cien mil nacionalistas franceses fueron asesinados por los comunistas, después de la guerra. Nadie ha condenado estos asesinatos en masa. Durante los años 1945-1950 unos nueve millones de alemanes murieron a causa de Plan Morgenthau, que prescribía una reducción sistemática de la capacidad de producción industrial alemana. Fue una muerte masiva planificada. Dos masones de alto rango, Truman y Morgenthau, fueron los responsables. Este fue un alto precio a pagar por los alemanes, porque los líderes nazis judíos dejaron que murieran 170.000 judíos más durante la guerra para asustar al resto para que emigraran a Palestina.

Este plan fue aprobado por Roosevelt y Churchill en su encuentro en Quebec (Canadá), en agosto de 1943. Los líderes masónicos contaban con que la implementación del plan Morgenthau habría significado que morirían entre 20 y 30 millones de alemanes.

En los 1255 campos de concentración comunistas de Polonia, los comisarios judíos devastaron como babuinos histéricos: torturaron y asesinaron a 80.000 alemanes ordinarios sin remordimientos. El periodista judío John Sack lo describió en su libro "Ojo por ojo" (Nueva York, 1993). Algunos de estos judíos criminales fueron: Lola Potok, Itzak Klein, Moshe Grossman, Shlomo Singer, David Feuerstein, Aaron Lehrman, Efraim Lewin, Mordechai Kac, Nachum Solowitz, Schmuel Kleinhaut y Schlomo Morel. ¡Ay de los vencidos! Los aliados sabían lo que estaba pasando, pero no quisieron interferir. Sólo Schlomo Morel durante siete meses torturó hasta la muerte a 2500 personas, incluyendo niños y ancianos. Tras la caída del comunismo, logró escapar de la justicia polaca y huir a Israel.

DEUTSCHLAND

HEUTE

HERAUSGEGEBEN VON

PRESSE- UND INFORMATIONSAMT

DER BUNDESREGIERUNG

Printed in Germany 1955

NACHWORT

MIT EINEM GELEITWORT

VON BUNDESKANZLER DR. KONRAD ADENAUER

MENSCHENVERLUSTE IN ZWEI WELTKRIEGEN	Übertrag: 3 750 000 Tote
Verluste der deutschen Zivilbevölkerung der Ostprovinzen des alten Reichsgebiets durch Vertreibung (einschl. der Luftkriegstoten)[1] 1944—1946	1 550 000 Tote
Verluste der Volksdeutschen[2] durch Vertreibung 1944 bis 1946	1 000 000 Tote
Verluste der Deutschen (einschl. der deutschen Juden[3]) durch polit., rass. und relig. Verfolgung 1939—1945	300 000 Tote
Deutsche Verluste insgesamt	6 600 000 Tote
Verluste der Wehrmacht Italiens und Österreichs 1939 bis 1945	560 000 Tote
Verluste der Zivilbevölkerung Italiens und Österreichs 1939—1945	190 000 Tote
Verluste der Wehrmacht der westlichen Alliierten (ohne die Vereinigten Staaten) 1939—1945	610 000 Tote
Verluste der Zivilbevölkerung der westlichen Alliierten 1939—1944	690 000 Tote
Verluste der Wehrmacht der ost- und südosteuropäischen Länder (ohne die Sowjetunion) 1939—1945	1 000 000 Tote
Verluste der Zivilbevölkerung der ost- und südosteuropäischen Länder (ohne die Sowjetunion) 1939—1945	8 010 000 Tote
Verluste der sowjetischen Wehrmacht[4]	13 600 000 Tote
Verluste der Zivilbevölkerung der Sowjetunion	6 700 000 Tote
Verluste der Wehrmacht der Vereinigten Staaten von Nord-Amerika[5]	229 000 Tote
Zu übertragen:	31 589 000 Tote

[1] Der Angriff auf die mit Flüchtlingen überfüllte Stadt Dresden am 13. 2. 1945 forderte allein etwa 250 000 Tote.

[2] Über die Verluste der „umgesiedelten" Wolgadeutschen u. a. geschlossener Volksgruppen deutschen Ursprungs in der Sowjetunion liegen keine Schätzungen vor

[3] Die Zahl der umgekommenen Juden wird mit 170 000 angegeben.

[4] Nach den Angaben des Obersten KALINOW:

gefallen oder vermißt	8 500 000
an Verwundungen gestorben	2 500 000
in Kriegsgefangenschaft verstorben	2 600 000

[5] Davon 174 000 auf dem europäischen und nordafrikanischen und 55 000 auf dem ostasiatischen Kriegsschauplatz.

A modo de contrapeso las potencias victoriosas se inventaron un delito único en la historia de la humanidad - "el holocausto", el exterminio sistemático de un pueblo entero desde bebés a abuelas ancianas en cámaras de gas.

Pero eso es físicamente imposible. Ninguna persona sensata instalaría un crematorio en el mismo edificio que una cámara de gas, donde la gente debería ser muerta con un gas explosivo. El Zyklon B no es altamente explosivo, pero debido al riesgo latente de explosión de los cadáveres empapados de Ziklon B, tal procedimiento habría sido una locura suicida. La cámara de gas y el campamento entero habrían explotado, incluyendo al personal de las SS.

Además, las puertas de todas las "cámaras de gas" se abren hacia el interior, por lo que habría resultado casi imposible para las unidades del comando especial entrar en estas cámaras llenas de cadáveres. Según los testigos también fumaban cigarrillos en medio de un gas explosivo.

En Auschwitz-Birkenau los crematorios estaban en la planta superior de las supuestas cámaras de gas. La única conexión entre los pisos era un único ascensor. En el ascensor cabían como mucho cuatro cuerpos más el director de orquesta, así que tenía que ir quinientas veces arriba y abajo entre las cámaras de gas y el crematorio y sin detenerse manipulando cuerpos infestados de ziklon en un entorno fuertemente cargado de gas Zyklon B. Se afirma que se gaseaba a unas 2000 personas a la vez.

El Ziklon (cianuro de hidrógeno) es un gas muy venenoso que mata incluso en pequeñas cantidades cuando se inhala, pero también cuando entra en contacto con la piel. Se afirma que las unidades de mando especial trabajaban sin máscara de gas ni ningún mono protector. Si hubiera sido así habrían muerto en pocos minutos.

La cremación de un cuerpo en hornos crematorios más modernos tarda una hora y media y no iba más rápido en 1944. En seis horas 15 hornos podían quemar sólo 60 cuerpos, 1940 de los 2000 habrían sobrado. Los hornos crematorios modernos pueden quemar hasta 23 cuerpos por día y horno. En los hornos de Birkenau alimentados a base coque la capacidad máxima diaria según los expertos (como Ivan Lagacé, responsable del crematorio en Calgary, Canadá) era de cinco cuerpos por horno. Si los hornos crematorios de Birkenau funcionaba siempre perfectamente (y sabemos por documentos que éste no era el caso), habría sido posible quemar no más de 150.000 cuerpos. ¿Dónde estaban entonces los otros 850.000 cuerpos quemados? Debido a la inevitable escasez de oxígeno es bastante imposible quemar cuerpos en pozos y en Birkenau era especialmente difícil debido al alto nivel freático.

Los histéricos del holocausto no quieren saber nada de las evacuaciones de judíos soviéticos que tuvieron lugar después de la invasión alemana y que se demuestra a través de los archivos soviéticos, y niegan los vuelos en avión de la mayoría de los judíos polacos a la Unión Soviética.

Todos los judíos que los alemanes trasladaron a Rusia y que se quedaron se contabilizaron como asesinados. Como víctimas del holocausto también se incluyen los judíos que murieron durante las deportaciones de Stalin y los campos de trabajo soviéticos, así como los soldados aliados judíos que murieron en una batalla o durante la emigración a Palestina.

En enero de 1945, Elie Wiesel, prisionero de Auschwitz se hizo daño en un pie y quedó incapacitado para trabajar. Recibió tratamiento médico, mientras el Ejército Rojo avanzaba rápidamente. Los prisioneros sanos fueron evacuados junto con la retirada de los alemanes, los enfermos se podían quedar si lo deseaban. Aunque Elie Wiesel y su padre estaban enfermos, se fueron voluntariamente con los alemanes, que según Wiesel incluso arrojaban a los bebés y empujaban a los judíos adultos a grandes hogueras.

Todos y cada uno de los "supervivientes" afirma que se salvó gracias a un milagro. Son, por otra parte, la prueba viviente de que nunca hubo ningún holocausto.

La República Federal Alemana ha pagado más de 120 mil millones de marcos alemanes a Israel y a las organizaciones sionistas y a particulares judíos. La mayoría del dinero lo ha pagado, en concepto de multas por unas cámaras de gas inventadas alegremente, a un estado que en el momento del presunto genocidio todavía ni existía. En "Das jüdische Paradox" (Frankfurt, 1988, p. 180) Nahum Goldmann escribió:

> "Le hablaré sobre dos episodios que pertenecen al capítulo "Cómo hacer millones contando cuentos de hadas."..."

Las agencias de noticias internacionales informaron el 19 de mayo de 1997 que los sionistas en 1995 afirmaban que las víctimas del holocausto judío tenían 7 mil millones de francos suizos en cuentas en varios bancos suizos, de los que ahora querían ser indemnizados. Una investigación exhaustiva mostraba, sin embargo, que se trataba de un farol insolente. En 1996, se concluyó que sólo once judíos muertos en los campos alemanes tenían una cuenta en Suiza. En total consiguieron salvar 11000 francos suizos. Este es un ejemplo típico de la audacia, de la desfachatez de los judíos.

El historiador económico sueco Gunnar Adler-Karlsson escribió en su libro "El choque de los súper cerebros" ("Superhjarnornas kamp", Estocolmo, 1998, p. IV):

> "Soy consciente de que cada crítica al comportamiento de las organizaciones judías conduce inmediatamente a una condena de antisemita... a pesar de este riesgo, mis temores son aún más profundos de que las demandas de indemnización de diversa índole de los judíos por lo que pasó con Hitler tendrán consecuencias más horribles para los mismos judíos, y no menos importantes para la existencia del estado de Israel."

Jürgen Graf preguntaba en su libro:

> "¿Qué clase de democracia es esta, donde un engaño de esta magnitud es mantenido vivo durante décadas mediante primitivos métodos de estado policial?"

Esta "prueba fotográfica" es una fotografía de una pintura (1960)

¿Qué clase de hechos históricos necesitan ser defendidos con leyes? Las medidas represivas en varios países europeos (Alemania, Austria, Polonia, Suiza y Francia) y la censura de los medios de comunicación puede simplemente posponer la victoria revisionista pero no detenerla. Más y más gente están empezando a dudar de la histérica propaganda del holocausto. Las mentiras de las cámaras de gas tarde o temprano acabarán en el vertedero de basura de la historia.

No hay ningún castigo para aquellos que dudan del número de víctimas de la Inquisición, o que los estadounidenses aterrizaron en la luna.

Durante la edad media si alguien no creía en las mentiras de la Iglesia o que la Tierra fuera plana y aún más que el Sol orbitaba alrededor de la Tierra, era procesado y se arriesgaba a ser quemado en la hoguera.

Los historiadores ya no se creen que hubiera cámaras de gas en Dachau y Buchenwald. Pronto tampoco creerán en las cámaras de gas de Auschwitz y Treblinka. ¿Cómo es posible entonces que del presunto asesinato de millones de personas en cámaras de gas no haya ninguna prueba excepto las declaraciones de los testigos y admisiones bajo tortura de los presuntos perpetradores - ni un solo documento, ni cuerpos, ni las armas de los asesinatos, nada?

Según el censo de 1939, en la Unión Soviética había más de 3 millones judíos. El 1 de julio de 1990, The New York Post refiriéndose a los expertos israelíes señaló que después, mucho después del comienzo del éxodo masivo, aún quedaban más de 5 millones de judíos en la Unión Soviética. Rusia tuvo que recordar que acogió a una gran cantidad de judíos polacos. Al mismo tiempo 600.000 judíos sobrevivieron al "holocausto". ¿Cómo pudieron sobrevivir 600.000 judíos de unos campos alemanes, donde todos los judíos sin excepción habían sido exterminados?

El profesor judío-australiano WD Rubenstein escribió en septiembre de 1979:

"Si se llega a demostrar que el holocausto ha sido un "mito sionista", la más poderosa de todas las armas del arsenal de propaganda de Israel se derrumbará." ("El Holocausto: Escuchemos los dos bandos", Comité para abrir el debate sobre el Holocausto, Los Angeles, 1979)

En 1946, la Fundación Rockefeller financió con 139.000 dólares la difusión de la versión falsa de la Segunda Guerra Mundial.

El profesor Harold Lasky de la London School of Economics fue por otra parte bastante franco cuando en *The New Statesman and Nation* el 11 de enero de 1942 admitió:

"Esta guerra es en esencia una revolución gigantesca, las fases anteriores fueron la guerra de 1914, la revolución rusa y otras revoluciones".

La Segunda Guerra Mundial no fue el fin de todas las guerras - ni mucho menos. Después de la guerra, entre 1945 y 1985 hubo 152 guerras. La Brookings Institution de Washington D.C. afirma que al menos 370 conflictos armados tuvieron lugar entre los años 1945 al 1976. En estas guerras murieron unos 86 millones de personas, muchas más que durante toda la Segunda Guerra Mundial. El mayor conflicto fue la guerra de Vietnam. En 1999 había 25 grandes guerras en marcha y en el año 2000, se registraron 68 conflictos armados. En 2002, hubo 27 grandes guerras. Ahora en un solo año se mata a 50.000 personas, diez veces más (medio millón) de civiles mueren en las masacres, vuelan por los aires a causa de las minas o se mueren de hambre debido a la guerra. ¡Qué mundo más maravilloso han construido los masones para nosotros!

Capítulo VIII

Los crímenes de la élite masónica

L os masones son sobre todo maestros del engaño. La gente astuta, no obstante, podrá desenmascarar sus intenciones. Los masones adoran el mal y su peligroso juego de zorros. El fraude político y el terror no casan con la libertad. Sólo pueden llevar al desastre. El siguiente relato nos muestra la historia sin pulir.

Maldad ilimitada

Por el fruto se conoce al árbol. Este es también el caso con la francmasonería. Su maldad ha demostrado no tener fondo.

La masonería instigó la guerra civil en Suiza en 1847-1848 para garantizar una base de poder político en el gobierno. Los masones desprecian el sufrimiento que puedan causar; quieren el poder político en contra de la voluntad del pueblo. Sólo unos psicópatas espiritualmente paranoicos pueden actuar de una manera tan primitiva.

El Presidente de Ecuador Gabriel García Moreno fue derrocado y asesinado el 6 de agosto de 1875. Detrás de este acto malvado estaba el General masón Ignacio de Veintimilla. Después de Garcia Moreno ocupó el poder el liberal masónico Eloy Alfraro.

El masón de grado 33 Arnoldo Krumm-Heller, que era médico y coronel, admitió en su "Historia de México" que todas las subversiones de allí y del resto de América Latina las habían originado los masones. La logia Lautaro (fundada por el revolucionario venezolano Francisco de Miranda) era la sede de su "actividad revolucionaria" en México, Argentina, Perú, Bolivia, Chile y otros países de América Latina.

El presidente francés masón Marie Francois Sadi Carnot fue asesinado el 24 de junio de 1894 por el anarquista italiano y masón Sante Caserio, en Lyon, Francia. Al mismo tiempo se trataba de un asesinato ritual para celebrar la fiesta masónica del 24 de junio.

La Emperatriz Austro-húngara Elisabeth fue apuñalada de muerte el 10 de septiembre de 1898, durante una visita a Ginebra por el anarquista italiano y masón Luigi Luccheni. La Emperatriz disfrutaba en aquellos momentos de un gran apoyo popular.

El 29 de julio de 1900, el rey italiano Umberto fue asesinado por el anarquista masón Gaetano Bresci en Monza, a pesar de que él mismo era miembro de la logia Saboya Illuminata. El asesino pertenecía a una logia americana de Paterson, New Jersey. Umberto anteriormente había envenenado a su padre Victor Emmanuel II en 1878 (Paul A. Fisher, "Detrás de la puerta de la logia", Rockford, Illinois 1994).

En 1907, varios meses antes del asesinato de Dom Carlos (Carlos I) de Portugal, aparecieron por todas partes trípticos calumniosos dirigidos contra la Reina Amelia. Estos folletos eran similares a los que se difundieron en Francia contra Marie Antonieta antes del golpe de estado masónico de julio de 1789. En Portugal, los masones publicaron un libro de calumnias varias semanas antes del asesinato del rey. El mismo libro se publicó en su totalidad en la revista masónica *L'Action* el 10 de abril del 1908.

Francois Tourmentin, secretario de la Unión Anti-Masónica, el 25 de diciembre de 1907 en la revista *La franc-maçonnerie demasquée* en el artículo "La revolución de Lusitania" escribió lo siguiente:

> "Si el rey de Portugal hubiera aprendido alguna cosa de la historia, habría prohibido inmediatamente la masonería y todas las sociedades secretas. Con esta medida hubiera podido salvarse, pero hay que asumir que dom Carlos en un futuro próximo sería depuesto, exiliado o ejecutado, lo que probaría la fuerza de los masones."

El 1 de febrero de 1908, en Lisboa lanzaron una bomba al coche real. El rey portugués Dom Carlos y el príncipe heredero Luis Felipe fueron asesinados. Esto fue organizado por los masones. Tan pronto como en 1907 el gran maestro portugués Sebastiao Magalhaes de Limas, pronunció un discurso en París a los masones franceses de alto rango, prediciendo la desaparición de la Casa Real de Portugal y la posterior fundación de una República (Karl Steinhaus, "EG-Die Super-UdSSR von morgen" / "La Unión Europea-la Súper-URSS de mañana", Viena, 1992, p. 156).

Para deshacerse del nuevo rey, Manuel II, que era el hijo menor de Carlos I, los masones utilizaron el engaño-difundiendo falsos rumores. Los masones querían detener sus reformas. El rey Manuel el 3 de octubre de 1910 se fugó aprovechando un baile, organizado en honor de la visita de estado del Presidente brasileño Hermes da Fonseca. El mismo Fonseca era francmasón. El rey se había creído los falsos rumores de que había estallado una revolución que amenazaba su vida. La trampa se cerró con eficacia. Manuel huyó al extranjero y murió en el exilio en Londres en 1932.

Los masones de alto rango Theophil Braga y Afonso da Costa proclamaron la República de Portugal el 5 de octubre de 1910. Un gobierno provisional masónico ocupó el poder. El mismo Theophil Braga fue nombrado presidente. Los carbonarios tenían 40.000 miembros en todo el país.

El gran maestro belga Furnemont en un discurso el 12 de febrero de 1911, tras el derribo de Manuel II dijo:

"Pasadas unas horas el trono fue derribado. La gente vitoreó y se proclamó la República... Podemos recordarlo con un profundo sentido de orgullo... Todo fue tan de repente para el público ignorante. Pero nosotros, hermanos míos, lo sabíamos... Conocíamos el secreto detrás de este gran evento."

En 1912, en Portugal sólo había 3.000 masones.

El General masón José de Matos como ministro de guerra se encargó de que Portugal en 1916 participara en la Primera Guerra Mundial. En la vecina España, desde el principio se habían dado cuenta del peligro que constituían los masones para el estado. Por lo tanto, toda la gente que pertenecía a varias logias se tuvieron que enfrentar con la pena de muerte ya en 1814. Esto incluso fue mencionado en la Gran Enciclopedia Soviética (1938).

El golpe de estado de los Jóvenes Turcos de julio de 1908 fue realizado por masones turcos, dirigidos por el Gran Oriente de Francia (Oleg Platonov, "La corona de espinas de Rusia: La historia secreta de la masonería 1731-1996", Moscú, 2000, volumen II, p. 228). El Grand Oriente otomano de influencia judía con el gran maestro Mahomed Orpheu Pasha al frente tomaron el poder en Turquía en julio de 1908. Las logias del Gran Oriente (*Labor et Lux* y *Macedonia Risorta*) que habían instigado la agitación estaban situadas en Saloniki. Esto fue confirmado por la revista masónica francesa *la Acacia* de octubre de 190.

El Sultán se dio cuenta del peligro y puso a los masones bajo vigilancia, ya que eran mucho más perspicaces que su policía. Que el movimiento estaba realmente instigado por Gran Oriente de Italia fue confirmado por uno de sus líderes, Refik Bey, al periódico francés *París Temps* el 20 de agosto de 1908.

En la reunión que tuvo lugar en la logia Voltaire de París el 16 de junio de 1910, un representante de la embajada turca admitió que

"la francmasonería apoyó fuertemente la Revolución Turca y todos los intelectuales del Imperio son ahora miembros de diversas logias de Turquía" (*L'Eclairé*, junio de 1910).

La revista del Gran Oriente *l'Acacia* revelaba ya en septiembre de 1907 que el Sultán Abdul Hamid debía ser derribado. El líder masón judío Emmanuele Carasso (la Grande Oriente d'Italia) fue uno de los conspiradores. Fue uno de los que fundó los Jóvenes Turcos.

La conspiración contra Turquía fue organizada por el agente británico masón Buxton. El periodista masón Ahmed Riza, que había sido expulsado de Turquía, se convirtió en portavoz del nuevo Parlamento. Fue el líder destacado de los Jóvenes Turcos (el Grupo Donmeh). Después de la exitosa "revolución", los masones expusieron su versión del humanitarismo - comenzaron a matar a sus enemigos políticos. Todos los eslóganes altisonantes fueron olvidados.

Cuando fue establecido el nuevo gobierno masónico, los representantes de unas cincuenta logias fundaron el Grand Oriente otomano en Estambul, de la cual fue gran maestro Mahomed Orpheu Pascha. La situación política en Turquía estaba controlada por los líderes masónicos judíos Georges Sursock, David

Cohen y Raphael Ricci. Estos tres conspiraron para llevar a cabo el asesinato de más de un millón de armenios en 1915. El ministro del Interior Mehmet Talaat Pascha fue su principal responsable. Fue asesinado por un armenio en 1921.

Los masones de alto rango y miembros del gobierno Enver Pascha Bey y Mehmet Talaat Pascha llegaron al poder en 1913. Cuando al año siguiente metieron a Turquía en la guerra del lado de Alemania, en contra de las órdenes del Gran Oriente, la élite masónica internacional estaba furiosa (N. Eggis, "Frimureriet" / "Masonería", Halsingborg, 1933, p. 145-146). El desobediente "hermano" Enver Pascha fue asesinado el 4 de agosto de 1922 en Baldschuwan.

Bajo el signo de Escorpión - el 12 de noviembre de 1912 - un anarquista masón, Manuel Pardinas, mató al ministro español liberal José Canalejas Méndez, mientras paseaba por la Puerta del Sol de Madrid. Acto seguido, el asesino se suicidó.

Carol I de Rumania fue envenenado el 10 de octubre de 1914 por los masones rumanos debido a su apoyo a Alemania. Los masones estaban tan ansiosos que anunciaron el asesinato en San Petersburgo antes de que realmente hubiera pasado.

Los masones así pues deponen, asesinan o nombran monarcas, altos cargos, primeros ministros y presidentes a voluntad. Entre sus víctimas encontramos a Louis XVI, Leopoldo II de Austria, Gustavo III de Suecia, Dom Miguel y Dom Petro de Portugal, Don Carlos de España, Carlo Alberto de Cerdeña, France II de Nápoles, el gran duque de la Toscana, el Zar Nicholas II de Rusia, los Duques de Módena y de Parma y muchos más.

Hay masones que en pleno éxtasis levantan sus grandes cuchillos y gritan en hebreo: "¡Nekam Adonai!" - ¡La venganza de Yahvé! (Sofia Toll, "Los hermanos de la noche", Moscú, 2000, p. 343) El lema del Rito Escocés era: "¡Victoria o muerte!"

Las revistas masónicas de todo el mundo (*The American Freemason*, *The American Tyler* y *The Freemason*) afirmaron en varias ocasiones en la década de 1920 que la Primera Guerra Mundial había sido obra de los masones, que encarnaba la batalla final por los ideales masónicos.

El masón alemán Ernst Freymann admitió después de la Primera Guerra Mundial en su libro "Auf den Pfaden der Internationalen Freimaurerei" (1931):

> "Es la masonería mundial quien durante muchos años ha provocado la aniquiladora guerra contra Alemania y Austria. La masonería mundial es la responsable del asesinato del pretendiente en Sarajevo, a través del cual estalló la Guerra Mundial. Una vez más fue la masonería mundial quien de una manera estrictamente criminal destruyó cada intento de alcanzar una solución pacífica".

El Grand Oriente de Bélgica actuó durante la Primera Guerra Mundial con el espíritu criminal de la masonería, cuando el consejo de logias en 1915 instó a sus hermanos americanos que se opusieran a los esfuerzos del masón Presidente

Wilson de alcanzar una paz basada en el statu quo (N. Eggis, en realidad Sigfrid Nilsson, "Frimureriet" / "Masonería", Halsingborg, 1933, p. 154).

Leonid Ratayev, que era jefe de la inteligencia rusa en el extranjero en 1912 diseñó métodos individuales para combatir eficazmente la masonería:

> "Un francmasón al descubierto ha perdido la mitad de su influencia, dado que todo el mundo sabe con quién están tratando... Pero lo más importante es golpear a los masones con sus propios documentos y así exponerlos a la sociedad tal como son y no de la manera que parecen ser." (Oleg Platonov, "La corona de espinas de Rusia: La historia del pueblo ruso del siglo XX", Moscú, 1997, volumen 1, p. 279)

Edouard Quartier-la Tente, que era profesor de teología y líder de la Central Masónica International de Neufchatel, afirmó en uno de sus discursos:

> "Mediante la difusión de las ideas del Gran Oriente de Francia y con la unificación de todos los hermanos del mundo la humanidad será conquistada..." (N. Eggis, en realidad Sigfrid Nilsson, "Frimureriet" / "Masonería", Halsingborg, 1933, p. 145-155)

Esta Central Masónica unía todas las logias (incluso las no políticas) de todo el mundo intentando establecer una república mundial (el Nuevo Templo de Salomón) bajo un gobierno masónico. La central intentó conseguir una gran influencia, especialmente en las logias que no reconocían la francmasonería política.

La masonería mundial está involucrada en un juego secreto de astucia política, está envuelta en la alegoría cabalística, ilustrada por símbolos difusos que definen la indefinible - maldad ilimitada.

El doble juego de Estados Unidos

Cada vez que se han cometido delitos graves contra la humanidad, los Estados Unidos, de una manera u otra, han actuado como una eminencia gris entre bastidores, incitando y tirando de los hilos. Cuando los Estados Unidos van a la guerra, se sigue un cierto patrón masónico. Se hace que la otra parte dispare primero, o al menos se le acusa de haberlo hecho. De esta manera, el pueblo estadounidense es seducido para que apoye una guerra injusta.

El 15 de febrero de 1898, la marina de guerra del Presidente William McKinley cometió un acto de traición, cuando hizo estallar su propio barco, el *Maine*, en el puerto de La Habana para crear un pretexto para hacer la guerra con España. Después de este conflicto los Estados Unidos fueron capaces de dominar el hemisferio occidental y tomar el control de muchas islas del Pacífico.

Durante la Primera Guerra Mundial, el Presidente Thomas Woodrow Wilson y su estrecho colaborador Edward M. House querían tentar a los submarinos alemanes para que bombardeasen al *Lusitania*, que oficialmente era un barco de pasajeros pero que llevaba tres mil toneladas de munición destinadas a los británicos. El transporte de municiones a un país en guerra amparado con pasajeros civiles era ilegal. El *New York Tribune* publicaba la siguiente sátira el 19 de junio de 1913:

> "Un oficial de la línea de vapores Cunard confirmó hoy al corresponsal del *Tribune* que la nave rápida *Lusitania* ha sido equipada con cañones navales altamente eficientes".

El *Lusitania* estaba registrado como un destructor auxiliar de la Marina Británica. El gobierno alemán emitió avisos en todos los diarios de Nueva York de que nadie cruzase el Atlántico a bordo del *Lusitania* quien lo hiciera asumiría su propio riesgo, ya que el barco llevaba munición.

El Almirantazgo Británico, en un memorando secreto del 10 de febrero de 1915, daba instrucciones sobre cómo camuflar un barco que transportara munición, haciendo que pareciera un barco de carga.

El comandante Joseph Kenworth de la inteligencia de la Armada británica admitió:

> "Fue un movimiento deliberado enviar el *Lusitania*, a muy baja velocidad y sin escolta, a una zona conocida por albergar un submarino".

El submarino alemán U-20 hundió al *Lusitania* con tres torpedos a 12 km de la costa sureste de Irlanda, cerca de Kinsale el 7 de mayo de 1915, a las 2:10 p m. Dos torpedos golpearon en medio del barco, y poco después un tercero golpeó la proa. El barco naufragó en 18 minutos. 1198 personas que iban a bordo (124 de ellos estadounidenses) fueron asesinadas. 708 personas fueron rescatadas. El historiador Colin Simpson afirma en su libro "Lusitania" que sus listas de carga habían sido falsificadas.

Después de que la reelección del Presidente Woodrow Wilson quedó asegurada, el Sistema de la Reserva Federal inició una campaña de propaganda a favor de la "guerra inevitable". Un "documental" bien dirigido fue proyectado, mostrando a los pasajeros del *Lusitania* siendo rescatados. Con la ayuda de este filme falso, incitaba al odio contra los alemanes. El Presidente Wilson ocultó todas las evidencias de la misión secreta del *Lusitania*.

Wilson, que era francmasón de alto rango, utilizó plenamente el hundimiento del *Lusitania*, dejando que el Congreso declarara la guerra a Alemania el 6 de abril de 1917. Obtuvo el apoyo del pueblo estadounidense a través de una mentira descarada - de que se trataba de "la guerra para poner fin a todas las guerras".

En la década de 1950, el gobierno británico bombardeó la zona donde había ido a parar el *Lusitania* a una profundidad de 95 metros para destruir todas las pruebas, en caso de que cualquier historiador independiente pudiera empezar a dudar de la información oficial y llevara a cabo una investigación.

El presidente Thomas Woodrow Wilson (1913-1921)

El hecho del ataque japonés a Pearl Harbor el 7 de diciembre de 1941, siguió el mismo patrón. El Consejo de Relaciones Exteriores (CFR) encabezado por Bernard Baruch contempló un plan de provocación, que condujo a un ataque japonés a Estados Unidos. El Secretario de Defensa de Roosevelt, Harry Stimson, escribió en su diario:

> "Estamos ante la difícil cuestión de qué actos diplomáticos nos garantizarán que Japón asuma la culpa y dé el primer paso".

El 25 de julio de 1941, Roosevelt congeló todos los activos japoneses en Estados Unidos, se decidió un embargo comercial, se negó a Japón el acceso al Canal de Panamá y se ayudó a China en su guerra contra Japón. Esto fue revelado por George Morgenstern en su libro "Pearl Harbor: La historia de la guerra secreta" (Costa Mesa, 1991). En julio de 1941, Roosevelt también bloqueó todos los envíos de aceite a Japón. El bloqueo norteamericano fue una pura declaración de guerra (Eric D. Butler, "El patrón rojo de conquista mundial", Melbourne, 1985, p. 52).

Al Secretario de Estado de Estados Unidos, el masón Dean Acheson, se le encomendó la misión de inducir la llamada congelación del comercio japonés, que inevitablemente tenía que vencer al país. Si Japón no actuaba, la guerra seguiría, la culpa sería de Japón y el resultado sería la derrota y también un estatus de segunda clase.

El almirante Robert A. Theobold escribió en su libro "El final secreto de Pearl Harbor" (Devin-Adair, 1954) que sólo una persona era el responsable de este desastre - el Presidente de los Estados Unidos, Franklin Delano Roosevelt, masón de grado 32° del Rito Escocés.

Roosevelt fue iniciado como masón el 11 de octubre de 1911 en la Logia Holanda n° 8 de Nueva York (John Hamill, Robert Gilbert, "La masonería: Una celebración del oficio", Londres, 1998, p. 241). Desde siempre había sido miembro de la Antigua Orden Árabe de la Logia del Santuario Sagrado, así como de la Logia del Arquitecto n° 519. Además era gran maestro de la Gran Logia Georgia de Nueva York y de la Logia de los Altos Cedros del Líbano de Norteamérica (Kurt Fervers, "Die Parola der Hochgrade: Freimaurerpolitik um die Beida Weltkriege" / "Las contraseñas de los grados altos", Berlín, 1942, p. 143). Era miembro honorario de la Logia Stansburg n° 24 de Washington, D.C.

Cuatro días antes del ataque a Pearl Harbor, los Estados Unidos habían interceptado y descifrado mensajes japoneses sobre la decisión de ir a la guerra contra Estados Unidos y Gran Bretaña. La información sobre Pearl Harbor llegó también a Roosevelt, pero él no hizo nada. El ex coronel John W. Carrothers declaró en el *San Francisco Chronicle* del 11 de diciembre de 1981 que Estados Unidos tenía una excelente red de espionaje en Japón, que contaba con coreanos que despreciaban a los japoneses. La información completa sobre el previsto ataque estuvo disponible para Roosevelt con 48 h de antelación. Incluso el gobierno soviético advirtió a Estados Unidos contra el previsto ataque de Japón. El comandante de Estados Unidos en Hawai no fue informado.

Franklin D. Roosevelt era miembro, entre otras logias, de la antigua Orden del Santuario Sagrado.

Que Roosevelt era realmente consciente del próximo ataque e incluso atrajo a los japoneses a atacar, queda confirmado en el libro "Los señores de la guerra de Washington" de Anthony Hilden. Nunca advirtió a sus propios generales. El director del FBI, el masón J. Edgar Hoover (logia Federal n° 1, Washington), era igualmente consciente del ataque pero no dijo nada. Esto les proporcionó una excusa adecuada para tomar parte en la Segunda Guerra Mundial. J. Edgar Hoover prefería empleados masones.

El libro del almirante Robert Theobold también se refiere a los mensajes secretos japoneses sobre el ataque planificado. Fueron descodificados y enviados a la Casa Blanca. Al Presidente Roosevelt no le preocupaba que 2237 estadounidenses murieran en relación con el ataque japonés. Aceptó el pretexto de que quería empezar una guerra, matando aún a más gente.

En 1942, más de 110.000 ciudadanos norteamericanos de origen japonés fueron internados en diez campos de concentración (entre ellos en Manzanar, California), donde muchos de ellos murieron.

El 15 de febrero de 1942, después del ataque japonés a Pearl Harbor, Winston Churchill habló por la radio, donde dijo:

> "El plan ha funcionado a la perfección, porque la opinión pública ha reaccionado exactamente como yo quería" (*The New York Times*, 16 de febrero de 1942).

Para provocar la guerra de Corea, el Gran Maestro masón Harry S. Truman siguió el mismo patrón. En primer lugar, las fuerzas de EEUU fueron trasladadas deliberadamente fuera de Corea a mediados de 1949. Según el profesor Bruce Cummings, el Secretario de Estado Dean Acheson hizo un discurso el 12 de enero de 1950 ante el National Press Club de Washington, donde dejó claro que Corea del Sur ya no formaba parte del ámbito de interés de EEUU en Asia. El historiador británico Paul Johnson no entendió nada y pensó que estaba enfermo (Paul Johnson, "Tiempos modernos", Nueva York, 1983). Por supuesto, se consideró que había sido un buen discurso.

Seis semanas antes de la guerra de Corea, Tom Connally, masón y presidente del Comité de Relaciones Exteriores en el Senado, excluyó a Corea del ámbito de interés estadounidense. La señal dada a los comunistas fue más evidente. El ataque de Corea del Norte siguió justo entonces en el momento adecuado.

El domingo 25 de junio de 1950, a las 4 de la madrugada, cuando un tercio del pequeño ejército surcoreano estaban en casa de permiso, 120.000 soldados comunistas armados con 126 tanques soviéticos y 1400 obuses cruzaron la frontera. Había comenzado la guerra de Corea, la guerra que los líderes políticos de EEUU no tenían ninguna intención de ganar. El General de cinco estrellas Douglas MacArthur fue nombrado comandante supremo de las unidades de Estados Unidos y de otras unidades que luchaban bajo la bandera de la ONU.

El dictador comunista chino Mao Zedong había enviado a sus tropas hasta el río Yalu. Cuando MacArthur dio la orden de bombardear los puentes para evitar que las tropas chinas entraran, Truman revocó la orden (William T. Still, "Nuevo Orden Mundial: El antiguo plan de las sociedades secretas", Lafayette, Louisiana, 1990, p. 173). Las unidades chinas irrumpieron a través de la frontera el 26 de noviembre de 1950 y lograron ocupar Seúl. En los combates también se utilizaron aviones soviéticos.

El General MacArthur tuvo demasiado éxito en su afán por aplastar a los comunistas. Fue capaz de echar a los comunistas de Corea del Sur y también pensaba derribar el régimen norcoreano y bombardear las bases norcoreanas y aeródromos chinos. Esto no se adecuaba a Wall Street. El General MacArthur finalmente logró hacer que los comunistas retrocedieran a China atravesando el río Yalu.

El Presidente Harry Truman, ordenó a la Marina de los EU (la Séptima Flota) que impidiera que Chiang Kaishek atacara el continente chino. Antes de eso, Truman había denegado la solicitud de Chiang Kaishek de unirse con sus tropas anticomunistas en la lucha contra los norcoreanos y el Ejército Rojo chino.

> "Que había alguna filtración en la inteligencia era evidente para todos. [General Walton] Walker se quejaba continuamente... de que el enemigo conocía sus operaciones con antelación a través de fuentes de Washington... La información debía ser transmitida a ellos, asegurándose que los puentes de Yalu continuaran siendo un refugio y que sus bases quedaran intactas. Sabían que podía irse atravesando el río Yalu sin tener que preocuparse de que los bombarderos golpearan sus líneas de suministro de Manchuria. "(Robert O'Driscoll. "El Nuevo Orden Mundial y el trono del Anticristo", Toronto, 1993, p. 374-375).

Cuando MacArthur comenzó a amenazar al comunismo chino (su objetivo era destruir la China comunista utilizando armas nucleares), el Presidente Truman ordenó que volviera el territorio comunista a Corea del Norte. MacArthur se negó a obedecer esta orden, que él consideraba una traición, aunque era francmasón de grado 32º (Logia Manila nº 1). Fue reemplazado por el General Matthew Ridgway (CFR) el 11 de abril de 1951 Corea seguía dividida. A su regreso a Estados Unidos, MacArthur fue recibido como un héroe en el Congreso y por el pueblo. No fue posible acusarlo de negarse a obedecer las órdenes. Incluso la Enciclopedia Soviético-Estonia admite que Mac-Arthur fue relevado a causa de su intención de extender la guerra en el territorio de la República Popular China.

La Guerra de Corea duró tres años. Los Estados Unidos perdieron 37.000 hombres que murieron y 106.000 que quedaron heridos. La ONU perdió 14.000 y Corea del Sur 350.000. China, sin embargo, perdió un millón de soldados y Corea del Norte 1650.000. También murió uno de cada tres prisioneros de guerra estadounidenses en Corea del Norte. La Guerra de Corea proporcionó beneficios enormes a la industria armamentista de los EU. No fue hasta el 27 de junio de 1953 que los combatientes firmaron un tratado de paz específico.

Los Estados Unidos siempre han sido capaces de cuidar de "sus" intereses, incluso si los comunistas estaban en desacuerdo. Stalin no estaba contento con Irán, al negociar con Roosevelt entre noviembre y diciembre de 1943. No estaba dispuesto a retirar sus tropas del norte de Irán. Roosevelt entonces le explicó que los intereses de Washington exigían que el Ejército Rojo se retirara de Irán seis meses después del final de la guerra. Stalin lo retrasó hasta la primavera de 1946, cuando el Presidente Truman le entregó un ultimátum, amenazando con utilizar la fuerza si era necesario. En abril de 1946, Stalin aceptó. Un ultimátum similar podría muy bien haber sido presentado al Kremlin en relación a la Europa del Este y las repúblicas bálticas, pero Wall Street deseaba otra cosa.

Si los intereses masónicos así lo exigían, varios estados eran "entregados" a los comunistas. Cuando el anticomunista General George Patton, contra la voluntad de la Casa Blanca, entró en Checoslovaquia, Truman se puso furioso y exigió la retirada inmediata de las tropas estadounidenses de ese país. Patton obedeció la orden de mala gana. Gran número de asustados intelectuales checos vieron como las tropas estadounidenses se retiraban ante el ataque del Ejército Rojo. Patton exigió el uso de armas contra Moscú. Posteriormente fue asesinado en Alemania Occidental por un agente especial estadounidense (*Spotlight*, 22 de octubre de 1979).

El Mariscal británico Bernard Law Montgomery también actuó contra la voluntad de Truman y Eisenhower defendiendo Dinamarca del Ejército Rojo en la primavera de 1945. El movimiento de resistencia rojo ya se había apoderado de la ciudad costera de Bogense. Con el apoyo tácito de los daneses y de Montgomery, los alemanes remataron rápidamente a los rojos y entonces se rindieron a los británicos el 5 de mayo de 1945.

El 9 de mayo, el Ejército Rojo invadió Bornholm, la gran isla danesa aislada en el Báltico. Los aliados, sin embargo, ya no podían entregar Dinamarca a Moscú. Habría sido visto con demasiada extrañeza a los ojos del público.

Los alemanes pretendían mover algunas de sus tropas hacia Bornholm y una vez allí entregarse a los británicos. No estaban dispuestos a rendirse a los rusos. Los británicos se olvidaron de enviar a alguien para recibir la rendición. El Ejército Rojo al menos tuvo la oportunidad de separar Bornholm de Dinamarca.

En Copenhague, no reaccionó nadie a las llamadas de socorro procedentes de la isla. El 7 de mayo de 1945, a las 1240 pm los aviones soviéticos comenzaron a bombardear Bornholm. Los pueblos fueron destruidos. En Rønne, el 90% de las casas fueron dañadas. Nexø sufrió daños hasta en un 95%. Murieron muchos daneses. Copenhague fue informado pero la radio danesa se mantuvo en silencio sobre los acontecimientos en la isla. Finalmente un periodista consiguió llegar a Suecia a bordo de una barca de pesca. Desde Ystad al sur de Suecia, envió un informe a la prensa danesa sobre el terror soviético en Bornholm. Sólo después de la publicación de este informe despertó la radio danesa.

El 9 de mayo, las tropas soviéticas llegaron a Bornholm, donde 150 soldados del frente inmediatamente comenzaron a saquear, robar y asaltar. Estaban particularmente interesados en los relojes. Entonces comenzaron a violar a las mujeres. Los líderes militares soviéticos establecieron una dictadura comunista. Finalmente más de 8.000 soldados soviéticos quedaron estacionadas en la isla, bebiendo y cometiendo actos de violencia. Sin embargo, algunos de los peores vándalos fueron ejecutados.

El Ejército soviético, que afirmaba que había venido a derrotar a los nazis, no tenían ninguna intención de abandonar la isla. La población local estaba preocupada y pintó todas las casas de negro. Los isleños estaban empezando a odiar a la Unión Soviética.

El 16 de marzo de 1946, se escucharon los primeros rumores acerca de que los rusos podrían abandonar la isla. El 5 de abril, el último soldado de la NKVD salió de Bornholm. Este fue el mismo día que las tropas soviéticas se retiraron del norte de Irán. La élite masónica tenía dudas sobre Dinamarca.

Se conoció posteriormente que ya el 23 de abril de 1945, un comisario del pueblo soviético había exigido que al Ejército Rojo se le permitiera ocupar Bornholm. El 24 de abril, se dio la orden de que la operación Bornholm siguiera adelante, y el 4 de mayo llegó el momento de actuar. El General Ivan Batov dejó que el comandante danés Holger Jorgensen copiara ciertos documentos, cuando, después de muchos años, hizo una visita a Bornholm. Fueron los soldados de Batov quienes habían ocupado la isla.

Cuando el Partido Comunista de Indochina se hizo con todo el poder en Vietnam en agosto de 1945, las entidades financieras de Wall Street se mostraron complacidas. El jefe de gobierno francés, el conservador Charles de Gaulle, que sentía una cierta responsabilidad hacia Vietnam en cuanto a antigua colonia francesa, intervino, y en septiembre de 1945 intentó derrocar a los comunistas en la parte sur del país. Esto irritó a Estados Unidos que exigieron que Francia interrumpiera sus acciones para deshacerse de los comunistas en enero de 1946. Francia se vio obligada a reconocer a la "democrática" República Popular de Vietnam.

A medida que el terror comunista se intensificaba, el gobierno francés ignoró a Washington y en diciembre de 1946 inició nuevos intentos de derrocar a los comunistas. Los franceses tuvieron tanto éxito que en 1949, en la parte sur del país, se estableció la República de Vietnam, gobernada por el emperador Bao Dai. Pero las unidades expedicionarias francesas fracasaron en echar a los comunistas de todo el país. Los franceses se rindieron en 1954, tras la caída de Dien Bien Phu, la fortaleza de la selva. De conformidad con el acuerdo de Ginebra, Francia hizo retirar sus tropas de Vietnam, que más tarde se dividió. Los masones abolieron el imperio del sur en 1955.

La misión militar de EE.UU. en Saigón trasladó a más de un millón de norvietnamitas al Sur en 1954-55. A 957.000 los llevaron en vuelos aéreos a Vietnam del Sur. Cientos de miles fueron persuadidos de ir andando. No tenían comida ni dinero y por lo tanto se convirtieron en bandas de bandoleros que robaban lo que necesitaban, mientras fueran susceptibles a la doctrina roja, que les había sido creada y servida por súper-capitalistas junto con su pobreza. Los "politólogos" americanos llamaban a estos grupos de bandidos "fuerzas rebeldes", que debían ser combatidas. Esta operación de transporte fue relatada por el coronel L. Fletcher Prouty, ex jefe de operaciones especiales, en la *Radio Free America* el 13 de abril de 1955.

A partir de 1955, los Estados Unidos entregaron armas a la República de Vietnam para "detener" la propagación del comunismo en Asia, según el programa firmado por el Presidente Truman en 1950. Los masones querían empezar a luchar contra los problemas que ellos mismos habían causado. Querían la guerra en Vietnam.

En 1961, se intensificaron las actividades comunistas. Estados Unidos envió 300 asesores militares a Vietnam. El año siguiente, enviaron 10.000. El 20 de diciembre de 1960, los comunistas fundaban el FLN (la Fuerza de Liberación Nacional). Su objetivo era recuperar el territorio perdido por los franceses. La Unión Soviética les dio toda la asistencia imaginable.

La agresión comunista contra la República de Vietnam comenzó en agosto de 1964. Uno o dos días después, fue promulgado un fraude gigantesco en la bahía de Bo Bac, destinado a proporcionar a los Estados Unidos un motivo para entrar en la guerra (el incidente del golfo de Tonkin). El destructor estadounidense *Maddox* abrió fuego sobre un mar tempestuoso y vacío, sin barcos enemigos a la vista. Al día siguiente, el plan fue tomar represalias contra Vietnam del Norte, aunque los destructores nunca habían sufrido ningún ataque enemigo. Esto lo explicó el piloto de combate Jim Stockdale, quien estaba presente en el momento de los hechos.

Ya el 7 de agosto de 1964, el Presidente Lyndon Johnson tenía la autorización del Congreso para utilizar las tropas estadounidenses contra el ataque de los comunistas. En marzo de 1965, las tropas estadounidenses aterrizaban en Vietnam del Sur. En otoño de 1965, los Estados Unidos implicaban a otros países en el conflicto.

A pesar de una creciente presencia estadounidense, los comunistas continuaban presionando más al sur. A finales de 1968, estaban luchando en Vietnam 543.000 soldados estadounidenses. Según la Enciclopedia Soviético-Estonia, el apoyo soviético a los comunistas del norte cubría el 70 % del coste de la guerra. En 1973, Moscú anunció que esto no debería amortizarse.

Los Estados Unidos sólo pretendían extender el conflicto y jugaban a un juego peligroso. Robert McNamara (CFR), secretario de defensa de Kennedy al inicio de la guerra de Vietnam y posteriormente jefe del Banco Mundial, admitió abiertamente que Estados Unidos nunca intentó ganar la guerra. Fue un desastre para millones de personas.

Cuando los comunistas se apoderaron de Saigón, el Secretario General del Partido Comunista vietnamita, Le Duan, dijo que había que reducir el nivel de vida en el sur de Vietnam. Destacó que la gente del Sur había "logrado un nivel de vida demasiado alto para la economía del país". Esto significaría lo contrario de una vida feliz y civilizada. En enero de 1977, ya había 200.000 presos políticos en Vietnam (Paul Johnson, "Tiempos modernos", Nueva York, 1983).

El 18 de marzo de 1969, bajo la presión de Henry Kissinger, Consejero de Seguridad del Presidente Richard Nixon, Estados Unidos lanzaron un ataque sobre Camboya con bombarderos B-52 de gran altura para "demoler las bases que el NLF" tenía allí. Cada uno de los aviones dejó caer unas treinta toneladas de bombas. Los intensos bombardeos se prolongaron durante catorce meses. Los ataques más esporádicos continuaron hasta el 15 de agosto de 1973, cuando el Congreso de EEUU impulsó un parón. En total fueron lanzadas en Camboya 540.000 toneladas de bombas.

En su libro "El juicio de Henry Kissinger" (2001), el periodista Christopher Hitchens presenta evidencia de que a Kissinger se le debería juzgar por instigación al asesinato en Santiago (Chile), Nicosia (Chipre), y Washington D.C., por crímenes de guerra en Vietnam, por el bombardeo de Camboya, por las masacres en Bangladesh en 1971 así como por genocidio en Timor Oriental en 1975. Esto aún no se ha hecho.

El príncipe Norodom Sihanouk ya no era capaz de controlar la situación en Camboya, donde muchas áreas se habían convertido en bases eficaces para los comunistas. El General Lon Nol posteriormente llevó a cabo un golpe de estado, derrocando al príncipe Sihanouk con la ayuda de la CIA el 18 de marzo de 1970. En abril del mismo año se dejaron tropas estadounidenses y survietnamitas en Camboya para "salvar al país del comunismo". De esta manera, Lon Nol, quien se había auto-nombrado "Mariscal", obligó a "la República Khmer" a entrar en la guerra de Indochina. Cerca de dos millones de campesinos huyeron a la capital, que ya tenía un millón de habitantes. La comisión de investigación finlandesa estimó que la guerra estadounidense en Camboya había costado la vida de al menos 600.000 personas. En mayo de 1970, las tropas estadounidenses también entraron en Laos.

El equipamiento militar estadounidense para el régimen de Lon Nol estaba asegurado por la agencia de seguros nacional soviética (Gostrakh), según fuentes chinas ("La política exterior soviética: Social Imperialismo", Embajada de China, Helsinki, 1977, p. 10). La misma fuente indica que Checoslovaquia fabricaba armas para Lon Nol en una fábrica dentro de Camboya. Al mismo tiempo, Pekín apoyaba a los Khmer Rojos, mientras que Moscú estaba detrás de los terroristas vietnamitas rojos, que según Gary Allen, también recibían armas de los Estados Unidos.

Pronto, muchos de los partidarios de Lon Nol se dieron cuenta de que habían sido descaradamente utilizados y se unieron al Movimiento Democrático detrás de Sihanouk. Así fue ayudado a llegar al poder el movimiento comunista de Pol Pot Kmae-kroh el 17 de abril de 1975, por los Estados Unidos indirectamente y directamente por China. Pol Pot (en realidad Saloth Sar) rebautizó el país Kampuchea (el nombre original Camboya se remontaba a después de la caída del régimen comunista en 1989). Esto fue el comienzo de un reinado del terror inigualable. En la frontera tailandesa había 6.000 hombres pertenecientes a la guerrilla khmer-serei, que representaban la democracia. No recibieron ninguna ayuda de los Estados Unidos. Por otra parte, 25.000 terroristas de los Khmer Rojos continua y secretamente recibieron ayuda occidental, según un documental británico, "Camboya el año Cero", del periodista australiano John Pilger. Entre 1975 y 1979, unos dos millones de personas murieron en Kampuchea (de una población de ocho millones), bajo el lema de Pol Pot:

> "Mantenerlos - sin beneficio. Exterminarlos - sin pérdidas. Quememos la hierba vieja, que así crecerá la nueva."

La operación había sido prevista dos años antes por un grupo de ideólogos pertenecientes a la logia política Angkar Loeu (la Organización Superior). Su objetivo era poner en práctica a la vez todos los principios comunistas chinos (en China había costado 25 años). Todo el pasado debía ser destruido y aniquilado. Angkar Loeu consistía en una veintena de intelectuales (profesores y burócratas). Según Paul Johnson, de los ocho líderes (Khieu Samphan, May Mann, Ieng Sary, Nuon Chea, Son Sen, Pol Pot y otros), cinco eran profesores, uno era profesor universitario, un economista y otro burócrata. Todos habían estudiado en Francia en la década de 1950, y se habían convertido en miembros del Partido Comunista francés y masones, aprendiendo de los líderes de la Orden Martinista que el uso de la violencia era bueno para la sociedad, una "verdad" impacientemente propagada por los radicales de izquierdas masones.

Kenneth Quinn, del Departamento de Estado de EEUU, había recibido información sobre los planes de Angkar Loeu y escribió un informe sobre los asesinatos en masa planificados, con fecha 20 de febrero de 1974 ("El cambio político en tiempos de guerra: La revolución de los Krahom Khmer en el Sur de Camboya 1970-74", *American Science Association*, 4 de septiembre de 1975). El plan afirmaba que

> "los individuos miembros de la sociedad deben ser mentalmente reconstruidos"

y que

> "los fundamentos tradicionales, estructuras y fuerzas que han dado forma y rigen la vida de un individuo deben ser derribadas, utilizando el terror y otros medios".

Después de esto, el individuo será

> "reconstruido conforme a la doctrina del partido, sustituyendo los valores antiguos por los nuevos".

Esto huele a masonería. Los líderes estadounidenses no tenían ninguna intención de interferir en este plan. Uno no debe perturbar a unos hermanos masones cuando siguen instrucciones internacionales.

La carnicería en Camboya comenzó el 17 de abril de 1975, cuando los Khmer Rojos, jóvenes campesinos adoctrinados para ejercer de soldados entraron en la capital Pnomh Penh, el hogar de tres millones de personas. La violencia comenzó a las 7 de la mañana con ataques a comercios chinos. Los primeros asesinatos fueron cometidos entre las 8.45 y las 10 de la mañana, los soldados abrieron fuego sobre cualquiera que veían en las calles, con el fin de causar pánico, para que todos huyera de la ciudad.

Fueron evacuados todos los hospitales. Se lanzaban cohetes hacia cualquier casa que mostrara signos de movimiento. Por la noche, se cortó el agua. No había ningún agente a la vista. Los intelectuales masones que habían planeado estas malvadas acciones, para construir una sociedad sin ciudades ni dinero, no aparecieron. Los Khmer Rojos llevaron a las mujeres y los niños pequeños a campos de exterminio.

Todos los lazos de amistad fueron prohibidos. Sólo se les permitía vestir con ropa oscura, las ropas de colores vivos fueron consideradas como expresión de individualismo.

Esto era típico del humanismo masónico que se extendió desde Francia a otras partes del mundo. Los líderes de la revolución (todos ellos masones) habían declarado, en 1793:

"Convertiremos toda Francia en un cementerio abandonado." (Guy Lenotre, "Los ahogamientos en masa de Nantes", Estocolmo, 1913, p. 157)

Tener compasión de las víctimas era considerado un acto criminal (*ibídem*, p. 153). Los líderes masónicos querían deshacerse de los realistas y de los enemigos del pueblo, a quienes veían como "bocas inútiles". Entre las víctimas había mujeres y niños. Los ahogamientos en masa al río Loira eran llamados "inundaciones" y estaban organizados por la Comisión de Bienestar Común (13 miembros, todos ellos masones).

Los Khmer Rojos habían aprendido mucho de este terror "revolucionario" impuesto a los franceses por los masones judíos.

En abril de 1976, el líder de la Angkar Loeu, Khieu Samphan, se convirtió en jefe de estado y fue sustituido como jefe del gobierno por otro "revolucionario" fanático de clase media, Pol Pot.

A menudo Pol Pot hacía que sus víctimas fueran enterradas vivas. Dio órdenes de torturar a 20.000 mujeres y niños hasta la muerte. En total, el 90 % de los intelectuales fueron asesinados. Los Khmer Rojos incluso asaltaban los pueblos de los países vecinos. El 28 de enero de 1977, los Khmer Rojos mataron a los habitantes de tres pueblos tailandeses, antes de quemarles las casas, según el resumen del artículo de un lector de enero de 1979.

En agosto de 1976, Khieu Samphan admitió a un periodista italiano, que habían matado a un millón de "criminales de guerra", según Paul Johnson.

En una rápida invasión las fuerzas vietnamitas derrotaron a Pol Pot y ocuparon Kampuchea el 25 de diciembre de 1978. El 7 de enero de 1979, se instaló el nuevo régimen de Heng Samrin, que recibió ayuda soviética (con la ayuda de los Estados Unidos). El 11 de enero se proclamó la República Popular de Kampuchea. Los Khmer Rojos continuaron recibiendo ayuda de Occidente. Durante los años siguientes, Pol Pot aún estaba apoyado por Estados Unidos y China, así como por los aliados, entre ellos la Gran Bretaña de Thatcher. Aunque los Khmer Rojos habían dejado de existir en enero de 1979, sus miembros aún podían representar a Camboya en la ONU.

En 1981, el masón de alto rango Zbigniew Brzezinski, consejero de seguridad nacional del Presidente Carter, declaró:

"Animé a los chinos a que apoyaran a Pol Pot."

Admitió que Estados Unidos "hizo la vista gorda" ante el hecho de que China enviara armas a los Khmer Rojos mediante Tailandia (del artículo de John Pilger "Apoyaron un asesinato en masa").

Este Brzezinski fue el mismo que en 1979 había admitido abiertamente que según Paul Johnson,

"el mundo está cambiando bajo la influencia de fuerzas que ningún gobierno es capaz de gobernar".

Las actividades de Pol Pot en el exilio habían sido secretamente financiadas por Estados Unidos desde enero de 1980. El alcance de esta ayuda - 85 millones de dólares entre 1980 y 1986 - quedó demostrado en una carta al Comité de Relaciones Exteriores del Senado. La CIA aseguró que enviaba ayuda humanitaria a las bases de los Khmer Rojos. Dos voluntarios estadounidenses, Linda Mason y Roger Brown, informaron posteriormente:

"El gobierno de EEUU insistió en que los Khmer Rojos debían recibir alimentos..." (John Pilger)

A raíz de la presión estadounidense, el programa mundial de alimentos envió alimentos valorados en 12 millones de dólares al ejército tailandés, para que los entregaran a los Khmer Rojos. "Entre 20.000 y 40.000 soldados de los Khmer Rojos recibieron esta ayuda", según Richard Holbrooke, que era Subsecretario de Estado en aquella momentos. Los convoyes de alimentos los pagaban los gobiernos occidentales.

El director del campo de prisioneros de los Khmer Rojos era el notorio asesino de masas Nam Phann (mano derecha de Pol Pot), conocido por los cooperantes como el Carnicero.

El ex director adjunto de la CIA, Ray Cline, realizó una visita secreta a la sede operativa de los Khmer Rojos. Cline fue consejero de seguridad nacional en tiempos del Presidente Ronald Reagan.

Hasta 1989, el papel de Gran Bretaña en Camboya se mantuvo en secreto. Simon O'Dwyer -Russell, corresponsal del *The Sunday Telegraph*, reveló entonces que las unidades británicas del SAS entrenaban a las unidades de Pol Pot. Todos ellos eran veteranos de la guerra de las Malvinas, comandados por un capitán. Posteriormente el *Jane's Defence Weekly* informó que este tipo de formación se había estado dando en bases secretas de Tailandia desde hacía más de cuatro años.

A Pol Pot sus maestros masónicos le aseguraron que nunca debería enfrentarse a acusaciones de crímenes contra la humanidad. Esta promesa se hizo oficialmente el año 1990. La ONU presentó un "plan de paz", en el que fue omitida toda mención al genocidio.

La Comisión de los derechos humanos de las Naciones Unidas rechazaron una resolución sobre las "atrocidades de carácter genocida, cometidas en particular cuando los Khmer Rojos estaban en el poder". Los principales impulsores detrás esta concesión fue Estados Unidos y China. La Comisión de las Naciones Unidas decidió que sus estados miembros ya no "perseguirían, detendrían, entregarían ni juzgarían a los responsables de crímenes contra la Humanidad de Kampuchea". Los gobiernos ya no estaban obligados a "impedir retornar al poder a los responsables de los actos de genocidio entre 1975-78". Esto no es lo que dijeron de los nazis.

El régimen gánster de Pekín, junto con los gobiernos Estadounidense y Británico, apoyaban a los soldados de Pol Pot y les avituallaban con armas modernas, lo que les permitían ejecutar sus ataques de terror en Tailandia, su país vecino.

El 25 de junio de 1991, el gobierno británico finalmente admitió que el SAS había entrenado en secreto al "movimiento de resistencia" de Pol Pot desde 1983. *The Guardian* escribió que

> "los entrenamientos del SAS eran un acto político criminal irresponsable y cínico".

Mientras a los Khmer Rojos se les daba la bienvenida a su regreso a Phnom Penh por parte de los funcionarios de las NU, el general australiano John Sanderson, en una entrevista filmada, se negó a condenar a los Khmer Rojos como responsables del genocidio.

Un abogado de Camboya señaló:

> "Todos los extranjeros que han participado deberían ser llevados a juicio... Madeleine Albright, Margaret Thatcher, Henry Kissinger, Jimmy Carter, Ronald Reagan y George Bush."

Su ambición era perseguirlos y hacerles explicar al mundo por qué habían apoyado a los Khmer Rojos. Pero eso no es probable que ocurra.

En 1998, Khieu Samphan pidió a sus compatriotas olvidar el pasado para permitir que el país mirara hacia adelante. Los dirigentes occidentales masónicos también se sentirían mejor, si Camboya no conseguía llegar a un acuerdo con su pasado.

La CIA utilizó la confusión en torno a la guerra de Vietnam como una cubierta para el tráfico de drogas al por mayor desde el llamado triángulo de oro. Esto lo reveló el Profesor Alfred W. McCoy en su minuciosa investigación, "La política de la heroína: La complicidad de la CIA en el comercio mundial de drogas" (Nueva York, 1991). Las drogas eran enviadas a los Estados Unidos dentro de los cuerpos de los soldados muertos.

Mientras tanto, Wall Street había decidido que todo Vietnam fuera entregado a los comunistas. Esta intención fue anunciada por el Presidente Richard Nixon el 22 de enero de 1969. Él lo llamaba "vietnamización" de la guerra. En agosto de 1969, los Estados Unidos comenzaron a retirar sus tropas, mientras que Wall Street al mismo tiempo incrementaba la ayuda a los comunistas, que estaban utilizando Camboya y Laos como bases suyas. Laos estaba en manos del comunista Pathet Lao.

El 29 de marzo de 1973, EEUU hizo regresar a casa sus últimas tropas en Vietnam, y en abril de 1973 todo Vietnam era comunista. Comenzó un terrible reinado del terror, sobre el que la prensa occidental guardó silencio.

Con la ayuda de Moscú, el comunista Pathet Lao ocupó todo Laos en junio de 1975. El 2 de diciembre de 1975, Laos fue declarada una República Democrática Popular, gobernada por la "dictadura del proletariado".

Fuentes soviéticas (entre ellas la Enciclopedia Soviético-Estoniana) admitieron que la guerra de Vietnam había sido una "colisión entre dos sistemas del mundo diferentes". Esto era exactamente lo que tenía en mente Wall Street. En Vietnam, murieron 58.022 estadounidenses, mientras que 300.000 resultaron heridos y 2300 desaparecieron. Además, murieron dos millones de vietnamitas, y 554.000 refugiados en barcos invadieron los países vecinos. El coste de la guerra fue como mínimo de 150 millones de dólares.

Debido a su inútil sistema económico, Vietnam comenzó un programa nacional de cultivo y venta de opio para pagar sus deudas a los bancos estadounidenses. Esto lo reveló un miembro del Politburó que desertó, Hoang Van Hoan, con la ayuda de documentos clasificados. En 1984, la deuda externa de Vietnam ascendía a 3 mil millones de dólares (*Wall Street Journal*, 8 de marzo de 1984). Mao también entregaba drogas a la mafia de los Estados Unidos (*Asian Outlook*, Taipei, enero 1973, p. 13).

El 14 de julio de 1958, los masones socialistas, encabezados por el General Abdul Karim Kassem, se hacían con el poder en Irak. El Rey Faisal II fue brutalmente ejecutado. Irak se convirtió en una República masónica, aunque se cerraron las logias.

El dictador socialista iraquí Saddam Hussein, que había llegado al poder en julio de 1979 y comenzó a ejecutar masones, no invadió Kuwait en 1990, una antigua provincia iraquí, por iniciativa propia. Fue el embajador estadounidense en Bagdad, April Glaspie, quien el 25 de julio de 1990 engañó a Saddam Hussein dejándole creer que la cuestión de Kuwait no era vital para Estados Unidos, si es que quería invadir la parte norte de Kuwait. Saddam Hussein confió en los norteamericanos, ya que la administración del Presidente Ronald Reagan había suministrado secretamente información y armas a Irak durante la guerra contra Irán. Los Estados Unidos iniciaron un programa de ayudas decisivo en Irak el año 1982, después de que la inteligencia estadounidense hubiera anunciado que había un riesgo considerable de que Irak fuera derrotado por Irán. A través de Egipto, los iraquíes recibieron tanques, helicópteros y equipamiento para su programa de energía nuclear y sustancias para la producción de armas biológicas (*Newsweek*, 23 de septiembre de 2002).

Finalmente, los Estados Unidos hicieron estallar plataformas petroleras de Irán, atacaron sus patrulleras e incluso asesinaron a 290 iraníes al abatir un avión de pasajeros iraní. Unas semanas más tarde, Irán abandonaba todas las hostilidades. Teherán tenía miedo de un ataque estadounidense.

Fue Rockefeller quien alentó a Irak a emprender la guerra contra Irán. La Guerra Irán-Irak duró del 1980 al 1988 y costó más de 650.000 vidas. Irak perdió 150.000 soldados, Irán perdió 500.000.

El 31 de julio de 1990, el asistente del Secretario de Estado de asuntos de Oriente Próximo, John Kelly, declaró en el Congreso:

> "Estados Unidos no tiene ningún compromiso para defender Kuwait y EEUU no tiene la intención de defender Kuwait, si es que es atacado por Irak".

Ocho días después de la conversación de April Glaspie con Saddam Hussein, el 2 de agosto de 1990, las tropas iraquíes invadían y ocupaban Kuwait. Las transcripciones de la reunión se publicaron el 1 de octubre de 1990 en la revista *Time Magazine*. Acto seguido el Secretario de Estado descargaba un ataque de rabia contra April Glaspie. Pero ya era demasiado tarde. Nadie se tomó en serio el desmentido del Departamento de Estado.

En marzo de 1991, April Glaspie fue cuestionado por el Comité de Relaciones Exteriores del Senado, donde admitió que la conversación con Saddam Hussein realmente había tenido lugar. Los Estados Unidos utilizaron tácticas similares para tender una trampa al Presidente serbio Slobodan Milosevic.

El embajador estadounidense, así como el embajador británico y el soviético, abandonaban Kuwait dos días antes del ataque.

El plan de George Bush para Saddam Hussein era llevarlo a una trampa, donde la única salida fuera hacer el trabajo sucio de la industria petrolera internacional, y al mismo tiempo, limitar su capacidad para atentar contra Israel. El objetivo de los Estados Unidos era que Saddam Hussein matara a 300.000 árabes que vivían en los humedales meridionales del delta de Irak, que molestaban en el camino de las compañías petroleras.

Los Estados Unidos intentaron implicar a la ONU en una intervención militar para liberar al Emirato, aumentando así la presión sobre Saddam Hussein, pero se encontraron con la resistencia inicial contra la Operación Tormenta del Desierto. La atmósfera cambió, sin embargo, en octubre de 1990, cuando una enfermera kuwaití y un cirujano de Kuwait City, explicaron llorando, ante una Comisión de derechos humanos, como los bárbaros iraquíes habían perdido los estribos en los hospitales de la capital ocupada. Habían aplastado las incubadoras, lanzando a los bebés recién nacidos al suelo y dejándolos morir allí mismo. La historia causó indignación en todo el mundo e hizo una contribución decisiva a la causa de los que promovían una intervención militar contra Irak.

Las mentiras fueron expuestas en marzo de 1992 La historia de los asesinatos de las incubadoras había sido inventada por una agencia de publicidad de Nueva York, que había recibido 20 millones de dólares del exiliado emir de Kuwait. El hombre que había ido a declarar no era cirujano y la "refugiada", era la hija de un diplomático kuwaití. Ambos habían ensayado sus "declaraciones de testigos oculares" durante días y habían recibido clases de inglés específicamente para este propósito.

La Operación Tormenta del Desierto costó mil millones de dólares diarios. Los aliados, dirigidos por Estados Unidos, asesinaron a unos 500.000 soldados iraquíes, según el antiguo Fiscal General, Ramsey Clark. El 5 de diciembre de 1991, en Estocolmo, admitió que los aliados habían aniquilado una división iraquí entera que iba hacia el Norte tras el alto el fuego del 26 de febrero de 1991 Miles de soldados fueron enterrados, vivos o muertos, en las trincheras. Según las normas de la guerra, los soldados enemigos heridos deben recibir tratamiento médico.

El historiador judío estadounidense Dr. John Coleman reveló que el Presidente George Bush dio órdenes de matar a 150.000 soldados iraquíes, que componían un convoy militar portadores de banderas blancas, que se iban de Kuwait, para volver a Irak.

60.000 toneladas de bombas fueron lanzadas sobre zonas que no estaban destinadas a ser golpeadas y no constituían "objetivos estratégicos". El sistema de suministro de agua fue destruido. Aunque había fotografías de los cuerpos carbonizados de 150.000 soldados iraquíes, esto nunca se mostró por televisión.

Las bajas civiles se calcularon en más de 25.000 durante los bombardeos de la guerra, pero este número se multiplicó más tarde a causa de las sanciones. 250.000 niños iraquíes menores de cinco años habían muerto en agosto de 1991 En mayo del 2000, habían muerto medio millón de niños iraquíes, según Hans von Sponeck, alto oficial de las NU en Irak el año 2000. Su trabajo era llevar a cabo el castigo de millones de personas inocentes. Según el periodista australiano John Pilger, aviones norteamericanos y británicos bombardearon Irak sobre una base casi diaria durante el período 1997 hasta el 2001 La prensa ha ignorado esto, excepto cuando el Presidente George W. Bush bombardeó Irak el 16 de febrero del 2001

Durante el verano y otoño de 2002, George W. Bush comenzó a preparar un nuevo ataque hacia Irak, dirigido a "el derribo" de Saddam Hussein. Su intención real, sin embargo, era destruir la OPEP y tomar el control del precio del petróleo y de los principales campos de petróleo. George W. Bush tiene intereses personales en la producción de crudo. La intención de los Estados Unidos es crear el caos en Oriente, según Mo Mowlan, ex secretaria de Tony Blair en Irlanda del Norte, como informó *The Guardian*. Ella afirma que la idea de que Irak es una amenaza para la paz mundial es una invención. Los objetivos finales son totalmente diferentes, se persiguen bajo el pretexto de la llamada guerra contra el terrorismo.

El 12 de mayo de 1996, Leslie Stahl preguntó a Madeleine Albright, entonces embajadora de EEUU ante la ONU, en la revista de la CBS *Sixty Minutes*:

> "Hemos oído que han muerto medio millón niños (como consecuencia de las sanciones contra Irak). Quiero decir, que son más niños de los que murieron en Hiroshima. I, ya sabes, ¿vale la pena a ese precio?" Albright respondió: "Creo que es una elección muy dura, pero en cuanto al precio, creemos que el precio vale la pena."

En esta situación, parecía como si los refugiados tuvieran que desestabilizar el mundo occidental bajo la etiqueta de "la sociedad multicultural". Esto fue deliberado. Hans von Sponeck dijo ante una audiencia de 700 personas en el Ayuntamiento de Kensington, Londres, el 6 de mayo de 2000 que la comunidad internacional obligaba a vivir a cada iraquí hombre, mujer y niño con 252 dólares al año. Los medios de comunicación británicos nunca mencionaron esta reunión pública. Por lo que a ellos respecta, este genocidio nunca tuvo lugar.

El documental de John Pilger "Pagando el precio: Matando a los niños de Irak" (2000) Muestra a la Gran Bretaña bombardeando ovejas iraquíes y a los niños que hacían de pastores el verano de 1999. En un primer momento, el Ministerio de Defensa Británico negó este ultraje, pero enfrentados a la evidencia afirmaron que la OTAN tenía derecho a defenderse. Presumiblemente los niños y sus ovejas constituían una seria amenaza para la OTAN y la UE. Casi la mitad de las víctimas de los atentados iraquíes han sido civiles. En la guerra contra Irak, fue utilizado oficialmente por primera vez el uranio empobrecido en los misiles anti-blindaje. Estos también provocaban lesiones de radiación a los soldados estadounidenses. Un grupo de especialistas, que revisó a 17 veteranos de la guerra, fueron capaces de demostrar que dos terceras partes de ellos presentaban uranio en la orina, así como en los huesos. El 67 por ciento de los hijos nacidos de 251 familias de veteranos estadounidenses después de la guerra de Kuwait sufrieron diversas deformaciones tales como: carecían de ojos o de oídos, los dedos les habían crecido juntos o tenían problemas respiratorios.

Cuando explota un proyectil contienen uranio, emite un intenso calor, y una gran parte del uranio es pulverizado. Este es el polvo que los soldados estadounidenses y británicos - así como los iraquíes - inhalan. Pero el uranio empobrecido no contiene U 236. El uranio empobrecido es un metal pesado radioactivo de bajo grado (es 2,5 veces más pesados que el acero) obtenido como subproducto al enriquecer el uranio 235.

Los científicos franceses llegaron a otra conclusión - que estos misiles contenían residuos atómicos (uranio 238), que es más altamente radiactivo. Una exposición de un día corresponde a una dosis anual. Este tipo de uranio provoca una lenta muerte por cáncer, daño renal incurable y enfermedades por deficiencia inmunológica. Esto explica por qué el Pentágono y la OTAN han emitido amenazas contra los científicos que llegaron demasiado cerca de la verdad. Las armas fueron producidas por Honeywell y Aerojet entre otros, controladas por la francmasonería. La Agencia británica de la energía atómica (AEA), según *The Independent*, advirtió de los riesgos de la radiación después de la guerra de Kuwait.

El plomo contenido en las ojivas de los misiles buscadores de objetivos fue sustituido por el uranio 238 para aumentar su densidad y por lo tanto su masa. Aumentando así el poder de penetración cuando el misil impacta en un tanque. El uranio 238 es un subproducto obtenido cuando se enriquece el combustible nuclear.

Eric Hopkins declaró a *The New York Times* el 21 de enero de 1993, que los Estados Unidos habían contaminado Irak y Kuwait con más de 40 toneladas de uranio. Hizo hincapié en que las tropas iraquíes no tenían acceso a tal sustancia. Casi la mitad del país está contaminado con polvo radiactivo, y grandes extensiones de tierras de cultivo han quedado destruidas. El Pentágono afirma que el uranio empobrecido tiene un efecto de muy baja radiación. Pero cuando los Estados Unidos probaron esta arma inhumana en Nuevo México, el ejército temía que el agua subterránea hubiera quedado contaminada.

No fue hasta julio de 2002 que se llegó a conocer que los Americanos habían contaminado Irak con cerca de 800 toneladas de uranio empobrecido (es decir residuos atómicos).

Andres Brahme, profesor de física de radiaciones médicas en el Karolinska Institutet, Estocolmo, después de la guerra visitó los hospitales de Irak meridional donde había niños con malformaciones muy graves, como un único ojo en medio de la frente. Creía que las deformidades habían sido causadas por sustancias con uranio empobrecido, que se habían extendido como nubes de polvo después de la explosión.

Los norteamericanos y británicos también utilizaron las devastadoras bombas FAE (combustible / aire explosivo) contra las tropas iraquíes. Estas bombas de 1000 kilos contienen óxido de etileno en aerosol y causan una sobrepresión enorme (aproximadamente 70 atmósferas), destruyéndolo prácticamente todo dentro de una superficie de 5.000 metros cuadrados. También hay bombas FAE de 7.500 kg.

En el documental, "El genocidio de Saddam Hussein" de Michael Wood, la ITV británica reveló cómo los líderes políticos de los Estados Unidos habían instigado el asesinato en masa de los árabes en el delta. Esto fue confirmado por varios testigos y documentos. Antes de eso, sin embargo, los Kurdos del Norte y los musulmanes Chiítas del sur pagarían un alto precio por su confianza hacia los Estados Unidos. El 12 de enero de 1991, el Congreso de EEUU autorizó a George H. Bush a declarar la guerra a Irak, a menos que las fuerzas iraquíes abandonaran Kuwait antes de tres días. Lo que, de hecho, a Irak no le era posible.

El 13 de febrero de 1991, George Bush advirtió:

"Los militares y el pueblo iraquí pueden tener en sus propias manos el forzar a dimitir a Saddam Hussein, para que Irak pueda unirse a las naciones amantes de la paz. No tenemos ninguna disputa con el pueblo iraquí..."

Esta provocación era tan falsa como lo que, mediante *The Voice of America*, iba dirigido a Hungría en otoño de 1956. Entonces a un pueblo oprimido también se le dieron falsas esperanzas de una intervención norteamericana.

El presidente Bush alentó a los Kurdos a sublevarse. Los musulmanes Chiítas creyeron que la provocación de Bush era un símbolo serio de apoyo de EEUU y comenzaron las revueltas en el sur de Irak. A continuación, el General Norman Schwartzkopf dejaba al ejército iraquí las manos libres para ahogar en sangre la revuelta Chiíta. Los Estados Unidos no podían permitir que Saddam Hussein cayera.

El documental de la ITV mostró una entrevista con Laurie Mylroie, uno de los más importantes analistas de Washington, que había visto las transcripciones de las negociaciones del alto el fuego. Según Mylroie, el 26 de marzo los Estados Unidos tomaron una decisión pretendiendo que fuera una señal para que Saddam Hussein sofocara la revuelta. El General Schwartzkopf alentó al ejército iraquí a utilizar helicópteros. El mismo día, los Estados Unidos dejaron claro que los helicópteros iraquíes no serían abatidos, incluso cuando sobrevolaran las tropas aliadas. Desde Washington, le explicaron a Schwartzkopf que los helicópteros tomarían parte en una operación destinada a derrocar a Saddam Hussein. Por supuesto, tal cosa no debía suceder. Esta circunstancia particular sorprendió al mundo. Los intereses de EEUU eran completamente diferentes, lo que se hizo evidente en el documental de la ITV.

Cuando, en abril de 1991, los kurdos comenzaron a negociar con los iraquíes sobre su autonomía (los Estados Unidos no tenían nada que objetar en contra de ello), el jefe del servicio de inteligencia militar kurda en Irak informó que Irak había matado a 300.000 personas en el sur. Los asesinatos continuaron. En el delta pantanoso entre los ríos Éufrates y Tigris, se construyeron embalses, y el agua de las marismas fue envenenada. El ganado murió. Las casas y las cosechas fueron bombardeadas con bombas incendiarias y napalm. Los que sobrevivieron se vieron obligados a marcharse. Gracias al estímulo de EEUU, Saddam Hussein logró matar al siete por ciento de la población local. Nadie condenó estos asesinatos en masa.

El documental muestra a una niña diciendo que Estados Unidos y Gran Bretaña considera asesinos a los que matan a la gente. Ella pregunta:

"Saddam mató a mi padre. ¿Por qué a él no se le considera un criminal?"

Se reveló que el llamado bloqueo era un fraude, ya que Irak había reconstruido el 80% de su industria armamentista con ayuda extranjera. La posición de Saddam Hussein se vio reforzada por las sanciones. El Departamento Estatal de EE.UU. se negó a contestar al reportero Michael Woods sobre su política en Irak.

Al final del documental, se expone el motivo real detrás del asesinato de masas. Las empresas francesas ELF y Total y otras corporaciones transnacionales, pretendían iniciar la extracción de petróleo en la zona después de conseguir librarse de los árabes de las marismas y de drenar la zona. Cualquier árabe que tratara de permanecer allí sería asesinado. Los masones psicópatas prosperan con el sufrimiento de los demás.

El gobierno kuwaití posteriormente dio al presidente George H. Bush y a sus hijos Neil y Marvin "grasientos" negocios. En su libro "Las dos caras de George Bush" (Dresden, NY, 1988), Antony C. Sutton reveló que George Bush también había participado en negocios de drogas como líder del círculo de la cocaína de la Contra.

Scott Ritter, un Marine estadounidense e inspector de armamento que había trabajado para la UNSCOM desde sus inicios en 1991, afirmó en una entrevista en *The New York Post* (diciembre de 1998) que la ronda de inspecciones en Irak sólo tenían un propósito - provocar una nueva guerra. En otras palabras, el informe de Richard Butler sobre Irak era un bluf. El presidente Bill Clinton quería una excusa para lanzar un ataque.

El diario italiano, *La Repubblica*, reveló el 3 de agosto de 1993, en el artículo "Buscando petróleo en Somalia" que Estados Unidos en Somalia realmente iban detrás de los abundantes pozos de petróleo y de metales estratégicamente importantes como el tungsteno y el uranio. Habían entrado en Somalia como funcionarios de ayuda humanitaria. Cuando se inició la operación *Restaurar la Esperanza*, Estados Unidos se alió con el General Mohammed Farah Aidid, que era el líder de una banda de ladrones llamado el clan Habir-Ghedi. La compañía de petróleo estadounidense Conoco jugó un papel decisivo en relación con esto. A cambio de apoyo militar, Aydid acordó dar a Conoco el monopolio de la prospección de petróleo. Más tarde, el líder del clan Hawale, Ali Mahdi firmó un "acuerdo preliminar" con Conoco en el que una vez más se les otorgaba los derechos de prospección después de la guerra.

Entonces se decidió deshacerse de Aydid, que fue presentado por la propaganda como una encarnación del diablo. Conoco pertenece a la familia masónica DuPont, que participaron en la financiación de la Unión Soviética, así como de la Alemania Nazi. Los activos de Eleuthère y Samuel DuPont aumentaron de 83 a 308 millones de dólares durante la Primera Guerra Mundial.

El redactor jefe del diario financiero italiano *Il Globo-Oro 12*, Enzo Garrett, reveló que detrás de la operación de Somalia estaban, aparte de los magnates del petróleo, también las compañías financieras Goldman Sachs y Salomon Brothers (esta última también prestaba dinero al gobierno sueco). Garrett escribió:

> "La sombra de Wall Street cae sobre Somalia."

La misma sombra también cae sobre la Unión Europea. Es al mismo tiempo la sombra de la masonería, desde Wall Street se ha servido desde siempre a los intereses de la masonería internacional, que entre otras cosas dicta una reducción drástica de la población mundial. Por esta misma razón, cientos de conflictos armados se han estado suscitando después de la Segunda Guerra Mundial.

Conflictos en los Balcanes

Mirar los acontecimientos desde una perspectiva histórica tiende a aclarar las cuestiones.

Las guerras balcánicas fueron unos preliminares para la Primera Guerra Mundial. Estas cortas guerras tuvieron lugar (8 de octubre de 1912 a 30 de mayo de 1913) entre la Unión Balcánica y Turquía. Del 29 de junio al 10 de agosto de 1913, Bulgaria luchó contra Serbia, Grecia, Montenegro, Rumanía y Turquía. Bulgaria perdió gran parte de su territorio en la guerra.

El miembro Illuminati Alexander Parvus (Israel Helphand) actuó durante las guerras balcánicas de 1912 a 1913 desde Saloniki en Grecia como asesor financiero de los gobiernos tanto del turco como del búlgaro. Entró en contacto con la potente organización masónica de Saloniki, una ciudad con una población judía del 70 por ciento. Los negocios de armas le hicieron inmensamente rico. La principal fuerza detrás suyo era el Conde Giuseppe Volpi di Misurata, que ayudaba a Parvus con sus contactos de negocios y masónicos.

Serbia, Croacia y Eslovenia se unieron para formar un nuevo reino el 1 de diciembre de 1918. Más tarde, durante la Segunda Guerra Mundial, los agentes británicos ayudaron a derrocar el gobierno yugoslavo dirigido por Dragiša Cvetkovic, el 27 de marzo de 1941 El rey serbio Peter II huyó, irónicamente, a Londres. El Reino de Yugoslavia había sido aplastado.

Los nuevos líderes, encabezados por el masón y General (responsable de la fuerza aérea) Richard D. Simovic, a la vez iniciaban la cooperación con Stalin al firmar un tratado de amistad tan pronto como el 5 de abril de 1941 Durante toda la Segunda Guerra Mundial, Londres apoyó a Tito con firmeza, más tarde, le ayudaron a llegar al poder con Churchill jugando un papel clave. El socio más cercano a Tito era el francmasón judío Mosa Pijade. Según Zivadin Simic, uno de los líderes de la policía secreta, Tito también era francmasón. Después de la guerra, Tito recibió una cantidad enorme de ayuda (150 millones de dólares) de países occidentales para establecer el comunismo. Sin esta ayuda, el régimen de Tito habría caído. Mientras sus crímenes se consideraron secretos. Sólo los Estados Unidos en secreto aportó 35 millones de dólares entre 1948 y 1965. Esto fue revelado por un experto en derecho internacional, el profesor Smilja Avramov, en una entrevista con el diario serbio *Politika Ekspres* (16 de enero de 1989). La ayuda occidental cubría el 60 por ciento de los gastos del régimen comunista. El profesor Avramov ha destacado:

"Sin esta ayuda económica, nuestro régimen no habría sobrevivido."

La ayuda de Estados Unidos a Yugoslavia era un importante secreto de estado, sobre el que la embajada estadounidense se negaba a hacer ningún comentario. Las aportaciones de los banqueros privados occidentales eran un secreto incluso mejor guardado.

Los masones británicos y sobre todo los Illuminati, uno de los frentes de los cuales era el Instituto Británico de Asuntos Internacionales, también ayudaron a llegar al poder los comunistas albaneses, dándoles toda la asistencia militar concebible.

En 1990, los masones comenzaron a actuar para forzar que Serbia se acercara a la UE, haciendo que éste autosuficiente país dependiera totalmente del mundo exterior. Esta gente terca, independiente debían ser forzados a la sumisión mediante una guerra, según el procedimiento Illuminati. En mayo de 1991, el Departamento de Estado de EE.UU. comenzó a organizar disturbios en los Balcanes.

Los Estados Unidos detuvieron toda la ayuda hacia Yugoslavia, una medida que también golpeó a todas las repúblicas independientes y vetó la continuación de los préstamos del FMI. Un crédito prometido de 1100 millones de dólares fue congelado y con él todos los préstamos extranjeros de los que se esperaban un total de 3,5 millones de dólares, que estaban ligados a los préstamos. Este era un movimiento típico de la masonería internacional. Se crean problemas sólo para ofrecer las "excelente soluciones" propias.

De un solo golpe, la administración de George Bush lanzó a Yugoslavia a un vórtice del colapso económico total de dramáticas consecuencias para toda la región. Ya en 1989, la inflación yugoslava era de más del 250 por ciento (*Hamburger Abendblatt*, 27 de enero de 1989).

En junio de 1991, en una breve visita a Belgrado, el secretario de estado y francmasón James Baker aseguró al Presidente yugoslavo Slobodan Milosevic que Estados Unidos estaba "a favor de la integridad territorial yugoslava", la desintegración en realidad había sido acelerada por la decisión estadounidense de detener todos los créditos.

Dos días después de la declaración de Baker, Croacia y Eslovenia se auto-proclamaron repúblicas independientes, ya que no podían pagar los salarios.

El impago se debió a la deuda externa que ascendía a 16 millones de dólares. El dinero prometido por la UE que nunca llegó.

En estas circunstancias y debido a la exagerada demostración de fuerza de Serbia, Croacia y Eslovenia, que hasta pocos meses antes estaban dispuestas a permanecer en una Federación de Repúblicas Yugoslavas - con una economía común, una unión aduanera y una defensa común en caso de agresión militar - decidieron declarar la independencia.

Milosevic interpretó la declaración de Baker como una luz verde de Estados Unidos por si él utilizaba armas si lo creía necesario contra Eslovenia y Croacia.

El presidente Bill Clinton y los gobiernos Británico y Francés actuaron coherentemente como masones: implementaron una inestabilidad en la comarca y en toda Europa.

Se dijo a la prensa croata que todos los problemas de Yugoslavia habían sido previstos por Lawrence S. Eagelburger, Subsecretario de Estado de la administración del Presidente George Bush, por el Ministro de Exteriores italiano Gianni de Michelis (ex primer ministro); y por Hans van der Broek, Ministro de Relaciones Exteriores Holandés, que posteriormente se convirtió en un líder oficial de la Unión Europea. Todos ellos eran masones. De Michelis era miembro de la logia masónica P2 En 1995, fue declarado culpable de corrupción y condenado a cuatro años de prisión.

Estados Unidos, Alemania e Israel en vuelos aéreos secretos suministraban armas a Croacia y Bosnia desde el comienzo de la guerra. El mantenimiento y el transporte estaban previstos y los realizaban las fuerzas estadounidenses, las unidades de la legión extranjera francesa y los soldados de Sarajevo.

Gran Bretaña siempre ha estado detrás de los acontecimientos en los Balcanes. Antes de las guerras balcánicas, agentes británicos realizaban actividades clandestinas disfrazados de inocuos corresponsales de prensa.

Umberto Pascal explicó a la *Executive Intelligence Review* (2 de julio 1993, n° 26, p. 30) que la crisis de los Balcanes en la década de 1990 estaba controlada por la francmasonería británica que apoyaba a los serbios en secreto, mientras incitaba a una confrontación entre musulmanes serbios y croatas, impidiendo así que encontraran sus propias soluciones.

El 16 de julio de 1993, el diario croata *Danas* expuso el insidioso papel de los británicos en el conflicto de Bosnia. En enero de 1993, la policía croata descubrió en una comprobación rutinaria, que 22 ciudadanos británicos viajaban en autobús de Zagreb a Travnik. Todos llevaban un tipo de corte de pelo militar y llevaban chándales. Afirmaban ser voluntarios en la batalla contra los serbios de Croacia. En un examen más a fondo de la policía, el líder del grupo intentó detener la investigación ofreciendo sobornos. Los mercenarios recibieron la orden de abandonar el país. La BBC convirtió el evento en un escándalo, que recibió mucha atención en Croacia.

Unos meses más tarde la emisora de TV *Sky News* emitió un documental sobre el mercenario británico Norry Phillips, que un par de años antes, había ido a Croacia a formar a sus soldados. Al mismo tiempo vendió armas a los musulmanes, e hizo todo lo que pudo para hacer que sus tropas lucharan contra ellos.

Otros "monitores" militares británicos también estaban incitando peleas entre croatas y musulmanes. Cuando la lucha entre croatas y musulmanes comenzó en Mostar, Norry Phillips estaba del lado musulmán.

Los británicos a menudo estaban al mando de estas unidades de combate, que nunca participaron en una sola acción contra los serbios. Estos "monitores" británicos estaban controlados por el MI 6, la sección extranjera del servicio de inteligencia británico, que a su vez está controlado por la francmasonería británica. El emblema del MI 6 cuenta con un triángulo con el ojo que todo lo ve en la parte superior.

El masón Lord Owen, "mediador" en el conflicto de Bosnia, hizo todo posible para evitar sanciones contra Serbia al inicio del conflicto.

Los periodistas británicos se apresuraron a transmitir las primeras imágenes de personas masacradas pero se "olvidaron" de informar a la prensa que tanto los perpetradores croatas como los musulmanes estaban dirigidos por agentes británicos. Además, los informes fueron exagerados.

Bajo el régimen comunista de Tito, los serbios albaneses fueron acosados en Kosovo. Más tarde, los serbios pidieron ayuda al Presidente nacionalista Slobodan Milosevic, que estuvo más que feliz de hacerlo.

EEUU y otras naciones masónicas pretendían utilizar el conflicto étnico para sus propios propósitos. Acciones masónicas secretas condujeron a los serbios a una nueva guerra y a una miseria indescriptible, permitiendo que el agente de la CIA Osama bin Laden (nombre de agente Tim Osman) incitara otro extenso enfrentamiento, esta vez en Kosovo.

Miembros del Ejército de liberación de Kosovo, KLA, conocidos localmente como U?K) fueron entrenados en Afganistán y en Trojope en Albania en los campamentos terroristas a cargo de Osama bin Laden ("Los rebeldes del KLA se entrenan en campamentos terroristas" *Washington Times*, 4 de mayo de 1999). *The Sunday Times* citó que el jefe de la inteligencia Albanesa había confirmado que Osama bin Laden había enviado unidades a la provincia Serbia de Kosovo. *The Washington Times* informó que los miembros de los antiguos Mujahedin de Afganistán que habían sido reclutados para luchar por el KLA, estaban controlados por la CIA.

Era el gobierno de los EEUU quien suministraba las armas a los terroristas albaneses (KLA). La Secretaría de Estado judía Madeleine Albright (B'nai B'rith) dijo al KLA:

> "Si conseguimos la situación en blanco y negro que necesitamos, conseguiréis armas. En caso contrario, no tendréis ninguna."

Diversas acciones contra Serbia también estaban organizadas por el Secretario del Tesoro de EEUU Robert E. Rubin (CFR, B'nai B'rith), Morton Abramovitz, William Cohen (Secretario de Defensa de EEUU), Stuart Eizenstadt (CFR) y otros (Paolo Tauffer, "Guerre en Yougouslavie et Europe chretienne" / "Guerra en Yugoslavia y la Europa Cristiana", Roma, 1999, p. 40-41).

La inteligencia alemana había estado entrenando en secreto al KLA desde 1996. Los alemanes suministraban armas y municiones al KLA. Según el secretario de estado de EEUU, la UCK era una organización terrorista en 1998, pero dejó de serlo después de que comenzó a cooperar con la CIA. A los terroristas albaneses también se les permitió financiar sus actividades a través del contrabando y el tráfico de drogas en Europa Occidental. El KLA estaba ayudando a transportar 1,5 mil millones dólares en drogas al año a Europa Oriental (*Washington Times*, 4 de mayo de 1999). El "mediador", el antiguo primer ministro sueco Carl Bildt afirmaba que el KLA había matado a los albaneses que estaban a favor de una solución pacífica. Este tipo de solución no satisfacía a los criminales.

Los paquetes enviados a Kosovo por la Cruz Roja sueca y que aparentemente contenían "ayuda humanitaria", en realidad contenían uniformes de camuflaje, guantes, monos de combate y otras cosas para los terroristas del KLA (del diario sueco *Aftonbladet*, 1 de abril de 2000). La Cruz Roja la fundó el masón Henri Dunant.

Serbia se vio obligada a negociar, pero los terroristas albaneses no depusieron las armas. Oficialmente, el objetivo era la independencia de Kosovo. El presidente Bill Clinton tenía previsto el bombardeo de Serbia ya en agosto de 1998. El grupo Bilderberger celebró una reunión en Portugal el 3-6 de junio de 1999, donde el tema de Kosovo fue discutido muy minuciosamente, según un comunicado de Carl Bildt en una reunión pública de Estocolmo, poco antes de las elecciones Europeas de 1999.

Rasgar Kosovo de Serbia hacía servicio a los intereses de la élite mundial. Durante la Segunda Guerra Mundial, estos poderes ignoraron totalmente a las Repúblicas Bálticas. La británica controlada por los masones *World Review* en junio de 1942 publicó una entrevista de Edward Hulton con el embajador británico en Moscú, Sir Richard Stafford Cripps. El masón marxista declaró:

> "Las Repúblicas Bálticas - Estonia, Lituania y Letonia - deben pertenecer a la Unión Soviética. Durante un largo periodo de tiempo han sido una parte inseparable del zarismo sin que nadie nunca pensara que fuera erróneo que pertenecieran a la Rusia zarista."

Si realmente hubieran querido deshacerse del Presidente Milosevic, los masones habrían intentado eliminarlo. Pero tenían otros planes. Querían destruir la Serbia nacionalista.

Según Kjell Magnusson, politólogo de la Universidad de Uppsala, el acuerdo de Paz de Rambouillet (con fecha del 23 de febrero de 1999) fue una manipulación. Escribió:

> "El apéndice B estipula que Serbia no sólo debe retirarse de la provincia de Kosovo, sino que será puesta bajo control de la OTAN, pero Serbia cederá también la soberanía de todo su territorio".

En otras palabras, la OTAN quería tener bases dentro de Serbia, algo que Milosevic no podía permitir. Unos pocos fragmentos de este acuerdo:

> Sección 8: "El personal de la OTAN disfrutará, junto con sus vehículos, barcos, aviones y equipos, de libertad de paso y acceso sin restricciones a través de toda la República Federal de Yugoslavia incluyendo el espacio aéreo asociado y las aguas territoriales."

Sección 11: "La OTAN se concede el uso de los aeropuertos, carreteras, vías de tren y puertos sin tener que pagar ningún tipo de derechos, deberes, cuotas, peajes o gastos ocasionados por el mero uso."

Ningún presidente serbio hubiera firmado el Acuerdo de Paz de Rambouillet. Era un acuerdo imposible. La Secretaria de Estado de EEUU Madeleine Albright asumió que ni Yugoslavia ni Rusia querrían firmar nada que contuviera estas demandas. Ya tenía el pretexto que necesitaba, que era la situación en blanco y negro que tuvo después.

Ya el 23-25 de abril de 1999, Tony Blair, Robin Cook y James Robertson habían querido impulsar la decisión de utilizar las fuerzas terrestres contra Serbia. Fracasaron. El Pentágono ya había pedido 9.000 condecoraciones del Corazón Púrpura a la Craco Industries de Texas (*New York Post*, 28 de mayo de 1999). En un discurso pronunciado el 5 de mayo de 1999 Romano Prodi, presidente de la Comisión Europea, destacó que la UE debía tener su propia fuerza militar para su uso en este tipo de situaciones. En noviembre de 2000, los medios de comunicación informaban que se quería establecer una fuerza Europea de más de 100.000 hombres en 2003.

La OTAN comenzó el bombardeo de Serbia el 24 de marzo de 1999 (también una fecha simbólica: exactamente 66 años antes, el 24 de marzo de 1933, los líderes judíos masones habían declarado la guerra a Alemania en el diario *Daily Express* y en otros periódicos del mundo), y continuaron hasta el 10 de junio. Se convirtió en un desastre inigualable. Murieron más de 20.000 civiles. De los aviones de la OTAN cayeron sobre Kosovo diez toneladas de bombas que conteniendo uranio, así como en otras ocho zonas de Serbia y Montenegro, según informó Radojko Pavlovic del Instituto de Ciencias Naturales de Belgrado.

La OTAN negó las acusaciones en un primer momento. Pero la evidencia es clara: la OTAN utiliza municiones ilegales, residuos radiactivos (U 238). Esto constituye un crimen contra la humanidad. El primer ministro británico Tony Blair fue en parte responsable de este crimen de guerra.

Seis soldados italianos, que habían servido en las fuerzas de la KFOR en Kosovo, murieron de leucemia, según informes de prensa del 3 de enero de 2001.

Informes posteriores hablan de franceses, españoles y otros soldados de la KFOR que también enfermaron de leucemia. La causa se sospecha que es el uranio empobrecido, que se ha encontrado en muchos lugares principalmente en Kosovo occidental.

Según información oficial, cada proyectil contenía 300 gramos de uranio empobrecido, que significa que al menos 10 toneladas de uranio han contaminado muchas partes de Kosovo y Serbia. Podrían haber sido utilizados más misiles conteniendo uranio. Salvo que las áreas bombardeadas se limpien, pasarán 4,5 millones de años antes de que el uranio sea seguro. Los pilotos británicos demostraron su cinismo escribiendo "Felices fiestas" en las bombas lanzadas la noche de Pascua.

Las prohibidas bombas de fragmentación también eran llamadas "bombas de paz". A Rusia, mientras tanto, no se le permitía vender misiles antiaéreos eficaces a Serbia.

Los masones ocultaban sus terribles crímenes afirmando que la OTAN protegía los intereses de las naciones más pequeñas. Pero la UE se ha convertido en una organización de guerra, lejos del proyecto de paz anunciado por la insidiosa propaganda.

Los bombardeos costaron un total de 10 millones de euros e iban dirigidos a toda la economía y las infraestructuras de Serbia. También fue un fracaso militar, ya que sólo fueron destruidos objetivos relativamente insignificantes, según las noticias de los EEUU y el Informe Mundial. No se encontraron más de 26 tanques destruidos (las cifras de la propaganda decían 449). Sin embargo, este podía haber sido el fin, ya que sólo era un crimen político.

Según el masón George Soros, el bombardeo de Serbia hizo desaparecer las fronteras nacionales en Europa Oriental (*Financial Times*, 8 de julio de 1999).

El país todavía se hizo más dependiente de la economía criminal a cargo de varias bandas rivales, que a su vez estaban controladas por la mafia siciliana.

Al tribunal de crímenes de guerra de La Haya, que siempre había sufrido de escasez de fondos, de repente le dijeron por medio de Albright que recibiría una gran financiación de Estados Unidos. Y entonces el tribunal procesó a Milosevic. Estados Unidos y Gran Bretaña apoyaron el establecimiento del tribunal sobre crímenes de guerra en los Balcanes y al mismo tiempo bloqueaban propuestas similares en cuanto a Indonesia y otros países, donde las huellas de los crímenes masónicos eran demasiado visibles.

La OTAN se quedó sin bombas, y la guerra contra Serbia se acabó. Posteriormente, la OTAN tocó todos los puntos para aparecer victoriosa. Al ejército serbio se le dio unos días extras para retirarse de Kosovo, al que se permitió permanecer siendo parte de Yugoslavia. Pero en principio al KLA se le permitió mantener sus armas, incumpliendo el convenio.

Después de la llegada de las fuerzas de la KFOR para "mantener la paz", los terroristas albaneses destruyeron más de 50 iglesias ortodoxas serbias.

Como resultado de la estrategia de la OTAN, toda la región quedó desestabilizada. La guerra de los Balcanes también forró los bolsillos de aquellos que robaron enormes cantidades de fondos de la UE y de la OTAN para perseguir juegos piramidales en las bolsas del mundo.

En septiembre de 2000, Bill Clinton, Madeleine Albright, Tony Blair, Jacques Chirac y Javier Solana (todos ellos miembros del Grupo Bilderberg) fueron simbólicamente juzgados en Belgrado acusados de crímenes contra la humanidad. El 21 de septiembre de 2000, se promulgó el veredicto: Bill Clinton, Jacques Chirac y Tony Blair fueron condenados a 20 años de prisión. La corte de Belgrado los declaró culpables de crímenes de guerra y emitió una orden para su detención.

La OTAN destruyó parcialmente la embajada china en Belgrado en mayo de 1999 (afectando a las casas de determinados periodistas, que debían ser castigados por criticar a la OTAN). Los errores no se pueden cometer dos o tres veces seguidas - se dispararon tres misiles contra la embajada. Los Estados Unidos también querían destruir equipos de radares que los chinos estaban probando en la embajada.

El bombardeo de un tren civil nunca puede ser un error, especialmente si el piloto vuelve para hacer una segunda ronda.

Los Estados Unidos alegaron que, como resultado de todos los asaltos de los albaneses, Serbia había perdido su reclamación de Kosovo.

¿Por qué pues los Estados Unidos protegieron a la Unión Soviética cuando atacó los Estados Bálticos en 1940? En ese momento, nadie dijo que como resultado de todas las agresiones a las Naciones Bálticas, la Unión Soviética había perdido toda reclamación sobre Estonia, Letonia y Lituania.

Ni el tratamiento de los israelíes a los palestinos, ni el tratamiento de los EEUU a los nativos americanos parece ser un problema.

En 1941, el Presidente Roosevelt dijo:

"Si los Estonios desaprueban el comunismo, pueden marcharse de Estonia."

Esto sería como decir:

"Si los albaneses desaprueban el dominio serbio, deberían irse de Kosovo."

Nunca se oyó algo parecido.

El 7 de octubre de 2000, el nuevo Presidente Vojislav Kostunica anunciaba que Serbia intentaría convertirse en miembro de la UE. En noviembre de 2000, se confirmó la solicitud de adhesión de Serbia. La masonería había logrado otra victoria.

Las drogas ahora se vierten libremente a través de los Balcanes a los países de la UE, en particular los del oeste y los del norte, incluyendo Suecia, donde operan bandas albanesas de Kosovo, llevando grandes cantidades de heroína marrón. El tráfico de drogas era más fácil cuando los Balcanes eran una zona de guerra. Una de las diversas causas del conflicto fue la lucha por las rutas de las drogas.

Las bandas de albanokosovares adquirían la heroína en Turquía mediante una organización terrorista llamada los Lobos Grises o la organización terrorista comunista PKK, o directamente en Afganistán.

Los clanes criminales albaneses controlan el mercado de heroína de Escandinavia. La policía sueca ha confirmado enlaces con etnias albanesas en el 80 por ciento de la heroína intervenida, apta para fumar. Los clanes proceden principalmente de Kosovo. La policía ha sido capaz de establecer vínculos entre los círculos de la heroína y el KLA. Las drogas son llevadas de contrabando desde Afganistán a través de Turquía y hasta Europa a través de Kosovo. Las bandas entonces invierten el dinero de la droga en pizzerías y tiendas en Suecia.

Las bandas de albaneses y el PKK cooperan con la nueva mafia italiana de la Sacra Corona (con sede en Puglia), en el transporte de drogas en la Unión Europea a través de Italia. El PKK, que recibe las armas de Kosovo, tiene numerosos laboratorios de heroína en Turquía. El líder del PKK, Abdullah Ocalan, controla el flujo de drogas. Por lo tanto debía ser capturado y reemplazado por un socio más fiable.

Los terroristas del PKK eran entrenados en campamentos especiales en el Líbano. El PKK pertenece al RIM (Revolucionarios Internacionales Marxistas), con base en Londres.

El dinero de las drogas se blanquea en Chipre en varios bancos controlados por la mafia. En 1994, el criminólogo británico Brian Saltmarsh hizo la estimación de que los beneficios del comercio ilegal de drogas en todo el mundo ascendían a 700 millones de dólares. Una estimación prudente muestra casi 200 mil millones dólares de beneficio en Europa.

El jefe mafioso serbio "Arkan" era el mayor protector y chantajista de Suecia. Estos grupos criminales todavía controlan las bandas de albanokosovares de Suecia, que dicen apoyar al KLA.

La OTAN y el gobierno sueco simulan no ver nada. Las actividades criminales son rentables para los altos funcionarios de la UE y para los francmasones. Una división de inteligencia serbia coopera con los traficantes de droga. Estas bandas también están involucrados en el comercio de órganos humanos y otros negocios lucrativos.

Las mafias criminales albanesas no querían la paz con los serbios de Kosovo. Querían echar a todos los serbios. Los bandoleros albaneses armados, por lo tanto, continúan acosando a los serbios. El 28 de noviembre de 2000, tuvo lugar un ataque brutal en el valle de Presevo al sur de Serbia, que se consideraba una zona desmilitarizada. Los bandidos siguen causando estragos. Roban a los trabajadores turcos que vuelven a Turquía a través de Kosovo. Los coches y autocares turcos son saqueados, a menudo proporcionándoles grandes cantidades de dinero. En Navidad de 2000, los delincuentes albaneses robaron un millón dólares a 50 ciudadanos turcos que viajaban en autobús (del diario noruego *Avisen*, 13 de enero de 2001). Nadie intervino.

Las logias masónicas extranjeras y los servicios de información también estaban interesados en dividir a los albaneses. Los ingresos del comercio de drogas siguen arruinando la economía albanesa. La pequeña producción industrial albanesa fue completamente eliminada a partir de los denominados juegos piramidales introducidos por los agentes de inteligencia israelíes (Mossad).

Las bandas de ladrones albanokosovares fueron obligados a refugiarse en una economía criminal, consistente en el tráfico de armas, el terrorismo internacional, el narcotráfico, el espionaje, la prostitución, la trata de personas, el secuestro, la extorsión, el tráfico de órganos y la esclavitud infantil. El cultivo de cannabis está aumentando en Albania, como lo hizo en el Líbano, donde las mismas fuerzas comenzaron la guerra.

En agosto de 2000, el súper-ladrón George Soros, aprovechó la oportunidad para robar los ricos depósitos de oro, plata, plomo, zinc y cadmio de Trepca al norte de Kosovo. Para ayudarle, tenía a 900 soldados de la OTAN. Oficialmente, el ladrón (ITT Kosovo Consortium, propiedad de George Soros) afirmó que las minas eran un riesgo ambiental demasiado grande para seguir operando, y debían colocarse bajo control "internacional".

Se utilizó gas lacrimógeno y balas de acero recubiertas de goma contra los serbios que se negaron a abandonar la zona, cuando los soldados de la OTAN llegaron a ocupar las minas, las más ricas de Europa. *El Grupo Internacional de Crisis*, encabezado por Soros, había comenzado a argumentar a favor de la expropiación de las minas ya en noviembre de 1999. El llamado grupo de análisis (un frente) está financiado por Soros y por los gobiernos británico, francés y americano. Por supuesto, los intereses masónicos están involucrados (de la revista sueca *Salt*, enero/febrero de 2001, p. 13).

La resistencia contra el Nuevo Orden Mundial

En la reunión anual de los Bilderberg en Baden-Baden, Alemania, el 6-9 de junio de 1991, que vio el debut de Bill Clinton, David Rockefeller Jr. declaró:

> "Estamos muy agradecidos a *The Washington Post*, *The New York Times*, *Time Magazine* y otras grandes publicaciones los directores de las cuales han asistido a nuestras conferencias y respetado su promesa de discreción durante casi 40 años... Hubiera sido imposible para nosotros desarrollar nuestro plan para el mundo si hubiéramos estado bajo los brillantes focos de la publicidad durante estos años. Pero el mundo ahora es más sofisticado y está más preparado para llegar al gobierno mundial. La soberanía súper-nacional de una élite intelectual y los banqueros del mundo son seguramente preferibles a la autodeterminación nacional practicada en los siglos pasados".

Clinton en ese momento era desconocido salvo en su nativa Arkansas. Apenas dos meses más tarde, sería nominado como candidato presidencial por los demócratas y dieciséis meses más tarde, William Jefferson Clinton fue elegido presidente de Estados Unidos, ayudando a implementar el Nuevo Orden Mundial.

Fue el judío polaco Joseph Hieronim Retinger quien primero reunió a los masones de alto rango en una reunión en la ciudad de Oosterbeck en Holanda, en el Hotel Bilderberg el 29-31 de mayo de 1954. El Club Bilderberg se convirtió en una institución Illuminati. "Ha comenzado una nueva realidad," como dijo el asesor de seguridad de Eisenhower Charles Jackson tras la reunión. Retinger, francmasón de grado 33°, también tomó la iniciativa en la Comunidad Europea y en el Consejo de Europa. Quería una Europa unida. Tenía acceso ilimitado al presidente de Estados Unidos.

En 1955, el Club Bilderberg discutió sobre la necesidad de crear la Comunidad Europea (CE).

Dieciocho meses más tarde, se firmaba el tratado de Roma, y la CE era un hecho.

El Comité directivo del Club Bilderberg, que consta de tres veces (39) trece 13 miembros, también decide qué políticos se han vuelto inútiles y habrá que sustituir.

El 12-14 de mayo de 1989, el Club Bilderberg se reunió en La Toja, España, donde se decidió que Thatcher debería ser relevada de su cargo como primer ministro de Gran Bretaña, debido a su "negativa a ceder soberanía británica a favor del súper-estado europeo que comenzaba a aparecer en 1992". Por lo tanto ella fue considerada un enemigo del Nuevo Orden Mundial. La información se filtró y fue publicada en el diario estadounidense de la oposición *Spotlight*. Resultó ser correcto. Durante su mandato, fue eliminada por su propio pueblo, el Partido Conservador Británico. Este golpe fue representado por los masones para allanar el camino hacia los Estados Unidos de Europa.

Durante los años ochenta, el masón Romano Prodi fue miembro del Comité directivo de los Bilderberg. En 1999, fue nombrado presidente de la Comisión Europea. En Italia se han hecho intentos para acusarlo de fraude. En verano de 1998, se recomendó que a los jefes masónicos se les dotara de posiciones prominentes (Domenico Pacitti, *The Guardian*, 1 de julio de 1998). Wim Duisenberg ya era tesorero del Grupo Bilderberg en 1982 En 2004, era jefe del Banco Central Europeo (BCE). Otros miembros de la Junta del BCE, que también pertenecen al Club Bilderberg, son Tommaso Padoa-Schioppa, Ottmar Issing y Sirkka Hämäläinen.

Durante la gira por los países candidatos de la Europa Oriental, Romano Prodi dijo que una UE ampliada sería testigo de muchos casos similares al tratamiento de Austria. Cuanto más crezca la UE, más acciones de este tipo son de esperar. En Riga, capital de Letonia, Prodi destacó:

> "No podemos consentir que los países miembros tomen sus propias decisiones sobre qué partidos conformarán sus gobiernos. Deberán albergar los mismos valores que nosotros representamos. Por lo tanto se aplicarán normas estrictas, como en el caso de Austria, se aplicarán igualmente en otros países de la UE. Esto está de acuerdo con la nueva realidad." (*Zeit-Fragen*, Zúrich, 21 de febrero de 2000, p. 3)

Prodi debería haber dicho que el asunto es el Nuevo Orden Mundial. En otras palabras, cada resultado electoral está determinado por la amenaza de sanciones de la autoritaria dirección de la UE. El 18 de noviembre de 2002 (bajo el signo de Escorpión), la Comisión de la UE anunció que los diez nuevos estados miembros serían admitidos el 1 de mayo (día sagrado de la orden Illuminati) de 2004.

Una de cada tres decisiones de la EU, en realidad, no es válida. Las normas especifican que un tercio de los 732 miembros (antes 626) del Parlamento Europeo deben estar presentes. En otoño de 1999, la asistencia fue menor que ese 20 por ciento de los votos. Las decisiones no obstante se llevaron a cabo. La UE está incumpliendo sus propias normas. ¿Qué validez tiene este tipo de poder?

Una sentencia del Tribunal Europeo la primavera de 2000, declaró que la libertad de expresión podía ser restringida, si se dirigía contra los fines de la UE. Las restricciones también incluían los derechos de propiedad y el derecho a pertenecer o votar por cualquier partido electoral. Bernard Connolly, director económico de la Comisión Europea desde 1978 hasta 1996, consideraba que el propósito de esta regla era minar las libertades y los derechos que actualmente existen en Gran Bretaña (*The Times*, 6 de junio de 2000).

El 10 de abril de 1999, la revista *Newsweek* publicó una declaración del primer ministro británico Tony Blair en relación con el ataque de la OTAN a Serbia:

> "¡No estamos luchando para protegernos a nosotros o a nuestros intereses nacionales, sino para el nuevo internacionalismo!"

Blair es definitivamente un hombre cortado por la hermandad secreta.

El nuevo internacionalismo se conoce como mundialismo o, más frecuentemente, globalismo, la finalidad es un nuevo orden mundial y un gobierno mundial.

El canciller alemán Willy Brandt predijo en 1974 que la democracia en Europa Occidental sólo tenía 25-30 años para ganarse el apoyo público. Pasado este tiempo, la dictadura sería inminente. En otras palabras, la dictadura sería introducida alrededor de 2004, salvo que nuestros gobiernos aceptaran la nueva locura de la UE.

Jacques Delors, presidente socialista de la Comisión Europea, ya decía en 1988 que

> "esto será un shock para los miembros de los parlamentos nacionales, cuando se den cuenta que dentro de los próximos diez años, el 80 por ciento de toda la legislación económica, social y tributaria vendrá de la UE y no de los órganos legislativos de los países miembros".

El diario alemán Die Zeit el 17 de junio de 2004 mostró abiertamente que los Illuminati controlaban el desarrollo interno de la UE.

El masón de alto rango Jose Manuel Durao Barroso fue nombrado nuevo presidente de la Comisión Europea la primavera de 2004.

En un discurso en el Consejo de Asuntos Mundiales en Boston el 6 de enero de 2000, Patrick Buchanan, candidato presidencial del Partido Reformista estadounidense, tomó posición contra estos planes mundialistas o globalistas. Declaró que estaba dispuesto a liderar una revuelta masiva contra la élite dirigente de la nación y los medios de comunicación, por su apoyo continuo al Nuevo Orden Mundial.

"¿En qué lado estáis?" preguntó Buchanan a los periodistas y plutócratas reunidos. En su discurso, culpó al sistema de dos partidos, al gobierno y a la élite empresarial de la promoción de un gobierno mundial. Enfatizó:

> "La fidelidad al Nuevo Orden Mundial es deslealtad a la República".

Comentó a su audiencia que la batalla entre patriotismo y globalismo había comenzado en una nación tras otra. Según Buchanan, los masones son los principales promotores del globalismo. Dijo a los periodistas que también estaba luchando contra la francmasonería.

Buchanan citó de la novela "El Nuevo Orden Mundial" (1939) del socialista y francmasón H.G. Wells:

> "Innumerables personas... odian el Nuevo Orden Mundial... y morirán protestando en contra..."

A esto Buchanan respondió:

> "Bueno, Sr. Wells, somos sus descontentos. Pero no moriremos protestando por el Nuevo Orden Mundial, viviremos luchando en contra... Esto, por lo tanto, es la lucha milenaria que logra la Guerra Fría: Es la lucha de los patriotas de cada nación contra un gobierno mundial donde todas las naciones ceden su soberanía y desaparecen. Es la lucha del nacionalismo contra el globalismo, y se librará no sólo entre naciones, sino dentro de las naciones".

Buchanan soñaba con una República que hubiera recuperado la libertad perdida y la soberanía, una nación que no fuera a la guerra a menos que fuera atacada o viera amenazados sus intereses vitales o violado su honor.

Cuando el Presidente George Herbert Bush comenzó su guerra ilegal contra Irak, provocando la ocupación de Kuwait, anunció con orgullo que el objetivo de los Estados Unidos era el Nuevo Orden Mundial. El 16 de agosto de 1990, dijo:

> "Esta invasión no se puede consentir, ya que amenaza el Nuevo Orden Mundial."

El 11 de septiembre de 1990, dijo en el Congreso:

> "Más allá de estos tiempos difíciles, nuestro quinto objetivo - un nuevo orden mundial - puede surgir... Cuando tengamos éxito, y lo tendremos, tendremos una oportunidad real para este Nuevo Orden Mundial".

En un discurso en el Congreso el 6 de marzo de 1991, el Presidente Bush dijo:

> "Ahora, podemos ver cómo se acerca un nuevo mundo. Un mundo en el que hay una posibilidad muy real de un Nuevo Orden Mundial."

Del discurso de Patrick Buchanan no se informó a los principales medios de comunicación estadounidenses. Ni siquiera *The Boston Globe* citó el discurso, según el diario de la oposición *Spotlight*, que más tarde fue cerrado por las autoridades.

En Estados Unidos hay canciones que revelan los objetivos reales del Nuevo Orden Mundial y las fechorías cometidas por los masones en nombre del planificado sistema.

El CD de protesta "Extremista" del cantante Carl Klang contiene la canción "Cegado por las mentiras", comienza con la declaración del presidente Bush sobre su visión del Nuevo Orden Mundial en el horizonte. El cantante se queja:

> "¿Cómo le puedo convencer, cuando sus orejas se niegan a oír? Sus ojos se niegan a encontrarse con los míos, mirando atemorizados hacia la lejanía."

¿Cómo se puede explicar la situación a alguien que tiene los sentidos manipulados y, por tanto, es incapaz de comprender nada?

Klang pregunta cómo es posible que todavía se soporte el dolor:

> "¿Tienes los ojos cegados por las mentiras? Sí, ¡tus ojos están cegados por las mentiras!"

se pregunta y responde en su canción. Se pregunta:

> "¿Cómo puedo controlar este envenenamiento del alma?"

Las otras canciones llevan por título: "¡Queremos que este país vuelva!", "¡Yo soy el opositor!", "Rock a sus torres de marfil", "Esto no terminará hasta que ganemos", "Yo soy la tumba del soldado desconocido". También canta a las fechorías de los "banksters" y a las "hazañas" de los "cuerpos de pacificación". Este CD ha reunido a movimientos patriotas de muchos países.

David Rockefeller Jr., declaró en el Consejo de Negocios de las Naciones Unidas en 1994:

"Estamos cerca de la transformación global. Todo lo que necesitamos es una oportuna gran crisis y las naciones aceptarán el Nuevo Orden Mundial."

El presidente George W. Bush haciendo la señal iluminista del poder. El 18 de marzo de 2003 (día de la fiesta del Purim, y el día en que Jacques de Molay fue quemado en la hoguera, y con luna llena), dejó que el Congreso declarara la guerra en Irak.

Capítulo IX

Conocimiento oculto

E l mundo moderno aparece del revés. Todos los valores morales y estéticos tradicionales son ignorados y varias abominaciones son fomentadas en todos los ámbitos de la vida. Las autoridades ponen delante las ideologías y detrás la dignidad humana, lo que conlleva el deterioro de la calidad de vida. Se habla mucho acerca de nuestro nivel de vida, pero no se hace nada para cambiar las condiciones de nuestras vidas de manera que nuestra salud, vida familiar, las relaciones personales y oportunidades creativas sean mejoradas y amplíen nuestro conocimiento de la realidad - todo lo que caracteriza el propósito cualitativo y espiritual de la vida humana.

El principio fundamental del científico naturalista austríaco Viktor Schauberger (1885-1958) era que debemos copiar a la naturaleza en lugar de tratar de "corregirla" a través de diversos actos de interferencia. Pensaba que deberíamos basar nuestra tecnología en la implosión, una energía interna de un movimiento en espiral, contrayéndose hacia el centro, en vez de nuestra tecnología de hoy en día, basada en la explosión, un movimiento hacia fuera, expansivo y que se mueve en línea recta. La tecnología de implosión incluye el ámbito de la antimateria y por lo tanto la constelación de la gravedad.

Viktor Schauberger comenzó como un modesto silvicultor sin educación académica pero con un buen conocimiento de biología, física y química. Tenía un sentido excepcional de la comprensión de los movimientos del agua en la naturaleza y utilizaba sus observaciones para elaborar nuevas ideas básicas de la hidrodinámica, que al principio le convirtió en el objetivo del menosprecio en los círculos académicos. Una de sus ideas era que el agua es la sangre de la naturaleza.

Schauberger escribió:

"Nuestra tecnología es mortal. Aparte de un terrible desperdicio de carbón y petróleo, que en la naturaleza deben jugar papeles más vitales que el ser quemados en máquinas locas para que trabajen, esta tecnología también deja residuos, productos de desecho que envenenan y contaminan todo nuestro espacio vital."

El peor ejemplo de la tecnología actual es la energía nuclear, conseguida a través de la división de átomos. El motor de implosión no requiere ningún tipo de combustible. Su energía proviene de la naturaleza. Sólo se necesitan aire y agua para que funcione. El principio de implosión es un movimiento creativo, mientras que la actual tecnología se basa en un movimiento destructivo.

Inventos no deseados

Los masones no permiten esta tecnología natural. Son demasiados los inventos muy útiles que se han detenido. Los masones están dispuestos a matar para detener a los desarrolladores de tecnologías naturales y persisten en decir mentiras en el sentido de que no hay alternativas. Los líderes masones han conseguido bloquear el motor anti-gravedad, que se desarrolló en los Estados Unidos ya en la década de 1950, y que habría hecho redundante impulsar coches y aviones con combustible. Este motor nos permitiría construir nuestros propios "platillos voladores". Los líderes masónicos ocultan este conocimiento vital y nos alimentan con desinformación con el único fin de perjudicarnos.

A principios de 1900, el inventor español Julio Pinto Silva diseñó un tren que era rápido, silencioso, ahorrador de energía, respetuoso con el medio ambiente y seguro (Trainlin), pero nadie lo quiso. Expertos independientes consideraron al Trainlin sensacional debido a su motor lineal, que incluía el carril propio como parte del motor. El motor crea un campo magnético, que junto con las pistas impulsa al tren. No hay necesidad de ninguna transmisión a través de ejes o de interruptores de conducción. El tren, en consecuencia, es muy silencioso, flexible y eficiente. Pinto Silva era de la opinión de que los socialistas habían sido los más hostiles al nuevo tren, a pesar de que era el mejor y el más barato.

En cualquier sociedad normal un invento tan natural habría sido recibido calurosamente. En el mundo de los codiciosos francmasones estos inventos son rechazados. Podría mencionar muchos más inventos altamente útiles.

El inventor británico John Searle hizo funcionar con éxito su motor anti-gravedad en este aparato volador que medía 4,5 metros de diámetro en Cornwall el 30 de junio de 1968. Fue detenido por las autoridades.

Hulda Regehr Clark (Doctora, ND), autora de la famosa obra "La cura de todas las enfermedades" (San Diego, 1995), ha encontrado un método sencillo para curar enfermedades no hereditarias, incluida el SIDA. Su recomendación es evitar exponer el cuerpo a disolventes extremadamente tóxicos y eliminar los parásitos del organismo. Ha ayudado a personas de muchos países a curarse de graves enfermedades. Ha sido amenazada con procedimientos judiciales. El 20 de septiembre de 1999, fue detenida en San Diego y enviada a Indiana, donde fue acusada de practicar la medicina sin licencia. La mayoría de los pacientes de su clínica se estaban muriendo pero mejoraban con su cuidado.

El periodista investigador estadounidense Ed McCabe ha recomendado y alentado a muchos pacientes gravemente enfermos, incluyendo aquellos que son VIH-positivos, a someterse a tratamiento incrementando los niveles de oxígeno en el cuerpo. Las autoridades no estaban contentas con el hecho de que ayudara a un gran número de personas, y para frenarlo en 1997, fingieron una evasión de impuestos, que podía enviarlo a prisión durante 17 años, además de pagar una multa de 250.000 dólares.

El hecho de que fuera capaz de proporcionar una abundante documentación en la que numerosos pacientes con SIDA, siguiendo el tratamiento del oxígeno, se habían convertido en VIH negativo, no le ayudó. Ed McCabe fue encarcelado y tratado como un criminal muy peligroso.

El Dr. James Boyce, que administraba un tratamiento similar, también fue encarcelado acusado con cargos falsos.

Los médicos que realmente ayudan a los enfermos son perseguidos. Pero los médicos que diagnostican equivocadamente, causando graves daños o incluso matando a sus pacientes con un tratamiento erróneo son simplemente amonestados. Este es el procedimiento estándar en una sociedad dirigida por masones. En 1991, el Dr. Joel Wallach declaró que los médicos estadounidenses matan a 300.000 pacientes cada año por falta de conocimiento y por negligencia.

Cuando la controlada por los masones Food and Drug Administration (FDA) se dio cuenta de que muchos pacientes con cáncer se recuperaban gracias a la vitamina B 17, la prohibieron en Estados Unidos. Esto influyó en las administraciones de alimentos de otros países con la consecuencia de que hoy, la vitamina B 17 es ilegal en todo el mundo, clasificada como tóxica y peligrosa.

En 1974, el doctor Stewart M. Jones de California fue procesado por tratar a sus pacientes de cáncer con laetrile, vitamina B 17 (G. Edward Griffin "El mundo sin cáncer: La historia de la vitamina B 17", Westlake, 2000, p. 22).

La misma autoridad, la FDA, previamente había prohibido la vitamina B 12, que es esencial como la sustancia nutritiva más importante para el sistema nervioso. Hoy todo puede depender de esta vitamina, que mantiene equilibrado nuestro sistema nervioso (el cerebro y los nervios). El contrabando de vitamina B 12 se generalizó tanto y las protestas fueron tan fuertes que la FDA cedió y legalizó la vitamina. Pero la FDA todavía está ocultando información sobre las propiedades de la B 12 El público en general, por lo tanto, no tiene ni idea de la eficiencia de la B 12 en curar las enfermedades mentales de la gente incluyendo aquellos que sufren demencia senil y depresión.

La Unión Europea, en febrero de 2001, prohibió cerca de 300 vitaminas y minerales en julio de 2005. Catorce médicos daneses, entre ellos los radiólogos Carsten Vagn-Hansen, Claus Hancke y Bruce Philip Kyle, demostraron a las autoridades sanitarias danesas la importancia de prevenir y curar enfermedades con la ayuda de sustancias nutritivas naturales. Sostenían que Dinamarca debería negarse a la Directiva penal Europea. Estos doctores dijeron que la Directiva podía tener consecuencias muy graves para la salud pública y para el coste de atención médica de Dinamarca.

Muchas de las llamadas personas educadas han cometido atrocidades enormes, por las que han sido públicamente aclamados. En 1949, Egas Moniz recibió el Premio Nobel de Medicina por haber inventado la lobotomía. El diario sueco, *Svenska Dagbladet* admitió, el 10 de diciembre de 1995, que

> "hoy eso no se le ocurriría a ningún psiquiatra sensato, hacer un agujero en el cráneo de un paciente y cortarle los nervios de los lóbulos frontales del cerebro para intentar curarlo de una psicosis".

Los masones se han asegurado de que uno de los genios más grandes, Nikola Tesla, haya sido casi olvidado. Inventó la bombilla (que Edison le robó), la corriente alterna, la lámpara de neón y el radar. Con el apoyo financiero de John Jacob Astor construyó un laboratorio muy avanzado en las montañas de Colorado. Experimentó con transmisión de energía eléctrica sin cables y tuvo éxito, entre otras cosas, en la iluminación con lámparas y en hacer funcionar pequeños motores a una distancia de 20 a 25 kilómetros desde el laboratorio.

Después de su muerte el 7 de enero de 1943, su habitación en el Hotel St. Regis de Nueva York fue registrada por agentes del FBI, que abrieron su caja fuerte y la vaciaron de todos los documentos (John J. O'Neill, "El genio pródigo: La vida de Nikola Tesla", Nueva York, 1944). Todos los inventos, los cuales nos habrían hecho la vida más fácil, fueron parados. El masón que nos impidió beneficiarnos de los inventos medioambientales de Tesla fue J.P. Morgan.

¿No parece extraño que aunque haya habido un desarrollo enorme en algunas áreas, el motor de combustión interna que utilizamos en nuestros coches no haya cambiado nada en cien años? Ha habido algunos consejos útiles, por supuesto, pero las sociedades masónicas se han asegurado de que no tengamos acceso a coches sensibles al medio ambiente.

El último ejemplo es un coche que funciona con aire comprimido. El coste sería de 1 céntimo por kilómetro y el depósito tendría suficiente combustible como para hacer un viaje de 200 kilómetros. El coche que sólo pesa 700 kilos, puede alcanzar una velocidad de 130 km/h. El inventor Guy Negre ha sido amenazado con ser asesinado, ya que los masones capitalistas perderían billones de dólares si un coche nuevo, respetuoso con el medio ambiente se convirtiera en una realidad. Esto no se puede permitir que ocurra. Los masones no ponen ninguna objeción a que nosotros muramos como consecuencia del efecto invernadero causado por la liberación de dióxido de carbono en la atmósfera.

Vacunas lesivas

El folleto masónico "Con oro y azul cielo" (Turku, 1992, p. 25) afirma que "los masones fueron pioneros y promotores de la vacunación". En realidad, fue el masón y médico, Edward Jenner, quien en 1796 comenzó a promover las vacunas "preventivas", un hecho del que los masones están orgullosos (John Hamill, Robert Gilbert, "La masonería: Una celebración del oficio", Londres, 1998, p. 128). Edward Jenner era miembro de la Logia de la fe y la amistad nº 270 de Berkeley, Inglaterra (ibídem, p. 235). Las publicaciones de Jenner muestran claramente que era consciente de que el hecho de haber tenido una enfermedad no hacía inmune a una persona. Tampoco lo hacen las vacunas. Abogaba por algo totalmente antinatural e incluso altamente peligroso.

El Dr. Viera Scheibner (Australia), el experto líder mundial en lesiones por vacunación, ha descubierto una conexión entre la vacuna triple contra la difteria, la tos ferina y la tuberculosis y el síndrome de muerte súbita, que ahora ha sido científicamente probada. Muchos niños y niñas se han visto paralizados de por vida.

Muchos niños se vuelven autistas poco después de ser vacunados. Según una encuesta realizada en California, publicada en marzo de 1999, el autismo ha aumentado un 273 por ciento en los últimos diez años. Sólo en 1999, fueron registrados 1685 nuevos casos ("Autismo 99: Una emergencia nacional", Yazbak, 1999). En Maryland, el autismo se había multiplicado por cinco el mismo período. Uno de cada 149 niños ha desarrollado autismo. Se han oído advertencias contra esta correlación desde hace numerosos años, pero médicos ignorantes siguen difundiendo los mitos de que las vacunas son totalmente inofensivas. La verdad es que las vacunas son la causa de un gran número de muertes y de discapacidad con un alto costo para los contribuyentes. Viera Scheibner ha escrito un libro titulado "Vacunación: 100 años de investigación ortodoxa muestran que las vacunas representan un asalto médico sobre el sistema inmunológico" (Maryborough, Australia, 1997), lo que demuestra la forma en que hemos sido engañados y perjudicados. No se puede prevenir un dolor de cabeza tomándose una aspirina, según el Dr. Scheibner. Nadie sensato haría eso. Las vacunas tienen poco sentido.

Las compañías farmacéuticas que fabrican las vacunas, son las verdaderas ganadoras. Hasta el 80 por ciento de todas las vacunas utilizadas para los niños se hacen en laboratorios controlados por la masónica familia Rockefeller.

El profesor Antoine Bechamp (1816-1908) todavía es prácticamente desconocido. No recibió ningún tipo de ayudas para su búsqueda. El interés principal de Bechamp era la influencia de los microorganismos en el cuerpo humano. Destacó el hecho de que mientras comamos bien y vivamos bien, las bacterias nos harán un buen servicio. Cuando hay un desequilibrio, las células pierden muchos minerales vitales y los virus y las bacterias comienzan a atacar las células debilitadas.

Bechamp demostró que todas las células vivas contienen gránulos diminutos, llamados microzoos, que tienen propiedades enzimáticas únicas y un movimiento oscilante. Su presencia en la sangre es necesaria para la formación de costras en caso de heridas. Los microzoos pueden sobrevivir a temperaturas de hasta 300 grados centígrados, y permanecen mucho tiempo después de la muerte del organismo huésped. Pueden desarrollarse y crecer y generar bacterias (Antoine Bechamp, "La sangre y su tercer elemento anatómico", Filadelfia, 1911).

Bechamp cree que las enfermedades se desarrollan en el cuerpo, cuando las condiciones interiores y el equilibrio natural son suficientemente perturbados y se reduce la tensión eléctrica en las células. Una célula sana tiene un voltaje de entre 60 y 100 mV, mientras que una célula cancerosa tiene 20 mV. Esto lo descubrió el Dr. Robert Becker en 1920 (Robert Becker, Gary Selden, "El cuerpo eléctrico: El electromagnetismo y los fundamentos de la vida", Nueva York, 1985).

Otro científico francés, Louis Pasteur (1822-1895), por otra parte, afirma que todos los microorganismos, tanto dentro como fuera del cuerpo, causan enfermedades y por tanto deben ser controlados mediante el uso de vacunas. Recibió becas enormes. El apoyo de esta afirmación fue una oportunidad para hacer grandes cantidades de dinero mientras se perjudicaba a la gente. La principal fuente de dinero de Pasteur fueron los Rothschilds de París, en particular Gustave Rothschild. La propaganda intensiva de los masones ha hecho de Pasteur un nombre familiar. En su lecho de muerte (para alguien criado en un país católico, el momento más importante), el 28 de septiembre de 1895, se retractó de su errónea teoría simplista con las siguientes palabras:

"¡Los microbios no son nada, el entorno lo es todo!"

Los masones no hicieron nada para anunciar esta verdad fundamental.

En el campo de la microbiología médica, la teoría de Pasteur todavía es la base para la lucha contra las bacterias con penicilina y otros antibióticos.

A principios de 1900, una serie de destacados científicos y patólogos se tragaron millones de bacterias del cólera infecciosas en un intento desesperado por cambiar la mente de la élite dirigente de su sociedad. Lo peor que sufrieron fue una leve diarrea aunque se demostró que las bacterias seguían activas dentro de los científicos. La élite no estaba dispuesta a tomar nota, ya que tenían un gran interés en el control de los microorganismos para su uso en las vacunas.

La profesión médica no tiene interés en comprobar los hechos detrás de la declaración oficial de que las vacunas son más eficaces. La verdad es que el material disponible en la literatura médica demuestra claramente que las vacunas pueden ser totalmente ineficaces a la hora de prevenir la enfermedad, mientras que las vitaminas y los minerales son fiables en este sentido.

Miembros de la profesión médica ignorantes afirman que las vacunas son la principal explicación de la baja tasa de enfermedad hoy. Las estadísticas muestran, sin embargo, que la disminución de la tasa de enfermedades infecciosas comenzó antes de las grandes campañas de vacunación en la década de 1900. Además, las enfermedades infantiles más comunes no son en modo alguno perjudiciales, sino que de hecho son los pasos necesarios en el camino al desarrollo del sistema inmune. Las vacunas han causado un aumento considerable de apariciones de poliomielitis después de muchos años de descenso continuado. En Estados Unidos hoy día, las vacunas son la única causa de poliomielitis. Las alternativas a la vacunación, que han demostrado ser inofensivas y eficaces, han estado disponibles durante muchos años, sin embargo, esta información se ha suprimido. Los trabajadores de atención de la salud pública ponen en peligro la salud y el bienestar de los individuos manteniendo los mitos de las vacunas.

Siguiendo su investigación exhaustiva de literatura médica sobre el tema de la vacunación, el Dr. Viera Scheibner concluía:

> "No hay ninguna evidencia en absoluto de la capacidad de las vacunas para prevenir enfermedades. Al contrario, hay un montón de evidencias de sus graves efectos secundarios."

La Agencia Sueca de Productos Médicos (Lakemedelsverket) no ha reconocido ni un solo efecto secundario de las vacunas infantiles en la última década. Durante el mismo período, sin embargo, numerosas empresas farmacéuticas han pagado millones de dólares en compensación a 20 niños suecos seriamente dañados por vacunas.

En Estados Unidos, en los últimos años, han sido reconocidos miles de casos de efectos secundarios de la vacuna triple, de las vacunas del sarampión, de la parotiditis y la rubéola. El fondo federal por lesiones por vacunación ha pagado una suma total de 800 millones de dólares a 1400 familias en el mismo período - exclusivamente a familias con los medios financieros para iniciar un procedimiento judicial y en posesión de la información necesaria para permitirles hacer conexiones y encontrar apoyo en literatura médica. Sus hijos estaban sanos, desarrollándose como es debido, hasta el momento de su vacunación, después se volvieron febriles o comatosos o comenzaron a tener convulsiones. Su condición entonces se convirtió en crónica, y algunos de ellos desarrollaron autismo.

Después de la Primera Guerra Mundial, en 1918 hasta 1919, cuando comenzaron las inoculaciones contra la gripe española, murieron en todo el mundo al menos 25 millones de personas (En la India se contaron más de 12 millones de muertos, en Italia 400.000, en Suecia 38.000).

Los países que no podían pagar la vacuna estadounidense (Grecia, Egipto) se salvaron. En estos países, no enfermó nadie.

El nombre "gripe española" proviene del hecho de que España, que permaneció neutral en la primera guerra mundial, no tenía ninguna censura ni ningún interés en el encubrimiento de los daños de la epidemia, mientras que las potencias en guerra mantuvieron los efectos en secreto. El país real del origen de la gripe española fueron los Estados Unidos, donde se incubó a los soldados contra posibles enfermedades infecciosas. Más de 500 millones de personas fueron infectadas. Las vacunas han cobrado millones de vidas humanas, y los programas de vacunación aún continúan.

El presidente Clinton reconoció que la vacuna del tétanos que fue enviada al tercer mundo causó esterilidad en gran número de mujeres (*The Idaho Observer*, octubre de 1999).

En su libro "Virus emergentes: SIDA y Ébola - natural, accidente o intencional", el doctor Len Horowitz demostró cómo el Departamento de Defensa de EEUU, en la década de 1970, intentó crear, con éxito, un arma biológica. El arma que se propusieron crear es hoy conocida como el SIDA. Cínicamente, el nombre de SIDA (Síndrome de Inmunodeficiencia Adquirida) claramente manifiesta que es un caso de deficiencia inmunológica adquirida. ¿Cómo se adquiere? A través de la vacunación. Documentos oficiales muestran que vacunas contra la poliomielitis infectadas por el VIH fueron administradas a un gran número de personas en África antes del estallido de la epidemia.

Según la información oficial, 30 millones de personas habían muerto de SIDA la primavera del 2004. En estos momentos, están infectadas con el VIH 38 millones de personas en todo el mundo. Sólo en 2002, 5 millones de personas fueron infectadas. El Dr. Horowitz demostró, utilizando una serie de documentos, como el VIH fue suministrado bajo la cubierta de la vacuna contra la hepatitis B a un gran número de hombres homosexuales en Nueva York y San Francisco, que entonces fueron los responsables de la propagación del SIDA en América.

Continuamente se están enviando vacunas perjudiciales a los países en desarrollo intentando luchar contra la malaria. Sólo el masón Bill Gates, dueño de Microsoft, ha contribuido con 750 millones de dólares al programa de vacunación del tercer mundo.

En un largo artículo que trata de las lesiones de la vacunación, publicado en la revista alemana *Natur-Heilpraxis* (n° 11, 1988), se mostraron los efectos secundarios resultantes de todas las vacunas. La interferencia de las vacunas en el sistema inmunológico, entre otros efectos, causa diabetes. Dos niños alemanes de Rheinland-Pfalz recibieron una indemnización por daños por este motivo. Se ha demostrado que la vacuna del sarampión provoca parálisis. Un niño se quedó ciego y espástico después de recibir la triple de difteria, tos ferina y la vacuna del tétanos que contiene una serie de sustancias tóxicas, entre ellas aluminio. El cerebro del niño fue dañado gravemente. Las lesiones de la vacunación han sido reconocidas. Los niños han adquirido artritis reumatoide crónica, síntomas de demencia y esclerosis múltiple, e incluso algunos han muerto después de la vacunación.

Durante la guerra del Golfo, se utilizaron vacunas experimentales con los soldados estadounidenses. Veteranos de guerra afirman que los niños nacidos después de la guerra, uno de cada tres tenía deformidades congénitas u otras lesiones. Los soldados no tenían ninguna posibilidad de rechazar la vacunación. Este síndrome de la Guerra del Golfo es similar al SIDA en que se rompe el sistema inmunológico. Hasta ahora no existe ninguna cura.

En su libro "Vacunación: El asesino silencioso", Ida Honorof y Elanor McBean apuntan a los enormes daños causados por las vacunas.

La Dra. Guylaine Lanctot, autora canadiense del libro más vendido "La mafia médica" (Coaticook, 1995), escribió en la revista médica canadiense *Medical Post*:

"Las autoridades médicas siguen mintiendo. La vacunación ha sido un desastre para el sistema inmunológico. De hecho provoca una gran cantidad de enfermedades. En realidad estamos cambiando nuestro código genético mediante la vacunación... Dentro de diez años sabremos que el mayor crimen contra la humanidad eran las vacunas."

¿Podemos esperar algo diferente de los masones?

Substancias peligrosas

Actualmente, hay disponibles en el mercado más de 24.000 productos farmacéuticos, el 98 % de los cuales no tiene ningún efecto terapéutico probado. Los médicos hoy dan cuenta de que después de cinco años y medio de formación, no han aprendido un método único de restaurar la salud. Los efectos secundarios de los medicamentos son la cuarta causa principal de muerte en Estados Unidos - cada año son causadas 140.000 muertes por medicamentos. El diario sueco *Svenska Dagbladet* (17 de mayo de 2000) afirmó que los analgésicos que contienen la sustancia activa DXP causan cada año 200 muertos en Suecia. Desde los años 70, en Suecia miles de personas han muerto por tomar esta sustancia. La Agencia de Productos Médicos (Lakemedelsverket) todavía no está interesada en ninguna alternativa. El 26 de noviembre de 1999, la prensa sueca informó que uno de cada siete pacientes sufre efectos secundarios nocivos a causa de los medicamentos.

Hoechst, Bayer y Basf, todas ellas compañías farmacéuticas controladas por masones, están liderando los esfuerzos internacionales para detener la información de tratamientos de salud con vitaminas y otros métodos naturales.

Hay una cierta reticencia a admitir que las enfermedades más comunes son el resultado directo de deficiencias vitamínicas y en consecuencia es posible prevenirlas de manera natural. Las personas sanas son considerablemente más resistentes a la manipulación que las poco saludables. Cada enfermedad física se origina en un desequilibrio emocional, que es, por supuesto, individual en su campo de aplicación. Por este motivo, la élite en el poder se asegura de envenenarnos mediante diversos aditivos sintéticos en nuestra alimentación. Determinadas sustancias, que se añaden a los productos alimenticios, se evitan muy fácilmente. El público en general ya es consciente de que el uso de azúcares provoca caries, enfermedades del corazón y diabetes. El azúcar utiliza las provisiones minerales del cuerpo. Las alternativas más saludables son la miel y el azúcar de caña no refinado. Sustituir el azúcar con refinados i tóxicos químicos como el aspartame, es un ejercicio completamente inútil. El aspartame se disuelve en metanol (que puede causar ceguera), formaldehído (una neurotoxina) y ácido fórmico (un líquido altamente corrosivo que se encuentra en el veneno de hormigas).

El aspartame se descubrió accidentalmente en 1965, cuando el químico James Schlatter de la empresa C.D. Searle estaba trabajando en una cura contra los abscesos. El aspartame es una de las sustancias más peligrosas utilizadas para endulzar los alimentos que utilizamos cada día. El aspartame, que es tratado como una toxina química en la literatura técnica, puede provocar ansiedad, depresión, confusión, vértigo, temblor, perturbaciones del sueño, fatiga crónica, ojos secos y dolorosos, alteraciones de la visión, hipertensión, aumento de peso, prurito, náuseas, amnesia, convulsiones y otros síntomas. El aspartame también puede causar tumores cerebrales, epilepsia, enfermedad de Parkinson y la enfermedad de Alzheimer.

La compañía que fabrica el aspartame es Monsanto, controlada por Robert Shapiro (Presidente y director ejecutivo), un francmasón de alto rango y miembro del grupo Bilderberger. Monsanto ha trasladado la sección internacional de St. Louis, Missouri, a Bruselas. Todos los intentos de prohibir el uso del aspartame han fallado. Oponerse a la destructiva red internacional masónica ha demostrado ser demasiado difícil.

Charlotte Erlandsson-Albertsson, catedrática de química médica y fisiológica en Lund, Suecia, en una contribución a la discusión sobre el edulcorante artificial aspartame (*Dagens Nyheter*, 19 de mayo de 2000), afirmó que el aspartame constituye un riesgo para la salud y destacó la importancia de eliminar o reducir considerablemente el uso de esta sustancia como aditivo alimentario. Ella sigue siendo la voz del que clama en el desierto.

El aspartame mata las células cerebrales, según un estudio realizado en la Universidad de Ciencia y Tecnología de Trondheim. En particular, las áreas del cerebro afectadas por el aspartame son las relacionadas con nuestra capacidad de aprender.

En Estados Unidos, la mitad de la población utiliza grandes cantidades de aspartame. Más de 3.000 productos alimenticios contienen aspartame, entre ellos todas las bebidas denominadas light. Que estuvieron prohibidas durante un corto periodo de tiempo. Las fuerzas que querían mantener la sustancia en el mercado eran demasiado potentes y el aspartame pronto fue permitido otra vez.

En cambio, en Suecia las autoridades prohibieron el uso de la estevia, una planta japonesa que ha sido utilizada como edulcorante natural durante muchos años. La estevia no tiene efectos secundarios. El motivo de la prohibición era simple: La estevia podía ganar al aspartame.

El aspartame es también un ingrediente del hidróxido de magnesio, un compuesto de magnesio disponible sin receta médica. Los compuestos de magnesio sin aspartame, por otra parte, necesitan receta médica. El aspartame también se vende con los nombres Nutra Sweet, Canderel y Equal.

A base de medios insidiosos, estamos obligados a consumir varias drogas. En su libro "Entre dos épocas" (Nueva York, 1970, p. 10), el masón Zbigniew Brzezinski afirma que en la nueva era tecno trónica, la intención de la élite es ampliar su control mental incluyendo medios bioquímicos. La nueva dictadura es conservada mediante tecnología moderna.

En enero de 2001, el Gobierno belga controlado por masones derogó la prohibición de fumar cannabis y marihuana.

"En Suecia un estudio muestra que casi el 100% de las sustancias clasificadas como estupefacientes eran utilizadas para fines médicos antes de ser introducidas como sustancias que crean adicción." (Börje Olsson, "Narkotikaproblemets bakgrund" / "El origen del problema de los narcóticos", Estocolmo, 1994).

Hasta 200.000 suecos son adictos a los tranquilizantes y a los antidepresivos por iniciativa propia. El coste de esta adicción generalizada se estima entre 280 y 700 millones de dólares anuales. La solución consistiría en grandes dosis de vitamina B 12.

Un gran número de niños en Estados Unidos y Europa van por el mundo como zombis, obligados a utilizar anfetaminas por la profesión médica.

Las grasas saturadas son un peligro para la salud y una opción barata para la industria alimentaria. Ahora se utilizan también con el chocolate, por oposición al uso anterior de grasas insaturadas. Proctor & Gamble, una compañía controlada por la francmasonería internacional, ha introducido en el mercado la grasa sintética Olestra. Una empresa interna de investigación ha demostrado que puede provocar problemas gástricos.

Las grasas naturales proporcionan protección contra infecciones y el cáncer y contienen nutrientes liposolubles como carotenoides y vitaminas A y E, que juegan un papel importante en la lucha contra las infecciones, el cáncer, las enfermedades del corazón y las enfermedades del hígado y la próstata. La investigación de Proctor & Gamble demuestra claramente que la Olestra reduce los suministros del cuerpo de nutrientes liposolubles bloqueando la absorción de grasas.

La Olestra puede aumentar la deficiencia de las vitaminas A, D, E y K, que a su vez puede provocar osteoporosis, debilitamiento del sistema inmunológico, enfermedades cardíacas y otros problemas.

Proctor & Gamble era consciente de que la Olestra era un peligro para la salud pero la comercializó igualmente.

Los carotenoides luteína, zeaxantina y beta caroteno contienen sustancias vitales para bloquear el cáncer, también para contrarrestar enfermedades oculares como la degeneración macular (defectos en la visión).

La Olestra reduce el contenido de carotenoides en un diez por ciento, que puede conducir a un aumento de 390 a 800 casos de degeneración macular anuales sólo en Estados Unidos, por no mencionar sus posibles efectos en todo el mundo. Los suministros del cuerpo de los carotenoides se reducen considerablemente cuando tan poco como 3 gramos de Olestra son consumidos diariamente. Esta es la cantidad contenida en un puñado de patatas. La información sobre las cantidades necesarias para reducir el contenido de vitaminas liposolubles está clasificada.

En 1989, el Instituto de investigación Batelle de Columbus, Ohio, mostró que el flúor es una sustancia altamente cancerígena. La investigación fue encargada por el Instituto Nacional del Cáncer de Estados Unidos, pero los resultados fueron suprimidos. No hay ninguna investigación disponible que apoye la teoría de que el fluoruro evita la caries. La idea de que el fluoruro protege de la caries dental es un mito. También es una gran desgracia. El fluoruro de sodio provoca una tasa de un 50 por ciento de deterioro del diente y aumenta al 12 por ciento el número de niños con síndrome de Down, así como el número de personas que padecen la enfermedad de Alzheimer.

Al mismo tiempo la prensa sueca lleva en su propaganda falsa:

"Aclarar diariamente con fluoruro salva los dientes en mal estado".

Ya antes y durante la Segunda Guerra Mundial, científicos alemanes descubrieron que si se daba a los seres humanos la neurotoxina fluoruro de sodio, se volvían pasivos y acomodaticios. La razón es que el fluoruro de sodio daña el contacto entre el cerebro y el córtex. En 1939, los científicos en Berlín produjeron el sarín, un gas nervioso que contiene flúor.

En 1940, las autoridades soviéticas comenzaron a añadir flúor al agua de los campos de concentración con el fin de inducir desorientación psíquica en los presos políticos.

En 1942, Alemania era el mayor productor mundial de aluminio. El producto de desecho era el fluoruro de sodio, que se utilizó con los presos de los campos de concentración.

Las plantas de aluminio producen un superávit gigante de fluoruro de sodio. ALCOA (Aluminium Company of America) fue fundada por Andrew W. Mellon (1855-1937). Fue jefe del Mellon National Bank y secretario de Hacienda entre 1921 y 1932 W. Mellon se hizo masón en Pittsburgh, Pennsylvania, en 1928.

En 1947, el abogado de ALCOA Oscar Ewing fue nombrado director de la Agencia Federal de Seguridad (FSA). Utilizó su influencia para iniciar la fluoración del agua potable.

IG Farben, que fue quien inició esta investigación, continúa con otros nombres. Su filial Crest fabrica pasta dentífrica. El fluoruro de sodio, que es tóxico, es ahora un ingrediente en la mayoría de marcas de pasta dentífrica.

El público, sin embargo, no es consciente de que los dientes se pueden proteger con fluoruro de calcio, que no es tóxico. Las autoridades no tienen ningún interés en que esta información esté disponible.

En su libro "Receta para la salud" ("Recept pa Halsa", Estocolmo, 1990, p. 104-112), el profesor sueco Olof Lindahl revela el fraude del fluoruro en el capítulo titulado "Envenenamiento por fluoruro":

"Nuestra fe en las propiedades beneficiosas del flúor es, en mi opinión, uno de los mayores errores médicos de nuestro tiempo. En realidad, el nivel de dosis de flúor, que es recomendable (1 ppm), es gradualmente extremadamente perjudicial. 1 ppm (parte por millón) es igual a una parte de fluoruro por cada millón de partes de agua, o 1 mg de fluoruro en 1 litro de agua. *(¿en 1000 litros?)(Nota del traductor)*

Un documento publicado en Estados Unidos establece la prueba definitiva de que el flúor causa cáncer de huesos. Esto es probable que conduzca a la prohibición de todos los aditivos de fluoruro.

La mayoría de dentistas, así como el público se creen esta peligrosa propaganda del fluoruro.

El flúor es una potente enzima tóxica. Las enzimas son lubricantes del cuerpo, facilitan todas las reacciones químicas. Sin enzimas, todo el metabolismo se interrumpe, se frenan los procesos vitales y morimos. Las enzimas en mal estado y dañadas causan un deterioro general."

Lindahl subraya el hecho de que hay varios miles de enzimas en el cuerpo, cada una de las cuales controla su propia reacción química específica. 1 ppm de flúor, la dosis recomendada en el agua potable, reduce la actividad enzimática en un 50 por ciento o más. El fluoruro afecta adversamente el contenido genético del ADN y degenera y debilita el tejido conectivo. Una serie de pruebas en animales han demostrado daños en los cromosomas en la producción de esperma.

Lindahl declaró:

"En los humanos, por lo tanto, hay una conexión con la condición congénita del síndrome de Down (mongolismo)... En las células tumorales ordinarias... incrementa el riesgo de cáncer. La propaganda del fluoruro de mediados de 1900 es un ejemplo de la facilidad con que la clase médica se permitía dejarse engañar por la propaganda pseudo-científica y la observación errónea."

Las autoridades, sin embargo, todavía no están dispuestas a admitir que el flúor es una peligrosa toxina enzimática que daña la estructura genética, las células individuales y el metabolismo entero. Pero incluso las estadísticas oficiales más encubridoras muestran claramente que la incidencia de las alergias en los niños han aumentado sustancialmente.

El mito de que el fluoruro en dosis bajas es seguro fue creado por los científicos que trabajaban en el programa de la bomba nuclear. Todas las evidencias de los riesgos para la salud fueron censuradas por la Comisión de la Energía Atómica Americana, haciendo referencia a la seguridad nacional.

Los documentos relativos al fluoruro como un riesgo para la salud han sido totalmente ignorados por los medios de comunicación. Desafortunadamente, el fluoruro también está presente en los pesticidas, con el resultado que se encuentra en su camino con el cuerpo humano mediante las frutas y las verduras. También está presente en numerosos medicamentos.

El fluoruro perjudica nuestra capacidad de ver las conexiones y reduce el nivel de inteligencia, daña las células cerebrales, promueve la acumulación de sustancias radiactivas en el organismo y provoca cáncer de huesos.

En 1988 el Dr. Joel Boriskin, presidente del Comité Nacional de Asesoramiento sobre fluoración, recomendó que las personas mayores con discapacidad auditiva utilizaran diariamente 1500 mg de fluoruro. Se le "olvidó" mencionar que 1500 mg por día es una dosis letal.

Tan pronto como en el siglo XIX ya era conocido que la amalgama era una sustancia altamente tóxica y perjudicial. Sin embargo, aún ahora se utiliza a menudo en reparaciones dentales.

Este método perjudicial para la reparación de dientes fue desarrollado por el dentista francés Auguste Taveau (francmasón) en París en 1816. En 1833, cuando los hermanos franceses Crawcour, que también eran masones, emigraron a los Estados Unidos, pronto introdujeron allí el nuevo compuesto dental. Los hermanos Crawcour eran dos impostores despiadados, carentes de cualquier tipo de conocimientos de Odontología, Medicina o toxicología.

La Sociedad Americana de Cirujanos Dentales prohibió totalmente el uso de la amalgama en 1843, amenazando con expulsar a cualquier miembro que la utilizara. Sin embargo, Green Vardiman Black (1836-1915), dentista, profesor y destacado masón de Chicago, estandarizó la fabricación de amalgama en 1895.

El médico sueco Bengt Fredin ha demostrado, mediante cobayas, que el mercurio se deposita en el hígado, los riñones y el cerebro después de sólo dos rellenos (B. Fredin, "Estudios sobre la liberación de mercurio en los empastes dentales de amalgama", Estocolmo, 1988).

Hay un montón de evidencias disponibles de pacientes que han perdido su salud como consecuencia de los empastes de amalgama. La misma toxina es considerada por las autoridades de salud ambiental como altamente peligrosa en aguas residuales.

Los materiales de reparación dental que contienen mercurio, por otra parte, son considerados como inofensivos por las autoridades de salud - pero sólo para los pacientes. Para los dentistas, la amalgama constituye un riesgo laboral, según "El gran libro médico", publicado en Helsinki en 1973. Parece que alguien estaba intentando perjudicarnos deliberadamente.

En Estados Unidos, en los últimos años se han pagado casi mil millones de dólares por daños a pacientes envenenados con mercurio en empastes.

Todos aquellos que llevan muchos empastes de amalgama y mastican chicles regularmente, aumentan los niveles de mercurio en la sangre, en la orina y el aliento, tres veces más en comparación con aquellos que no mastican chicles. El chicle libera el mercurio, como se ha demostrado en varios estudios. Los chicles también contienen aspartame.

El mercurio se utiliza como conservante en preparaciones médicas, como las vacunas para los animales, así como para uso humano. Las autoridades han afirmado siempre que no conlleva ningún peligro. Parece que los masones están interesados en la degeneración del resto de la humanidad. Ha habido alegres informes de la prensa:

> "Un número creciente de niños son diagnosticados con discapacidades de aprendizaje", "Uno de cada diez rusos nace con defectos," "Uno de cada diez adolescentes estadounidenses ha intentado suicidarse", "Los jóvenes se sienten mal", "Susto de la investigación: la juventud de hoy son como la gente de cincuenta años", "La falta de sueño causa envejecimiento prematuro", "Las drogas son comunes entre los jóvenes", "Ocho de cada diez jóvenes de dieciséis años bebe alcohol regularmente", "El estado físico de los suecos ha empeorado", "Investigadores afirman que la TV vuelve a los niños agresivos", "El café está detrás de los ataques de pánico", "No hay ayuda para pacientes suicidas agotados", "Aumenta la tasa de suicidio entre los jóvenes"...

Nuestro consumo de alimentos sintéticos también tiene otras consecuencias perjudiciales. Los aditivos en nuestra alimentación y otras sustancias artificiales absorben los iones negativos, causando un superávit de iones positivos. Se establece un desequilibrio, que es incómodo para el cuerpo. El viento Fohn de Baviera es otro ejemplo de un excedente de iones positivos.

El poliéster es una sustancia perjudicial utilizada en la fabricación de tejidos. Los materiales naturales como el algodón, la lana y el lino son los mejores. Los colorantes sintéticos y las pinturas son malos. Las pinturas de calcio natural son mejores para la pintura de interiores. El calcio contrarresta las perturbaciones energéticas. El plástico y otros materiales artificiales atraen el polvo mediante la electricidad estática, haciendo que el uso de muebles de plástico sea imprudente.

Los colores nos afectan con sus frecuencias moleculares. Un color azul oscuro en un material de fibra natural es beneficioso para los riñones. El amarillo es bueno para el bazo. Durante la edad media, la ropa colorida mejoraba la autoestima y aumentaba la individualidad. Los agricultores llevaban ropa gris. Los trajes grises de hoy eran la ropa de trabajo de los silvicultores medievales, que fueron adoptados por los puritanos. La nueva élite tiende a imitar el aspecto de las clases subordinadas.

Para determinados propósitos, por ejemplo en el deporte, es importante no romper el flujo de energía. Es por eso que los deportistas en general llevan trajes de una sola pieza. Los brujos y más tarde los bufones o payasos llevaban vestidos de una sola pieza. La ropa de los masones también son de una sola pieza, así como lo son las piezas usadas por los sacerdotes. Así, el flujo de energía, sobre todo la energía vital kundalini que fluye a lo largo de la columna vertebral, es ininterrumpido. También se equilibran las energías con otros elementos de una sola pieza de ropa, como los vestidos de las mujeres.

Fenómenos perjudiciales

Hoy día, nuestra alimentación contiene toxinas secretas. La harina común contiene suficientes herbicidas como para matar a las plantas cuando se mezcla con el suelo un poco de harina. No hay niveles máximos para los productos químicos industriales modernos en el agua potable. Decenas de miles de sustancias están circulando en nuestro entorno, de las cuales los científicos no tienen ningún conocimiento en absoluto.

Más y más bacterias se hacen resistentes a los antibióticos. Si este deterioro continúa, muchas de las enfermedades infecciosas médicamente tratables pueden llegar a tener consecuencias muy graves, según destacados expertos.

Las complicadas reglas de la Unión Europea conducen a una disminución de la variedad de semillas de uso doméstico disponibles para los cultivadores. Muchas semillas de hortalizas previamente disponibles han sido prohibidas. Los expertos dicen que los argumentos de la UE para las reglas que garantizan la calidad de las semillas no se sostienen. Antiguas variedades de hortalizas, cultivadas tradicionalmente en Suecia, que hasta ahora no han sido prohibidas y formalmente no son propiedad de nadie, corren el riesgo de desaparecer por completo. En Suecia, la prohibición incluye principalmente las semillas de antiguas variedades vegetales. La 'Finlandesa Roja' es una variedad de col rizada que al menos tiene 100 años de edad, originaria de Estonia. La col rizada roja era común en los huertos suecos del siglo XIX, siendo incluso más resistente que las variedades verdes, según la revista *Land*. Ahora está prohibida. Rutinariamente, todas las mejores variedades se prohíben, mientras que las inferiores están permitidas.

Los productores también se ven obligados a pagar una alta cuota de inscripción para cada variedad de semilla, algo que muchos no pueden permitirse. Un gran número de cultivadores sensatos ignoran la prohibición, sin embargo, hay un floreciente mercado negro de semillas.

La UE ha conseguido prohibir las variedades de semillas que a través de los siglos han sido desarrolladas por la naturaleza o los productores para soportar los climas locales variados desde el Cabo del Norte hasta la punta más meridional de Sicilia, desde el Atlántico al clima interior de la Europa Central, desde las alturas de los Alpes de 2000-3.000 metros, hasta el nivel del mar. Según la Unión Europea, sólo necesitamos una variedad de manzana verde y una roja.

La Corporación Monsanto ha intentado hacerse con el monopolio de semillas genéticamente manipuladas para producir plantas que matan a sus propias semillas al año siguiente. Esta tecnología de muerte perversa (también llamada "tecnología terminator" por sus críticos) haría imposible coger semillas viables de plantas adultas, y los cultivadores se verían obligados a comprar cada año nuevas semillas de Monsanto, entusiasta partidaria de la antigua Unión Soviética. Monsanto trabajó extensamente con el imperio comunista.

Al mismo tiempo, una superficie de entre 7,6 a 10 millones de hectáreas de bosque (un área del tamaño de Escocia y Gales) es eliminada en todo el mundo cada año. Más de 10 millones de hectáreas son afectados negativamente o secundariamente destruidas. Cada año, 16.000 hectáreas de bosques tropicales desaparecen de la tierra, lo que acabará provocando un desastre ecológico y económico.

La sobreexplotación en forma de métodos de cultivo incorrectos y la extracción de agua en zonas no aptas, el exceso de pastoreo y el pisoteo del ganado y el drenaje de tierras bajas, así como el de las tierras altas que contribuyen a una pérdida anual de tierras cultivables en una media de 70.000 km cuadrados o más. Entre los años 1945 y 1985, los desiertos crecieron más de 9 millones de km cuadrados, un área del tamaño de los Estados Unidos. Al sur del Sahel, al menos un millón de km cuadrados de tierra productiva se han convertido en desierto (un área del tamaño de Egipto).

La estupidez detrás de nuestra ayuda a los países en desarrollo ha aumentado las zonas desérticas, como las llanuras que han sido transformadas en terrenos erosionados, estériles. Debido a la falta de vegetación, el suelo y el agua han desaparecido. El proceso de secado se está acelerando y en áreas cada vez mayores la tierra se convierte estéril. En 1977, las Naciones Unidas adoptó un plan para detener el crecimiento de los desiertos, que no se llegó a implementar nunca. Habría requerido de 4,5 millones de dólares anualmente durante 20 años alcanzar su objetivo de detener la desecación del terreno.

El científico estadounidense Lester Brown (Worldwatch Institute) ha estimado una pérdida anual a través de la erosión de 23 millones de toneladas de tierra vegetal. A mediados de la década de 1900, la tierra tenía 3.500 millones de toneladas de tierra vegetal. Con estos cálculos, el suelo durará otros 130 años o menos. Entre 1950 y 1973, se dobló la demanda de cereales. En el año 2000 se había duplicado otra vez. Millones de toneladas de suelo son depositadas por el viento en ríos y lagos. Sobre todo, hay una pérdida de suelo en los países en desarrollo cuando la gente corta árboles para hacer leña.

A principios del siglo XX, vivían en la tierra 30 millones de especies diferentes. En 1993, había 15 millones menos. Entre 1900 y 1980, desaparecía cada año una especie de mamífero. En la década de 1980, los seres humanos destruían una especie cada día.

Algunos científicos estiman que cada minuto están muriendo 30 especies - como si las otras formas de vida no tuvieran derecho a crecer y desarrollarse. Biólogos preocupados sospechan que muy probablemente hayan existido plantas recientemente que ahora ya están extintas, incluso antes de haber sido descubiertas.

La importancia de las Energías

Es agradable pasear a orillas de los ríos, donde las ondas Schumann son más fuertes. Poco después de la Segunda Guerra Mundial, se vio que estas ondas tenían un rango de frecuencias de 7,8 Hertzios. Cuanto más alta sea la frecuencia, más energía será radiada.

Las frecuencias, positivas, más altas aumentan el nivel de oxígeno en las células (la música inarmónica reduce el nivel de oxígeno). La música suave de Vivaldi, Bach y otros compositores clásicos reduce los niveles de colesterol y regula la presión arterial. Es vital que se eleve la carga eléctrica en las células. La música Hardrock produce vibraciones nocivas, las imágenes inferiores e inarmónicas perturban nuestra armonía interior.

Los medios de comunicación refuerzan las energías negativas. Muchas películas glorifican la violencia y el sexo. (Los hombres se vuelven más débiles en términos de energía, ya que perdieron grandes cantidades de minerales y vitaminas al tener relaciones sexuales con demasiada frecuencia.) La médico estadounidense Judith Sachs defiende: "¡Curaos con sexo!" Cuanto más perjudiciales son las ideas, mayor es su impacto. ¿Cuántas personas son conscientes de que hace mucho tiempo, los chinos recomendaban la abstinencia de las relaciones sexuales antes de las carreras y las batallas agotadoras? En Occidente, esto ha sido totalmente ignorado hasta hace muy poco. Sólo ahora hemos descubierto la utilidad y el sentido de esta recomendación.

Todas las células vivas, para funcionar, dependen de la información transmitida de forma electromagnética de otras células y del sistema nervioso central. De esta manera, las células enfermas infectadas por un virus, son capaces de transferir sus síntomas a las células no infectadas. Incluso una corriente magnética muy débil puede transformar las células sanguíneas en proteínas dentro del tejido óseo. Un campo magnético débil, pulsando a través del cerebro conduce a una alteración de la capacidad para resolver problemas y reduce la capacidad de reaccionar Un pulso electromagnético incorrecto puede matar, paralizar o afectar mentalmente a personas de una manera similar a la de los neurotóxicos.

Nuestros cuerpos utilizan una cierta corriente eléctrica para regular la curación de las heridas. Esta corriente va desde el cerebro, a través del sistema del nervio motriz y de vuelta a través del sistema nervioso sensorial. La anestesia bloquea estas corrientes. En un experimento realizado con las salamandras, la corriente del cuerpo fue bloqueada por una contracorriente a través del cerebro. El animal se quedó dormido, pero despertaba en cuanto se apagaba la corriente opuesta. El científico norteamericano, Dr. Robert Becker, descubrió esto en la década de 1920 (Robert Becker, Gary Selden: "El cuerpo eléctrico: El electromagnetismo y el origen de la vida", Nueva York, 1985).

Con la ayuda de la misma técnica, el virus VIH, así como el cáncer pueden ser detenidos, pero no hay ninguna gana de hacerlo.

Armamento más eficaz

En cambio, la élite dirigente comenzó a utilizar nuevos métodos para hacer daño a la gente. Durante la Segunda Guerra Mundial, desarrolló la tecnología de microondas. En los años 70, este desarrollo se aceleró con un fuerte salto desde un efecto de 1 MW a uno de 1000 MW. Se creó la tecnología de partículas y la de fusión. Tanto la Unión Soviética como Estados Unidos tuvieron acceso a un potente cañón de microondas, capaz de interferir o dañar equipos electrónicos, pero también puede ser utilizado contra seres humanos.

Hoy día, Israel, Japón, Francia, Gran Bretaña y otros países líderes poseen este arma.

Los científicos masones han desarrollado un pulsador de microondas de alta energía (el HPM), un generador especial de microondas. Un pulso de láser de un par de miles de kW a una cierta frecuencia es capaz de destruir un gran número de robots. Según los científicos, el HPM puede operar dentro de un área limitada con un número muy grande de pulsos en el rango de las microondas (1-100 GHz). El efecto del pulso disminuye con la distancia. Muchos países están indefensos. Les resulta demasiado caro. El arma dispara a la velocidad de la luz. Puede ser disparada en secreto, sus rasgos son invisibles e inaudibles, y es muy difícil establecer si uno ha sido golpeado por microondas. Esto dificulta averiguar las amenazas y demostrar quién es el responsable.

Las armas de polvo emiten anti-ondas, que imposibilitan una agrupación electromagnética diferente de las moléculas del cuerpo. Los seres humanos pueden experimentar discapacidad auditiva en un rango de pocos kilómetros.

Las armas HPM pueden interferir en el sistema nervioso a una distancia de 30 km. Para los sistemas basados en el espacio, el rango puede ser enorme. Las armas ubicadas en el espacio pueden ser utilizadas contra objetivos en la superficie de la tierra (*Militar Teknisk Tidskrift*, n° 3, 1989, p. 19-25).

Los hornos de microondas son una fuente adicional de peligro, como lo son, por supuesto, los teléfonos móviles. Las microondas causan leucemia, vértigo, deterioro de la visión, tumores cerebrales, mutación del ADN y otros síntomas.

La élite dirigente también tiene acceso a armas de radiofrecuencia, con intervalos de unos Hz hasta varios GHz, y que están en el espacio o en el suelo. Hay armas de mano, del tamaño de un maletín, para ser utilizadas en ataques a corta distancia, así como sistemas móviles transportados en camiones. Hay armas para la guerra táctica, terrestres o aerotransportadas, con una gama de hasta 20 km.

Las armas estratégicas de radiofrecuencia tienen suficiente capacidad como para acabar con la población de ciudades enteras, como mínimo igual a la de las armas nucleares (pero sin causar devastación material). La tecnología de la radiofrecuencia ha llevado a armas de destrucción masiva más letales que las armas nucleares. Las armas estratégicas terrestres pueden ser dirigidas a dianas por debajo del horizonte.

Los efectos de las armas de radiofrecuencia se pueden comparar con los de los neurotóxicos, que son letales en concentraciones muy bajas. Destruyen la interacción electromagnética sensible dentro del tejido nervioso. Su principal objetivo son el sistema nervioso central y el cerebro.

Las frecuencias utilizadas en las armas electromagnéticos se extienden mucho más allá de las longitudes de onda de radio reales. El rango de frecuencias inferior, por debajo del infrarrojo, es designado como frecuencias de radio.

Las armas láser también tienen un efecto devastador.

Por supuesto, también se han desarrollado armas biológicas. En las negociaciones de paz durante la guerra entre Francia e India 1755-1760, oficiales británicos distribuyeron mantas envenenadas con la viruela a los indios. Esto provocó una epidemia, que los llevó a rendirse.

Gran Bretaña está llevando a cabo experimentos con armas de fuego cargadas con munición térmica de bario. Estas armas pueden ser dirigidas a un edificio particular, matando a todos los que estén dentro con una intensa ola de calor sin dañar los edificios circundantes, como explicó Paul Beaver de la revista *Jane's Defence Weekly*. El misil, que produce altas temperaturas y alta presión, puede ser disparado desde el hombro. Como explota dentro del edificio, la onda de presión distribuye el calor a través de puertas y escaleras, consumiendo todo a su paso. Los rusos utilizaron con éxito armas térmicas en Chechenia.

Se ha revelado que el 11 de septiembre de 2001, se utilizaron lo que se conoce como bombas termita de plasma para destruir las torres gemelas del World Trade Center de Nueva York, después de que los dos aviones impactaran con las torres. Estas bombas de plasma sólo están disponibles para los Estados Unidos e Israel, no para los terroristas. Poco antes de la caída, son visibles varias potentes explosiones en una película de vídeo sin censura.

El abogado Stanley Hilton demandó al Presidente George W. Bush por su implicación en los ataques terroristas del 11 de septiembre de 2001 Era asesor del senador Bob Dole. Representa a cientos de familias de víctimas del 9 /11 El 10 de septiembre de 2004, Stanley Hilton dijo lo siguiente en el programa de radio de Alex Jones (La voz libre de América):

> "Bush firmó personalmente la orden. Es culpable de traición y de asesinatos en masa. Bush y Rice y Cheney y Mueller y Rumsfeld y Tenet, todos estaban implicados. Tenemos algunos documentos muy comprometedores así como testigos oculares, de que Bush ordenó personalmente que este evento sucediera para obtener una ventaja política, persiguiendo una falsa agenda política en nombre de los neo-conservadores y de su falsa idea de Oriente Medio.
>
> Tenemos declaraciones juradas de testimonios de antiguos agentes encubiertos del FBI, de informadores del FBI y de otros funcionarios del Pentágono y del ejército y de la Fuerza Aérea que tienen que ver con el hecho de que hubo

muchos ejercicios, muchos ensayos del 11 de septiembre antes de que pasara. Bush lo había visto muchas veces simulado por TV.

Fue en la Universidad de Chicago, en los años 60 con Wolfowitz y Feith y otros muchos y conozco personalmente a estas personas. Y estábamos acostumbrados a hablar sobre estos temas constantemente. E hice mi tesis sobre este mismo tema - como convertir a EEUU en una dictadura presidencial fabricando un falso evento del tipo Pearl Harbor. Técnicamente, esto se ha estado planificando como mínimo desde hace 35 años.

Violaron la Constitución al ordenar este evento. Bush presentó pruebas falsas y fraudulentas en el Congreso para obtener la autorización para la guerra de Irak. Lo relacionó con el 11 de septiembre y afirmó que Saddam estaba implicado y todas esas mentiras.

Los secuestradores fueron captados y tuvimos una testigo que estaba casada con uno de ellos. Los secuestradores eran agentes encubiertos, pagados por el FBI y la CIA para espiar a los grupos árabes en ese país. Estaban controlados.

Yo mismo he sido acosado por el FBI. Mi personal ha sido amenazado. Mi oficina ha sido asaltada. Nos robaron archivos. Afortunadamente, tenía copias."

La mitad de los neoyorquinos piensan que el gobierno participó en los ataques terroristas del 11 de septiembre de 2001

CONCLUSIONES ESENCIALES

S alvo que comprendamos la historia de la masonería, seremos incapaces de entender nada importante sobre la historia real de la humanidad. Cuando entendemos esto, podemos ver que los masones son los enemigos de la humanidad. Los masones son como un virus que ha entrado en las células debilitadas de la sociedad, apoderándose de él y dominándolo.

Los masones son responsables, moral y legalmente, de muchas malas acciones y tarde o temprano serán formalmente juzgados. Llegará un día en que estos malvados grupos estarán totalmente prohibidos por ser una amenaza para la humanidad. Sus símbolos negativos deberían ser destruidos.

Los masones piensan que tienen derecho a estar por encima de la ley, lo que los hace aún más peligrosos. No habrá nunca otro juicio de Núremberg, ya que un hermano masón no puede condenar los abusos de sus compañeros, cometidos en nombre del comunismo y del socialismo.

En todo el mundo, se han publicado más de 80.000 libros sobre la masonería. Sin embargo, se echa en falta un análisis independiente. Este libro ha intentado satisfacer esta necesidad.

De alguna manera, nos merecemos tener a estos líderes masónicos gobernándonos, ya que hasta ahora se ve que no hemos protestado lo suficiente. A través de nuestros actos irreflexivos, hemos creado las condiciones para la maldad de la masonería. También hemos fingido, ante los ojos de nuestros compañeros humanos que somos buenos. Ahora los masones están fingiendo ante nosotros. También somos responsables de lo que hemos dejado de hacer, en relación con las actividades criminales de la élite masónica.

Nuestro nivel espiritual ha sido demasiado bajo. Debido a su ingenuidad, la gente regaló sus derechos. Los masones aprovecharon la ocasión para traicionar a la humanidad y aprovecharse del poder ilegalmente. Por lo tanto tienen la autoridad para alterar el mundo en que vivimos. Una sociedad democrática no tiene necesidad de secretos.

La iglesia es mayoritariamente culpable, al no permitir otros tipos de vida espiritual. Cuando en el siglo XVIII, los masones empezaban a defender su doctrina pseudo-científica, la gente ignorante fue engañada fácilmente. En los países no cristianos, la propagación de la masonería fue menos efectiva. En particular, se resistió en los países budistas.

Estas doctrinas antinaturales han apoyado a los inútiles - así como la mayoría de los útiles - idiotas que han vendido su alma a la francmasonería internacional. Estas personas espiritualmente incompetentes han tenido la oportunidad de causar estragos y bloquear el paso para que el talento, pudiera hacer su propio camino. En una sociedad espiritual normal, esto es imposible. La fantasía socialista masónica favorece a los inadaptados, esas almas que sólo sobreviven a costa de los más capaces. La Sociedad Socialista de mendigos y esclavos es un crimen contra natura, ya que es un retroceso en vez de un avance a la hora de mover la sociedad. Una sociedad socialista, por lo tanto, es el lugar ideal para que los parásitos justifiquen sus atrocidades, ya que necesitan un cuerpo social para su supervivencia.

La élite hace uso de sus "hermanos" inferiores, sólo para descartarlos más adelante. Son como herramientas que saben muy poco del mundo o de la masonería.

Los francmasones fanáticos afirman estar construyendo un mundo mejor para todos nosotros. De hecho, han arruinado el mundo tradicional. Han construido su mundo encima de cadáveres, de saqueos, robos y mentiras. Esto nunca ha funcionado. Las mentiras llevan a un callejón sin salida y tarde o temprano serán descubiertas. El mal satánico de los masones es abismal. No hay excusas para los hechos violentos cometidos por estos masones criminales.

Además, los socialistas defienden la construcción de un nuevo mundo. Durante la década de 1990, en Suecia se publicó una revista para la juventud que se llamaba *Los constructores del mundo (The Builders of World)*. Predicaba las ideas de los masones.

Nos dejamos engañar por consignas que se excluyen mutuamente como libertad, igualdad y fraternidad, que continúan propagando los esbirros de los masones, los socialistas. Toda esta charla sobre la igualdad de hecho contiene una profunda mentira. Esto se hace evidente en el juramento masónico, que contiene las palabras:

"Soy un pobre candidato que está en la oscuridad, que ha sido buena y dignamente recomendado, propuesto regularmente y aprobado en una logia abierta y que ahora viene por su propio libre albedrío y voluntad, debidamente preparado, a pedir humildemente ser admitido en los misterios y privilegios de la masonería".

Pidiendo ser un privilegiado, como hoy en día lo son los masones, demuestran que realmente no están para nada interesados en la igualdad. El filósofo Giordano Bruno mostró ya a finales del siglo XVI, que una sociedad basada en la igualdad era imposible.

Nunca podríamos ni quisiéramos exponer sus desvergonzadas mentiras y su conspiración. Muchos no-masones niegan este complot obvio y defienden a estos criminales. Así pues los "idiotas útiles" también son responsables de la situación en la que todos nos encontramos. Estos individuos incompetentes perciben las sombras distorsionadas como el mundo real, como los presos de la cueva de "La República" de Platón.

Cualquiera, que ante todos los hechos disponibles se niegue a ver la francmasonería como una organización conspiradora, demuestra una total indiferencia ante la historia criminal del movimiento y del mundo. Cuando nuestros llamados expertos hacen declaraciones erróneas sobre temas importantes, hay dos alternativas - o están mintiendo o simplemente son ignorantes. Ambas alternativas son igualmente aterradoras.

Como los líderes masónicos no funcionan de acuerdo con las leyes de la naturaleza, sus actividades no mejoran nuestra calidad de vida, más bien al contrario. Los líderes masónicos tienen las manos manchadas de sangre y de sus labios sólo salen mentiras. Dan la impresión de ser personas confundidas y desequilibradas, gravemente enfermas espiritualmente. Sus características psicopáticas, su paranoia social y la creencia infundada de ser los elegidos han provocado un sufrimiento terrible a toda la humanidad. ¿No es hora de acabar con esta locura?

Sólo los que son espiritualmente y moralmente retardados o totalmente degenerados, roban, matan y atracan a sus compañeros humanos. Cuando estos individuos subdesarrollados o enfermos mentales pretenden construir "un mundo mejor" para los no-masones, tenemos problemas graves. Ya es hora de que comencemos a ofrecer alguna resistencia contra el poder tiránico de los criminales y endurecidos masones sin escrúpulos. Con la ayuda de la verdad, seremos capaces de desarmar el poder de la masonería. Por lo tanto, es nuestro deber exponer a fondo su fraude. El Papa Bonifacio VIII (1294-1303) señaló:

"Aquellos que guardan silencio parecen estar de acuerdo".

Quien no interviene para detener el crimen es legalmente también responsable del delito.

Cuando seamos suficientemente fuertes, tanto espiritual como moralmente, para ser capaces de crear de forma independiente un orden social estricto y leyes más justas y sensatas, el poder de la masonería se derrumbará.

En el mundo actual, el budismo aún representa el verdadero bien y la masonería el mal camuflado. La masonería nunca habría tenido éxito en su batalla contra la humanidad, si no hubiera ocultado su naturaleza malvada tras una máscara de bondad. Todo pensamiento budista es ofensivo para los masones. Sólo ellos y sus secuaces, los comunistas y los socialistas de diversa índole, han luchado contra el budismo (por ejemplo en la Unión Soviética, Mongolia y el Tíbet). En general, las personas espiritualmente desarrolladas nunca han puesto ninguna objeción en contra de esta filosofía de la bondad. La francmasonería es lo contrario de la espiritualidad.

Paso a paso, los masones han bajado nuestros valores morales. Tienen una apariencia angelical, a pesar de sus esfuerzos para ocultar los cascos.

Los actos malvados de los masones son permitidos por las leyes del karma. Si no hubiéramos merecido los crímenes de estos "nobles" señores, nunca los habríamos sufrido, según los filósofos budistas.

El karma es una ley natural, que regula todos los actos. Esto asegura que las energías liberadas por ciertas acciones, tarde o temprano retornen a sus orígenes. Cuanto mayor es la acción, más tiempo tarda en producirse la respuesta. La única excepción es cuando una persona comienza a reparar sus malas acciones. Todas las malas acciones rebotan, devolviéndonos exactamente el mismo sufrimiento que el de la víctima. Esto lo ilustra el budista "Dhammapada":

> Una mala acción, cuando se hace, no sale
> - como cuando se ordeña la leche - inmediatamente.
> Esto persigue el necio, quemando como un fuego oculto en las cenizas.
> Para su propia ruina el tonto adquiere conocimientos,
> por eso se rompe la cabeza y destruye su bondad innata.

También hay karma colectivo, que afecta a grupos más grandes tales como organizaciones, logias, movimientos, naciones o todo el mundo. Los masones pueden estar seguros de que - aunque los hermanos inferiores, ignorantes pueden ser inocentes del mal - todos los francmasones se verán afectados por las reacciones del karma cuando el tiempo haya madurado. Ningún miembro de esta malvada comunidad será capaz de escapar. El mal es recompensado con mal, así como al contrario.

El "Dhammapada" explica:

> Mientras el mal aún está por madurar,
> el tonto lo confunde con la miel.
> Pero cuando este mal madura,
> el necio cae dentro del dolor.

Por lo tanto, es comprensible que a los masones se les haya permitido cometer sólo tantos hechos malvados como los permitiera nuestro karma colectivo. Esto depende en gran medida de nuestra actitud. Si permitimos que nuestras autoridades se comporten escandalosamente, estaremos creando las condiciones para nuevas atrocidades. Nadie protestó cuando el loco de Calígula nombró senador a su caballo. Sólo condujo a más dolor causado por los nuevos horrores. Hoy permiten los locos actos de los masones, y ni siquiera queremos saber la finalidad de sus actos.

Unos pocos millares de asesinos masónicos y ejecutores causan sufrimiento a millones de personas, aunque estas personas quieren escapar de su sufrimiento. Este es su karma. La mayor parte del tiempo, estas personas han creado las condiciones que permiten que hombres malvados les hagan daño. Los rusos no quisieron sacar a la luz la naturaleza malvada de Lenin, y los alemanes no entender las malas intenciones de Hitler.

Esta desagradable situación sólo se puede cambiar a través de la expansión de la conciencia del pueblo. A veces, quizás necesitan experiencias duras y amargas como éstas antes de empezar a aprender. Debemos ver la forma pervertida del materialismo para darnos cuenta de que este camino materialista conduce al mal y de allí hacia el abismo.

Mefistófeles dijo al Doctor Fausto:

"Yo soy una parte de la fuerza que provoca el mal, pero esta vez cometeré el mal con el pretexto de la felicidad universal".

Los masones se han comprometido a esta tarea sólo con la ayuda del comunismo, del socialismo nacional e internacional y de otras ideologías. Y a la mayoría de nosotros se nos ha traicionado. ¿Cuánto tiempo más aún? El "Dhammapada" dice:

Tontos, su débil sabiduría,
es su propio enemigo
tal como pasan por la vida,
hacen el mal que da un fruto amargo.

No es necesario que uno sea un bodhisattva (una persona sagrada) para desear aprender de nuestros errores más comunes. Cualquiera lo haría, si tuviera la voluntad.

Los que están detrás de todos los fenómenos destructivos descritos en este libro son un grupo de brutales líderes judíos masónicos extremistas y banqueros, que se consideran los elegidos para transformar el mundo según sus pervertidas nociones. Su base es un racista "libro de la sabiduría", el Talmud, que destaca que

"sólo los judíos son hijos de Dios, y todas las demás personas son hijos del diablo" (Berachoth, fol. 47 b).

El rabino Yitzhak Ginsburgh tiene el mismo espíritu. En *The Jewish Week* (26 de abril de 1996, p. 12) preguntó retóricamente:

"Si un judío necesita un hígado, ¿se le puede poner el hígado de un inocente no-judío para salvarlo? La Torá probablemente lo permitiría."

Afortunadamente, hay judíos con un carácter más humano, que se oponen duramente al racismo de los judíos extremistas. Un ejemplo sería Morton Mezvinsky, profesor de historia jubilado de la Universidad Central del estado de Connecticut y de Israel Shahak de Israel, profesor de química orgánica, retirado (que murió en 2001). Otros que han salido adelante son el profesor Henry Makow y el periodista Israel Shamir. Hay muchos opositores pasivos en Israel.

La masonería internacional, con la ayuda de idiotas útiles socialistas, ha transformado el Reino de Suecia en la "República Soviética" de Absurdistan, donde incluso las leyes se utilizan selectivamente. Los socialistas han empezado a llamar a sus oponentes nacionalistas "piojos". (Véase mi libro "La influencia soviética en Suecia".) Esta actitud tiene un origen puramente masónico.

Cualquiera que no piense como un socialista ortodoxo, se ve obligado a esconder sus verdaderas opiniones para hacer una carrera en Suecia. Hay que mentir para salir adelante. Este era el caso también en la Unión Soviética.

En Suecia hay una democracia autoritaria, donde rara vez se escucha a los disidentes. La libertad de expresión está estrictamente limitada. En la Unión

Soviética era considerada una democracia socialista. Sólo se admiten puntos de vista políticamente correctos. La gente está tan profundamente pegada que tienen dificultades para orientarse. Todos los enfrentamientos con la realidad causan enormes sufrimientos. Los socialistas están perjudicando sobre todo a los intelectuales. Los periodistas sólo pueden informar de aquellos hechos considerados "políticamente correctos". Las autoridades son libres de tratar a los ciudadanos como les parezca.

No necesitamos música horrible que nos contraiga el aura, ni comida basura que nos dañe la salud ni ropa fea de mal gusto, anunciada y comercializada por empresas masónicas. No necesitamos sus juegos de ordenador para niños de seis años, que los atraen a imaginar los asesinatos más brutales. No necesitamos chicles con imágenes violentas de un niño sangrado por la boca, el cerebro saliéndole por un agujero y el intestino que le sale por el estómago.

Los socialistas y los liberales son defensores deseosos de la sociedad multicultural. ¿Qué significa esto? El escritor judío Umberto Eco nos sugiere en la prensa:

> "Sencillamente deberíamos hacernos a la idea de que pronto estaremos viviendo en una cultura totalmente nueva. Y será Afro-Europea."

Se le "olvidaba" mencionar que esta "cultura" significa falta de cultura.

De esta "cultura" sin alma nacen la ingratitud y la falta de respeto y la demanda a los pueblos indígenas que se integren, igual que los inmigrantes (o los migrados como se les llama ahora). *Aftonbladet* (28 de julio de 2000) instó a sus lectores: "¡Intégrate, blanquito! ¡O Cállate!" Esta es la opinión de una mujer inmigrante en una "sociedad multicultural". En otras palabras, su objetivo era destruir la cultura nacional sueca obligando a los suecos a olvidar su carácter sueco. Esto encaja muy bien con las exigencias de la Unión Europea en cuanto a la prohibición de los partidos nacionalistas.

Los periodistas incompetentes que distorsionan los hechos son ahora una seria amenaza para la sociedad. Ciertos periodistas suecos rojos y "liberales" hicieron un gran revuelo por un supuesto delito racial en la zona de Estocolmo en la víspera de año nuevo de 1999, pero se les "olvidó" mencionar que había sido un joven sueco defendiendo a su novia de varios inmigrantes, quien había matado al más agresivo de los atacantes. El sueco recibió una condena de prisión. Defenderse uno mismo o a aquellos más cercanos ya no está permitido en Suecia.

Lord Ampthill, diputado y gran maestro de la Gran Logia de Inglaterra, declaró en la reunión del Club Masónico Internacional de Londres el 1 de noviembre de 1910:

> "La francmasonería incluye a muchos periodistas, a quienes se les ha otorgado un poder prácticamente ilimitado." (*Recht und Wahrheit*, nº 3-4, 2001, p. 16)

Los sádicos masones sólo son felices viendo conflictos entre diferentes grupos étnicos, que muy a menudo han provocado ellos mismos. Al mismo tiempo, la élite masónica está utilizando películas y propaganda para hacernos creer que lo peor está por venir.

No podemos ver la realidad tal como es, a menos que entendamos que hay una red política secreta ejecutando el espectáculo entre bastidores. Los conspiradores admiten sus insidiosos planes en los documentos originales. La mayoría de nosotros, sin embargo, ignoramos los hechos.

Esto ha hecho que el siglo XX fuera el siglo masónico. Estas fuerzas oscuras continúan conduciéndonos a la destrucción mediante sus actividades secretas.

Ya es hora de luchar contra los cínicos mitos de aquellos que ostentan el poder, mitos que son defendidos con impaciencia por los socialdemócratas - los más ignorantes pero también los más peligrosos de todos los perros guardianes de la masonería. Toda nuestra vida está construida sobre mitos de diversa índole. El mito más flagrante afirma que no hay ningún tipo de conspiración de la élite financiera ni de la masonería.

Honorable lector, ¡no creas a aquellas personas que están en el poder ni al autor de este libro! ¡Descubre por ti mismo qué es lo que esta bien o qué esta mal!

O bien exponemos el fraude de los constructores del nuevo mundo, o nos destruirán. Esperemos que el autor de este libro en cierta medida haya conseguido hacer visible la oscuridad de la masonería. Hasta que la gente no lo haya visto a través de los arquitectos del engaño, seguirán siendo engañados. Cuanta más incertidumbre haya en el mundo de los no-masones, más seguro parece el éxito de los masones.

Muchos lectores han afirmado que leyendo mi libro "Bajo el signo del Escorpión", encontraron la llave mágica que les faltaba, la llave para abrir las puertas de nuestra realidad política y cultural. Quizás este nuevo libro ensanchará aún más los horizontes del lector.

El profesor de filosofía suizo A. Mercier, secretario general de las Asociaciones Internacionales de Filósofos, expresó el actual callejón sin salida de la ciencia y la cultura con las siguientes palabras:

> "La ciencia se ha vuelto agresiva y está tratando de conseguir una posición de liderazgo en el ámbito intelectual. Sigue adelante y busca un monopolio, a través de su negligencia irresponsable de todo lo que es diferente con demasiada facilidad. Desde que la gente ha perdido el arte, que es una reflexión, profunda, intuitiva y genuina, ha buscado algún sustituto, incluso en las drogas y la pornografía, pisoteando así toda sabiduría... en vez de celebrar la ciencia y acreditarla con lo que le falta, necesitamos avanzar en este proceso, que nos permitirá crear un equilibrio espiritual en el mundo de hoy."

Este libro puede ayudar al lector a entender más fácilmente la crisis espiritual descrita por el Profesor Mercier. Sólo después de que hayamos conseguido romper la magia de la francmasonería a través de contramedidas efectivas, seremos capaces de escapar del pantano espiritual donde nos encontramos.

En Ginebra en 1977, el representante iroqués Hau De No Sa Nee destacó que

"la espiritualidad es la forma más elevada de conciencia política".

La sociedad masónica sólo nos da falsas esperanzas, mentiras dañinas y grandes desigualdades. Los masones no tienen ningún respeto por la vida. La élite masónica ha mantenido constantemente el principio: para salvar el mundo, primero hay que destruirlo.

Oficialmente, la Orden de los Masones de Suecia tiene una serie de buenas intenciones como el desarrollo de la personalidad, la comunión y la fraternidad y el amor a la humanidad. El lector puede descubrir algunas intenciones muy diferentes basándose en los hechos que figuran en este libro.

Uno de los principales defensores de las ideas Illuminati fue el periodista político norteamericano Walter Lippmann (miembro de la Sociedad Fabiana, y francmasón). Él señaló los principios que nos hacen avanzar hacia el Nuevo Orden Mundial. Cuando el público ya no podía ser controlado por el uso de la violencia, los masones encontraron un nuevo método en el arte de la simulación democrática. Quieren estandarizarnos haciéndonos ignorantes y forasteros curiosos, confundir a las masas, para hacernos creer en nuestros dirigentes, estos hombres "responsables". Quieren que las masas sean los espectadores no los participantes, en lo que ellos llaman una sociedad democrática.

En vez de acosar a la gente, los políticos masónicos utilizan métodos más sofisticados para fabricar el consentimiento. Es lo que solía llamarse propaganda. En una sociedad democrática, esta insidiosa propaganda es necesaria como nunca antes. Tan pronto como alrededor de 1750, el filósofo escocés David Hume señaló que el poder está en manos del pueblo y si el pueblo entendiera esto, los gobernantes tendrían problemas. La gente no debe darse cuenta de que tiene el poder, por lo tanto, sus opiniones deben ser controladas. Un país más libre necesita más control que otro más vicioso. En la Unión Soviética no importaba si la gente no creía en la propaganda. Los disidentes siempre podían ser enviados a los campos de trabajo. En los países más libres, la disidencia es algo peligrosa, donde las personas tienen la oportunidad de actuar. Cuando ya no se puede utilizar la fuerza, y participa más gente, las autoridades se vuelven dependientes del consenso. Esto ya no es un secreto, como declaró Noam Chomsky en una entrevista para la televisión educativa sueca (UR) el 7 de noviembre de 2002 Destacó que los medios de comunicación tienen una creencia acrítica en la ideología actual. Dijo:

"Todo periodista honesto debería tratar de averiguar la verdad y difundirla."

Esto es particularmente importante en la sociedad masónica aparentemente normal, ya que la mayoría de la gente es obtusa y vive en un estado de trance de consenso. La propaganda convincente no suele dejar ningún espacio al pensamiento alternativo.

Los masones quieren controlar y manipular a la humanidad de una manera más eficaz. En diciembre de 2002, la Food and Drug Administration (FDA) de EU aprobó una propuesta para comenzar a inyectar chips de identificación en cuerpos humanos para supervisar a la población. La Applied Digital Solutions es la empresa que ha desarrollado el VeriChip, del tamaño de un grano de arroz y que emite una radiofrecuencia de 125 kHz, que se puede recibir a la distancia de unos metros. Con la ayuda de la tecnología moderna, las personas que llevan los chips pueden ser controladas por los satélites. El chip se inyecta en el cuerpo con una herramienta similar a una jeringa.

En Madrid, la capital española, tienen la intención de suministrar un chip electrónico a todos los recién nacidos, siempre que los padres estén de acuerdo. El chip contiene información sobre el niño, así como de la madre. Básicamente la información son las huellas del bebé y de su madre. Se inyecta bajo la piel de la muñeca. La excusa para este procedimiento es que hay riesgo de que haya una confusión entre los niños o de que sean secuestrados.

Los chips de identificación hacen posible identificar al portador almacenando el nombre, la fotografía, las huellas dactilares, la dirección, el empleo, los antecedentes penales, las deudas por impuestos y otras informaciones. El microchip puede ser utilizado para inducir shocks, comportamientos perturbados, emociones y otros efectos. Chips de 7mm ya se colocan bajo la piel de soldados y correos del gobierno. El número en clave del microchip, así como el de las tarjetas magnéticas de los cajeros automáticos y el de los códigos de barras es el 666 - el código secreto de los Illuminati.

Los masones están ejerciendo un poder insidioso sobre la gente. Su gloria superficial desaparece, sin embargo, para aquellos que conocen los medios que los masones utilizan para alcanzar sus objetivos. Por sus hechos los conoceréis.

La élite masónica ha esparcido enfermedades terribles, sufrimientos horribles y accidentes devastadores desde la caja de Pandora. La esperanza se mantiene, pero el mal no puede nunca conseguir ser bueno.

Los conspiradores, sus seguidores y las personas vacilantes dentro de un profundo estado de trance de consenso no están interesados en ninguna de las pruebas que podrían legalmente ligar a los masones con la conspiración. Este libro debería iluminar a una persona normalmente desarrollada. Hay un montón de evidencias de las actividades masónicas contra la humanidad. Aquí hay unos cuantos ejemplos macabros más de confesiones jactanciosas.

En 1910, el diario masónico francés *L'Acacia* admitió:

> "Hemos determinado, derribado, borrado y destruido - a menudo con una furia ciega - para poder construir en algún momento algo un poco más estable y de buen gusto. Ya que nuestro entorno está en ruinas debido a nuestras actividades, ahora es realmente el momento de que aprendamos los oficios de los constructores y seamos verdaderos francmasones."

El gran maestro de la Gran Logia francesa, Georges Marcou, señalaba en una carta a los socios:

> "La francmasonería gobernará todo el mundo y desde sus principios inmortales, heredados de generación en generación... se construirá una base estable, la base de una sociedad ideal más perfecta..." (Como declaró en la Convención del Grand Orient de France en 1929)

En 1991 Hans Tietmeyer, masón y presidente del Banco Central alemán, explicó:

> "La moneda común de Europa obligará a los pueblos a abandonar su independencia financiera y políticas salariales. Es ilusorio que los países miembros sean capaces de mantener su independencia con una política fiscal común."

Los masones se nos presentan como benefactores prudentes y sinceros. Pero es imposible que una persona prudente y sincera quiera hacerse francmasón. Un miembro de una logia masónica no puede ser al mismo tiempo prudente y sincero. Si es francmasón e inteligente, posiblemente no podrá ser honesto. Esto es especialmente cierto en los comunistas. Nunca he conocido a ningún comunista que también fuera inteligente y honesto. Son o bien peligrosos o bien los llamados idiotas útiles.

Allí donde los masones hacen sonar sus tambores, los reinos son arruinados y corre la sangre. Mediante la difusión de la desesperación, los masones satisfacen sus enfermizas fantasías de fundar una república mundial sin raíces nacionalistas. Cuando los diferentes grupos masónicos luchan entre sí, la humanidad lo padece. Los psicópatas masónicos ya no matan gente con aquellas cifras como lo hicieron una vez, pero en cambio han intentado convertirnos en zombis útiles, robots biológicos demasiado enfermos como para ocuparnos de cualquier otra cosa que no sean nuestros propios problemas, incapaces de preocuparnos por las cuestiones más amplias de la sociedad. En general, los masones han tenido éxito. La mayoría de la gente todavía no se han dado cuenta de que la francmasonería es una cosa del pasado. No han entendido que si se actúa sin el apoyo del público, el fracaso es seguro y donde haya implicado un gran poder, los errores serán desastrosos.

En el mundo de los masones, todo es virtual, la realidad está distorsionada. La mayoría de la gente ve una paloma como símbolo de paz, pero para los Illuminati es una imagen de su diosa Semiramis (originalmente Shammuramat, la reina de Babilonia).

La diosa masónica de la libertad, en una isla del Sena de París (Ile St. Louis), donde fue ejecutado Jacques de Molay, y la copia de la misma que se regaló a Nueva York en 1886, son imágenes de Semiramis sosteniendo una antorcha. Para el público, la antorcha es un símbolo de libertad, pero para los masones significa control y manipulación.

Ahora el lema principal para los masones de Pensilvania es:

> "¡Compartir la luz!" (*The Pennsylvania Freemason*, nº 1, 2002, p. 3).

Este libro demuestra cómo los masones están haciendo esto.

El Illuminati desea ser libre e independiente. Cuanta más libertad adquieren los masones, más esclavizados son los no-masones. Para atrapar gente, los masones deben mantener que son ángeles de luz y que todos los que hablan de sus malas intenciones no son otra cosa que expresiones de una imaginación enferma. En la mayoría de países, el engaño siempre ha sido considerado una acción horrible.

Los masones chinos, encabezados por el Presidente Yuan Shikai, prohibieron el diario más antiguo del mundo, el King Bao, después de alcanzar el poder en febrero de 1912 El King Bao jugó un papel importante en la historia del periodismo chino. Fue fundado el año 400 y se publicó durante más de 15 siglos sin interrupción (*Dagens Nyheter*, 11 de agosto de 1912). ¡Así es como los masones defienden la cultura y las tradiciones!

Era característico que el masón de alto rango francés Jean Baptiste Bernadotte, a quien hizo heredero al trono sueco el rey Charles XIII, que en su brazo izquierdo llevara tatuadas las palabras: "¡Muerte al rey!"

El librepensador sueco Lars Adelskogh ha señalado: "La ignorancia de la gente es la fuerza de los gobernantes". En otras palabras, cuanto menos conocimientos tenemos, más poder tienen los masones.

El profesor Charles Tart escribió:

"Que la humanidad haya caído en la locura del trance de consenso y haya perdido el contacto con nuestras verdaderas posibilidades y funciones, es una tragedia."

El escritor George Orwell ha manifestado:

"Decir la verdad en tiempos de engaño universal es un acto revolucionario."

Parece que la élite masónica tiene un cierto indicio de que pronto terminará su tiempo.

A mediados de la década de 1980, yo predije en mis conversaciones que la Unión Soviética caería en la década de 1990. Sólo unas pocas personas lo tomaron en serio, pero sucedió.

Ahora observo que según las leyes del karma, los masones han sido golpeados una vez tras otra.

Todo esto se ha intensificado, a partir de mediados de esta década.

Según el calendario Maya, la presente era oscura finalizará el 21 de diciembre de 2012 Entonces nos trasladaremos hacia tiempos más brillantes, donde no habrá lugar para los masones. Podremos librarnos de este movimiento criminal. La francmasonería es, como hemos visto, una criminalidad política, así como tradicional.

Cuando el dolor de la masonería internacional llegue a la masa crítica, la masonería será destruida desde dentro. Esta es una ley de la naturaleza. El poder secreto de la masonería lleva dentro de sí las semillas de su propia destrucción, y el crecimiento está muy avanzado. ¿Cabía esperar algo más?

The Supreme Council
OF THE
THIRTY THIRD AND LAST DEGREE

JOHN H. COWLES 33°
GRAND COMMANDER

OFFICE
·33 · ·TEENTH STREET N·W· ·
WASHINGTON D.C.

ANCIENT AND ACCEPTED SCOTTISH RITE OF
FREEMASONRY. SOUTHERN JURISDICTION U.S.A.

September 20, 1938.

Mr. M. H. Barroso, 33°,
Puerta del Angel, 24, pral,
Barcelona, Spain.

Dear Brother Barroso:

I have your letter of the 18th of June, which is a long time in reaching me, and I am writing this to you at the address given in Barcelona and sending a copy of it to Perpignan.

We have received acknowledgment of all the money that we have sent in behalf of our brethren in Spain, either through the Spanish Ambassador or through you or Bro. Ceferino Gonzalez. It has been quite unsatisfactory however, because we have received so many personal appeals from different sources.

Therefore, I suggested to Brother Raymond, Grand Commander of the Supreme Council of France, that he organize a Masonic relief committee with headquarters in Paris, which he has done, and some of the leading Masons in that part of the world are associated with him.

I told him that I would raise such money as I could to assist our unfortunate brethren in Europe, but not to expect too much as we were having our own troubles in this country. There are some twelve or thirteen million people out of employment and the professions are crowded to the limit and business dull with us.

I have already sent Brother Raymond ten thousand dollars, and all appeals now for assistance to our brethren in that part of the world should be made to him. I do not know how far it is from Perpignan up to Paris, but I do not think it is such a great distance, and you might run up to see him some time.

No one regrets more than I do that our government passed the neutrality law. A protest that has been made here, in which have participated, to have this neutrality law lifted, but without success so far.

It looks from this morning's dispatches that Czechoslovakia is to be sacrificed to Hitler and Mussolini, and I think that means that Italy and Germany will make use of a part of their forces to aid Franco in Spain. If such is the case, then heaven help the true

BIBLIOGRAFIA

Adams, John Quincy, "Letters on Freemasonry", Austin, 2001

Ahlberg, Alf, "Idealen och deras skuggbilder", Stockholm, 1936.

Allen, Gary, "None Dare Call it Conspiracy", Seal Beach, California, 1972

Allen, Gary, "The Rockefeller File", Seal Beach, California, 1976.

Allen, Gary, "Kissinger: The Secret Side of the Secretary of State", Seal Beach, California, 1976.

Andersen, Aage H., "Verdensfrimureri", Copenhagen, 1940.

Anderson, Ken, "Hitler and the Occult", New York, 1995.

Antelman, Marvin S., "To Eliminate the Opiate", New York, 1974.

Arutyunov, Akim "The Lenin Dossier Unretouched", Moscow, 1999.

Baigent, Michael, Leigh, Richard and Lincoln, Henry, "The Messianic Legacy", London, 1987.

Baigent, Michael, Leigh, Richard and Lincoln, Henry, "Holy Blood, Holy Grail", New York, 1983.

Baigent, Michael, Leigh, Richard, "The Temple and the Lodge", London, 1998.

Barruel, Augustin, "Mémoires pour servir à l'Histoire du Jacobinisme" / "Memoirs Illustrating the History of Jacobinism", London, 1797.

Bieberstein, Johannes Rogalla von, "Die These von der Verschworung 1776-1945", Frankfurt am Main, 1978.

Becker, Robert; Selden, Gary "The Body Electric: Electromagnetism and the Foundation of Life", New York, 1985.

Begunov, Yuri, "The Secret Powers in Russian History", Moscow, 2000.

Branting, Hjalmar, "Tal och skrifter", Stockholm, 1930.

Bostunich, Grigori, "Freemasonry and the Russian Revolution", Moscow, 1995.

Bronder, Dietrich, "Bevor Hitler kam", Genf, 1975.

Brooks, Pat, "The Return of the Puritans", North Carolina, 1976.

Bullock, Steven C, "Revolutionary Brotherhood: Freemasonry and the Transformation of the American Social Order, 1730-1840", North Carolina, 1998.

Bunich, Igor, "The Party's Gold", St. Petersburg, 1992

Butz, Arthur R., "The Hoax of the Twentieth Century * Ladbroke, 1976.

Capell, Frank, "Henry Kissinger, Soviet Agent", Cincinnati, 1992

Carr, William Guy, "The Red Fog Over America", 1968.

Coil, Henry W, "Coil's Masonic Encyclopedia", Macoy Publishing, Richmond, VA, 1996.

Collins Piper, Michael, "Final Judgment: The Missing Link in the JFK Assassination Conspiracy", Washington, 1998.

Coudenhove-Kalergi, Richard, "Praktischer Idealismus", Wien, 1925.

Goy, Michael J., "The Missing Dimension in World Affairs", South Pasadena, 1976.

Griffin, G. Edward, "World without Cancer: The Story of Vitamin B 17", Westlake, 2000.

Dahlgren, Carl, "Frimureriet", Stockholm, 1925.

Daniel, John, "Scarlet and the Beast", Volum III, Tyler, Texas.

Disraeli, Benjamin, "Coningsby", London, 1844.

Disraeli, Benjamin, "Lord George Bentinck: a Political Biography", London, 1852

DuBois jr, Josiah E., "Generals in Grey Suits", London, 1953.

Eggis, N., "Frimureriet", Halsingborg, 1933.

Ervast, Pekka, "Vapaamuurareiden kadonnut sana", Helsinki, 1965.

Ferguson, Charles W., "Fifty Million Brothers: A Panorama of American Lodges and Clubs", New York, 1937.

Fisher, Paul, A., "Behind the Lodge Door", Rockford, Illinois, 1994.

Freemantle, Brian, "The Octopus: Europe in the Grip of Organised Crime", London, 1995.

Gargano, Michael di, "Irish and English Freemasons and their Foreign Brothers", London, 1878.

Gauss, Ernst, "Dissecting the Holocaust: The Growing Critique of 'Truth' and 'Memory'", Capshaw, Alabama, 2000.

Goodman, Frederick, "Magic Symbols", London, 1989.

Goodrick-Clarke, Nicolas, "The Occult Roots of Nazism", St. Petersburg, 1993.

Grubiak, Olive and Jan, "The Guernsey Experiment", Hawthorne, California, 1960.

Gumilev, Lev, "The Ethnosphere", Moscow, 1993.

Hamill, John; Gilbert, Robert, "Freemasonry: A Celebration of the Craft", London, 1998.

Hunter, Bruce C, "Beneath the Stone: The Story of Masonic Secrecy", Alexander, 1999.

Heiden, Konrad, "Adolf Hitler", Stockholm, 1936.

Herzen, Aleksander, "From the Other Shore", Tallinn, 1970.

Higham, Charles, "Trading with the Enemy", New York, 1984.

Hoffman II, Michael A., "Secrets of Masonic Mind Control", Dresden, NY, 1989.

Hoffman II, Michael A., "Secret Societies and Psychological Warfare", 2001

Hoyle, Fred, "The Intelligent Universe", 1983. Irving, David, "Hitler's War", London, 1977.

Istarkhov, Vladimir, "The Battle of the Russian Gods", Moscow, 2000.

Jones, Bernard E., "Freemasons' Guide and Compendium", London, 1950.

Johnson, Paul, "Modern Times", New York, 1983.

Katz, Jacob, "Jews and Freemasons in Europe 1723-1939", Cambridge/Mass., 1970.

Kennedy, Margrit, "Interest and Inflation Free Money", Goteborg, 1993.

Klimov, Grigori, "The Red Cabbala", Krasnodar, 1996.

Knight, Christopher, Lomas, Robert, "The Second Messiah: Templars, The Turin Shroud & The Great Secret of Freemasonry", London, 1998.

Krasny, Vladimir, "The Children of the Devil", Moscow, 1999.

Lassus, Amaud de, "Elementary Guide to Freemasonry", Inverness, 2004.

Laurency, Henry T., "De vises sten", Skovde, 1995.

Leers, Johan von, "Makten bakom presidenten", Stockholm, 1941.

Lenhammar, Harry, "Med murslev och svard", Delsbo. 1985.

Lennhoff, Eugen; Oskar, Posner; Binder, Dieter, "Intyernationales Freimaurer Lexikon", Hamburg, Miinchen, 2000.

Lomas, Robert, "Freemasonry and the Birth of Modern Science", Gloucester, 2002

Margiotta, Domenico, "Adriano Lemmi", Grenoble, 1894.

Marrs, Jim, "Ruled by Secrecy", New York, 2000.

Milton Hartveit, Karl "De skjulte brodre". Oslo, 1993.

Mellor, Alec, "Logen, Rituale, Hochgrade - Handbuch der Freimaurerei", Graz, 1967.

Meltiukhov, Mikhail, "Stalin's Lost Opportunity", Moscow, 2000".

Mogstad, Sverre Dag, "Frimureri: mysterier, fellesskap, personlighetsdannelse", Oslo, 1994.

Mousset, Alfred, "L'Attentat de Sarajevo", Paris, 1930.

Nemere, Istvan, "Gagarin - kozmikus hazugsag" ("Gagarin: A Cosmic Lie"), Budapest, 1990.

Neubert, Otto, "Tutankhamun and the Valley of the Kings", Manchester, 1954,

O'Crady, Olivia Marie, "The Beasts of the Apocalypse", First Amendment Press, 2001

Ottenheimer, Chislaine; Lecadre, Renaud, "Les Frères Invisibles", Paris, 2001

Ostretsov, Viktor, "Freemasonry, Culture, and Russian History", Moscow, 1999.

Partner, Peter, "The Murdered Magicians: The Templars and their Myth", Oxford, 1982

Pennick, Nigel, "Sacred Geometry: Symbolism and Purpose in Religious Structures", San Francisco, 1980.

Pervushin, Anton, "The Occult Secrets of NKVD and the SS", St. Petersburg, Moscow, 1999.

Pike, Albert, "Morals and Dogma of the Ancient and Accepted Rite of Scottish Freemasonry", Charleston, 1871.

Platonov, Oleg, "Russia's Crown of Thorns: The Secret History of Freemasonry 1731-1996", Moscow, 2000.

Platonov, Oleg, "The Secret of Lawlessness", Moscow, 1998.

Platonov, Oleg, "The History of the Russian People in the 1990s", Moscow, 1997.

Platonov, Oleg, "Russia under the Power of Freemasonry", Moscow, 2000.

Pretterebner, Hans, "Der Fall Lucona: Ost-Spionage, Korruption und Mord im Dunstkreis der Regierungsspitze", Wien, 1989.

Ridley, Jasper, "The Freemasons", London, 2000.

Roberts, Arch E., "Victory Denied", Fort Collins, 1966.

Robison, John, "Proofs of a Conspiracy", London, 1796.

Rowles, William, "The Heathens", London, 1948.

Rubinstein, William, "A People Apart: The Jews in Europe, 1789-1939", Oxford, 1999.

Ruggeri, Giovanni, "Berlusconi gli affari del Presidente" / "The Business of Chairman Berlusconi", Rome, 1995.

Sandos, Machado dos "A Revolusao Portugesa".

Schneider, Robert, "Die Fremaurerei vor Gericht", Berlin, 1937.

Shmakov, Alexei, "The Secret International Government", Moscow, 1912

Short, Martin, "Inside the Brotherhood", London, 1997.

Selyaninov, Aleksander, "The Secret Force of Freemasonry", reprint Moscow, 1999.

Somoza, Anastasio; Cox, Jack, "Nicaragua Betryed", Boston, 1980.

Spence, Lewis, "Myths and Legends of Ancient Egypt", London, 1915.

Szende, Stefan, "The Promise Hitler Kept", New York, 1944.

Starback, Georg, "Berattelser ur svenska historien", Stockholm, 1880.

Steinhauser, Karl, "EG - Die Super UdSSR von Morgen", Wien, 1992

Still, William T., "New World Order: The Ancient Plan of Secret Societies", Lafayette, Louisiana, 1990.

Staglich, Wilhelm, "Der Auschwitz-Mythos", Indiana, 1984.

Sutton, Antony, "Wall Street and the Bolshevik Revolution", Morley, 1981

Sutton, Antony, "Wall Street and the Rise of Hitler", Sudbury, 1976.

Sutton, Antony, "How the Order Creates War and Revolution", Bullsbrook, 1985.

Suvorov, Viktor, "Suicide", Moscow, 2000.

Taylor, Ian T., "In the Minds of Men: Darwin and the New World Order", Minneapolis, 1984.

Toll, Sofia, "The Brothers of the Night", Moscow, 2000.

Tompkins, Peter, "The Magic of Obelisks", New York, 1982.

Valmy, Marcel, "Die Freimaurer", Koln, 1998.

Whalen, William J., "Christianity and American Freemasonry", 1987.

Webster, Nesta, "World Revolution", London, 1921

Weckert, Ingrid, "Feuerzeichen: Die Reichskristallnacht", Tubingen, 1981.

Wells, Herbert George, "Anticipations of the Reaction of Mechanical and Scientific Progress Upon Human Life and Thought", London, 1901

Wells, H. G., "The Open Conspiracy: Blueprints for a World Revolution", London, 1928.

Wichtl, Friedrich, "Weltfreimaurerei, Weltrevolution, Weltrepublik", Wobbenbull, 1981

Yallop, David, "In God's Name", London, 1985.

Juri Lina nació en 1949 durante la ocupación soviètica de Estònia. Se le prohibió ejercer de periodísta en 1975 i entonces trabajó como vigilante nocturno hasta que se vió obligado a emigrar en 1979 después de repetidos enfrontamientos con la policia política, el KGB. En 1985, según documentos reservados hechos públicos recientemente, en la Estònia Soviética se presentaron cargos políticos contra Juri Lina en su auséncia. Fue acusado de alta traición con relación a la publicación de dos libros - "Sovjet hotar Sverige" ("La amenaza soviética contra Suécia") y "Oised paevad" ("Jornadas nocturnas"). El KGB le considera como uno de los escritores más anti-comunistas de Suécia. Juri Lina es miembro de la Asociación de Publicistas Suecos.

Juri Lina ha publicado muchos artículos en diversos paises, así como los siguientes libros: **"Ufotutkimuksesta Neuvostoliitossa"** (Hèlsinki, 1979), **"Oised paevad"** (Londres, 1983), **"Sovjet hotar Sverige"** (Estocolmo, 1983, 1984), **"UFO-forskning i Sovjetunionen"** (Londres, 1984), **"Kommunisternas heliga krig"** (Estocolmo, 1986), **"Bakom Gorbatjovs kuliser"** (Londres, 1987), **"UFO-gatan fordjupas"** (Estocolmo, 1992), **"Under Skorionens tecken"** (Londres, 1994), **"Mida Eesti ajakirjandus pelgab?"** (Estocolmo, 1996), **"Skorpioni margi all"** (Estocolmo, 1996, 1998, 2003), **"Moistatuslikkuse kutkeis"** (Tallinn, 1996), **"Sovjetiskt inflytande in Sverige"** (Estocolmo, 1997), **"Under the Sing of the Scorpion"** (Estocolmo, 1998, 2002), **"Filmikunsti valjenduslikkusest"** (Estocolmo, 1998), **"Varjatud tervisevalem"** (Estocolmo, 1999), **"Varldsbyggarnas bedrageri"** (Estocolmo, 2001), **"Maailmaehitajate pettus"** (Estocolmo, 2003, 2004).

Otros títulos

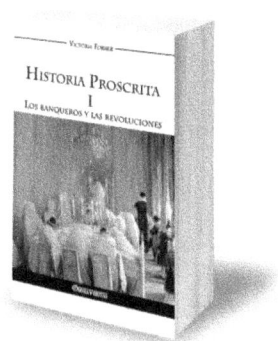

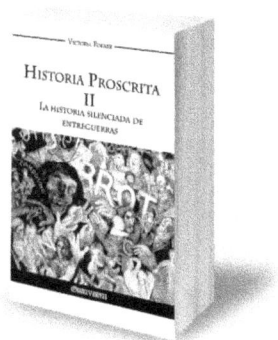

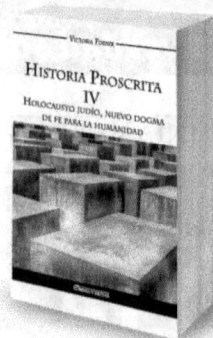

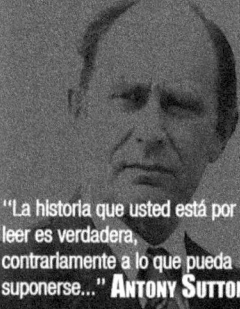

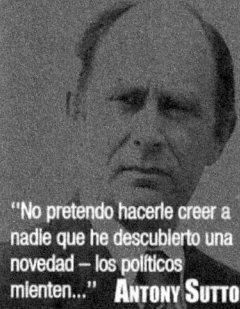

OMNIA VERITAS

OMNIA VERITAS LTD PRESENTA:

JULIUS EVOLA

CABALGAR EL TIGRE

«Lo que se va a leer afecta al hombre que no pertenece interiormente a este mundo, y se siente de una raza diferente a la de la mayor parte de los hombres.»

El lugar natural de un hombre así, es el mundo de la Tradición

OMNIA VERITAS

OMNIA VERITAS LTD PRESENTA:

JULIUS EVOLA

SÍNTESIS DE LA DOCTRINA DE LA RAZA Y ORIENTACIONES PARA UNA EDUCACIÓN RACIAL

«El racismo se empeña en individualizar al tipo humano predominante en una determinada comunidad nacional...»

El muy neto sentido de las diferencias, de su dignidad y de su fuerza

OMNIA VERITAS

OMNIA VERITAS LTD PRESENTA:

JULIUS EVOLA

EL FASCISMO VISTO DESDE LA DERECHA Y NOTAS SOBRE EL TERCER REICH

«Lo que se llama corrientemente Derecha en las luchas políticas actuales se define por una oposición general a las formas más avanzadas de la subversión...»

Hoy no existe en Italia una Derecha digna de este nombre

OMNIA VERITAS

OMNIA VERITAS LTD PRESENTA:

JULIUS EVOLA

EL MISTERIO DEL GRIAL

«Las leyendas, los mitos, los cantos de gesta y las epopeyas del mundo tradicional...»

JULIUS EVOLA

EL MISTERIO DEL GRIAL

Comprender lo esencial del conjunto de las leyendas caballerescas

OMNIA VERITAS

OMNIA VERITAS LTD PRESENTA:

JULIUS EVOLA

ESCRITOS SOBRE EL JUDAÍSMO

«El antisemitismo es una temática que ha acompañado a casi todas las fases de la historia occidental...»

JULIUS EVOLA

ESCRITOS SOBRE EL JUDAÍSMO

El problema judío tiene orígenes antiquísimos

OMNIA VERITAS

OMNIA VERITAS LTD PRESENTA:

JULIUS EVOLA

IMPERIALISMO PAGANO

«La primera condición del imperio es una síntesis inescindible de espiritualidad y de politicidad, es la presencia efectiva de una jerarquía de valores...»

JULIUS EVOLA

IMPERIALISMO PAGANO

La cualidad de un alma que es señora se distancia de la materia del cuerpo...

OMNIA VERITAS

OMNIA VERITAS LTD PRESENTA:

JULIUS EVOLA

MEDITACIONES DE LAS CUMBRES

«La constatación de que vivimos en una época casi totalmente privada de puntos de vista y de principios auténticamente trascendentes...»

Hablar de la espiritualidad de la montaña...

OMNIA VERITAS

OMNIA VERITAS LTD PRESENTA:

JULIUS EVOLA

METAFÍSICA DE LA GUERRA
Y
LA DOCTRINA ARIA
DE LA LUCHA Y DE VICTORIA

«La guerra, estableciendo y realizando la relatividad de la vida humana...»

Un conocimiento transfigurante de la vida en función de la muerte

OMNIA VERITAS

OMNIA VERITAS LTD PRESENTA:

JULIUS EVOLA

METAFÍSICA DEL SEXO

«Todo lo que en la experiencia del sexo y del amor comporta un cambio de nivel de la conciencia ordinaria...»

La investigación de los principios y de las significaciones últimas...

OMNIA VERITAS

OMNIA VERITAS LTD PRESENTA:

JULIUS EVOLA
POLÉMICA SOBRE
LA METAFÍSICA HINDÚ
RENÉ GUÉNON

«No compartimos los puntos de vista de Guenon a propósito de las relaciones que existen entre la iniciación real y la sacerdotal...»

El conocimiento metafísico es esencialmente "supra-racional"

OMNIA VERITAS

OMNIA VERITAS LTD PRESENTA:

JULIUS EVOLA

REVUELTA CONTRA EL
MUNDO MODERNO

«Por todas partes, en el mundo de la Tradición, este conocimiento ha estado siempre presente como un eje inquebrantable en torno al cual todo lo demás estaba jerárquicamente organizado.»

Hay un orden físico y un orden metafísico

OMNIA VERITAS

OMNIA VERITAS LTD PRESENTA:

JULIUS EVOLA

ROSTRO Y MASCARA DEL
ESPIRITUALISMO CONTEMPORANEO

«Cuando se habla hoy de lo "natural" se entiende en general el mundo físico, conocido a través de los sentidos físicos...»

Aquí comienzan los primeros dominios de un mundo "invisible"

Omnia Veritas Ltd presenta:
ALBERT SLOSMAN
El libro del más allá de la Vida
La espiritualidad cuyo origen se pierde en la noche de los tiempos...

Omnia Veritas Ltd presenta:
ALBERT SLOSMAN
El zodíaco de Dendera
La unión necesaria entre el cielo y la tierra...

Omnia Veritas Ltd presenta:
ALBERT SLOSMAN
La astronomía según los Egipcios
Armonizar al Creador con sus criaturas y su creación...

www.ingramcontent.com/pod-product-compliance
Lightning Source LLC
Chambersburg PA
CBHW071949270326
41928CB00009B/1387